D1573529

PC Tuning für Profis

PC Tuning für Profis

Prozessoren tunen,
BIOS-Probleme beheben,
schnelle Speicher einsetzen

Markt&Technik
Buch- und Software-Verlag GmbH

HARDWARE

Die Deutsche Bibliothek – CIP-Einheitsaufnahme

PC-Tuning für Profis [Medienkombination] : Prozessoren tunen, BIOS-Probleme beheben, schnelle Speicher einsetzen / Heinz Lange. – München :
Markt und Technik, Buch- und Software-Verl.
ISBN 3-8272-5543-0

Buch. 1999

CD-ROM. 1999

Die Informationen in diesem Produkt werden ohne Rücksicht auf einen
eventuellen Patentschutz veröffentlicht.
Warennamen werden ohne Gewährleistung der freien Verwendbarkeit benutzt.
Bei der Zusammenstellung von Texten und Abbildungen wurde mit größter
Sorgfalt vorgegangen.
Trotzdem können Fehler nicht vollständig ausgeschlossen werden.
Verlag, Herausgeber und Autoren können für fehlerhafte Angaben
und deren Folgen weder eine juristische Verantwortung noch
irgendeine Haftung übernehmen.
Für Verbesserungsvorschläge und Hinweise auf Fehler sind Verlag und
Herausgeber dankbar.

Alle Rechte vorbehalten, auch die der fotomechanischen Wiedergabe und der
Speicherung in elektronischen Medien.
Die gewerbliche Nutzung der in diesem Produkt gezeigten Modelle und Arbeiten
ist nicht zulässig.

Fast alle Hardware- und Softwarebezeichnungen, die in diesem Buch erwähnt werden,
sind gleichzeitig auch eingetragene Warenzeichen oder sollten als solche betrachtet
werden.

Umwelthinweis:
Dieses Buch wurde auf chlorfrei gebleichtem Papier gedruckt.
Die Einschrumpffolie – zum Schutz vor Verschmutzung – ist aus
umweltverträglichem und recyclingfähigem PE-Material.

10 9 8 7 6 5 4 3 2 1

03 02 01 00 99

ISBN 3-8272-5543-0

© 1999 by Markt&Technik Buch- und Software-Verlag GmbH,
A PEARSON EDUCATION COMPANY
Martin-Kollar-Straße 10–12, D-81829 München/Germany
Alle Rechte vorbehalten
Einbandgestaltung: Grafikdesign Heinz H. Rauner, München
Lektorat: Angelika Ritthaler, aritthaler@pearson.de
Herstellung: Martin Horngacher, mhorngacher@pearson.de
Satz: EDV-Beratung Klein, München
Druck und Verarbeitung: Kösel, Kempten
Printed in Germany

Inhaltsverzeichnis

	Vorwort	17
1	**Bestandsaufnahme**	**19**
1.1	Motherboard-Komponenten im Überblick	20
1.1.1	Sockel-7-Motherboard	23
1.1.2	Slot-1-Motherboard	23
1.2	Das kann Ihr Board!	24
1.2.1	Hersteller unbekannt	24
1.2.2	Vergleichstyp oder Übertakten	25
1.2.3	Hardware analysieren	25
1.2.4	Windows 95/98 und NT zur Hardware-Analyse	25
1.2.5	Arbeitsplatz und Werkzeug	26
1.2.6	Öffnen des PC	27
1.2.7	Prozessortyp feststellen	28
1.2.8	Kühlkörper abnehmen	28
1.2.9	Wärmeleitpaste entfernen	28
1.3	Mehr Speed durch Prozessorwechsel	29
1.3.1	Adapter und Co.	29
1.3.2	Tuning mit Overdrive	29
1.3.3	Fremde Prozessoren	30
1.4	Schneller durch mehr Speicher	30
1.4.1	Die Mischbestückung	30
1.4.2	Teure PS/2-SIMMs	31
1.4.3	Immer im Duo	31
1.4.4	Verschiedene Ausführungen	31
1.4.5	Die Fehlerprüfung	32
1.4.6	Die Menge macht's	32
1.4.7	Leistungsgewinn	32
1.5	Mehr Leistung durch BIOS-Tuning	33
1.5.1	Update und Konfiguration	33
2	**Die Prozessoren**	**35**
2.1	Auswahl des Prozessors	36
2.1.1	Pentium II, Celeron, Mendocino und Xeon	36
2.1.2	Die Pentium-II-Familie	36
2.2	Der Pentium II	37
2.2.1	Die Technik des Pentium II	37
2.2.2	Die Produktmerkmale	38
2.3	Der Celeron	41
2.3.1	Die Produktmerkmale	41
2.4	Der Celeron A »Mendocino«	42
2.4.1	Die Produktmerkmale	43

2.5	Der Xeon	44
2.5.1	Verschiedene Cache-Größen	44
2.5.2	Das PI-ROM	44
2.5.3	Nachfolger sind angesagt	44
2.5.4	Die Produktmerkmale	45
2.6	Der Pentium III	47
2.6.1	Der Pentium III als A-Version	47
2.6.2	Die Produktmerkmale	47
2.7	AMD mit dem K6-2 3Dnow! und K7	49
2.8	Der K6-2 3Dnow!	49
2.8.1	Die 3Dnow! Technologie	49
2.8.2	Neue Instruktionen	50
2.8.3	MMX verbessert	50
2.8.4	Die 3D-Darstellung	50
2.9	Der K6-3 3Dnow	51
2.9.1	Fortschrittlicher On-Die-Cache	51
2.9.2	Das TriLevel Cache Design	52
2.10	Der K7	52
2.10.1	Ein neues Protokoll	53
2.10.2	Vergrößerter Cache	53
2.10.3	Cachable Area von 64 Gbyte	53
2.10.4	Parallel Pipelines	53
2.11	Cyrix – enorm günstig	53
2.11.1	Der 6x86 MX und M II	54
2.12	Der Media GX	56
2.13	Der MXi	57
2.13.1	Die Ein-Chip-Lösung	57
2.14	IDT als Upgrade-Prozessor	57
2.14.1	Der Winchip C6	58
2.14.2	Winchip 2	58
2.14.3	Winchip 3	58
2.15	Der Rise MP6	60
2.16	Overdrive-Prozessoren	61
2.16.1	Mehr Anbieter	62
3	**Ihr neues Motherboard**	**65**
3.1	Der Formfaktor	66
3.1.1	Der ATX-Formfaktor	66
3.1.2	Ein neues Netzteil	66
3.1.3	Der Mini-ATX- und Mikro-ATX-Formfaktor	67
3.1.4	Die Sonderformate	67
3.2	Der CPU-Sockel	67
3.2.1	Sockel 7	67
3.2.2	Sockel 370	68
3.2.3	Slot 1	68
3.2.4	Slot 2	69

3.3	Die Spannungen	69
3.3.1	Einheitliche I/O Spannung	70
3.3.2	Unterschiedliche Core-Spannungen	70
3.3.3	Der Spannungswandler	70
3.4	Die Taktraten	71
3.4.1	Der externe und der interne Takt	71
3.4.2	Das P-Rating	71
3.4.3	Kleines 1x1: Der Prozessortakt	71
3.4.4	Je mehr Taktraten, desto besser	72
3.5	Steckplätze	72
3.5.1	Der ISA-Bus	72
3.5.2	Vorhandene Erweiterungskarten	73
3.5.3	Der PCI-Bus	73
3.5.4	Der AGP-Bus für Grafikkarten	74
3.6	Integrierte Sound- und Grafikchips	75
3.6.1	Der Grafikchip	75
3.6.2	Fehlender Grafikspeicher	75
3.6.3	Bei MediaGX immer dabei	76
3.7	Der Hauptspeicher	76
3.7.1	DIMMs	76
3.7.2	Steckplätze und Chipsatz	76
3.8	Die automatische Fehlerkorrektur	77
3.9	Mischbestückung	77
3.10	Der Chipsatz	78
3.10.1	Systemtakt und Chipsatz	78
3.10.2	Die maximale Hauptspeichergröße	79
3.11	Das BIOS	79
3.12	Die Onboard-Controller	79
3.12.1	Der EIDE-Standard	80
3.12.2	PIO- und DMA-Modi	80
3.12.3	Ultra DMA/33	81
3.12.4	Der SCSI-Standard	81
3.13	Serielle und parallele Schnittstelle	82
3.13.1	Der UART	82
3.13.2	Drei verschiedene Modi	82
3.14	Die PS/2-Anschlüsse für Tastatur und Maus	82
3.15	Der USB-Port	82
3.15.1	Spannungsversorgung integriert	83
3.15.2	Das echte Plug & Play	83
3.15.3	Hot-Plugin	83
3.16	Die Firewire-Schnittstelle	83
3.16.1	Ausgefeilte Technik: Isochroner Datenversand	83
3.16.2	Ideal für Videotechnik	84
3.16.3	Controller sind Mangelware	84
3.17	Der IrDa-Port	84

Inhaltsverzeichnis

3.18	System-Monitoring	85
3.19	Treiber, Utilities und Handbuch	86
3.19.1	Das Handbuch	86
3.20	Support	87
3.20.1	Markenhersteller mit guten Support	87
3.20.2	Billiganbieter: meist ohne telefonischen Support	87
3.20.3	Die aktuellen Treiber aus dem Netz	88
3.20.4	Garantie	88
3.21	Zusätzliche Funktionen	89
3.21.1	PC per Tastatur einschalten	89
3.21.2	Mit dem Betriebssystem ausschalten	89
3.21.3	PC übers Netzwerk starten	89
3.21.4	PC einschalten ohne zu booten	89
3.22	Die Hersteller	90
3.23	Zusammenfassung	90
3.23.1	Bevor Sie ein Motherboard kaufen	90
4	**Chipsätze, die ihr Geld wert sind**	**93**
4.1	Motherboard und Chipsatz als Einheit	94
4.2	Der 100-MHz-Front-Side-Bus	94
4.3	Was bringt der 100-MHz-Takt?	94
4.3.1	Der L2-Cache und 100-MHz-Bustakt	95
4.3.2	Alle Komponenten profitieren	95
4.3.3	Der Leistungsgewinn	95
4.4	Der Chipsatz auf dem Motherboard	95
4.5	Chipsatz-Funktionen	96
4.5.1	Spezielle Funktionen	96
4.5.2	Der maximale Speicherausbau	97
4.5.3	Der Systemtakt	97
4.5.4	Busmaster-Treiber	98
4.6	Chipsätze für Sockel 7	99
4.6.1	Dual-prozessorfähige Chipsätze	100
4.6.2	Cyrix-Prozessor und Intel-Chipsatz	100
4.6.3	Chipsatz-Beschreibung	100
4.6.4	Intel-TX	100
4.6.5	VIA-Apollo MVP3	101
4.6.6	Ali-Aladdin V	102
4.6.7	SIS-5591/5595	102
4.7	Chipsätze für Slot 1	103
4.7.1	Intel LX	103
4.7.2	Intel EX	105
4.7.3	Intel BX	105
4.7.4	Intel ZX	106
4.7.5	VIA Apollo Pro	107
4.7.6	ALi-Aladdin Pro	107
4.7.7	SiS 5600/5595	108

4.8	Chipsätze der Zukunft	109
4.8.1	Viele neue Features	109
4.8.2	Abgespeckte Version geplant	109
4.8.3	133 MHz nur vorübergehend	109
4.9	Chipsätze für Slot 2	110
4.9.1	Intel GX	110
4.9.2	Intel NX	110
5	**Das BIOS**	**113**
5.1	Der BIOS-Markt	114
5.2	Award	114
5.3	AMI	115
5.4	Phoenix	115
6	**Schneller mit dem richtigen Speicher**	**117**
6.1	Der L2-Cache als Turbo	118
6.1.1	Die Kapazität ist entscheidend	119
6.1.2	L2-Cache im Prozessor	119
6.1.3	Unterschiedliche Cache-Größen	120
6.2	Der Hauptspeicher	120
6.2.1	Die Entwicklung der Module	120
6.2.2	Das FP-Modul	121
6.2.3	Das EDO-Modul	122
6.2.4	Das BEDO-Modul	122
6.2.5	DIMMs	123
6.2.6	Der SPD-Baustein	123
6.2.7	Das DDR-SDRAM	124
6.2.8	Das RIMM-Modul	124
6.3	PC-100 SDRAM	124
6.4	Das Speicherrezept	125
6.4.1	Die Mischbestückung	125
6.4.2	Die Qualität	125
6.4.3	Die Größe des Arbeitsspeichers	126
6.5	Die Erweiterung des Arbeitsspeichers	126
6.5.1	Öffnen des PC	127
6.5.2	Speichermodule austauschen	127
6.5.3	Neue Speichermodule testen	128
6.6	Troubleshooting	129
7	**Prozessortuning**	**131**
7.1	Das ist Overclocking	132
7.1.1	Schon so alt wie der PC	132
7.1.2	Aktuell wie nie zuvor	133
7.1.3	Gefälschte Prozessoren	133
7.1.4	Wer braucht Overclocking?	134

7.2	So funktioniert Overclocking	134
7.2.1	Die verschiedenen Techniken	135
7.2.2	Der interne Takt	135
7.2.3	Der externe Takt	136
7.2.4	Der AGP-Bus	138
7.2.5	Wenn der 83 MHz Jumper fehlt	138
7.3	Diese CPUs lassen sich übertakten	138
7.3.1	Prozessorserie und Motherboard entscheiden	141
7.3.2	Ideal zum Übertakten	141
7.3.3	Tips und Tricks	142
7.3.4	Der Pentium II SL2W8	144
7.3.5	Normal- und Turbo-Takt	145
7.3.6	Prozessorspannung erhöhen	146
7.4	66 MHz CPU mit 100 MHz takten	149
7.5	RAM und Übertaktung	150
7.6	Was das Motherboard alles können muß	151
7.7	Übertakten mit Software	152
7.7.1	So finden Sie den IC-Baustein	153
7.7.2	Die Funktionen im Programm	153
7.8	Die richtige Prozessorkühlung	154
7.8.1	Das Peltier-Element	156
7.9	Übertakten Schritt für Schritt	156
7.9.1	Öffnen des PC	157
7.9.2	Jumper oder DIP-Schalter anpassen	157
7.9.3	Overclocking testen	158
7.10	Übertakten durch das BIOS	159
7.10.1	Overclocking ausgiebig testen	160
7.10.2	Der PC stürzt ab	160
7.11	Dual Celeron	160
7.11.1	Das Werkzeug	160
7.11.2	Der Umbau Schritt für Schritt	161
7.12	Umbau des Celeron für Slot 1	161
7.13	Umbau des Adapters für Slot 1	166
8	**BIOS-Tuning**	**169**
8.1	Das BIOS	170
8.1.1	Das BIOS-Setup	171
8.1.2	Markenhersteller und BIOS-Setup	171
8.1.3	Schnell ins BIOS-Setup	171
8.2	Die Menüs	172
8.2.1	Die Bedienung der Menüs	172
8.2.2	Einstellungen speichern	172
8.2.3	Enabled und Disabled	173
8.2.4	Ausgangskonfiguration herstellen	173
8.2.5	Load Setup Defaults	173

8.2.6	Load BIOS Defaults	173
8.2.7	Bildschirm bleibt dunkel	173
8.2.8	Die Optionen	173
8.3	Die Einstellungen nach dem Motherboard-Tausch	174
8.3.1	Datum und Uhrzeit	174
8.3.2	Diskettenlaufwerke	174
8.3.3	Das »CPU-Soft-Menu«	175
8.3.4	Die Schnittstellen	176
8.4	Die Tuning-Einstellungen	177
8.4.1	Das Speicher-Timing	177
8.4.2	Was bewirken die Optionen?	178
8.4.3	Vor dem Einstellen die Leistung testen	179
8.4.4	Mit Wintune testen	180
8.5	Andere wichtige Optionen	182
8.5.1	CPU internal Cache	182
8.5.2	External Cache	182
8.5.3	Memory Hole	182
8.5.4	OS Select For DRAM > 64 Mbyte	183
8.5.5	Peer Concurrency	183
8.5.6	PCI Streaming	183
8.5.7	Passive Release	183
8.5.8	8 Bit I/O Recovery und 16 Bit Recovery	183
8.5.9	Die Latenzzeit	183
8.6	Schneller booten	184
8.6.1	Die EIDE-Ports	184
8.6.2	Die Bootsequenz	185
8.6.3	Die Diskettenlaufwerke	185
8.6.4	Der Speichertest	186
8.7	BIOS-Update	186
8.7.1	Das brauchen Sie dazu	186
8.7.2	Der Motherboard-Hersteller	187
8.7.3	Schnell zum Ziel	187
8.7.4	Die Version	188
8.7.5	Die BIOS-Ident-Line	188
8.7.6	So wird ermittelt	188
8.7.7	Die komplette BIOS-Ident-Line	189
8.8	Das Update Schritt für Schritt	190
8.8.1	Das Flash-Programm	190
8.8.2	Die Vorbereitung	190
8.8.3	Bootdiskette erstellen	190
8.8.4	Altes BIOS sichern	191
8.8.5	Neues BIOS brennen	193
8.9	Notfall	194
8.9.1	Das Motherboard wiederbeleben	194
8.9.2	Der Recovery Jumper	194

8.9.3	Das CMOS sichern	195
8.9.4	Der CIH-Virus löscht das BIOS	195
8.10	Die BIOS-Fehlercodes	196
8.10.1	Die POST-Card	196
8.10.2	BIOS-Pieptöne	196
8.10.3	Die Fehlercodes des Award-BIOS	198
8.10.4	Die Fehlercodes des AMI-BIOS	199
8.10.5	Die POST-Codes	202
9	**Der Prozessorwechsel**	**215**
9.1	Welcher Prozessor paßt ins Board?	216
9.1.1	Prozessor für Slot-1	216
9.1.2	Prozessor für Sockel 7	216
9.1.3	Der Zwischensockel	217
9.1.4	Den Zwischensockel sparen	217
9.2	Prozessoren auf dem Gebrauchtmarkt	218
9.2.1	Vorsicht ist geboten	218
9.3	Taktfrequenzen - Übersicht	218
9.4	Der perfekte Tausch	219
9.4.1	Jumper einstellen	220
9.4.2	DIP-Schalter einstellen	221
9.4.3	Öffnen des PC	221
9.5	Slot-CPUs	222
9.5.1	Prozessor austauschen	222
9.5.2	Die Installation	225
9.5.3	Neue CPU testen	227
9.6	Sockel-7-CPUs	228
9.6.1	Prozessor austauschen	228
9.6.2	Die Installation	232
9.6.3	Neue CPU testen	235
9.7	Overdrive-Prozessoren	237
9.8	Prozessor im Zwischensockel	241
9.8.1	Der Einbau	243
9.9	9AMD K6-2/350 im HX- oder TX-Motherboard	243
9.9.1	Der Umbau	244
9.9.2	Multiplikator einstellen	244
9.10	Prozessor auf der Steckkarte	245
9.11	Slot-1-Adapter für Celeron 400	245
9.12	Prozessortausch im Notebook	246
9.12.1	Die Mobile-Modul-Technik	246
9.13	Fehlerquellen und ihre Ursachen	247
9.13.1	Defekte Hardware	248
10	**Austausch des Motherboard**	**249**
10.1	Alles neu oder ....?	250
10.1.1	Der Speicher	250

10.2	Die Grafikkarte	251
10.2.1	On-Board-Grafikchip	251
10.2.2	Der SCSI-Host-Adapter	251
10.2.3	ISA-Karten	252
10.2.4	PCI-Karten	252
10.3	Gehäuse	252
10.4	Maus und Tastatur	252
10.5	Fazit	252
10.6	Jetzt geht's los	253
10.6.1	Öffnen des PC	253
10.6.2	Motherboard ausbauen	253
10.6.3	Vorbereiten des neuen Motherboards	257
10.6.4	Der Einbau	258
10.7	Genau geplant - der erste Start	261
10.8	Windows 95/98 neu aufspielen	262
10.8.1	Komponenten löschen	262
10.8.2	Die Treiber zum Betriebssystem	263
10.8.3	Die Neuinstallation	263
10.8.4	Busmaster-Treiber	263
10.9	Troubleshooting	263
10.9.1	Schritt für Schritt nachprüfen	264
10.9.2	Defekte Hardware	265
10.9.3	Service-Hotline kontaktieren	265
11	**Tuning der Grafikkarte**	**267**
11.1	So funktioniert das Tuning	268
11.1.1	Der Grafik-Prozessor	268
11.1.2	Die Speicherbausteine	269
11.1.3	Der RAM-DAC	269
11.2	Treiber und BIOS-Updates	270
11.2.1	Das BIOS-Update	270
11.2.2	Aktualisieren des Treibers in Windows 95/98	271
11.3	Die Kühlung	272
11.3.1	Die Temperatur messen	273
11.3.2	Spezielle Lüfter	273
11.3.3	486er-Lüfter	273
11.3.4	Lüfter am Slotblech	274
11.4	Overclocking durch Software	275
11.4.1	Software für DOS und Windows	275
11.4.2	Die Technik	275
11.4.3	Vom Hersteller untertaktet	275
11.4.4	Die Parameter immer überprüfen	276
11.4.5	Grafikspeicher optimieren	276
11.5	Die Programme	276
11.5.1	Mclk	277
11.5.2	Powerstrip	277

11.5.3	Rage Pro Tweaker	278
11.5.4	Matrox Overclock	278
11.5.5	Mystclk	279
11.5.6	Tweakit	279
11.5.7	Performance testen	281
12	**Motherboards, die sich lohnen**	**283**
12.1	Sockel 7	284
12.1.1	FIC PA-2013	285
12.1.2	Elitegroup P5VP-A+	285
12.1.3	Elito Epox EP-51MVP 3E-M	286
12.1.4	Soyo SY-5EMA	287
12.1.5	Tekram P5MVP-A4	287
12.1.6	Tyan S1590 Trinity AT	288
12.2	Slot 370	289
12.2.1	Abit BM6	289
12.2.2	Abit ZM6	289
12.2.3	Chaintech CT-6ZIA	289
12.3	Slot 1	290
12.3.1	Abit AB-BH6	290
12.3.2	Abit AB-BX6	291
12.3.3	Gigabyte GA-6BXE	291
12.3.4	MSI MS-6119	292
12.3.5	MSI MS-6120	293
12.3.6	Elito Epox EP-61BXA-M	293
12.3.7	Tekram P6PRO-A5	294
12.4	Slot 2	295
12.5	Hersteller	295
13	**Die Software-Werkzeuge**	**297**
13.1	Hardware-Analyse und -Diagnose	298
13.1.1	SiSoft Sandra 98	298
13.1.2	Dr. Hardware	299
13.2	Leistungsvergleich durch Benchmark	299
13.2.1	SiSoft Sandra 98	299
13.2.2	Wintune	301
13.2.3	Winbench 99	303
13.2.4	Winstone 99	305
13.2.5	3D Winbench 99	307
13.2.6	Final Reality	309
13.3	Grafiktuning	310
13.4	CPU-Tuning	313
13.4.1	16x86 Fast	313
13.4.2	6x86opt	313
13.4.3	CX86	313

13.4.4	Enva	313
13.4.5	M1opt	313
13.4.6	M2opt	313
13.4.7	MSR	313
13.5	Weitere nützliche Programme	313
13.5.1	Tweakbios	314
13.5.2	Winzip	315
13.5.3	Rain	316
13.5.4	Waterfall	316

Anhang – Die Programme auf CD-ROM 317

Stichwortverzeichnis 321

Vorwort

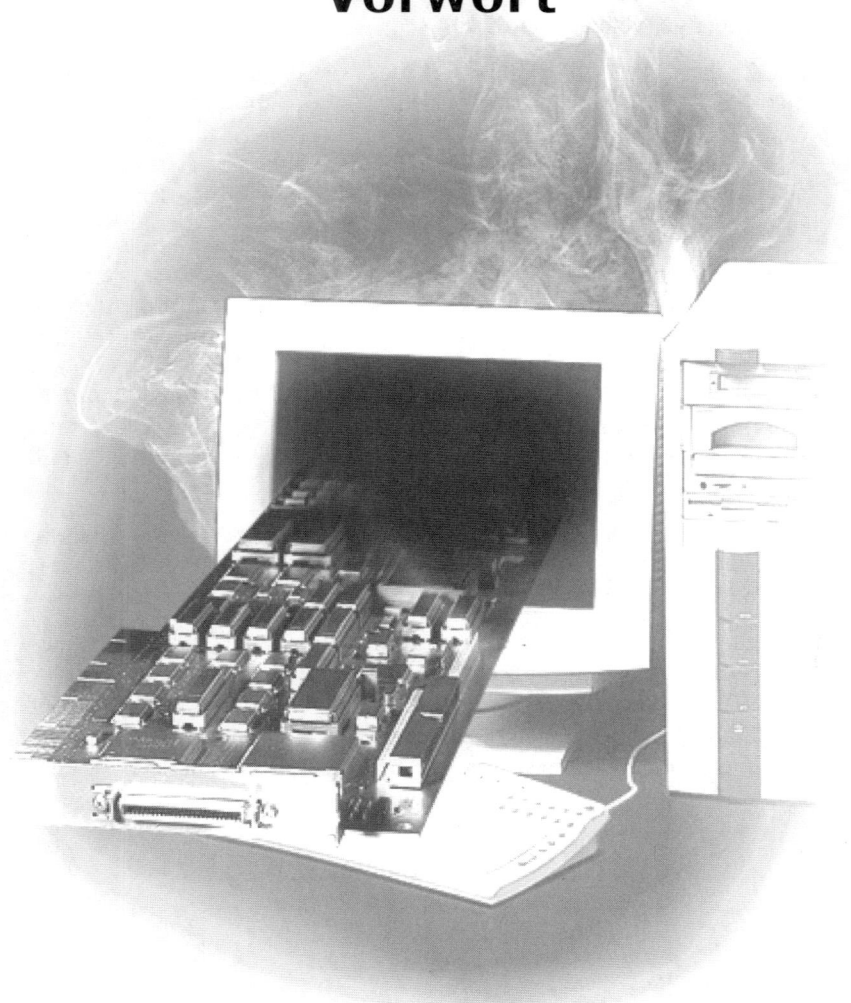

Vorwort

Wenn Sie sich vor einem oder zwei Jahren einen PC gekauft haben, ist er jetzt bereits schon um (Rechner-)Generationen veraltet. Wer aber kann oder will es sich leisten, jedes Jahr einen neuen PC zu kaufen. Das muß auch nicht sein, denn mit etwas Computer-Know-how läßt sich Ihr PC fast auf das Leistungsniveau eines brandaktuellen bringen – und das mit minimalem Kostenaufwand oder gar völlig umsonst.

Das Zauberwort dafür heißt »Overclocking«; dadurch werden der Prozessor und die Grafikkarte auf Höchstleistung getrimmt. Dazu kommt noch ein wenig BIOS-Tuning und schon haben Sie bis zu 200% mehr Leistung in Ihrem PC und das völlig kostenlos. Holen Sie die versteckten Leistungsreserven aus Ihrer bereits vorhandenen Hardware und lassen Sie die PC-Hersteller das Wettrüsten und den Preiskrieg alleine ausfechten.

Aber auch der Prozessor- und Motherboard-Tausch sowie die Erweiterung des Arbeitsspeichers sind eine perfekte Lösung, um relativ günstig an bis zu 400% mehr Leistung zu gelangen, denn alle anderen Komponenten im PC können weiterverwendet werden. Dieses Buch zeigt Ihnen alles Schritt für Schritt bis ins letzte Detail. Sie müssen kein Techniker oder absoluter Profi auf dem Computersektor sein, um diese Arbeiten auszuführen. Wenn Sie schon einmal eine neue Karte in den PC eingebaut und installiert haben, dann können Sie auch den Prozessor oder das Motherboard austauschen.

Damit Sie nach dem erfolgreichen Tuning auch wissen, was es letztendlich gebracht hat, lernen Sie professionelle Benchmark-Programme kennen, mit denen die Leistung sehr präzise ermittelt und verglichen werden kann.

Außerdem gibt es für jedes Thema viele praktische Tips und Tricks, die ich als langjähriger PC-Techniker und Buchautor für Sie in Erfahrung gebracht habe. Dieses Buch gibt einfach alles preis, was mit Motherboard-, Prozessor- und Grafiktuning zusammenhängt. Lassen Sie Ihren PC nicht länger mit reduzierter Leistung laufen, sondern verpassen Sie ihm einen Leistungskick.

Kapitel 1

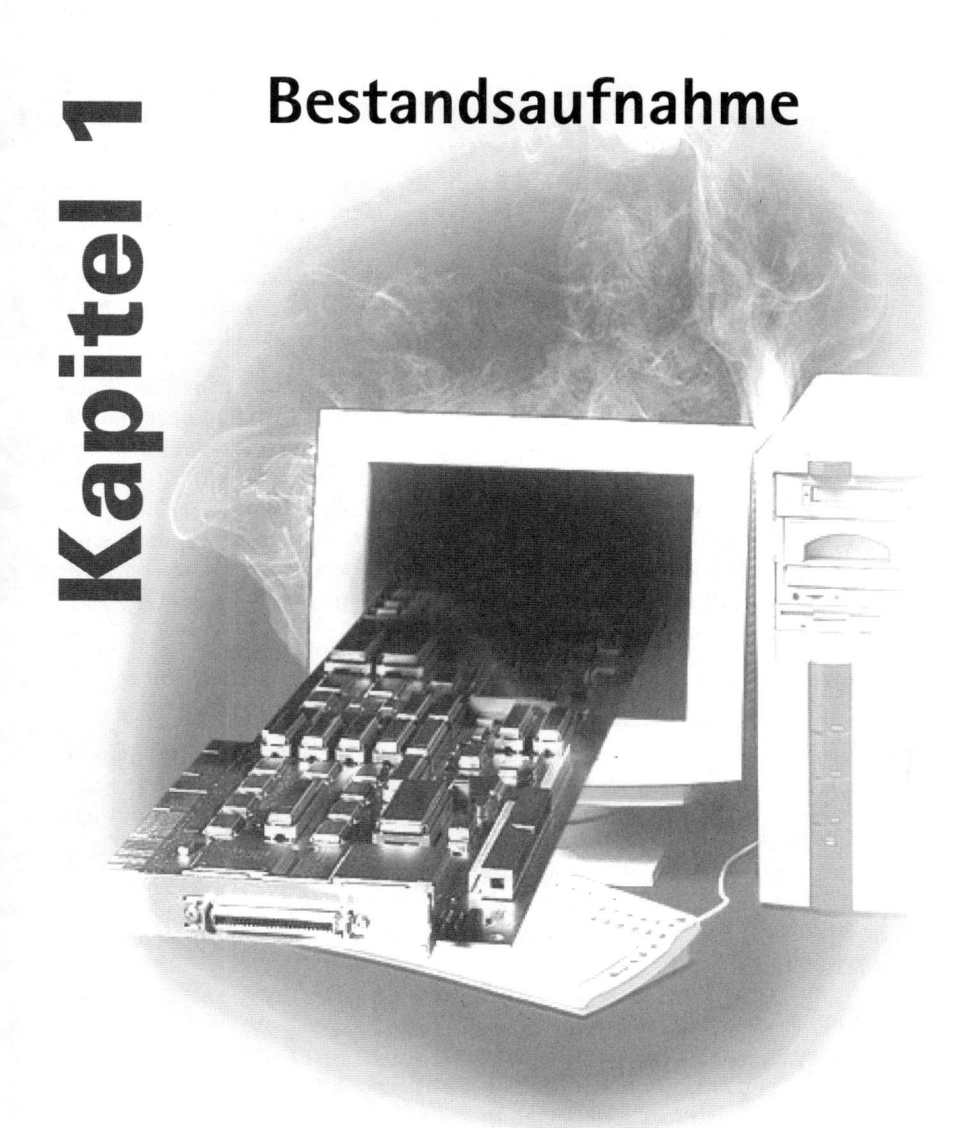

Bestandsaufnahme

Bevor es an die Motherboard-Aufrüstung geht, muß als erstes bestimmt werden, welche Komponenten das Board aufweist und welche für eine Aufrüstung in Frage kommen.

Wie Sie es meistern können, selbst mit einem zwei oder drei Jahre alten PC durch geringen Kostenaufwand eine Performance-Steigerung von 200% bis 400% zu erzielen, erfahren Sie in den nachfolgenden Kapiteln. Voraussetzung dafür ist, daß Ihr alter PC ein Pentium-Board besitzt, denn für Oldtimer wie den 486er lohnt ein Tuning – in der Regel – nicht mehr. Als erstes ist aber eine Bestandsaufnahme notwendig, damit Sie in Erfahrung bringen können, was mit Ihrem alten Motherboard noch alles machbar ist.

1.1 Motherboard-Komponenten im Überblick

Wenn Sie den PC öffnen und das Motherboard betrachten, ist es vorteilhaft, wenn Sie sich schon einen Überblick über die einzelnen Baugruppen verschafft haben und die Fachausdrücke dazu kennen. Hardware-Profis und versierte PC-Bastler kennen wahrscheinlich die nachfolgend aufgeführten Baugruppen des Motherboard schon und können deshalb diesen Punkt überspringen, wenn sie möchten. Für die etwas weniger kundigen Anwender ist die nachfolgende Beschreibung äußerst für die Bestandsaufnahme dessen, was sie bereits haben, hilfreich. Sie kann auch als Orientierungshilfe beim Kauf eines neuen Motherboard dienen.

Prozessorsockel »1«

Der Prozessorsockel dient zur Aufnahme des Prozessors. Der quadratische Sockel 7 und der längliche, einem Erweiterungs-Steckplatz ähnelnde Slot 1, werden am häufigsten verwendet.

L2-Cache »2«

Der L2-Cache »Second-Level-Cache« befindet sich beim Sockel 7 direkt sichtbar auf dem Motherboard, beim Slot 1 dagegen ist er auf dem Prozessorboard untergebracht, das direkt im Prozessorgehäuse integriert und deshalb nicht sichtbar ist.

Chipsatz »3«

Der Chipsatz kann auch als Schaltzentrale des Motherboard bezeichnet werden, denn mit ihm werden alle Abläufe auf dem Motherboard gesteuert. Er besteht überwiegend aus zwei quadratischen Chips, deren Anzahl aber, je nach Hersteller, bis zu sieben Stück betragen kann. Die Hauptchips sind mit dem Herstellernamen und der Typenbezeichnung versehen.

Motherboard-Komponenten im Überblick

RAM-Steckplätze »4«
Die RAM-Steckplätze dienen zur Aufnahme des Arbeitsspeichers. Heute kommen hauptsächlich DIMM-Steckplätze zum Einsatz. Ältere Motherboards haben noch SIMM-Steckplätze oder eine Mischbestückung aus beiden. Die Anzahl der Steckplätze ist entscheidend für den problemlosen Speicherausbau.

BIOS »5«
Das BIOS ist die Steuerzentrale des Motherboard. Mit ihm werden alle Einstellungen wie z.B. Uhrzeit, Datum, Speicher-Timing, Festplattenparameter, Kommunikations-Ports usw. eingestellt und gespeichert. Auch die gesamte Plug&Play-Steuerung für die Erkennung der Hardware sitzt im BIOS.

Knopfzelle »6«
Mit dieser Knopfzelle werden die eingestellten Werte des BIOS im spannungslosen Zustand, etwa nach dem Ausschalten des Rechners, dauerhaft im CMOS gehalten.

Power-Connector »7«
Den Stomanschluß des Motherboard gibt es in zwei Ausführungen. Für das AT-Format ist es eine einreihige 12-polige Steckleiste und für das ATX-Format eine zweireihige 20-polige Buchse. In seltenen Fällen sind auch beide Anschlußmöglichkeiten vorhanden.

ISA Steckplätze »8«
Die ISA-Steckplätze dienen zur Aufnahme von Erweiterungs-Steckkarten wie Soundkarte, Modem etc.

PCI Steckplätze »9«
Die PCI-Steckplätze dienen zur Aufnahme von Erweiterungs-Steckkarten wie Soundkarte, Modem etc.

AGP Steckplatz »10«
Der relativ neue AGP-Steckplatz ist ausschließlich für die Grafikkarte reserviert. Auf einem Motherboard mit AGP-Port sollte unbedingt auch eine AGP-Grafikkarte verwendet werden, denn dann ist er mindestens doppelt so schnell wie PCI.

ATX-Anschlüsse »11«
Die ATX-Anschlüsse sind direkt auf dem Motherboard angebracht und nicht wie bei einem AT-Board extern durch Kabel und Stecker verbunden. Sie beinhalten aber die gleichen Schnittstellen wie den parallelen Port LPT1 für den Anschluß von Drucker, Scanner, ZIP-Laufwerk etc. und die seriellen Ports COM1 und COM2 für ein Modem, die serielle Maus oder sonstige dafür geeignete Geräte.

USB-Ports »12«
Diese neue Schnittstelle ist für USB-Geräte gedacht, die jetzt wie Pilze aus dem Boden schießen. Tastatur, Maus, Modem, Monitor, Lautsprecher, Scanner, Drucker, externe Speichermedien und vieles mehr lassen sich gemeinsam daran betreiben. Bis zu 127 Geräte können hier angeschlossen werden.

PS/2-Ports »13«
Die Schnittstellen für eine PS/2-Tastatur und -Maus.

EIDE-Ports »14«
Die zwei EIDE-Ports für Festplatten und CD-ROMs. Sie werden durch Kabel mit dem entsprechenden Gerät verbunden. Jeder Port kann zwei Geräte verwalten, d.h., insgesamt können vier EIDE-Geräte angeschlossen werden.

Floppy-Port »15«
An den altbekannten Floppy-Port können maximal zwei Diskettenlaufwerke angeschlossen werden.

Jumper »16«
Auf dem Motherboard tummelt sich einiges an Jumpern: »Steckbrücken«, für die unterschiedlichsten Einstellungen des Motherboard. Dazu werden sie einfach auf den Kontaktstiften in entsprechende Positionen gesetzt. Meistens sind sie in Gruppen angeordnet von denen jede eine andere Aufgabe hat, z.B. die Einstellung der externen und internen Taktrate des Prozessors.

Diverse Anschlüsse »17«
Die Anschlüsse für Lautsprecher, HDD- und Power-On-LED, Reset-Taste und andere Schalt- oder Anzeigeverbindungen werden durch Kontaktleisten hergestellt.

I/O Chip »18«
Der Baustein für die Ein- und Ausgänge der Schnittstellen.

On-Board Sound Chip »19«
Manche Motherboards haben einen integrierten Soundchip, der die externe Soundkarte ersetzt.

On-Board Audio und Game-Port »20«
Die Aus- und Eingänge des Soundchips für den Anschluß von Lautsprecher, Mikrofon und anderen Tonquellen sowie des Gameports.

Motherboard-Komponenten im Überblick

1.1.1 Sockel-7-Motherboard

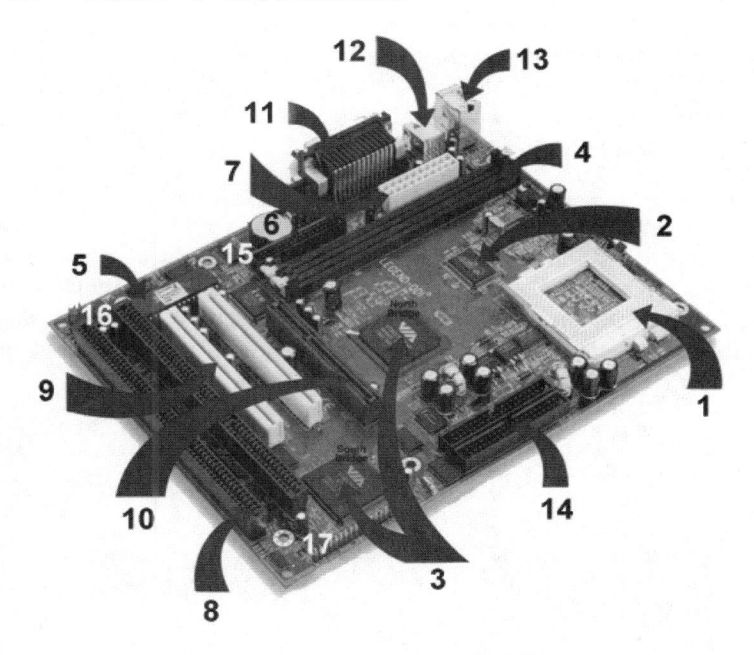

Bild 1.1:
Überblick der Komponenten auf einem QDI-P5MVP3 Advance 3.

1.1.2 Slot-1-Motherboard

Bild 1.2:
Überblick über die Komponenten auf einem QDI-P6/440BX Brilliant 5.

1.2 Das kann Ihr Board!

Die wichtigsten Punkte bei der Motherboard-Aufrüstung oder des -tunings sind die technischen Grenzen des Boards. Dazu gehören die verfügbaren Spannungen und Taktfrequenzen, die BIOS-Version, der Chipsatz und die Speicherbänke. Außerdem müssen Sie wissen, mit welchem Prozessor- und Speichertyp das Board im Moment bestückt ist.

Diese vorhandenen Komponenten können entweder mit einem Diagnoseprogramm, siehe Seite 298, oder durch eine Sichtung bei geöffnetem PC herausgefunden werden. Mit welchen dafür vorgesehenen Komponenten das Board erweitert werden kann, ist dem Handbuch (User's Manual) zu entnehmen. Haben Sie für Ihren PC keines erhalten oder ist es nicht mehr auffindbar, dann helfen die Internetseiten des Herstellers weiter, denn diese bieten oft das komplette Handbuch als Datei zum Herunterladen an.

Bild 1.3: Das Handbuch kann teilweise auch im Internet heruntergeladen werden.

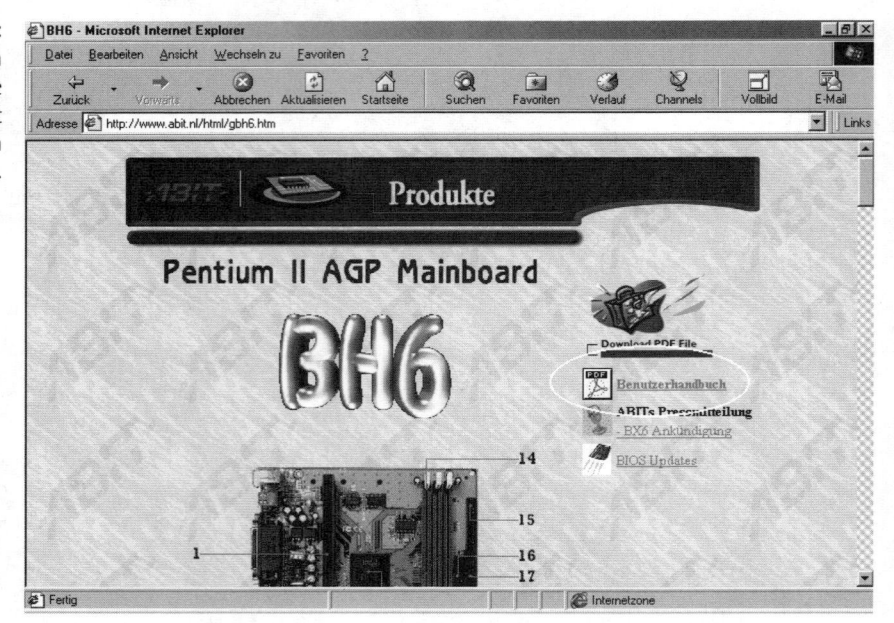

1.2.1 Hersteller unbekannt

Ist Ihnen auch der Hersteller unbekannt, beobachten Sie die Informationen, die gleich nach dem Einschalten auf dem Monitor auftauchen. Ist hier kein Herstellername zu entziffern, können Sie Ihn an Hand des BIOS-ID-Code (siehe Seite 188) herausfinden. Eine Liste der gängigsten Hersteller und Ihre Internetadresse finden Sie im Kapitel 12 auf Seite 295.

Das kann Ihr Board!

1.2.2 Vergleichstyp oder Übertakten

Für ältere Motherboards sind aber meistens keine der im Handbuch vorgesehenen Prozessoren oder Speichermodule mehr verfügbar, da die Entwicklung auf diesem Sektor rasend schnell vor sich geht. Ist Ihr Board schon älter als zwei Jahre, trifft das bereits zu. Aber selbst bei einem ein Jahr alten PC haben Sie den gleichen Effekt, besonders bei Billigangeboten, denn gerade da wird nicht immer das aktuellste Motherboard-Modell verwendet. Die Billigangebote sind überwiegend mit Auslaufmodellen bestückt um Kosten einzusparen. Das ist ärgerlich, denn der PC ist gerade erst gekauft und schon kann kein schnellerer Prozessor mehr eingebaut werden, weil entweder nicht die passende Spannung oder der richtige Takt zur Verfügung steht. Es gibt aber die Möglichkeit, einen schnelleren Vergleichstyp einzubauen oder aber den vorhandenen durch ein Übertakten ab Seite 131 auf die nächste Leistungsstufe zu trimmen. Doch hier lauern einige Fallen, die aber mit dem geeigneten Know-how relativ leicht zu umgehen sind.

1.2.3 Hardware analysieren

Um ganz sicherzugehen, mit welchen Komponenten das Motherboard bestückt ist, vertrauen Sie nicht blindlings einem Diagnose- oder Analyseprogramm, denn gerade bei der Erkennung des Prozessors haben manche Schwierigkeiten und offenbaren einen falschen Typ. Auch die Ausgabe des Prozessortyps und der Taktgeschwindigkeit auf dem Startbildschirm, gleich nach dem Einschalten des PC, ist nur so gut wie die gespeicherte Information im BIOS. Der Typ kann also durchaus falsch angezeigt werden und die Taktgeschwindigkeit kann durch eine vom Vorgänger oder Händler erfolgte Übertaktung ebenso eine Differenz nach oben aufweisen, denn auch hier gibt es schwarze Schafe. Öffnen Sie deshalb den PC wie nachfolgend beschrieben und notieren Sie sich die Typenbezeichnung des Prozessors. Die anderen Komponenten des Motherboard, wie etwa der Speichertyp, der L2-Cache, das BIOS, der Chipsatz und die Schnittstellen, werden korrekt von den Diagnoseprogrammen erfaßt.

1.2.4 Windows 95/98 und NT zur Hardware-Analyse

Es gibt noch eine andere Möglichkeit als ein Diagnose- oder Analyseprogramm, um die vorhandenen Komponenten herauszufinden. Windows 95/98 und NT verwenden einen Geräte-Manager, der über die Systemsteuerung zugänglich ist. Darin sind alle Geräte und Systemkomponenten aufgeführt. Wenn Sie zum Beispiel wissen möchten, welcher Chipsatz (siehe Seite 93) sich auf Ihrem Motherboard befindet, klicken Sie mit der rechten Maustaste auf das Icon ARBEITSPLATZ und wählen Sie EIGENSCHAFTEN. Klicken Sie dann auf die Registerkarte GERÄTE-MANAGER und wählen Sie daraus die SYSTEMKOMPONENTEN aus. In der Liste der Komponenten taucht auch die Bezeichnung des Chipsatzes auf. In unserem Beispiel ist es Intels 440BX mit der genauen Bezeichnung 82443BX. Nach diesem Schema können Sie auch alle anderen Geräte wie Sound- und Grafikkarte, CD-ROM, Modem, Netzwerkkarte usw erkunden.

Bild 1.4:
Der Geräte-Manager kann auch zur Hardware-Analyse dienen.

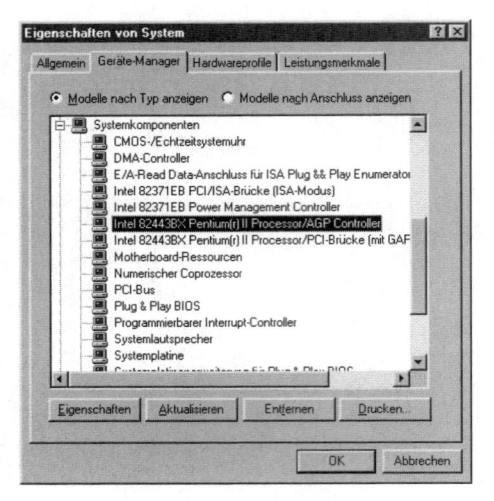

1.2.5 Arbeitsplatz und Werkzeug

Die Voraussetzungen für ein erfolgreiches Tuning oder eine Aufrüstung ist ein heller Arbeitsplatz und das geeignete Werkzeug. Am besten eignet sich dazu ein Schreibtisch vor dem Fenster oder mit einer guten Arbeitsleuchte. Das dafür benötigte Werkzeug hat jeder Elektronikbastler parat. Gehören Sie nicht zu dieser Gruppe, dann besorgen Sie sich im Elektronikversand z.B. bei Conrad Elektronik www.conrad.de oder im Werkzeugfachhandel folgendes:

- 1 Kreuzschlitzschraubendreher Gr. 2
- 1 Schlitzschraubendreher Gr.3
- 1 Spitzzange, oval, gerade
- 1 Pinzette, stumpf, gerade, ca. 160 mm lang

Bild 1.5:
Dieses Werkzeug benötigen Sie auf jeden Fall.

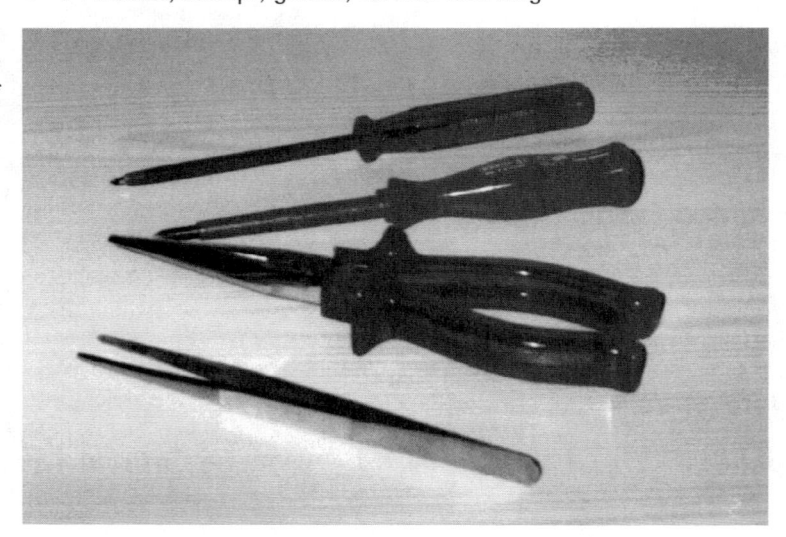

Das kann Ihr Board!

- 1 Elektronik-Seitenschneider
- 1 Bohrer Gr. 0,5 mm
- 1 Handdrillbohrkopf
- Kupferlackdraht 0,26 mm

Für den Umbau des Celeron Prozessors auf Dual-Prozessorbetrieb (siehe Seite 160) benötigen Sie außerdem noch einen Lötkolben mit 15-30 Watt mit Bleistiftspitze und Lötdraht mit 1 mm Durchmesser.

Sicherheitshinweise

> **ACHTUNG**
>
> Die Baugruppen im PC vertragen keine hohen Spannungen wie etwa eine statische Aufladung des menschlichen Körpers, die sich bei Berührung eines Gegenstands schlagartig wieder entlädt. Diese Aufladungen können oft mehrere tausend Volt betragen und zerstören so die empfindlichen Halbleiter in den Baugruppen. Sie entstehen meistens durch Reibung auf synthetischen Kleidungsstücken und Teppichen.
> 1. Tragen Sie bei Arbeiten am geöffneten PC keine synthetische Kleidung und vermeiden Sie Arbeitsräume mit Teppichen deren antistatische Qualitäten Sie nicht kennen.
> 2. Bewahren Sie die Baugruppen wie Motherboard, Prozessor, Speichermodule usw. bis zum endgültigen Einbau immer in der Antistatikverpackung des Herstellers auf.
> 3. Erden Sie sich, bevor Sie Baugruppen aus der Verpackung nehmen oder im PC berühren durch Anfassen eines metallischen Gegenstands wie etwa dem Heizkörper an einer blanken Stelle oder einem Wasserhahn. Sie können zusätzlich noch ein Antistatikarmband aus dem Elektronikfachgeschäft verwenden.
> 4. Trennen Sie auf jeden Fall vor dem Öffnen des Gehäuses das Netzkabel vom PC, denn die Anschlüsse vom Netzteil zum Netzschalter führen 220 Volt. Bei einer versehentlichen Berührung besteht LEBENSGEFAHR.

1.2.6 Öffnen des PC

1. Entfernen Sie die rückseitigen Anschlüsse und stellen Sie den PC auf den Schreibtisch.

2. Lösen Sie die Gehäuseschrauben an der Rückseite. Desktop-PCs haben teilweise auch noch Schrauben auf der Unterseite.

3. Nehmen Sie die Haube oder das Seitenteil durch Ziehen nach hinten oder in seltenen Fällen auch nach vorne ab.

4. Entfernen Sie bei dieser Gelegenheit gleich den angesammelten Staub im Inneren des Gehäuses vorsichtig mit einer kleinen Düse des Staubsaugers oder besorgen Sie sich ein Druckluftspray im Elektronikfachhandel, um den Staub damit herauszublasen.

> **ACHTUNG**
>
> Vermeiden Sie einen direkten Kontakt mit der Düse des Staubsaugers auf den Platinen, denn es kann sonst zu statischen Aufladungen oder mechanischen Beschädigungen kommen. Es reicht völlig, nur den groben Staub aus den Gehäuseecken und dem Netzteillüfter zu entfernen.

1.2.7 Prozessortyp feststellen

Jetzt können Sie den Prozessor in Augenschein nehmen. Wenn Sie einen Pentium -II-Prozessor haben, steht die Typenbezeichnung auf der Oberseite. Nach der Buchstabenfolge »PX« in der ersten Zeile sehen Sie die Angabe der Taktfrequenz. Bei einem Sockel -7-Prozessor wird es schon etwas schwieriger, denn dann müssen Sie erst den Kühlkörper mit dem Lüfter entfernen.

Bild 1.6:
Die Typenbezeichnung des Pentium II auf der Oberseite..

1.2.8 Kühlkörper abnehmen

Es gibt zwei verschiedene Ausführungen des aktiven Kühlkörpers, eine meist runde mit Klemmausführung und die mehr verbreitete, eckige mit Schnappausführung.

- Die Klemmausführung wird nach Abstecken des Spannungskabels gegen den Uhrzeigersinn vom Prozessor heruntergeschraubt.

- Die eckige Schnappausführung ist mit einem Metallhalter am Prozessorsockel eingerastet. Zum Entfernen wird einfach der Metallhalter nach unten und gleichzeitig vom Sockel weggedrückt, so daß er über den Haltezapfen rutscht. Falls nötig, verwenden Sie einen Schraubendreher, um den Metallhalter vorsichtig vom Prozessorsockel wegzudrücken.

1.2.9 Wärmeleitpaste entfernen

Der Kühlkörper kann sich in beiden Fällen oft schwer vom Prozessor lösen, da die eingetrocknete Wärmeleitpaste Kühlkörper und Prozessor zusammenklebt. Damit Sie die Beschriftung auf dem Prozessor überhaupt erkennen können, müssen Sie nach dem Abnehmen des Lüfters die auf dem Prozessor haftende Wärmeleitpaste mit einem Lappen vorsichtig entfernen. Haftet die Paste zu stark oder ist sie durch die Hitze sogar verkrustet, verwenden Sie etwas Spiritus auf dem Lappen, damit diese aufgeweicht wird und dann entfernt werden kann. Jetzt können Sie die Bezeichnung auf dem Prozessor ablesen und notieren.

War keine Wärmeleitpaste oder Wärmeleitfolie zwischen dem Kühlkörper und dem Prozessor vorhanden, hat der Hersteller schlampig gearbeitet. Ist dagegen

Mehr Speed durch Prozessorwechsel

– wie es sich gehört – Wärmeleitpaste vorhanden, reinigen Sie vor dem Zusammenbau auch die Unterseite des Kühlkörpers und verwenden Sie frische Wärmeleitpaste für den Zusammenbau. Sie ist in jedem guten Computerladen oder Elektronikfachgeschäft erhältlich.

> **TIP**
>
> Wenn Sie innerhalb der nächsten Tage einen neuen Prozessor einbauen, können Sie sich die neue Wärmeleitpaste auch sparen und den Lüfter ungereinigt, mit der darauf zurückgebliebenen Paste einfach wieder montieren. Dadurch wird zwar keine so optimale Kühlung wie mit einer gleichmäßig verteilten, neuen Wärmeleitpaste erreicht, es entsteht aber auch kein Schaden durch die Übergangslösung. Eine auf den Kühlkörper aufgeklebte Wärmeleitfolie brauchen Sie nicht auszutauschen, diese kann bedenkenlos für den neuen Prozessor weiterverwendet werden.

1.3 Mehr Speed durch Prozessorwechsel

Die effektivste Methode, um an mehr Leistung zu kommen, ist das Austauschen des Prozessors gegen einen schnelleren. Es sollten aber mindestens zwei Leistungsstufen sein, denn die Erweiterung um nur eine Stufe lohnt sich nicht. Wenn Sie beispielsweise einen Pentium II mit 300 MHz haben und dann auf eine 333-MHz-CPU erweitern, haben Sie nur 11% gewonnen, und das zu einem stolzen Preis. Verwenden Sie eine 350-MHz-CPU, sieht die Sache schon anders aus. Mit minimalen Mehrkosten gegenüber einer 333-MHz-CPU haben Sie schon 17% gewonnen. Optimal wäre es, wenn Ihr Motherboard eine 400-MHz-CPU unterstützt, denn dann hätten Sie satte 33% mehr Prozessorleistung.

1.3.1 Adapter und Co.

Noch mehr Power können Sie aus einem Sockel-7-Motherboard herauszaubern, denn dafür gibt es einen Zwischensockel, der die richtigen Spannungen und Taktraten (siehe Seite 217) erzeugt. Er wird einfach zwischen den Prozessorsockel und den Prozessor gesteckt. Damit lassen sich fast alle CPUs einsetzen. Angenommen, Ihr PC werkelt noch mit einer alten 100-MHz-CPU und Sie tauschen diese gegen eine 400-MHz-CPU aus, dann erhalten Sie 300% mehr Prozessorleistung.

Selbst wenn Sie nur einen sehr preisgünstigen, ohne Zwischensockel verwendbaren IDT-Prozessor mit 225 MHz einbauen, erhalten Sie 125% mehr Prozessorleistung. Das ist eine ganze Menge, denn damit ist Ihr PC mehr als doppelt so schnell, zumindest was die Rechenleistung angeht.

1.3.2 Tuning mit Overdrive

Außerdem gibt es noch »Overdrive-Prozessoren« (siehe Seite 216) für den Sockel 7. Das sind Prozessoren, die fertig konfiguriert mit einem Adapter ausgeliefert werden. Sie brauchen nur noch in den Prozessorsockel des Motherboard gesteckt werden und schon kann es wieder losgehen. Der große Nachteil dabei ist, daß sie meistens sehr teuer sind. Wer sich nicht scheut, ein paar Jumper umzusetzen, der kann mit einem separaten Adapter und dem Prozessor seiner Wahl genau das gleiche erreichen und dabei einiges an Geld sparen.

1.3.3 Fremde Prozessoren

Jeder Prozessortyp, der nicht in Ihrem Handbuch aufgeführt ist, also auch alle mit Adapter verwendeten Typen, verlangen ein BIOS-Update (siehe Seite 186), damit sie überhaupt vom BIOS erkannt werden und ein reibungsloser Betrieb mit der vollen Leistung möglich ist. Gibt es für Ihr Motherboard kein Update, vergessen Sie die ganze Sache und kaufen Sie für den Prozessor auch gleich das passende Motherboard.

> **TIP**
>
> Kaufen Sie den Adapter und den Prozessor nur bei einem seriösen Händler, mit dem Sie eine Rücknahme des Adapters vereinbaren können, wenn die Sache auf Ihrem Motherboard nicht funktioniert. Wählen Sie dann ein Motherboard für den Prozessor aus und zahlen Sie dafür den Differenzbetrag, denn in den seltensten Fällen ist ein Händler bereit, Ihnen den Kaufpreis des Adapters in bar auszuzahlen.

1.4 Schneller durch mehr Speicher

Fast genauso schnell wie die Prozessoren und das Motherboard veralten auch die Speichermodule für den Hauptspeicher. Durch andere Speichertechniken werden auch sie immer leistungsfähiger. Ältere Motherboards haben noch PS/2-SIMMs »Single Inline Memory Module« mit 60 oder gar 70 ns Zugriffszeit, die der Aufdruck direkt preisgibt. Die aktuellen DIMMs »Dual Inline Memory Module« schaffen 8-12 ns.

> **TIP**
>
> Wenn Sie herausfinden wollen, ob es Module nach PC-100-Spezifikation sind, ist das auf dem Label vermerkt. Der Aufdruck entspricht oft folgendem Muster: PC-100-xxx-6xxx. Fehlt das PC-100 auf dem Label muß die vierte Ziffer in der Zahlenkombination eine 6 sein. Fehlt das Label komplett, ist es schwierig oder gar unmöglich das herauszufinden.

1.4.1 Die Mischbestückung

In der Zwischenzeit waren viele Motherboards mit Steckplätzen für beide Speichertypen ausgerüstet. Ein gleichzeitiger Betrieb von beiden Speichertypen ist meistens laut Hersteller untersagt, da sie unterschiedliche Spannungen verwenden. Der Nachteil von solchen Motherboards sind weniger Steckplätze für eine bestimmte Sorte von Modulen.

Schneller durch mehr Speicher

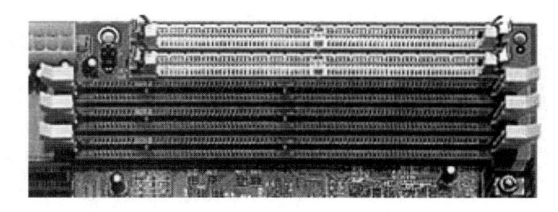

Bild 1.7:
SIMM- und DIMM-Steckplätze auf dem Motherboard.

Noch ein Nachteil ist die Anpassung der Zugriffszeit, falls doch ein Mischbetrieb möglich ist (siehe Seite 77). Die schnellen DIMMs passen sich nämlich den langsamen PS/2-SIMMs an. Ist auf Ihrem Motherboard so eine Mischbestückung vorhanden, entfernen Sie die PS/2-SIMMs und rüsten sie mit den sehr günstigen DIMMs auf. Der Geschwindigkeitszuwachs, besonders bei 32-Bit-Betriebssystemen ist erheblich.

1.4.2 Teure PS/2-SIMMs

Unterstützt Ihr Motherboard nur PS/2-SIMMs, müssen Sie für eine Speichererweiterung schon tiefer in die Tasche greifen als bei DIMMs, denn die Module werden nicht mehr gefertigt und Lagerhaltung kostet eben Geld. Sind Ihre PS/2-SIMM-Steckplätze schon alle belegt, bleibt Ihnen nichts anderes übrig, als eine Bank zu leeren und durch Module mit mehr Kapazität zu ersetzen.

1.4.3 Immer im Duo

PS/2-SIMMs werden immer in einer Bank, die aus zwei, meist nebeneinander liegenden Steckplätzen besteht, eingesetzt. Das resultiert aus dem nur 32 Bit breiten Datenbus der PS/2-SIMMs, die ursprünglich für 486er Boards bestimmt waren. Eine Pentium CPU hat einen 64 Bit breiten Datenbus, deshalb werden zwei Speichermodule in einer Bank benötigt. Sehen Sie vor dem Kauf von Modulen aber unbedingt im Handbuch nach, wie die Bänke von der Speichergröße organisiert werden können, wenn Bank 1 und Bank 2 eine unterschiedliche Größe aufweisen.

1.4.4 Verschiedene Ausführungen

PS/2-SIMMs gibt es in FPM »Fast Page Mode«- und in EDO »Enhanced Data Output«-Ausführung. Äußerlich sind die Module nicht zu unterscheiden, aber in der Boot-Tabelle, gleich nach dem Rechnerstart, werden Informationen zu den verwendeten Speichermodulen angezeigt. Sind keine EDO-Module, sondern FP-Module eingebaut, wird »Bank0 (1) EDO DRAM: No« angezeigt. EDO-Module sind durch eine andere Speichertechnik etwas schneller als FPM-Module, die sowieso nicht mehr im Handel erhältlich sind. Ist auf Ihrem Board eine Bank mit FPM-Modulen bestückt, können Sie in den anderen Bänken bedenkenlos EDO-Module einsetzen, nur innerhalb einer Bank dürfen die Module nicht gemischt werden.

1.4.5 Die Fehlerprüfung

PS/2-SIMMs und DIMMs gibt es auch mit Paritätsprüfung, die durch einen zusätzlichen Parity-Chip auf dem Modul eventuell auftretende Bit-Fehler ermittelt. Das Verfahren ist aber absolut unnötig und verteuert nur die Module. Kaufen Sie, vor allen Dingen wenn Sie nicht genau wissen ob die vorhandenen Module Parity-Module sind oder nicht, welche ohne Parity und schalten Sie die Funktion im BIOS ab.

> **ACHTUNG**
> Motherboards für den Pentium Pro bestehen, je nach Chipsatz, manchmal auf Parity-Module. Beachten Sie die Angaben im Handbuch!

1.4.6 Die Menge macht's

Wieviel Speicher Sie brauchen, hängt in erster Linie vom Betriebssystem und von den Anwendungen ab. DOS und Windows 3.1 laufen mit 16 Mbyte schon ziemlich rund, Windows 95, OS/2 und Linux brauchen dagegen schon 32 Mbyte und für Windows 98 empfehle ich 64 Mbyte. Diese Speichergrößen reichen für Office-Anwendungen völlig aus, für Grafik-intensive Programme sind 64 Mbyte schon das Minimum. Bei einem Server oder einer High-End-Workstation werden schon 128 Mbyte benötigt. Die genaue Kalkulation für den Arbeitsspeicher der einzelnen Programme würde hier aber zu weit führen.

> **TIP**
> Wenn Sie den Speicher mit mehr als 64 Mbyte ausstatten wollen, vergewissern Sie sich, ob der Chipsatz auf dem Motherboard ein Caching von mehr als 64 Mbyte unterstützt. Wird mehr Speicher eingesetzt, bricht die Performance ein und der PC wird langsamer. Die Intel VX- und TX-Chipsätze auf den Sockel -7-Boards sind solche Kandidaten.

1.4.7 Leistungsgewinn

Um wieviel Prozent die Performance nach einer Aufrüstung steigt, kann nicht genau definiert werden, weil dafür zu viele Faktoren eine große Rolle spielen. Haben Sie in Ihrem betagten PC nur 16 Mbyte und erweitern Sie auf 32 Mbyte, ist das eine riesige Leistungs-Gewinnspanne. Von 32 auf 64 Mbyte fällt sie schon nicht mehr so groß aus, da viele Programme weniger Platz im Hauptspeicher belegen. Erst wenn mehrere Programme im Multitasking-Betrieb laufen, kommt der größere Speicher wieder voll zum Tragen.

Mehr Leistung durch BIOS-Tuning

> **TIP**
> Nicht jedes Modul, das in den Steckplatz paßt, funktioniert auch, denn es hängt nicht nur allein vom Steckplatz sondern auch vom Chipsatz und vom BIOS ab. Beachten Sie deshalb die Bezeichnungen der verwendbaren Speicher-Module im Handbuch!

1.5 Mehr Leistung durch BIOS-Tuning

Nicht nur der Austausch von Hardware, sondern auch ihre Konfiguration durch das BIOS »Basic Input Output System« bringt eine enorme Leistungssteigerung, denn es regelt die gesamten Abläufe auf dem Motherboard. Bei Ihrem PC liegt sehr wahrscheinlich nur die Standardeinstellung durch eine automatische Konfiguration im BIOS-Setup vor, die den Rechner aber lediglich am unteren Leistungspotential betreibt. Erst durch eine Optimierung der BIOS-Optionen kann das Potential des Motherboard weitgehend ausgeschöpft werden, denn was nützt eine 450-MHz-CPU, wenn sie sich die meiste Zeit im »Leerlauf« befindet, weil sie ständig auf Daten des Speichers, der Festplatte oder einer anderen Komponente warten muß. So verschwinden dann ohne weiteres 50% und mehr der teuer erkauften Hardware-Leistung in den Tiefen des Systems. Das muß nicht sein, denn durch das ab Seite 169 vermittelte Know-how können Sie das BIOS ihres PC optimal einstellen.

Ein richtig konfiguriertes BIOS steigert nicht nur die Performance, sondern verhindert auch immer wieder auftretende Abstürze des PC. Dadurch sparen Sie sich sehr viel Zeit durch ständige Neustarts, Ärger durch verlorene oder beschädigte Dateien und eventuell auch neue Hardware, da die vorhandene nur falsch konfiguriert ist.

1.5.1 Update und Konfiguration

Es gibt zwei Methoden für das BIOS-Tuning, die aber eng miteinander in Verbindung stehen. Die eine ist das Updaten der BIOS-Software und die andere besteht darin, die Einstellungen im BIOS-Setup optimal anzupassen. Beide zusammen ergeben die optimale Leistungsausbeute des Systems.

Kapitel 2

Die Prozessoren

Die Prozessoren

Wie im vorigen Kapitel schon kurz angesprochen, muß für einen Prozessorwechsel oder für ein neues Motherboard der passende Prozessor ermittelt werden. Sie unterscheiden sich nicht nur durch ihre unterschiedlichen Hardware-Anforderungen, sondern auch in ihrer Leistungsklasse und dem Preis. Nicht jeder 300-MHz-Prozessor der verschiedenen Hersteller bringt dieselbe Leistung. Das ist auch vergleichbar mit der Kraftfahrzeugtechnik: Hier bringt auch nicht jeder Automotor mit 100 kW dieselbe Leistung in einem bestimmten Drehzahlbereich.

2.1 Auswahl des Prozessors

Entscheidende Auswirkungen hat auch der Verwendungszweck des PC auf die Auswahl des Prozessors, denn Office-Anwendungen stellen andere Anforderungen als Spiele oder Grafikprogramme. Damit Sie einen Überblick der einzelnen Prozessoren, der Hersteller und des Verwendungszwecks erhalten, bleibt Ihnen dieses vielleicht etwas trockene Kapitel der Prozessortechnik nicht erspart. Dafür werden Sie aber durch die optimale Auswahl Ihres neuen Prozessors mit einem guten Preis/Leistungsverhältnis belohnt.

> **HINWEIS**
>
> Die Prozessoren der unterschiedlichen Hersteller haben alle verschiedene Produktmerkmale, die überwiegend nur durch Fachbegriffe wiedergegeben werden. Was die Fachbegriffe im einzelnen bedeuten, ist in den Produktmerkmalen für jeden Prozessortyp genau erläutert.

2.1.1 Pentium II, Celeron, Mendocino und Xeon

Der Pentium-Prozessor von Intel ist der bekannteste Prozessortyp überhaupt. Aber was bedeutet eigentlich Pentium? Der Begriff »Pentium« kommt aus dem Lateinischen und bedeutet übersetzt »der Fünfte«, für die fünfte Prozessorgeneration von Intel, die vier Jahre nach der Einführung des Intel486 präsentiert wurde.

2.1.2 Die Pentium-II-Familie

Die derzeit aktuellen Modelle vom Marktführer Intel sind der Pentium II, Celeron, Mendocino, Xeon und der ganz aktuelle Pentium III. Die Fertigung des Pentium MMX ist seit der Einführung des Celeron eingestellt worden. Auch die Modellpalette des Pentium II wird nicht mehr komplett gefertigt. So sind die 233-, 266- und 300-MHz-Versionen des Pentium II nur noch als Restposten zu finden. Der Pentium MMX mit 233 MHz ist nach wie vor noch zu haben. Intel hat sich scheinbar noch einen Lagerbestand von diesem Veteranen angelegt, um damit den scheinbar auslaufenden Markt des Sockel 7 noch mit abzudecken. An diesen Gegebenheiten ist deutlich zu sehen, wie schnell die Entwicklung auf diesem Sektor abläuft. Vor noch nicht einmal zwei Jahren war der Pentium MMX mit 233 MHz noch der Star auf dem Prozessormarkt und jetzt gehört er schon zum alten Eisen. Genauso wird es wahrscheinlich

Der Pentium II

auch dem Pentium II in absehbarer Zeit ergehen, denn es sieht nicht so aus als ob der Geschwindigkeitsrausch der Prozessorhersteller bald ein Ende findet, denn Prozessoren mit mehr als 500 MHz sind schon angekündigt.

2.2 Der Pentium II

Der Pentium II ist mit den Taktfrequenzen von 333 bis 450 MHz und 512 Kbyte integriertem Second-Level-Cache im Handel. Er unterscheidet sich äußerlich von seinen Vorgängern, dem Pentium »S« und »MMX« sowie den Konkurrenzprodukten von AMD, Cyrix/IBM und IDT, durch eine andere Bauform. Er verwendet nicht mehr den langjährig eingesetzten Sockel 7 als Steckplatz, sondern den Slot 1. Der Sockel 7 war angeblich nicht mehr zeitgemäß und für die Zukunft auch nicht leistungsfähig genug. Das ist aber weit gefehlt, denn mittlerweile laufen Prozessoren mit 450 MHz im Sockel 7. Scheinbar hat Intel da nur eine neue Lizenzpolitik mit dem Slot 1 betrieben, um die anderen Hersteller weiterhin auf Distanz zu halten, denn allein Intel hat die Lizenz für den Slot 1. Aber nur durch einen anders aufgebauten Steckplatz Herr der Lage zu bleiben, dürfte in nächster Zeit äußerst schwierig werden, auch wenn Intel in nächster Zeit keine Lizenzen für den Slot 1 an die Konkurrenz weitergibt.

2.2.1 Die Technik des Pentium II

So viel zum neuen Steckplatz des Pentium II. Aber nun zum Innenleben des Prozessors, dem Prozessor-Kernel. Der stammt im wesentlichen vom »Pentium-Pro«, der neben dem Pentium »S« und »MMX« gefertigt wurde. Durch seinen verhältnismäßig hohen Preis wurde er meistens nur für Server und im Highend-Bereich eingesetzt. Die Besonderheit am Pentium-Pro war eine dynamische Ausführung von Befehlen durch eine sogenannte Sprungvorhersage. Kurz erklärt: Durch eine spekulative Ausführung muß der Prozessor weniger Sprungmarken in den Programmabläufen abarbeiten. Wenn der Prozessor weniger »springen« muß, ist auch der Programmablauf flüssiger und somit um einiges schneller.

Zusätzlich wurde er noch um die MMX-Einheit seines Vorgängers erweitert, dem Pentium MMX. Nur beim Second Level Cache wurden Abstriche gemacht, um Produktionskosten zu sparen. Er läuft nicht wie beim Pentium-Pro mit vollem, sondern nur mit halbem Prozessortakt. Der in 0,35-Mikron-Technik gefertigte Pentium II mit dem Codenamen »Klamath« hat vier 7ns schnelle Second-Level-Cache-Module, die mit maximal 150 MHz betrieben werden können. Durch den Multiplikator x2 ist also theoretisch kein höherer Prozessortakt als 300 MHz möglich.

Erst mit der neuen 0,25 Mikron-Technologie war dann der Pentium II mit 333 MHz möglich. Er wurde Anfang 1998 mit dem Codenamen »Deschutes« geboren. Die Second-Level-Cache-Module wurden von vier auf zwei Stück reduziert. In der 333 und 350-MHz-Variante arbeitet der Cache mit einer Zugriffszeit von 5,5 ns, ab der 400-MHz-Variante werden sogar 5-ns-Module verwendet. Mit dem Erscheinen der 350-MHz-Variante wird auch der neue 100-

MHz-Front-Side-Bus verwendet, der nur mit einem dafür ausgelegten Motherboard zur Verfügung steht. Das bringt ca. 10-15% mehr Leistung gegenüber den Vorgängerversionen bis 333 MHz, die alle nur mit 66-MHz-Bustakt betrieben werden.

2.2.2 Die Produktmerkmale

Bild 2.1:
Der Pentium II
Prozessor.

SEC-Kassette

Die SEC-Cartridge »Single Edge Contact« ist eine Gehäuseform, die ausschließlich von Intel verwendet wird. Hier wird durch eine neue Technologie der Prozessorkern und der L2-Cache innerhalb der Kassette durch einen Kunststoff- und Metallverbund integriert. Der Kern, so wie der L2-Cache, der aus BSRAMs in SMD-Technik besteht, ist auf einem PCB »Processorboard« untergebracht. Dadurch sind sehr hohe Taktfrequenzen möglich. Gleichzeitig dienen die auf dem PCB angebrachten Kontakte in Steckerleistenausführung als Verbindung zum Slot 1 des Motherboard. Die empfindlichen PINs der früheren PGA-Gehäuse entfallen damit.

Dynamic Execution

Diese Technik stammt vom Pentium-Pro und ist eine Kombination aus drei Verarbeitungsverfahren, der Multiple Branch Prediction, Datenflußanalyse und Speculative Execution. Damit kann der Prozessor die Daten effizienter verarbeiten, da er nicht immer durch die Sprünge und Verzweigungen im Programmcode seine Arbeit unterbrechen muß, um an anderer Stelle weiterzuarbeiten. Durch die Dynamic Execution arbeitet der Prozessor rationeller, da er die Reihenfolge der Instruktionen vorausbestimmt.

Die Dynamic Execution besteht aus folgenden Verarbeitungsverfahren:

- Multiple Branch Prediction

Sie ist für die Vorausbestimmung des Programmablaufs verantwortlich. Durch einen Algorithmus werden die Sprünge in der Reihenfolge der Befehle vorhergesehen. Das erfolgt mit einer Genauigkeit von über 90%, weil der Prozessor beim Laden der Befehle gleichzeitig weitere Befehlsfolgen analysiert.

Der Pentium II

- Datenflußanalyse

Eine optimale Ausführungsreihenfolge wird durch die Analyse der Befehle mit der Datenflußanalyse erreicht. Der Prozessor ermittelt die dekodierten Befehle der Software und klärt die Verfügbarkeit zur Abarbeitung. Danach wird die optimale Verarbeitungsreihenfolge festgelegt und die Befehle werden in der effizientesten Anordnung ausgeführt.

- Speculative Execution

Damit werden Anweisungen ausgeführt, die am wahrscheinlichsten benötigt werden. Mit der Möglichkeit bis zu fünf solcher Anweisungen gleichzeitig auszuführen, wird die superskalare Architektur des Prozessors immer optimal genutzt, was eine Leistungssteigerung bei der Ausführung der Software bedeutet.

Dual Independent Bus Architektur

Sie stammt auch aus dem Pentium-Pro-Prozessor und wurde zur Überwindung der begrenzten Bandbreite in der Architektur der PC-Plattformen entwickelt. Der Dual Independent Bus ist ein erweiterter Prozessor-Bus, der aus zwei voneinander unabhängigen Bussen besteht, dem L2-Cache-Bus und dem System-Bus, der für den Datenfluß vom Prozessor zum Arbeitsspeicher dient. Durch diese Technik wird der Prozessor nicht gezwungen, die Zugriffe auf die Daten nacheinander auszuführen, denn er kann dadurch gleichzeitig und auch parallel auf Daten zugreifen. Die Bandbreite wird so fast auf das Dreifache gegenüber Prozessoren mit einem Bus mit »altem« Pentium Prozessor erhöht.

Die Intel MMX Technologie

Die MMX »Multimedia Extension« verbessert in erster Linie die Performance von Multimedia- und Kommunikationsanwendungen. Diese verwenden häufig Wiederholungsschleifen, die wiederum sehr viel Ausführungszeit beanspruchen. Durch die SIMD-Technik »Single Instruction, Multiple Data« kann der Prozessor die rechenintensiven Schleifen enorm verringern. Die Funktionsweise beruht darauf, daß ein Befehl auf mehrere Daten gleichzeitig angewendet werden kann. Dazu ist ein Befehlssatz mit 57 leistungsfähigen Befehlen vorhanden, die eine Verarbeitung von Video-, Audio- und Grafikdaten beschleunigen. Die MMX-Technologie hat aber auch einen Nachteil. Sie funktioniert nur dann, wenn der Programmierer diese Befehle auch in seinem Programm verwendet. Ist das nicht der Fall, bleibt MMX wirkungslos.

Pentium II 233 bis 300	
Erscheinungsjahr	1997
Transistoranzahl CPU(Mio.)	7,5
Transistoranzahl L2-Cache(Mio.)	31
CPU-Chip-Fläche	203 mm^2
Herstellungstechnologie	0,35 µm
CPU-Socket	Slot1
Spannung I/O	3,5 V

Die Prozessoren

Pentium II 233 bis 300	
Spannung Kern	2,8 V
First-Level-Cache	je 16 Kbyte für Code und Daten
Second-Level-Cache	512 Kbyte
Second-Level-Taktfrequenz	halber Prozessortakt
Besonderheiten	MMX
Taktfrequenzen	233/266/300 MHz
Bustakt	66 MHz

Pentium II 333 bis 450	
Erscheinungsjahr	1998
Transistoranzahl CPU(Mio.)	7,5
Transistoranzahl L2-Cache(Mio.)	31
CPU-Chip-Fläche	131 mm^2
Herstellungstechnologie	0,25 µm
CPU-Socket	Slot 1
Spannung I/O	3,3 V
Spannung Kern	2 V
First-Level-Cache	je 16 Kbyte für Code und Daten
Second-Level-Cache	512 Kbyte
Second-Level-Taktfrequenz	halber Prozessortakt
Besonderheiten	MMX
Taktfrequenzen	333/350/400/450 MHz
Bustakt	66/100 MHz

Verwendungszweck

Der Pentium II mit 333 MHz ist eine gute Wahl für Einsteiger oder als professioneller Office-PC, der gelegentlich auch für Grafikbearbeitung oder 3D-Spiele eingesetzt werden kann. Für Aufrüster, die ein Motherboard mit LX-Chipsatz zur Verfügung haben, ist er die höchste Ausbaustufe, da er noch den 66-MHz-Bustakt nutzt.

Die 350-MHz-Version liefert kaum mehr Rechenleistung, aber wesentlich mehr Performance durch den Front-Side-Bus. Das macht sich vor allem bei rechenintensiven Programmen wie dem Grafik-Rendering und anderen 3D-Anwendungen bemerkbar.

Versionen ab 400 MHz sind ideal für den professionellen Einsatz aller nur erdenklichen Anwendungen bis hin zum Einsatz als einfacher Netzwerk-Server, dem sogenannten Low-End-Server.

Der Celeron

2.3 Der Celeron

Die Pentium -II-Prozessoren mit der Bezeichnung »Celeron« haben seit Anfang an für großes Aufsehen und unendliche Diskussionen in den Medien gesorgt. Der erste Celeron mit 300-MHz-Taktfrequenz und einem leider fehlenden Second-Level-Cache ist nicht mehr so gut im Rennen, denn eine Geschwindigkeitseinbuße von ca. 40% gegenüber dem größeren Bruder, dem Celeron, der ebenfalls 300 MHz taktet, aber die Zusatzbezeichnung »A« trägt, ist nicht ganz unerheblich. Die Folgemodelle nach dem 300A haben, auch wenn die Zusatzbezeichnung jetzt fehlt, alle wieder einen Cache. Sie werden teilweise auch mit dem Codenamen »Mendocino« angeboten. Eine Verwechslung kann es also nur bei den beiden 300-MHz-Modellen geben. Allen Celeron-Modellen wurden auch die Fähigkeiten des Multiprozessorbetriebs entzogen. Dem kann aber durch einen kleinen Umbau abgeholfen werden (siehe Seite 149).

2.3.1 Die Produktmerkmale

Bild 2.2:
Der Celeron wird ohne Cartridge geliefert.

SEPP

Der Celeron hat keine SEC-Cartridge wie der Pentium II, sondern er besteht aus einem SEPP »Single Edge Processor Package«. Das ist nur das Prozessorboard selbst. Der Grund dafür ist die einfachere Kühlung, denn die zwei wärmeproduzierenden, externen BSRAM-Chips für den L2-Cache werden ja eingespart. Übrig bleibt nur die Kühlung der CPU selbst, und die erledigt ein Kühlkörper, der direkt auf die nackte Steckkarte aufgesetzt wird. Diese Einheit wird dann wie der Pentium II in eine Führungsschiene auf dem Motherboard eingesteckt.

> **VERWEIS**
>
> *Dynamic Execution*, Beschreibung siehe Seite 38.
>
> *Dual Independent Bus Architektur*, Beschreibung siehe Seite 39.
>
> Intel *MMX Technologie*, Beschreibung siehe Seite 39.

Die Prozessoren

Pentium II Celeron	
Erscheinungsjahr	1998
Transistoranzahl CPU(Mio.)	7,5
Transistoranzahl L2-Cache(Mio.)	
CPU-Chip-Fläche	131 mm²
Herstellungstechnologie	0,25 µm
CPU-Socket	Slot 1
Spannung I/O	3,3 V
Spannung Kern	2 V
First-Level-Cache	je 16 Kbyte für Code und Daten
Second-Level-Cache	nein
Second-Level-Taktfrequenz	kein Cache
Besonderheiten	MMX
Taktfrequenzen	266/300 MHz
Bustakt	66 MHz

Verwendungszweck

Der Pentium II Celeron mit 300 MHz ist eine gute Wahl für Einsteiger, die in den Genuß des Slot 1 kommen wollen. Für Spiele bietet der Prozessor eine gute Performance. Im Office-Bereich sind jedoch schon kleine Abstriche zu machen. Für professionelles Arbeiten mit rechen- und grafikintensiven Programmen ist er weniger geeignet. Das Preis/Leistungsverhältnis ist durch den neuen Celeron »A« nicht mehr so ausgeglichen, er bleibt aber ein Geheimtip für Übertakter.

2.4 Der Celeron A »Mendocino«

Der neue Celeron, mit der Zusatzbezeichnung »A« bei der 300-MHz-Version und ohne »A« ab der 333-MHz-Version, hat wieder einen L2-Cache spendiert bekommen. Er ist zwar nur 128 Kbyte groß, läuft aber im Gegensatz zum Pentium II mit der vollen und nicht nur mit der halben Taktfrequenz des Prozessors. Damit ist er fast genauso schnell wie ein Pentium II mit gleicher Taktfrequenz. Ein Unterschied bei der Ausführung von Office-Anwendungen oder 3D-Spielen mit einem 512 Kbyte großen Cache des Pentium II, der nur mit halber Taktfrequenz läuft oder ein 128 Kbyte großer Cache eines Celeron A, der mit voller Taktfrequenz läuft, ist kaum spürbar. Die Benchmark-Tests mit Sysmark 32 von Bapco www.bapco.com beweisen es deutlich.

Der niedrigere Preis der »A«-Version resultiert aus der Fertigungstechnik. Der 128 Kbyte große Cache braucht sehr wenig Platz und ist deshalb direkt auf der CPU Core untergebracht und nicht als separater Baustein auf dem Prozessorboard wie beim Pentium II und Xeon.

Der Celeron A »Mendocino«

2.4.1 Die Produktmerkmale

Bild 2.3:
Wie der Celeron, so wird auch die A-Version und seine Nachfolger ohne Cartridge ausgeliefert.

> **VERWEIS**
>
> *SEPP*, Beschreibung siehe Seite 41
>
> *Dynamic Execution*, Beschreibung siehe Seite 38.
>
> *Dual Independent Bus Architektur*, Beschreibung siehe Seite 39.
>
> Intel *MMX Technologie*, Beschreibung siehe Seite 39.

Pentium II Celeron A	
Erscheinungsjahr	1998
Transistoranzahl CPU(Mio.)	7,5
Transistoranzahl L2-Cache(Mio.)	11,5
CPU-Chip-Fläche	154 mm^2
Herstellungstechnologie	0,25 µm
CPU-Socket	Slot1
Spannung I/O	3,3 V
Spannung Kern	2 V
First-Level-Cache	je 16 Kbyte für Code und Daten
Second-Level-Cache	128 Kbyte
Second-Level-Taktfrequenz	voller Prozessortakt
Besonderheiten	MMX
Taktfrequenzen	300/333 MHz
Bustakt	66 MHz

Verwendungszweck

Der Pentium II Celeron A mit 300 und die Folgemodelle von 333-400 MHz sind wie der Pentium II eine gute Wahl für Einsteiger oder als professioneller Office-PC der auch bestens für 3D-Spiele und gelegentlich auch für Grafikbearbeitung oder Rendering eingesetzt werden kann. Er ist auch für Aufrüster und Übertakter bestens geeignet. Die dabei erreichbare Performance ist enorm.

2.5 Der Xeon

Er ist äußerlich gleich vom Pentium II zu unterscheiden durch die viel größere Cartridge, den in drei Ebenen ausgeführten Slot 2-Kontaken (330 Pins) und dem fast dreimal so hohen Gewicht. Auch der Preis zeigt sofort, daß er nicht als Ersatz für den P II im privaten Bereich gedacht ist, sondern der endgültige Nachfolger des Pentium-Pro, also ein reinrassiger Prozessor für den Einsatz in einem Server oder einer Highend-Workstation.

2.5.1 Verschiedene Cache-Größen

Der Xeon besitzt zwar den gleichen Kern, den »Deschutes« wie der Pentium II, der leistungsbestimmende Unterschied aber liegt im L2-Cache. Er läuft beim Xeon wieder mit dem vollen Prozessortakt wie beim Pentium-Pro und nicht nur mit dem halben des Pentium II. Auch die Größe des L2-Cache ist stufenweise erweitert worden. So kann nicht nur die Taktfrequenz, sondern auch der L2-Cache des Xeon ausgewählt werden. Außer den standardmäßigen 512 Kbyte sind auch 1 Mbyte und in vorhersehbarer Zeit 2 Mbyte möglich. Damit kann genau sein Einsatzgebiet definiert werden, denn der Cache läßt sich sehr teuer bezahlen. Für eine Highend-Workstation reichen deshalb 512 Kbyte aus, ein Server dagegen kann je nach Auslastung 1 oder sogar 2 Mbyte vertragen. Ein weiterer Unterschied liegt in der Verwaltung des Arbeitsspeichers. Der Pentium II bis zur 333 MHz-Version kann nur 512 Mbyte RAM verwalten, alle Nachfolger 4 Gbyte wie der Pentium-Pro, der Xeon schafft sogar 64 Gbyte. Hier liegen die Unterschiede für den Servereinsatz klar auf der Hand, denn der Arbeitsspeicher kann nie genug sein. Auch ein Multiprozessorbetrieb mit bis zu 8 Prozessoren auf einem Motherboard ist möglich.

2.5.2 Das PI-ROM

Im Prozessormanagement hat sich ebenfalls etwas geändert. Der Xeon ist jetzt mit einem PI-ROM »Prozessor Informations ROM« ausgestattet. In dieses ROM sind Informationen über den Prozessor gespeichert, die ausgelesen werden können. Damit wirkt es wie ein elektronisches Siegel. Es ist jetzt nicht mehr möglich, den Prozessor unbemerkt zu manipulieren. Unter anderem sollen dadurch Betrügereien durch ein professionelles »Umlabeln« auf eine höhere Taktfrequenz verhindert werden.

Prozessoren in dieser Klasse werden hauptsächlich in Unternehmen eingesetzt, deshalb verfügt der Xeon über noch eine Neuerung, das Scratch EEPROM. Es kann vom Händler mit Informationen der Konfiguration, der Inventarnummer oder ähnlichen Daten programmiert werden.

2.5.3 Nachfolger sind angesagt

Im ersten Halbjahr 1999 wird der »Deschutes-Kern« des Xeon wahrscheinlich dem Nachfolger, der den Code Namen »Tanner« trägt, weichen müssen und im zweiten Halbjahr soll dann schon der »Cascades« folgen. Ob diese Spekulatio-

Der Xeon

nen zutreffen, ist noch genauso offen wie das Erscheinen des 64-Bit-Prozessors »Merced« im neuen Jahrtausend.

2.5.4 Die Produktmerkmale

Bild 2.4:
Der Xeon ist wesentlich größer und auch schwerer als der Pentium II.

> **VERWEIS**
>
> *SEC-Kassette*, Beschreibung siehe Seite 38.
>
> *Dynamic Execution*, Beschreibung siehe Seite 38.
>
> *Dual Independent Bus Architektur*, Beschreibung siehe Seite 39.
>
> Intel *MMX Technologie*, Beschreibung siehe Seite 39.

Temperatursensor

Er ist direkt als temperaturabhängige Diode in den Chip integriert und dient zum Schutz vor Überhitzungsschäden, die z.B. durch einen defekten Lüfter entstehen können. Die Temperatur wird ständig überwacht und bei Bedarf wird ein Herunterfahren des Systems veranlaßt. Somit sind Schäden am Prozessor oder am System weitgehend ausgeschlossen.

PI-ROM

Das PI-ROM »Prozessor Informations ROM« dient zum Speichern von prozessorspezifischen Daten, Betriebsparametern und Funktionsmerkmalen. Das ROM »Read Only Memory« ist ein Nur-Lese-Speicher, deshalb können die darin befindlichen Daten nicht manipuliert werden. Folgende Daten sind enthalten:

- Adress-Header für eine flexible Programmierung
- QDF/S-spec, »Version« des Prozessors und Status-Bit der Fertigung

Die Prozessoren

- Informationen über den Prozessorkern, z.B. CPUID, maximale Taktfrequenz, Betriebsspannung und Spannungstoleranz
- Angaben zur Version der SEC-Kassette und des Prozessorboards
- Artikelnummer des Prozessors und elektronische Signatur
- Referenzwerte für die Temperaturüberwachung
- Flags für die Funktionsmerkmale des Prozessorkerns und der Kassette

Scratch-EEPROM

- Das Scratch-EEPROM »Electrically Erasable and Programmable Read-Only Memory« ist ein werkseitig nicht vorprogrammierter Baustein. Er kann vom Systemhersteller benutzt werden, um sinnvolle Informationen darin festzuhalten. Folgende Informationen könnten z.B. gespeichert werden:
- Technische Daten des Systems
- Durchgeführte Serviceaktionen
- Einstellungen für die Installation
- Daten über die Systemnutzung

Xeon	
Erscheinungsjahr	1998
Transistoranzahl CPU(Mio.)	7,5
Transistoranzahl L2-Cache(Mio.)	512 Kbyte 30, 1 Mbyte 62
CPU-Chip-Fläche	131 mm^2
Herstellungstechnologie	0,25 µm
CPU-Socket	Slot2
Spannung I/O	3,3 V
Spannung Kern	2 V
First-Level-Cache	je 16 Kbyte für Code und Daten
Second-Level-Cache	512 und 1024/2048 Kbyte in Vorbereitung
Second-Level-Taktfrequenz	voller Prozessortakt
Besonderheiten	MMX
Taktfrequenzen	400/450 MHz
Bustakt	100 MHz

Verwendungszweck

Der Xeon ist für den Highend-Workstation- und Servereinsatz im Unternehmensbereich gedacht. Durch die Auswahl der Größe des teuren L2-Cache kann das Einsatzgebiet des Prozessors definiert werden.

Der Pentium III

2.6 Der Pentium III

Der Pentium III mit dem Codenamen »Katmai« basiert auf dem traditionellen Prozessorkern in der 0,25 Mikron-Technologie des letzten Pentium II. Er hat wie sein Vorgänger 512 Kbyte integrierten Second-Level-Cache, der auch mit halbem Prozessortakt arbeitet. Nur ein neuer 3D-Befehlssatz ist hinzugekommen. Das Zauberwort dafür heißt »KNI« und besteht aus 70 neuen Befehlen. Also nicht viel Neues, denn er nutzt nach wie vor den Slot 1 und gibt sich auch mit dem BX-Chipsatz eines konventionellen Pentium –II-Motherboard zufrieden. Lieferbar ist er in den Taktfrequenzen von 450 und 500 MHz. Bis zur Jahresmitte '99 wird die Taktfrequenz der Prozessoren erhöht und der 133-MHz-Front-Side-Bus kommt mit dem Camino-Chipsatz zum Zuge.

2.6.1 Der Pentium III als A-Version

Ende '99 oder Anfang 2000 erscheint voraussichtlich der Pentium IIIA, der unter dem Codenamen »Coppermine« entwickelt wird. Er soll der erste Prozessor werden, der in 0,18-Mikron-Technologie gefertigt wird. Im Prinzip ist es ein Celeron-Chip mit doppelt so großem L2-Cache und dem KNI-Befehlssatz. Wie sich die P6-Architektur weiterentwickelt bleibt abzuwarten.

2.6.2 Die Produktmerkmale

Bild 2.5:
Der Pentium III ähnelt stark dem Pentium II.

> **VERWEIS**
>
> *SEC-Kassette*, Beschreibung siehe Seite 38.
>
> *Dynamic Execution*, Beschreibung siehe Seite 38.
>
> *Dual Independent Bus Architektur*, Beschreibung siehe Seite 39.
>
> Intel *MMX-Technologie*, Beschreibung siehe Seite 39.

Die Prozessoren

Die Intel KNI Technologie

Die KNI »Katmai New Instructions« besteht aus 70 neuen 3D-Befehlen, die vor allem 3D-Spiele, Videoanwendungen und die Spracherkennung beschleunigen. Die KNI-Technologie funktioniert wie MMX auch nur dann, wenn der Programmierer diese neuen Befehle in seinem Programm verwendet.

Die Seriennummer

Eine Neuheit im Pentium -III-Prozessor ist die Seriennummer. Sie ist für eine System- und Anwenderidentifikation z.B. für die Authentifizierung von Teilnehmern in Chat-Räumen, bei E-Commerce-Transaktionen, im Informations- oder Inventarmanagement vorgesehen. Vor allem im Bereich des Internet soll sie zusätzliche Sicherheiten bringen. Dazu ist eine 96 -Bit-Nummer in den Prozessorkern einprogrammiert, die nicht geändert werden kann. In den oberen 32 Bit der Nummer befindet sich ein CPUID-Code, der auch schon in den vorangegangenen Prozessoren vorhanden war. Er dient zur Identifikation des Prozessortyps und der Herstellungsversion. In den unteren 64 Bit ist eine spezifische Seriennummer enthalten, die jeden Prozessor eindeutig kennzeichnet. Damit diese ausgelesen werden kann, gibt es wie für die CPUID einen Lesebefehl, den Programme ausführen können. Zusätzlich kann durch einen Deaktivierungsbefehl das Auslesen der Seriennummer von Programmen verhindert werden. Für diese Deaktivierung stellt Intel ein Utility-Programm für Windows 95/98 und NT 4.0 zur Verfügung, mit dem auch der im Moment gewählte Status in der Taskleiste des Betriebssystems angezeigt wird. In Kürze wird es auch möglich sein, die Aktivierung oder Deaktivierung der Seriennummer im BIOS-Setup des PC einzustellen.

Pentium III	
Erscheinungsjahr	1999
Transistoranzahl CPU(Mio.)	9
CPU-Chip-Fläche	140 mm^2
Herstellungstechnologie	0,25 µm
CPU-Socket	Slot 1
Spannung I/O	3,3 V
Spannung Kern	2 V
First-Level-Cache	je 32 Kbyte für Code und Daten
Second-Level-Cache	512 Kbyte
Second-Level-Taktfrequenz	halber Prozessortakt
Besonderheiten	MMX
Taktfrequenzen	450/500 MHz
Bustakt	100 MHz

Verwendungszweck

Der Pentium III mit 450 und 500 MHz ist ideal für den professionellen Einsatz aller nur erdenklichen Anwendungen bis hin zum Einsatz als Highend-Workstation oder einfacher Netzwerk-Server.

AMD mit dem K6-2 3Dnow! und K7

2.7 AMD mit dem K6-2 3Dnow! und K7

Der größte Mitbewerber auf dem Prozessormarkt sorgt wieder einmal für ein spannendes Prozessorduell. Nach dem nicht mehr produzierten K5 und dem erfolgreichen K6-2 Modell trumpft AMD mit dem K6-2 3Dnow! auf. Ein völlig neuer Prozessor der sechsten Generation, und die siebte läßt auch nicht mehr lange auf sich warten, denn sie soll im ersten Halbjahr 1999 erscheinen. Aber bis dahin kommt der K6-2 3Dnow! mit immer höheren Taktfrequenzen auf den Markt, und das in einer schon für ausgestorben erklärten Sockel -7-Technik.

2.8 Der K6-2 3Dnow!

Der AMD K6-2 3Dnow! ist mit den Taktfrequenzen von 266 bis 400 MHz im Handel. Er unterscheidet sich im Gegensatz zu Intels Vorgängermodellen nicht in seiner Bauform, denn der K6-2 3Dnow! nutzt immer noch den altbewährten und zu vielen Systemen kompatiblen Sockel 7. Das Innenleben hat er vom K6-2 weitgehend übernommen, zusätzlich wurden ihm 21 neue Befehle für die 3Dnow!-Technologie und eine Erweiterung der FPU »Floating Point Unit« eingepflanzt. Sie kann jetzt zwei Gleitkommabefehle mit einfacher Genauigkeit gleichzeitig abarbeiten, was auch einen Vorteil für 3D-Spiele mit sich bringt. Ab der 400-MHz-Version enthält er sogar einen komplett modifizierten Kern, um noch mehr Leistung in allen Bereichen herauszuholen.

Bild 2.6: Der AMD-K6-2 3Dnow! steht dem Pentium II vor allem bei Spielen nicht mehr nach.

2.8.1 Die 3Dnow! Technologie

Um den ständig steigenden Anforderungen der 3D-Anwendungstechnik nachzukommen, hat AMD eine neue Technologie entwickelt um den Engpässen, die zwischen Prozessor und Grafikkarte entstehen, weitgehend entgegenzuwirken.

Die heute in der PC-Anwendungstechnik eingesetzten realitätsgetreuen, virtuellen Darstellungen erfordern eine extrem leistungsstarke Hardware zur Berechnung der Grafiken. Die Palette der Programme reicht dabei von 3D-Spielen über die Bearbeitung von Fotos, der Darstellung von Tabellen, Präsentationen, Internetanwendungen, DVD-Wiedergabe u.v.m. Der Prozessor ist dabei immer das schwächste Glied in der Kette der 3D-Verarbeitung. Er kann die erforderlichen Daten nicht mehr schnell genug an die 3D-Grafikkarte liefern. Dadurch entstehen meist sichtbare Verzögerungen im Grafikaufbau.

Die Prozessoren

2.8.2 Neue Instruktionen

Mit der 3Dnow!-Technologie, die auf der MMX Basis von Intel beruht, ist AMD ein Fortschritt bei den x86-CPUs gelungen. Der neue Befehlssatz mit den zusätzlichen 21 Instruktionen für die 3D-Berechnungen bringt eine enorme Beschleunigung gegenüber den herkömmlichen Prozessorkommandos. Wie bei MMX können auch hier mit nur einer Instruktion mehrere Daten gleichzeitig modifiziert werden. Diese SIMD »Single Instruction Multiple Data«-Technik wird bei MMX nur für Ganzzahlenoperationen verwendet, 3Dnow! kann sogar Fließkommaoperationen damit ausführen. Es wirkt sozusagen wie eine »MMX-FPU«. Der K6-2 3Dnow! kann vier Fließkommakalkulationen in einem einzigen Takt ausführen. Das entspricht bei einer Taktfrequenz von 300 MHz etwa 1,2 Gigaflops, ein Pentium II dagegen bringt es nur auf 0,3 Gigaflops.

2.8.3 MMX verbessert

Ebenfalls verbessert wurde auch die schon im älteren K6 verwendete herkömmliche MMX-Einheit. Sie kann jetzt nicht mehr nur eine, sondern zwei Instruktionen pro Takt abarbeiten. Damit wird in etwa die Leistung eines Pentium II erreicht. Eine zusätzliche Instruktion übernimmt außerdem eine schnellere MPEG-Dekodierung. Noch eine Verbesserung wird durch das ebenfalls neue Kommando FEMMS »Fast Entry/Exit Multimedia State« erreicht. Es vermeidet unnötige Wartezyklen beim Wechsel von MMX- und Fließkommacode.

2.8.4 Die 3D-Darstellung

Das Funktionsprinzip einer 3D-Darstellung ist die sogenannte Grafik-Pipeline, die aus vier Stufen besteht:

1. In dieser Stufe wird das reale Umfeld und die darin befindlichen Objekte anhand mathematischer Modelle berechnet.

2. Die CPU transformiert die mathematischen Koordinaten für die Bewegung der Objekte sowie der möglichen Lichtquellen und Einflüsse von versteckten Objekten in eine dreidimensionale Darstellung.

3. Im Triangle-Setup wird durch eine Dreiecksberechnung die Perspektive für das Szenario berechnet. Die CPU beginnt mit der Erstellung für eine 3D-Ansicht und die Grafikkarte beendet diesen Vorgang.

4. Die letzte Stufe bildet das Rendering. Hier bleiben die 3D-Funktionen des Prozessors weitgehend ungenutzt. Die Grafikkarte verleiht den vom Rechner erzeugten Objekten die Oberflächenstruktur.

> **HINWEIS**
>
> Laut AMD beträgt der Leistungsvorsprung gegenüber eines Pentium II etwa das Vierfache in der Stufe 2 und ca. 15% in der Stufe 3 bei gleicher Taktfrequenz.

Der K6-3 3Dnow

K6-2 3Dnow!	
Erscheinungsjahr	1998
Transistoranzahl CPU(Mio.)	9,3
CPU-Chip-Fläche	82 mm²
Herstellungstechnologie	0,25 µm
CPU-Socket	Socket 7/Super Socket 7
Spannung I/O	3,3 V
Spannung Kern	2,2 V
First-Level-Cache	je 32 Kbyte für Code und Daten
Second-Level-Cache	je nach Motherboard
Second-Level-Taktfrequenz	66/95/100 MHz
Besonderheiten	MMX/3 Dnow
Taktfrequenzen	266/300/333/350/366/380/400 MHz
Bustakt	66/95/100 MHz

Verwendungszweck

Der K6-2 3Dnow! ist der ideale Prozessor für alle Multimedia-Anwendungen. Im Preis/Leistungsverhältnis ist er nach wie vor unschlagbar. Empfehlenswert ist jedoch, die Taktfrequenz nicht zu niedrig auszuwählen. 350 MHz sollten es schon sein, um in den Genuß der ruckelfreien Bilder zu kommen.

2.9 Der K6-3 3Dnow

Eine Zwischenlösung zum K7 ist wahrscheinlich der unter dem Code namen »Sharptooth« angekündigte K6-3 3Dnow. Er ist mit 400 und 450 MHz ab Anfang 1999 verfügbar. Genau wie der K6-2 unterstützt auch er 3Dnow.

Bild 2.7: Der K6-3 3Dnow mit »On-Die Cache« ist der erste Sockel -7- Prozessor der einen integrierten L2-Cache besitzt.

2.9.1 Fortschrittlicher On-Die-Cache

Die auffallendste Neuerung für einen Sockel -7-Prozessor ist aber der im Prozessorkern integrierte On-Die-L2-Cache wie beim Intel Celeron 300A bis 400. Der ist im K6-3 aber nicht nur 128 Kbyte sondern 256 Kbyte groß und läuft wie beim Celeron auch mit dem vollen Prozessortakt. Damit ist er im Moment der Sockel -7-Prozessor mit dem größten internen Cache, denn der L1- und L2-Cache zusammen ergeben satte 320 Kbyte.

2.9.2 Das TriLevel Cache Design

Außerdem besticht er noch durch das TriLevel Cache Design, denn der auf dem Sockel-7-Motherboard vorhandene Cache, der normalerweise als L2-Cache von den Prozessoren genutzt wird, ist beim K6-3 der L3-Cache. Rechnet man die internen 320 Kbyte mit den 1024 Kbyte des Motherboard zusammen, kommt der Prozessor auf 1344 Kbyte Cache-Speicher. Da muß selbst der neue Pentium III passen, denn er kommt mit 32 Kbyte internem und 512 Kbyte externem Cache nur auf 544 Kbyte. Der K6-3 hat somit bis zu 2,5mal mehr Systemcache zur Verfügung und zudem läuft bei ihm der L2-Cache nicht nur mit dem halben, sondern mit dem vollen Prozessortakt. Dieser Umstand dürfte ausreichen, um die Konkurrenz abzuhängen. Trotz des TriLevel Cache Designs braucht er kein spezielles Motherboard, sondern er paßt in fast jedes vorhandene Sockel-7-Board mit 100-MHz-Front-Side-Bus. Nicht nur die Leistung, sondern auch der Preis kann bei diesem Produkt überzeugen.

K6-3 3Dnow!	
Erscheinungsjahr	1999
Transistoranzahl CPU mit Cache (Mio.)	21
CPU-Chip-Fläche	118 mm^2
Herstellungstechnologie	0,25 µm
CPU-Socket	Socket 7/Super Socket 7
Spannung I/O	3,3 V
Spannung Kern	2,4 V
First-Level-Cache	je 32 Kbyte für Code und Daten
Second-Level-Cache	256 Kbyte
Second-Level-Taktfrequenz	voller Prozessortakt
Third-Level-Cache	je nach Motherboard
Besonderheiten	3 Dnow
Taktfrequenzen	400/450 MHz
Bustakt	100 MHz

Verwendungszweck

Der K6-3 3Dnow ist wie sein kleinerer Bruder der ideale Prozessor für alle Office- und Multimedia-Anwendungen. Er verfügt über das im Moment modernste x86-CPU-Design und kann dadurch auch mit den Slot1-Prozessoren ohne weiteres mithalten. Auch zum Aufrüsten vorhandener Systeme, die beispielsweise mit einem AMD K6-2 laufen, ist er optimal geeignet.

2.10 Der K7

Der K7 ist eine komplette Neuentwicklung und wird wahrscheinlich erst Mitte 1999 auf den Markt kommen. Dafür lohnt sich aber das Warten auf die ersten Tests, denn laut Vorankündigung ist der K7 ein echter Alptraum für Intel. Er verwendet nicht nur eine neue Architektur, sondern auch einen neuen Steckplatz, nämlich den Slot A.

Cyrix — enorm günstig

2.10.1 Ein neues Protokoll

Er wird nicht mit dem P6 GLT+ Protokoll betrieben wie es auch Intel verwendet, sondern mit dem EV6, das auch für die Alpha CPUs von Digital eingesetzt wird. Der gravierende Unterschied liegt in der »Point to Point« Kommunikation, die eine Verbindung mit 200 MHz zu den einzelnen CPUs im Multiprozessorbetrieb herstellt. Das GLT+ Protokoll von Intel läuft dagegen nur mit 100 MHz. Auch die neuen Speicherarchitekturen wie etwa Direct RDRAM und DDR SDRAM können vom K7 erstmals voll genutzt werden.

2.10.2 Vergrößerter Cache

Ein entscheidender Vorsprung ist auch ein entsprechend großer L1-Cache, der mit den immer höher werdenden CPU-Geschwindigkeiten notwendig wird, um den Prozessor ausreichend zu entlasten. Mit 128 Kbyte ist er beim K7 einigermaßen großzügig ausgefallen. Der aktuelle Pentium II hat gerade einmal 32 Kbyte und der neue »Katmai« wird vermutlich 64 Kbyte mitbringen.

Der L2-Cache ist ebenfalls sehr wichtig für die Performance des Prozessors. Der K7 hat ein im Prozessor integriertes Tag RAM mit dem der 512-Kbyte-L2-Cache kontrolliert werden kann. Das wäre wohl etwas mager, aber ein externes Tag RAM auf dem Prozessorboard kann dann zwischen 2 und 8 Mbyte verwalten. Die Geschwindigkeit wird zwischen einem Drittel- und vollem Prozessortakt schwanken.

2.10.3 Cachable Area von 64 Gbyte

Der Hauptspeicher kann wie beim Intel »Deschutes« bis 64 Gbyte adressiert werden. Der Adressraum ist dann aber wie beim Slot 1 auf 4 Gbyte limitiert, die Cachable Area wird aber für den gesamten Adressraum von 64 Gbyte verfügbar sein.

2.10.4 Parallel Pipelines

Ein großer Fortschritt ist auch die FPU des K7, denn sie hat gleich drei parallel arbeitende Pipelines, die für genügend Power im grafischen Anwendungsbereich sorgen.

Das waren nur die herausragenden Neuerungen des K7, denn alles in allem kann er noch eine Menge mehr. Das würde aber den Rahmen dieses Buches sprengen. Wer die Wartezeit in Kauf nimmt und sich ein neues Motherboard mit dem Slot A zulegen möchte, der stößt mit dem K7 in eine neue Leistungsdimension der Prozessoren vor.

2.11 Cyrix — enorm günstig

Die Modellpalette von Cyrix enthält derzeit den 6x86 MX, den M II und den MediaGX. Der 6x86 MX und der M II sind haargenau die gleichen Prozessoren. Der Grund für die unterschiedlichen Bezeichnungen liegt in der Firmenstrategie von Cyrix und IBM. Da Cyrix über keine eigene Produktionsanlage verfügt, werden alle Prozessoren bei IBM gefertigt. Der Kern für beide CPUs stammt von Cyrix, nur das Marketing beider Firmen unterscheidet sich voneinander. Cyrix verwendet den Namen M II um der Bezeichnung von Intel vergleichsweise näher zu kommen und IBM bleibt seinem 6x86MX treu verbunden.

2.11.1 Der 6x86 MX und M II

Cyrix/IBM-Prozessoren unterscheiden sich von den anderen Herstellern aber grundlegend in der Angabe der CPU-Taktfrequenz. Sie verwenden das sogenannte P-Rating. Darunter versteht man den Vergleich zum Pentium II mit einem vorbestimmten Benchmark-Programm. Damit erreicht dann ein IBM 6x86 MX PR333 etwa dieselbe Performance wie ein Pentium II mit 333 MHz. Dieser Vergleich trifft aber nur auf den im Benchmark definierten Bereich zu. Das sind reine Office-Programme wie Textverarbeitung und Tabellenkalkulation. Für genau diese Anwendungen ist der M II und MX auch ideal ausgelegt, denn dafür sorgt der »Unified Cache«. Im Gegensatz zu den Prozessoren der anderen Hersteller, die einen zweigeteilten L1-Cache für Daten und Codesegmente benutzen, ist er beim M II und MX in der vollen Größe von 64 Kbyte beiden Aufgaben gewachsen. Das bringt in den meisten Fällen ein Leistungsplus im Office-Bereich.

Bild 2.8:
Der Cyrix/IBM M II mit der Cyrix Bezeichnung; beide Prozessoren haben denselben Kern.

Cyrix M II, IBM 6x86 MX bis PR 266	
Erscheinungsjahr	1997
Transistoranzahl CPU(Mio.)	6,5
CPU-Chip-Fläche	197 mm^2
Herstellungstechnologie	0,35 µm
CPU-Socket	Socket 7
Spannung I/O	3,3 V
Spannung Kern	2,9 V
First-Level-Cache	64 Kbyte unified
Second-Level-Cache	je nach Mainboard

Cyrix – enorm günstig

Cyrix M II, IBM 6x86 MX bis PR 266	
Second-Level-Taktfrequenz	60/66/75/83 MHz
Besonderheiten	MMX
Taktfrequenzen	133 oder 150 MHz = PR 166, 150 oder 166 MHz = PR 200, 188 MHz = PR 233, 208 MHz = PR 266
Bustakt	66/66/75/83 MHz

Bild 2.9: Der Cyrix/IBM MX mit der IBM Bezeichnung; beide Prozessoren haben denselben Kern.

Cyrix M II, IBM 6x86 MX PR 300/333	
Erscheinungsjahr	1998
Transistoranzahl CPU(Mio.)	6,8
CPU-Chip-Fläche	187 mm²
Herstellungstechnologie	0,30 µm
CPU-Socket	Socket 7
Spannung I/O	3,3 V
Spannung Kern	2,9 V
First-Level-Cache	64 Kbyte unified
Second-Level-Cache	66/75/83 MHz
Second-Level-Taktfrequenz	225 oder 233 MHz = PR 300, 250 MHz = PR 333
Besonderheiten	MMX
Taktfrequenzen	66/75/83 MHz
Bustakt	66/95/100 MHz

Verwendungszweck

Diese beiden Prozessortypen eignen sich hervorragend für den Office-Bereich. Anwendungen mit aufwendigen Fließkommaberechnungen verzeichnen dagegen einen Leistungseinbruch, da die Fließkommaeinheit im Kern wesentlich schwächer ist als die der Konkurrenten. Auch als günstige Upgrade-Prozessoren können sich die beiden sehen lassen. Voraussetzung ist dafür natürlich ein Motherboard mit geteilten Spannungen.

2.12 Der Media GX

Der Media GX-Prozessor unterscheidet sich erheblich von der Architektur der anderen Prozessoren, denn er verfügt über ein integriertes PCI-Interface, an das die Funktionen einer Audio- und Grafikkarte sowie der Hauptspeicher gekoppelt sind. Dazu benötigt er aber ein entsprechendes Motherboard, auf dem unter anderem auch ein Companion-Chip von Cyrix, der Cx5530 montiert ist. Er enthält die »north-« und »south bridge«, den Controller für den Hauptspeicher.

Bild 2.10:
So sieht das Motherboard für den Media GX aus.

Diese Technik hat Cyrix für den Einsatz in »Low-Cost« PCs vorgesehen, denn eine zusätzliche Grafik- und Soundkarte entfällt. Die im Chip integrierten Multimedia-Komponenten sollen auch noch für schnelleren Datenaustausch als über einen externen Bus sorgen.

- XpressRAM

Mit der XpressRAM-Technologie vermeidet der MediaGX die Verzögerungen von Daten, die zwischen dem L2-Cache und dem Hauptspeicher entsteht. Durch das Plazieren des Memory-Controller auf dem Chip können die Daten direkt zum SDRAM und zurück zur CPU gesendet werden, ein L2-Cache ist nicht mehr erforderlich.

Bild 2.11:
Der Media GX hat äußerlich dasselbe Design wie alle anderen Sockel -7- Prozessoren auch.

Der MXi

- XpressGRAPHICS

Durch die XpressGRAPHICS ist keine externe Grafikkarte erforderlich. In einem traditionellen PC werden die Daten von der CPU durch den langsamen PCI- oder AGP-Bus an die Grafikkarte gesendet. Durch die Integration des Grafik-Controller und Grafikbeschleunigers in den Prozessor werden die Grafiken mit der vollen Megahertz-Geschwindigkeit der CPU verarbeitet. Der erforderliche Grafikspeicher wird dazu vom Hauptspeicher abgezweigt. Die Auflösung beträgt maximal 1280x1024 mit 24 Bit per Pixel.

- XpressAUDIO

Die XpressAUDIO-Technologie übernimmt die Funktion einer externen Soundkarte. Sie ist mit Industriestandard-Soundkarten kompatibel und erzeugt den Klang direkt mit dem Prozessor. Die Performance ist mit einer externen Soundkarte identisch.

Verwendungszweck

Der MediaGX ist für den Markt der »Low cost« PCs bestimmt. Durch die Integration der Multimedia- und Systemfunktionen werden Kosten und Arbeitszeit bei der Fertigung der gesamten Einheit eingespart. Ein Aufrüsten des vorhandenen PCs oder ein Austausch des darin enthaltenen Prozessors durch eine höher getaktete Variante lohnt sich nicht.

2.13 Der MXi

Der MXi wird eine weitere Variante des M II und des MediaGX. Dazu versucht Cyrix aus den beiden vorhandenen Chips einen zu erstellen. Er soll die Schnelligkeit vom M II und die Multimedia-Komponenten vom GX vereinen. Außerdem wird die Gleitkommaeinheit verbessert und 15 neue Befehle sorgen für eine schnellere Verarbeitung der Multimedia-Anwendungen. Der Bus zum Hauptspeicher wird auf 128 Bit erweitert. Eine schnelle 3D-Grafik, die mit einem virtuellen AGP-Bus arbeitet sowie 3D-Audio und DVD-Unterstützung mit MPEG-2-Funktionen runden das Konzept ab. Mit welchem Steckplatz der MXi ausgestattet sein wird, ist noch nicht bekannt.

2.13.1 Die Ein-Chip-Lösung

Cyrix tendiert immer mehr dazu, alle Schaltkreise in einem Prozessor unterzubringen und so ein komplettes System auf einem Chip zu integrieren. Der kann dann leicht in Geräten aller Art Verwendung finden.

2.14 IDT als Upgrade-Prozessor

Der IDT Winchip C6 und das Nachfolgemodell, der Winchip 2 ist als Upgrade-Prozessor geradezu ideal für ältere Motherboards ohne Dual-Spannung, denn er arbeitet mit einer konventionellen Spannung von 3,52 Volt und kann so ohne Adapter in jedes Sockel-7-Motherboard eingesetzt werden.

2.14.1 Der Winchip C6

Der C6 ist für alle Arten von Office-Anwendungen sehr gut geeignet und spielt auch im Grafiksektor noch gut mit. Bei 32-Bit-Betriebssystemen wie Windows 95/98 und NT sind aber schon Abstriche gegenüber den Konkurrenzprodukten zu machen. Durch die schwache FPU ist er nicht unbedingt für aufwendig gestaltete 2D- oder 3D-Spiele geeignet.

Bild 2.12:
Der Winchip C6 ist ein idealer Upgrade-Prozessor.

2.14.2 Winchip 2

Der Winchip 2 dagegen ist schon um einiges verbessert worden. Die schwache CPU wurde gegen eine leistungsstärkere ausgetauscht, die in etwa der des Pentium MMX entspricht. Zusätzlich hat er eine 3D-FPU erhalten, die mit den 3D-Befehlen vom AMD K6-2 arbeitet. Dadurch ist auch er jetzt fit für alle 3D-Spiele geworden. Die Prozessoren sind nicht bei allen PC-Händlern zu bekommen, aber im Versandhandel oder durch die Bezugsadressen auf den Internetseiten von IDT www.idt.com sind sie eigentlich immer zu finden. Im Preis/Leistungsverhältnis und in der Kompatibilität zu älteren Motherboards sind sie unschlagbar.

Bild 2.13:
Auch der Winchip eignet sich sehr gut für ein Upgrade älterer Motherboards.

2.14.3 Winchip 3

Bis Mitte 1999 soll dann der Winchip 3 mit einem 128 Kbyte großen L1-Cache auf den Markt kommen, der dann allerdings eine Dual-Spannung von 3,3 Volt

IDT als Upgrade-Prozessor

für den I/O-Bereich und 2,5 Volt für den Kern benötigt. Als Upgrade-Prozessor für alte Single-Voltage Boards ist er dann nicht mehr geeignet.

IDT Winchip C6	
Erscheinungsjahr	1997
Transistoranzahl CPU(Mio.)	5,4
CPU-Chip-Fläche	88 mm^2
Herstellungstechnologie	0,35 µm
CPU-Socket	Socket 7
Spannung I/O	3,52 V
Spannung Kern	3,52 V
First-Level-Cache	64 Kbyte
Second-Level-Cache	je nach Motherboard
Second-Level-Taktfrequenz	60/66 MHz
Besonderheiten	MMX
Taktfrequenzen	180/240 MHz
Bustakt	60/66/75 MHz

IDT Winchip 2	
Erscheinungsjahr	1998
Transistoranzahl CPU(Mio.)	5,4
CPU-Chip-Fläche	58 mm^2
Herstellungstechnologie	0,25 µm
CPU-Socket	Socket 7
Spannung I/O	3,3 oder 3,52 V
Spannung Kern	3,3 oder 3,52 V
First-Level-Cache	64 Kbyte
Second-Level-Cache	je nach Motherboard
Second-Level-Taktfrequenz	60/66/75/100MHz
Besonderheiten	MMX
Taktfrequenzen	200/225/240/250 MHz
Bustakt	66/66/75/100 MHz

Verwendungszweck

Der IDT Winchip ist für den Markt der »Low cost« PCs bestimmt. Für herkömmliche Office-Anwendungen ist er geradezu ideal. Durch die etwas schwache FPU-Leistung ist er dagegen im Spielesektor etwas schwach auf der Brust. Als Upgrade-Prozessor für ältere Motherboards ohne Dual-Spannung ist er dafür unschlagbar — und das auch im Preis.

Die Prozessoren

2.15 Der Rise MP6

Ein neuer Prozessorhersteller auf dem Low-Cost-Markt ist die Firma Rise www.rise.com. Sie versucht auf dem eng umkämpften Prozessormarkt mit dem MP6 und MP6-II auch irgendwie Fuß zu fassen, und das ohne jegliche 3D-Features, aber mit dem altbekannten MMX-Befehlssatz. Diese Prozessoren haben, wie der Intel Pentium, der AMD K6 und der Cyrix M II, eine Superscalare- und Superpipelined-Architektur. Dafür bieten sie im Gegensatz zu den anderen CPUs aber gleich drei x86- und MMX-Instruktionen pro Takt an. Ob der Prozessor eine Konkurrenz zu IDTs Winchip aufbauen kann, ist noch nicht sicher, da noch keinerlei Meßwerte und auch noch kein Preis bekannt sind.

Die Merkmale des Rise MP6 im Vergleich zum Sockel 7

Merkmale	RISE mP6™	Pentium®	AMD K6™	Cyrix MII/ 6X86MX ™	Cyrix MediaGX™	Centaur WinChip™
Superscalar & super-pipelined	j	j	j	j	n	n
Maximal erhaltbare Anzahl an x86-Instruktionen pro Takt	3	2	2	2	1	1
Maximal erhaltbare Anzahl an MMX-Instruktionen pro Takt	3	2	1	1	1	1
Pipelined FPU	j	j	n	n	n	n
Socket-7-kompatibel	j	j	j	j	n	j
Super-Socket-7 kompatibel	j	n	j	-	n	j

Bild 2.14: Rise – ein neuer Hersteller auf dem CPU-Markt.

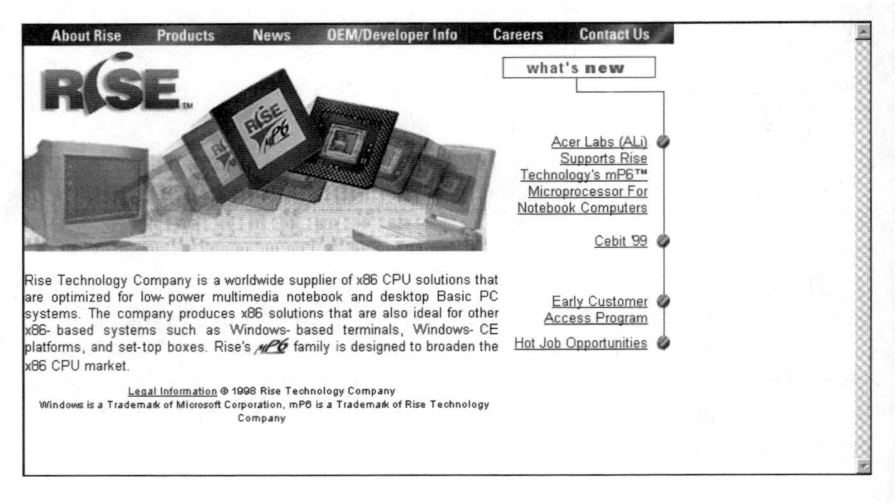

Overdrive-Prozessoren

Die Firma Rise Technology Company hat eine sehr schöne Internetseite mit der Technologie des Prozessors unter der Adresse www.rise.com.

Rise MP6	
Erscheinungsjahr	April 1999
Transistoranzahl CPU(Mio.)	3,6
CPU-Chip-Fläche	107 mm^2
Herstellungstechnologie	0,25 µm
CPU-Socket	Socket 7
First-Level-Cache	16 Kbyte
Second-Level-Cache	je nach Motherboard
Second-Level-Taktfrequenz	Bustakt
Taktfrequenzen	200 MHz (PR 266)
Bustakt	100 MHz

Rise MP6-II	
Erscheinungsjahr	Juni 1999
Transistoranzahl CPU(Mio.)	17,4
CPU-Chip-Fläche	170 mm^2
Herstellungstechnologie	0,25 µm
CPU-Socket	Socket 7
First-Level-Cache	16 Kbyte
Second-Level-Cache	256 Kbyte On-Die
Second-Level-Taktfrequenz	voller Prozessortakt
Taktfrequenzen	233 MHz (PR 300)
Bustakt	100 MHz

Verwendungszweck

Wie sich die Prozessoren von Rise bewähren, kann auf Grund der noch fehlenden Performance-Tests noch nicht vorhergesagt werden.

2.16 Overdrive-Prozessoren

War doch der Pentium 100 vor drei Jahren noch ein absoluter Renner, so ist er jetzt samt Motherboard total veraltet. Bis auf den IDT C6 und dem Winchip 2 arbeiten aber alle noch erhältlichen Prozessoren mit zwei Spannungen, die ein altes Motherboard, auf dem ein Pentium Classic läuft, nicht zur Verfügung stellt. Was also tun, wenn das Motherboard weiter verwendet werden soll? Dafür gibt es gleich drei Lösungen. Entweder einen IDT-Prozessor wie den C6, den Winchip 2 oder ein anderes Sockel-7-Pendant mit einem Zwischensockel einsetzen. Oder – die dritte Möglichkeit – einen sogenannten Overdrive-Prozessor verwenden wie es ihn auch schon für den Sockel 3 und 5 gegeben hat.

Bild 2.15:
Der Turbobooster
von Topgrade.

2.16.1 Mehr Anbieter

Overdrive-Prozessoren werden von Intel www.intel.com, Evergreen www.evertech.co.uk und Topgrade www.cpuupgrade.com angeboten. Die Taktfrequenz reicht von 166 bis 400 MHz. Sie brauchen nur den Prozessor gegen den Overdrive-Prozessor auszutauschen und schon haben Sie bis zu 300% mehr Leistung. In manchen Fällen ist auch ein BIOS-Update unumgänglich, da ansonsten der Overdrive-Prozessor nicht oder nicht richtig erkannt wird. Es gibt von Intel sogar einen Pentium-II-Overdrive für den Sokkel 8 des Pentium Pro.

Bild 2.16:
Pentium II als
Overdrive-Lösung
für den Sockel 8
(© Intel
Corporation)

Hersteller	Produkt	Prozessor	Taktfrequenz
Topgrade	Turbobooster 3D	AMD K6-2	333 und 400 MHz
Topgrade	Turbobooster 233	Intel Pentium MMX	233 MHz
Topgrade	Turbobooster 240	IDT Winchip2	240 MHz
Evergreen	MXPro Upgrade	IDT Winchip C6	180 und 200 MHz
Intel	Overdrive	Pentium MMX	150, 166, 180 und 200MHz
Intel	Pentium II Overdrive	Pentium II	300 und 333 MHz

Overdrive-Prozessoren

Hersteller und Modelle im Überblick

Bild 2.17: Evergreen verwendet den IDT Winchip C6 in seinem Paket.

Verwendungszweck

Overdrive-Prozessoren eignen sich für ein schnelles Upgrade, das auch ein Laie ausführen kann. Der Nachteil dabei ist der verhältnismäßig hohe Preis. Die Leistung im Sockel 7 entspricht dem verwendeten Prozessortyp des Upgrades.

Kapitel 3
Ihr neues Motherboard

Ihr neues Motherboard

Wenn Sie sich ein neues Motherboard anschaffen, ist natürlich die grundsätzliche Überlegung, ob Sie sich damit einen komplett neuen PC aufbauen wollen oder aber eine Aufrüstung vornehmen. Bei einer Aufrüstung gibt es allerhand Kompatibilitätsfragen zu den vorhandenen Komponenten. Das ist der Formfaktor, die verfügbaren PCI- und ISA-Steckplätze sowie die Hauptspeicher-Module.

Außerdem müssen Sie sich in beiden Fällen erst einmal für einen Prozessortyp entscheiden, um danach ein Motherboard mit dem entsprechenden Sockel oder Slot sowie der passenden Taktfrequenz und Spannung dafür in Augenschein zu nehmen.

Eine weitere, wichtige Rolle spielen der Chipsatz und die Schnittstellen. Zum Schluß sollten Sie dann noch einen Kompromiß für die nachträglichen Aufrüstmöglichkeiten treffen, denn Sie wollen sich bestimmt nicht nach einem Jahr schon wieder ein neues Motherboard kaufen.

3.1 Der Formfaktor

Auf den ersten Blick sehen alle Motherboards gleich aus, doch der Schein trügt. Auf dem Markt befinden sich Platinen im ATX-, Mini-ATX-, Mikro-ATX- und AT- oder Baby-AT-Format. Das Baby-AT-Format ist das ältere und am weitesten verbreitete Format. Es wurde fast ausschließlich für den Sockel 7 verwendet, aber auch Slot-1-Motherboards sind in diesem Format erhältlich.

3.1.1 Der ATX-Formfaktor

Das ATX-Format bringt einige Neuerungen mit sich. Die auffälligste ist eine andere Anordnung der Steckplätze. Sie wurden gegenüber vorher um 90 Grad gedreht und sind deshalb in voller Länge nutzbar, was beim Baby-AT nicht immer der Fall war, da lange Steckkarten im ISA-Bus mit dem zu hohen CPU-Lüfter kollidierten. Die neue Anordnung der Steckplätze bringt noch einen Vorteil, denn die CPU befindet sich jetzt direkt im Luftstrom des Gehäuselüfters, was eine bessere Wärmeabfuhr um den CPU-Lüfter bewirkt.

3.1.2 Ein neues Netzteil

Auch der Stecker für die Spannungsversorgung hat sich geändert. Er ist durch eine verpolungssichere Ausführung ersetzt worden. Manche ATX-Motherboards besitzen aus Kompatibilitätsgründen zusätzlich noch den alten Stecker für die Spannungsversorgung, was in der Praxis aber nichts bringt, da das Board selbst nicht ins Baby-AT-Gehäuse paßt.

Ein weiteres Feature von ATX ist das neue Netzteil, mit dem es durch die »Soft-Power«-Unterstützung möglich wird, den PC durch das Betriebssystem auszuschalten.

3.1.3 Der Mini-ATX- und Mikro-ATX-Formfaktor

Das Format mit der Bezeichnung Mini-ATX ist etwas kleiner als das ATX-Format, hat aber sonst dieselben Vorzüge. Das noch kompaktere Mikro-ATX-Format dagegen hat weniger Steckplätze als die beiden größeren Brüder. Nur noch insgesamt vier an Stelle von sieben ISA,- PCI- und AGP-Steckplätzen passen auf das Motherboard. Alle drei Formate passen aber in das herkömmliche ATX-Gehäuse.

3.1.4 Die Sonderformate

Es gibt auch noch Sonderformate wie etwa das LPX oder NLX. Sie sind aber meistens nur in fertig montierten Marken-PCs anzutreffen und deshalb uninteressant für den Fachhandel; darum werden solche Boards erst gar nicht angeboten.

Formfaktor	ATX	Mikro-ATX	Mini-ATX	AT	Baby-AT
Länge	305 mm	244 mm	284 mm	220 mm	220 mm
Tiefe	max. 244 mm	max. 244 mm	max. 208 mm	270 mm und mehr	270 mm und weniger

> **TIP**
>
> Kaufen Sie nach Möglichkeit ein ATX-Motherboard, egal ob Sie den Sockel 7 oder Slot 1 verwenden, denn mit einem Baby-AT-Motherboard müssen Sie auf die ganzen neuen Features verzichten. Ein ATX-Motherboard erfordert natürlich auch ein ATX-Gehäuse. Achten Sie beim Kauf auf einen zusätzlichen Netzschalter auf der Gehäuserückseite, denn nur mit ihm können Sie den PC komplett vom Netz trennen. Das hat den Vorteil, daß das Netzteil nicht ständig Strom im Stand-By-Modus verbraucht wenn Sie ihren PC längere Zeit nicht nutzen.

3.2 Der CPU-Sockel

Bevor Sie ein Motherboard erwerben können, müssen Sie sich erst für einen Prozessor entscheiden. Eine Beschreibung der einzelnen Modelle finden Sie im Kapitel 2 ab Seite 35. Erst wenn Sie sicher sind, welcher für Ihre Anwendung in Frage kommt, können Sie sich auf ein Motherboard festlegen, mit dem für Ihr Prozessormodell ausgelegten Sockel oder Slot. Alle nachfolgend vorgestellten CPU-Sockel sind gleichermaßen aktuell, nur nutzen die verschiedenen Prozessorhersteller, teilweise aus lizenzrechtlichen Gründen, für ihre CPUs unterschiedliche Sockeltypen.

3.2.1 Sockel 7

Der wohl bekannteste CPU-Sockel ist der Sockel 7. Er hat 321 Pins und wird seit der Einführung des Pentium 75 verwendet. Auch alle anderen Prozessorhersteller, die sogenannte Pentium-Clones fertigen, verwenden diesen Sockeltyp. Der Prozessor ist durch die ZIF-Mechanik »Zero Insertion Force« leicht ein- und auszubauen, denn der quadratische Sockel besitzt seitlich einen

Hebel mit dem der Prozessor nach dem Einsetzen durch eine spezielle Mechanik festgeklemmt wird. Die Technik dafür ist ganz einfach zu bedienen. Der Hebel wird um 90 Grad hochgeklappt, der Prozessor richtig gepolt eingesetzt, der Hebel wieder heruntergeklappt und zugleich seitlich eingerastet. Der Prozessor sitzt bombenfest und kontaktsicher im Sockel.

Bild 3.1:
Der legendäre Sockel 7, der schon lange totgeglaubt war, lebt immer noch.

3.2.2 Sockel 370

Ein völlig neuer Sockel mit 369 Pins für den Intel Celeron Prozessor, der optisch und mechanisch dem Sockel 7 ähnelt. Was im Vergleich sofort ins Auge sticht, ist die zusätzliche PIN-Reihe in der Mitte des Sockels.

Die Celeron Prozessoren wurden bis zum 366-MHz-Modell für den Slot 1 gefertigt und werden jetzt ab dem 400-MHz-Modell für den Sockel 370 ausgelegt. Die Fertigung für diesen Sockeltyp ist billiger, und da der Celeron überwiegend in Low-Cost-PCs eingesetzt wird, spielt das eine entscheidende Rolle für das Marketing. Der Nachteil liegt aber klar auf der Hand, denn in einem Sockel 370 kann nur der Celeron eingesetzt werden. Eine spätere Aufrüstung auf einen echten Pentium II kann dann nicht erfolgen. Übergangsweise gibt es den 400er aber auch noch als Slot -1-Modell.

Bild 3.2:
Der aktuelle Sockel 370 für den Celeron im PPGA-Gehäuse fällt durch die zusätzliche PIN-Reihe auf.

3.2.3 Slot 1

Der Slot 1 mit seinen 242 Pins auf zwei Ebenen in einer Steckerleistenausführung wurde ausschließlich für den Pentium II entwickelt. Die Lizenz dafür hat sich Intel sofort gesichert, damit andere Hersteller keinen Zugriff ohne ein Lizenzabkommen haben. Auch hier läßt sich der Prozessor relativ einfach ein- und wieder ausbauen, denn er wird wie eine Erweiterungskarte in den Slot eingesteckt.

Die Spannungen

Durch eine Halterung mit Führungsschienen, die neben dem Slot auf das Board montiert ist, bekommen der Prozessor und der Kühlkörper mit seinem Lüfter ausreichend Halt. Gleichzeitig wird der Prozessor nach dem Einstecken durch zwei Schnapper verriegelt, die ein Herausrutschen verhindern.

> **TIP**
> Wenn Sie einen Celeron einsetzen wollen, achten Sie auf speziell dafür mitgelieferte Halter, denn mit der üblichen Pentium -II-Halterung kann der Celeron nicht befestigt werden, da er ohne SEC-Kassette geliefert wird.

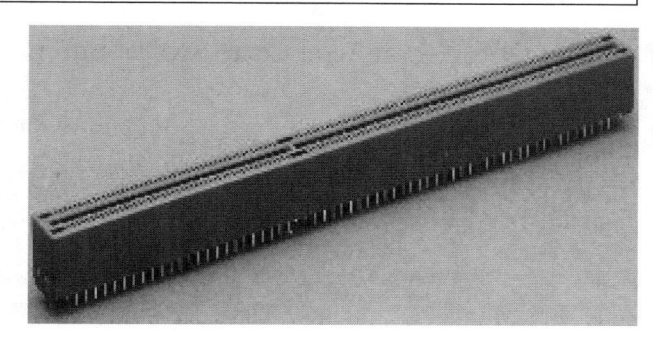

Bild 3.3:
Der Slot 1 ähnelt einem Erweiterungssteckplatz.

3.2.4 Slot 2

Der Slot 2 sieht aus wie der Slot 1, ist aber mit 330 Pins auf drei Ebenen ausgestattet und wurde erstmals für den Xeon entwickelt. Die Lizenzrechte sind ebenfalls, wie beim Slot 1, in der Hand von Intel.

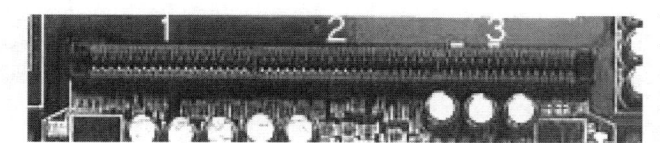

Bild 3.4:
Der Slot 2 sieht fast genauso aus wie der Slot 1, nur hat er drei Ebenen.

3.3 Die Spannungen

Alle Prozessormodelle arbeiten mit unterschiedlichen Spannungen. Diese müssen vom Motherboard bereitgestellt werden und können dann entweder per Jumper, im BIOS oder sogar automatisch auf den jeweiligen Prozessortyp eingestellt werden. Da es scheinbar nicht möglich ist, den kompletten Prozessor mit einer niedrigeren Spannung zu betreiben, arbeiten heute, bis auf den Winchip und Winchip 2 von IDT, alle aktuellen Prozessoren mit zwei Spannungen: Der I/O-Spannung für die Ein- und Ausgabebereiche und der Kernspannung für den eigentlichen CPU-Kern. Dieses sogenannte »Dual Voltage« System existiert seit dem Pentium-MMX »P55C« und wird auch von den aktuellsten Prozessormodellen nach wie vor verwendet.

Ihr neues Motherboard

3.3.1 Einheitliche I/O Spannung

Die I/O-Spannung ist meistens einheitlich und beträgt 3,3 Volt. Die Kernspannung oder auch »Core-Spannung« genannt, liegt um einiges niedriger als die I/O-Spannung, denn je geringer diese ausfällt, desto niedriger ist auch die störende Wärmeentwicklung im Prozessorkern. Das Verhältnis des Stromverbrauchs liegt bei 90% für die niedrigere Core-Spannung und 10% für die höhere I/O-Spannung. Jetzt ist bestimmt jedem klar geworden, warum die niedrige Core-Spannung mit dem Faktor 90 eine enorme Verlustwärme einspart. Nur dadurch kann eine immer höhere Taktung erreicht werden, ohne daß die Erwärmung kritisch wird.

3.3.2 Unterschiedliche Core-Spannungen

Der AMD K6-2 und der K6-3 brauchen beispielsweise nur 2,2 Volt, der Cyrix M II benötigt 2,9 Volt und der Rise MP6 2,5 Volt. Die Neuen von IDT, der Winchip 3 und 4 ist je nach Taktfrequenz auf 2,2, 2,5 oder 2,8 Volt angewiesen. Mit diesen Beispielen wird schnell deutlich, wie flexibel das Motherboard im Spannungsbereich sein muß. Achten Sie deshalb beim Kauf darauf, daß sich die Core-Spannung möglichst in 0,1-Volt-Schritten von 1,8 bis 3,5 Volt einstellen läßt, dann sind Sie auf jeden Fall für neue Prozessortypen gerüstet, zumindest was die Spannungen angeht. Wer ein Übertakten des Prozessors in Aussicht gestellt hat, profitiert auch von den 0,1-Volt-Schritten, denn ein höherer Prozessortakt verlangt auch manchmal nach einer höheren Core-Spannung.

3.3.3 Der Spannungswandler

Auf den heutigen Sockel-7-Motherboards hat sich das alte Problem mit der Überhitzung des längsgeregelten Spannungswandlers meistens schon erledigt, denn es werden nur noch »Split-Voltage-Regulatoren« eingesetzt. Man erkennt sie an der großen Spule, die direkt hinter dem ZIF-Sockel angebracht ist.

Bild 3.5:
Ein längsgeregelter Spannungswandler ist nichts für Cyrix-CPUs.

Bei einem Prozessortausch auf einem älteren Motherboard sollten Sie aber unbedingt darauf achten, daß schon ein Split-Voltage-Regulator vorhanden ist. Denn sonst kann es beim Einbau eines schon älteren, aber auf dem Gebrauchtmarkt immer noch erhältlichen AMD K6 ab 233 MHz oder des Cyrix MI Prozessors passieren, daß der Spannungswandler durchbrennt, denn diese Prozessortypen haben eine extreme Leistungsaufnahme.

Die Taktraten

Bild 3.6:
Der Split-Voltage-Regulator ist auf allen aktuellen Boards vertreten.

3.4 Die Taktraten

Ein besonderes Augenmerk sollten Sie auch auf die Taktraten des Motherboard werfen. Eine moderne Hauptplatine sollte alle externen und internen Taktraten der aktuellen und nachfolgenden CPUs unterstützen.

3.4.1 Der externe und der interne Takt

Der externe Takt, der auch Bus- oder Systemtakt genannt wird, entsteht auf dem Motherboard in einem PLL-Frequenz-Generator, der mit einem Quarz und einer Elektronik die entsprechenden Taktraten erzeugt. Er stellt den externen Takt für den Prozessor, den System- und PCI-Bus, den L2-Cache (beim Sockel 7) und den Arbeitsspeicher sowie den Schnittstellen zur Verfügung. Für den internen Takt hat der Prozessor eigene PLL-Bausteine integriert, die durch den Multiplikationsfaktor eingestellt werden.

3.4.2 Das P-Rating

Multipliziert man die beiden Werte miteinander, ergibt sich der Prozessortakt der meisten CPUs. Eine Ausnahme bildet hier der Cyrix/IBM 6x86, der nicht die eigentliche Taktfrequenz, sondern das P-Rating als Aufdruck trägt. Ein 6x86MX PR200 läuft beispielsweise nur mit 150 echten MHz und bringt dann laut Benchmark-Vergleich eine Pentium-Leistung von 200 MHz. Das P-Rating ist also nichts anderes als eine Pentium-Bewertung und hat mit der eigentlichen Taktfrequenz nichts zu tun.

3.4.3 Kleines 1x1: Der Prozessortakt

Alle anderen Hersteller geben den originalen Takt auf der CPU an. So wird für einen 350-MHz-Prozessor der externe Takt »External Clock« auf 100 MHz und der interne Takt »Multiplier Factor« auf 3,5x eingestellt »100 x 3,5 = 350«. Das Handbuch des Motherboard enthält meistens eine Tabelle mit den Prozessortypen und den einzustellenden Taktraten. Ist Ihr Prozessor nicht dabei, erkundigen Sie sich beim Fachhändler nach den entsprechenden Einstellungen.

Die gängigsten externen Taktraten für Sockel-7-Motherboards sind 66, 75, 83, 95 und 100 MHz. Das interne Taktverhältnis sollte bis 5,5 reichen, um auch noch für zukünftige Prozessoren gerüstet zu sein.

Ihr neues Motherboard

Anders sieht es beim Slot-1-Motherboard aus. Es sollte 66 und 100 MHz externen Takt bereithalten. Der interne Takt ist hier unkritisch, da der Pentium II und der Celeron den internen Takt automatisch festlegen.

3.4.4 Je mehr Taktraten, desto besser

Je mehr Taktraten Ihr neues Motherboard unterstützt, desto besser eignet es sich für das Übertakten der Prozessoren. Die Zwischenschritte beim externen Takt des Sockel -7-Boards sind 68 und 112 MHz, für das Slot -1-Board gibt es 68, 75, 83, 112 und 133 MHz. Auf jeden Fall sollte es für einen Highend- oder Multimedia-PC mit 100 MHz takten, damit alle aktuellen CPUs eingesetzt werden können. Für einen Office- oder Familien-PC dagegen reicht auch ein preisgünstigeres Slot -1-Motherboard mit 66 MHz aus.

3.5 Steckplätze

Die Steckplätze sind in erster Linie wichtig für Erweiterungskarten, die Sie von Ihrem alten Motherboard weiterverwenden wollen. Auf den heutigen Boards wird überwiegend bei den ISA-Steckplätzen gespart, die sich teilweise durch Kombisteckplätze bis auf einen reduzieren.

Bild 3.7: Kombi-Steckplätze liegen sehr dicht beieinander, so daß nicht beide gleichzeitig belegt werden können.

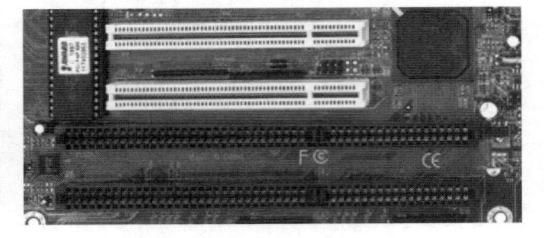

3.5.1 Der ISA-Bus

Der ISA »Industrie Standard Architecture«-Bus ist nach dem heutigen Stand der Computertechnik schon total veraltet. Er ist aber aus Kompatibilitätsgründen noch auf den meisten Motherboards zu finden. Der ISA-Bus ist wie andere Busvarianten ein Leitungssystem, das zur Datenübertragung zu den einzelnen Systemkomponenten verwendet wird. Er hat 62 Leitungen im 8 -Bit-Bereich und 36 zusätzliche im 16-Bit-Bereich des Slots. Die Taktung erfolgt mit schlappen 8 MHz. Theoretisch ist damit ein Datendurchsatz von 8 Mbyte/s möglich, der aber durch die Mehrfachtaktung des 16 -Bit-Bereichs auf ca. 3 Mbyte/s abfällt.

Bild 3.8: Der ISA-Bus wird in Zukunft ganz entfallen.

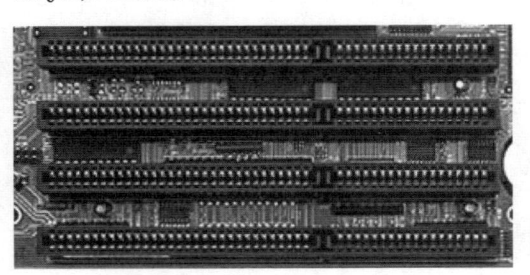

Steckplätze

3.5.2 Vorhandene Erweiterungskarten

Eine vorhandene Modem-, ISDN-, Sound- oder Netzwerkkarte braucht aber nicht unbedingt ausgemustert zu werden, nur weil das Board nicht genügend ISA-Steckplätze hat. Achten Sie deshalb beim Kauf darauf, wie viele alte ISA-Karten Sie weiterverwenden wollen, denn es werden teilweise Motherboards mit nur einem ISA-Steckplatz produziert.

Außerdem sollten auch reichlich PCI-Steckplätze zur Verfügung stehen, denn ein Multimedia-PC stößt sonst sehr schnell an die Grenze der Erweiterungsfähigkeit wenn Sie einen DVD-Decoder, eine TV-Karte, eine Videoschnittstelle und eine Soundkarte einbauen wollen. Deshalb sollte das Board mindestens vier oder noch besser fünf PCI-Steckplätze haben.

> **TIP**
>
> Vermeiden Sie Motherboards mit ISA/PCI-Kombisteckplätzen, denn hier liegen die ISA- und PCI-Steckplätze so nahe beieinander, daß Sie nur einen der beiden nutzen können. Auch auf Boards mit nur einem ISA-, einem ISA/PCI-Kombisteckplatz und zwei PCI-Steckplätzen sollten Sie verzichten.

3.5.3 Der PCI-Bus

Der PCI »Peripheral Component Interconnect«-Bus ist auf dem neuesten Stand der Technik. Er hat in der ursprünglichen Version eine Breite von 32 Bit und wird mit 33 MHz getaktet. Das ergibt einen theoretischen Datendurchsatz von 120 Mbyte/s. Die nachfolgenden PCI-Varianten für Pentium-CPUs sind in 64-Bit-Ausführung mit 33 MHz Takt für die Version PCI 2.0, und 66-MHz-Takt in der PCI-2.1-Version. Der Datendurchsatz liegt hier theoretisch schon bei 230 Mbyte/s mit 33 MHz und 460 Mbyte/s mit 66 MHz. Er wird zwar normalerweise nicht erreicht, aber es ist schon ein gewaltiger Unterschied zum Datendurchsatz des ISA-Bus'. Das liegt daran, daß der Bus jetzt von der CPU getrennt ist. Eine Host-Bridge ist für die Steuerung der Datenaktionen dazwischengeschaltet. Der PCI-Bus selbst kann dadurch ohne Prozessoraktion in den Hauptspeicher schreiben oder Daten lesen. Genauso können PCI-Komponenten untereinander Daten austauschen. Der Prozessor kann eigenständig weiterarbeiten, was auch der Performance zugute kommt.

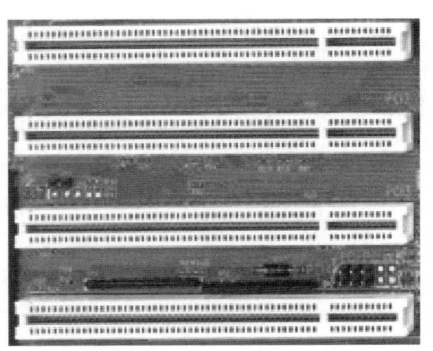

Bild 3.9: Der PCI-Bus ist immer noch der aktuellste.

3.5.4 Der AGP-Bus für Grafikkarten

Eine Neuerung ist der AGP-Steckplatz »Accelerated Graphics Port«, der für die Grafikkarte zum Einsatz kommt. Der wachsende Einsatz von 3D-Grafiken mit enormen Datenmengen hat einen Flaschenhals im PCI-Bus entstehen lassen, deshalb wurde die AGP-Schnittstelle entwickelt. Sie arbeitet mit der doppelten oder gar vierfachen Geschwindigkeit des PCI-Bus. Dafür gibt es zwei Betriebsmodi, den AGP 1x, der mit 66 MHz arbeitet und den AGP 2x, der ebenfalls mit 66 MHz arbeitet aber gleichzeitig bei steigenden sowie fallenden Taktflanken Daten senden kann. Die Bandbreite wird mit dieser Technik verdoppelt. Ein dritter Modus kommt bis Mitte 1999 auf den Markt. Es ist der AGP 4x, der den vierfachen Datendurchsatz des AGP 1x bewältigt. Welchen Modus Ihre Grafikkarte und das Motherboard unterstützt, hängt vom Chipsatz der Grafikkarte und des Motherboard ab. Achten Sie deshalb beim Kauf des Motherboard darauf, welche Modi unterstützt werden, denn es nützt nichts, wenn Sie eine AGP-2x-Grafikkarte einsetzen und Ihr Motherboard unterstützt nur AGP 1x. Sie arbeitet zwar einwandfrei, wird aber in der Geschwindigkeit ausgebremst.

Bild 3.10: Der AGP-Steckplatz ist für die Grafikkarte reserviert.

> **TIP**
>
> Falls Sie ein Motherboard im Sonderangebot mit einem AGP 1x-Steckplatz erwerben wollen, kaufen Sie nach Möglichkeit eine Grafikkarte mit AGP-2x-Modus dazu, denn dann haben Sie für eine spätere Motherboard-Aufrüstung gleich die richtige Grafikkarte parat. AGP 2x ist relativ zukunftssicher und kostet im Gegensatz zu AGP 1x nur unwesentlich mehr.

AGP 1x Chips

Grafikchip	Hersteller
Banshee	3Dfx
Permedia2	3D Labs
i740	Intel
Riva 128	Nvidia
Ticker to Ride	Number Nine

AGP 2x Chips

Grafikchip	Hersteller
Rage 128 GL	ATI
G200	Matrox
Ticker to Ride IV	Number Nine
Riva TNT	Nvidia
Savage 3D	S3

Integrierte Sound- und Grafikchips

> **HINWEIS**
> Wenn ein AGP-Steckplatz auf Ihrem Motherboard zur Verfügung steht, sollte dieser auch durch eine Grafikkarte genutzt werden. Eine PCI-Grafikkarte hat in einem Board mit AGP-Steckplatz nichts zu suchen, denn sie bremst die teuer erkaufte Performance aus und verschwendet zusätzlich einen der sowieso raren PCI-Steckplätze.

3.6 Integrierte Sound- und Grafikchips

Einige Motherboard-Hersteller integrieren aus Kostengründen in ihren Boards gleich einen Sound- und Grafikchip, denn der Gesamtpaketpreis wird dadurch niedriger als wenn Einzelkomponenten verwendet werden. Das Ganze hat aber nicht nur Vorteile sondern auch Nachteile. Der Sound- und Grafikchip ist teilweise mit geringerem Funktionsumfang und schlechteren Leistungswerten behaftet.

Der Soundchip hat so meistens ein höheres Rauschverhalten, da der Chip auf dem Board nur ungenügend abgeschirmt ist. Für Spiele oder die Systemklänge reicht das aber aus, nur Musikbegeisterte, die digitale Klänge selber produzieren, brauchen eine separate Soundkarte.

3.6.1 Der Grafikchip

Der Grafikchip hat oft einen niedrigeren RAM-DAC »Digital-Analog-Converter«-Takt, so daß selbst bei einem 17-Zoll-Monitor schon keine ergonomische Bildwiederholrate mehr zustande kommt, denn der RAM-DAC wandelt die digitalen Signale des Speichers in analoge für den Monitor um. Ist die Taktrate zu niedrig, flimmert der Monitor weil dann oft nur noch Bildwiederholraten von 60 Hz bei einer Auflösung von 1024x768 zustande kommen. Prüfen Sie an Hand der technischen Daten des Motherboard ob 200-MHz-RAM-DAC-Takt mit dem integrierten Chip möglich sind. Das reicht dann für einen Office- und Familien-PC aus. Für professionelleren Einsatz sollten dann schon 250 MHz erreicht werden, um auch einen eventuell zur Verwendung kommenden 19" oder 21" Monitor noch ergonomisch ansteuern zu können. Solche Taktraten sind mit einem Onboard-Grafikchip aber nicht möglich.

3.6.2 Fehlender Grafikspeicher

Ein weiterer Minuspunkt ist, daß manche Onboard-Grafikchips keinen eigenen Grafikspeicher besitzen und sich so bis zu 4 Mbyte vom Hauptspeicher des PC borgen. Da sind Probleme bei 3D-Spielen und höheren Auflösungen bei größeren Monitoren so gut wie vorprogrammiert, weil der Hauptspeicher viel zu langsam ist. Onboard-Grafikchips ohne eigenen Bildspeicher können Sie also getrost vergessen.

> **TIP**
> Wichtig ist auf jeden Fall, daß sowohl der Sound- als auch der Grafikchip auf dem Motherboard deaktiviert werden kann. Nur so ist es möglich, nachträglich auf eine externe Steckkarte zurückzugreifen, z.B. wenn die integrierten Chips nach einiger Zeit doch nicht die versprochene Leistung liefern oder aber für ein neues Betriebssystem keine Treiber zur Verfügung gestellt werden.

3.6.3 Bei MediaGX immer dabei

Wenn Sie den MediaGX von Cyrix einsetzen wollen, brauchen Sie ein Motherboard mit GX-Chipsatz, auf dem automatisch die Sound- und Grafikkartenfunktion integriert ist, und das, ob Sie wollen oder nicht. Diese Lösung eignet sich deshalb wirklich nur für einen Low-Cost-PC, an den keine großen Ansprüche bei der Sound- und Grafikqualität gelegt wird. Als Zweitgerät oder für PC-Einsteiger sind diese Einschränkungen gerade noch tragbar.

3.7 Der Hauptspeicher

Auf einem aktuellen Motherboard kommen heute meistens nur noch DIMM-Steckplätze »Dual Inline Memory Module« zum Einsatz. Aus Kompatibilitätsgründen sind aber noch ältere Sockel-7-Boards mit SIMM- »Single Inline Memory Module« und DIMM-Steckplätzen im Handel. SIMM-Module sind aber nicht mehr zeitgemäß, da sie nur bis 66 MHz externen Takt verwendet werden können. Damit könnten Sie also höchstens einen Sockel -7-Prozessor mit 266 MHz betreiben, außerdem sind die alten SIMMs wesentlich teurer als die aktuellen DIMMs, da sie fast nicht mehr gebraucht werden.

3.7.1 DIMMs

DIMMs gibt es in einer Speichergröße von 8 bis 512 Mbyte. Unter 32 Mbyte sollten Sie ihren PC aber nicht bestücken, denn für Betriebssysteme wie etwa Windows 95 ist das die unterste Grenze bei Office-Anwendungen. Erst ab 64 Mbyte macht das Arbeiten richtig Spaß, da die Geschwindigkeit des ganzen Systems merklich ansteigt. Ein Multimedia-PC sollte sogar mit 128 Mbyte ausgestattet sein, damit alle Anwendungen flüssig laufen.

3.7.2 Steckplätze und Chipsatz

Sie können zwar nach und nach den Speicher mit weiteren Modulen erweitern, doch auch hier sind Grenzen gesetzt. Die erste liegt im verwendeten Chipsatz, wo manche nur 256 Mbyte verwalten können. Die andere Grenze ist die Anzahl der Steckplätze für die Speichermodule. Einige Motherboards haben nur zwei Stück davon und einer ist auf jeden Fall mit dem Modul Ihrer Wahl belegt. Wenn Sie dann mit einem zweiten Modul den Speicher erweitern, ist Schluß. Für eine erneute Erweiterung müssen Sie dann schon ein Modul entfernen. Deshalb ist es immer besser, wenn mindestens drei oder gar vier Steckplätze vorhanden sind.

Die automatische Fehlerkorrektur

Die DIMMs unterscheiden sich aber nicht nur in ihrer Speichergröße, sondern auch in ihrer Zugriffsgeschwindigkeit. Normale DIMMs haben etwa eine von 10 ns und sind damit bis zu einem externen Takt von 83 MHz geeignet. Für eine höhere Taktrate benötigen Sie die neueren PC-100-Module. Sie sind unwesentlich teurer, aber mit 8 ns deutlich schneller und bis 100 MHz externen Takt stabil.

> **TIP**
>
> Wichtig ist auf jeden Fall, daß sowohl der Sound- als auch der Grafikchip auf dem Motherboard deaktiviert werden kann. Nur so ist es möglich, nachträglich auf eine externe Steckkarte zurückzugreifen, z.B. wenn die integrierten Chips nach einiger Zeit doch nicht die versprochene Leistung liefern oder aber für ein neues Betriebssystem keine Treiber zur Verfügung gestellt werden.

3.8 Die automatische Fehlerkorrektur

Viele Motherboards unterstützen eine automatische Fehlererkennung oder sogar eine Fehlerkorrektur für die Speichermodule. Durch die Verfahren des Parity-Checks, des ECC »Error Correction Code« oder EDC »Error Detection and Correction« entstehen aber zusätzliche Kosten bei der Anschaffung der Speichermodule, denn diese sind ungefähr 30% bis 50% teurer als normale Module ohne diese Features. Für den normalen Einsatz des PC ist eine Fehlerkorrektur unnötig, denn die Speichermodule sind qualitativ so hochwertig, daß sehr selten Fehler auftreten. Nur für einen Server, der sehr sensible Daten verwaltet, rechtfertigen sich die Kosten für solche Speichermodule.

3.9 Mischbestückung

Wie im vorigen Punkt beschrieben, gibt es Motherboards mit SIMM- und DIMM-Steckplätzen. Der Mischbetrieb der beiden Ausführungen ist zwar möglich, aber durch die niedrigen Speicherpreise nicht empfehlenswert, da es meistens zu erheblichen Problemen führt. Wer es doch riskieren will, braucht dafür aber mindestens zwei gleichwertige 16-Mbyte-EDO-SIMMs.

Mit Modulen von geringerer Kapazität lohnt es sich überhaupt nicht, die Geschwindigkeitseinbuße der DIMMs einzugehen, denn durch die SIMMs passen sich die DIMMs auf die Geschwindigkeit der 60 ns langsamen Module an.

Ein anderer Stolperstein ist die unterschiedliche Spannung der Module. SIMMs laufen nämlich mit 5 Volt und DIMMs mit 3,3 Volt. Das Motherboard muß also beide Typen mit der korrekten Spannung ansteuern, was nicht immer gegeben ist. Durch die Bestückung mit SIMMs kann es passieren, daß die Spannung von 5 Volt auch auf die DIMMs durchgeschleift wird und diese sofort zerstört. Für solche Motherboards gibt es spezielle 5-Volt-DIMMs, die sich dann mit den SIMMs vertragen. Der Kauf solcher Module lohnt sich aber nicht, denn sie sind um einiges teurer als die gängigen Module mit 3,3 Volt.

Von einer Mischbestückung mit SIMMs und DIMMs kann ich daher nur abraten.

3.10 Der Chipsatz

Der Chipsatz ist die ausschlaggebendste Komponente in punkto Leistung des Motherboard, denn er verbindet CPU, Speicher, PCI- und ISA-Slots, serielle und parallele Schnittstelle, EIDE und Floppycontroller sowie die USB-Ports untereinander. Außerdem enthält er die Schaltkreise für ISA-, PCI-, AGP- und USB-Funktionen. Der Name Chipsatz kommt daher, daß nicht nur ein Chip diese Funktionen beinhaltet, sondern bis zu sieben Chips auf dem Motherboard integriert sind. Die meisten Chipsätze bestehen jedoch aus zwei Chips. Grundsätzlich werden alle Chipsätze in eine sogenannte »Northbridge« und »Southbridge« zusammengefaßt. Die Northbridge regelt den Datenstrom zwischen CPU, Cache und Hauptspeicher. Die Southbridge übernimmt die Kommunikation zum PCI- und ISA-Bus. Teilweise werden damit auch noch die Schnittstellen mitverwaltet.

Bild 3.11:
Der Chipsatz auf dem Motherboard besteht aus auffälligen, quadratischen Bausteinen.

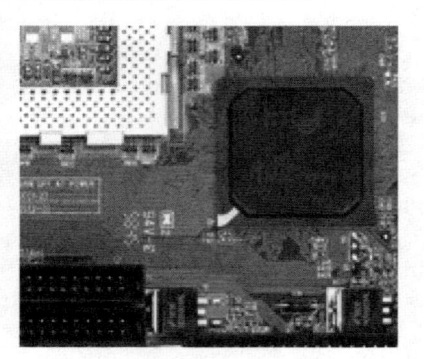

3.10.1 Systemtakt und Chipsatz

Es gibt Sockel 7- und Slot 1-Motherboards mit Chipsätzen unterschiedlicher Hersteller, die wiederum auch noch verschiedene Modelle bereitstellen. Die einzelnen Modelle bergen alle Vor- und Nachteile in sich. Welcher Chipsatz nun der Beste ist, kommt wiederum auf den verwendeten Prozessor an. Der größte und auch wichtigste Unterschied aller Chipsätze liegt im verwendeten Systemtakt. Die untere Grenze sind 66 und die obere 100 MHz. Moderne Chipsätze unterstützen mittlerweile alle 100 MHz, nur ältere Modelle, wie etwa Intels TX für den Sockel 7 oder der EX und LX für Slot 1, beherrschen nur 66 MHz. Das reicht für eine aktuelle CPU nicht mehr aus, deshalb ist es empfehlenswert, nur ein Motherboard mit einem Chipsatz zu kaufen, der auch 100-MHz-Systemtakt unterstützt. Selbst wenn sich Ihre ausgewählte CPU mit 66 MHz zufrieden gibt, ist es ratsam ein Motherboard mit 100-MHz-Systemtakt einzusetzen. Eine spätere Aufrüstung mit einem schnelleren Prozessor ist dann einfacher und auch billiger.

Das BIOS

> **HINWEIS**
>
> Die meisten für 100 MHz geeigneten Chipsätze vertragen sogar noch ein paar Takte mehr und sind daher bestens für eine Übertaktung geeignet. So sind beim Sockel-7-Motherboard bis zu 112 MHz und beim Slot 1 sogar bis 133 MHz drin.

3.10.2 Die maximale Hauptspeichergröße

Eine andere Rolle, vor allem beim Einsatz als Highend-PC oder Server, spielt die Größe des maximal verwendbaren Hauptspeichers. Er liegt zwischen 256 Mbyte und 8 Gbyte. Außerdem kommt es dann noch darauf an, wieviel vom vorhandenen Hauptspeicher im L2-Cache zwischengespeichert werden kann, denn wenn mehr Hauptspeicher eingebaut wird als gecached werden kann, kommt es zu Geschwindigkeitseinbrüchen im System. Diese »Cachable Area« hängt bei einem Sockel-7-Motherboard vom verwendeten Chipsatz ab. Beim Slot -1- und Slot -2-Motherboard wird die Cachable Area von der verwendeten CPU bestimmt.

Prozessor	Cachable Area
Celeron ohne L2-Cache	4 Gbyte
Celeron mit 128 Kbyte	4 Gbyte
Pentium II mit Klamath-Kern	512 Mbyte
Pentium II mit Deschutes-Kern	4 Gbyte
Xeon	64 Gbyte

Tabelle 3.1: Die Cachable Area beim Slot 1 wird vom Prozessor bestimmt.

3.11 Das BIOS

Das BIOS »Basic Input Output System« ist eine standardisierte Schnittstelle, die zur Kommunikation zwischen der Hardware des PC und dem Betriebssystem dient. Jedes BIOS hat ein Setup-Menü, in dem vor allen Dingen die Funktionen des Chipsatzes eingestellt werden können. Je mehr Menü-Optionen im Setup angeboten werden, desto feiner kann das Motherboard auf Höchstleistung getrimmt werden. Die Einstellungen hängen in erster Linie von den verwendeten Komponenten, wie Prozessor, Speichermodule, Festplatte, PCI- und ISA-Karten ab. Der BIOS-Hersteller ist für die Auswahl des Motherboard ohne Bedeutung, denn die Unterschiede liegen überwiegend nur im Menüaufbau. Der Umfang der Funktionen liegt allein in der Hand des Motherboard-Herstellers. Mehr dazu im Kapitel 5, ab Seite 113.

3.12 Die Onboard-Controller

Auf jedem Motherboard befinden sich standardmäßig ein Controller für das Floppy-Laufwerk und für die EIDE-Komponenten. Manche Hersteller bieten aber auch gleich einen zusätzlichen Onboard-SCSI-Host-Adapter für bestimmte Motherboard-Modelle an. Das hat einen enormen preislichen Vorteil gegenüber dem zusätzlichen Kauf eines separaten SCSI-Host-Adapters als

Steckkarte. Wer also mit SCSI-Komponenten liebäugelt, der sollte gleich zu einem Board mit SCSI-Host-Adapter greifen, auch wenn er im Moment noch nicht benötigt wird, weil nur EIDE-Komponenten zum Einsatz kommen.

> **HINWEIS**
>
> Auf qualitativ guten Boards kann der SCSI-Host-Adapter und auch der EIDE-Controller je nach Bedarf aktiviert oder deaktiviert werden. Auch ein paralleler Betrieb der beiden Komponenten ist möglich. So kann beispielsweise eine Festplatte und der Scanner am SCSI-Host-Adapter sowie ein CD-ROM-Laufwerk am EIDE-Controller betrieben werden. Mit so einer Lösung sind Sie relativ flexibel, denn Sie können Ihre alten EIDE-Komponenten erst einmal weiterverwenden und dann nach und nach auf SCSI umsteigen.

> **TIP**
>
> Die Schnittstellenstecker auf dem Motherboard sollten immer gesockelt sein, damit ein Verbiegen oder gar Abbrechen der Kontakte beim Ein- und Ausstecken der Schnittstellenkabel verhindert wird. Außerdem sollten sie gut zugänglich und nicht von anderen Komponenten verdeckt sein.

3.12.1 Der EIDE-Standard

Ein EIDE-Controller hat zwei von einander unabhängige Kanäle, den primären und den sekundären, an die jeweils zwei Geräte angeschlossen werden können, also insgesamt vier EIDE-Geräte. Wie schnell die Daten von den Geräten übertragen werden, hängt vom Übertragungsprotokoll der einzelnen Geräte und des Controller auf dem Board ab.

Bild 3.12: Die EIDE-Anschlüsse auf dem Board sollten nach Möglichkeit »gesockelt« sein

3.12.2 PIO- und DMA-Modi

Vor einiger Zeit war der PIO »Programmed Input/Output«-Modus, mit einer maximalen Übertragungsgeschwindigkeit von 16,6 Mbyte/s noch aktuell. Danach folgten die verschiedenen DMA »Direct Memory Access«-Modi, die ebenfalls bis zu 16,6 Mbyte/s übertragen konnten, aber mit dem Vorteil, daß die CPU im Gegensatz zum PIO-Modus nur noch mit einem Zehntel bei der Datenübertragung belastet wird. Deshalb können während der Datenübertragung auch noch andere Aufgaben, wie etwa die Berechnung von Grafiken, mit

Die Onboard-Controller

ausreichender Performance erledigt werden. Das hat sich vor allem besonders günstig im Multimediabereich ausgewirkt.

3.12.3 Ultra DMA/33

Die Krönung des EIDE-Standards ist jetzt das Ultra-DMA/33-Protokoll mit dem jedes moderne Motherboard arbeitet. Es hat eine maximale Übertragungsgeschwindigkeit von 33,3 Mbyte/s, die aber nur mit den entsprechenden Treibern für das Motherboard erreicht wird. Es werden sogar schon Boards mit Ultra-DMA/66-Protokoll angeboten. Was das bringen soll ist allerdings fraglich, denn nicht einmal das Ultra-DMA/33-Protokoll wird von den Festplatten ausgeschöpft.

> **HINWEIS**
>
> Alle EIDE-Protokolle sind abwärtskompatibel, somit können Sie auch eine ältere Festplatte oder ein CD-ROM-Laufwerk mit PIO-Modus ohne Probleme anschließen. Für einen Office- oder Familien-PC reicht der EIDE-Controller völlig aus.

3.12.4 Der SCSI-Standard

Der SCSI-Host-Adapter hat schon wesentlich mehr zu bieten als sein EIDE-Konkurrent, dafür ist er aber auch um einiges teurer. Daran können, je nach verwendetem Protokoll, bis zu 15 Geräte angeschlossen werden. Die Übertragungsprotokolle reichen vom einfachen Fast-SCSI mit 20 Mbyte/s über das Ultra-SCSI mit 40 Mbyte/s bis zum Ultra-Wide-SCSI mit 80 Mbyte/s Übertragungsgeschwindigkeit.

Anders als beim EIDE-Standard, der ja abwärtskompatibel ist, trifft das auf den SCSI-Standard nicht zu. Eine Fast-SCSI-Festplatte läuft nicht auf einem Ultra-Wide-SCSI-Host-Adapter. Es gibt zwar teilweise Adapter für die unterschiedlichen Schnittstellenstecker der einzelnen Standards, doch treten mit solchen Lösungen meistens Probleme auf. Verwenden Sie dagegen die richtigen Geräte, stehen Ihnen mit einem auf dem Motherboard integrierten, relativ günstigen Ultra-SCSI-Host-Adapter oder dem etwas teureren, aber aktuellsten Ultra-Wide-SCSI-Host-Adapter, hohe Übertragungsraten und flexible Anschlußmöglichkeiten zur Verfügung. Für einen Multimedia- oder Highend-PC ist SCSI schon fast eine Voraussetzung.

> **TIP**
>
> Achten Sie beim Kauf eines Motherboard mit integriertem SCSI-Host-Adapter auf einen durch das Slotblech nach außen geführten Schnittstellenstecker, so daß auch ein Betrieb von externen SCSI-Geräten wie z.B. einem Scanner möglich ist. Fehlt der nach außen geführte Anschluß auf dem Board, können Sie nur interne Geräte anschließen.

3.13 Serielle und parallele Schnittstelle

An den beiden seriellen Schnittstellen »COM1« und »COM2« und der parallelen Schnittstelle »LPT1« hat sich in letzter Zeit nichts geändert. Sie sind auch standardmäßig auf jedem Motherboard vorhanden.

Bild 3.13:
Die Anschlüsse für die seriellen und die parallele Schnittstelle auf einem ATX-Motherboard.

3.13.1 Der UART

Die seriellen Schnittstellen arbeiten immer noch mit dem 16550A UART-Chip »Universal Asynchronous Receiver Transmitter«, der mit einem Cache-Puffer, dem FIFO »File Input File Output« eine Datenübertragungsrate von 115200 Bit/s ermöglicht.

3.13.2 Drei verschiedene Modi

Die parallele Schnittstelle unterstützt die Modi SPP »Standard Parallel Port« EPP »Enhanced Parallel Port« und ECP »Extended Capabilities Port« mit denen sowohl Drucker als auch Nicht-Drucker-Geräte betrieben werden können.

3.14 Die PS/2-Anschlüsse für Tastatur und Maus

Ein modernes Motherboard im ATX-Format hat im Normalfall auch eine PS/2-Schnittstelle für Tastatur und Maus. Eine PS/2-Maus ist schon eine feine Sache. Sie läuft durch den höheren Datenfluß viel ruhiger und gleichmäßiger als eine Maus an der COM-Schnittstelle. Aber kein Vorteil ohne einen Nachteil: Sie benötigt einen eigenen IRQ. Bei der Tastatur bemerken Sie außer dem anderen Anschlußstecker keinen Unterschied.

Bild 3.14:
Die PS/2 Anschlüsse für Tastatur und Maus (links)

3.15 Der USB-Port

Eine USB-Schnittstelle »Universal Serial Bus« auf dem Motherboard ist Pflicht, denn die dafür vorgesehenen Geräte wie Mäuse, Keyboards, Joysticks, Modems, Lautsprecher, Drucker, CD-ROMs, MO-Laufwerke, Mikrofone, ISDN, Scanner, Streamer usw. stürmen den Markt. An den USB-Port können bis zu

Die Firewire-Schnittstelle

127 solcher Geräte über Verteiler, die sogenannten Hubs, angeschlossen werden. An jedem einzelnen Hub sind maximal 16 USB-Geräte möglich. Der Datentransfer erfolgt mit satten 12 Mbit/s und einer Bandbreite von 1,5 Mbit/s, so daß der Anschluß von schnellen und auch langsamen Geräten gewährleistet ist.

Bild 3.15:
Der USB-Port (rechts) auf einem ATX-Motherboard

3.15.1 Spannungsversorgung integriert

Ein weiteres Feature ist die Spannungsversorgung der Geräte durch den Bus. Hier ist aber verständlicherweise ein Limit gesetzt. Der Stromverbrauch der Geräte wird in Loads angegeben. Ein Load entspricht dabei 100 Milliampere. Geräte mit der Kategorie »Low Power« verbrauchen maximal 1 Load und Geräte mit »High Power« maximal 5 Loads. Von den High-Power-Geräten darf nur maximal eines am Port angeschlossen werden. Monitore und andere Stromfresser haben eine eigene Stromversorgung.

3.15.2 Das echte Plug & Play

Der größte Vorteil von USB ist die Verwendung eines einzigen IRQ für alle Geräte, den der Controller belegt. Die Geräte werden einfach mittels eines vierpoligen Steckers an den USB-Port angeschlossen. Damit entfällt ein Öffnen des PC und die langwierige Installation und Konfiguration von Steckkarten.

3.15.3 Hot-Plugin

Ein weiteres Highlight von USB ist das Hot-Plugin: Alle Geräte können während des Betriebs an- und abgesteckt werden. Windows 95/98 erkennt das automatisch und aktiviert oder deaktiviert die entsprechenden Treiber.

3.16 Die Firewire-Schnittstelle

Firewire oder auch IEEE 1934 »Institute of Electrical and Electronics Engineers« ist eine Schnittstelle wie USB, die es ermöglicht eine digitale Verbindung für 63 Geräte, aber ganz ohne Hubs und mit einer Datentransferrate von 400 Mbit/s herzustellen.

3.16.1 Ausgefeilte Technik: Isochroner Datenversand

Diese hohe Rate resultiert aus einer neuen Technik, die es ermöglicht, die Daten isochron zu versenden. Dabei hat das sendende Gerät den Bus für sich alleine und kann die Datenpakete in gleichbleibenden Intervallen senden. Ein Zwischenspeicher ist nicht notwendig, da die Daten nur dann gesendet werden, wenn sie gebraucht werden. Bei der herkömmlichen, im PC-Bereich genutzten asynchronen Datenübertragung, sendet ein Sender die Daten und wartet auf eine Rückmeldung. Außerdem können neue Daten erst nach einer Bestätigung versendet werden. Das Timing des ganzen Datenversands ist nicht vorhersehbar, deshalb ist die Übertragung auch wesentlich langsamer als beim isochronen Modus. Firewire unterstützt aus Kompatibilitätsgründen beide Verfahren der Datenübertragung.

3.16.2 Ideal für Videotechnik

IEEE 1934 wurde hauptsächlich entwickelt, um Geräte aus der Unterhaltungselektronik, wie etwa Videokameras und Videoschnittstellen, mit dem PC zu verbinden, denn nur mit dieser hohen Datentransferrate ist es möglich, digitale Videobilder in Echtzeit auf den Monitor zu bringen. Der Anschluß an den Controller erfolgt mit einem 6-poligen Spezialkabel, das auch, wie bei USB, die Stromversorgung für das Gerät beinhaltet. Sony weicht aber teilweise von diesem Standard ab und nutzt nur vieradrige Kabel ohne Stromversorgung. Für solche Geräte, die eine eigene Stromversorgung haben, ist dann ein Adapter für den Anschluß am Controller notwendig.

3.16.3 Controller sind Mangelware

Das Ganze hört sich zwar sehr gut an, doch bis heute ist noch kein Motherboard mit integrierter Firewire-Schnittstelle auf dem Markt. Es gibt nur zusätzliche Controller als Steckkarte für den PCI-Bus. Die Integration auf dem Motherboard läßt aber bestimmt nicht mehr lange auf sich warten, da schon sehr viele Geräte im Consumer-Bereich die Firewire-Schnittstelle nutzen. Es sind sogar schon Controller mit einer gigantischen Datentransferrate von 1,2 Gbit/s in der Entwicklung. Ob es sich lohnt, auf ein Motherboard mit integrierter Schnittstelle zu warten, bleibt leider im Moment dahingestellt.

3.17 Der IrDa-Port

Weniger interessant ist die Infrarotschnittstelle oder auch IrDA-Port genannt. Er ist eigentlich für die kabellose Übertragung von Daten entwickelt worden, hat sich aber noch immer nicht richtig durchgesetzt. Dabei ist eine kabellose Datenübertragung vom oder zum Notebook oder Drucker doch ganz praktisch, wird aber kaum genutzt. Der IrDa-Port ist nur als Stiftleiste auf dem Motherboard vorhanden. Damit er genutzt werden kann, ist eine Einheit mit Infrarot-Sende- und -Empfangsdiode notwendig, die aber normalerweise vom Hersteller nicht mitgeliefert wird, sondern separat als Zubehör für das entsprechende Motherboard-Modell bestellt werden muß.

System-Monitoring

Bild 3.16:
Auf fast jedem Motherboard vorhanden, aber selten genutzt, ist der IrDa-Port, der nur aus einer unscheinbaren Kontaktleiste mit 5 Pins besteht.

3.18 System-Monitoring

Viele Motherboards unterstützen ein »Health-Monitoring«. Das ist eine Selbstüberwachung über einen auf dem Motherboard integrierten SMB »System-Managment-Bus«. Durch einen integrierten Chip mit der Bezeichnung LM75, LM78, LM79, LM80 von National Semiconductors oder dem Winbond 83781, wird die Motherboard- und CPU-Temperatur, die Motherboard-Spannungen sowie drei verschiedene Lüfterdrehzahlen z.B. »CPU, Netzteil, Gehäuse« im BIOS-Menü oder durch ein separates Programm angezeigt und überwacht.

```
         ** Thermal Monitor **
CPU Temperature        :    52C/125F
MB Temperature         :    27C/ 80F

         ** Voltage Monitor **
VCORE Voltage          :    3.4V
+3.3V Voltage          :    3.4V
+5V   Voltage          :    5.1V
+12V  Voltage          :   12.1V
-12V  Voltage          :  -11.6V
-5V   Voltage          :   -5.0V
```

Bild 3.17:
Das Systemmonitoring ist eine praktische Sache.

Dieses System bietet einige Vorzüge für den Nutzer, da bei Veränderung der voreingestellten Werte ein Alarm ertönt und der PC abgeschaltet werden kann, bevor er Schaden nimmt. So ein Alarm kann beispielsweise ausgelöst werden, wenn der CPU-Lüfter ausfällt und die Temperatur über den einstellbaren Grenzwert steigt. Mit diesem System und einer geeigneten Software, etwa Microsofts LDCM, können sogar PCs im Netzwerk vom Systemadministrator überwacht werden.

3.19 Treiber, Utilities und Handbuch

Alle notwendigen Treiber für das Betriebssystem, z.B. »Bus-Master-Driver« sowie die Utilities für ein BIOS-Update, gehören zum Lieferumfang eines guten Motherboard. Auf Boards mit integrierter Sound- oder Grafikkarte müssen auch die entsprechenden Treiber für diese Komponenten mitgeliefert werden, denn ohne sie ist meistens kein optimaler Betrieb möglich. Wenn das Board ein Health-Monitoring unterstützt, sollte auch das Überwachungsprogramm dazu nicht fehlen.

Bild 3.18: Eine Treiber-Diskette oder -CD-ROM muß immer dabei sein.

TIP

Achten Sie auf die Programmausstattung auf der mitgelieferten CD-ROM, denn je mehr Treiber und Utilities darauf angeboten werden, desto flexibler kann das Motherboard konfiguriert und betrieben werden. Ist nur eine Treiberdiskette an Stelle einer CD-ROM im Lieferumfang, können Sie davon ausgehen, daß nur die allernötigsten Treiber darauf untergebracht sind.

3.19.1 Das Handbuch

Ein Handbuch oder auch User's Manual genannt, ist in deutscher Sprache sehr oft Mangelware, denn die meisten Hersteller verwenden englischsprachige Handbücher. Falls sie dieser Sprache aber nicht mächtig genug sind, und auch keinen Verwandten oder Bekannten haben, der Ihnen damit weiterhelfen könnte, besorgen Sie sich unbedingt ein Board mit deutschsprachigem Handbuch, damit Sie die Installations- und Konfigurationsanleitung sowie die Erklärung der BIOS-Menüs lesen können. Eine reichhaltige Bebilderung, die den Einbau der CPU, des Kühlkörpers und des Arbeitsspeichers zeigt, ist für den nicht so versierten Anwender auch vorteilhaft. Nur als absoluter Profi können Sie darauf verzichten, dann reicht ein Übersichtsplan der Slots und Schnittstellenanschlüsse sowie die Bezeichnung der Jumper oder Dip-Schalter.

Support

Bild 3.19:
Ein gutes Handbuch ist die halbe Miete. Die meisten sind in englischer Sprache verfaßt.

3.20 Support

Der technische Support des Herstellers kann teilweise sehr wichtig sein, um Probleme abzuklären, die entweder bei der Installation oder einer späteren Aufrüstung durch beliebige Komponenten auftreten können. Der Groß- oder Einzelhandel, der Ihnen das Motherboard verkauft hat, ist für solche Auskünfte erst gar nicht zuständig. Beim Fachhandel sieht es nicht viel anders aus. Er ist meist ganz und gar ratlos, wenn es um spezielle, herstellerabhängige Fehler geht. Hier kann, wenn überhaupt, nur der Support weiterhelfen. Legen Sie deshalb nicht nur Wert auf die technischen Daten und den Preis, sondern auch auf einen gut funktionierenden Support.

3.20.1 Markenhersteller mit guten Support

Nur Markenhersteller bieten einen telefonischen Support in Deutschland an, der ist aber meistens gnadenlos überlastet, so daß sich ein Durchkommen als nervenaufreibendes Geduldsspiel erweist. Erkundigen Sie sich deshalb am besten vor dem Kauf auf den Internetseiten des Herstellers, welche Leistungen er anbieten kann.

3.20.2 Billiganbieter: meist ohne telefonischen Support

Billiganbieter aus Taiwan und Korea bieten oft nur einen Support per E-Mail über das Internet an. Wenn Sie zu so einem Motherboard greifen, sollten Sie sich zu den absoluten Profis zählen und auf jeden Fall fließend Englisch beherrschen.

Ihr neues Motherboard

3.20.3 Die aktuellen Treiber aus dem Netz

Auch den Treiber-Support im Internet sollten Sie vorher testen, denn das beste Motherboard nützt nichts, wenn es kein regelmäßiges BIOS-Update und keine aktuellen Treiber gibt. Überprüfen Sie dazu auf der Internetseite des Herstellers die Verfügbarkeit der Update-Dateien vom Vorgängertyp Ihres Motherboard-Modells. Sind hier regelmäßig BIOS-Updates erschienen, ist der Support in Ordnung. Prüfen Sie dazu einfach das Datum in der Dateibeschreibung oder direkt das der angebotenen Dateien.

Bild 3.20:
Ein guter Treiber-Support in Internet ist wichtig.

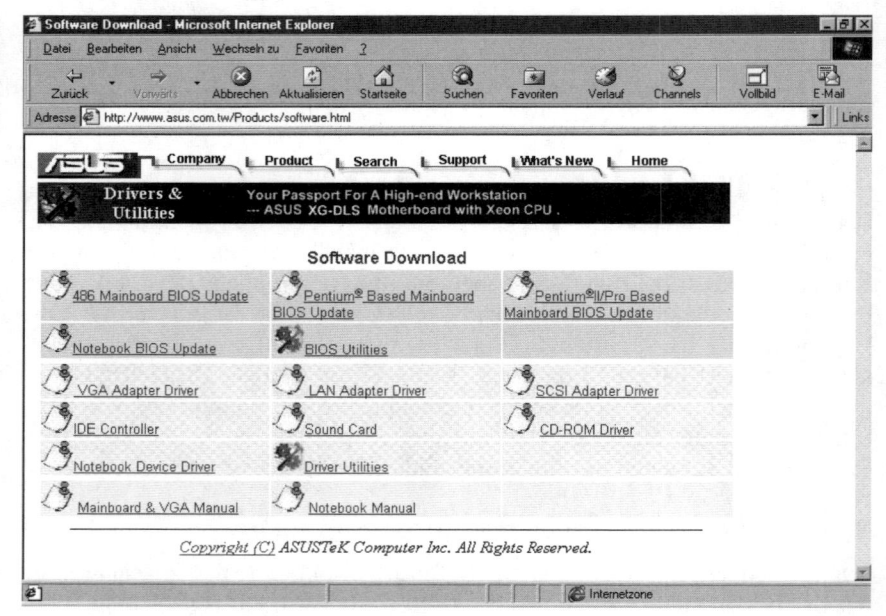

3.20.4 Garantie

Die Garantie für Motherboards schwankt, je nach Hersteller, zwischen 12 und 36 Monaten. Ein riesiger Unterschied und das bei einer doch sehr ausfallträchtigen Komponente. Versuchen Sie auch in diesem Punkt einen Kompromiß zu schließen, denn 12 Monate sind schnell um. Hat das Motherboard 24 oder gar 36 Monate Garantie, ist das natürlich besser, denn nach Ablauf der Garantiezeit ist es dann sowieso völlig überholt.

> **HINWEIS**
> Die gesetzliche Garantiezeit des Groß- und Einzelhandels liegt derzeit bei 6 Monaten. Nach dieser Garantiezeit müssen Sie Ihre Ansprüche direkt beim Hersteller geltend machen.

Zusätzliche Funktionen

> **TIP**
> NoName-Motherboards von Großhändlern sind zwar enorm günstig, dafür haben sie sehr oft nur eine Garantiezeit von 6 Monaten, denn diese Produkte haben keinen Service-Support in Deutschland. Vergessen Sie deshalb solche Angebote am besten gleich wieder, denn der damit verbundene Ärger lohnt sich nicht.

3.21 Zusätzliche Funktionen

Die Hersteller integrieren immer wieder neue, mehr oder weniger nützliche Zusatzfunktionen in das Motherboard. Wenn Sie auf eine bestimmte Zusatzfunktion nicht verzichten können, reduziert sich die Auswahl extrem, denn nicht alle Hersteller bieten diese Funktionen an. Da bleibt Ihnen dann nichts anderes übrig, als dieses mit Ihrer unverzichtbaren Zusatzfunktion ausgestattete Motherboard-Modell zu erwerben, auch wenn ein anderes insgesamt vielleicht besser abschneiden würde.

3.21.1 PC per Tastatur einschalten

Mit »Power on Keyboard« kann der PC durch Drücken einer Tastenkombination oder mit dem Doppelklick der rechten oder linken Maustaste eingeschaltet werden. Welche Tastenkombination oder Maustaste verwendet wird, kann im BIOS eingestellt werden.

3.21.2 Mit dem Betriebssystem ausschalten

ATX-Motherboards verfügen fast immer über die Funktion »Software Power Off«. Mit Ihr kann der PC über das Betriebssystem automatisch abgeschaltet werden.

3.21.3 PC übers Netzwerk starten

Die Funktion »Wake-On-LAN« wird verwendet, um eine abgeschaltete Workstation über das Netzwerk wieder einzuschalten. Dazu ist aber eine Netzwerkkarte mit WOL-Funktion nötig.

3.21.4 PC einschalten ohne zu booten

Völlig neu ist die von Siemens entwickelte »Instantly-Available-PC«-Funktion. Hier wird beim Abschalten des PC die komplette Arbeitsumgebung im RAM gespeichert. Ein erneuter Tastendruck genügt und Ihnen steht sofort wieder dieselbe Arbeitsumgebung wie vorher zur Verfügung, als ob Sie nur den Monitor aus- und wieder angeschaltet hätten. Diese Funktion kann auch als »Save to RAM« bezeichnet werden.

Ihr neues Motherboard

3.22 Die Hersteller

Damit Sie die Angebote der Motherboards schnell ermitteln oder auch gleich den Service der Hersteller testen können bevor Sie sich entscheiden, sind nachfolgend alle Anbieteradressen auf einen Blick dargestellt.

Tabelle 3.2: Die bekanntesten Motherboard-Hersteller auf einen Blick

Hersteller	Internetadresse
Abit	http://www.abit.com.tw/
Aopen	http://www.aopen.com.tw/
Asus	http://www.asus.com/
Atrend	http://www.atrend.com/
Chaintech	http://www.chaintech.com.tw/
Compaq	http://www.compaq.com/
Dell	http://www.dell.com/filelib/
DFI	http://www.dfiusa.com/
Ellitegroup (ECS)	http://www.ecs.com.tw/
Elito	http://www.elito.com/
Epox	http://www.epox.com/
FIC	http://www.fica.com/
Freetech	http://www.freetech.com/
Gigabyte	http://www.giga-byte.com/
Iwill	http://www.iwill.com.tw/
Intel	http://www.intel.com/
MSI	http://www.msi.com.tw/
QDI	http://www.qdigrp.com/
Shuttle	http://www.shuttle.com/
Siemens	http://www.mch.sni.de/
Soyo Computer	http://www.soyo.com.tw/
Tyan	http://www.tyan.com/

3.23 Zusammenfassung

Sehen Sie sich noch einmal alle wichtigen Punkte in der Zusammenfassung an. Damit erhalten Sie einen letzten Überblick.

3.23.1 Bevor Sie ein Motherboard kaufen

- Viele Motherboard-Modelle gibt es baugleich in der AT- oder auch in der aktuellen ATX-Ausführung. Wenn Sie Ihr vorhandenes System aufrüsten wollen, müssen Sie darauf achten, welchen Formfaktor Ihr vorhandenes Gehäuse verwendet. Ist der PC älter als zwei Jahre, haben Sie mit Sicherheit noch einen AT-Formfaktor. Das können Sie aber ganz leicht am Stekker für die Spannungsversorgung des Motherboard feststellen. Besteht er aus zwei geteilten Steckern auf der eventuell noch ein Aufdruck mit P8 und P9 zu finden ist, handelt es sich um ein AT-Motherboard. Ist es dagegen nur ein Stecker mit zwei Kontaktreihen, so handelt es sich um ein ATX-Motherboard. Wenn Sie das Motherboard für den Eigenbau eines neuen PC ver-

Zusammenfassung

wenden, kaufen Sie auf jeden Fall ein ATX-Motherboard und das passende Gehäuse dazu.

- Entscheiden Sie, welcher Prozessor für Ihre Anwendungen in Frage kommt und wählen Sie dann ein Motherboard für den entsprechenden Sockel oder Slot aus. Achten Sie auch darauf, daß der ausgewählte Prozessortyp unterstützt wird, indem Sie seine Bezeichnung mit den technischen Daten des Handbuchs oder auf den Internetseiten des Herstellers vergleichen. Dann stehen auch automatisch die richtigen Spannungen und der entsprechendeTakt zur Verfügung.

- Zählen Sie, wieviele ISA- und PCI-Steckplätze für Ihre vorhandenen Komponenten benötigt werden. Nur wenn Sie einen neuen PC aufbauen, können Sie auf ISA-Steckplätze verzichten, denn die »Plug&Play«-fähigen PCI-Komponenten sind meistens schneller und konfigurieren sich fast von selbst. Damit haben Sie später auch die wenigsten Probleme. Ein AGP-Steckplatz für die Grafikkarte sollte auch nicht fehlen, denn für die aktuellen 3D-Anwendungen ist der PCI-Steckplatz zu langsam geworden.

- Ein Motherboard mit integrierter Sound- oder Grafikkarte ist nur für einfache Ansprüche gedacht, denn die Leistungsfähigkeit externer Komponenten ist wesentlich größer. Auf ein Board mit integriertem SCSI-Host-Adapter können Sie bedenkenlos zugreifen, denn der integrierte Adapter ist vom Standard her genauso leistungsfähig wie eine externe Komponente. Auch der Treiber-Support für den Adapter ist meistens tadellos, da er überwiegend von der sehr zuverlässigen Firma Adaptec www.adaptec.com kommt.

- Die Schnittstellen sind auch ein sehr wichtiges Kriterium auf dem Board, deshalb achten Sie unbedingt darauf, daß außer den Standardschnittstellen, wie den zwei seriellen »COM1« und »COM2« und der parallelen »LPT1« noch eine PS/2 für die Maus und mindestens ein USB-Port vorhanden sind. Auch Ultra DMA/33 für die EIDE-Ports muß unterstützt werden.

- Es sollten mindestens drei oder noch besser vier Steckplätze für den Hauptspeicher verfügbar sein. Je mehr Steckplätze vorhanden sind, desto flexibler ist man bei der Speicheraufrüstung. Vermeiden Sie wenn möglich Motherboards mit kombinierten SIMM- und DIMM-Steckplätzen, da hier von jeder Sorte zu wenig vorhanden sind.

- Wählen Sie ein Motherboard mit dem für Ihren Prozessor optimalen Chipsatz aus (siehe Seite 99), denn der Chipsatz ist fest auf dem Board integriert und kann nicht ausgetauscht werden.

- Von welchem Hersteller das BIOS stammt, ist eigentlich zweitrangig, denn die Optionen für die Einstellungen und die Funktionen sind überwiegend gleich. Die meisten Motherboard-Hersteller verwenden einen Chip von Award.

> **TIP**
> Planen Sie Ihr Motherboard bezüglich der Kompatibilität mit Prozessoren der nächst höheren Taktfrequenzen nicht zu weit voraus, denn in etwa zwei Jahren lohnt sich das Aufrüsten mit einem neuen Prozessor wahrscheinlich sowieso nicht mehr. Zwischenzeitlich wird sich so viel geändert haben, daß Sie mit einem neuen Board samt Prozessor besser fahren.

Kapitel 4

Chipsätze, die ihr Geld wert sind

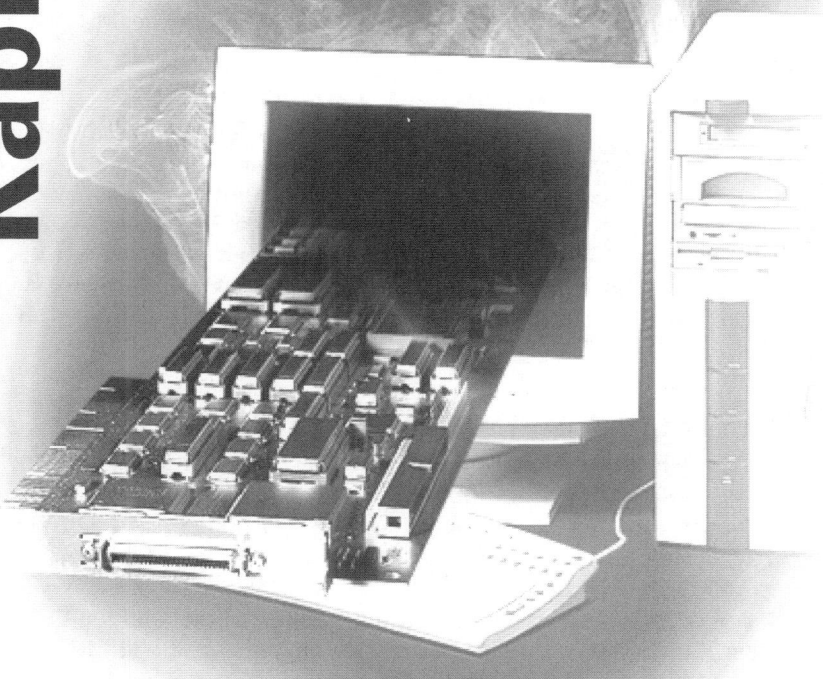

Chipsätze, die ihr Geld wert sind

Seit der Umstellung auf den neuen 100-MHz-Systemtakt tummeln sich auch viele neue Chipsätze auf dem Markt und ständig kommen wieder neue hinzu. Vor allem auf dem Sektor der Slot-1-Motherboards ist bisher Intel der einzige Anbieter gewesen. Der Grund dafür war, daß Intel für seinen patentrechtlich geschützten Slot 1, zu dem auch der Chipsatz und das Busprotokoll GTT+ gehört, keinem anderen Hersteller die Erlaubnis zur Produktion gegeben hat. ALi, SiS und VIA haben es jetzt aber geschafft, dem Lizenzrecht von Intel zu genügen. Keine leichte Übung, denn es mußten sehr viele Änderungen von Anschlüssen bis hin zur Inkompatibilität des Pinouts erfolgen. Die Abweichung vom Pinout setzt wiederum eine Neukonstruktion der Motherboards speziell auf den Chipsatzhersteller voraus. Das verteuert zwar das Board durch die zusätzlichen Entwicklungskosten, aber dafür ist der Nicht-Intel-Chipsatz um die Hälfte billiger. Das macht im Preis einiges aus, denn allein der BX-Chipsatz frißt etwa 50% der Herstellungskosten des Motherboard.

4.1 Motherboard und Chipsatz als Einheit

Welche Chipsätze ihr Geld wirklich wert sind, ist sehr schwer zu beurteilen. Das hängt von sehr vielen Faktoren ab, vor allem in Verbindung mit dem Motherboard. Denn: Nicht alle vorhandenen Funktionen des Chipsatzes werden vom Hersteller auch genutzt. Deshalb kann die Leistungsfähigkeit eines Chipsatzes nur in Verbindung mit dem Motherboard gemessen werden. Alle Nicht-Intel Chipsätze für den Slot 1 liegen in den aktuellen Tests der Fachzeitschriften aber immer um ein paar Prozentpunkte hinter den Intel-Chipsätzen.

4.2 Der 100-MHz-Front-Side-Bus

Die aktuellen Prozessormodelle, wie etwa der Intel Pentium II ab 350 MHz oder der AMD K6-2 3D ab 300 MHz, brauchen einen 100-MHz-Systemtakt, der in der neuesten Intel-Terminologie für den Slot 1 als Front-Side-Bus bezeichnet wird. Bisher war der Systemtakt (auch externer Takt genannt), für diese Motherboards bei 66 MHz. Der interne Takt des Prozessors wird mit einem Multiplikator in Schritten von 0,5 erhöht, deshalb wird die CPU-Taktfrequenz auch immer um den halben Systemtakt, also um 33 MHz angehoben. So kommen Taktfrequenzen der Prozessoren von 233, 266, 300, 333 MHz usw. zustande. Dasselbe Spiel erfolgt jetzt mit dem 100-MHz-Systemtakt, nur mit dem Unterschied, daß der halbe Systemtakt jetzt 50 MHz beträgt und sich deshalb Taktfrequenzen von 350, 400 und 450 MHz ergeben.

4.3 Was bringt der 100-MHz-Takt?

Auf den Sockel-7-Motherboards hat der 100-MHz-Systembus eine größere Auswirkung auf die Leistung als beim Slot 1. Die Ursache dafür ist der äußerst wichtige L2-Cache, in den der Prozessor seine Daten zwischenspeichert. Daraus können dann 80% aller Speicheranfragen der CPU bedient werden. Je schneller der Zugriff darauf ist, desto schneller kann er auch die angeforderten Daten weiterverarbeiten Der L2-Cache befindet sich beim Slot 1, außer dem

Der Chipsatz auf dem Motherboard

Celeron 300 ohne »A«, der keinen hat, direkt im Prozessor und läuft mit der halben CPU-Taktfrequenz, im neuen Celeron mit »Mendocino«-Kern sogar mit der vollen CPU-Taktfrequenz.

4.3.1 Der L2-Cache und 100-MHz-Bustakt

Der L2-Cache für den Sockel 7 befindet sich dagegen direkt auf dem Motherboard und er läuft mit dem Systemtakt des Boards. Trotz eines 266 MHz Prozessors wird also der L2-Cache noch mit den schlappen 66 MHz betrieben. Das hat sich durch den 100-MHz-Systemtakt jetzt endlich erledigt.

Bild 4.1:
Der L2-Cache auf dem Sockel -7- Motherboard ist fast immer fest installiert.

4.3.2 Alle Komponenten profitieren

Aber nicht nur der L2-Cache, auch der Arbeitsspeicher und der AGP-Bus profitieren von den 100 MHz, denn sie sind ebenfalls daran angeschlossen. Für den Arbeitsspeicher bedeutet das einen wesentlich schnelleren Zugriff, allerdings auch mit einem kleinen Nachteil, denn es müssen zwingend PC-100-Speichermodule verwendet werden. Der AGP-Bus erhält durch den 100-MHz-Systemtakt eine höhere Bandbreite, die sich zwischen CPU und Grafikkarte sehr positiv auswirkt. Der PCI-Bus läuft nach wie vor mit 33 MHz und der ISA-Bus mit 8 MHz. Auf diese beiden Busse hat der höhere Systemtakt keinen Einfluß.

4.3.3 Der Leistungsgewinn

Das Leistungsplus mit dem 100-MHz-Front-Side-Bus wirkt sich prozentual gemessen für den Slot 1 zwischen 6% bis 10 % und für den Super-Sockel 7 bis zu 25% aus. Das hängt natürlich stark von den Anwendungen ab, vor allem bei aufwendigen 3D-Spielen oder Grafik-Rendering entwickelt sich dieses Plus gegenüber dem 66 MHz Systemtakt.

4.4 Der Chipsatz auf dem Motherboard

Es ist natürlich auch gut zu wissen, wie der Chipsatz auf dem Motherboard eigentlich aussieht. Er besteht in den meisten Fällen aus zwei quadratischen, relativ großen, schwarzen Chips die mit einem Firmenaufdruck wie Intel, VIA, SiS, ALi oder AMD versehen sind. Die heutigen 100-MHz-Chipsätze werden teilweise mit einem passiven Kühlkörper auf dem Hauptchip versehen, der den Blick auf die Beschriftung verdeckt. Der andere, ungekühlte, gibt aber immer seine Identität preis.

Bild 4.2:
Der Chipsatz auf dem Motherboard kann durch die Beschriftung identifiziert werden.

Die Chips des Chipsatzes

Diese beiden Chips werden auch Northbridge und Southbridge genannt. Im originalen Intel pinout hat zum Beispiel der BX-Chipsatz 492 Pins an der Northbridge und 324 Pins an der Southbrigde. Diese, in manchen Fällen bis zu sieben Chips des gesamten Chipsatzes, sind mit einer speziellen Technik direkt auf das Motherboard aufgelötet. Ein Sockel erübrigt sich sowieso, denn das Motherboard-Layout ist immer auf einen bestimmten Chipsatz abgestimmt, er kann also nicht einfach wie ein Prozessor durch einen anderen getauscht werden. Deshalb ist es auch so wichtig, sich für ein Motherboard mit dem richtigen Chipsatz zu entscheiden, denn einen anderen Chipsatz gibt es nur in Verbindung mit einem neuen Motherboard.

4.5   Chipsatz-Funktionen

Wie auch schon im vorigen Kapitel angesprochen, ist der Chipsatz die wichtigste Komponente für die Leistung des Motherboard. Das Board ist also immer nur so gut wie der darauf verwendete Chipsatz, der nichts anderes als eine Steuerzentrale für alle Abläufe ist. Prinzipiell verbindet er CPU, Speicher, PCI- und ISA-Slots, den AGP-Port, serielle und parallele Schnittstelle, EIDE- und Floppy-Controller sowie die USB-Ports untereinander.

4.5.1   Spezielle Funktionen

Außerdem enthält er noch diverse andere Schaltkreise. Das sind bei einem modernen Chipsatz auf jeden Fall eine ECC- »Error Correction Code« und Parity-RAM-Unterstützung für den Speicher sowie die ACPI- »Advanced Configuration and Power Interface« Funktionen für das Power-Management. Auch ein SB Link und jumperlose Einstellungen für den CPU-Takt oder Überwachungsfunktionen für die Motherboard-Spannungen, Motherboard-Temperatur und Lüfterdrehzahl können integriert sein. Jeder Chipsatz hat da seine

Chipsatz-Funktionen

eigenen Merkmale, die der Motherboard-Hersteller dann verwendet oder auch nicht. Ausschlaggebend für die Geschwindigkeit ist aber nur die Implementierung der Schnittstellen und die Anbindung untereinander.

4.5.2 Der maximale Speicherausbau

Nicht ganz uninteressant ist auch die Größe des maximal verwendbaren Hauptspeichers. Er liegt zwischen 256 Mbyte und 8 Gbyte. Außerdem kommt es bei einem Sockel-7-Motherboard darauf an, wieviel vom vorhandenen Hauptspeicher im L2-Cache zwischengespeichert werden kann. Das hängt dann vom Chipsatz ab. Wird mehr Hauptspeicher eingebaut als gecached werden kann, kommt es zu einem größeren Performance-Verlust im System. Diese »Cachable Area« wird beim Slot -1- und Slot -2-Motherboard von der verwendeten CPU bestimmt.

> **TIP**
>
> Bauen Sie nie mehr Arbeitsspeicher ein als gecached werden kann, sonst verlieren Sie enorm an Performance, da der Prozessor die Daten nicht aus dem schnellen L2-Cache, sondern aus dem langsamen Arbeitsspeicher holen muß.

Chipsatz	Cachable Area
Intel TX	64 Mbyte
Ali Aladdin IV+	128 Mbyte
Ali Aladdin V	256 Mbyte
VIA Apollo VP2	512 Mbyte
VIA Apollo VP3	1 Gbyte
VIA Apollo MVP3	512 Mbyte
SiS 5581/5582	128 Mbyte
SiS 5591	256 Mbyte
Intel LX	512 Mbyte
Intel EX	512 Mbyte
Intel BX	512 Mbyte

Tabelle 4.1: Die Cachable Area wird vom Chipsatz bestimmt.

4.5.3 Der Systemtakt

Ein weiterer sehr wichtiger Punkt für den Sockel 7 und Slot 1 ist die Unterstützung des 100-MHz-Systemtakts, denn nur damit ist der Chipsatz auch für die nähere Zukunft gerüstet. Manche älteren Chipsätze, die nur für 66 MHz spezifiziert sind, können sehr bedingt auch mit 100 MHz betrieben werden, wenn der Motherboard-Hersteller das vorsieht. Eine Garantie für einen stabilen Betrieb gibt es aber nicht, da der Chipsatz außerhalb seiner Spezifikationen betrieben und so unweigerlich überlastet wird. 83 MHz inoffizieller Systemtakt ist hier wirklich die oberste Grenze mit der die meisten noch fehlerfrei laufen.

> **HINWEIS**
>
> Mit den für 100 MHz spezifizierten Chipsätze ist es ähnlich wie bei den 66-MHz-Chipsätzen, sie vertragen auch ein paar Takte mehr. So sind beim Sockel-7-Motherboard bis zu 112 oder 124 MHz und beim Slot 1 sogar bis 133 MHz drin. Wundern Sie sich deshalb nicht, wenn der Hersteller auf der Verpackung des Motherboard mit diesen Taktraten wirbt.

4.5.4 Busmaster-Treiber

Dieser Punkt ist nur interessant, wenn Sie Windows 95 oder NT verwenden, denn diese Betriebssysteme benötigen einen Busmaster-Treiber. Das ist ein Treiber für den Chipsatz auf dem Motherboard, denn Windows behandelt das Motherboard im Prinzip wie ein Gerät, das sich in einem Erweiterungssteckplatz befindet. Windows hat aber nur Treiber für Chipsätze, die während der Entwicklung des Betriebssystems existent waren. Für die nächsten Generationen von Chipsätzen braucht es ein Update in Form von Treiberdateien.

Die Funktion des Treibers

Was aber macht dieser so wichtige Treiber? Er sorgt für die Kommunikation zwischen der Busmaster-fähigen EIDE-Bridge, der »Southbridge« des Chipsatzes und dem Rest des Systems. Seit dem 430 FX-Chipsatz von Intel gibt es diese Busmaster-fähige EIDE-Bridge, die es ermöglicht die Daten nicht mehr durch den Ressourcen-fressenden PIO-Modus, sondern durch einen DMA-Modus in den Hauptspeicher des PC zu übertragen. Durch das Busmastering werden die Daten selbständig und fast ohne Aktionen des Prozessors in den Arbeitsspeicher geschaufelt. Das bringt einen Performance-Gewinn von etwa 35%, da der Prozessor in dieser Zeit, wo er mit dem PIO-Modus den Datentransport steuert, mit dem DMA-Modus wichtigeren Arbeiten nachgehen kann. Die Belastung des Prozessors beträgt nur noch 1/10 und der Datentransport läuft sozusagen im Hintergrund ab.

Die Treiberinstallation

Wenn Windows 95/98 oder NT auf einem System installiert wird, ist es nicht gesagt, daß es eine Meldung ausgibt, wenn es den Chipsatz nicht 100%ig erkennt. Denn es verwendet dann einfach seine Standardtreiber, die kein Busmastering unterstützen. Die Datentransferrate der Festplatte ist dann aber miserabel. Deshalb nach der Installation unbedingt im Geräte-Manager (siehe Seite 305) nachsehen, ob der Busmaster-Treiber installiert worden ist, sonst kann das manuell mit der Diskette oder CD-ROM, die dem Motherboard beiliegt, erledigt werden. Dazu wird einfach das Setup-Programm im entsprechenden Verzeichnis ausgeführt.

Chipsätze für Sockel 7

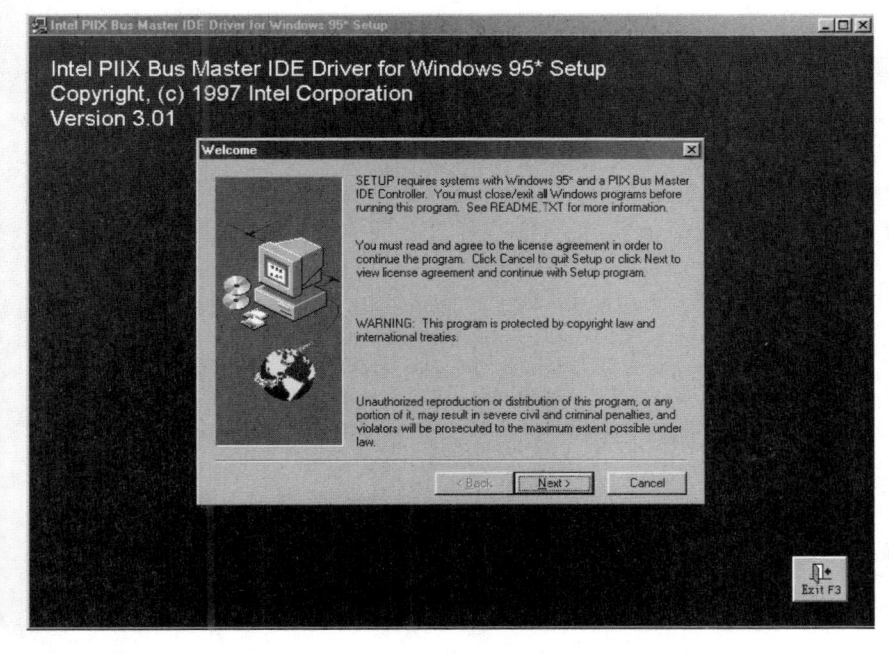

Bild 4.3:
Das Setup des Busmaster-Treibers.

Im Normalfall erkennt Windows aber den Chipsatz und fordert die Treiber von Ihnen an. Legen Sie dann den Datenträger ein und geben Sie das Verzeichnis zum Treiber an, falls Windows es nicht automatisch findet. Der Treiber wird dann während der Installation integriert.

Chipsatz	Busmaster-Seite
VIA	www.via.com.tw/drivers/index.html
ALI	www.acerlabs.com/acerlabs/drivers.html
SIS	www.sis.com.tw/html/driver.html
INTEL	http://developer.intel.com/design/pcisets/busmastr/
Allgemein	www.bmdrivers.com

Tabelle 4.2:
Die Bezugsquellen der Busmastertreiber.

4.6 Chipsätze für Sockel 7

Die Chipsatzhersteller für den Sockel 7 sind fast alle auf den 100 MHz schnellen Systembus aufgesprungen, nur SiS hat es scheinbar noch nicht geschafft. Einige sind recht flexibel, bei ihnen kann sogar der 100-MHz-Systemtakt asynchron zum Speichertakt angesteuert werden. Das hat den Vorteil, daß der Prozessor und der L2-Cache mit vollem Systemtakt und der Speicher mit 66 MHz des AGP-Bus betrieben wird. So können die alten EDO oder SDRAMs weiter verwendet werden. Das ist besonders für Aufrüster interessant.

4.6.1 Dual-prozessorfähige Chipsätze

Leider ist keiner der nachfolgenden Sockel-7-Chipsätze »Dual- oder Multi-Prozessor«-fähig. Nur der schon ältere und nicht mehr produzierte Intel HX-Chipsatz ist für den Dual-Prozessor-Betrieb geeignet, deshalb ist er trotz seines gehobenen Alters für den Einsatz in einem Server immer noch bestens gerüstet. Einige Motherboard-Hersteller haben sich mit diesem Chipsatz eingedeckt, um überhaupt noch Sockel-7-Dual-Prozessor-Boards fertigen zu können.

An der Chipsatz-Entwicklung ist deutlich zu sehen, daß der Sockel 7 oder auch Super Sockel 7, wie er seit der Einführung des 100-MHz-Front-Side-Bus heißt, noch lang nicht ausgedient hat. Im Gegenteil, denn durch die Unterstützung von AGP, DDR SDRAM und ECC sowie vieler anderer Features der Slot-1-Chipsätze ist der Sockel 7 genauso komfortabel und leistungsfähig geworden.

4.6.2 Cyrix-Prozessor und Intel-Chipsatz

Wer einen Cyrix-Prozessor in Verbindung mit einem Chipsatz von Intel z.B. den TX betreibt, verschenkt einiges an Leistung. Das liegt daran, daß der Chipsatz das Zusammenwirken von Cyrix-Prozessor, L2-Cache und Arbeitsspeicher nicht richtig steuern kann, da das Timing nicht stimmt. Das ist bei einem Intel-Chipsatz nur optimal für Intel-Prozessoren ausgelegt, und die haben sich die perfekten Timing-Einstellungen dazu patentieren lassen, so daß sie kein anderer Hersteller verwenden kann. Deshalb hat Cyrix eine andere Timing-Methode, den »Linear Burst« gewählt, der aber nur von VIA und SiS unterstützt wird. Wenn Sie ein Motherboard mit Intel-Chipsatz haben, und einen Prozessortausch planen, vergessen Sie die Modelle von Cyrix, auch wenn Sie im Manual des Boards zur Verwendung freigegeben sind. Besorgen Sie sich dann entweder ein neues Board mit VIA-, SiS-Chipsatz oder verwenden Sie einen Prozessor von AMD, mit dem dieses Problem nicht besteht.

4.6.3 Chipsatz-Beschreibung

In den nachfolgenden Chipsatz-Beschreibungen werden nur aktuelle, also auf den Motherboards in der Praxis verwendete Chipsätze vorgestellt. In den Tabellen sind nicht alle technischen Merkmale aufgeführt, sondern nur die für eine Auswahl entscheidenden. Das ist in erster Linie der Speicher und einige Schnittstellen. Feinheiten wie Wake-On-LAN, Wake-on-Modem-Ring, Suspend-to-RAM, Suspend-to-Disk, SB-Link, I^2C-Serial-Bus-Interface oder direkt integrierte Überwachungsfunktionen für Spannungen, Temperatur und Lüfterdrehzahl werden nicht berücksichtigt, da die Motherboard-Hersteller solche Funktionen des Chipsatzes nicht immer nutzen.

4.6.4 Intel-TX

Der TX-Chipsatz von Intel www.intel.com oder auch Triton III genannt, ist der älteste aller modernen Sockel-7-Chipsätze, die trotzdem noch auf dem

Chipsätze für Sockel 7

Markt zu finden sind. Er ist aber auch der einzige, der noch nicht mit dem 100-MHz-Front-Side-Bus aufwarten kann. Für den TX ist AGP ebenso ein Fremdwort wie ECC, nur USB wird schon unterstützt. Der Kauf eines Motherboards mit diesem Chipsatz lohnt sich nicht mehr, da keine aktuellen CPUs, die 100-MHz-Systemtakt unterstützen wie etwa der AMD K6-2 3D ab 300 MHz, der verlustfrei eingesetzt werden kann.

Hauptspeicher	256 Mbyte FPM/EDO
Cacheable Area	64 Mbyte
L2-Cache	512 Kbyte
Systemtakt	50, 55, 60, 66 MHz
AGP	Nein
USB	Ja
ECC	Nein

4.6.5 VIA-Apollo MVP3

Der MVP3 von VIA www.via.com.tw zum Beispiel, hat folgende Merkmale: 100-MHz-Front-Side-Bus, SDRAM, DDR SDRAM und EDO-RAM Support, ECC, Parity RAM, bis zu 2048 Kbyte L2-Cache, bis zu 1 Gbyte Arbeitsspeicher, davon 512 Mbyte cacheable, Ultra DMA/33 Unterstützung, USB, und ACPI. Außerdem unterstützt er auch noch AGP. Kein Zweifel, daß dieser Chipsatz den 430TX um einige Längen schlägt, und teilweise sogar etwas besser als der Ali und vor allen Dingen wesentlich besser als der SiS abschneidet. Der Systemtakt kann bei 100 MHz asynchron zum Speichertakt angesteuert werden. Alles in allem ein sehr empfehlenswerter Chipsatz, deshalb ist er wahrscheinlich im Moment auch der am meisten verwendete Chipsatz auf dem Mark.

Bild 4.4:
Der VIA Apollo MVP3 ist der im Moment am meisten eingesetzte Chipsatz.

Hauptspeicher	1 Gbyte EDO/SDRAM/DDR SDRAM
Cacheable Area	512 Mbyte
L2-Cache	2048 Kbyte
Systemtakt	50, 60, 66, 75, 83, 100 MHz
AGP	Ja
USB	Ja
ECC	Ja

4.6.6 Ali-Aladdin V

Der Aladdin-V von ALi www.ali.com.tw ist die fünfte Generation der 586er Chipsätze von AcerLabs. Er unterstützt ebenfalls den 100-MHz-Front-Side-Bus, FPM, EDO und SDRAM Support, ECC, Parity RAM und bis zu 1 Mbyte L2-Cache, maximal 1 Gbyte Arbeitsspeicher, davon sind 512 Mbyte cacheable, eine Ultra-DMA/33-Unterstützung, USB und ACPI. Ebenso kann er mit einem AGP-Bus aufwarten. Der Systembustakt kann wie beim VIA asynchron zum Speichertakt angesteuert werden. In der Verwendungshäufigkeit der Motherboard-Hersteller liegt er auf Platz zwei, ganz knapp hinter VIA. Auch er ist trotz der geringeren Ausbaufähigkeit des L2-Cache und ohne DDR-SDRAM-Unterstützung genauso empfehlenswert.

Bild 4.5: Die fünfte Generation des ALI Chipsatzes ist fast baugleich mit dem VIA.

Hauptspeicher	1 Gbyte FPM/EDO/SDRAM
Cacheable Area	512 Mbyte
L2-Cache	1 Mbyte
Systemtakt	50, 60, 66, 75, 83, 100 MHz
AGP	Ja
USB	Ja
ECC	Ja

4.6.7 SIS-5591/5595

Der Chipsatz 5591/5595 von SiS www.sis.com.tw ist scheinbar auf dem Niveau von 83 MHz hängengeblieben. Trotzdem wird er noch von einigen Motherboard-Herstellern verwendet. Er ist aber nicht mehr zeitgemäß gegenüber den Entwicklungsstufen der Konkurrenz und deshalb auch nicht empfehlenswert.

> **TIP**
> Wenn Sie ein Motherboard mit diesem Chipsatz besitzen, können Sie ihn inoffiziell auch mit 100-MHz-Bustakt betreiben. Einstellen läßt er sich, nur die Stabilität kann dann unter Umständen in den Keller fallen.

Chipsätze für Slot 1

Bild 4.6:
Der SiS 5591/5595 kann nur bis 83 MHz mithalten.

Hauptspeicher	768 Mbyte FPM/EDO/SDRAM
Cacheable Area	512 Mbyte
L2-Cache	1 Mbyte
Systemtakt	60, 66, 75, 83 MHz
AGP	Ja
USB	Ja
ECC	Ja

4.7 Chipsätze für Slot 1

Die Konkurrenz hat zwar lange auf sich warten lassen, aber jetzt sind sie da, die neuen Slot-1-Chipsätze von Ali, VIA und SiS. Sie bringen allerdings gegenüber dem Intel BX kaum Vorteile. Wie schnell die einzelnen Motherboard-Hersteller jetzt reagieren und ihre neuen Boards mit den Chipsätzen der Konkurrenz ausstatten ist noch offen. Einige Hersteller haben sogar schon ein Board mit einem Nicht-Intel-Chipsatz auf den Markt gebracht. Die ersten Tests samt Benchmark-Analyse sind aber eher enttäuschend, denn die Leistungen fallen insgesamt etwas geringer aus als vom BX-Chipsatz gewohnt. Auch die Stabilität der Boards hat nicht so ganz überzeugt, denn gelegentlich kam es zu Abstürzen. Die weitere Marktentwicklung und auch die Tests der noch folgenden Motherboards mit solchen Chipsätzen sollten Sie erst weiterverfolgen bevor Sie kaufen; bis dahin ist und bleibt der BX von Intel die Nummer eins unter den Slot-1-Chipsätzen.

4.7.1 Intel LX

Nach dem in der Anfangsphase vom Pentium Pro übernommenen FX-Chipsatz für den Slot 1 ist der LX der erste speziell für den Slot 1 entwickelte Chipsatz. Die Technologie-Neuerung dieses Chipsatzes gegenüber dem FX ist unter anderem:

- Intels »QPA« Quad Port Acceleration, das die Bandbreite zwischen dem Prozessor, dem Grafik-Port, dem SDRAM und dem PCI Bus verbessert. Dadurch steigt die Performance im Datenfluß erheblich an.

Chipsätze, die ihr Geld wert sind

- Der LX kann 512 Mbyte SDRAM oder 1 Gbyte EDO-RAM verwalten. Der L2-Cache und die Cacheable Area wird beim Slot 1 vom Prozessor bestimmt. Die konkreten Angaben dazu erhalten Sie in der Tabelle auf (siehe Seite 97).

- Mit ECC oder Parity-RAM kommt er bestens zurecht, selbst ein AGP-Steckplatz kann schon unterstützt werden. Außerdem ist noch eine USB-Schnittstelle, ACPI für das Power-Management und das Ultra DMA/33 Protokoll für die EIDE-Schnittstelle verfügbar.

Trotz des auf dem Markt befindlichen, neueren BX-Chipsatzes wird er noch gut verkauft, da er für alle Pentium-II-Modelle bis 333 MHz eingesetzt werden kann. Auch der Celeron nutzt offiziell nur den 66 MHz Systemtakt und kann so bis zur 400-MHz-Variante auf dem LX eingesetzt werden. Im großen und ganzen ein gelungener Chipsatz, der aber schon etwas Staub angesetzt hat.

> **TIP**
> Auch dieser Chipsatz kann inoffiziell mit 100-MHz-Bustakt betrieben werden, nur die Stabilität mit diesem Takt wird nicht garantiert, da der PCI-Bus automatisch von 33 auf 50 MHz übertaktet wird, und das ist für manche Karten zuviel des Guten.

Bild 4.7: Der Intel LX war der erste vollwertige Chipsatz für den Pentium II (© Intel Corporation).

Hauptspeicher	512 Mbyte SDRAM, 1 Gbyte EDO
Cacheable Area	Je nach Prozessor
L2-Cache	Je nach Prozessor
Systemtakt	66 MHz
AGP	Ja
USB	Ja
ECC	Ja

Chipsätze für Slot 1

4.7.2 Intel EX

Der EX ist ein abgespeckter LX-Chipsatz, der für den Celeron ausgelegt ist. Er verwaltet nur 256 Mbyte Hauptspeicher auf zwei Steckplätzen und nur drei PCI-Steckplätze. Außerdem kann er nicht mit ECC und Parity-RAM umgehen und er ist auch nicht Dualprozessor-fähig. Da der Chipsatz einen niedrigeren Preis hat als der LX, ist auch das Motherboard selbst günstiger. Deshalb kommt der EX-Chipsatz in vielen Low-Cost-PCs mit dem preiswerten Celeron Prozessor zum Einsatz. Empfehlenswert ist dieser Chipsatz aber nicht, da auch ein Celeron mit dem LX- oder BX-Chipsatz klarkommt, und der bietet viel mehr Möglichkeiten zum Ausbau des Motherboard.

Bild 4.8:
Der Intel EX ist ein kastrierter BX für den Celeron
(© Intel Corporation).

Hauptspeicher	256 Mbyte EDO/SDRAM
Cacheable Area	Je nach Prozessor
L2-Cache	Je nach Prozessor
Systemtakt	66 MHz
AGP	Ja
USB	Ja
ECC	Nein

4.7.3 Intel BX

Der Intel BX ist der erste Chipsatz, der mit 66 MHz und mit dem 100-MHz-Front-Side-Bus arbeitet. Die Speicherverwaltung und die Schnittstellen sind identisch mit dem LX-Chipsatz.

Das Motherboard-Design ist sehr flexibel, denn es können Prozessoren ab 233 MHz aufwärts eingesetzt werden. Außerdem unterstützt er die Pentium -II-CPUs für den mobilen Einsatz. Ein empfehlenswerter Chipsatz mit sehr stabilen Eigenschaften.

Bild 4.9: Der Intel BX ist der im Moment beste Pentium II- Chipsatz (© Intel Corporation).

Hauptspeicher	512 Mbyte SDRAM, 1 Gbyte EDO
Cacheable Area	Je nach Prozessor
L2-Cache	Je nach Prozessor
Systemtakt	66, 100 MHz
AGP	Ja
USB	Ja
ECC	Ja

4.7.4 Intel ZX

Der ZX ist ein abgespeckter BX-Chipsatz, der für den neuen Celeron im Sockel 370 ausgelegt ist. Er verwaltet nur 256 Mbyte Hauptspeicher auf drei Steckplätzen. Außerdem kann er nicht mit ECC und Parity-RAM umgehen und er ist auch nicht Dualprozessor-fähig. Da auch dieser Chipsatz einen niedrigeren Preis hat als der BX, ist auch das Motherboard selbst günstiger. Deshalb ist der ZX-Chipsatz, genau wie der EX, für Low-Cost-PCs mit dem preiswerten Celeron Prozessor bestimmt. Empfehlenswert ist dieser Chipsatz aber nicht, da auch ein Celeron im Sockel 370 mit einem BX-Chipsatz klarkommt, wenn der Hersteller ihn auf seinem Motherboard verwendet, denn er kann mehr Hauptspeicher verwalten.

Bild 4.10: Der Intel ZX ist für den Sockel 370 bestimmt (© Intel Corporation).

Chipsätze für Slot 1

Hauptspeicher	256 Mbyte EDO/SDRAM
Cacheable Area	Je nach Prozessor
L2-Cache	Je nach Prozessor
Systemtakt	66/100 MHz
AGP	Ja
USB	Ja
ECC	Nein

4.7.5 VIA Apollo Pro

Die größte Konkurrenz zum Intel BX ist ohne Frage der VIA Apollo Pro, denn er wird von den noch wenigen auf dem Markt befindlichen Motherboard-Modellen am meisten genutzt. Auch er kann, wie der Aladdin Pro, mit 1 Gbyte Hauptspeicher umgehen und sprengt so die Speicherbarriere von 512 Mbyte des BX. Das neue Ultra DMA 33/66-Protokoll ist auch ihm nicht fremd und gehört genauso zur guten Ausstattung wie die Unterstützung von fünf PCI-Steckplätzen. Auch er ist sehr empfehlenswert.

Bild 4.11: Der VIA Apollo Pro ist eine große Konkurrenz für Intel.

Hauptspeicher	1 Gbyte SDRAM
Cacheable Area	Je nach Prozessor
L2-Cache	Je nach Prozessor
Systemtakt	66, 100 MHz
AGP	Ja
USB	Ja
ECC	Ja

4.7.6 ALi-Aladdin Pro

ALi hat den Hebel bei seinem Chipsatz gleich beim Hauptspeicher angesetzt. Er kann mit 1 Gbyte SDRAM oder 2 Gbyte EDO gleich die doppelte Menge an Speicher verwalten wie Intels BX. Das kann sich in der Zukunft positiv auswirken. Außer dem AGP-Bus und der USB-Schnittstelle hat der Aladdin Pro auch schon das neue Ultra-DMA-33/66-Protokoll für die EIDE-Schnittstelle. Ein ebenfalls empfehlenswerter Chipsatz mit leichten Schwächen bei der Datentransferrate in der EIDE-Schnittstelle.

Bild 4.12:
Der Ali Aladdin Pro kann einen riesigen Speicher verwalten.

Hauptspeicher	1 Gbyte SDRAM, 2 Gbyte EDO
Cacheable Area	Je nach Prozessor
L2-Cache	Je nach Prozessor
Systemtakt	60, 66, 100 MHz
AGP	Ja
USB	Ja
ECC	Ja

4.7.7 SiS 5600/5595

Nicht nur beim Sockel 7 auch bei den Slot-1-Chipsätzen liegt der SiS wieder im Hintertreffen. Der Speicher ist nur auf 768 Mbyte ausbaufähig, dafür kann aber FPM, EDO und SDRAM verwendet werden. Von den so wichtigen PCI-Steckplätzen werden leider nur vier Stück unterstützt. Außerdem ist er, abgesehen vom abgespeckten EX, auch nicht Dualprozessor-fähig. Dafür ist gleich ein I^{2}C-Interface integriert,0 mit dem die Motherboard-Spannungen, die Lüfterdrehzahl und die Temperatur erfaßt werden können. Ein externer Baustein auf dem Motherboard kann so entfallen. Bei der Auswahl von Grafikkarten ist Vorsicht geboten, denn Intels i740 Grafikkarte verträgt sich nicht mit dem SiS-Chipsatz. Das Fazit ist insgesamt nicht ganz so überzeugend wie bei den Konkurrenzprodukten.

Bild 4.13:
Der SiS 5600/5595 hat nur eine begrenzte Speicherausbaufähigkeit.

Chipsätze der Zukunft

Hauptspeicher	768 Mbyte SDRAM, 1,5 Gbyte EDO
Cacheable Area	Je nach Prozessor
L2-Cache	Je nach Prozessor
Systemtakt	66, 100 MHz
AGP	Ja
USB	Ja
ECC	Ja

4.8 Chipsätze der Zukunft

Für die zweite Jahreshälfte 1999 plant Intel zwei neue Slot -1-Chipsätze für den Pentium mit dem Codenamen »Katmai« und »Coppermine«. Diese erhalten dann eine andere Bezeichnungsstruktur als die bisher mit 440 LX, 440 EX und 440 BX verwendete, denn er soll i820 heißen. Das kleine »i« mit der nachfolgenden dreistelligen Zahlenkombination hat Intel auch schon für seinen Grafikchip, den »i740« eingeführt. Die zukünftigen Chipsätze werden ähnliche Bezeichnungen mit dem »i« davor tragen.

4.8.1 Viele neue Features

Der i820 wird dann nicht nur 100 MHz sondern 133 MHz Systemtakt und den Direct RAMBus für RDRAMs, eine schnellere Variante der DRAM-Technologie, unterstützen. Außerdem ist die neue Spezifikation für AGP 4x vorhanden, mit einer Datenübertragungsrate von bis zu 1 Gbyte/s und Ultra DMA/66 mit satten 66,66 Mbyte/s. Ob die Festplatten diese hohe Übertragungsrate in vollem Umfang nutzen können ist noch fraglich. Der altbewährte, aber sehr langsame ISA-Bus soll mit dieser Chipsatzgeneration komplett entfallen.

4.8.2 Abgespeckte Version geplant

Der i820 soll auch in einer abgespeckten Version für Low-Cost-PCs mit dem Intel Celeron herauskommen. Er läuft nur mit 100-MHz-Systemtakt und wird auch kein AGP 4x unterstützen. Die Grenze des Arbeitsspeichers liegt bei den typischen 256 Mbyte des Vorgängers und es werden auch nur drei PCI-Steckplätze unterstützt. Dieser Chipsatz ist also mit dem bisherigen EX und ZX vergleichbar, die eine abgespeckte Version des LX und BX sind. Die Fertigung des LX und EX wird über kurz oder lang nach Erscheinen des i820 eingestellt werden.

4.8.3 133 MHz nur vorübergehend

Laut Spekulationen wird der 133-MHz-Systemtakt auch nur vorübergehend bestehen, bis der 200-MHz-Systemtakt Einzug hält und das wird sehr wahrscheinlich mit AMDs K7 der Fall sein.

4.9 Chipsätze für Slot 2

Der Slot 2 ist noch voll der Hand von Intel, deshalb ist das Chipsatzangebot noch sehr mager. Nur zwei Chipsätze stehen zur Wahl. Wann hier die Konkurrenz das Geschäft belebt, steht noch in den Sternen, da der Slot 2 bis jetzt nur für Highend-Workstations und Server in Verbindung mit dem Pentium Xeon verwendet wird.

4.9.1 Intel GX

Der GX-Chipsatz ist für eine Highend-Workstation gedacht. Er ist der einzige mit AGP-Steckplatz, der für grafikintensive Anwendungen unbedingt erforderlich ist. Der Hauptspeicher kann bis auf 2 Gbyte mit SDRAM-Modulen aufgestockt werden. ECC- und Parity-Module werden dabei unterstützt. Wie es sich für eine Workstation gehört, ist auch ACPI für das Power-Management vorhanden. Die USB-Unterstützung darf natürlich bei einer Highend-Workstation auf keinen Fall fehlen. Eine Empfehlung entfällt hier durch die — im Moment — absolute Konkurrenzlosigkeit.

Bild 4.14: Der Intel GX ist optimal für eine Workstation (© Intel Corporation).

Tabelle 4.3: Technische Daten des Intel-GX-Chipsatzes

Hauptspeicher	2 Gbyte SDRAM
Prozessor	Pentium II Xeon
Cacheable Area	Je nach Prozessortyp
L2-Cache	Je nach Prozessortyp
Systemtakt	100 MHz
AGP	Ja
USB	Ja
ECC	Ja

4.9.2 Intel NX

Der NX-Chipsatz ist für einen Server ausgelegt, deshalb hat er auch keine AGP-Unterstützung. Der Hauptspeicher kann bis auf gigantische 8 Gbyte mit EDO- oder SDRAM-Modulen aufgestockt werden. Für einen Server-Chipsatz ist eine Unterstützung von ECC- und Parity-Modulen natürlich Pflicht. Ein Power-Management durch ACPI ist nicht vorhanden, es wäre auch weitgehend unnötig, da ein Server durch die Nutzerzugriffe ständig beschäftigt ist.

Chipsätze für Slot 2

Nicht unbedingt erforderlich, aber trotzdem vorhanden ist, eine USB-Unterstützung. Eine Besonderheit ist die Multiprozessorfähigkeit mit der bis zu vier Prozessoren unterstützt werden. Die Kombination eines Xeon mit dem NX-Chipsatz ist für einen Server die beste Lösung.

Bild 4.15: Der Intel NX ist speziell für Server konzipier (© Intel Corporation).

Hauptspeicher	8 Gbyte EDO/DRAM
Prozessor	Pentium II Xeon
Cacheable Area	Je nach Prozessortyp
L2-Cache	Je nach Prozessortyp
Systemtakt	100 MHz
AGP	Nein
USB	Ja
ECC	Ja

Tabelle 4.4: Technische Daten des Intel-NX-Chipsatzes

Kapitel 5

Das BIOS

Das BIOS

Welches BIOS auf Ihrem Motherboard verwendet wird, hängt allein vom Hersteller des Boards ab, denn er entscheidet sich für einen BIOS-Hersteller, kauft dessen Basissoftware und verändert sie entsprechend für sein Produkt. Sie haben also beim Kauf des Motherboard gar keinen Einfluß bei der Auswahl des BIOS.

Bild 5.1:
Der BIOS-Baustein.

5.1 Der BIOS-Markt

Der Markt besteht heute sowieso nur noch aus drei Anbietern, dominiert von Award mit einem Marktanteil von etwa zwei Dritteln. Deshalb haben schon fast alle Motherboards ein Award-BIOS. Die Tendenz ist seit dem Aufkommen von Nicht-Intel-Chipsätzen steigend. AMI und Phoenix teilen sich das restliche Drittel des BIOS-Marktes.

Der Umfang der Optionen und die möglichen Einstellungen sind bei allen drei Herstellern fast immer identisch. Reichen Ihnen die verfügbaren Optionen nicht aus, können Sie später immer noch auf die eines Fremdherstellers zurückgreifen. Die Firma MR BIOS ist so einer und bietet dazu für fast alle gängigen Motherboards eine gute Alternative mit erweitertem Funktionsumfang für Profis an.

> **TIP**
> Wählen Sie das Motherboard nicht nach dem BIOS-Hersteller aus, sondern achten Sie lieber auf den verwendeten Chipsatz, die Qualität und die Ausstattung. Jedes hochwertige Board bringt automatisch auch ein gutes BIOS mit.

5.2 Award

Der ungeschlagene Favorit auf dem Markt ist Award www.award.com. Das BIOS dieses Herstellers ist schon auf fast allen Motherboards zu finden. Die Menüstruktur ist sehr übersichtlich und nach kurzer Eingewöhnung sehr einfach zu bedienen.

5.3 AMI

Der vor einigen Jahren noch sehr stark vertretene Marktführer im BIOS-Sektor ist weit zurückgefallen. Nur noch ein ganz geringer Anteil der Motherboards wird mit dem WIN-BIOS von AMI www.ami.com ausgeliefert. Es ist mit einer grafischen Menüstruktur, die stark an Windows 3.1 erinnert, ausgestattet und läßt sich sogar sehr komfortabel mit der Maus bedienen. Schade, daß es von den Motherboard-Herstellern nicht öfters eingesetzt wird.

5.4 Phoenix

Phoenix ist im eigentlichen Sinne der Urvater des BIOS, denn 1983 entwickelte die Firma Compaq Computer Corporation in Verbindung mit Phoenix Software Associates das erste IBM kompatible BIOS. Kurz darauf brachte die dann in Phoenix Technologies umbenannte Firma ein sogenanntes BIOS-Pakkage, das aus dem Quelltext für eine IBM-kompatible BIOS-Software und einer DOS-Version bestand, auf den Markt. Die später entstandenen Hersteller wie AMI, Award und MR-BIOS zogen nach und entwickelten auch Quellcodes für ein IBM-kompatibles BIOS. Phoenix www.ptltd.com/products/bios.html wird hauptsächlich noch von Intel und Siemens eingesetzt. Das Menü ist gegenüber denen der anderen Hersteller etwas gewöhnungsbedürftiger.

Kapitel 6

Schneller mit dem richtigen Speicher

Schneller mit dem richtigen Speicher

Entscheidend für die Leistung des PC ist auch der Speicher des Systems, der sich in drei Bereiche aufteilt. Das ist der L1- und der L2-Cache sowie der Hauptspeicher. Der L1-Cache spielt dabei eine untergeordnete Rolle, da er immer fest im Prozessor integriert und nicht erweiterbar ist. Der L2-Cache und der Hauptspeicher können in unterschiedlichen Größen zum Einsatz kommen.

6.1 Der L2-Cache als Turbo

Der L2-Cache ist äußerst wichtig für den schnellen Datentransport zwischen der CPU und dem Hauptspeicher. Bis Ende 1996 war auf einem Sockel-7-Motherboard eine Cache-Größe von 256 Kbyte noch Standard. Anfang 1997 wurden die meisten Motherboards dann schon mit 512 Kbyte ausgeliefert. Heute ist eine Größe von 1024 Kbyte Standard geworden. Es sind sogar schon Boards mit 2048 Kbyte auf dem Markt, doch der Leistungsgewinn im Vergleich zu einem mit 1024 Kbyte ist verhältnismäßig gering. Die Speicherbausteine sind im Gegensatz zu früher nicht mehr durch ein Cost-Modul »Cache on Stick«, das in einen Sockel gesteckt wird, aufrüstbar, sondern fest On-Board integriert und nicht erweiterbar. Die Cost-Module waren in 256 und 512 Kbyte lieferbar.

> **HINWEIS**
>
> **Der Cache-Speicher**
>
> Der Cache-Speicher besteht aus zwei Cache-Bereichen, dem L1- »First-Level-Cache« und dem L2-Cache »Second-Level-Cache«. Der L1-Cache ist immer direkt im Prozessor, der L2-Cache dagegen befindet sich beim Sockel-7-Prozessor direkt auf dem Motherboard und beim Slot-1-Prozessor auf dem Prozessorboard, das direkt im Prozessorgehäuse integriert ist. Der Vorreiter des Slot-1-Prozessors war der Pentium Pro mit dem Sockel 8 der seinen L2-Cache noch direkt im Prozessorchip trägt.
>
> Wo auch immer sich der L2-Cache befindet, er wirkt als Zwischenspeicher zwischen dem schnellen Prozessorkern und dem im Gegensatz dazu sehr langsamen Hauptspeicher. Ohne den schnellen Cache müßte der Prozessor sehr viele Wartezyklen durchlaufen, damit die langsameren RAM-Bausteine nicht schlagartig mit Daten überhäuft werden. Mit Cache dagegen kommt der Prozessor mit nur wenigen Wartezyklen aus, da er die Datenflut im schnellen L2-Cache zwischenspeichern kann. Wenn der Prozessor die Daten direkt in den Hauptspeicher transportieren und auch wieder herausholen muß, weil aus Kostengründen kein L2-Cache vorhanden ist, dauert es wesentlich länger. Der Pentium II Celeron 300 ohne der Zusatzbezeichnung »A« ist ein solcher Kandidat, der fertigungsbedingt ohne L2-Cache auskommen muß; dementsprechend schlecht ist auch die Performance. Der L1-Cache im Prozessorkern ist dagegen immer vorhanden, er variiert bei den verschiedensten Prozessormodellen nur in seiner Größe, die optimal an die Architektur angepaßt ist.

Der L2-Cache als Turbo

Bild 6.1:
Ein Cost-Modul für ältere Sockel 7 Boards.

6.1.1 Die Kapazität ist entscheidend

Achten Sie beim Kauf eines Sockel-7-Motherboard also unbedingt auch auf die Größe des L2-Cache, da er die Performance steigert. Der Unterschied von 256 Kbyte auf 512 Kbyte beträgt ca. 2% bis 3% und von 512 Kbyte auf 1024 Kbyte nochmals 5%. Das hört sich zwar nicht nach viel an, ist aber deutlich spürbar. Außerdem kann das Motherboard mit mehr L2-Cache auch mehr Hauptspeicher cachen. Mit 256 Kbyte ist die Grenze meistens schon bei 64 Mbyte, mit 512 Kbyte bei 128 Mbyte und mit 1024 Kbyte erst bei 512 Mbyte oder auch mehr erreicht. Voraussetzung ist natürlich auch hier wieder, daß der Chipsatz (siehe Seite 99) mitspielt. Der L2-Cache läuft beim Sockel-7-Motherboard mit der externen Taktfrequenz, die, je nach verwendetem Prozessor, zwischen 66 und 100 MHz liegt.

Bild 6.2:
Der fest integrierte L2-Cache auf dem Motherboard. Die Bausteine sind in SMD-Technik aufgelötet.

6.1.2 L2-Cache im Prozessor

Beim Slot-1-Motherboard sieht die Sache anders aus. Der L2-Cache ist mit einer Größe vom 512 Kbyte beim Pentium II und mit 128 Kbyte beim Celeron »A« im Prozessor integriert und nicht auf dem Board. Der kleinere Cache im Celeron arbeitet aber fast genauso effektiv, da er im Gegensatz zum Pentium -II-Cache nicht nur mit dem halben, sondern mit vollem CPU-Takt läuft. Insgesamt ist der Cache vom Pentium II und Celeron leistungsfähiger als der von Sockel-7-Prozessoren, denn bei einem Pentium II mit 300 MHz läuft der Cache ja schon mit 150 MHz und nicht nur mit maximal 100 MHz wie beim Sockel 7. Ein Pentium II 400 bringt es dann schon auf 200 MHz und der neue Celeron 400 auf stattliche 400 MHz.

Bild 6.3:
Die Cache-Bausteine im Pentium II.

6.1.3 Unterschiedliche Cache-Größen

Für den Slot 2 ist es ähnlich wie beim Slot 1, er hat auch keinen L2-Cache On-Board sondern ebenfalls im Prozessor. Den Xeon gibt es aber nicht, wie den Pentium II und Celeron, nur mit einer einheitlichen Cache-Größe, sondern er ist mit 512 Kbyte, 1 Mbyte und 2 Mbyte lieferbar. Der Cache läuft wie beim Pentium Pro und Celeron mit vollem CPU-Takt. Welche Cache-Größe hier gewählt wird hängt vom Einsatzgebiet des Prozessors ab. Eine Highend Workstation kommt normalerweise noch mit 512 Kbyte aus, ein Server dagegen braucht, je nach Speicherausbau, schon die verfügbaren 1- oder 2-Mbyte-Versionen.

6.2 Der Hauptspeicher

Leistungsfähigere Motherboards brauchen auch immer leistungsfähigere Speichermodule, damit diese Schritt halten können und nicht zum Flaschenhals im System werden. Immer neue Speichertechniken sorgen aber für Ungereimtheiten bei der Auswahl der Motherboards und der Speichermodule. Welche Module verwendet werden können, hängt nicht nur von den auf dem Board vorhandenen Steckplätzen ab, sondern auch vom Chipsatz und vom BIOS. Beachten Sie deshalb immer die technischen Daten des Motherboard bevor Sie Module kaufen, denn nicht alle, die passen, funktionieren auch.

6.2.1 Die Entwicklung der Module

Die Entwicklung der Speichermodule geht fast genauso schnell wie die der verschiedenen Motherboard-Generationen. Auf den 286er und anfangs auch auf den 386er Boards wurden noch DRAM-Chips in IC-Sockeln verwendet. In den späteren 386er und auch 486er Boards kamen dann schon SIPs » Single Inline Package« in Modulform zum Einsatz. Aus den SIPs wurden dann SIMMs »Single Inline Memory Modul«, die von der Struktur her genauso aufgebaut waren, nur hatten diese keine Beinchen mehr zum Einstecken in eine Fassung, sondern eine 30-polige Kontaktleiste. Sie hatten eine Zugriffszeit von 70 oder auch 80 ns und waren in einer 8 -Bit-Ausführung.

Der Hauptspeicher

Aufbau der DRAMs

Die DRAMs auf diesen Modulen bestehen im Inneren aus 5-6 Transistoren und einem Kondensator. Die Transistoren fungieren als Schalter und sorgen dafür, daß sich der Kondensator auflädt, wenn in einer Speicherzelle ein Bit gesetzt werden soll. Da die Kondensatoren aber ihre Ladung sehr schnell wieder verlieren, müssen sie in regelmäßigen Abständen durch einen sogenannten Refresh wieder aufgeladen werden. Diese Speicherzellen haben eine matrixartige Struktur, vergleichbar mit einer Tabellenkalkulation. Sie sind auch in Zeilen und Spalten aufgeteilt und werden durch Adreßsignale, dem RAS »Row Access Strobe« und dem CAS »Column Access Strobe« angesprochen. Auch der nötige Refresh erfolgt über diese Signale.

FP- und EDO-Module

Danach kamen für die mittlerweile schon fast ausgereiften 486er und noch in den Kinderschuhen steckenden Pentium-Boards die 72-poligen PS/2 SIMMs mit 60 ns Zugriffszeit und 32 Bit-Ausführung. Diese beherrschten jetzt schon den FP-Mode »Fast Page«, der aber nach kurzer Zeit durch den schnelleren EDO-Mode »Enhance Data Output« abgelöst wurde. Für den Pentium-Prozessor waren diese Module aber nicht ideal, denn durch die 32 Bit-Ausführung waren immer zwei gleich große Module für eine Speicherbank nötig, um auf 64 Bit zu kommen.

Das DIMM

Nachdem die 486er Motherboards von den Pentium-Motherboards abgelöst wurden, kamen die 168-poligen DIMMs »Dual Inline Memory Modul« mit einer Zugriffszeit von 10-15 ns und in 64 -Bit-Ausführung auf den Markt. Sie waren als PC-66-Module spezifiziert und sind mittlerweile von den etwa 8 ns schnellen PC-100-Modulen abgelöst worden.

Der Direct-RAMBus

Jetzt geht es in die nächste Instanz. Bis Ende 1999 kommt der Direct RAMBus mit RIMMs »Rambus Inline Memory Module« und einer Zugriffszeit von nur noch 5 ns. Der pure Wahnsinn also, sich in diesem Speicherdschungel noch zurechtzufinden, deshalb nachfolgend eine kurze und aber leider etwas nüchterne, technische Erläuterung zu den Modulen selbst.

6.2.2 Das FP-Modul

Das FP-Modul in PS/2 Ausführung nutzt, gegenüber einem normalen RAM-Modul zur schnelleren Adressierung der Speicherzellen, eine ganz spezielle Technik. Da der Zugriff auf eine ganz bestimmte Zeichenzelle in der Matrix viel Zeit kostet, wird beim FP-Modul immer eine ganze Zeile ausgelesen, da sich die gesuchten Daten oft über mehrere Speicherzellen verteilen. Dazu braucht nur die Zeilenadresse spezifiziert werden. Danach liest und schreibt das System den Inhalt der gesamten Zeile. Das RAS-Signal entfällt bei dieser Technik. Zudem sind auch noch Schreib-/Leseverstärker in den Chips integriert, die dafür sorgen, daß die extrem niedrigen Spannungen an den Kondensatoren in Signale umgewandelt werden, die für den Bus hoch genug sind.

Der Inhalt dieser Verstärker wird nicht bei jedem Zugriff des CAS-Signals aktualisiert, sondern erst beim Wechsel auf eine neue Page. Die Zykluszeit des CAS-Signals beträgt ca. 40 ns, deshalb kann das System mit einem Bustakt von 66 MHz alle 15 ns, also bei jedem dritten Takt, auf eine Page zugreifen. Jede Page braucht fünf Takte für die Initialisierung, dadurch ergibt sich dann ein Wert von 5-3-3-3 für den schnellstmöglichen Read-Burst. Der maximale Datendurchsatz liegt bei etwa 200 Mbyte/s.

Bild 6.4:
Das EDO- und das FP-Modul haben dieselbe Kontaktleiste.

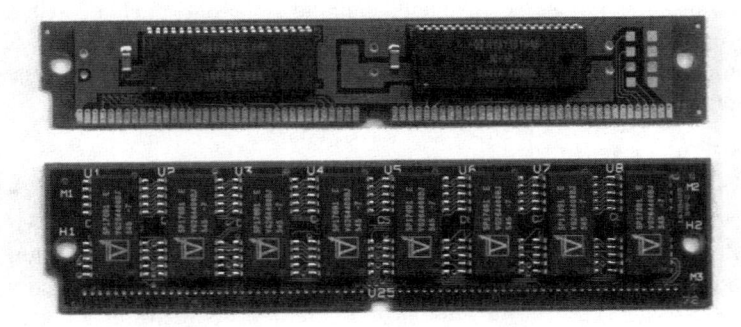

6.2.3 Das EDO-Modul

Ein EDO-Modul funktioniert vom Prinzip genauso wie das FP-Modul, aber durch eine Weiterentwicklung wird das Lesen der Daten beschleunigt. Der Lesevorgang wird nicht durch das CAS-Signal selbst beendet, sondern durch ein Output-Enable-Signal. Dadurch wird es dem CAS-Signal möglich gemacht, am Ende eines Lesevorgangs einer Spalte schon auf eine neue zuzugreifen. Der Read-Burst verkürzt sich so von 5-3-3-3 auf 5-2-2-2. Das entspricht einer Leistungssteigerung von etwa 30% beim Lesen. Der Datendurchsatz steigt im Gegensatz zum FP-Modul von 200 auf 300 Mbyte/s an. Beim Schreiben verhalten sich die EDO-Module genauso wie die FP-Module, deshalb bringen sie insgesamt nur zwischen 5% und 10% mehr Geschwindigkeit in der Praxis. Äußerlich sind die EDO-Module nicht von den FP-Modulen zu unterscheiden. Der Chipsatz muß bei der Verwendung allerdings EDO unterstützen, sonst entsteht kein Vorteil für diese, auch ohne EDO-Unterstützung verwendbaren Module.

6.2.4 Das BEDO-Modul

Nur sehr kurze Zeit waren die BEDO-Module »Burst-EDO« auf dem Markt. Sie werden einzig und allein nur durch den Natoma-Chipsatz unterstützt und haben sich deshalb nicht behaupten können. Das lag nicht daran, daß die BEDO-Module eine schlechte Entwicklung waren, ganz im Gegenteil, nur die Chipsatz-Politik hat sie verdrängt, denn für einen Chipsatz die Module zu produzieren lohnt sich nicht. Deshalb haben die Hersteller die Produktion eingestellt. Jetzt ist es natürlich sehr schwer, noch solche Module für eine Speicheraufrüstung zu bekommen. Auch auf dem Gebrauchtmarkt sind sie eine Rarität und werden vom Preis her auch so gehandelt.

Der Hauptspeicher

6.2.5 DIMMs

Das 168-polige DIMM besteht aus anderen RAM-Bausteinen als seine Vorgänger, denn es hat SDRAM-Bausteine »Synchrones DRAM«. Sie kommunizieren direkt mit dem externen Systembustakt des Motherboard. Ähnlich wie bei den BEDO-Modulen sind auch bei den DIMMs gebündelte Zugriffe möglich. Mit dieser Technik können mehrere aufeinanderfolgende Datenwörter in einer Zeile komplett ausgelesen werden. Zum anderen haben die SDRAMs eine sehr kurze Zugriffszeit von 8 bis 12 ns, was daher kommt, daß im Inneren zwei oder auch gleich mehrere Bänke unabhängig voneinander ansprechbar sind. Das Initialisieren für den ersten Zugriff dauert wie bei den FP- oder EDO-Modulen auch 5 Takte, das CAS ist aber schneller, deshalb ergibt sich ein Read-Burst von 5-1-1-1. Der maximale Datendurchsatz liegt hier schon bei 800 Mbyte/s mit einem 100-MHz-Bustakt.

Bild 6.5:
DIMMs sind mit SDRAMs bestückt.

6.2.6 Der SPD-Baustein

Da der Speicherzugriff nicht bei allen SDRAMs einheitlich ist, kann es vorkommen, daß ältere Module ohne SPD- »Serial Presence Detect« Baustein nicht in allen Motherboards laufen. Der SPD-Baustein ist ein kleines, 8-poliges EEPROM auf dem DIMM, in dem alle Kenndaten wie Modultyp, Zugriffszeit und Geschwindigkeit über das SDRAM gespeichert sind. Das BIOS liest diese aus und verfügt so über alle Informationen, die es braucht, um das Modul optimal ins System einzubinden.

Bild 6.6:
Der SPD-Baustein auf dem DIMM.

Kaufen Sie PC-100-Module nur, wenn ein SPD-Baustein darauf vorhanden ist, und nach Möglichkeit nur von Markenherstellern wie Kingston, Micron, Samsung, Siemens, Toshiba oder anderen, da sich asiatische Dritthersteller oft nicht genau an die Speicherspezifikationen halten und den SPD-Baustein mit falschen Daten programmieren. Das kann in vielen Fällen zu massiven Speicherproblemen führen.

6.2.7 Das DDR-SDRAM

Ganz aktuell sind auch die DIMM-Module mit DDR/SDRAM- »Double Data Rate« Bausteinen. Wie es der Name schon verspricht, arbeiten sie mit der doppelten Bandbreite wie herkömmliche SDRAMs und mit einer Taktrate bis 330 MHz. Durch das gleichgebliebene Design absolut kompatibel zu den derzeitigen DIMMs. Der Einsatz lohnt sich aber erst ab einer externen Taktrate von 112 MHz. Außerdem ist ein BIOS-Update zwingend erforderlich. Erkundigen Sie sich vor dem Kauf solcher Module unbedingt beim Motherboard-Hersteller, ob ein solches Update für Ihr Motherboard zur Verfügung steht. Der Datendurchsatz erhöht sich im Gegensatz zu herkömmlichen SDRAMs auf ca. 1,1 Gbyte/s.

6.2.8 Das RIMM-Modul

Im dritten Quartal 1999 soll, in Verbindung mit dem Pentium III »Katmai« und einem i820 Chipsatz »Camino«, der RAMBus zum Einsatz kommen. Auf den RIMM-Modulen werden RDRAM-Bausteine die neue Technologie einläuten. Der nur 16 Bit breite RAMBus kann mit Taktraten von 400 MHz und der Direct-RAMBus sogar mit 800 MHz umgehen. Trotz der achtmal so hohen Taktrate ist der Datendurchsatz nur doppelt so hoch, da durch den 16 Bit breiten Bus nur ein Viertel der Datenmenge des 64 -Bit-Bus pro Takt übertragen werden kann. Der maximale Datendurchsatz bewegt sich im Bereich von 1,6 Gbyte/s. Noch mehr aktuelle Informationen zu RDRAMs und dem Direct RAM-Bus finden Sie im Internet bei den Firmen Rambus http://www.rambus.com und Intel http://developer.intel.com/design/chipsets/memory/index.htm.

Bild 6.7: Das RIMM wird das Modul der zukünftigen Systeme sein.

6.3 PC-100 SDRAM

Damit Probleme, die bei der Erkennung von unterschiedlich schnellen DIMMs auftauchen können, weitgehend ausgeschlossen werden, hat Intel die PC-100-Spezifikation ins Leben gerufen. Darin ist genau definiert, wie sich die Module mechanisch und thermisch verhalten müssen. Auch die Zugriffsgeschwindigkeit von 7,5 ns und das Pinout wird dadurch genau festgelegt. Nur so kann ein einheitlicher Standard von den Herstellern erzwungen werden. Lassen Sie sich beim Kauf von PC-100-Modulen die Bezeichnung »PC-100« immer auf der Rechnung bestätigen, sonst können Sie unter Umständen absichtlich falsch oder gar nicht gelabelte Module später nicht reklamieren, wenn diese nicht mit dem 100-MHz-Front-Side-Bus auf Ihrem Motherboard funktionieren. Seien Sie vor allem mißtrauisch, wenn Ihnen der Händler Module anbietet, die weit unter dem üblichen Marktpreis liegen. Entweder sind es dann keine

Das Speicherrezept

Markenmodule, sondern eine mindere Qualität von asiatischen Drittherstellern, oder es können auch umgelabelte und teilweise entlabelte DIMMs sein.

6.4 Das Speicherrezept

Sehen Sie als erstes im Handbuch des Motherboard nach, welche Module verwendet werden können und welche wirklich auf Ihrem Board installiert sind. Lesen Sie dazu auch die Vorgehensweise und Tips im Kapitel 1.4 nach.

6.4.1 Die Mischbestückung

Haben Sie in Erfahrung gebracht, welche Module Sie verwenden können, kommt es darauf an, wie viele Speicherbänke noch frei sind und ob eine Mischbestückung von SIMMs und PS/2 SIMMs vorliegt.

- Wenn noch ein Steckplatz für ein PS/2 SIMM frei ist, können Sie damit erweitern. Sind alle Speicherbänke belegt, bleibt nur der Weg, ein PS/2-SIMM gegen ein größeres zu tauschen. Die beste Lösung wäre, die SIMMs ganz zu entfernen und nur mit PS/2-Modulen zu erweitern.

- PS/2-SIMMs in FP- oder EDO-Ausführung können gemischt werden, die EDO passen sich dann allerdings den langsameren FP-Modulen an. EDO-Module können auch in Motherboards verwendet werden, die kein EDO unterstützen, dann werden Sie allerdings wie normale FP-Module angesprochen.

- Sind PS/2-SIMMs und DIMMs gemischt, würde ich empfehlen die SIMMs ganz zu entfernen und ein größeres DIMM zu verwenden, denn oft funktioniert die Mischbestückung nur, wenn nicht mehr als ein DIMM eingesetzt wird. Außerdem paßt sich das DIMM in der Geschwindigkeit an des SIMM an, was überhaupt keinen Sinn macht.

- Auch PC-66- und PC-100-DIMMs können gemischt werden. Sie können also auf ein Motherboard, auf dem schon PC-66-DIMMs vorhanden sind, PC-100-DIMMs dazustecken solange Sie nur den 66-MHz-Bustakt nutzen. Falls Sie dann das Motherboard gegen eines mit 100-MHz-Front-Side-Bus tauschen, können Sie wenigstens die PC-100-Module dafür verwenden. Lassen Sie sich deshalb auf keinen Fall mehr PC-66-Module andrehen.

6.4.2 Die Qualität

Wenn Sie PC-100-Module kaufen, achten Sie darauf, daß es sich um Markenmodule handelt, auf denen ein SPD-Baustein (siehe Seite 123) vorhanden ist. Außerdem sollten sie ein Original-Label mit entsprechender Beschriftung tragen. Nicht nur allein der Preis ist entscheidend, sondern auch die gesamte Qualität des Moduls wird bei den steigenden Taktfrequenzen immer wichtiger. Deshalb haben Markenmodule teilweise sogar eine lebenslange Garantie vom Hersteller.

Der PLL-Chip

Wenn die DIMMs 128 oder 256 Mbyte groß sind, achten Sie außerdem darauf, daß die Module einen PLL »Phase Locked Loop«-Chip haben. Er gleicht die Phasenverschiebung der einzelnen Speicherchips, die durch unterschiedlich lange Leiterbahnen auf dem Modul verbunden sind, durch eine digitale Verzögerung aus. DIMMs ohne so einen Chip sind um ca. 10% langsamer und haben oft Schwierigkeiten mit dem 100-MHz-Bustakt.

6.4.3 Die Größe des Arbeitsspeichers

Die optimale Größe des Arbeitsspeichers zu bestimmen, ist eine sehr heikle Angelegenheit, denn es kommt in erster Linie auf den Einsatz des PC und auf die Anwendungen an. Die Mindestanforderung des Betriebssystems ist in den meisten Fällen viel zu wenig. Für den Home-Office-PC sollten es zwischen 32 und 64 Mbyte sein, damit das Arbeiten einigermaßen flott von der Hand geht. Der PC in Verbindung mit Grafikanwendungen funktioniert zwar auch mit 64 Mbyte, aber mit 128 Mbyte ist er klar und deutlich besser. Ein kleiner Server oder eine Highend-Workstation sollte schon 128 Mbyte als Grundausstattung haben und bei Bedarf auf 256 Mbyte erweitert werden. Für einen vollwertigen WWW-, Applikations- oder Datenbankserver sind 512 oder 1024 Mbyte unbedingt Pflicht. Allein die Speicheraufrüstung von 128 auf 512 Kbyte bringt 540% Leistungszuwachs im Datendurchsatz des Server.

> **TIP**
> Bedenken Sie bei der Aufrüstung immer, wie viel Hauptspeicher Ihr Chipsatz cachen kann (siehe Seite 27), damit keine Leistungseinbrüche entstehen.

6.5 Die Erweiterung des Arbeitsspeichers

Nachdem Sie sich jetzt die passenden Module besorgt haben, können Sie den Arbeitsspeicher in einer Schritt-für-Schritt-Anleitung ganz einfach selbst erweitern.

Die DIMMs und RIMMs sind einzeln nachrüstbar und erweitern den Speicher jeweils um die Modulkapazität. Ältere SIMMs dagegen müssen in einem Pentium-Board immer paarweise eine Speicherbank füllen. Die Module einer Bank müssen auch immer die gleiche Größe und Zugriffszeit haben. Vorteilhaft ist es auch, wenn Sie vom gleichen Hersteller sind. Hier ergeben beide Module zusammen die Modulkapazität, um die der Speicher erweitert wird. Sehen Sie im Handbuch nach, welche Modulgrößen in den Bänken verwendet werden können, denn das ist je nach verwendetem Chipsatz unterschiedlich.

Die Erweiterung des Arbeitsspeichers

> **ACHTUNG**
> Bevor Sie mit den Arbeiten am PC beginnen, lesen Sie bitte die Sicherheitshinweise im Kapitel 1 auf (siehe Seite 97).

6.5.1 Öffnen des PC

1. Entfernen Sie die rückseitigen Anschlüsse und stellen Sie den PC auf den Schreibtisch.

2. Lösen Sie die Gehäuseschrauben an der Rückseite. Desktop-PCs haben teilweise auch noch Schrauben auf der Unterseite.

3. Nehmen Sie die Haube oder das Seitenteil durch Ziehen nach hinten oder in seltenen Fällen auch nach vorne ab.

4. Ein Tower-Gehäuse legen Sie jetzt am besten auf die Seite. Dadurch erhalten Sie eine bessere Übersicht und können auch bequemer arbeiten, da ein Wegkippen oder Rutschen ausgeschlossen ist.

6.5.2 Speichermodule austauschen

1. Verschaffen Sie sich einen Überblick im Gehäuse und orten Sie die Speichermodule. Sie sind sehr oft unter Flachbandkabeln oder dem Netzteil versteckt.

2. Entfernen Sie alle Teile, die im Weg sind wie etwa Kabel von Laufwerken oder Steckkarten. Merken oder markieren Sie sich die Position.

3. Sehen Sie sich das Modul an der Kontaktleiste an. Es verfügt über Einkerbungen, die mit den Nasen im Steckplatz übereinstimmen müssen, so ist eine falsche Montage ausgeschlossen. Da es auch Modultypen für Server, Notebooks und mit 3,3 oder 5 Volt gibt, sind die Abstände der Einkerbungen unterschiedlich. Kommt bei Ihrem Modul keine Übereinstimmung zustande, haben Sie ein falsches Modul erwischt.

Bild 6.8:
Die Einkerbungen im Modul verhindern das Einsetzen eines falschen Moduls.

4. Setzen Sie das neue Modul leicht schräg in den nächsten, freien Steckplatz der Speicherbank und drücken Sie es vorsichtig gegen die Halteklammern bis es einrastet.

Bild 6.9:
Drücken Sie das Modul vorsichtig in die Halteklammern, ohne diese zu verbiegen.

5. Bauen Sie die für den Moduleinbau entfernten Komponenten wieder ein.

6.5.3 Neue Speichermodule testen

Werfen Sie noch einmal einen Blick auf die eingebauten Speichermodule, ob sie richtig sitzen. Hat alles seine Richtigkeit, können Sie die Tastatur, den Monitor und die Spannungsversorgung wieder anschließen.

1. Schalten Sie den PC ein und beobachten Sie den Monitor. Erscheint der Startbildschirm, wird bei vielen Motherboards als erstes der eingebaute Prozessortyp und der eingestellte Systemtakt angezeigt.

2. Danach wird der Speicher hochgezählt und im Anschluß daran müßte der PC auch booten. Schalten Sie den PC wieder aus und stecken Sie aus Sicherheitsgründen vor dem Schließen des Gehäuses die Kabel wieder ab.

3. Bleibt der Bildschirm dunkel, schalten Sie den PC sofort wieder aus und lesen Sie auf der nächsten Seite unter Troubleshooting nach, was Sie falsch gemacht haben.

Gehäuse schließen

1. Nehmen Sie die Haube oder das Seitenteil und stecken Sie es über das Gehäuse.

2. Schrauben Sie die Gehäuseschrauben an der Rückseite wieder ein.

> **TIP**
> Die Gewinde in den Gehäusen sind oft nur sehr dünn und können ausreißen, wenn Sie die Schrauben gewaltsam eindrehen. Setzen Sie deshalb die Schraube an und drehen Sie in die Richtung als wollten Sie die Schraube öffnen. Wenn Sie dann einen kleinen Knack spüren und die Schraube ein kleines Stück tiefer in das Gewindeloch fällt, paßt der Gewindegang im Gehäuse exakt zur Schraube. Drehen Sie diese jetzt ein, aber ziehen Sie erst alle Schrauben zum Schluß gemeinsam fest.

3. Stellen Sie die rückseitigen Anschlüsse wieder her.

Troubleshooting

6.6 Troubleshooting

Auch bei einem relativ simplen Einbau von Speichermodulen können Fehler auftreten.

Fehlerbeschreibung	Ursache	Abhilfe
Monitor bleibt dunkel	Speichermodule sitzen nicht richtig in den Steckplätzen	Sitz überprüfen
Monitor bleibt dunkel	Bank mit falscher Größe bestückt	Im Handbuch überprüfen
Monitor bleibt dunkel	Ein Modul ist defekt	Module beim Händler überprüfen lassen
PC stürzt ständig ab	Die SIMMs in einer Bank haben unterschiedliche Zugriffszeiten	Module gegen zwei gleiche tauschen
PC stürzt ständig ab	Bustakt zu hoch für die Speichermodule	Bustakt herabsetzen oder PC-100-Module verwenden
PC stürzt ständig ab	Timing-Einstellung im BIOS falsch eingestellt	Timing anpassen (siehe Seite 175)

Tabelle 6.1: Fehlerbeschreibung für RAM-Module.

Marken-PCs und Speichermodule

Marken-PCs haben oft Probleme mit handelsüblichen Speichermodulen, wie etwa der P5 120 bis 200 von Gateway. Er braucht 2-clock SDRAMs, die direkt beim Hersteller bestellt werden müssen. Auch Notebooks benötigen teilweise herstellerspezifische Module. Erkundigen Sie sich vorher beim Hersteller oder im Handbuch, ob spezielle Module erforderlich sind. Meistens lohnt sich eine Aufrüstung dann nicht, da für diese horrende Preise verlangt werden.

Kapitel 7

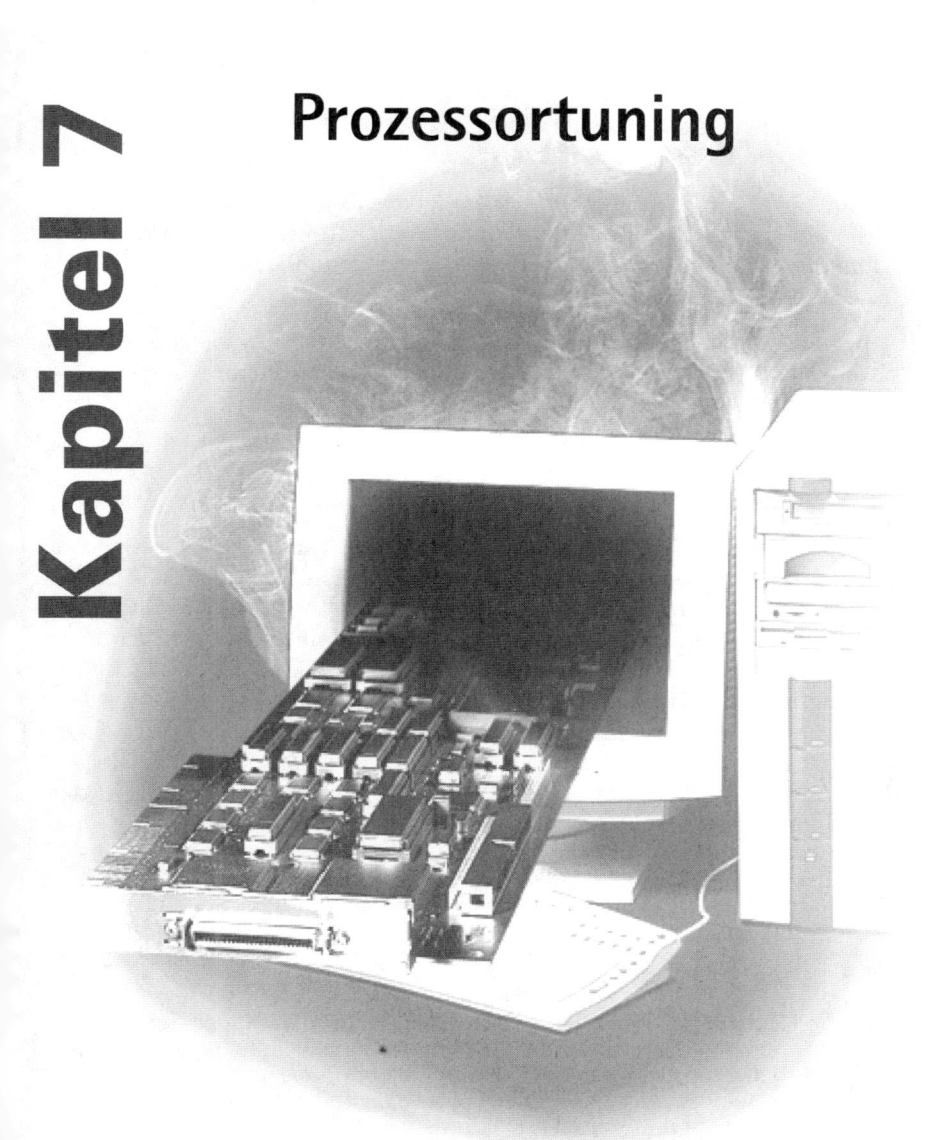

Prozessortuning

Sie sind mit der Leistung Ihres PC unzufrieden und würden gerne ohne Mehrkosten einen bis zu 50% schnelleren besitzen? Dann kommt eigentlich nur »Overclocking« für Sie in Frage. Mit fast jedem Prozessor und ein paar umgesteckten Jumpern auf dem Motherboard oder einer neuen Einstellung im BIOS, machen Sie aus einer lahmen Krücke von PC einen flotten und trotzdem zuverlässigen Rechner.

Bevor Sie also einen neuen Prozessor einbauen oder das Motherboard tauschen, versuchen Sie es doch erst einmal mit Overclocking. Das gibt es zum absoluten Nulltarif und die daraus gewonnene Leistung reicht Ihnen vielleicht wieder für einige Zeit aus.

Aber auch mit einer gezielten Investition in ein neues Motherboard mit einem billigen 300-MHz-Celeron-Prozessor läßt sich zusätzlich durch das Overclocking eine Höllenmaschine bauen, die einem Hightech-PC mit 450 MHz in nichts nachsteht.

7.1 Das ist Overclocking

Jetzt sind Sie bestimmt neugierig geworden und würden gerne wissen, was eigentlich hinter dem Zauberwort »Overclocking« steckt. Es ist ganz einfach der Fachbegriff für das Übertakten des Prozessors oder des Systembusses auf die nächst möglichen Taktfrequenzen, die das Motherboard zur Verfügung stellt. Je höher der Takt des Prozessors und der anderen taktabhängigen Komponenten des Motherboard, desto höher die Geschwindigkeit und somit auch die gesamte Leistung des PC. Deshalb ist ein Übertakten des Prozessors die perfekte Lösung für eine Leistungssteigerung, denn ob Sie eine originale 300-MHz-CPU verwenden oder eine 266-MHz-CPU auf 300 MHz übertakten, macht in der Leistung keinen Unterschied.

Das hört sich alles sehr gut an, aber ohne Einsatz gibt es keinen Gewinn, beachten Sie deshalb nachfolgenden Warnhinweis zu diesem Kapitel.

> **ACHTUNG**
> Durch ein Overclocking werden verschiedene Komponenten im PC außerhalb ihrer Spezifikationen betrieben und können dadurch Schaden nehmen! Da sich durch den höheren Takt auch höhere Temperaturen entwickeln wird die Lebensdauer der elektronischen Bauteile um einen unbekannten Faktor reduziert.

7.1.1 Schon so alt wie der PC

Overclocking ist eigentlich nichts Neues, denn schon 286er- und 386er-Prozessoren wurden durch den Austausch des Quarzoszillators übertaktet. Auf diesen Motherboards war es noch gar nicht möglich, die Taktfrequenz durch Jumper einzustellen, deshalb mußte der Taktgeber, der auch als Quarzoszillator bezeichnet wird, per Lötkolben ausgetauscht werden. So wurde dann aus einer 12-MHz-eine 16-MHz-CPU. Auf den 486er Motherboards war die Taktfrequenz dann schon über Jumper einstellbar.

Das ist Overclocking

Manche 33-MHz-Prozessoren ließen sich mit 40 MHz betreiben und 40-MHz-Prozessoren sogar mit 50 MHz. Die Prozessormodelle wurden ständig weiterentwickelt und hatten meistens einen neuen Kern, der für die höhere Taktfrequenz ausgelegt war. Die Toleranzen der Prozessoren einer Taktfrequenzstufe waren dementsprechend gering, deshalb liefen sie nach einer Übertaktung entweder gar nicht oder nur ziemlich unstabil. Overclocking war in dieser Zeit eher etwas exotisches für technikbegeisterte Bastler, die immer den schnellsten Prozessor im Rechner haben wollten.

Bild 7.1:
Der Quarzoszillator auf einem 386er Board

7.1.2 Aktuell wie nie zuvor

Heute ist das anders, denn die Prozessoren einer Modellreihe kommen alle aus der gleichen Fertigung und haben auch denselben Kern im Gehäuse. Jeder Kern hat, bedingt durch die Fertigungstoleranzen, ein bestimmtes Frequenzspektrum. Für welche Taktfrequenz der Kern am besten geeignet ist, wird durch einen sehr strengen Qualitätstest bestimmt und dann durch den Aufdruck auf den Prozessor festgehalten.

Keine Bastelei

Auch die aktuellen Motherboards sind qualitativ hochwertig und in der Taktfrequenz den zuletzt auf den Markt gekommenen Prozessoren voraus, so daß auch der neueste Prozessor gleich einem Overclocking unterzogen werden könnte. Die Voraussetzungen sind also gegenüber früher optimal und haben mit »Basteln« nichts mehr zu tun. Warum also Leistung verschenken, die eigentlich nur vor dem Käufer »versteckt« wird.

7.1.3 Gefälschte Prozessoren

Daß sich ein Intel-Prozessor besonders gut übertakten läßt, haben nicht nur die Tuning-Profis sehr schnell herausgefunden, sondern auch Betrüger, die den Aufdruck auf den Prozessoren fälschen. Sie kaufen Prozessoren in großen Mengen und entfernen das Label, also den originalen Aufdruck. Danach wird ein täuschend echtes Label mit einer höheren Taktfrequenz als der originalen aufgedruckt. So wird aus einem Pentium 300 dann ein Pentium 350. Für den Laien ist ein gefälschter Prozessor nicht von einem Original zu unterscheiden.

Pentium »in a box« auch nicht fälschungssicher

Auch der lange Zeit für fälschungssicher gehaltene Pentium »in a box«, der nicht lose, sondern komplett mit Lüfter in einer Schachtel geliefert wurde, ist kein Hindernis für die Fälscher. Auf dem Lüfter befindet sich ein Hologramm mit einer Seriennummer, außerdem ist noch ein »Echtheitszertifikat« beigelegt. Das nutzt aber alles nichts, denn weder das Zertifikat noch das Hologramm kann die Betrüger stoppen. Sie nehmen einfach den Original-Prozessor, z.B. einen 300er, aus der Schachtel und packen einen als 300er »umgelabelten« 266er wieder ein. Der originale 300er wird dann als 350er umgelabelt und lose verkauft.

Doppelt übertakten funktioniert nicht

Die enorme Toleranz dieser Prozessoren öffnet also nicht nur Ihnen, sondern auch den Fälschern »Tür und Tor« für die Übertaktung. Ob in Ihrem PC eine gefälschte CPU steckt, ist ungewiß aber durchaus möglich. Wenn Sie die Fälschung dann übertakten wollen, werden Sie Pech haben, denn ein 266-MHz-Prozessor, der schon bei 300 MHz übertaktet ist, kann nicht mehr auf 333 MHz übertaktet werden.

7.1.4 Wer braucht Overclocking?

Grundsätzlich kann jeder PC übertaktet werden, doch ein Restrisiko, daß der Prozessor oder andere Komponenten ihren Dienst quittieren, ist nicht ausgeschlossen. Wer seinen Prozessor nicht extrem übertaktet wird auch gute Erfolge verzeichnen, doch die Stabilität das Systems kann unter Umständen darunter leiden. Abstürze und ein damit verbundener Datenverlust sind jederzeit möglich, deshalb würde ich für folgende PCs **kein Overclocking** einsetzen:

- Neuwertiger PC (Garantie)
- Firmen-PC
- Server

Hauptsächlich für den PC im privaten Bereich ist das Overclocking interessant, vor allem wenn Sie schon einen älteren PC mit 166 oder 200 MHz haben und trotzdem nicht auf einen flüssigen Programmablauf bei Grafikprogrammen oder 3D-Spielen verzichten wollen. Risikobereite PC-Freaks können mit einem 300-MHz-Pentium II — unter bestimmten Voraussetzungen — sogar den neuen Pentium III in den Schatten stellen.

7.2 So funktioniert Overclocking

Es gibt mehrere Arten das System zu übertakten, denn nicht nur der Prozessorkern, sondern auch der Systembus und die Grafikkarte können einem Overclocking unterzogen werden. Das Übertakten der Grafikkarte wird im nächsten Kapitel noch ausführlich behandelt.

So funktioniert Overclocking

7.2.1 Die verschiedenen Techniken

Overclocking ist eine sehr komplexe Sache und bedarf einiges an Hintergrundwissen, um die drei nachfolgend vorgestellten Möglichkeiten auszureizen, ohne daß dabei das System instabil wird. Ein wichtiger Faktor ist dabei das Prozessormodell, der interne und der externe Takt sowie die Speichermodule des L2-Cache und des Arbeitsspeichers. Lesen Sie deshalb am besten erst das ganze Kapitel durch, damit Sie das Overclocking voll im Griff haben.

Die verschiedenen Möglichkeiten in einer kurzen Übersicht:

- Nur den Prozessorkern übertakten
- Nur den Systembus übertakten
- Den Prozessorkern und den Systembus übertakten

Den Prozessorkern übertakten

Die Möglichkeit, den Prozessorkern zu übertakten, ist ziemlich einfach. Dazu wird einfach der Multiplikator um einen Faktor nach oben gesetzt. Angenommen, es ist ein 100-MHz-Prozessor vorhanden, der mit 66 MHz externem Takt und einem Multiplikator von 1,5 konfiguriert ist (66 x 1,5 = 100 MHz); dieser wird auf einen Multiplikator von 2 gesetzt (66 x 2 = 133 MHz), dann läuft er mit ein bißchen Glück auf 133 MHz. Dadurch erhöht sich nur die interne Rechengeschwindigkeit.

Den Systembus übertakten

Den Systembus zu übertakten ist schon ein wenig komplizierter, denn jetzt müssen zwei Jumper umgesetzt werden. Dazu wird der externe Takt um einen Faktor nach oben gesetzt und der Multiplikator angepaßt. Angenommen, es ist ein 150-MHz-Prozessor vorhanden, der mit 60 MHz externem Takt und einem Multiplikator von 2,5 konfiguriert ist »60 x 2,5 = 150 MHz«, wird auf einen externen Takt von 75 MHz und einem Multiplikator von 2 gesetzt »75 x 2 = 150 MHz«, läuft der Prozessor wieder mit seinen 150 MHz aber der L2-Cache und der Arbeitsspeicher mit 75 MHz. Auch der PCI-, der ISA-Bus und die EIDE-Schnittstelle profitieren davon. Die allgemeine Performance steigt um bis zu 20% an.

Prozessorkern und Systembus übertakten

Den Prozessorkern und den Systembus zu übertakten ist optimal. Dazu wird wieder der externe Takt um einen Faktor nach oben gesetzt und der Multiplikator angepaßt. Bleiben wir bei dem 150-MHz-Prozessor, der normal mit »60 x 2,5 = 150 MHz« läuft. Wird jetzt der externe Takt auf 66 MHz gesetzt, kann der Multiplikator auf 2,5 bleiben, denn »66 x 2,5 = 166 MHz«. Dadurch erhöht sich die interne Rechengeschwindigkeit und die allgemeine Performance.

7.2.2 Der interne Takt

Der interne Takt wird auch als Prozessortakt bezeichnet, da der Prozessorkern mit dieser Taktfrequenz arbeitet. Der interne Takt entsteht durch den externen

Takt und einem Multiplikator im Prozessor. Der Multiplikator kann genauso wie der externe Takt durch einen Jumper oder das BIOS eingestellt werden.

Angenommen, der externe Takt ist auf 100 MHz eingestellt und der Multiplikator auf 3x, so ergibt das 300 MHz internen Takt. Die 100 MHz werden im Prozessor multipliziert, deshalb wird der Jumper oder die Option im BIOS auch Multiplikator genannt. Bei manchen Prozessoren ist der Multiplikator intern festgelegt, er läßt sich also von außen nicht verändern. Das ist zum Beispiel beim Intel Celeron ab dem 300A der Fall. Dieser läßt sich dann nur durch den externen Takt übertakten.

Bild 7.2:
Die Jumper für den internen und externen Takt

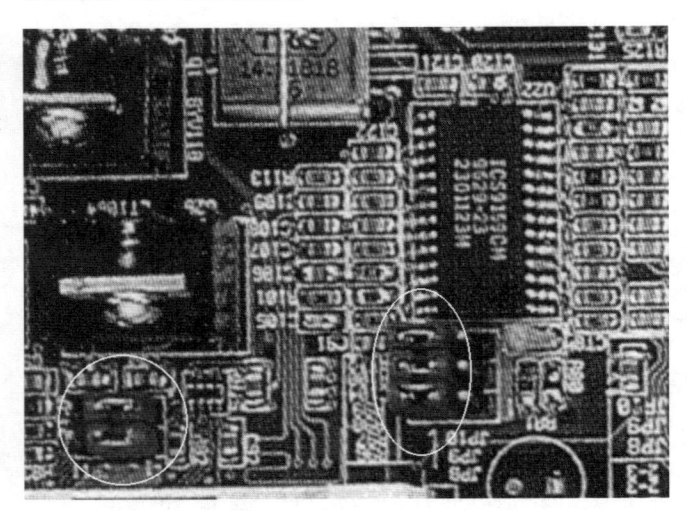

7.2.3 Der externe Takt

Der externe Takt wird auch als Systembustakt oder einfach als Bustakt bezeichnet, da an diesem Takt alle busabhängigen Komponenten wie L2-Cache, Arbeitsspeicher, PCI- und ISA-Steckplätze und EIDE-Controller hängen. Der Prozessor kommuniziert mit dem L2-Cache und dem Arbeitsspeicher standardmäßig mit 66 MHz. Für die PCI- und ISA-Steckplätze sowie für die EIDE-Controller ist außerdem noch ein Teiler vorhanden. Er reduziert den externen Takt für den PCI-Bus und die EIDE-Controller durch den Teilungsfaktor zwei auf 33 MHz und für den ISA-Bus durch den Teilungsfaktor vier des PCI-Busses auf 8,25 MHz. Bei 75 MHz und 83 MHz kommt dann der Teilungsfaktor 2,5 und bei 100 MHz der Teilungsfaktor 3 zum Einsatz. So werden alle Einsteckkarten mit den nach der Spezifikation vorgeschriebenen Taktraten betrieben.

Tabelle 7.1:
So verhalten sich die Taktraten nach der Spezifikation.

Externer Takt	Teiler	PCI-Bus	AGP-Bus
66 MHz	2	33 MHz	66 MHz
75 MHz	2,5	30 MHz	60 MHz
83 MHz	2,5	33 MHz	66 MHz
100 MHz	3	33 MHz	66 MHz

So funktioniert Overclocking

> **HINWEIS**
> Alle Einstellungen außer 66 MHz und 100 MHz sind Zwischenstufen für eine Übertaktung. Auf welche maximale Taktrate der externe Takt eingestellt werden kann, hängt vom Chipsatz ab.

Hersteller mißachten die Spezifikationen

Viele Hersteller halten sich aber nicht an die vorgeschriebenen Spezifikationen und nutzen nur den Teilungsfaktor zwei und drei. Wird der externe Takt jetzt auf 75 MHz hochgesetzt, läuft der PCI-Bus und die EIDE-Controller schon mit einem Takt von 37,5 MHz, der AGP-Bus auf 75 MHz und der ISA-Bus auf 9,37 MHz. Die meisten Speicherbausteine wie EDO- oder SDRAM mit PC-66 Spezifikation machen den Bustakt von 75 MHz meistens mit, die SDRAMs sogar 83 MHz. Anders sieht es aber bei den PCI-, AGP- und ISA-Einsteckkarten aus, die damit entweder gleich oder nach einer kurzen Betriebsdauer streiken, denn besonders bei 83 MHz wird der PCI- und der AGP- sowie der ISA-Bus gnadenlos übertaktet.

Externer Takt	Teiler	PCI-Bus	AGP-Bus
66 MHz	2	33 MHz	66 MHz
75 MHz	2	37,5 MHz	75 MHz
83 MHz	2	41,5 MHz	83 MHz
100 MHz	3	33,3 MHz	66,7 MHz
112 MHz	3	37,3 MHz	74,7 MHz

Tabelle 7.2:
Bei vielen Chipsätzen verhalten sich die Taktfrequenzen wie in der Tabelle.

Der asynchrone Takt

Es gibt aber auch Motherboards wie etwa das Asus SP97-V, die den Takt für den PCI- und ISA-Bus sowie den Controller nicht »synchron«, sondern »asynchron« ansteuern. Dadurch werden diese nicht mit übertaktet und die Einsteckkarten sowie der EIDE-Controller laufen innerhalb ihrer Spezifikationen.

Front-Side-Bus »MHz«	Teiler	PCI-Bus »MHz«	AGP-Bus »MHz«
60	2	30	60
66	2	33	66
75	2	37,5	75
83	3	27,7	55,3
95	3	31,7	63,3
100	3	33,3	66,7
105	3	35	70
112	3	37,3	74,7
115	3	38,3	77,6
120	3	40	80
124	3	41,3	82,7

Tabelle 7.3:
Die Taktraten von PCI- und AGP-Bus werden beim Übertakten außerhalb ihrer Spezifikationen betrieben.

7.2.4 Der AGP-Bus

Ähnlich wie beim PCI-Bus ist es auch beim AGP-Bus, der standardmäßig mit 66 MHz läuft. Im Modus 2x läuft der AGP-Bustakt dann auf 133 MHz, so sind hier die Spezifikationen. Wird der Systembus auf 75 MHz übertaktet, ist auch der AGP-Bus mit derselben Taktrate übertaktet, er würde also im Modus 2x mit 150 MHz laufen. Das kann für eine Grafikkarte schon zuviel des Guten sein. Deshalb verwenden einige Chipsätze ab 83 MHz den Teilungsfaktor drei für den AGP-Bus. Der mit dem Teiler 3 geteilte PCI-Bus wird mit dem Faktor 2 multipliziert und ergibt so den AGP-Bus. Die Taktfrequenzen von 83 MHz bis 100 MHz erhalten dadurch eine kleine Leistungseinbuße im PCI- und AGP-Bus. Mit dem 100-MHz-Front-Side-Bus läuft der AGP-Bus genauso wie der PCI- und ISA-Bus innerhalb seiner Spezifikationen. Ab 100 MHz werden die Busse dann wieder übertaktet.

7.2.5 Wenn der 83 MHz Jumper fehlt

Falls in Ihrem User's Manual nur maximal 75 MHz Taktfrequenz einstellbar sind, gibt es vielleicht einen undokumentierten Jumper oder DIP-Schalter, mit dem dann 83 MHz einstellbar sind. Wenn drei Jumper für den externen Bustakt auf dem Board vorhanden sind, sieht es nicht schlecht aus. Sehen Sie sich die vorhandenen Kombinationen im Manual an, dann werden Sie feststellen, daß noch mehr mit drei Jumpern erzeugt werden können. Genau diese probieren Sie aus. Stellen Sie den Multiplikator auf den Faktor 2 ein und beobachten Sie den Startbildschirm beim Booten, wo auch die Taktfrequenz angezeigt wird. Ergeben sich 166 MHz, haben Sie die richtige Kombination gefunden. Ergeben sich dagegen nur 133 oder 150 MHz, hat es nicht geklappt.

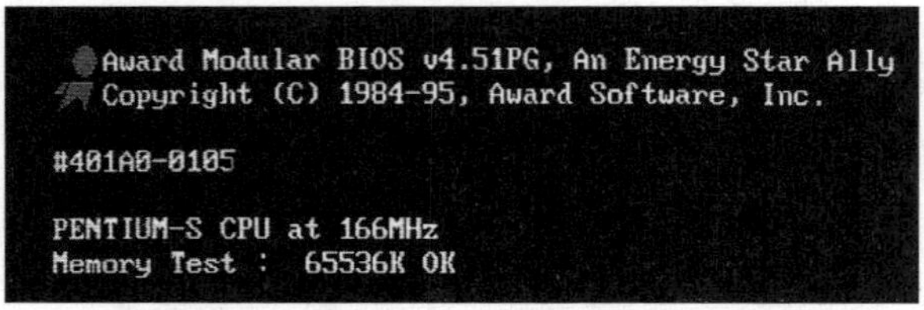

Bild 7.3:
Die Taktfrequenz wird beim Booten angezeigt.

```
Award Modular BIOS v4.51PG, An Energy Star Ally
Copyright (C) 1984-95, Award Software, Inc.

#401A0-0105

PENTIUM-S CPU at 166MHz
Memory Test :   65536K OK
```

7.3 Diese CPUs lassen sich übertakten

Die Prozessoren der verschiedenen Hersteller lassen sich nicht alle gleich gut übertakten. Am besten geeignet sind die Intel Pentium, Pentium II und Celeron, denn sie bieten viele Möglichkeiten und eine davon funktioniert garantiert. Der AMD K6 und der AMD K6-2 eignet sich auch noch gut, macht aber manchmal Probleme mit der Stabilität.

Das Schlußlicht bildet der IBM/Cyrix 6x86, da dieser durch die engeren Toleranzen schon ziemlich am Limit läuft. Auch der nicht ganz so bekannte IDT C6 läßt eine Takterhöhung zu.

Für die neu auf den Markt gekommenen Prozessoren von Rise sind noch keine Erfahrungswerte vorhanden, deshalb tauchen sie in der Tabelle nicht auf. Ein

Diese CPUs lassen sich übertakten

Übertakten ist aber sicherlich auch damit möglich, probieren Sie es doch einfach aus, wenn in Ihrem PC schon so ein Prozessor seinen Dienst verrichtet. Mit welchen Taktfrequenzen die CPUs laut Hersteller betrieben werden müssen, sehen Sie in der Tabelle auf Seite 218.

Pentium	Möglichkeit 1	Möglichkeit 2	Möglichkeit 3	Möglichkeit 4
75 MHz	112,5 MHz = 1,5 x 75 MHz	100 MHz = 1,5 x 66 MHz	90 MHz = 1,5 x 60 MHz	83 MHz = 1,5 x 55 MHz
90 MHz	125 MHz = 1,5 x 83 MHz	112,5 MHz = 1,5 x 75 MHz	100 MHz = 1,5 x 66 MHz	
100 MHz	133 MHz = 2 x 66 MHz	125 MHz = 1,5 x 83 MHz	112,5 MHz = 1,5 x 75 MHz	
120 MHz	125 MHz = 1,5 x 83 MHz	133 MHz = 2 x 66 MHz	112,5 MHz = 1,5 x 75 MHz	
133 MHz	166 MHz = 2 x 83 MHz	150 MHz = 2 x 75 MHz	166 MHz = 2,5 x 66 MHz	
150 MHz	166 MHz = 2 x 83 MHz	187,5 MHz = 2,5 x 75 MHz	200 MHz = 3 x 66 MHz	150 MHz = 2 x 75 MHz
166 MHz	208 MHz = 2,5 x 83 MHz	166 MHz = 2 x 83 MHz	187,5 MHz = 2,5 x 75 MHz	200 MHz = 3 x 66 MHz
200 MHz	250 MHz = 3 x 83 MHz	225 MHz = 3 x 75 MHz	208 MHz = 2,5 x 83 MHz	
233 MHz	290 MHz = 3,5 x 83 MHz	263 MHz = 3,5 x 75 MHz	250 MHz = 3 x 83 MHz	

Tabelle 7.4: Der Pentium Classic bietet viele Möglichkeiten.

Pentium Pro	Möglichkeit 1	Möglichkeit 2
150 MHz	180 MHz = 2,5 x 66	166 MHz = 2,5 x 66 MHz
180 MHz	233 MHz = 3,5 x 66 MHz	200 MHz = 3 x 66 MHz
200 MHz	266 MHz = 4 x 66 MHz	233 MHz = 3,5 x 66 MHz

Tabelle 7.5: Selbst der Pentium Pro läßt ein Overclocking zu.

Pentium II	Möglichkeit 1	Möglichkeit 2	Möglichkeit 3
233 MHz	290 MHz = 3,5 x 83 MHz	263 MHz = 3,5 x 75 MHz	250 MHz = 3 x 83 MHz
266 MHz	333 MHz = 4 x 83 MHz	300 MHz = 4 x 75 MHz	333 MHz = 5 x 66 MHz
300 MHz	373 MHz = 3,5 x 83 MHz	338 MHz = 4,5 x 75 MHz	330 MHz = 5 x 66 MHz
300 MHz Typ SL2W8	450 MHZ = 4,5 x 100 MHz	504 MHz = 4,5 x 112 MHz	
333 MHz	416 MHz = 5 x 83 MHz	375 MHz = 5 x 75 MHz	374 MHz = 4,5 x 83 MHz
350 MHz	392 MHz = 3,5 x 112 MHz		

Tabelle 7.6: Der Pentium II hat teilweise einen festen Multiplikator.

Prozessortuning

Pentium II	Möglichkeit 1	Möglichkeit 2	Möglichkeit 3
400 MHz	448 MHz = 4 x 112 MHz		
450 MHz	504 MHz = 4,5 x 112 MHz		

Tabelle 7.7: Der Celeron ist ein wahrer Übertaktungskünstler. Er macht auch extreme Taktraten mit.

Celeron	Multiplikator intern	Möglichkeit 1	Möglichkeit 2
266 MHz	4	448 MHz = 4 x 112 MHz	400 MHz = 4 x 100 MHz
300 MHz	4,5	450 MHz = 4,5 x 100 MHz	373 MHz = 4,5 x 83 MHz
333 MHz	5	375 MHz = 5 x 75 MHz	500 MHz = 5 x 100 MHz
400 MHz	6	600 MHz = 4 x 100 MHz	

AMD K6 PR2	Möglichkeit 1	Möglichkeit 2	Möglichkeit 3
166 MHz	208 MHz = 2,5 x 83 MHz	200 MHz = 3 x 66 MHz	166 MHz = 2 x 83 MHz
200 MHz	208 MHz = 2,5 x 83 MHz	225 MHz = 3 x 75 MHz	233 MHz = 3,5 x 66 MHz
233 MHz	250 MHz = 3 x 83 MHz	263 MHz = 3,5 x 75 MHz	266 MHz = 4 x 66 MHz
266 MHz	300 MHz = 4 x 75 MHz	290 MHz = 3,5 x 83 MHz	
300 MHz	332 MHz = 4 x 83 MHz		

Tabelle 7.8: Der AMD K6-2 3Dnow läßt sich auch übertakten, aber nur in geringem Maße.

AMD K6-2 3D	Möglichkeit 1	Möglichkeit 2	Möglichkeit 3
266 MHz	290 MHz = 3,5 x 83 MHz		
300 MHz	350 MHz = 3,5 x 100 MHz	336 MHz = 3 x 112 MHz	332 MHz = 4 x 83 MHz
333 MHz	350 MHz = 3,5 x 100 MHz	350 MHz = 4,5 x 83 MHz	338 MHz = 4,5x 75 MHz
350 MHz	400 MHz = 4 x 100 MHz	392 MHz = 3,5 x 112 MHz	374 MHz = 4,5 x 83 MHz

Tabelle 7.9: Der Cyrix/IBM eignet sich mehr als schlecht für ein Overclocking.

Cyrix/IBM 6x86	Prozessortakt	Möglichkeit 1
PR120+	100 MHz	120 MHz = 2 x 60 MHz
PR133+	110 MHz	120 MHz = 2 x 60 MHz
PR150+	120 MHz	133 MHz = 2 x 66 MHz
PR166+	133 MHz	150 MHz = 2 x 75 MHz
PR200+	150 MHz	166 MHz = 2 x 83 MHz

Diese CPUs lassen sich übertakten

Cyrix/IBM 6x86 MX	Prozessortakt	Möglichkeit 1	Möglichkeit 2	Möglichkeit 3
PR200	150 MHz	187 MHz = 2,5 x 75 MHz	166 MHz = 2 x 83 MHz	166 MHz = 2,5 x 66 MHz
PR233	187 MHz	208 MHz = 2,5 x 83 MHz	225 MHz = 3 x 75 MHz	
PR266	208 MHz	250 MHz = 3 x 83 MHz	225 MHz = 3 x 75 MHz	
PR300	225 MHz	250 MHz = 3 x 83 MHz	262 MHz = 3,5 x 75 MHz	
PR333	250 MHz	300 MHz = 3 x 100 MHz	290 MHz = 3,5 x 83 MHz	262 MHz = 3,5 x 75 MHz

Tabelle 7.10: Der Cyrix/IBM 6x86 MX läßt sich besser übertakten als sein Vorgänger.

IDT C6	Möglichkeit 1
180 MHz	200 MHz = 3 x 66 MHz
200 MHz	266 MHz = 4 x 66 MHz

Tabelle 7.11: Der IDT C6 läßt einiges aus sich machen.

7.3.1 Prozessorserie und Motherboard entscheiden

Die in der Tabelle aufgeführten Beispiele können nach eigenem Ermessen erweitert werden. Es ist ohne weiteres möglich, daß verschiedene Prozessoren noch höher getaktet werden können als angegeben ist, das hängt aber von der Prozessorserie und dem Motherboard ab. Vor allem die Prozessorserie ist entscheidend, denn wenn ein Großkunde 1000 Stück mit 266 MHz bestellt und das Lager beim Hersteller ist mit 300-MHz-Prozessoren überfüllt, werden diese einfach mit 266 MHz bedruckt und ausgeliefert. Klar, daß sich ein für 300 MHz deklarierter, auf 266 MHz »heruntergelabelter« Prozessor, höher übertakten läßt als ein für 266 MHz deklarierter. Das sind aber Ausnahmen, die sehr selten vorkommen.

7.3.2 Ideal zum Übertakten

Eine Ausnahme ist der Celeron, der entweder ohne oder mit 128 Kbyte On-Die-Cache wesentlich höhere Taktraten verträgt als der Pentium II. Aber seit neuestem gibt es auch beim Pentium II eine Ausnahme, den Typ SL2W8 (siehe Seite 144), der auch höhere Taktraten wegsteckt. Zum Ausprobieren anderer Taktfrequenzen als oben in der Beispieltabelle angegeben, benutzen Sie einfach die nachstehende Tabelle mit den Taktungsverhältnissen.

Bustakt/ Multipl.	60 MHz	66 MHz	75 MHz	83 MHz	100 MHz	112 MHz	133 MHz
1,5	90	100	113	125	150	168	200
2	120	133	150	166	200	224	266
2,5	150	166	188	208	250	280	333
3	180	200	225	249	300	336	400
3,5	210	233	263	291	350	392	466
4	240	266	300	333	400	448	533

Tabelle 7.12: Die Taktungsverhältnisse im Überblick

Prozessortuning

Bustakt/ Multipl.	60 MHz	66 MHz	75 MHz	83 MHz	100 MHz	112 MHz	133 MHz
4,5	270	300	338	378	450	504	600
5	300	333	375	415	500	560	666
5,5	330	363	413	457	550	616	733

> **HINWEIS**
> Auf vielen Motherboards mit BX-Chipsatz steht schon der 133 MHz Front-Side-Bus zur Verfügung, aber SDRAMs kommen mit dieser Taktfrequenz meistens nicht klar.

7.3.3 Tips und Tricks

Nicht alle Prozessoren laufen nach einer Übertaktung tadellos, manche lassen sich gar nicht dazu bewegen. Das kann verschiedene Ursachen haben, die teilweise beseitigt werden können.

Pentium 133 MHz

Wenn sich der Pentium 133 MHz gegen ein Übertakten auf 166 MHz wehrt und nach dem Einstellen des Multiplikators 2,5 an Stelle von 2 immer noch mit 133 MHz läuft, hat er einen Übertaktungsschutz eingebaut. Der PIN BF1 »Bus Fraction«, mit dem der Prozessor das Taktverhältnis einstellt, ist intern nicht verbunden. Das Motherboard kann so den Multiplikator 2,5 und 3 nicht ansprechen. Sehr viele CPUs mit der Kennung »SY022« und »SU073«, die auf der Unter- oder Oberseite aufgedruckt ist, sind davon betroffen. Ein Motherboard mit 83 MHz externem Bustakt schafft hier Abhilfe. Damit lassen sich die 166 MHz mit dem Multiplikator 2 erreichen. Läuft jetzt das System nicht stabil, liegt es sehr wahrscheinlich am Arbeitsspeicher oder dem PCI-Bus. Versuchen Sie es dann mit 75 MHz und dem Multiplikator 2. Der Prozessor taktet dann zwar nur mit 150 MHz, das ist aber immer noch besser als die 133 MHz.

Pentium 166

Wenn sich der Pentium 166 MHz gegen ein Übertakten auf 180 MHz wehrt und nach dem Einstellen des Multiplikators 3 an Stelle von 2,5 nur noch mit 150 MHz läuft, hat er, wie sein kleinerer Bruder, auch einen Übertaktungsschutz eingebaut. Es sind aber bei weitem nicht so viele betroffen wie beim 133er. Sie sind durch die Kennung »SL27H« auf der Unterseite des Prozessors zu entlarven. Versuchen Sie es mit 75 oder 83 MHz Bustakt und dem Multiplikator 2,5.

IBM/Cyrix 6x86

Diese CPUs unterstützen nur die ganzzahligen Multiplikatoren 2 und 3. Wenn Sie beispielsweise den 6x86PR166+ mit einem Bustakt von 60 MHz und dem Multiplikator 2,5 übertakten wollen, funktioniert das nicht, obwohl dabei auch nur 150 MHz interner Takt herauskommen würde. Der Prozessor implementiert den Multiplikator 3, aber 180 MHz ist dann doch zu viel des Guten.

Diese CPUs lassen sich übertakten

IBM/Cyrix 6x86L
Das Modell mit dem »L« für »Low Voltage«in der Bezeichnung braucht nur 2,8 Volt und läßt sich dadurch besser übertakten als die anderen Modelle mit der Kennung »C028« und »C016«, die 3,52 Volt und 3,3 Volt benötigen. Durch die hohe Spannung werden sie sehr heiß und neigen deshalb zu Ausfällen. Verwenden Sie für die letzten beiden Modelle auf jeden Fall einen sehr guten Kühlkörper.

NO-Lock aktivieren
Die IBM/Cyrix Prozessoren haben ein sogenanntes »No-Lock«-Bit, mit dem der integrierte Cache gesperrt wird. Wird dieses Bit per Software (siehe Seite 313) aktiviert, kann die CPU den integrierten Cache zum Ablegen von Daten nutzen, die sonst direkt in den Arbeitsspeicher wandern würden. Das bringt zusätzlich zum Übertakten noch einmal einen Geschwindigkeitsvorteil von ca. 5%.

Celeron
Nicht alle Celeron-Modelle lassen eine Einstellung des Multiplikators zu, sondern viele besitzen einen fest eingestellten. Er bleibt unbeeinflußt von der Jumper- oder BIOS-Einstellung. Das war als Übertaktungsschutz von Intel gedacht, da der Celeron normalerweise nur den 66-MHz-Bustakt nutzt. Daß er aber auch mit 100-MHz-Bustakt und dem festen Multiplikator so gut zurecht kommt, war wahrscheinlich nicht beabsichtigt, dazu muß aber die automatische Erkennung deaktiviert werden (siehe Seite 150).

Celeron 333 MHz
Wenn Sie Ihren Celeron 333 MHz auf 500 MHz übertakten, ist es meistens erforderlich den L1-Cache des Prozessors im BIOS abzuschalten. Er ist der hohen Taktfrequenz nicht mehr gewachsen.

Celeron 400 MHz
Der Celeron 400 läßt sich auf 600 MHz übertakten, wenn Sie, wie beim 333er, den L1-Cache im BIOS deaktivieren.

Pentium II
Alle Pentium II Modelle haben seit Mitte 1998 einen festen Multiplikator erhalten. Wenn die Modelle des 266er bis 333er übertaktet werden sollen, muß genau wie beim Celeron die automatische Erkennung des Bustaktes deaktiviert werden.

Pentium III
Der neue Pentium III läßt sich nicht mehr übertakten, denn er hat einen Übertaktungsschutz eingebaut, der sich nicht überlisten läßt. Ein PLL-Clock-Check prüft den am Prozessor anliegenden Bustakt. Ab einer Taktrate von 103 MHz wird die CPU einfach abgeschaltet.

Prozessortuning

Celeron im Sockel 370

Der neue Celeron im PPGA-Gehäuse läßt sich noch übertakten, aber Intel hat vor, genau wie beim Pentium III, einen Übertaktungsschutz mit PLL-Clock-Check einzubauen. Dann ist nur noch eine Taktrate von 66 MHz möglich und der Celeron wird für den »Overclocker« uninteressant. Wenn Sie eine Übertaktung planen, besorgen Sie sich lieber gleich ein Exemplar bevor es zu spät ist.

SCSI-Host-Adapter streikt

Ist der Bustakt auf 75 oder 83 MHz eingestellt, kann es durch die Übertaktung eines synchron angesteuerten PCI-Bus ohne weiteres vorkommen, daß der SCSI-Host-Adapter nicht mehr mitspielt. Auch Netzwerkkarten reagieren oft empfindlich auf einen übertakteten Bus. Das Board kann dann nur mit 66 oder 100-MHz-Bustakt betrieben werden.

7.3.4   Der Pentium II SL2W8

Ein ganz begehrtes Modell ist der Pentium II mit dem S-Code SL2W8, denn er ist fast ein echter 450-MHz-Prozessor. Fast nur deshalb, weil nicht alle, aber sehr viele, die Cache-Bausteine mit 4,4 ns vom Pentium 450 MHz besitzen. Der Kern des SL2W8 ist immer ein Deschutes, deshalb ist dieser Prozessor ein 450er im 300er Gehäuse. Beim originalen 450er ist auch dort ein Unterschied. Er hat die Cache-Bausteine nicht rechts und links von der CPU, sondern auf einer Seite. Außerdem ist die T-Platte auf der Rückseite des Gehäuses anders aufgebaut. Das ist die Platte, auf die der Kühlkörper montiert ist. Beim 450er sind die Cache-Bausteine direkt damit verbunden und werden wie der Kern durch die Wärmeableitung nach außen gekühlt. Die T-Platte des 300er hat keine Verbindung zu den Cache-Bausteinen. Der Kühlkörper leitet zwar die Wärme der CPU über die T-Platte gut ab, aber die Cache-Bausteine werden zu heiß und neigen dann zu Ausfällen.

Bild 7.4:
Die Modellbezeichnung des Pentium II steht oben auf der schmalen Seite.

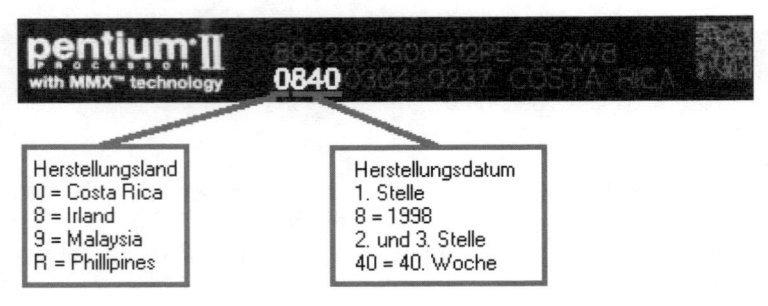

Herstellungsland
0 = Costa Rica
8 = Irland
9 = Malaysia
R = Phillipines

Herstellungsdatum
1. Stelle
8 = 1998
2. und 3. Stelle
40 = 40. Woche

Ein echter 450er wird geboren

Wenn Sie ein versierter Bastler sind, dann können Sie jetzt aus dem 300er einen echten 450er machen. Öffnen Sie dazu das Gehäuse des Prozessors und sehen Sie sich die Cache-Bausteine rechts und links neben der CPU an. Sie haben einen Aufdruck auf dem »-4,4« oder »-225« stehen sollte, denn nur dann sind es die 4,4 ns Bausteine des Pentium II. Die Chancen dafür stehen gut, wenn die CPUs in Costa Rica produziert worden sind. Von Außen und ohne Öffnen des Gehäuses ist das aber leider nicht festzustellen. Ist dagegen

Diese CPUs lassen sich übertakten

der Aufdruck »-5«, »-5,5«, »-180« oder »-200« vorhanden sind die Cache-Bausteine nicht 450 MHz geeignet. Die Zahlen geben die Zugriffszeit oder die Taktrate an, für die sie gebaut sind.

Kühlkörper erweitern

Hatten Sie Glück mit Ihren Bausteinen und es sind 4,4 ns Modelle, dann nehmen Sie einfach eine von der Stärke und Durchmesser passende Beilagscheibe oder Münze und kleben diese mit Wärmeleitkleber an die Bausteine, so daß ein Kontakt zur T-Platte sichergestellt ist. Schließen Sie das Gehäuse wieder und fertig ist der 450-MHz-Prozessor. Jetzt muß nur noch der PIN B21 wie auf Seite 150 beschrieben abgeklebt werden und schon läuft der Prozessor mit 100-MHz-Front-Side-Bus. Im Extremfall kann er sogar wie der originale 450er bis auf 504 MHz übertaktet werden.

7.3.5 Normal- und Turbo-Takt

Wer noch ein Gehäuse besitzt, in dem ein Turbo-Schalter aus der 386er- und 486er-Zeit eingebaut ist, kann diesen nutzen, um zwischen dem normalen und dem übertakteten Zustand des Prozessors hin- und herzuschalten. Ist keiner im Gehäuse vorhanden, kann ein Miniatur-Schalter aus dem Elektronikfachgeschäft weiterhelfen. Komfortabler ist es, einen Turbo-Schalter aus einem alten Gehäuse auszubauen, denn dann erspart man sich die ganze Verdrahtung.

Die Vorteile der Umschaltung

Die Methode, den Prozessor wahlweise zu übertakten, hat viele Vorteile. Wenn Sie mit Office-Programmen arbeiten, reicht Ihnen die normale Taktfrequenz aus, für Spiele oder Grafikanwendungen kann dann per Knopfdruck der »Turbo-Takt« eingeschaltet werden. Dadurch wird der Prozessor geschont, wenn kein höherer Takt benötigt wird, denn ein höherer Takt bedeutet auch zugleich eine höhere Temperatur und diese wiederum wirkt sich negativ auf die Lebensdauer der elektronischen Bauteile aus. Ein Prozessor hat eine durchschnittliche Lebensdauer von ca. 8 Jahren, die normalerweise nie ausgenutzt wird. Selbst wenn sich die Lebensdauer um zwei oder drei Jahre durch die Übertaktung verkürzt, hält er leicht bis zur Ausmusterung durch. Der größte Vorteil im Turbo-Schalter liegt darin, daß der PC mit dem normalen Takt auf jeden Fall so stabil läuft wie vor der Übertaktung und dadurch bei sensiblen Arbeiten keine Gefahr eines Datenverlustes durch einen Absturz gegeben ist.

Die Mechanik dazu

Der orginale Turbo-Taster hat einen dreipoligen Stecker, der auf die Jumperstifte am Motherboard paßt. Je nachdem, welches Motherboard verwendet wird, haben die Jumper unterschiedliche Positionen. Für das Umstellen von 66 auf 75, 83 oder 100 MHz ist meistens nur ein Jumper der drei umzustecken. Dasselbe gilt für den Multiplikator, der so auf 1,5, 2, 2,5, 3 usw. umgestellt wird.

Bild 7.5:
So wird der Turbo-Schalter auf dem Motherboard angesteckt.

Vergleichen Sie die Jumperstellungen auf dem Motherboard vom normalen und dem übertakteten Modus. Auf den Jumper, der umgestellt, also geöffnet oder geschlossen werden muß, wird der dreipolige Stecker aufgesteckt, von dem nur zwei Pole genutzt werden. Ob Sie den Stecker rechts oder links herum aufstecken, spielt keine Rolle. Sie müssen nur später ausprobieren, in welcher Schalterstellung der »Turbo-Takt« ein- oder ausgeschaltet ist.

Ausgetüftelt

Soll, wie in diesem Beispiel, von 66 MHz auf 83 MHz umgeschaltet werden, muß der Jumper 3 mit dem Turbo-Schalter verbunden werden, denn die Jumper 1 und 2 behalten ihren Zustand bei. Nur der Jumper 3 verändert seinen von »on« auf »off«. Das ist genau der Jumper, den Sie sonst per Hand umstecken müßten, wenn Sie von 66 auf 83 MHz umschalten wollen.

Tabelle 7.13: Beispiel für den Bustakt.

	66 MHz	75 MHz	83 MHz
Jumper 1	on	off	on
Jumper 2	off	on	off
Jumper 3	on	off	off

66 oder 100-MHz-Vorwahl-Jumper

Bei Slot-1-Motherboards ist oft ein Jumper zum Umschalten von 66 auf 100 MHz vorhanden. Damit wird die Funktion des PIN B21 umgangen und der Bustakt auf 100 MHz gesetzt. Das ist genau das, was sich ein Overclocker wünscht, denn damit kann er den Bustakt nicht nur per Turbo-Schalter umschalten, sondern er spart sich auch das Isolieren des PINs am Prozessor.

7.3.6 Prozessorspannung erhöhen

Für Pentium Prozessoren kann es manchmal notwendig werden, die Spannung zu erhöhen, da übertaktete Prozessoren auf instabile Signale empfindlich reagieren und dann das System zum Absturz bringen. Durch eine höhere Spannung werden die Signale stabilisiert, der Nachteil dabei ist, daß durch die höhere Stromaufnahme auch wieder die Temperatur steigt. Laut Intel ist eine Differenz von 0,1 bis 0,2 Volt nach oben oder unten zulässig. Für Prozessoren,

Diese CPUs lassen sich übertakten

die mit 3,52 Volt laufen, kann die Spannung nicht mehr erhöht werden, da das die äußerste Grenze ist. Wird ihre CPU mit 3,3 Volt betrieben, dann erhöhen Sie im Bedarfsfall auf 3,45 Volt, das ist auf älteren Pentium-Boards die Einstellung »VRE«.

Spannung: Spezifikation

Beim Pentium II und Celeron sollte die Core-Spannung laut Spezifikation nur um 5% also 0,1 Volt erhöht werden. Das ergibt für die 233er- bis 300er-MHz-Klamath-Version 2,9 Volt, für den 333er 2,3 Volt und für den 350er bis 450er in der Deschutes-Version 2,1 Volt.

Seit Anfang 1998 kommt nur noch der Deschutes-Kern mit 2 Volt zum Einsatz, der auf 2,1 Volt noch innerhalb der Spezifikation läuft. Die Spannung auf 2,2 Volt zu erhöhen ist aber nicht immer ganz einfach, denn sie wird bei fast allen Motherboards automatisch eingestellt. Eine Ausnahme bildet nur das BH6 von Abit, das im Soft Menu II eine solche Einstellung der Spannung zuläßt.

> **TIP**
> Wenn Sie sich nicht sicher sind welche Spannung Ihr Intel-Prozessor hat, sehen Sie auf der Internetseite http://developer.intel.com/design/pentium/qit nach. An Hand der »S-Spec«-Nummer, die auf Ihrer CPU angegeben ist, können Sie in der Zeile »Operating Voltage« die Spannungswerte entnehmen.

Die Spannung des Pentium II einstellen

Mit einem kleinen aber feinen Trick kann die Spannung für den Deschutes aber doch erhöht werden, denn das Motherboard checkt fünf PINs am Prozessor, um die Einstellung vorzunehmen. Die PINs sind je nach Prozessor mit »Vss« oder gar nicht verbunden. Einen PIN mit Vss zu verbinden ist nicht möglich, aber ein »open«- oder »close«-Zustand läßt sich simulieren. Dazu werden die PINs A119, B119 und A121 mit Tesafilm abgeklebt und so als nicht verbunden umcodiert. Das Board stellt dann 2,2 Volt Spannung ein. Diese Methode des Isolierens der Kontakte wird auch für das Einstellen des Bustaktes von 66 auf 100 MHz verwendet (siehe Seite 150).

In der nachfolgenden Tabelle wird dargestellt, wie diese PINs an der Kontaktleiste des Prozessorboards gefunden werden. Sie haben in der Tabelle die Bezeichnung VID für »Voltage Identifikation«.

Bezeichnung	PIN-Nummer
VID0	B120
VID1	A120
VID2	A119
VID3	B119
VID4	A121

Tabelle 7.14: Die PINs für die Prozessorspannung.

PINs abzählen

Die PINs haben vor der Zahl ein »A« oder ein »B«. A ist die Vorder- und B die Rückseite des Prozessors. Die Vorderseite ist erkennbar an der T-Platte, auf die der Lüfter montiert ist. Auf der Vorderseite befinden sich die PINs A119, A120 und A121. Der PIN A121 befindet sich ganz rechts außen und die PIN-Numerierung fällt zur Mitte hin ab, wenn der Prozessor mit der A-Seite nach oben liegt und die PINs zu Ihnen zeigen.

Auf der B-Seite beginnt die Zählung links außen, wenn der Prozessor mit der B-Seite nach oben liegt und die PINs zu Ihnen zeigen. Auch hier fällt die PIN-Numerierung wieder zur Mitte hin ab. Der erste PIN ganz links außen ist der B121 mit dem die Zählung beginnt. Der nächste ist dann der PIN B120 und der übernächste der B119.

Schaltzustände

Mit welchen Zuständen die verschiedenen Spannungen erzeugt werden zeigt diese Tabelle. Werden die PINs VID 2 bis VID4 abgeklebt, erhalten sie den Zustand »Nicht verbunden«. Die Codierung ist dann wie bei 2,20 Volt Prozessorspannung.

Tabelle 7.15: Die Schaltzustände mit den Spannungen.

Prozessor-spannung	VID0	VID1	VID2	VID3	VID4
2 V	Nicht verbunden	verbunden	verbunden	verbunden	verbunden
2,05 V	verbunden	verbunden	verbunden	verbunden	verbunden
Fehler	Nicht verbunden	Nicht verbunden	Nicht verbunden	Nicht verbunden	Nicht verbunden
2,10 V	verbunden	Nicht verbunden	Nicht verbunden	Nicht verbunden	Nicht verbunden
2,20 V	Nicht verbunden	verbunden	Nicht verbunden	Nicht verbunden	Nicht verbunden
2,30V	verbunden	verbunden	Nicht verbunden	Nicht verbunden	Nicht verbunden

Für extreme Übertaktung immer erforderlich

Die nächste Möglichkeit wäre 2,4 Volt zu simulieren, das ist aber eindeutig zu viel und würde den Prozessor zerstören. Deshalb ist sie gar nicht erst aufgeführt. Für eine Übertaktung des 300-MHz-SL2W8 auf 504 MHz oder des Celeron 333 MHz auf 500 MHz sowie des 400 MHz auf 600 MHz ist meistens die Erhöhung auf 2,2 Volt erforderlich.

Mit Vorsicht zu genießen

Für AMD- und IBM/Cyrix-Prozessoren ist es nicht ratsam, die Spannungen außerhalb ihrer Spezifikationen zu betreiben, denn sie werden auch so schon sehr warm. Die maximal zulässige Spannung kann aber ausgenutzt werden. Ist die Spannung nicht direkt aufgedruckt, geben Zahlen und Buchstaben Aufschluß darüber.

66 MHz CPU mit 100 MHz takten

Bezeichnung	Core-Spannung »Volt«	I/O Spannung »Volt«
C	3,3 - 3,465	3,3 - 3,465
F	3,135 - 3,465	3,135 - 3,465
H	2,86 - 3	3,3 - 3,465
J	2,57 - 2,84	3,3 - 3,465
K	2,38 - 2,63	3,3 - 3,465

Tabelle 7.16: Die Bezeichnungen für den AMD K6.

Bezeichnung	Core-Spannung »Volt«	I/O Spannung »Volt«
016	3,3	3,15 - 3,45
028	3,52	3,4 - 3,7
Leer	2,5	3,15 - 3,7

Tabelle 7.17: Die Bezeichnungen für IBM/Cyrix.

7.4 66 MHz CPU mit 100 MHz takten

Der Leistungskick überhaupt ist es, eine CPU für den 66 MHz Bustakt mit dem 100-MHz-Bustakt zu betreiben. Dafür sind auf jeden Fall Speichermodule mit PC-100-Spezifikation notwendig, da es sonst Probleme gibt. Das funktioniert mit Sockel -7-CPUs genauso gut wie mit Slot 1 CPUs. Nehmen wir als Beispiel den AMD-K6-200-MHz oder den Pentium-MMX-200-MHz, der normal mit 66 MHz x 3 getaktet wird. In einem 100-MHz-Board wird er dann mit 100 x 2 getaktet und schon kommen Sie auch mit einem betagten 200-MHz-Prozessor in den Genuß der neuen Technik, ohne den Prozessor selbst zu übertakten.

Das Ganze funktioniert auch in Verbindung mit einer Übertaktung des Prozessors indem Sie einen Pentium II mit 266 MHz auf 100 x 3 = 300 MHz takten. Dadurch wird gleich eine doppelte Leistungssteigerung erreicht. Zum einen durch den schnelleren Bus und zum anderen durch den übertakteten Prozessor.

Die Technik für 66 MHz Pentium II CPUs

Wie extra dafür gemacht ist der Celeron, der enorme Taktraten auf sich nimmt. Je nach verwendetem Motherboard muß auch er, so wie der Pentium II, durch einen kleinen Trick dazu überredet werden, denn Intel hat den CPUs eine Abfrage für den externen Takt eingebaut. Auf der Kontaktleiste des Prozessorboards ist ein PIN vorhanden, der vom BIOS abgefragt wird. Liegt ein Signal an diesem PIN B21 an, ist es eine 66-MHz-CPU, liegt keines an, ist es eine 100-MHz-CPU. Der Bustakt wird dann korrekt auf dem Board eingestellt. Dieser PIN muß also »abgeklemmt« werden, um das BIOS zu täuschen. Das wäre etwas umständlich und riskant, deshalb wird es einfach isoliert.

Bild 7.6:
Der PIN B 21 wird einfach abgeklebt. Wenn der Prozessor mit der B-Seite nach oben liegt und die PINs zu Ihnen zeigen, ist der ganz rechte PIN B1. Von rechts nach links steigen die Zahlen zur Mitte hin an.

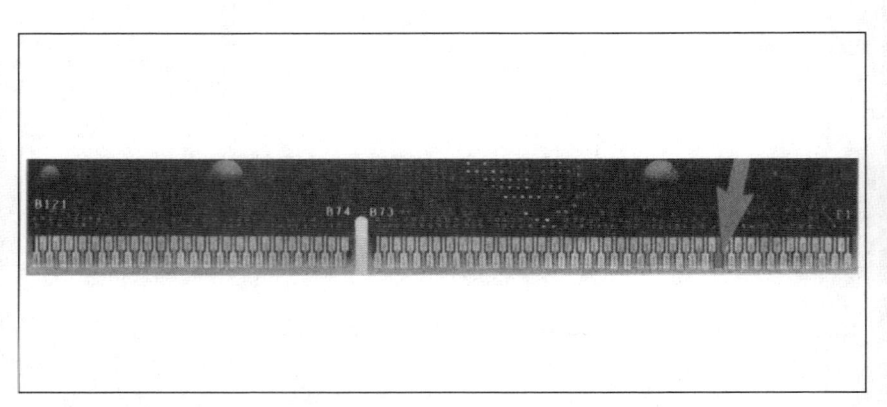

Den PIN B21 isolieren

Dazu wird am besten Tesafilm oder Teflonband verwendet, das erst in der Breite zugeschnitten und dann über den Kontakt geklebt wird. Eine andere Möglichkeit besteht darin, den Kontakt dünn mit Lack zu bestreichen, der allerdings eine lange Trocknungsphase hat. Erst wenn der Lack völlig durchgetrocknet ist, kann der Prozessor wieder eingesetzt werden, da sonst die Lackschicht beschädigt wird und wieder ein Kontakt zum Slot entsteht. Ich persönlich würde Tesafilm verwenden, denn es geht schneller und ist praktischer wieder zu entfernen, wenn der Prozessor doch nicht mit 100 MHz läuft. Aber auch hier ist Vorsicht beim Einstecken in den Slot geboten, denn der dünne Tesa kann sonst beschädigt werden.

Motherboards mit eingebauter B21-Abschaltung

Es gibt auch Motherboards, die diese Automatik mit einem Jumper oder einer Option im BIOS übergehen. Wenn Sie sich ein neues Motherboard kaufen und ein Overclocking anstreben, achten Sie einfach auf dieses Feature.

7.5 RAM und Übertaktung

Entscheidend für den stabilen Betrieb des PC sind die verwendeten RAM-Module. Sie werden normalerweise mit dem vollen Bustakt getaktet. Der ist entscheidend für den Datendurchsatz vom Prozessor über den Cache in die RAM-Module. Treten hier Timing-Probleme auf, weil die Module die Daten nicht so schnell verarbeiten können wie sie geliefert werden, kommt es zum Absturz.

- PS/2-SIMMs in EDO-Ausführung verkraften meistens 75- und 83-MHz-Bustakt. 75 MHz auf jeden Fall, bei 83 MHz kann es aber je nach Speichermodul- und Motherboard-Hersteller schon zu Problemen kommen, die sich durch »Schutzverletzungen« in Windows bemerkbar machen. SIMMs in Fast-Page-Ausführung werden schon bei 75 MHz kritisch, laufen aber mit entsprechend hochgesetzten Werten im BIOS noch. Für 83 MHz sind sie nicht mehr brauchbar.

Was das Motherboard alles können muß

- DIMMs mit PC-66-Spezifikation verkraften auf jeden Fall 83 MHz, bei 100 MHz streiken jedoch die meisten.

- DIMMs mit PC-100-Spezifikation verkraften bis zu 112 MHz, bei 133 MHz streiken jedoch auch diese.

- 30-polige SIMMs im PS/2-Adapter sind völlig ungeeignet für eine Übertaktung, denn die kommen gerade einmal mit 66-MHz-Bustakt klar.

Es gibt auch Motherboards, die den Speicherbus asynchron ansteuern können. Er bleibt dann auf 66 MHz, auch wenn z.B. 83-MHz-Bustakt eingestellt ist. Das aber nur ideal für Aufrüster, die sich das Geld für neue Speichermodule sparen wollen, denn damit haben Sie wieder den alten »Flaschenhals« im Bussystem.

7.6 Was das Motherboard alles können muß

Wenn Sie sich extra ein neues Motherboard für das Overclocking zulegen, sollte dies folgende Punkte erfüllen:

- 100-MHz-Front-Side-Bus mit Übertaktungsmöglichkeiten auf 112 oder sogar 133 MHz. Die Taktrate von 75 und 83 MHz wird dann normalerweise auch bereitgestellt.

- Nur DIMM-Steckplätze, keine Mischbestückung

- Ein Multiplikator von mindestens 5,5

- Ein Chipsatz, der eine asynchrone Taktung des Systembus zuläßt

- Einstellung der Spannung in 0,1-Volt-Schritten durch Jumper oder im BIOS

- Ein Jumper zum Deaktivieren der PIN-B21-Automatik

- Eine Temperaturanzeige durch SMB

Self-Monitoring ist ideal

Eine Temperaturanzeige im BIOS-Menü ist nicht unbedingt notwendig aber sehr interessant, da die Temperatur des Prozessors und des Motherboard ständig kontrolliert werden kann. Die Funktion ist nämlich oft noch mit einer Grenzwertüberschreitung gekoppelt, die dann einen Alarm auslöst wenn die Temperatur diesen übersteigt. Mit einer zusätzlichen Software kann dann nicht nur im BIOS-Menü, sondern auch in Windows 95/98 und NT die Temperatur überwacht werden.

No-Name-Boards sind ungünstig

Kaufen Sie unbedingt ein Marken-Motherboard und kein No-Name-Produkt, da für hohe Taktraten auch unverfälschte Signalpegel wichtig sind. Ein No-Name-Produkt erfüllt durch teilweise ungünstige Layouts diese Anforderungen nicht immer.

Asynchrone Takteinstellung

Eine asynchrone Taktung des Systembusses bringt zwar minimal weniger Leistung auf dem PCI- und AGP-Bus, da dieser nicht mit übertaktet wird, dafür ist aber die Stabilität weitgehend garantiert. Das ist bei 75 und 83 MHz äußerst wichtig, denn 83 MHz auf dem AGP-Bus bei synchronem Betrieb kann unter Umständen sogar die Grafikkarte zerstören.

7.7 Übertakten mit Software

Sie werden es vielleicht kaum glauben, aber es ist auch ein Overclocking des Prozessors durch Software möglich. Mit dem Programm SoftFSB übertakten Sie Ihren Prozessor von Windows aus schnell und einfach per Schieberegler. Was Sie dazu benötigen, ist das Programm und ein Motherboard, das einen Clock-Generator besitzt, der von SoftFSB unterstützt wird.

Der Clock-Generator sitzt in einem IC-Baustein auf dem Motherboard und erzeugt mit einem Quarzoszillator den Systemtakt, der dann durch die Jumper, DIP-Schalter oder im BIOS eingestellt wird. Das erledigt aber auch das Programm für Sie, wenn der Clock-Generator auf Ihrem Motherboard von SoftFSB unterstützt wird. Das können Sie entweder an Hand der Motherboards in der nachfolgenden Tabelle feststellen oder aber Sie sehen sich den Baustein auf Ihrem Board genauer an, ob die Bezeichnung des IC-Bausteins mit einem der aufgeführten übereinstimmt.

Tabelle 7.18: Die Bezeichnungen des Clockgenerators.

IC-Baustein	Unterstützte Motherboards
IC-Works W124x	Abit BH6, Soyo SY6BA+
IC-Works W145x	keine Angaben
IC-Works W150x	keine Angaben
IC-Works W164x	Aopen AX6BC Type R, Abit BH6, Aopen AX6B, DFI P2XBL, Iwill BD-100
IC-Works W48S101-04x	MSI MS-6116, Soyo SY6BA, Tekram P6B40D-A5
IC-Works W48S111-14x	Elite P6BX-A+, MSI MS-6119, MS-6204
ICS ICS9146xx-26	Asus P2B, Gigabyte GA-6BXC
ICS ICS9148xx-36	keine Angaben
ICS ICS9150xx-08	Asus P2B-S, P2B-D, P2B-LS, P2B-DS
ICS ICS9250xx-08	Asus P2B-F
Winbond W83196S-14	TMC TI6NB+
Winbond W83194R-39A	keine Angaben

Übertakten mit Software

7.7.1 So finden Sie den IC-Baustein

Wenn Sie auf Ihr Motherboard sehen, befindet sich in unmittelbarer Nähe des Prozessorsockels ein silbernes Quarzgehäuse, das meistens den Aufdruck »14.3Cxx« enthält. Darin verbirgt sich der Quarzoszillator, der eine Frequenz von 14.318 MHz erzeugt, aus der die Taktfrequenz generiert wird. Daneben sitzt der Clock-Generator in einem IC-Baustein, einem PLL-IC. Vergleichen Sie die aufgedruckte Bezeichnung mit den in der Tabelle aufgeführten.

Bild 7.7:
Der IC-Baustein auf dem Motherboard

7.7.2 Die Funktionen im Programm

Stellen Sie unter der Option TARGET MAINBOARD entweder das Motherboard oder unter TARGET CLOCK GENERATOR den IC-Baustein ein und klicken Sie dann auf die Schaltfläche GET FBS. Der Schieberegler wird aktiviert und die Frequenzen können eingestellt werden. Unter CURRENT FSB wird der im Moment verwendete Takt angezeigt und unter SELECT FSB erscheint die mit dem Schieberegler ausgewählte Frequenz. Die aktuelle Version des Programms finden Sie auf der CD, die diesem Buch beiliegt.

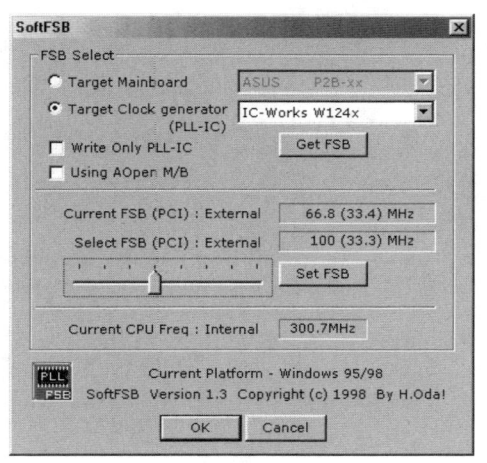

Bild 7.8:
Mit SoftFSB kann der PC bequem von Windows aus übertaktet werden. Damit ist auch ein schnelles Umschalten der Taktfrequenz möglich.

7.8 Die richtige Prozessorkühlung

Ein sehr wichtiges Thema ist die Prozessorkühlung eines übertakteten Prozessors, denn er entwickelt durch den höheren Takt mehr Wärme, die abgeführt werden muß. Kann diese nicht schnell genug vom Prozessorkern über den Kühlkörper abgeführt werden, entsteht ein Hitzestau, der im ungünstigsten Fall den Tod des Prozessors auslöst. Um das zu vermeiden, sollten Sie die nachfolgenden Punkte genau beachten:

- Wenn Sie nur den Bustakt und nicht die Taktfrequenz des Prozessors selbst erhöhen, reicht der vorhandene Kühlkörper aus.

- Die Fläche des Kühlkörpers sollte möglichst groß sein. Es gibt solche speziellen Kühlkörper für IBM/Cyrix Prozessoren, da diese auch ohne Übertaktung schon etwas mehr Abwärme produzieren. Solche Kühlkörper passen auch auf die Intel- und AMD-Prozessoren und sollten deshalb auch verwendet werden.

- Zwischen dem Kühlkörper und dem Prozessor sollte auf jeden Fall eine Wärmeleitpaste, die es in jedem Computershop oder Elektronikfachgeschäft gibt, aufgetragen werden. Sie gleicht die kaum sichtbaren Unebenheiten zwischen Prozessor und Kühlkörper aus. Tragen Sie nur eine papierdünne Schicht auf, denn sonst quillt die Paste nach dem Aufsetzen des Kühlkörpers auf der Seite heraus und verschmiert alles. Es gibt auch Wärmeleitfolie, die aber nicht so einen hohen Leitfaktor hat wie die Paste.

Bild 7.9: Unbedingt eine dünne Schicht Wärmeleitpaste auf den Kühlkörper auftragen!

- Achten Sie darauf, daß keine Flachbandkabel den Luftstrom des Lüfters behindern oder am Kühlkörper anstehen.

- Im Versandhandel gibt es spezielle Kühlkörper mit zwei Lüftern für Sockel -7- und drei Lüftern für Slot -1-Prozessoren, die bei einer extremen Übertaktung sehr gute Dienste leisten.

Die richtige Prozessorkühlung

Bild 7.10:
Doppellüfter sind ideal für Overclokking.

- Auch im Eigenbau lassen sich mit extrem dicken Kühlkörpern aus Aluminium, die viele Kühlrippen und eine rauhe Oberfläche haben sollten, vernünftige Lösungen »basteln«. Der thermische Widerstand sollte mindestens 2 Theta oder auch mehr betragen. Außerdem können mehrere Lüfter aufgesetzt werden. Die Kühlkörper und Lüfter gibt es in verschiedenen Maßen im Elektronikfachhandel. Solche Kühlkörper werden dann mit speziellem Wärmeleitkleber aufgeklebt, da sie keine Halterung haben. Der Wärmeleitkleber ist nicht zu verwechseln mit der Wärmeleitpaste, die keine klebenden Eigenschaften aufweist.

- Ist im PC-Gehäuse noch Platz für einen zusätzlichen Lüfter auf der Front- oder Rückseite, ist es bei Extremtuning empfehlenswert, so einen einzubauen, denn nicht nur der Prozessor, sondern auch die anderen Komponenten auf dem Motherboard produzieren mehr Abwärme. Diese wird nur durch den Netzteillüfter abgesaugt, aber die Kaltluft muß selbständig nachströmen. Der zusätzliche Lüfter bläst die kalte Luft ins Gehäuse hinein und sorgt so für einen besseren Luftkreislauf.

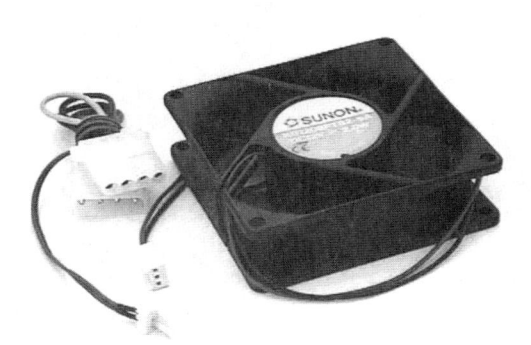

Bild 7.11:
Der Zusatzlüfter ist keine schlechte Lösung, um den Wärmestau im Gehäuse zu beseitigen.

- Entfernen Sie die »blinden« Slot-Bleche auf der Rückseite des Gehäuses, sofern noch welche vorhanden sind.

- Sie werden vielleicht staunen, aber es gibt auch Software zur Kühlung. Die Programme CPUIdle, Waterfall und Rain nutzen den »HLT«-Befehl des Prozessors. Durch diesen werden ganze Bereiche in der CPU abgeschaltet, wenn der Prozessor nichts zu tun hat. Dadurch wird Strom gespart und der Prozessor erwärmt sich nicht so stark (siehe Seite 316).

7.8.1 Das Peltier-Element

Eine feine aber etwas teurere Angelegenheit ist die Kühlung mit einem Peltier-Element, das vielleicht unter dem Namen »Ice-Cap« bekannter ist. Ein Peltier-Element produziert auf elektrischem Weg auf der einen Seite Wärme und auf der anderen Seite Kälte. Der Temperaturunterschied kann dabei bis zu 100 Grad betragen. Je mehr Wärme in Kälte umgewandelt werden muß, desto mehr Strom braucht das Element, deshalb werden manche sogar mit einem eigenen Netzteil geliefert. Das Ice-Cap besteht aus einem Peltier-Element, das auf der »heißen« Seite einen Kühlkörper mit Lüfter hat. Die »kalte« Seite kommt auf den Prozessor, der dann extrem gekühlt wird. Der Nachteil an der ganzen Sache ist, daß nicht nur der Prozessor, sondern auch das Peltier-Element selber sehr viel Abwärme erzeugt, die aus dem Gehäuse abgeleitet werden muß. Verwenden Sie unbedingt einen Gehäuselüfter in Verbindung mit einem Peltier-Element.

Bild 7.12: Das Peltier-Element von unten und von oben gesehen. Das weiße Element (links) ist deutlich unter dem großen Kühlkörper zu sehen.

7.9 Übertakten Schritt für Schritt

Nachdem Sie die Möglichkeiten des Overclocking jetzt kennengelernt haben, kann eigentlich nichts mehr schiefgehen. Wenn Ihr Motherboard über ein »CPU-Soft-Menu« oder eine andere Menüoption zum Einstellen des Bustaktes und des Multiplikators im BIOS verfügt, brauchen Sie das Gehäuse nicht unbedingt öffnen.

Übertakten Schritt für Schritt

Da das Overclocking, wie jeder Eingriff in die Hardware, nicht ganz ohne Risiko ist, sollten Sie vorher unbedingt Ihre Daten durch ein Backup sichern.

> **ACHTUNG**
> Bevor Sie mit den Arbeiten am PC beginnen, lesen Sie bitte die Sicherheitshinweise im Kapitel 1 (siehe Seite 27).

7.9.1 Öffnen des PC

1. Entfernen Sie die rückseitigen Anschlüsse und stellen Sie den PC auf den Schreibtisch.
2. Lösen Sie die Gehäuseschrauben an der Rückseite. Desktop-PCs haben teilweise auch noch Schrauben auf der Unterseite.
3. Nehmen Sie die Haube oder das Seitenteil durch Ziehen nach hinten oder in seltenen Fällen auch nach vorne ab.
4. Ein Tower-Gehäuse legen Sie jetzt am besten auf die Seite. Dadurch erhalten Sie eine bessere Übersicht und können auch bequemer arbeiten, da ein Wegkippen oder Rutschen ausgeschlossen ist.

7.9.2 Jumper oder DIP-Schalter anpassen

1. Verschaffen Sie sich einen Überblick im Gehäuse und orten Sie die Jumper oder DIP-Schalter für die Einstellung des Bustaktes und des Multiplikators.

Bild 7.13: Die Jumper für die Einstellung des internen und externen Taktes sind oft durch andere Komponenten verdeckt.

2. Entfernen Sie wenn nötig alle Teile, die im Weg sind, wie etwa Kabel von Laufwerken oder Steckkarten. Merken oder markieren Sie sich die Position. Meistens sind die Jumper oder DIP-Schalter mit einer Pinzette zugänglich ohne etwas auszubauen.

Bild 7.14:
Entfernen Sie die störenden Komponenten, wenn das erforderlich ist.

3. Stecken Sie die Jumper in die entsprechende Position oder schalten Sie die DIP-Schalter entsprechend der ausgewählten Taktfrequenz um.

Bild 7.15:
Stecken Sie die Jumper in die richtige Position.

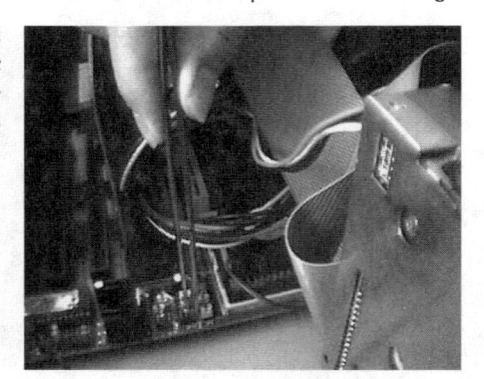

> **TIP**
> Falls Sie kein Handbuch mehr für Ihr Motherboard besitzen, haben Sie vielleicht Glück und die Jumper-Einstellungen sind direkt auf Ihr Board aufgedruckt. Wenn nicht, können Sie es auch im Internet beim Motherboard-Hersteller versuchen. Manche bieten das User's Manual als Datei zum Herunterladen an.

7.9.3 Overclocking testen

Werfen Sie noch einmal einen Blick auf die Jumper-Einstellungen, ob sich kein Fehler eingeschlichen hat. Hat alles seine Richtigkeit, können Sie die Tastatur, den Monitor und die Spannungsversorgung wieder anschließen. Jetzt kommt der spannendste Moment:

1. Schalten Sie den PC ein und beobachten Sie den Monitor. Erscheint der Startbildschirm, wird bei vielen Motherboards als erstes der eingebaute Prozessortyp und der eingestellte Systemtakt angezeigt.

Übertakten durch das BIOS

2. Danach wird der Speicher hochgezählt und im Anschluß daran müßte der PC auch booten. Herzlichen Glückwunsch, das Overclocking funktioniert. Schalten Sie den PC wieder aus und stecken Sie aus Sicherheitsgründen vor dem Schließen des Gehäuses die Kabel wieder ab.

3. Bleibt der Bildschirm dunkel, schalten Sie den PC sofort wieder aus und ersetzen Sie die neue Einstellung gegen die ursprüngliche. Risikofreudige Overclocker können jetzt noch die Spannung des Prozessors erhöhen und noch einen Versuch starten.

Gehäuse schließen

1. Nehmen Sie die Haube oder das Seitenteil und stecken Sie es über das Gehäuse.
2. Schrauben Sie die Gehäuseschrauben an der Rückseite wieder ein.

> **TIP**
> Die Gewinde in den Gehäusen sind oft nur sehr dünn und können ausreißen, wenn Sie die Schrauben gewaltsam eindrehen. Setzen Sie deshalb die Schraube an und drehen Sie in die Richtung als wollten Sie die Schraube öffnen. Wenn Sie dann einen kleinen Knack spüren und die Schraube ein kleines Stück tiefer in das Gewindeloch fällt, paßt der Gewindegang im Gehäuse exakt zur Schraube. Drehen Sie diese jetzt ein, aber ziehen Sie erst alle Schrauben zum Schluß gemeinsam fest.

3. Stellen Sie die rückseitigen Anschlüsse wieder her.

7.10 Übertakten durch das BIOS

1. Sehen Sie auf Seite 171 nach, mit welcher Tastenkombination Sie ins BIOS-Setup gelangen und rufen Sie dieses auf.

2. Alle BIOS-Versionen haben verschiedene Menüs und Optionen, deshalb kann man nicht konkret sagen, in welchem sich die Einstellmöglichkeiten befinden. Bei vielen heißt es »CPU-Soft-Menu« (siehe Seite 175) oder die Einstellungen befinden sich direkt im »Chipset Features Setup«. Hier gibt es dann aber meistens nur die Option »CPU-Clock Frequenz« mit der nur der Bustakt eingestellt werden kann. Zum Einstellen des Multiplikators muß dann doch das Gehäuse geöffnet werden, um Jumper oder DIP-Schalter zu betätigen.

3. Speichern Sie die Einstellungen beim Beenden des BIOS-Setups mit der Menüoption SAVE AND EXIT und bestätigen Sie diese mit der Taste [Z], da der amerikanische Tastaturtreiber aktiv ist und dort die Taste [Y] für Yes mit der Taste [Z] der deutschen Tastatur vertauscht ist.

4. Anschließend bootet der PC neu. Beachten Sie jetzt die Punkte 1-3 weiter oben in **Overclocking testen**.

7.10.1 Overclocking ausgiebig testen

Hat bis jetzt alles tadellos geklappt, ist es aber immer noch keine Garantie für einen stabilen Dauerbetrieb. Um dies zu Testen verwenden Sie am besten ein Benchmark-Programm wie etwa Winstone 99 (siehe Seite 305) oder ein anderes, das relativ lange Testreihen ausführt. Stürzt das Programm während der Testphase nicht ab, können Sie ziemlich sicher sein, daß der PC stabil läuft, denn die Office-Applikationen in Winstone 99 sind ein sehr harter Test.

7.10.2 Der PC stürzt ab

Stürzt der PC jedoch in der Anfangsphase der Tests ab, können Sie im BIOS-Setup noch die Werte für den Speicher hochsetzen. Das kann vor allem bei einem Bustakt von 75 oder 83 MHz Wunder wirken, wenn PC-66 oder EDO-Module im Einsatz sind. Ist damit kein Erfolg zu verzeichnen, kann der L1-Cache probeweise im BIOS-Setup deaktiviert werden. Läuft der Benchmark jetzt einwandfrei, ist der Prozessor zu hoch getaktet und die Cache-Bausteine machen nicht mehr mit. Entweder Sie lassen den L1-Cache abgeschaltet oder die Taktfrequenz muß um eine Stufe heruntergesetzt werden, was nicht immer möglich ist. Wenn der PC erst nach 10 oder 15 Minuten abstürzt, wird der Prozessor zu heiß und es bedarf einer besseren Kühlung, denn auf Dauer kann er sonst Schaden nehmen.

Hat der PC diesen Härtetest bewältigt, können Sie zur Sicherheit noch all Ihre installierten Anwendungen ausführen.

7.11 Dual Celeron

Viele spekulieren vielleicht auf ein Dual-System, das aber relativ teuer wird, denn zwei Pentium II und dann noch das passende Dual-Motherboard schlagen kräftig zu Buche. Der relativ günstige Celeron kann nicht als Dual-Prozessor eingesetzt werden, da ihm diese Eigenschaft entzogen wurde. Schade eigentlich, denn mit zwei auf 450 MHz getunten 300ern wäre das eine tolle und vor allem eine sehr preisgünstige Sache. Mit einem Bohrer, Kupferlackdraht, Lötkolben und Klebestreifen ist der Umbau beider Prozessoren in einer Stunde möglich.

Das Signal BR1#, mit dem beide Prozessoren kommunizieren, ist beim Celeron genauso wie beim Pentium II vorhanden, aber nicht an die Kontaktleiste geführt. Dafür ist der Kontakt an der Kontaktleiste dummerweise mit der 2 Volt Spannung »VCC« des Prozessors verbunden. Es reicht also nicht aus BR1# am Prozessor mit dem Kontakt B75 an der Kontaktleiste zu verbinden, sondern die Verbindung zu VCC muß unterbrochen werden.

7.11.1 Das Werkzeug

Um den Umbau durchzuführen, benötigen Sie:

- einen Lötkolben 15-30 Watt mit Bleistiftspitze
- oder eine Lötstation und Elektronik-Lötdraht mit 1mm Durchmesser

Umbau des Celeron für Slot 1

- einen Elektronik-Seitenschneider
- Bohrer Gr. 0,5mm
- Handdrillbohrkopf
- Kupferlackdraht 0,26 mm

Außerdem ist ein gut beleuchteter Arbeitsplatz zwingend erforderlich.

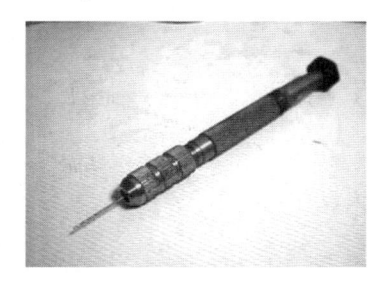

Bild 7.16:
Der Handdrillbohrkopf mit eingespanntem Bohrer

7.11.2 Der Umbau Schritt für Schritt

Es kann sowohl der Celeron für den Slot als auch der Celeron-Adapter von Gigabyte (siehe Seite 166) für die neuen Prozessoren im PPGA-Gehäuse umgebaut werden. Auch der Betrieb von einem Slot-1-Celeron und einem Celeron im Adapter ist möglich. Genauso kann ein umgebauter Celeron mit einem Pentium II zum Einsatz kommen. Noch mehr dazu finden Sie im Internet auf der Seite von KIKUMARU's Technical Laboratory http://kikumaru.www.ne.jp/pc/celeron/index_e.html.

Bild 7.17:
Der Celeron-Adpter von MSI für den PPGA-Typ.

7.12 Umbau des Celeron für Slot 1

Verwenden Sie zum Herausbohren der Kontakthülse den 0,5 mm Bohrer; entweder einen Handdrillbohrkopf oder eine Mini-Bohrmaschine. Achten Sie darauf, daß die anfallenden Bohrspäne keinen Kurzschluß zwischen dem Prozessorboard und dem Prozessor verursachen. Bohren Sie am besten immer nur ein Stück und überprüfen Sie mit einem Multimeter — falls vorhanden — ob der

Kontakt zwischen VCC und B75 schon unterbrochen ist. Entfernen Sie anschließend die Bohrspäne gründlich vom Prozessorboard.

Bild 7.18:
Der Schaltplan mit Prozessorkern (links), Widerstandsnetzwerk (rechts) und dem PIN B75 der Kontaktleiste (unten)

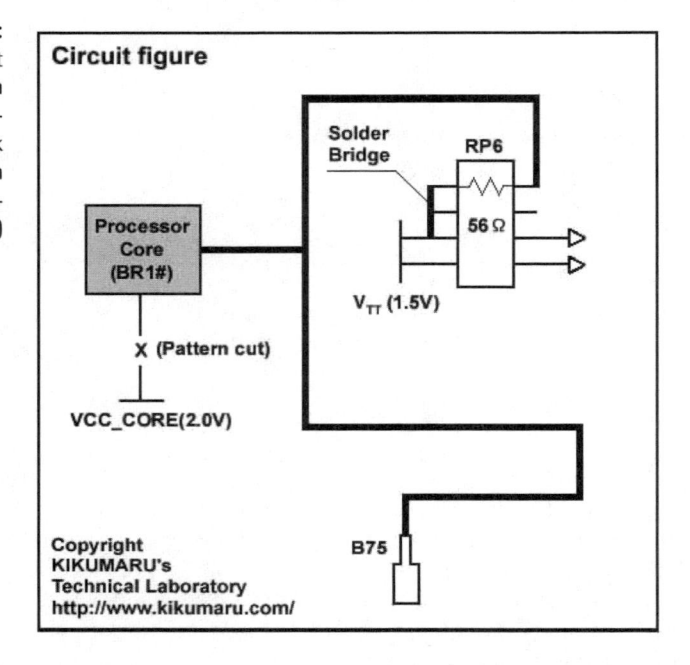

Sehen Sie sich als erstes den Schaltplan genau an, bevor Sie mit dem Umbau beginnen. Die Verdrahtung läuft vom Widerstandsnetzwerk und vom PIN B75 auf das BR1# des Prozessors. Der durchgehende PIN des Prozessors, der in der Kontakthülse verlötet ist, wird herausgebohrt und somit wird der Kontakt von BR1# zu VCC unterbrochen. Das ist das ganze Schema der Umbauaktion.

1. Bohren Sie mit dem 0,5 mm Bohrer die Kontakthülse von der Unterseite am Prozessor-PIN heraus, bis kein Kontakt mehr zu B 75 vorhanden ist. BR1# muß sozusagen solo werden.

Bild 7.19:
Die Kontakthülse wird vorsichtig herausgebohrt.

Umbau des Celeron für Slot 1

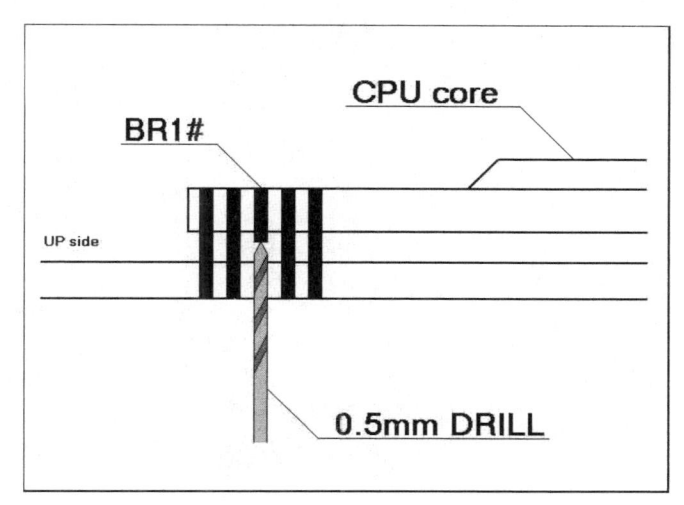

Bild 7.20:
Bohren Sie die Kontakthülse bis über die Oberseite durch, so daß der Prozessorpin BR1# keinen Kontakt mehr zur Platine hat.

2. Löten Sie den Kupferlackdraht an BR1# auf der Oberseite des Prozessors an. Isolieren Sie dazu den Kupferlackdraht am Ende ein kleines Stück – 1 mm – ab, damit das Lötzinn gut verbindet.

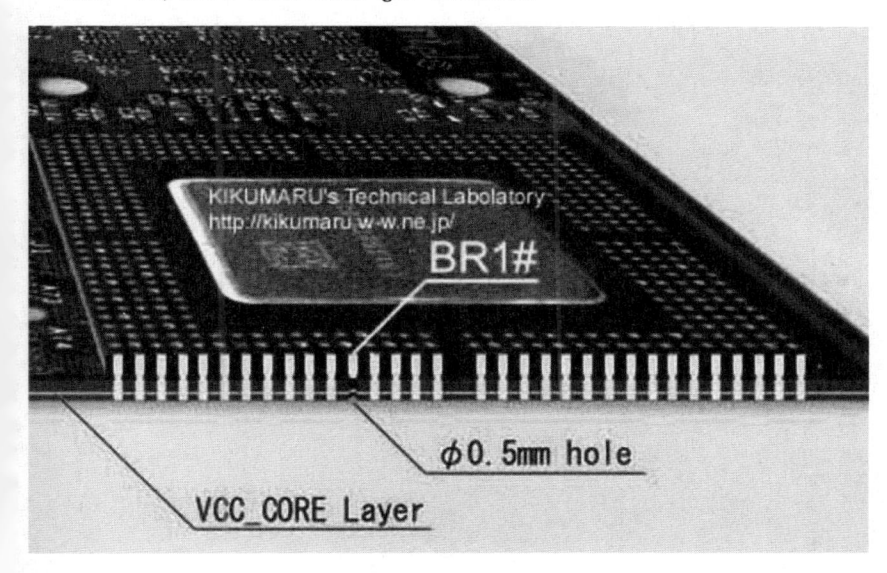

Bild 7.21:
Der Querschnitt durch das Prozessorboard zeigt die Unterbrechung vom BR1# zum VCC_Core Layer.

Bild 7.22:
Das Layout des Prozessorkerns von oben. Kleben Sie unbedingt eine Isolierung unter den Kupferlackdraht, damit kein Kurzschluß entsteht.

3. Verbinden Sie das andere Ende mit dem Kontakt B75. Isolieren Sie dazu den Kupferlackdraht ein kleines Stück mehr ab — ca. 3 mm. — damit er flach angelötet werden kann. Die Problematik dabei ist, daß sich der Draht mit Lötstelle zwischen den beiden Kontakten im Slot befinden muß, ohne einen Kurzschluß zu verursachen.

Bild 7.23:
Mit Kontakt B75 verbinden.

4. Das BR1#-Signal ist ein Active-Low-Signal mit High-Pegel und muß deshalb zusätzlich noch über einen Pull-Up-Widerstand geleitet werden. Dazu kann das Widerstandsnetzwerk RP6 an der Vorderseite des Prozessors genutzt werden, da es nur teilweise belegt ist.

Umbau des Celeron für Slot 1

Bild 7.24:
Auf das Widerstandsnetzwerk RP6 leiten.

5. Löten Sie den Kupferlackdraht wie im Foto dargestellt an das Widerstandsnetzwerk und nach BR1#.

Bild 7.25:
Vom Widerstandsnetzwerk nach BR1# verbinden.

6. Kleben Sie zur Sicherheit einen Klebebandstreifen direkt neben die PINs des Prozessors, um eine 100%ige Isolierung zu den anderen PINs zu erreichen. Fertig ist der Dual-Pozessor.

Prozessortuning

Bild 7.26:
Der fertig modifizierte Celeron

7.13 Umbau des Adapters für Slot 1

Noch einfacher geht es mit dem Slot 1 auf Sockel -370-Adapter MS-6905 von MSI http://www.msi.com.tw. Der Kontakt B75 ist hier schon über einen Widerstand gelinkt. Es muß nur noch ein Kupferlackdraht von BR1# des 370-Sockels »AN15« an den Kontakt B75 gelegt werden. Das gleiche funktioniert mit Sicherheit auch beim Adapter von Gigabyte. Das habe ich allerdings noch nicht getestet.

Bild 7.27:
Die Belegung des Adaptersockels.

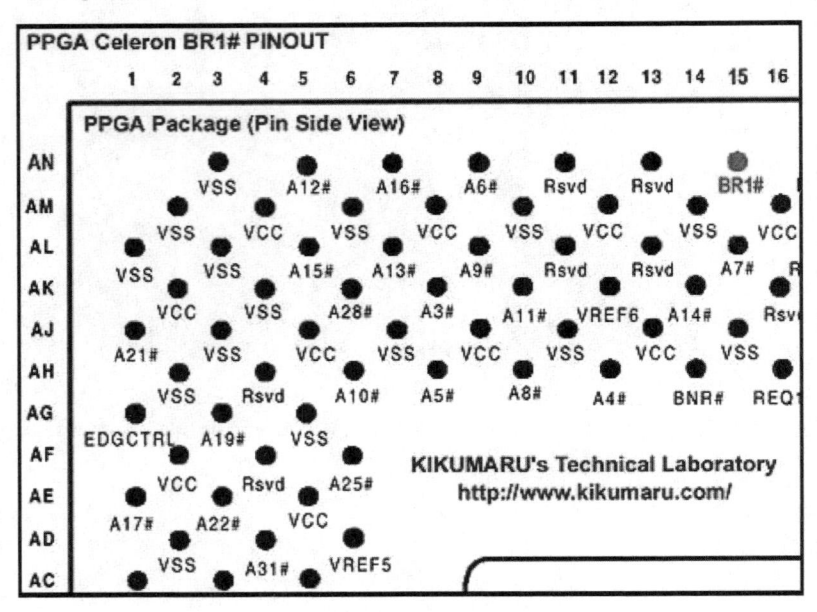

1. Sehen Sie sich den Schaltplan und die Kontaktbelegung des Adapters genau an, um eine falsche Verbindung der beiden Punkte zu vermeiden.

Umbau des Adapters für Slot 1

Bild 7.28:
Der Punkt AN 15 wird mit B 75 verbunden.

2. Löten Sie den ca. 1 mm abisolierten Kupferlackdraht sauber an die entsprechenden Punkte. Den B75 können Sie hier an die Kontakthülse löten und nicht wie beim Slot -1-Prozessor an den Kontakt selbst.

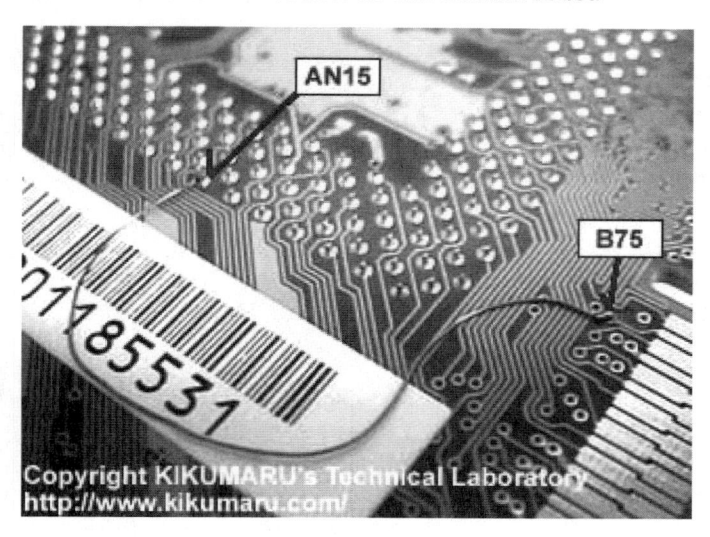

Bild 7.29:
Der sauber verlegte Kupferlackdraht

Dual-Prozessor testen

Werfen Sie noch einmal einen Blick auf das Prozessorboard oder den Adapter, ob sich kein Fehler eingeschlichen hat. Hat alles seine Richtigkeit, testen Sie erst beide Prozessoren einzeln und wenn alles in Ordnung ist beide zusammen.

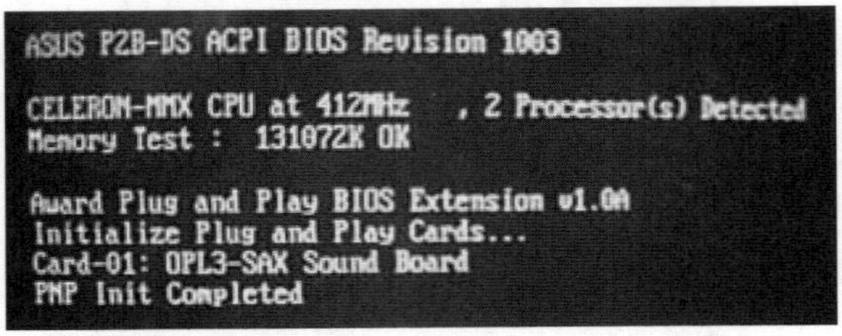

```
ASUS P2B-DS ACPI BIOS Revision 1003

CELERON-MMX CPU at 412MHz    , 2 Processor(s) Detected
Memory Test :    131072K OK

Award Plug and Play BIOS Extension v1.0A
Initialize Plug and Play Cards...
Card-01: OPL3-SAX Sound Board
PNP Init Completed
```

Bild 7.30:
Das BIOS müßte die beiden Prozessoren erkennen.

Kapitel 8

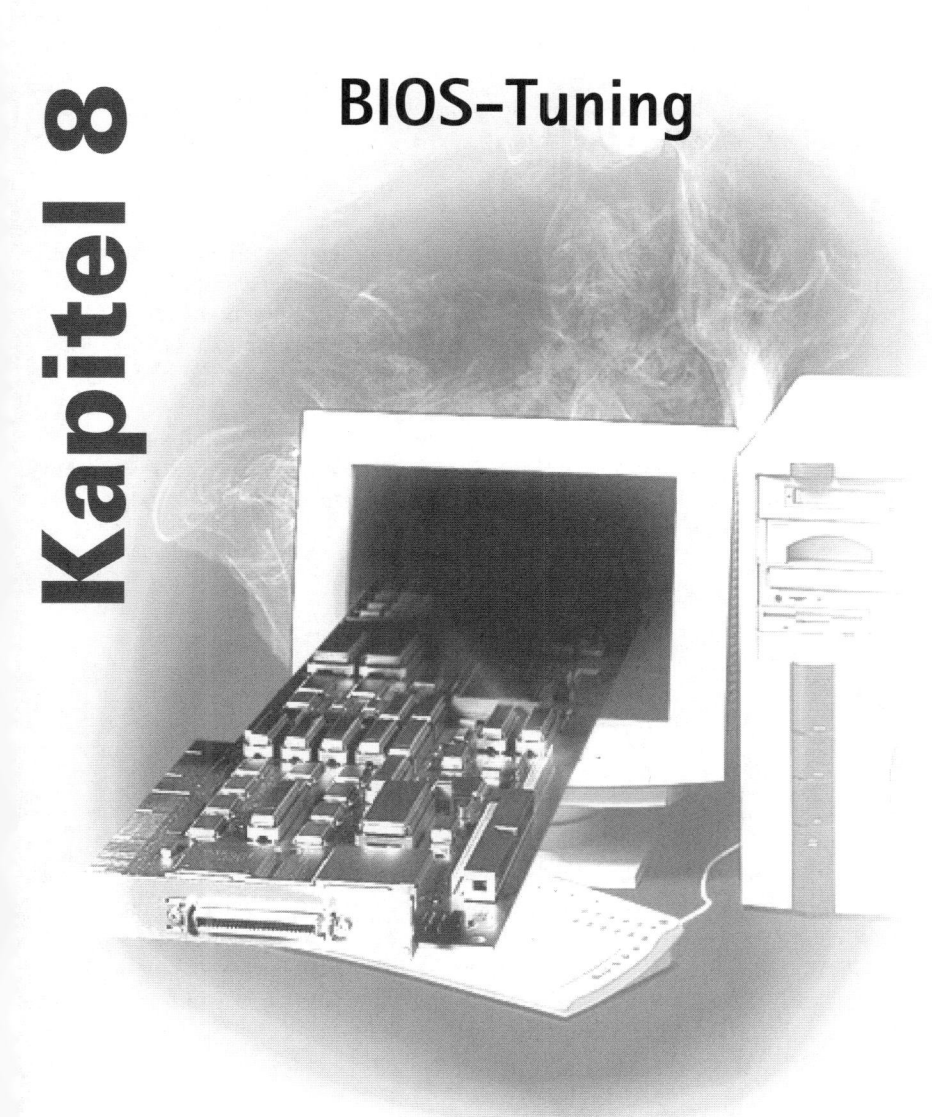

BIOS-Tuning

Nicht nur durch den Austausch von Prozessor und Motherboard oder auch dem sehr beliebten Overclocking von Prozessor und Grafikkarte kann zusätzliche Leistung gewonnen werden, sondern auch durch die Einstellungen im BIOS. Auch ein Update kann in bestimmten Fällen die Leistung steigern, vor allem wenn ein Prozessor verwendet wird, der im User's Manual des Motherboard nicht aufgeführt ist.

8.1 Das BIOS

Das BIOS, »Basic Input Output System« ist ein sehr wichtiger Baustein auf dem Motherboard. Es ist eine standardisierte Schnittstelle zwischen der Hardware und dem Betriebssystem und befindet sich in einem ROM-Baustein, einem sogenannten EEPROM »Electrically Erasable Programmable ROM«. Man spricht auch von einem Flash-ROM, das mit einer dafür programmierten Software gelöscht und wieder beschrieben werden kann. Dadurch ist es möglich, die in diesem Baustein gespeicherte BIOS-Software durch ein Update zu ersetzen, indem die alte gelöscht und die neue darin gespeichert wird. Der Baustein ist leicht auf dem Motherboard zu erkennen, da ein silbern glänzendes Label mit der Aufschrift »Award«, »AMI« oder »Phoenix« darauf angebracht ist.

Bild 8.1:
Der BIOS-Baustein

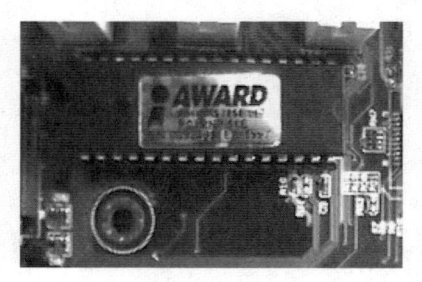

Das Programm im EEPROM

Die Software im BIOS-Baustein wird auch als Firmware bezeichnet, da es sich um eine Hardware mit fest integrierter Software handelt. Diese Firmware dient zum Start des PC, sie ist sozusagen ein Teil des Betriebssystems, denn ohne diese Software wäre der PC nach dem Einschalten dumm, er wüßte nicht einmal wo sich das eigentliche Betriebssystem befindet, da er weder Festplatte, Prozessor, Speicher, Grafik noch andere Laufwerke kennt.

Post und CMOS-Speicher

Nach dem Einschalten des PC wird die Software im BIOS aktiv und kommuniziert nach einem erfolgreichen POST »Power On Self Test« mit den Komponenten auf dem Motherboard. Das ist in erster Linie der Chipsatz, in dem es auch Einstellungen durch programmierbare Register vornimmt. Die Parameter für die Einstellungen können teilweise im BIOS-Setup vom Anwender festgelegt und in einem CMOS »Complementary Metal Oxide Semiconductor« gespeichert werden. Damit diese nicht nach dem Ausschalten des PC gelöscht werden ist eine Knopfzelle vorhanden, die das CMOS mit der nötigen Spannung versorgt.

Das BIOS

8.1.1 Das BIOS-Setup

Damit Einstellungen im BIOS vorgenommen werden können, muß das Setup mit seinen Menüs aufgerufen werden. Das geschieht mit einer Tastenkombination, die gleich nach dem Einschalten des PC gedrückt werden muß. Am besten während der Speicher hochgezählt wird, denn sonst ist es zu spät und der PC bootet. Diese Tastenkombination ist je nach BIOS-Hersteller ganz verschieden. Falls Sie kein Handbuch mehr für Ihr Motherboard besitzen, können Sie die Tastenkombination aus der Tabelle entnehmen.

Award	AMI	Phoenix
[Entf]	[Entf]	[Entf]
[Strg]+[Alt]+[E]	[F1]	[Strg]+[Alt]+[Esc]
[Strg]+[Alt]+[S]		[Strg]+[Alt]+[S]
		[F2]

Tabelle 8.1: Tastenkombinationen der BIOS-Hersteller.

8.1.2 Markenhersteller und BIOS-Setup

Markenhersteller wie Dell, Compaq oder Acer haben wieder andere Tastenkombinationen als das Standard-BIOS des Herstellers. Hier hilft entweder nur das Handbuch oder ein Ausprobieren der Kombinationen aus der nachfolgenden Tabelle.

Weitere Tastenkombinationen
[Strg]+[←]
[Alt]+[←]
[Alt]+[F1]
[Alt]+[Strg]+[F1]
[Strg]+[Alt]+[←]
[F10]

Tabelle 8.2: Tastenkombinationen der Markenhersteller.

> **TIP**
> Ist Ihnen das Ausprobieren zu umständlich und zeitraubend oder sind Sie zu keinem Erfolg gekommen, stecken Sie einfach die Tastatur aus und schalten Sie den PC ein. Der POST stellt dann einen Fehler fest und die Tastenkombination zum Wechseln in das BIOS-Setup wird vorgeschlagen.

8.1.3 Schnell ins BIOS-Setup

1. Finden Sie den BIOS-Hersteller durch das Firmenlogo auf dem Bildschirm heraus, das gleich nach dem Start des PC erscheint.

2. Suchen Sie in der Tabelle die entsprechende Tastenkombination heraus.
3. Drücken Sie die Tastenkombination, noch während der Speichertest abläuft.
4. Das Hauptmenü des BIOS-Setup erscheint.

8.2 Die Menüs

Haben Sie das Hauptmenü aufgerufen, können Sie sich einen Überblick verschaffen, in dem Sie sich alle Optionen der Untermenüs ansehen. Sie können auch die verschiedenen Einstellmöglichkeiten der Optionen ausprobieren. So lange Sie diese beim Verlassen des Setups nicht speichern bleibt alles unverändert.

8.2.1 Die Bedienung der Menüs

Die Menüs werden mit der Tastatur bedient. Eine Online-Hilfe mit Tastaturbelegung wird im unteren Bildschirmbereich angezeigt. Eine Ausnahme stellt das WinBIOS von AMI dar, das wie eine Windows-Oberfläche mit der Maus bedient wird. Am häufigsten wird das Award-BIOS verwendet, deshalb sind fast alle Beispiele auf dieses bezogen.

Tabelle 8.3: Funktionen der Tasten im Award-BIOS.

Funktion	Tasten
Nach links	[←]
Nach rechts	[→]
Nach oben	[↑]
Nach unten	[↓]
Auswahl aufrufen	[Leertaste]
Bewegung durch die Auswahl	Zehnerblock [+] / [−]
Hilfe	[F1]
Setup beenden	[F10] / [Esc]

8.2.2 Einstellungen speichern

> **TIP**
> Das Bedienen der Menüs stellt meistens kein Problem dar, nur das Speichern ist etwas verwirrend, weil der deutsche Tastaturtreiber nicht geladen ist. Das BIOS ist auf eine amerikanische Tastatur ausgelegt, auf der das [Y] und das [Z] vertauscht sind. Wenn die Abfrage »SAVE TO CMOS AND EXIT (Y/N)?« erscheint, müssen Sie mit der »Z« Taste für YES antworten, wenn Sie speichern wollen. Wenn Sie nicht speichern möchten, dann drücken Sie die Taste »N« für No, denn sie bleibt gleich.

Die Menüs

8.2.3 Enabled und Disabled

In allen BIOS-Versionen wird immer wieder von den Begriffen »Enabled« und »Disabled« gesprochen, die in den BIOS-Menüs vorkommen. Enabled bedeutet, daß die jeweilige Funktion eingeschaltet und Disabled, daß sie ausgeschaltet ist.

8.2.4 Ausgangskonfiguration herstellen

Nach einem BIOS-Update oder ziellosen Fehleinstellungen muß das BIOS in eine Ausgangskonfiguration versetzt werden. Dazu gibt es einen oder auch zwei Menüpunkte, die eine Grundeinstellung für das BIOS bereitstellen.

8.2.5 Load Setup Defaults

Mit der Option LOAD SETUP DEFAULTS werden die vom Motherboard-Hersteller festgelegten Einstellungen für eine sichere und einigermaßen leistungsfähige Einstellung im Award-BIOS aktiviert. Diese Einstellung wird meistens vom PC-Hersteller verwendet. Im AMI-BIOS lautet die Option AUTO CONFIGURATION WITH OPTIMAL SETTINGS.

8.2.6 Load BIOS Defaults

Mit dieser Option wird die minimalste Konfiguration im Award-BIOS eingestellt. Sie ist vom BIOS-Hersteller festgelegt und sorgt dafür, daß der PC überhaupt läuft. In dieser Einstellung arbeitet der PC am langsamsten, deshalb sollte sie nur verwendet werden, wenn aus irgendeinem Grund mit LOAD SETUP DEFAULTS der PC nicht zur Arbeit bewegt werden kann. Im AMI-BIOS gibt es dafür die Option AUTO CONFIGURATION WITH FAIL SAVE SETTINGS.

8.2.7 Bildschirm bleibt dunkel

Wenn Sie aus irgendeinem Grund alles verstellt haben und nach dem Neustart der Bildschirm dunkel bleibt und eventuell auch noch ein paar Pieptöne aus dem Gehäuse kommen, dann kommen Sie nicht mehr ins BIOS-Setup, um die Grundeinstellung zu aktivieren. Aber auch dafür gibt es eine Lösung:

> **TIP**
> Schalten Sie den PC aus und halten Sie nach dem Einschalten die `Einfg`-Taste gedrückt. Jetzt wird das CMOS wieder mit den Standardwerten gefüllt. Funktioniert es mit der Taste nicht, dann müssen Sie den Jumper für den CMOS-Reset auf dem Motherboard kurz umstekken, damit die falschen Einstellungen gelöscht werden.

8.2.8 Die Optionen

Je nach verwendetem BIOS und Motherboard sind die Menüs und Optionen immer anders gestaltet. Es gibt kein einheitliches BIOS-Setup, da die BIOS-Hersteller den Motherboard-Herstellern eine Art Bausatz für das BIOS liefern, der für einen bestimmten Chipsatz programmiert ist. Der Motherboard-Hersteller generiert daraus ein BIOS-Setup für sein Motherboard. Er bestimmt, welche Menüs und Optionen verwendet werden und welche nicht. Selbst die Optionen sind je nach Hersteller immer anders benannt.

Grob geschätzt gibt es ca. 1800 verschiedene Versionen; daß das ein heilloses Durcheinander ergibt, kann sich jetzt jeder vorstellen. Deshalb sind auch die Optionen dem Wortlaut nach von Motherboard-Hersteller zu Motherboard-Hersteller nicht immer ganz gleich, aber zumindest ähnlich. Wundern Sie sich also nicht, wenn in Ihrem BIOS die Bezeichnungen ein wenig anders sind als im Text.

8.3 Die Einstellungen nach dem Motherboard-Tausch

Wenn Sie das neue Motherboard eingebaut haben und alles angeschlossen ist, kann der PC eingeschaltet werden. Das BIOS erkennt bei modernen Boards durch die vielen automatischen Einstellungen fast alle Komponenten und der PC bootet, wenn ein Betriebssystem auf der Festplatte vorhanden ist. Einige Einstellungen müssen aber trotzdem per Hand im BIOS-Setup erfolgen.

8.3.1 Datum und Uhrzeit

Im STANDARD CMOS SETUP sind die Optionen für das Datum und die Uhrzeit vorhanden, in die einfach die Zahlenwerte eingegeben werden. Sie lassen sich aber genauso gut vom Betriebssystem aus einstellen. Manchmal kann auch die automatische Umstellung zwischen Sommer- und Winterzeit aktiviert werden. Die Option dazu heißt DAYLIGHT SAVING und sollte am besten disabled bleiben, da sie für die USA bestimmt ist und nicht für Europa paßt. Was natürlich bei dem Begriff »Datum« jedem sofort durch den Kopf schießt, ist das Jahr-2000-Problem, das aber bei allen neuen BIOS-Revisionen ausgeschlossen ist.

BIOS-Hersteller	Revision
Award	31.05.1995
AMI	15.06.1995
Phoenix	01.02.1995

Tabelle 8.4: Ab diesen Revisionen ist das BIOS Jahr-2000-kompatibel.

8.3.2 Diskettenlaufwerke

Werden zwei Diskettenlaufwerke verwendet kann es sein, daß sie nicht korrekt erkannt werden. Vor allem bei den nicht mehr so aktuellen 2,88-Mbyte-Laufwerken wird oft nur ein 1,44-Mbyte-Laufwerk erkannt. Im STANDARD CMOS SETUP kann unter DRIVE A: und DRIVE B: das richtige Laufwerk ausgewählt werden. Die Option FLOPPY 3 MODE SUPPORT muß auf DISABLED stehen, denn dieser Modus ist nur für Japan bestimmt wo ein 1,2-Mbyte-Format auf dem 3,5-Zoll-Floppy verwendet wird.

Die Einstellungen nach dem Motherboard-Tausch

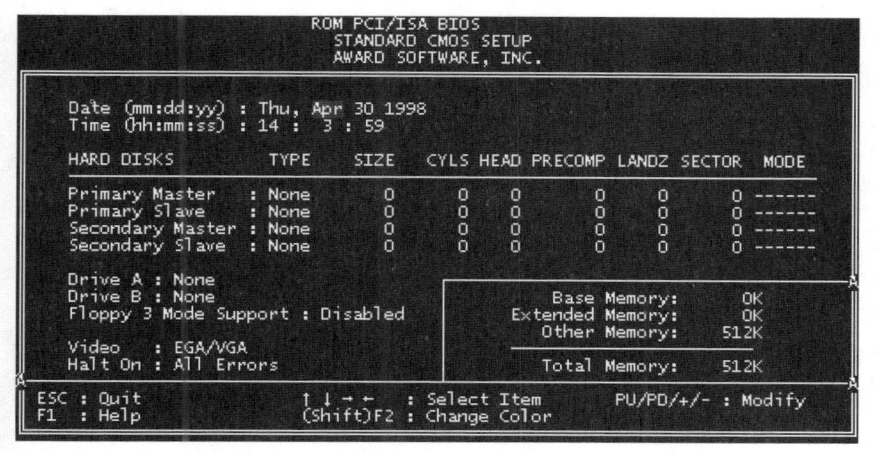

Bild 8.2:
Das Standard CMOS Setup im Award-BIOS

8.3.3 Das »CPU-Soft-Menu«

Manche BIOS haben ein CPU-Soft-Menu, mit dem die Werte für den Prozessor eingestellt werden können. Normalerweise erledigt das BIOS das automatisch durch den Spezifikationscode im Prozessor. Das Modell wird dann in der Option CPU NAME/TYP angezeigt. Ist der angezeigte Typ falsch, dann ist das BIOS nicht auf dem neuesten Stand und braucht ein Update.

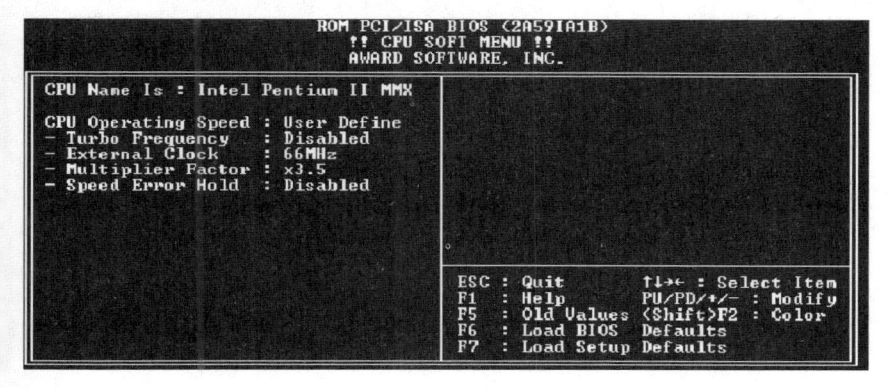

Bild 8.3:
Das CPU-Soft-Menu des Award-BIOS

Der Prozessortakt

Die Einstellungen für den echten Prozessortakt können Sie aber auch per Hand in der Option CPU OPERATING SPEED auswählen. Die Werte für EXTERNAL CLOCK und MULTIPLIER FACTOR werden dann automatisch eingestellt. Wollen Sie für ein Overclocking die Werte in EXTERNAL CLOCK und MULTIPLIER FACTOR separat eingeben, so muß in der Option CPU OPERATING SPEED der Wert USER DEFINED eingestellt werden.

Die Spannung

Auch die Spannung wird entsprechend des Spezifikationscodes des Prozessors eingestellt. Aber auch sie kann per Hand geändert werden. Je nachdem, ob Sie eine Dual- oder Singel-Spannung benötigen, kann das in der Option CPU

POWER PLANE ausgewählt werden. In der Option PLANE VOLTAGE kann die Singel-Spannung und in I/O PLANE VOLTAGE und CORE PLANE VOLTAGE die I/O- und Core-Spannung für die Dual-Spannung ausgewählt werden.

> **ACHTUNG**
> Eine falsch eingestellte Spannung kann den Prozessor zerstören oder ein instabiles Verhalten hervorrufen. Entweder ist die Spannung direkt auf dem Prozessor aufgedruckt oder auf den Internetseiten des Herstellers verfügbar.

8.3.4 Die Schnittstellen

Je nachdem, welche Geräte Sie an der parallelen Schnittstelle verwenden, können Sie im CHIPSET FEATURES SETUP in der Option ONBOARD PARALLEL PORT zwischen SPP, ECP und EPP auswählen. Das sind die Abkürzungen für Standard Parallel Port, Extended Capabilities Port und Enhance Parallel Port. Sehen Sie unbedingt im Handbuch des Geräts nach, welchen Modus es an der Schnittstelle braucht, da es sonst nicht richtig oder gar nicht arbeitet.

Bild 8.4: Das Chipset Features Setup

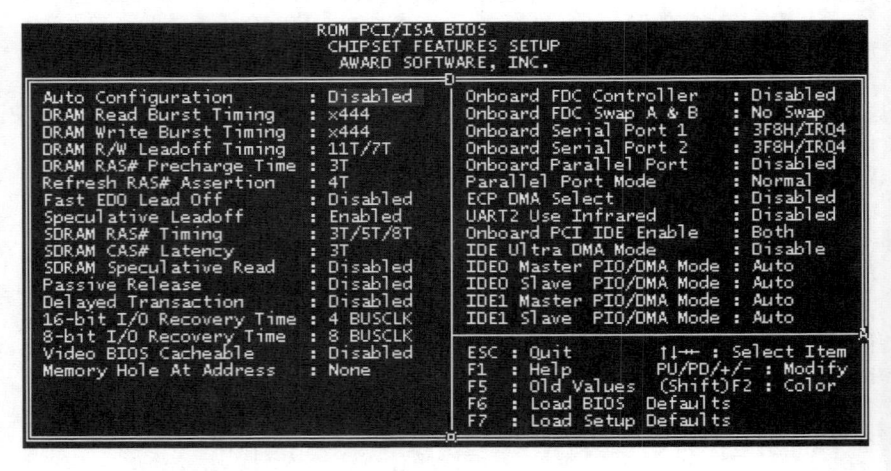

USB und EIDE aktivieren

Wenn Sie die USB-Schnittstelle nicht nutzen, stellen Sie DISABLED in dieser Option ein, denn damit sparen Sie einen IRQ. Dasselbe gilt für die EIDE-Schnittstellen, wenn Sie einen SCSI-Host-Adapter einsetzen. Hier sparen Sie sogar zwei IRQs.

Die seriellen Schnittstellen

Die seriellen Schnittstellen COM1 und COM2 können Sie in der Option ONBOARD SERIELL PORT1 und ONBOARD SERIELL PORT2 auch auf DISABLED stellen, wenn Sie diese nicht oder nur eine davon brauchen, denn jede davon nutzt auch einen eigenen IRQ.

Die Tuning-Einstellungen

PS/2-Maus und IR-Port
Wenn Sie eine PS/2-Maus verwenden, muß die Option PS/2 MOUSE FUNCTION CONTROL dafür ENABLED werden, damit sie funktioniert. Dasselbe gilt auch für den IR-Port, wenn eine Infrarot-Sende/Empfangseinheit als Zubehör angeschlossen wird. Der IR-Port wird mit der Option IR-FUNKTION und der Einstellung ENABLED aktiviert.

8.4 Die Tuning-Einstellungen
Die automatischen Einstellungen des BIOS sind nicht immer die besten, das ist aber wahrscheinlich jedem klar, denn das BIOS ist nicht intelligent. Es verwendet immer Parameter, die mehr auf Sicherheit als auf Geschwindigkeit ausgelegt sind. Außerdem kosten die automatischen Einstellungen viel Zeit beim Booten, da die Komponenten dafür vom BIOS abgefragt werden müssen. Das Ändern der Einstellungen für den Speicher, die sich im CHIPSET FEATURES SETUP befinden, bringt am meisten Leistungszuwachs, kostet aber auch viel Zeit für die Benchmark-Tests.

8.4.1 Das Speicher-Timing
Für jeden neuen Chipsatz, der entwickelt wird, sind auch wieder andere Optionen im BIOS vorhanden. Sie sind aber durch bestimmte, darin vorkommende Fachbegriffe leicht zuzuordnen, da die Optionen nicht immer gleich lauten. DRAM CAS#, DRAM RAS# oder SDRAM CAS# und SDRAM RAS# legt die Geschwindigkeit der Speicherzugriffe fest. Je niedriger der Wert eingestellt wird, desto schneller arbeitet der Speicher.

Wie schnell die Module arbeiten können, hängt von der Zugriffszeit und der Qualität ab. Mit einem Leistungszuwachs von 5% bis 10 % kann aber bei den meisten Modulen gerechnet werden. Ist das RAM überfordert, bootet der PC nicht mehr, er bleibt während des POST oder beim Laden des Betriebssystems hängen. Auch wenn das System läuft, können sich Speicherfehler ergeben, die sich dann in Windows mit dem blauen Bildschirm und einer Schutzverletzung ankündigen.

Die Kombination austüfteln
Jetzt werden Sie vielleicht denken, nichts ist einfacher als das, und alle Werte für den Speicherzugriff heruntersetzen. Wenn der PC nicht mehr bootet oder Schutzverletzungen auftauchen, alle veränderten Werte einfach wieder um eine Stufe heruntersetzen. Ganz so einfach ist es allerdings nicht, denn die Kombinationen der Werte untereinander sind entscheidend. In manchen BIOS-Versionen sind bis zu fünf Einstellungen für die DRAMs möglich, die auf den SIMMs vorhanden sind.

Tabelle 8.5:
Optionen für
DRAMs

Option	Wert
DRAM Read Burst Timing	X333
DRAM Write Burst Timing	X222
DRAM R/W Leadoff Timing	6/5
DRAM RAS to CAS	3
DRAM RAS Precharge Time	3

Für die neueren SDRAMs, die auf den DIMMs sitzen, sind im Normalfall weniger Einstellungen vorhanden. Aber auch hier sind Kombinationen möglich.

Tabelle 8.6:
Optionen für
SDRAMs

Option	Wert
SDRAM CAS Latency Time	2
SDRAM RAS to CAS Delay	2
SDRAM Precharge Time	2

Auf Motherboards mit kombinierten Speicherbänken für SIMMs und DIMMS sind alle Optionen im BIOS-Setup vorhanden.

8.4.2 Was bewirken die Optionen?

Damit Sie die Zusammenhänge zwischen den einzelnen Optionen verstehen, ist es von Vorteil die Funktion zu kennen, denn dann läßt sich besser abschätzen, welcher Wert in der Kombination erhöht oder reduziert werden soll.

DRAM ...

Bei einem Burst-Zugriff werden die Daten in ganzen Blöcken in den Hauptspeicher übertragen. Das geht schneller und spart außerdem noch Ressourcen. Dafür gibt es die Einstellungen DRAM Read Burst Timing und DRAM Write Burst Timingd sowie DRAM R/W Leadoff Timing. Mit den ersten beiden Optionen wird der Zyklus »X333« für den Lese- und Schreibzugriff getrennt voneinander eingestellt. Die Zahlenfolge gibt die benötigten Taktzyklen für jeden Zugriff eines »Burst Access« an, das sind vier aufeinanderfolgende Zugriffe »x-3-3-3«. Je kleiner die Werte, desto schneller laufen die Burst-Zugriffe ab. Das »x« vor den Zahlenwerten ist der Leadoff. Er legt fest, wie viele Taktzyklen der Speicher beim ersten Zugriff eines Burst Access benötigt und ist nicht einstellbar. In manchen BIOS-Versionen gibt es aber die Option Turbo Read Leadoff. Stellen Sie dann Enabled ein, um den unsichtbaren Wert zu reduzieren. In der letzten Option ist der Zyklus »6/5« für Lesen und Schreiben zusammengefaßt. Er kann immer nur in einer vorgegebenen Kombination eingestellt werden.

Das DRAM ist ähnlich aufgebaut wie eine Tabelle und auch in Reihen und Spalten unterteilt. Die Option DRAM RAS to CAS regelt die zeitliche Begren-

Die Tuning-Einstellungen

zung zwischen dem RAS- »Reihen«- und CAS-»Spalten«-Signal. Je kürzer diese Begrenzung ausfällt, desto schneller ist auch der Zugriff.

Außerdem enthalten DRAMs und SDRAMs Kondensatoren, die immer wieder aufgeladen werden müssen, damit der Speicherinhalt nicht verloren geht. Dieser Refresh der Module wird auch als Precharge Time »Vorladezeit« bezeichnet. Alle Optionen, die ein Precharge Time beinhalten, haben mit dem Aufladen der Module zu tun und geben an, wie lange das RAS-Signal zum vollständigen Aufladen anliegt. Auch hier gilt wieder, je niedriger der Wert, desto schneller ist der Zugriff.

SDRAM ...

Bei den SDRAMs können überwiegend nur noch die Optionen SDRAM RAS TO CAS DELAY und SDRAM PRECHARGE TIME eingestellt werden. Die Funktion ist dabei die gleiche wie bei den DRAMs schon beschrieben. Die Option SDRAM CAS LATENCY ist am meisten leistungssteigernd, denn um Daten aus dem SDRAM zu lesen, muß ein Signal übermittelt werden. Der Latenzwert legt fest, wie viele Takte vergehen sollen, bevor die Dateien dem Prozessor zur Verfügung stehen.

In älteren BIOS-Versionen können auch die Burst-Zugriffe mit Optionen wie beim DRAM eingestellt werden, da sie für das SDRAM mit den DRAM-Einstellungen gekoppelt sind.

DRAM und SDRAM Speculativ Leadoff

Durch diese Optionen versucht der Memory-Controller den ersten Teil des Burst-Zugriffs zu beschleunigen, wenn er auf ENABLED gestellt wird. Das kann aber Performance kosten, weil hier Adressierungsbefehle spekulativ, also auf Verdacht ausgeführt werden, die dann vielleicht doch nicht zutreffend sind. Diese Option ist umstritten und stellt eigentlich keinen zusätzlichen Tuningfaktor dar, deshalb sollte sie auf DISABLED gestellt werden.

8.4.3 Vor dem Einstellen die Leistung testen

Bevor Sie irgendwelche Einstellungen vornehmen, machen Sie als erstes einen Benchmark-Test mit Wintune, Sisoft Sandra oder irgendeinem anderen, einigermaßen schnell ablaufenden Testprogramm, das die Ergebnisse für den Hauptspeicher als separate Werte anzeigt. Notieren Sie sich diese Werte, manche Programme können sie auch zum direkten Vergleich speichern und als Grafik ausgeben. Winbench 99 ist in diesem Fall nicht so gut geeignet, da es viel zu lange dauert.

Die Automatik abschalten

Damit die Einstellungen für die Speicheroptionen von Hand geändert werden können, muß die Option AUTO CONFIGURATION auf DISABLED gestellt werden. Sie ist standardmäßig ENABLED und stellt die Option auf absolut stabile, aber dadurch auch langsame Werte ein. Das BIOS weiß nicht, welche Qualität die Module haben, deswegen handelt es immer nach den Spezifikationen.

Der Reihe nach tunen

Fangen Sie mit den Optionen DRAM READ BURST TIMING und DRAM WRITE BURST TIMING oder DRAM R/W LEADOFF TIMING bei SIMMs an. Für die DIMMs mit SDRAM gibt es diese Einstellungen nicht. Verringern Sie den Wert jeweils um eine Stufe und führen Sie wieder einen Benchmark-Test durch. Vergleichen Sie die Werte mit den vorherigen Werten, um festzustellen, ob ein Leistungszuwachs stattgefunden hat. Fahren Sie dann mit den anderen Optionen fort. Beim SDRAM beginnen Sie mit den Einstellung SDRAM CAS LATENCY TIME und dann SDRAM RAS TO CAS DELAY. So lange der PC mit der nächsten, reduzierten Einstellung bootet und keine Schutzverletzung beim Benchmark-Test bringt, können Sie die Werte immer weiter reduzieren. Vergleichen Sie aber nach jeder veränderten Einstellung das Ergebnis, denn es kann sich auch beim Heruntersetzen der Werte verschlechtern, wenn das Timing im RAM aus dem Gleichgewicht gerät. Nehmen Sie diesen Wert dann zurück und fahren Sie mit der nächsten Option fort.

8.4.4 Mit Wintune testen

Das Programm Wintune eignet sich sehr gut zum Prüfen des RAM-Timing, da sehr viele Werte gleichzeitig ermittelt und diese angezeigt werden.

Auf meinem Testrechner waren folgende Einstellungen, bedingt durch die Einstellung AUTO CONFIGURATION im BIOS vorhanden:

- DRAM READ BURST TIMING, X333
- DRAM WRITE BURST TIMING, X333

1. Starten Sie dazu das Programm und führen Sie die Testroutine durch. Anklicken der Schaltfläche ANALYZE NOW.
2. Speichern Sie die angezeigten Werte im Programm mit FILE, SAVE CURRENT RESULTS oder drucken Sie den Testbericht mit FILE, PRINT aus.
3. Rufen Sie das BIOS-Setup auf und verändern Sie die Einstellungen nach Ihrem Ermessen.

Auf meinem Testrechner habe ich die Einstellung DRAM WRITE BURST TIMING wie folgt geändert:

- DRAM READ BURST TIMING, X333
- DRAM WRITE BURST TIMING, X222

1. Starten Sie anschließend wieder das Programm und vergleichen Sie das festgehaltenen Ergebnis mit dem vorherigen, in dem Sie es unter einem anderen Namen speichern oder wieder ausdrucken.

Die Tuning-Einstellungen

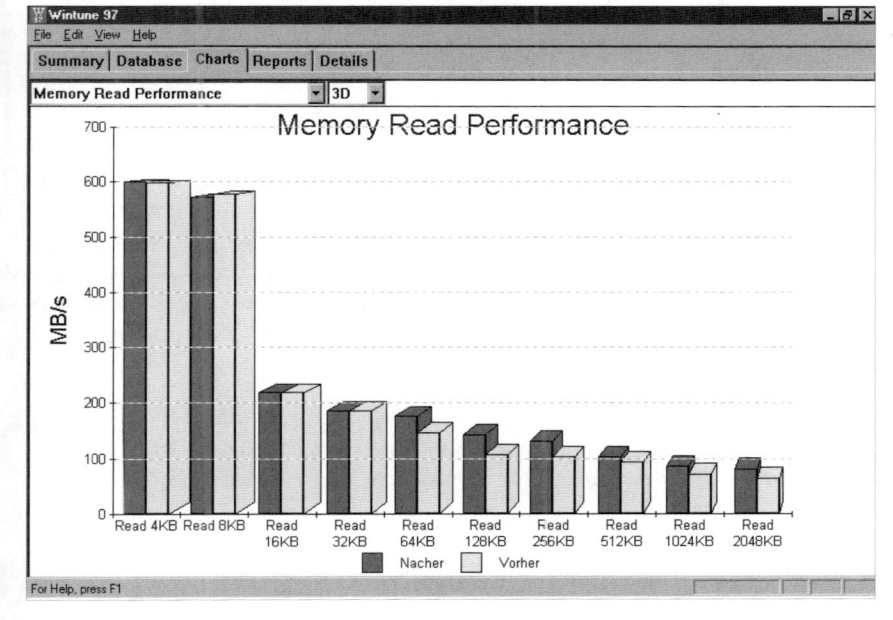

Bild 8.5:
Vorher und nachher in der grafischen 3D-Darstellung

2. Haben Sie ein positives Ergebnis erhalten, können Sie die Einstellungen beibehalten, ist der Test negativ ausgefallen, nehmen Sie die Einstellungen zurück.

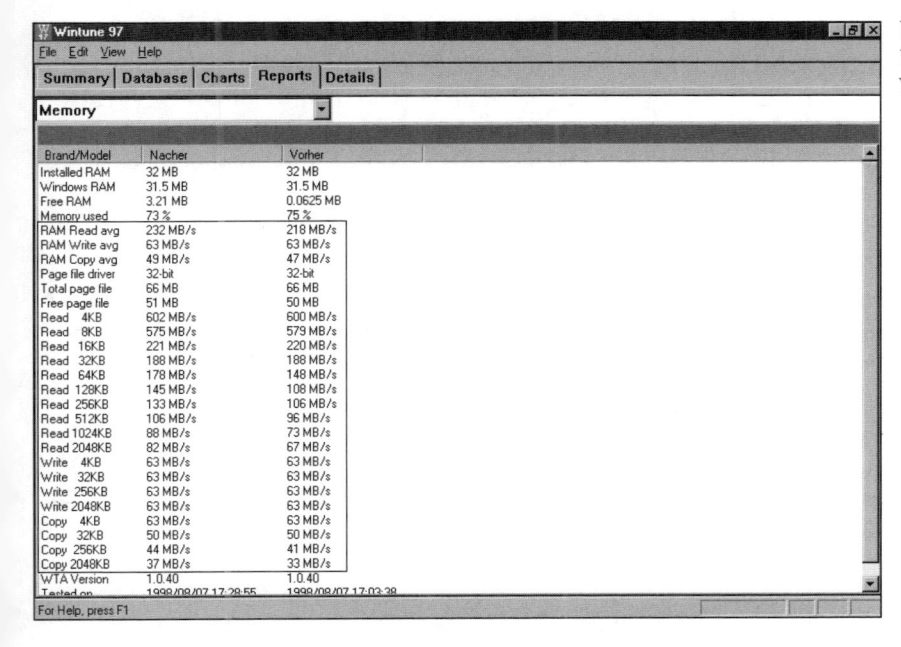

Bild 8.6:
Der Vergleich mit Wintune 97

Brand/Model	Nacher	Vorher
Installed RAM	32 MB	32 MB
Windows RAM	31.5 MB	31.5 MB
Free RAM	3.21 MB	0.0625 MB
Memory used	73 %	75 %
RAM Read avg	232 MB/s	218 MB/s
RAM Write avg	63 MB/s	63 MB/s
RAM Copy avg	49 MB/s	47 MB/s
Page file driver	32-bit	32-bit
Total page file	66 MB	66 MB
Free page file	51 MB	50 MB
Read 4KB	602 MB/s	600 MB/s
Read 8KB	575 MB/s	579 MB/s
Read 16KB	221 MB/s	220 MB/s
Read 32KB	188 MB/s	188 MB/s
Read 64KB	178 MB/s	148 MB/s
Read 128KB	145 MB/s	108 MB/s
Read 256KB	133 MB/s	106 MB/s
Read 512KB	106 MB/s	96 MB/s
Read 1024KB	88 MB/s	73 MB/s
Read 2048KB	82 MB/s	67 MB/s
Write 4KB	63 MB/s	63 MB/s
Write 32KB	63 MB/s	63 MB/s
Write 256KB	63 MB/s	63 MB/s
Write 2048KB	63 MB/s	63 MB/s
Copy 4KB	63 MB/s	63 MB/s
Copy 32KB	50 MB/s	50 MB/s
Copy 256KB	44 MB/s	41 MB/s
Copy 2048KB	37 MB/s	33 MB/s
WTA Version	1.0.40	1.0.40
Tested on	1999/08/07 17:28:55	1999/08/07 17:03:39

Vorher und Nacher

Auf meinem Testrechner habe ich die oben aufgeführte Veränderung mit Wintune festgehalten. In der rechten Spalte der Grafik sind die Werte der originalen Einstellungen als »Vorher« gespeichert und in der linken Spalte als »Nachher«. Diese Ansicht wird mit der Registerkarte REPORTS und der Option MEMORY erreicht. Vorher werden die zu vergleichenden Daten in der Registerkarte DATABASE markiert.

In diesem Beispiel sehen Sie, wie sich der Speicherdurchsatz durch eine Veränderung von nur einer Einstellung deutlich erhöht. Ändern Sie jetzt auch die Werte der Optionen DRAM RAS TO CAS und DRAM RAS PRECHARGE TIME und was es sonst noch so an ähnlich lautenden Optionen für das Speichertiming gibt.

Wenn Sie es ganz genau wissen möchten, lassen Sie vor und nach dem kompletten BIOS-Tuning den Winstone 99 und den Winbench 99 vom Ziff Davis Verlag laufen und vergleichen Sie die Werte. Dann können Sie prozentual errechnen, wieviel das Tuning insgesamt gebracht hat.

8.5 Andere wichtige Optionen

Außer den Optionen, die für das Speichertiming zuständig sind, gibt es auch noch einige andere, die zur Leistungssteigerung beitragen. Je nach BIOS-Hersteller sind manche schon standardmäßig aktiviert und manche aber nicht.

8.5.1 CPU internal Cache

Damit kann der interne Prozessorcache, auch als L1-Cache bezeichnet, aktiviert und deaktiviert werden. Diese Option sollte unbedingt auf ENABLED stehen, da sonst etwa 35% an Performance verloren geht. Nur beim Celeron 266 und 300 oder bei einem übertakteten Celeron 333 oder 400 sollte er auf DISABLED eingestellt werden.

8.5.2 External Cache

Mit dieser Option wird der externe Cache, auch L2-Cache genannt, aktiviert oder deaktiviert. Auch er sollte auf ENABLED stehen, da sonst einiges an Performance verloren geht.

8.5.3 Memory Hole

Durch die Option MEMORY HOLE AT 15M - 16M wird der Adreßspeicher zwischen 15 und 16 Mbyte gesperrt. Dieser Adreßspeicher ist nur für uralte ISA-Grafikkarten mit Frame Buffer bestimmt, die es schon lange nicht mehr gibt. Ist die Option ENABLED, kann Windows 95/98 keinen Speicher oberhalb von 15 Mbyte adressieren. Ihr System läuft dann wie mit angezogener Handbremse. Deshalb diese Option immer auf DISABLED stellen und nur wenn Probleme mit der oben genannten Karte auftreten enablen.

Andere wichtige Optionen

8.5.4 OS Select For DRAM > 64 Mbyte

Sie benutzen das Betriebssystem OS/2 und haben mehr als 64 Mbyte Hauptspeicher in Ihren PC eingebaut, dann stellen Sie die Option OS SELECT FOR DRAM > 64 MBYTE auf OS2. Der Zugriff erfolgt dann speziell für dieses nur noch selten verwendete Betriebssystem.

8.5.5 Peer Concurrency

Durch diese Option wird der Busmaster-Controller im PCI-System und der Prozessor bei einer Speichernutzung gleichgestellt. Es können also beide gleichzeitig und nicht nur nacheinander auf den Speicher zugreifen. Das ist für SCSI-Host-Adapter, Audio-, Video- und Netzwerkkarten im PCI-Bus wichtig, damit ein flotter Datentransfer gewährleistet ist. Trifft die Bestückung der Geräte bei Ihrem PC zu, sollten Sie unbedingt diese Option enablen.

8.5.6 PCI Streaming

Durch das PCI-Streaming wird es den PCI-Geräten ermöglicht fast beliebig große Datenblöcke mit dem Speicher auszutauschen, ohne dabei den Prozessor zu belasten. Das schont die Ressourcen und bringt Performance.

8.5.7 Passive Release

Durch ISA-Karten im System kann es immer wieder zu kurzen Störungen im Datenfluß des PCI-Bus kommen, weil eine ISA-Karte durch die DMA-Funktion den Busmasterbetrieb anhält. Das führt dann vor allem bei CD-Brennern zu einem ärgerlichen »Buffer-underrun«. Durch die Option PASSIVE RELEASE wird das verhindert, wenn sie auf ENABLED eingestellt wird.

8.5.8 8 Bit I/O Recovery und 16 Bit Recovery

Die Werte der Optionen 8 BIT I/O RECOVERY und 16 BIT I/O RECOVERY sind Waitstates »Wartezyklen« zwischen der CPU und dem ISA-Bus. Sie sind eigentlich nur für schlechtere Karten notwendig, die Ihre Daten nicht so schnell an die CPU liefern können, wie es nötig ist. Die Einstellungen für 8 Bit- und 16 Bit-Karten sind getrennt möglich, da 8 Bit-Karten meistens mehr Waitstates als die 16 Bit-Karten benötigen. Ideal ist hier der Wert 0 oder 1. Das bringt aber manchmal Probleme mit sich, vor allem wenn eine schlechte Karte bremst, und Sie die Waitstates zum Nachteil der guten Karten erhöhen müssen.

8.5.9 Die Latenzzeit

Der PCI-Bus ist wesentlich schneller als der ISA-Bus, deshalb ist für einen fehlerfreien Datenaustausch eine Verzögerung zum PCI-Bus notwendig. Die Option dazu befindet sich ausnahmsweise nicht im CHIPSET FEATURES SETUP, sondern im PNP AND PCI SETUP oder PCI/PLUG AND PLAY-Menü. Sie kann PCI LATENCY TIMER oder auch nur LATENCY TIMER heißen. Es gibt BIOS-Versionen, bei denen sich für jeden PCI-Slot die Latenzzeit getrennt einstellen läßt. Die Werte von 0-255 bestimmen, wie viele Taktzyklen die PCI-Karte den Bus in

Anspruch nehmen darf, bevor sie ihn für andere Karten wieder freigibt. Stellt eine ISA-Karte eine Anfrage zur Datenübertragung an den Bus, und er ist zu lange von einer PCI-Karte belegt, kann es zu Funktionsstörungen der Karten oder zum Aufhängen des ganzen Systems kommen. Sind keine PCI-Karten in Ihrem System eingebaut, kann der Wert auf 255 eingestellt werden. Damit steigt die Performance des PCI-Systems, da der Bus nicht so kurzzeitig für die ISA-Karte freigegeben zu werden braucht. Mit guten ISA-Karten reicht der Wert von 32 aus und kann bei Problemen bis auf 66 erhöht werden, ohne daß die Performance zu stark einbricht. Am allerbesten ist es natürlich, gar keine ISA-Karte mehr im System zu haben.

8.6 Schneller booten

Eine oft nervige Angelegenheit ist die lange Wartezeit bis der PC endlich bootet. Das kommt vor allen Dingen davon, daß immer mehr Automatikeinstellungen im BIOS vorhanden sind. Sie halten durch zahlreiche Abfragen der Gerätedaten den Bootvorgang unnötig auf.

8.6.1 Die EIDE-Ports

Automatische Abfragen sind in den folgenden Menüs und Optionen zu finden:

Tabelle 8.7:
Die Optionen für die automatischen Einstellungen der EIDE-Ports

Menü	Option
Standard CMOS Setup	Primary Master
Standard CMOS Setup	Primary Slave
Standard CMOS Setup	Secondary Master
Standard CMOS Setup	Secondary Slave
Standard CMOS Setup	Mode
Integrated Peripherals	IDE Primary Master PIO / UDMA
Integrated Peripherals	IDE Primary Slave PIO / UDMA
Integrated Peripherals	IDE Secondary Master PIO / UDMA
Integrated Peripherals	IDE Secondary Slave PIO / UDMA

In all diesen Optionen ist standardmäßig die Option AUTO aktiviert. Auf den Ports, an denen kein Gerät angeschlossen ist, kann NONE eingestellt werden, dann muß das BIOS diesen nicht abfragen. Die Werte für die Festplatten können Sie durch das Menü IDE AUTO DETECTION ermitteln und fest eintragen lassen. Die PIO-Werte für CD-ROMs und andere am EIDE-Port angeschlossenen Laufwerke können Sie vom BIOS erkennen lassen und gleich nach dem Einschalten des PC in der Boottabelle ablesen. Um den Bootvorgang anzuhalten, damit die Tabelle in Ruhe ausgewertet werden kann, drücken Sie einfach die Taste [Pause] ganz rechts oben auf der Tastatur. Haben Sie sich die Werte für die Laufwerke notiert, können Sie den Bootvorgang durch Drücken von [←]

fortsetzen und anschließend nach einem Neustart das BIOS-Setup für die Änderungen aufrufen.

> **TIP**
> Wenn Sie unterschiedliche Wechselfestplatten nutzen, lassen Sie die Optionen für die Hard Disks auf »Auto« eingestellt, sonst müssen Sie nach einem Wechsel wieder ins BIOS-Setup, um die neuen Werte der Festplatte einzustellen.

8.6.2 Die Bootsequenz

Eine weitere Bremse ist die Abfrage der Datenträger in den Laufwerken nach einem vorhandenen Betriebssystem. Standardmäßig ist hier A, C, SCSI eingestellt. Das BIOS sucht also als erstes auf dem Diskettenlaufwerk A: nach einem bootfähigen Datenträger. Wenn es keinen gefunden hat, wechselt es zur Festplatte C: und bootet das System. Stellen Sie in der Option BOOTSEQUENCE den Wert C, A, SCSI ein, wenn Ihr PC ausschließlich von diesem Datenträger booten soll. Es sind auch noch viele andere Kombinationen vorhanden, die genauso vorteilhaft sein können. Wenn Sie zum Beispiel eine SCSI-Festplatte im Wechselrahmen und eine fest eingebaute EIDE-Festplatte im System haben, von der normalerweise nicht gebootet wird, können Sie SCSI, C, A, wählen. Denn wenn die SCSI-Platte nicht im Wechselrahmen steckt, bootet der PC von der EIDE-Platte.

Bootreihenfolge
A, C, SCSI
C, A, SCSI
C, CD-ROM, A
CD-ROM, C, A
D, A, SCSI
E, A, SCSI
F, A, SCSI
SCSI, A, C,
SCSI, C, A
A, SCSI, C
LS/ZIP, C

Tabelle 8.8: Die Optionen der Bootreihenfolge im BIOS können sehr unterschiedlich ausfallen.

8.6.3 Die Diskettenlaufwerke

Ganz ausgezeichnete Zeitverschwender sind Diskettenlaufwerke, da sie ein sehr träges Ansprechverhalten haben. Setzen Sie deshalb die Bootpriorität in der Option BOOTSEQUENCE wie weiter oben beschrieben zurück, wenn Sie nicht von A: booten wollen.

Boot up Floppy Seek

In manchen BIOS-Versionen ist immer noch die Option BOOT UP FLOPPY SEEK vorhanden, die das Laufwerk initialisiert und dabei feststellt, ob es sich um ein 40- oder 80-Spuren-Laufwerk handelt. Das war aber nur bei alten 5¼"-Laufwerken notwendig, um zwischen 360 Kbyte und 1,2 Mbyte zu unterscheiden. Haben Sie ein 1,2- Mbyte-Laufwerk aus Kompatibilitätsgründen eingebaut, schalten Sie diese Option auf DISABLED. Der Bootvorgang wird dadurch stark beschleunigt und zusätzlich entfällt auch noch das störende Laufwerkrattern.

8.6.4 Der Speichertest

Die Testroutine des Award-BIOS testet wärend des POST den Speicher in einem dreimaligen Durchlauf. Sie erkennen es daran, daß der Speicher von 0 bis zur maximal eingebauten Speichergröße hochzählt, eine kurze Pause einlegt und dann wieder von 0 beginnt. Das ist aber unnötig, wenn Sie genau wissen, daß der Speicher funktioniert, denn je mehr Speicher eingebaut ist, desto länger läuft die Testroutine. Mit ENABLE in der Option QUICK POWER ON SELF TEST des Award-BIOS wird der Speicher mit nur einem Durchlauf getestet.

> **TIP**
> Auch den zweiten Speichertest, himem.sys von MS-DOS, können Sie mit dem zusätzlichen Parameter /TESTMEN:OFF in der config.sys umgehen. Die vollständige Zeile lautet dann DEVICE = HIMEM.SYS /TESTMEM:OFF.

8.7 BIOS-Update

Ein BIOS-Update brauchen Sie immer dann, wenn neue Hardware in Verbindung mit einem älteren Motherboard eingesetzt wird. Das kann zum Beispiel ein neuer Prozessor sein, der nicht erkannt wird, ein ZIP- oder LS120-Laufwerk, von dem gebootet werden soll. Ein anderes Problem ist noch die Sache mit dem Jahr 2000, das ebenfalls durch ein BIOS-Update aus der Welt geschafft werden kann. Für Overclocker, die ein jumperloses Motherboard besitzen, ist ein Update oft ein Geschenk des Himmels, denn es können durch erweiterte Multiplikatoren immer höhere Taktfrequenzen eingestellt werden.

8.7.1 Das brauchen Sie dazu

Bevor Sie sich jedoch zu früh freuen, sehen Sie erst im Internet nach, ob überhaupt ein Update für Ihr Motherboard zur Verfügung gestellt wird. Für »No-Name-Boards« ist das häufig nicht der Fall, dafür sind sie aber auch entsprechend billig. Damit Sie nachsehen können, ob es eines gibt, müssen Sie die BIOS-Ident-Line, die Versionsnummer und den Hersteller des Motherboard kennen. Wie Sie die BIOS-Ident-Line finden und auswerten, sehen Sie auf $$Seite 188$$ Außerdem kann das Handbuch wieder gute Dienste verrichten, denn manche Motherboards besitzen einen Schreibschutz-Jumper, der umgesetzt werden muß. Ist das der Fall, brauchen Sie das übliche Werkzeug dazu.

BIOS-Update

8.7.2 Der Motherboard-Hersteller

Als erstes müssen Sie den Motherboard-Hersteller ermitteln, wenn Sie diesen nicht schon kennen, denn das BIOS-Update bekommen Sie immer vom Motherboard- und nicht vom BIOS-Hersteller. Ist Ihnen der Motherboard-Hersteller unbekannt, können Sie ihn an Hand der BIOS-Ident-Line herausfinden.

Die Typenbezeichnung

Auch die Typenbezeichnung mit allen Stellen ist äußerst wichtig, damit Sie das richtige Update für Ihr Board finden. Denn oft ändert sich nur ein Buchstabe oder eine Zahl von einem Modell zum anderen.

Das Flash-Programm

Außer der Update-Datei brauchen Sie auch noch das Flash-Programm vom BIOS-Hersteller, mit dem das Update ins BIOS kopiert wird. Das finden Sie entweder auf der CD-ROM, die dem Motherboard beiliegt, oder auf den Internetseiten des Motherboard-Herstellers, wo sie es gleich mit der Update-Datei downloaden können. Das geht relativ schnell, da es nur ein paar Kilobyte groß ist.

Motherboard-Hersteller	Internetadresse
Abit	www.abit.com.tw
Asus	www.asus.com.tw
Chaintech	www.chaintech.com.tw
Elitegroup	www.ecs.com.tw
Gigabyte	www.gigabyte.com.tw
Intel	`www.intel.com`
Iwill	www.iwill.com.tw
Micronics	www.micronics.com
MSI	www.msi.com.tw
QDI	www.qdigrp.com
Shuttle	www.shuttlegroup.com
Soyo	www.soyo.com
Tyan	www.tyan.com

Tabelle 8.9: Die bekanntesten Motherboard-Hersteller auf einen Blick

8.7.3 Schnell zum Ziel

Ist Ihnen Ihr Motherboard-Hersteller unbekannt, weil Sie kein Handbuch mehr dazu haben oder auch keinen Firmenaufdruck auf dem Board erkennen können, dann hilft **Wim's BIOS Page** `www.ping.be/bios` im Internet weiter. Auf diesen Seiten können Sie mit Hilfe der BIOS-Ident-Line den Hersteller und den Typ herausfinden und zudem das Update gleich durch einen Link auf die Herstellerseite herunterladen. Ist kein Update für Ihr Motherboard vorhanden, gibt es entweder noch keines oder Sie haben ein »No-Name-Board«, für das es nie eines geben wird. Haben Sie keinen Internetanschluß wird die ganze Sache schon schwieriger. Sie müssen dann auf jeden Fall den Hersteller und den Typ des Motherboard kennen, um über die Service-Hotline (siehe Seite 295) eine Diskette zu ordern.

8.7.4 Die Version

Wie vorher schon angesprochen ist die Version der Update-Datei äußerst wichtig, denn sie muß haargenau zum Motherboard passen. Ist das nicht der Fall, kann sie trotzdem mit dem Flash-Programm ins BIOS kopiert werden, nur nach dem Neustart des PC bleibt dann oft der Bildschirm dunkel, und es tut sich gar nichts mehr. Dann können Sie entweder das Motherboard fortwerfen oder einen Reanimationsversuch starten, der aber nicht mit jedem Board gelingt.

8.7.5 Die BIOS-Ident-Line

Wie der Fachausdruck schon sagt, kann damit das BIOS identifiziert werden. Die BIOS-Ident-Line besteht aus einer Kombination von Buchstaben und Zahlen, die auch als eine Identifikationszeichenfolge bezeichnet werden kann. Nach dem Einschalten des PC erscheint sie am linken, unteren Bildschirmrand und enthält das BIOS-Release-Datum, den Code zur Identifikation des Motherboard und des Chipsatzherstellers. Am oberen, linken Bildschirmrand wird außer dem BIOS-Hersteller auch die Versionsnummer angezeigt. Damit Sie sich den Code in Ruhe notieren können, drücken Sie die (Pause)-Taste ganz oben rechts auf der Tastatur. Haben Sie den Code notiert, drücken Sie die (←)-Taste, um den Bootvorgang fortzusetzen.

8.7.6 So wird ermittelt

Hier ein Beispiel für das Entziffern der BIOS-Ident-Line eines Motherboard mit Award-BIOS und folgender Kombination 2A59IA2AC-00. Die ersten fünf Kürzel 2A59I bestimmen den Chipsatz, das ist in diesem Fall der Intel Triton TX-Chipsatz. Die nächste Kombination **A2** gibt den Hersteller des Motherboard an, A2 = Atrend. Die restliche Kombination dahinter bestimmt das Modell des Herstellers, AC-00 = ATC-5000.

Tabelle 8.10: Die Aufschlüsselung der Kombination eines Award-BIOS

Chipsatz	Hersteller	Modell
2A59I	A2	AC-00

Für ein Motherboard mit AMI-BIOS ist es ähnlich. Die Kombination 51-0618-001223-00111111-071595-82430VX-F ist zwar wesentlich länger, aber in der dritten Zahlengruppe ist der Hersteller ersichtlich. Mit der Kombination **1223** wird die Firma »Biostar« ermittelt. Mit dieser Methode finden Sie auf Wim's BIOS Page unter www.ping.be/bios alle erdenklichen Hersteller und Modelle.

BIOS-Update

Siehe Tabelle	Hersteller	Siehe Tabelle
51-0618-00	1223-	00111111-071595-82430VX-F

Tabelle 8.11:
Die Aufschlüsselung der Kombination eines AMI-BIOS

8.7.7 Die komplette BIOS-Ident-Line

Die BIOS-ID-Line sagt noch viel mehr aus als nur den Hersteller, den Typ und den Chipsatz des Motherboard. Wer sich tiefgründiger damit beschäftigt, für den ist auch die nachfolgende Tabelle äußerst interessant. Die Bindestriche in der Line werden ebenfalls mitgezählt.

Zahl von links	Bezeichnung	Wert	Funktion
1	Prozessortyp	X	80386 SX
		4	80486
		5	Pentium
2	Größe des BIOS	0	64 K
		1	128 K
4-5	Major-Versionsnummer		
6-7	Minor-Versionsnummer		
9-14	Referenznummer (Motherboard-Hersteller)		
16	Stoppt bei einem POST-Fehler	0	Off
		1	On
17	Initialisiert das CMOS bei jedem Bootvorgang	0	Off
		1	On
18	Pins 22 und 23 vom Keyboard-Controller werden blockiert	0	Off
		1	On
19	Maus-Unterstützung im BIOS/Keyboard-Controller	0	Off
		1	On
20	Warte auf [F1], wenn ein Fehler gefunden wird	0	Off
		1	On
21	Zeigt Floppy-Fehler während dem POST	0	Off
		1	On
22	Zeigt Videofehler während dem POST	0	Off
		1	On
23	Zeigt Tastaturfehler während dem POST	0	Off
		1	On
25-26	BIOS-Datum (Monat)		
27-28	BIOS-Datum (Tag)		

Tabelle 8.12:
Die BIOS-Ident-Line

29-30	BIOS-Datum (Jahr)		
32-39	Chipsatz-Identifikation		
41	Tastatur-Controller Versionsnummer		

8.8 Das Update Schritt für Schritt

Nachdem Sie sich die Update-Datei und das Flash-Programm für Ihr Motherboard besorgt haben, geht es an das Updaten. Führen Sie zur Sicherheit, wie bei allen Eingriffen an der PC-Hardware, als erstes eine Datensicherung durch.

Als nächstes sehen Sie im Handbuch des Motherboard nach, ob sich ein Schreibschutz-Jumper auf dem Bord befindet. Ist das der Fall, öffnen Sie das Gehäuse (siehe Seite 27) und stecken Sie den Jumper entsprechend um. Es kann auch möglich sein, daß es eine Option im BIOS-Setup gibt, die dasselbe bewirkt wie der Jumper. Sie lautet dann BIOS UPDATE oder ähnlich und ist im BIOS FUTURES SETUP zu finden.

8.8.1 Das Flash-Programm

Das Flash-Programm vom BIOS-Hersteller funktioniert nur mit seinem BIOS, ein Award-Flasher also nur mit einem Award-BIOS und ein AMI-Flasher nur mit einem AMI-BIOS. Teilweise gibt es auch noch Flasher vom Motherboard-Hersteller, die dann nur mit seinen Boards funktionieren. Die einzige Ausnahme ist der Flasher von MR-BIOS, der mit fast jedem Motherboard und BIOS funktioniert. Das hat auch seinen Grund, denn MR-BIOS ist ein Hersteller von BIOS-Software, die in jedem BIOS-Baustein »EEPROM«, egal ob Award, AMI oder Phoenix verwendet werden kann. Sie ist teilweise vielseitiger konfigurierbar als das originale BIOS-Setup und wird deshalb gerne von BIOS-Freaks eingesetzt. Ein Blick auf die Internetseite www.mrbios.com lohnt also. Lesen Sie auf jeden Fall auch die Readme-Datei des Flash-Programms und der Update-Datei.

8.8.2 Die Vorbereitung

Damit das Flashen des EEPROM auf Anhieb und ohne Probleme gelingt, benötigen Sie eine Bootdiskette, auf die Sie dann das Flash-Programm und die Update-Datei kopieren. Damit Sie mit der Diskette auch booten können, stellen Sie die Option BOOTSEQUENCE im BIOS-Setup auf A, C, SCSI.

8.8.3 Bootdiskette erstellen

Erstellen Sie die Bootdiskette mit dem Befehl FORMAT A: /S in der DOS-Befehlszeile oder in Windows 95 mit der Option FORMAT im Kontextmenü. Wenn Sie das Flash-Programm aus dem Internet heruntergeladen haben, kann es sein, daß es als Zip-Datei gepackt ist. Verwenden Sie ein Packprogramm wie etwa WinZip (siehe Seite Seite 315) zum Entpacken der Dateien. Kopieren Sie dann das Flash-Programm und die Update-Datei auf die Diskette. Notieren Sie sich

Das Update Schritt für Schritt

den Namen der Update-Datei, denn Sie müssen ihn später in der Eingabemaske des Flasher eingeben.

> **ACHTUNG**
>
> Auf der Bootdiskette darf sich keine AUTOEXEC.BAT oder CONFIG.SYS befinden, aus der Speichermanager wie HIMEM.SYS oder EMM386.EXE sowie TSR-Treiber geladen werden.

8.8.4 Altes BIOS sichern

Falls die neue BIOS-Version nicht zuverlässig arbeitet oder vielleicht sogar aus irgendeinem Grund die falsche ist, was wir nicht hoffen wollen, kann die alte zurückgeschrieben werden, denn Sie ist mit Sicherheit nicht im Internet erhältlich. Die Schritt-für-Schritt-Anleitung ist für einen Flasher von Award, andere arbeiten aber nach demselben Muster.

1. Legen Sie dazu die angefertigte Bootdiskette ins Laufwerk ein und starten Sie den PC.

2. Wenn der PC gebootet hat, geben Sie an der DOS-Befehlszeile den Dateinamen des Flasher, z.B. AWDFLASH.EXE ein und drücken Sie die ⏎-Taste. Das Programm erscheint mit der Eingabemaske für die Update-Datei.

3. Geben Sie jetzt den Namen der Update-Datei mit Erweiterung in das Feld FILENAME TO PROGRAM ein, den Sie sich vorher gemerkt oder notiert haben. Drücken Sie anschließend ⏎.

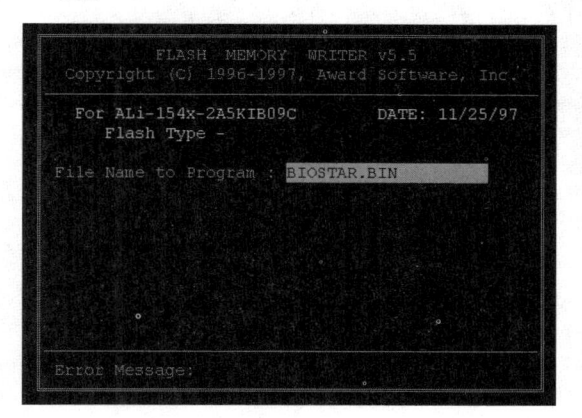

Bild 4.7:
Den Namen der Update-Datei in das Feld eingeben

4. Erst dann zeigt der Flasher von Award im Feld ERROR MESSAGE die Aufforderung zum Sichern der alten BIOS-Datei, DO YOU WANT TO SAVE BIOS Y/N, an.

HARDWARE
BIOS-Tuning

Bild 4.8:
Der Flasher fragt nach, ob das BIOS gespeichert werden soll.

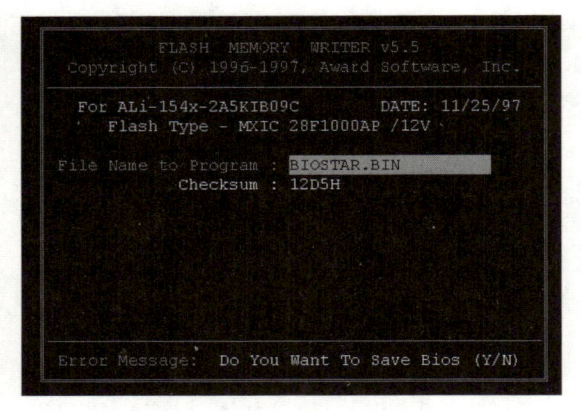

```
        FLASH  MEMORY  WRITER v5.5
Copyright (C) 1996-1997, Award Software, Inc.

  For ALi-154x-2A5KIB09C       DATE: 11/25/97
     Flash Type - MXIC 28F1000AP /12V

File Name to Program : BIOSTAR.BIN
           Checksum : 12D5H




Error Message:  Do You Want To Save Bios (Y/N)
```

5. Jetzt müssen Sie die Aufforderung mit der »Z«-Taste für Yes bestätigen, da kein deutscher Tastaturtreiber geladen ist und deshalb wieder die Tasten »Y« und »Z« vertauscht sind. Jetzt erscheint das Feld FILENAME TO SAVE, in das Sie den Dateinamen der Sicherungsdatei eingeben können.

Bild 8.9:
Den Dateinamen für die Sicherungsdatei eingeben

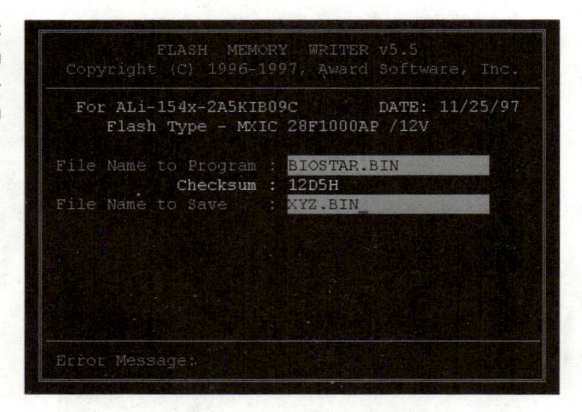

```
        FLASH  MEMORY  WRITER v5.5
Copyright (C) 1996-1997, Award Software, Inc.

  For ALi-154x-2A5KIB09C       DATE: 11/25/97
     Flash Type - MXIC 28F1000AP /12V

File Name to Program : BIOSTAR.BIN
           Checksum : 12D5H
File Name to Save    : XYZ.BIN



Error Message:
```

6. Verwenden Sie einen aussagekräftigen Namen mit maximal 8 Stellen und der Erweiterung z.B. ALT.BIN und drücken Sie anschließend ⏎.

Die Datei ist jetzt unter diesem Namen auf der Diskette gespeichert und kann so im Notfall in Verbindung mit dem Flash-Programm verwendet werden. Jetzt können Sie gleich mit dem eigentlichen Updaten fortfahren wie nachfolgend in den Punkten 1-3 beschrieben.

> **TIP**
> Wenn Sie nur das alte BIOS sichern und kein neues brennen möchten, drücken Sie jetzt die Taste »N«. Das Programm wird beendet, und Sie haben nur die BIOS-Datei auf der Diskette gespeichert.

Das Update Schritt für Schritt

8.8.5 Neues BIOS brennen

1. Jetzt steht die Meldung DO YOU WANT TO UPDATE? Y/N im Feld ERROR MESSAGE. Bestätigen Sie wieder mit der »Z«-Taste. Der Brennvorgang läuft an, und es dauert einige Sekunden, bis er abgeschlossen ist.

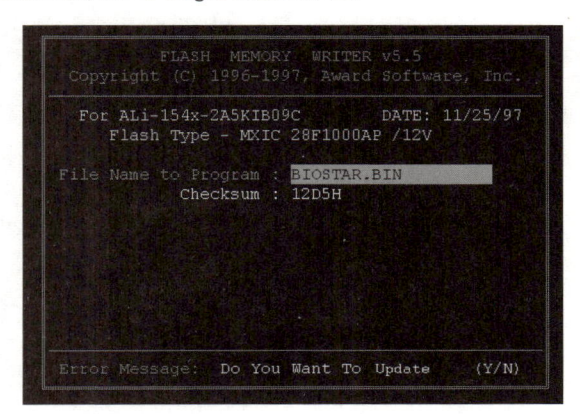

Bild 8.10:
Die Meldung für das Updaten des BIOS

> **ACHTUNG**
> Unterbrechen Sie Ihn auf keinen Fall, denn sonst ist das Motherboard unter Umständen unbrauchbar!

2. Warten Sie auf eine Meldung wie etwa PLEASE POWER OFF OR RESET SYSTEM beim Award-Flasher.

> **ACHTUNG**
> Hat etwas nicht geklappt, schalten Sie den PC auf keinen Fall aus, denn mit einem fehlerhaften BIOS können Sie nicht mehr booten und damit auch nicht mehr auf die Daten der Diskette zurückgreifen. Versuchen Sie noch einmal das Update aufzuspielen. Klappt es immer noch nicht, versuchen Sie es mit der Sicherungsdatei.

3. Entfernen Sie die Bootdiskette und starten Sie den PC neu. In manchen Fällen kann die Fehlermeldung CMOS CHECKSUM ERROR erscheinen. Das ist aber normal und hängt damit zusammen, daß das BIOS eine Summe aus den Parametern errechnet und mit den zuletzt gespeicherten im CMOS vergleicht. Bestätigen Sie diese Meldung einfach und der PC bootet.

Bootet der PC nicht, haben Sie vermutlich keine BIOS-Version mit automatischer Festplattenerkennung und müssen erst die Werte per Hand eingeben. Das ist bei Pentium-Motherboards aber sehr selten und überwiegend noch bei alten 486er-Boards der Fall. Es sind außerdem alle anderen Werte gelöscht, die von Ihnen irgendwann eingestellt wurden, denn alle Werte im BIOS befinden sich nach einem Update in der Grundeinstellung.

8.9 Notfall

In sehr, sehr seltenen Ausnahmefällen kann es vorkommen, daß ein Update nicht klappt und der Bildschirm des PC bleibt dunkel. Der Grund dafür kann ein Stromausfall im Moment des Flashens oder eine falsche Update-Datei sein. Dann ist normalerweise das Motherboard reif für den Sperrmüll. Es gibt aber auch einige Tricks, mit denen das Board wieder reanimiert werden kann.

8.9.1 Das Motherboard wiederbeleben

Das ist eine heikle Sache und funktioniert - wenn überhaupt - nur mit Motherboards, die ein Award-BIOS haben. Wenn Ihr PC eine PCI-Grafikkarte besitzt und Sie nicht vollkommen blind ohne Monitor arbeiten können, dann müssen Sie sich erst eine ISA-Karte besorgen.

1. Entfernen Sie alle Steckkarten und stecken Sie alle Laufwerke ab, außer dem Diskettenlaufwerk.

2. Fall Sie eine ISA-Grafikkarte haben, können Sie diese jetzt in einen Steckplatz einstecken und den PC mit der eingelegten Bootdiskette starten.

3. Wird der Bootvorgang ausgeführt, können Sie als nächstes die Sicherungsdatei mit dem Flash-Programm wieder in das BIOS zurückschreiben.

4. Schalten Sie den PC wieder aus, entfernen Sie die Bootdiskette und stecken Sie wieder alle Komponenten ein bzw. zusammen.

5. Wenn Sie ihn jetzt wieder einschalten, müßte er in dem Zustand wie vor dem Update sein.

8.9.2 Der Recovery Jumper

Motherboards von Intel sind teilweise mit einem sogenannten Recovery Jumper ausgestattet. Sehen Sie dazu im Handbuch nach, ob das bei Ihrem Board der Fall ist.

1. Setzen Sie den Jumper in die entsprechende Position und legen Sie die Bootdiskette ein. Starten Sie den PC und sehen Sie auf die LED am Diskettenlaufwerk. Nach einem Piepton aus dem Lautsprecher müßte sie jetzt aufleuchten. Der PC versucht aus den Bootblock des BIOS eine Datei in das Flash-ROM einzuspielen.

2. Da der Monitor bei diesem Vorgang dunkel bleibt, sehen sie nur an der erlöschenden LED, wann das Einspielen der Datei beendet ist.

3. Schalten Sie den PC aus und setzen Sie den Jumper zurück in die Ausgangsposition.

4. Schalten Sie den PC wieder ein und lassen Sie ihn booten. Wenn jetzt die DOS-Eingabeaufforderung erscheint, können Sie die Sicherungsdatei in das BIOS zurückkopieren.

Notfall

5. Entnehmen Sie die Bootdiskette und starten Sie den PC neu. Funktioniert das einwandfrei – dann haben Sie Glück gehabt!

Sie sehen also, wie wichtig eine Sicherungskopie der alten BIOS-Datei ist. Falls die Reanimationsmethoden erfolglos waren, können Sie nur einen neuen BIOS-Baustein vom Motherboard-Hersteller für Ihr Board kaufen.

Ein neues BIOS lohnt nicht

Der BIOS-Baustein ist zwar durch den Sockel relativ leicht zu wechseln, aber verhältnismäßig teuer, deshalb lohnt sich das in den meisten Fällen nicht. Mit einem neuen Motherboard sind Sie da besser bedient, denn wenn Sie Pech haben ist der BIOS-Baustein vom Hersteller auf demselben Stand wie Ihr defekter vor dem Update.

8.9.3 Das CMOS sichern

Wenn Ihr PC nach einem erfolgreichen Update, einem Motherboardtausch oder einem intensiven Tuning optimal läuft, waren viele Stunden harter Arbeit damit verbunden, die durch eine leere Knopfzelle oder einem BIOS-Virus schnell zunichte gemacht werden kann. Die Knopfzelle sorgt dafür, daß die ganzen Setup-Einstellungen im CMOS gespeichert bleiben. Wird sie leer, sind alle Informationen verloren und das BIOS ist wieder in der Grundeinstellung. Genauso kann ein Virus, z.B. der CMOSDeath, CMOS.3622, CMOSDense.807 oder auch andere, die Informationen im CMOS löschen. Die Option VIRUS WARNING im BIOS-Setup ist nicht für die Abwehr solcher Viren gedacht, sondern nur für Bootsektor-Viren, die versuchen, sich auf der Festplatte dort einzunisten. Zur Abwehr aller anderen Virenarten benötigen Sie ein Antivirus-Programm.

> **TIP**
> Deshalb ist es ratsam, das CMOS in eine Datei auf Diskette zu sichern. Programme dafür sind auf der CD-ROM oder im Internet zu finden.

8.9.4 Der CIH-Virus löscht das BIOS

Da wir gerade bei dem Thema BIOS und Virus sind, noch eine wichtige Information dazu. Seit August '98 kursiert der CIH-Virus aus Taiwan auch bei uns. Teilweise ist er schon auf Werbe- und Shareware-CD-ROMs aufgetaucht, und im Internet dreht er sowieso seine Runden. Dies ist der erste Virus, der auch Hardware zerstört, denn er hat es auf das BIOS abgesehen. Am 26. jeden Monats versucht er das EEPROM zu löschen, in dem die BIOS-Software. Gelingt das, können Sie den PC nicht mehr starten, da der Bildschirm dunkel bleibt als hätten Sie eine falsche BIOS-Version aufgespielt.

BIOS-Tuning

Wenn Sie eine Sicherungskopie Ihres BIOS haben, können Sie jetzt, wie bei der Reanimation auf Seite 194 beschrieben, wieder aufspielen. Klappt das nicht, ist das Motherboard schrottreif. Davor schützen könnnen Sie sich nur mit einem Antivirus-Programm oder wenn Ihr Motherboard über einen Schreibschutz-Jumper für das BIOS verfügt. Er nützt natürlich nur etwas, wenn er nach einem BIOS-Update auch wieder in die ursprüngliche Position zurückgesetzt wird.

8.10 Die BIOS-Fehlercodes

Wenn Sie ein neues Motherboard in Ihren PC eingebaut haben, kann es durchaus vorkommen, daß aus irgendeinem Grund der Monitor dunkel bleibt und nur ein paar Pieptöne aus dem Lautsprecher kommen. Aber auch Fehlermeldungen, die vom BIOS stammen, können auf dem Monitor erscheinen. Damit Sie die Hardware-Fehler deuten und einkreisen können, sind in den nachfolgenden Tabellen alle Beep- und Fehlercodes des BIOS aufgeführt.

8.10.1 Die POST-Card

Auch die Fehlercodes, die Sie nicht auf dem Monitor, sondern nur mir einer zusätzlichen »POST-Card« sichtbar machen können, sind dabei, denn so eine relativ günstige Karte spart eine teure Servicewerkstatt, wenn der Fehler im Detail steckt. Es kann ohne weiteres sein, daß Sie ein originalverpacktes Motherboard einbauen, das defekt ist. Mit einer POST-Card, die in fast jedem Elektronik- oder Computerfachgeschäft und im Versandhandel www.madex.com erhältlich ist, kann der Fehler schnell aufgespürt werden. Eine zweistellige Digitalanzeige deutet den Fehlercode an, der dann mit den in der Tabelle enthaltenen verglichen werden kann.

Bild 8.11:
Die POST-Card von Madex ist eine lohnenswerte Sache.

8.10.2 BIOS-Pieptöne

Das Award-BIOS erzeugt kurze und lange Pieptöne. Die Tonhöhe ist dabei immer gleich.

Award-BIOS

Tabelle 8.13:
Pieptöne im Award-BIOS.

Pieptöne	Beschreibung	Problemlösung
1x kurz	Alles in Ordnung	
2x kurz	Undefinierbarer Fehler	Fehler beheben oder mit [F1] den Bootvorgang fortsetzen.

Die BIOS-Fehlercodes

Pieptöne	Beschreibung	Problemlösung
1x lang 2x kurz	Fehler an der Grafikkarte	Die Grafikkarte oder der Speicher auf der Grafikkarte ist defekt.
1x lang 3x kurz	Fehler im Tastatur-Controller	Der Tastatur-Controller ist defekt.

AMI-BIOS

Das AMI-BIOS erzeugt kurze Töne in verschiedener Anzahl oder auch kurze und lange in einer Kombination. Die Tonhöhe ist dabei gleich.

Pieptöne	Beschreibung	Problemlösung
1	DRAM-Refresh-Fehler	Überprüfen Sie die RAM-Module oder lassen Sie die Module vom Händler auf Fehler prüfen.
2	Paritätsfehler	Überprüfen Sie die RAM-Module oder lassen Sie die Module vom Händler auf Fehler prüfen.
3	Speicherfehler in den ersten 64 Kbyte	Überprüfen Sie die RAM-Module oder lassen Sie die Module vom Händler auf Fehler prüfen.
4	Systemtimer-Fehler	Das Motherboard ist defekt.
5	Prozessorfehler	Der Prozessor ist defekt.
6	Tastatur-Controller/Gate A20-Fehler	Die Tastatur oder der Tastatur-Controller ist defekt.
7	Interrupt-Fehler vom Prozessor	Der Prozessor ist defekt.
8	Lese-/Schreibfehler im Speicher der Grafikkarte	Die Grafikkarte oder der Speicher auf der Grafikkarte ist defekt.
9	ROM-BIOS Prüfsumme ist falsch	Das BIOS muß ausgetauscht werden.
10	Lese-/Schreibfehler im Shutdown-Register des CMOS	Das Motherboard ist defekt.
11	Fehler im Cachespeicher	Das Modul des externen Cachespeichers ist defekt.
1x kurz 3x lang	Fehler im Hauptspeicher	Überprüfen Sie die RAM-Module oder lassen Sie die Module vom Händler auf Fehler prüfen.
1x lang 2x kurz	Keine Grafikkarte gefunden	Es ist keine Grafikkarte installiert, bzw. das BIOS findet keine.

Tabelle 8.14: Pieptöne im AMI-BIOS

Pieptöne	Beschreibung	Problemlösung
1x lang 3x kurz	Kein Monitor gefunden	Der Monitor ist nicht angeschlossen oder das Kabel ist defekt.
1x lang 8x kurz	Fehler im Grafikspeicher	Die Grafikkarte oder der Speicher auf der Grafikkarte ist defekt.

8.10.3 Die Fehlercodes des Award-BIOS

BIOS ROM checksum error – System halted
Die Prüfsumme des BIOS-Codes im EEPROM ist falsch. Das BIOS muß ausgetauscht oder per Flash neu geschrieben werden.

CMOS battery failed
Die CMOS-Batterie ist leer.

CMOS checksum error – Defaults loaded
Die Prüfsumme des CMOS ist falsch. Entweder ist die Knopfzelle fast leer oder die Meldung wurde durch ein Update erzeugt.

CPU at nnnn
Zeigt die Taktfrequenz der CPU an

Display switch is set incorrectly
Die Einstellung für Monochrom- oder Color-Grafik ist falsch.

Press ESC to skip memory test
Sie können durch Drücken von Esc den vollen Speichertest überspringen.

Floppy disk(s) fail
Der Floppy-Disk-Controller oder das Laufwerk kann nicht gefunden oder initialisiert werden.

HARD DISK initializing Please wait a moment...
Während die Festplatten initialisiert werden, taucht diese Meldung auf.

HARD DISK INSTALL FAILURE
Die Festplatte kann nicht gefunden oder initialisiert werden. Wird keine verwendet, schalten Sie die entsprechende Option dafür im BIOS-Setup auf NONE.

Hard disk(s) diagnosis fail
Bei der Diagnostikroutine einer Festplatte ist ein Fehler aufgetreten.

Keyboard error or no keyboard present
Die Tastatur kann nicht initialisiert werden. Überprüfen Sie, ob die Tastatur richtig angeschlossen ist.

Keyboard is locked out – Unlock the key
Eine oder mehrere Tasten werden während des Keyboard-Tests ständig gedrückt.

Die BIOS-Fehlercodes

Memory Test :
Diese Meldung zeigt den vollen Speichertest, wie er hochgezählt wird.

Memory test fail
Wenn der POST einen Fehler im Speicher entdeckt hat, wird die Information mit Typ- und Adreßangabe angezeigt.

Override enabled – Defaults loaded
Das System kann mit der vorhandenen CMOS-Konfiguration nicht booten. Die vorhandene Konfiguration wird mit den BIOS-Default-Werten überschrieben.

Primary master hard disk fail
Der POST hat einen Fehler an der primären Master-IDE-Festplatte entdeckt.

Primary slave hard disk fail
Der POST hat einen Fehler an der primären Slave-IDE-Festplatte entdeckt.

Secondary master hard disk fail
Der POST hat einen Fehler an der sekundären Master-IDE-Festplatte entdeckt.

Secondary slave hard disk fail
Der POST hat einen Fehler an der sekundären Slave-IDE-Festplatte entdeckt.

8.10.4 Die Fehlercodes des AMI-BIOS

8042 Gate-A20 Error!
Das Gate-A20 im Tastatur-Controller ist defekt.

C: Drive Error
Die Festplatte C: antwortet nicht.

D: Drive Error
Die Festplatte D: antwortet nicht.

C: Drive Failure
Die Festplatte C: produziert einen Fehler.

D: Drive Failure
Die Festplatte D: produziert einen Fehler.

Address Line Short
Die Adreßlogik für den Speicher verursacht Fehler.

BUS Timeout NMI at Slot X
Der (EISA) Slot x wurde wegen einer Zeitüberschreitung deaktiviert.

Cache Memory Bad, do Not Enable Cache!
Der Cache-Speicher hat einen Fehler. Schalten Sie den Cache im BIOS-Setup ab.

CH-2 Timer Error Non fatal
Der Systemzeitgeber auf dem Motherboard verursacht Fehler.

CMOS Battery State Low
Die Knopfzelle ist fast leer und muß ersetzt werden.

CMOS Checksum Failure
Nach dem Speichern der Setup-Daten im CMOS wird eine Prüfsumme errechnet. Wird eine Differenz mit der gespeicherten Prüfsumme im CMOS festgestellt, erscheint die Fehlermeldung. Das kann durch ein Update oder durch eine leere Knopfzelle verursacht werden.

CMOS Memory Size Mismatch
Die im CMOS gespeicherte RAM-Speichergröße stimmt nicht mit der vom POST entdeckten überein. Starten Sie das BIOS-Setup und korrigieren Sie die Speichergröße.

CMOS System Options Not Set
Die im CMOS gespeicherten Einstellungen weisen Fehler auf oder sind nicht mehr vorhanden. Starten Sie das BIOS-Setup und speichern Sie die Einstellungen damit das CMOS neu geschrieben wird.

CMOS Time and Date Not Set
Die Uhrzeit und das Datum sind im CMOS nicht gesetzt. Starten Sie das BIOS-Setup und setzen Sie die Uhrzeit und das Datum neu.

Display Switch Not Proper
Die Einstellung für Monochrom- oder Color-Grafik ist falsch.

Diskette Boot Failure
Die Diskette im Bootlaufwerk ist defekt. Verwenden Sie eine neue Diskette mit den Systemdateien.

DMA #1 Error / DMA #2 Error
Ein Fehler im ersten #1- oder zweiten #2-DMA-Kanal auf dem Motherboard ist aufgetreten.

DMA Error
Ein Fehler im DMA-Controller auf dem Motherboard ist aufgetreten.

DMA Bus Time-out
Das DMA-Bussignal wurde von einer ISA-Komponente länger als 7,8 Mikrosekunden in Anspruch genommen. Eine Zeitüberschreitung ist die Folge.

EISA CMOS Checksum Failure
Nach dem Speichern der Setup-Daten im CMOS wird eine Prüfsumme errechnet. Wird eine Differenz mit der gespeicherten Prüfsumme im CMOS festgestellt, erscheint die Fehlermeldung. Das kann durch ein Update oder durch eine leere Knopfzelle verursacht werden.

Die BIOS-Fehlercodes

EISA CMOS Inoperational
Ein Lese-/Schreibfehler ist im erweiterten CMOS-RAM aufgetreten. Starten Sie das BIOS-Setup und speichern Sie die Einstellungen damit das CMOS neu geschrieben wird.

(E)nable (D)isable Expansion Board?
Auf einer Erweiterungskarte im EISA-Bus ist ein NMI »Not Maskable Interrupt« aufgetreten. Durch die Taste »E« oder »D« läßt es sich ein- oder ausschalten.

Expansion Board not ready at Slot X
Das AMI-BIOS kann im EISA-Slot X keine Steckkarte finden. Überprüfen Sie die Karte und die Installation.

Expansion Board disabled at Slot X
Die Erweiterungskarte im Slot X ist abgeschaltet.

Fail-Safe Timer NMI Inoperational
Komponenten, die den ausfallsicheren NMI-Timer benutzen, werden vermutlich nicht richtig funktionieren.

Fail-Safe Timer NMI
Der ausfallsichere NMI-Timer ist generiert.

FDD Controller Failure
Das BIOS kann nicht mit dem Floppy-Controller kommunizieren.

HDD Controller Failure
Das BIOS kann nicht mit dem Festplatten-Controller kommunizieren.

INTR #1 Error
Im ersten Kanal der Interrupt-Steuerung wurde vom POST ein Fehler gefunden.

INTR #2 Error
Im zweiten Kanal der Interrupt-Steuerung wurde vom POST ein Fehler gefunden.

Invalid Boot Diskette
Die Diskette kann gelesen werden, aber das Betriebssystem kann nicht starten. Verwenden Sie eine funktionsfähige Bootdiskette.

I/O Card Parity Error at
Ein Paritätsfehler ist auf einer ISA-Erweiterungskarte aufgetreten. Ist die Adresse bekannt ist, wird diese auch angezeigt.

ID information mismatch for Slot X
Die ID der EISA-Erweiterungskarte im Slot X stimmt nicht mit der ID im CMOS-RAM überein. Das Problem kann nur mit dem EISA-Konfigurationsprogramm behoben werden.

Invalid Configuration Information for Slot X
Die Konfigurationsdaten der EISA-Erweiterungskarte im Slot X sind falsch, deshalb kann die Karte nicht konfiguriert werden.

K/B Interface Error
Der Tastaturanschluß auf dem Motherboard ist defekt.

Keyboard Error
Die Tastatur hat ein Problem mit dem System. Entweder sind Kompatibilitätsprobleme vorhanden oder die Tastatur ist defekt.

Keyboard is locked ... Unlock it
Die Tastatur ist gesperrt. Sie müssen die Tastatursperre am Gehäuse entriegeln.

Memory mismatch, run Setup
Der Speicher wurde in seiner Größe verändert. Starten Sie das BIOS-Setup und speichern Sie die Einstellungen.

Memory Parity Error at XXXX
Ein Paritätsfehler im Hauptspeicher ist aufgetreten. Wenn die Adresse lokalisiert werden kann, wird sie an Stelle von »xxxx« angezeigt.

No ROM Basic
Das BIOS kann kein Betriebssystem finden.

On Board Parity Error
Ein Paritätsfehler im Onboard-Hauptspeicher ist aufgetreten. Die Adresse wird lokalisiert und mit xxxx (hex) angezeigt.

Off Board Parity Error
Ein Paritätsfehler im Offboard-Hauptspeicher ist aufgetreten. Die Adresse wird lokalisiert und mit xxxx (hex) angezeigt.

Parity Error xxxx
Ein Paritätsfehler im Hauptspeicher wurde entdeckt. Die Adresse konnte nicht lokalisiert werden.

Software Port NMI Inoperational
Der Software-Port »NMI« arbeitet nicht. Das System funktioniert, solange kein NMI eintritt, sonst wird es angehalten.

Software Port NMI
Ein Software-Port-»NMI« wurde generiert.

8.10.5 Die POST-Codes

Gleich nach dem Einschalten des PC wird der POST »Power On Self Test« ausgeführt, um eventuelle Fehler in der Systemhardware zu lokalisieren. Der POST basiert auf hexadezimalen Codes, die direkt während der Test-Routine des BIOS zum E/A-Port 80h geschickt werden. Damit Sie angezeigt werden können, ist, wie vorher schon kurz angesprochen, eine POST-Diagnosekarte für

Die BIOS-Fehlercodes

den ISA- oder PCI-Bus nötig. Nach dem Einstecken in einen freien Slot und dem Starten des PC wird jede Testroutine auf einem zweistelligen LED-Display mit dem entsprechenden Code angezeigt. Kann die Testroutine nicht beendet werden, bleibt die Anzeige stehen und der Code kann mit der Tabelle verglichen werden. Um ganz sicher zu gehen, daß keine Einsteckkarten den Fehler verursachen, sollte nur die Grafikkarte auf dem Motherboard eingesteckt sein. Die POST-Codes wurden nicht ins Deutsche übersetzt, da dadurch sehr viele Informationen verloren gehen und bestimmte Begriffe nicht richtig gedeutet werden können.

Award-BIOS 4.51 PG

Code (hex)	Name	Beschreibung
C0	Turn off Chipset Cache	OEM Specific-Cache control
1	Processor Test 1	Processor Status (1FLAGS) Verification. Tests the following processor status flags: carry, zero, sign, overflow. The BIOS sets each flag, verifies they are set, then turns each flag off and verifies it is off.
2	Processor Test 2	Read/Write/Verify all CPU registers except SS, SP, and BP with data pattern FF and 00.
3	Initialize Chips	Disable NMI, PIE, AIE, UEI, SQWV Disable video, parity checking, DMA Reset math coprocessor Clear all page registers, CMOS shutdown byte Initialize timer 0, 1, and 2, including set EISA timer to a known state Initialize DMA controllers 0 and 1 Initialize interrupt controllers 0 and 1 Initialize EISA extended registers.
4	Refresh Toggle	RAM must be periodically refreshed to keep the memory from decaying. This function ensures that the memory refresh function is working properly.
5	Blank video, Initialize keyboard	Keyboard controller initialization.
6	Reserved	
7	Test CMOS Interface and Batterie Status	Verifies CMOS is working correctly, detects bad battery.
BE	Chipset default Initialization	Program chipset registers with power on BIOS defaults.
C1	Memory presence Test	OEM Specific-Test to size on-board memory.
C5	Early Shadow	OEM Specific-Early Shadow enable for fast boot.

Tabelle 8.15: Der POST-Code vom AWARD-BIOS 4.51 PG;.er ist für eine Fehlerdiagnose mit der POST-Card unerläßlich.

Code (hex)	Name	Beschreibung
C6	Cache presence Test	External cache size detection
8	Setup low Memory	Early chip set initialization. Memory presence test OEM chip set routines. Clear low 64K of memory. Test first 64K memory.
9	Early Cache Initialization	Cyrix CPU initialization. Cache initialization.
A	Setup Interrupt Vector Table	Initialize first 120 interrupt vectors with SPURIOUS_INT_HDLR and initialize INT 00h-1Fh according to INT_TBL.
B	Test CMOS RAM Checksum	Test CMOS RAM Checksum, if bad, or insert key pressed, load defaults.
C	Initialize Keyboard	Detect type of keyboard controller (optional) Set NUM_LOCK status.
D	Initialize Video Interface	Detect CPU clock. Read CMOS location 14h to find out type of video in use. Detect and Initialize Video Adapter.
E	Test video Memory	Test video memory, write sign-on message to screen. Setup shadow RAM – Enable shadow according to Setup.
F	Test DMA Controller 0	BIOS checksum test. Keyboard detect and initialization.
10	Test DMA Controller 1	
11	Test DMA Page Registers	Test DMA Page Registers.
12-13	Reserved	
14	Test Timer Counter 2	Test 8254 Timer 0 Counter 2.
15	Test 8259-1 Mask Bits	Verify 8259 Channel 1 masked interrupts by alternately turning off and on the interrupt lines.
16	Test 8259-2 Mask Bits	Verify 8259 Channel 2 masked interrupts by alternately turning off and on the interrupt lines.
17	Test Stuck 8259's Interrupt Bits	Turn off interrupts then verify no interrupt mask register is on.
18	Test 8259 Interrupt Functionality	Force an interrupt and verify the interrupt occurred.
19	Test Stuck NMI Bits (Parity I/O Check)	Verify NMI can be cleared.
1A		Display CPU clock.

Die BIOS-Fehlercodes

Code (hex)	Name	Beschreibung
1B-1E	Reserved	
1F	Set EISA Mode	If EISA non-volatile memory checksum is good, execute EISA initialization. If not, execute ISA tests and clear EISA mode flag. Test EISA Configuration Memory Integrity (checksum & communication interface).
20	Enable Slot 0	Initialize slot 0 (System Board).
21-2F	Enable Slots 1-15	Initialize slots 1 through 15.
30	Size Base and Extended Memory	Size base memory from 256K to 640K and extended memory above 1MB.
31	Test Base and Extended Memory	Test base memory from 256K to 640K and extended memory above 1MB using various patterns. NOTE: This test is skipped in EISA mode and can be skipped with ESC key in ISA mode.
32	Test EISA Extended Memory	If EISA Mode flag is set then test EISA memory found in slots initialization. NOTE: This test is skipped in ISA mode and can be skipped with ESC key in EISA mode.
33-3B	Reserved	
3C	Setup Enabled	
3D	Initialize & Install Mouse	Detect if mouse is present, initialize mouse, install interrupt vectors.
3E	Setup cache Controller	Initialize cache controller.
3F	Reserved	
BF	Chipset Initialization	Program chipset registers with Setup values
40		Display virus protect disable or enable
41	Initialize Floppy Drive & Controller	Initialize floppy disk drive controller and any drives.
42	Initialize Hard Drive & Controller	Initialize hard drive controller and any drives.
43	Detect & Initialize Seriell/Parallel Ports	Initialize any serial and parallel ports (also game port).
44	Reserved	
45	Detect & Initialize Math Coprozessor	Initialize math coprocessor.
46	Reserved	
47	Reserved	

BIOS-Tuning

Code (hex)	Name	Beschreibung
48-4D	Reserved	
4E	Manufacturing POST Loop or Display Message	Reboot if Manufacturing POST Loop pin is set. Otherwise display any messages (i.e., any non-fatal errors that were detected during POST) and enter Setup.
4F	Security Check	Ask password security (optional).
50	Write CMOS	Write all CMOS values back to RAM and clear screen.
51	Pre-boot Enable	Enable parity checker Enable NMI, Enable cache before boot.
52	Initialize Option ROMs	Initialize any option ROMs present from C8000h to EFFFFh. NOTE: When FSCAN option is enabled, ROMs initialize from C8000h to F7FFFh.
53	Initialize Time Value	Initialize time value in 40h: BIOS area.
60	Setup Virus Protect	Setup virus protect according to Setup
61	Set Boot Speed	Set system speed for boot
62	Setup Numlock	Setup NumLock status according to Setup
63	Boot Attemp	Set low stack Boot via INT 19h.
B0	Spurious	If interrupt occurs in protected mode.
B1	Unclaimed NMI	If unmasked NMI occurs, display Press F1 to disable NMI, F2 reboot.
E1-EF	Setup Pages	E1- Page 1, E2 – Page 2, etc.
FF	Boot	

AMI-BIOS

Tabelle 8.16: Der POST-Code vom AMI-BIOS ist noch ausführlicher als beim AWARD-BIOS.

Checkpoint	Beschreibung
01	Processor register test about to start, and NMI to be disabled.
02	NMI is Disabled. Power on delay starting.
03	Power on delay complete. Any initialization before keyboard BAT is in progress.
04	Any initialization before keyboard BAT is complete. Reading keyboard SYS bit, to check soft reset/power-on.
05	Soft reset/power-on determined. Going to enable ROM. i.e. disable shadow RAM/Cache if any.

Die BIOS-Fehlercodes

Checkpoint	Beschreibung
06	ROM is enabled. Calculating ROM BIOS checksum, and waiting for KB controller input buffer to be free.
07	ROM BIOS checksum passed, KB controller I/B free. Going to issue the BAT command to keyboard controller.
08	BAT command to keyboard controller is issued. Going to verify the BAT command.
09	Keyboard controller BAT result verified. Keyboard command byte to be written next.
0A	Keyboard command byte code is issued. Going to write command byte data.
0B	Keyboard controller command byte is written. Going to issue Pin-23,24 blocking/unblocking command.
0C	Pin-23,24 of keyboard controller is blocked/unblocked. NOP command of keyboard controller to be issued next.
0D	NOP command processing is done. CMOS shutdown register test to be done next.
0E	CMOS shutdown register R/W test passed. Going to calculate CMOS checksum, and update DIAG byte.
0F	CMOS checksum calculation is done, DIAG byte written. CMOS init. to begin (If "INIT CMOS IN EVERY BOOT IS SET").
10	CMOS initialization done (if any). CMOS status register about to init for Date and Time.
11	CMOS Status register initialized. Going to disable DMA and Interrupt controllers.
12	DMA controller #1,#2, interrupt controller #1,#2 disabled. About to disable Video display and init port-B.
13	Video display is disabled and port-B is initialized. Chipset init/auto memory detection about to begin.
14	Chipset initialization/auto memory detection over. 8254 timer test about to start.
15	CH-2 timer test halfway. 8254 CH-2 timer test to be complete.
16	Ch-2 timer test over. 8254 CH-1 timer test to be complete.
17	CH-1 timer test over. 8254 CH-0 timer test to be complete.
18	CH-0 timer test over. About to start memory refresh.
19	Memory Refresh started. Memory Refresh test to be done next.
1A	Memory Refresh line is toggling. Going to check 15 micro second ON/OFF time.

Checkpoint	Beschreibung
1B	Memory Refresh period 30 micro second test complete. Base 64K memory test about to start.
20	Base 64k memory test started. Address line test to be done next.
21	Address line test passed. Going to do toggle parity.
22	Toggle parity over. Going for sequential data R/W test.
23	Base 64k sequential data R/W test passed. Any setup before Interrupt vector init about to start.
24	Setup required before vector initialzation complete. Interrupt vector initialization about to begin.
25	Interrupt vector initialization done. Going to read I/O port of 8042 for turbo switch (if any).
26	I/O port of 8042 is read. Going to initialize global data for turbo switch.
27	Global data initialization is over. Any initialization after interrupt vector to be done next.
28	Initialization after interrupt vector is complete. Going for monochrome mode setting.
29	Monochrome mode setting is done. Going for Color mode setting.
2A	Color mode setting is done. About to go for toggle parity before optional rom test.
2B	Toggle parity over. About to give control for any setup required before optional video ROM check.
2C	Processing before video ROM control is done. About to look for optional video ROM and give control.
2D	Optional video ROM control is done. About to give control to do any processing after video ROM returns control.
2E	Return from processing after the video ROM control. If EGA/VGA not found then do display memory R/W test.
2F	EGA/VGA not found. Display memory R/W test about to begin.
30	Display memory R/W test passed. About to look for the retrace checking.
31	Display memory R/W test or retrace checking failed. About to do alternate Display memory R/W test.
32	Alternate Display memory R/W test passed. About to look for the alternate display retrace checking.
33	Video display checking over. Verification of display type with switch setting and actual card to begin.

Die BIOS-Fehlercodes

Checkpoint	Beschreibung
34	Verification of display adapter done. Display mode to be set next.
35	Display mode set complete. BIOS ROM data area about to be chekked.
36	BIOS ROM data area check over. Going to set cursor for power on message.
37	Cursor setting for power on message is complete. Going to display the power on message.
38	Power on message display complete. Going to read new cursor position.
39	New cursor position read and saved. Going to display the reference string.
3A	Reference string display is over. Going to display the Hit <ESC> message.
3B	Hit <ESC> message displayed. Virtual mode memory test about to start.
40	Preparation for virtual mode test started. Going to verify from video memory.
41	Returned after verifying from display memory. Going to prepare the descriptor tables.
42	Descriptor tables prepared. Going to enter in virtual mode for memory test.
43	Entered in the virtual mode. Going to enable interrupts for diagnostics mode.
44	Interrupts enabled (if diagnostics switch is on). Going to initialize data to check memory wrap around at 0:0.
45	Data initialized. Going to check for memory wrap around at 0:0 and finding the total system memory size.
46	Memory wrap around test done. Memory size calculation over. About to go for writing patterns to test memory.
47	Pattern to be tested written in extended memory. Going to write patterns in base 640k memory.
48	Patterns written in base memory. Going to findout amount of memory below 1M memory.
49	Amount of memory below 1M found and verified. Going to findout amount of memory above 1M memory.
4A	Amount of memory above 1M found and verified. Going for BIOS ROM data area check.

Checkpoint	Beschreibung
4B	BIOS ROM data area check over. Going to check <ESC> and to clear memory below 1M for soft reset.
4C	Memory below 1M cleared. (SOFT RESET) Going to clear memory above 1M.
4D	Memory above 1M cleared. (SOFT RESET) Going to save the memory size.
4E	Memory test started. (NO SOFT RESET) About to display the first 64k memory test.
4F	Memory size display started. This will be updated during memory test. Going for sequential and random memory test.
50	Memory test below 1M complete. Going to adjust memory size for relocation/shadow.
51	Memory size adjusted due to relocation/shadow. Memory test above 1M to follow.
52	Memory test above 1M complete. Going to prepare to go back to real mode.
53	CPU registers are saved including memory size. Going to enter in real mode.
54	Shutdown successfull, CPU in real mode. Going to restore registers saved during preparation for shutdown.
55	Registers restored. Going to disable gate A20 address line.
56	A20 address line disable successful. BIOS ROM data area about to be checked.
57	BIOS ROM data area check halfway. BIOS ROM data area check to be complete.
58	BIOS ROM data area check over. Going to clear Hit <ESC> message.
59	Hit <ESC> message cleared. <WAIT...> message displayed. About to start DMA and interrupt controller test.
60	DMA page register test passed. About to verify from display memory.
61	Display memory verification over. About to go for DMA #1 base register test.
62	DMA #1 base register test passed. About to go for DMA #2 base register test.
63	DMA #2 base register test passed. About to go for BIOS ROM data area check.
64	BIOS ROM data area check halfway. BIOS ROM data area check to be complete.
65	BIOS ROM data area check over. About to program DMA unit 1 and 2.

Die BIOS-Fehlercodes

Checkpoint	Beschreibung
66	DMA unit 1 and 2 programming over. About to initialize 8259 interrupt controller.
67	8259 initialization over. About to start keyboard test.
80	Keyboard test started. Clearing output buffer, checking for stuck key. About to issue keyboard reset command.
81	Keyboard reset error/stuck key found. About to issue keyboard controller interface test command.
82	Keyboard controller interface test over. About to write command byte and init circular buffer.
83	Command byte written. Global data init done. About to check for lock-key.
84	Lock-key checking over. About to check for memory size mismatch with cmos.
85	Memory size check done. About to display soft error and check for password or bypass setup.
86	Password checked. About to do pogramming before setup.
87	Programming before setup complete. Going to cmos setup program.
88	Returned from cmos setup program and screen is cleared. About to do programming after setup.
89	Programming after setup complete. Going to display power on screen message.
8A	First screen message displayed. About to display <WAIT...> message.
8B	<WAIT...> message displayed. About to do Main and Video BIOS shadow.
8C	Main and Video BIOS shadow successful. Setup options programming after cmos setup about to start.
8D	Setup options are programmed, mouse check and init to be done next.
8E	Mouse check and initialization complete. Going for hard disk, floppy reset.
8F	Floppy check returns that floppy is to be initialized. Floppy setup to follow.
90	Floppy setup is over. Test for hard disk presence to be done.
91	Hard disk presence test over. Hard disk setup to follow.
92	Hard disk setup complete. About to go for BIOS ROM data area check.

Checkpoint	Beschreibung
93	BIOS ROM data area check halfway. BIOS ROM data area check to be complete.
94	BIOS ROM data area check over. Going to set base and extended memory size.
95	Memory size adjusted due to mouse support, hdisk type-47. Going to verify from display memory.
96	Returned after verifying from display memory. Going to do any init before C800 optional ROM control.
97	Any init before C800 optional ROM control is over. Optional ROM check and control will be done next.
98	Optional ROM control is done. About to give control to do any required processing after optional ROM returns control.
99	Any initialization required after optional ROM test over. Going to setup timer data area and printer base address.
9A	Return after setting timer and printer base address. Going to set the RS-232 base address.
9B	Returned after RS-232 base address. Going to do any initialization before Co-processor test.
9C	Required initialization before co-processor is over. Going to initialize the co-processor next.
9D	Coprocessor initialized. Going to do any initialization after Co-processor test.
9E	Initialization after co-processor test is complete. Going to check extd keyboard, keyboard ID and num-lock.
9F	Extd keyboard check is done, ID flag set. num-lock on/off. Keyboard ID command to be issued.
A0	Keyboard ID command issued. Keyboard ID flag to be reset.
A1	Keyboard ID flag reset. Cache memory test to follow.
A2	Cache memory test over. Going to display any soft errors.
A3	Soft error display complete. Going to set the keyboard typematic rate.
A4	Keyboard typematic rate set. Going to program memory wait states.
A5	Memory wait states programming over. Screen to be cleared next.
A6	Screen cleared. Going to enable parity and NMI.
A7	NMI and parity enabled. Going to do any initialization required before giving control to optional ROM at E000.

Die BIOS-Fehlercodes

Checkpoint	Beschreibung
A8	Initialization before E000 ROM control over. E000 ROM to get control next.
A9	Returned from E000 ROM control. Going to do any initialization required after E000 optional ROM control.
AA	Initialization after E000 optional ROM control is over. Going to display the system configuration.
00	System configuration is displayed. Going to give control to INT 19h boot loader.

Kapitel 9

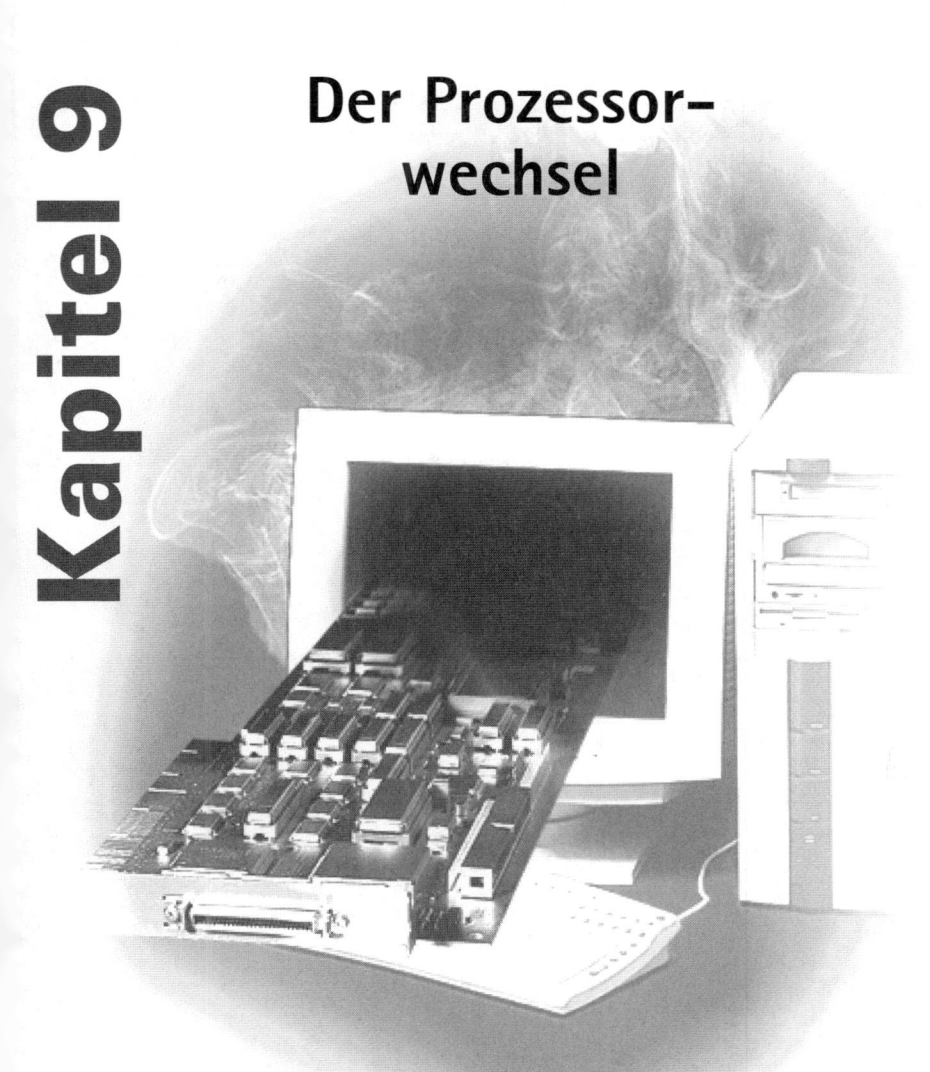

Der Prozessor-
wechsel

Der Prozessorwechsel

Die effektivste Leistungssteigerung des PC wird entweder durch eine Übertaktung des vorhandenen oder durch einen neuen Prozessor mit höherer Taktfrequenz erreicht. Aber nicht alle Motherboards können auch mit den Prozessoren umgehen, auch wenn der Prozessor vom Sockel oder Slot her hineinpaßt, denn er muß die externe Taktrate, den internen Multiplikator, die Spannungen und die Unterstützung durch das BIOS gewährleisten. Nur wenn diese Anforderungen erfüllt werden, kann der Prozessor problemlos ausgetauscht werden.

9.1 Welcher Prozessor paßt ins Board?

Falls Sie kein Handbuch mehr für Ihr Motherboard haben und es auch nicht aus dem Internet (siehe Seite86) beziehen konnten, sieht es eher schlecht für einen Prozessortausch aus. Denn Sie wissen dann nicht, ob die nötigen Spannungen und Taktfrquenzen eingestellt werden können. Eine weitere Möglichkeit besteht darin, daß auf manchen Boards die Jumpereinstellungen für die Spannungen und Taktraten aufgedruckt sind. Damit sind Sie fein raus, denn durch einen Vergleich mit der Prozessor-Tabelle auf Seite 218 können Sie die noch verwendbaren Prozessortypen zuordnen.

9.1.1 Prozessor für Slot-1

Eine konkrete Angabe kann für Slot-1-Motherboards gegeben werden, da hier einzig und allein Intel-Prozessoren genutzt werden, die nach einem BIOS-Update (siehe Seite 186) auf jeden Fall kompatibel sind. An Hand des auf dem Board verwendeten Chipsatzes kann ziemlich sicher der verwendbare Typ bestimmt werden.

Chipsatz	Prozessor
440 LX	Pentium II bis 333 MHz und Celeron
440 EX/ZX	Alle Celeron bis 400 MHz
440 BX	Alle Pentium II bis 450 MHz und Celeron bis 400 MHz

Tabelle 9.1: An Hand der Chipsätze kann der einsetzbare Prozessor bestimmt werden.

HINWEIS

Wer noch ein Slot-1-Motherboard mit FX-Chipsatz besitzt, wechselt am besten nicht nur den Prozessor, sondern auch gleich das Motherboard, denn der FX war nur eine Übergangslösung vom Pentium Pro auf den Pentium II. Ein Prozessortausch lohnt nicht – in der Regel –, da diese Boards eine sehr schlechte Performance haben.

9.1.2 Prozessor für Sockel 7

Für den Sockel 7 können keine konkreten Angaben gemacht werden, da die verschiedensten Prozessorhersteller sehr viele verschiedenen Spannungen und Taktfrequenzen nutzen. Ein grober Anhaltspunkt ist, daß ein Motherboard mit 66-MHz-Systembustakt maximal einen 266-MHz-Prozessor unterstützt. Für

Welcher Prozessor paßt ins Board?

ein 300-MHz-Modell brauchen Sie immer ein Board, das den 100-MHz-Front-Side-Bus unterstützt.

9.1.3 Der Zwischensockel

Eine weitere Möglichkeit für den Prozessortausch des Sockel 7 ohne Handbuch ist die Verwendung eines Zwischensockels (siehe Seite 241), der die nötigen Spannungen und Taktfrequenzen erzeugt. Er wird mittels Jumper auf das verwendete Prozessormodell eingestellt und dann einfach zwischen Prozessor und Sockel gesteckt. Der Zwischensockel eignet sich sogar für Motherboards, die noch keine Split-Voltage für MMX-Prozessoren bereitstellen. Solche Lösungen gibt es auch schon komplett montiert und konfiguriert als Overdrive-Prozessor (siehe Seite 241), der dann um einiges teurer ist als die Eigenbaulösung mit dem Zwischensockel.

9.1.4 Den Zwischensockel sparen

Wer ein ganz altes Sockel-7-Motherboard, in dem noch ein Pentium 100 oder AMD K5 werkelt, doch noch nicht ausmustern möchte, der kann sich bei der Verwendung eines Prozessors ohne Split-Voltage sogar das Geld für einen Zwischensockel sparen, wenn er mit einem 200-MHz-Prozessor vorlieb nimmt. Voraussetzung dafür ist allerdings wieder ein Handbuch für das Motherboard, denn der Winchip C6 200 MHz von IDT kommt zwar mit 66 MHz Bustakt und einer Single-Spannung aus, aber sie muß auf 3,3 oder 3,5 Volt und der Multiplikator auf 3,5x eingestellt werden. Eine Alternative gibt es hier nicht.

> **TIP**
> Auf einem Sockel-7-Motherboard mit 66 MHz Bustakt kann auch eine CPU verwendet werden, die für den 100-MHz-Front-Side-Bus bestimmt ist. Voraussetzung dafür ist jedoch, daß ein entsprechender Multiplikator für den internen Takt verfügbar ist. Der AMD K6-2 300 MHz braucht auf einem 66-MHz-Board den Multiplikator 4,5 »66 x 4,5 = 300 MHz«, an Stelle von 3 »3 x 100 = 300 MHz« bei einem 100-MHz-Board.

> **HINWEIS**
> Grundsätzlich kann zwar jeder Prozessor mit einem niedrigeren Takt als angegeben betrieben werden, aber dann muß der dadurch entstehende Leistungsverlust in Kauf genommen werden. Eine 300-MHz-CPU läuft beispielsweise auch mit dem Multiplikator 4 auf dem 66-MHz-Board, aber dann eben nur mit 266 MHz oder bei 3,5 mit 233 MHz.

9.2 Prozessoren auf dem Gebrauchtmarkt

Gebrauchte Prozessoren gibt es wie Sand am Meer, vor allen Dingen finden Sie solche Angebote im Anzeigenteil der Tageszeitungen oder in Anzeigenblättern wie »Kurz und Fündig« oder »Sperrmüll«, die sogar separate Sparten dafür aufweisen. Ansonsten bieten sowohl die Computer-Fachzeitschriften als auch spezielle Anzeigenblätter für Computerbedarf günstige Gebrauchte an.

9.2.1 Vorsicht ist geboten

Das ganze hat aber auch Nachteile, denn es gibt auch schwarze Schafe unter den Verkäufern, die einen defekten Prozessor an den Mann bringen wollen. Versichern Sie sich deshalb vor Ort über die Funktiontüchtigkeit des Prozessors, am besten wenn er noch im PC eingebaut und somit betriebsbereit ist. Er sollte dann mindestens 15 Minuten betrieben werden, damit die endgültige Temperatur erreicht wird und so ein Wärmefehler ausgeschlossen werden kann. Danach sollten Programme ausgeführt und zwischendurch möglichst noch einige Neustarts eingeleitet werden. Absolviert der Prozessor das Ganze ohne Abstürze ist die Wahrscheinlichkeit eines versteckten Defektes ziemlich gering.

Kann der Prozessor aus irgendeinem Grund nicht getestet werden, kaufen Sie die Katze im Sack. Das gleiche gilt für Gebrauchte, die im Internet angeboten werden, denn ist der Prozessor defekt, wird der Verkäufer die Schuld auf Sie schieben und eine Rücknahme verweigern. Lassen Sie also die Finger von solch dubiosen Geschäften, mit denen Sie niemals ein Schnäppchen machen werden, denn unter Umständen ruinieren Sie sich mit einem defekten Prozessor auch noch das Motherboard.

9.3 Taktfrequenzen – Übersicht

Die nachfolgende Tabelle dient dazu, den richtigen Systembustakt und Multiplikator für Ihren Prozessor herauszufinden, denn die Spannung für den Prozessor ist aufgedruckt, aber nicht das Taktverhältnis zwischen externem und internem Takt.

Tabelle 9.2:
Die Übersicht der Taktfrequenzen

Prozessor	Systembustakt »MHz«	Multiplikator »X«
AMD K6 PR2 / 166 MHz	66	2,5
AMD K6 PR2 / 200 MHz	66	3,0
AMD K6 PR2 / 233 MHz	66	3,5 (Jumper auf 1,5)
AMD K6 PR2 / 266 MHz	66	4,0 (Jumper auf 2)
AMD K6-2 3D 300 MHz	66	3,0
AMD K6-2 3D 333 MHz	66	5,0
AMD K6-2 3D 350 MHz	100	3,5
AMD K6-2 3D 400 MHz	100	4,0
AMD K6-2 3D 450 MHz	100	4,5
IBM/Cyrix 6x86 PR 120+	50	2,0
IBM/Cyrix 6x86 PR 133+	55	2,0

Der perfekte Tausch

IBM/Cyrix 6x86 PR 150+	60	2,0
IBM/Cyrix 6x86 PR 166+	66	2,0
IBM/Cyrix 6x86 PR 200+	75	2,0
IBM/Cyrix 6x86 MX PR 200	75	2,0
IBM/Cyrix 6x86 MX PR 233	75	2,5
IBM/Cyrix 6x86 MX PR 266	83	2,5
IBM/Cyrix 6x86 MX PR 300	75	3,0
IBM/Cyrix 6x86 MX PR 333	83	3,0
Intel Pentium 100 MHz	66	1,5
Intel Pentium 120 MHz	60	2,0
Intel Pentium 133 MHz	66	2,0
Intel Pentium 150 MHz	60	2,5
Intel Pentium 166 MHz	66	2,5
Intel Pentium 200 MHz	66	3,0
Intel Pentium 233 MHz	66	3,5 (Jumper 1,5)
Intel Pentium Pro 150 MHz	60	2,5
Intel Pentium Pro 166 MHz	66	2,5
Intel Pentium Pro 180 MHz	60	3,0
Intel Pentium Pro 200 MHz	66	3,0
Intel Celeron 266 MHz	66	4,0
Intel Celeron 300 MHz	66	4,5
Intel Celeron 333 MHz	66	5,0 (intern festgelegt)
Intel Celeron 366 MHz	66	5,5 (intern festgelegt)
Intel Celeron 400 MHz	66	6,0 (intern festgelegt)
Intel Pentium II 233 MHz	66	3,5
Intel Pentium II 266 MHz	66	4,0
Intel Pentium II 300 MHz	66	4,5
Intel Pentium II 333 MHz	66	5,0
Intel Pentium II 350 MHz	100	3,5
Intel Pentium II 400 MHz	100	4,0
Intel Pentium II 450 MHz	100	4,5
IDT C6 180 MHZ	60	3,0
IDT C6 200 MHz	66	3,0

9.4 Der perfekte Tausch

Wenn Sie sich jetzt für den optimalen Prozessor entschieden haben, geht es an den Austausch, der nicht allzu schwierig ist. Außer dem neuen Prozessor brauchen Sie noch eine Tube mit Wärmeleitpaste, die Sie in jedem Computershop oder Elektronikfachhandel erhalten. Verwenden Sie einen gut beleuchteten Arbeitsplatz. Dazu bietet sich der Schreibtisch an, der entweder vor dem Fenster steht oder aber mit einer hellen Arbeitsleuchte ausgestattet sein sollte. Als Werkzeug brauchen Sie dann noch einen Kreuzschlitz- und einen Schlitzschraubendreher, eine Pinzette und eventuell auch eine Spitzzange, wie auf Seite 26 vorgestellt.

> **ACHTUNG**
> Bevor Sie mit den Arbeiten am PC beginnen, lesen Sie bitte die Sicherheitshinweise im Kapitel 1 auf Seite 27.

9.4.1 Jumper einstellen

Die meisten Jumper »Steckbrücken« haben zwei, in seltenen Fällen drei oder auch mehrere Kontakte. Die Kontakte werden immer mit 1, 2, 3 usw. auf dem Motherboard oder im Handbuch bezeichnet. Sind mehrere Jumper nebeneinander angeordnet, wird einfach durchnumeriert. Die Anweisung zum Setzen lautet in den Tabellen dann z.B. »1-2 closed« oder »1-2 open«. Dabei ist für die Anweisung »1 -2 closed« gemeint, daß der Jumper an der Brücke 1-2 geschlossen ist und bei »1-2 open« geöffnet.

Bild 9.1: Das User's Manual zeigt die Jumper-Einstellungen.

JP8, JP9- CPU Speed Selectors

The mainboard has a clock generator that lets you choose the CPU frequency by settings jumpers JP8, JP9. You can set the CPU speed to 50/60MHz or 66 MHz as shown below.

Jumpers	66 MHz	60 MHz	50MHz
JP8			
JP9			

JP16, JP17 - Internal Clock Speed Selectors

Description	JP16	JP17
Internal speed=2.0 x external input clock		
Internal speed=1.5 x external input clock (Default)		
Internal speed=2.5 x external input clock		
Internal speed=3.0 x external input clock		

Der perfekte Tausch

9.4.2 DIP-Schalter einstellen

Beim DIP-Schalter ist es ähnlich wie beim Jumper, nur mit dem Unterschied, daß hier die einzelnen Schalter durchnumeriert sind und die Schaltposition on »ein« oder off »aus« heißt.

Bild 9.2: DIP-Schalter sind noch praktischer als Jumper.

Celeron™ 266MHz

INTERNAL CPU CLOCK	SW1	Ext.x Frq.
266MHz		66 x 4.0

Celeron™ 300MHz

INTERNAL CPU CLOCK	SW1	Ext.x Frq.
300MHz		66 x 4.5

2-2-2 CPU Core/Bus Freq. Ratio :

Core/Bus Freq. Ratio :

SW1	1-1	1-2	1-3	1-4
3.5x	ON	ON	ON	OFF
4.0x	OFF	OFF	OFF	OFF
4.5x	OFF	OFF	ON	OFF
5.0x	OFF	ON	OFF	OFF
5.5x	OFF	ON	ON	OFF
6.0x	ON	OFF	OFF	ON

9.4.3 Öffnen des PC

1. Entfernen Sie die rückseitigen Anschlüsse und stellen Sie den PC auf den Schreibtisch.

2. Lösen Sie die Gehäuseschrauben an der Rückseite. Desktop-PCs haben teilweise auch noch Schrauben auf der Unterseite.

3. Nehmen Sie die Haube oder das Seitenteil durch Ziehen nach hinten oder in seltenen Fällen auch nach vorne ab.

4. Ein Tower-Gehäuse legen Sie jetzt am besten auf die Seite. Dadurch erhalten Sie eine bessere Übersicht und können auch bequemer arbeiten, da ein Wegkippen oder Rutschen ausgeschlossen ist.

9.5 Slot-CPUs

Lesen Sie als erstes die Anleitung komplett durch, damit Sie sich ein Bild machen können, welche Bauteile auf dem Motherboard für den Austausch des Prozessors und für die anschließende Konfiguration zugänglich sein müssen. Diese Bauteile müssen vorher ausgebaut werden, denn sonst wird der Tausch zu einer endlosen Fummelei.

9.5.1 Prozessor austauschen

1. Verschaffen Sie sich einen Überblick im Gehäuse und orten Sie den Prozessor. Er ist das größte Bauteil auf dem Motherboard und leicht am länglichen Kühlkörper mit Lüfter zu erkennen.

2. Entfernen Sie alle Teile, die im Weg sind, wie etwa Kabel von Laufwerken oder Steckkarten. Merken oder markieren Sie sich die Position.

Bild 9.3:
Entfernen Sie erst alle störenden Teile.

3. Ist der Prozessor freigelegt, lösen Sie das Kabel des Lüfters, indem Sie es nach oben abziehen.

Bild 9.4:
Das Lüfterkabel kann einfach abgezogen werden.

Slot-CPUs

4. Als nächstes wird der Prozessor samt Kühlkörper ausgebaut. Er wird durch eine simple Technik mit zwei Federklammern in einer Führung festgehalten um ein Herausrutschen zu verhindern. Zum Ausbau müssen die beiden Klammern rechts und links am Prozessorhalter nach innen gedrückt werden. Der Prozessor wird entriegelt und kann nach oben aus der Führung herausgezogen werden. Diese Haltetechnik mit Klammern wird nur beim Pentium II benutzt, der Celeron hat keine, da ihm das Gehäuse dazu fehlt. Er steckt nur in der Führung und ist nicht gesichert.

Bild 9.5:
Der Prozessor wird aus der Führung herausgezogen. Drücken Sie dabei rechts und links mit dem Zeigefinger die Arretierungshebel am Prozessor hinein.

TIP

Die CPUs stecken oft ziemlich fest im Slot und lassen sich deshalb nur mit einigem Kraftaufwand herausziehen. Damit sich das Motherboard durch den starken Zug nicht zu sehr durchbiegt und vielleicht beschädigt wird, drücken Sie am besten mit zwei Fingern von unten gegen den Kühlkörper und schieben ihn so nach oben. Achten Sie nur darauf, daß keine Bauteile auf dem Board mit den Knöcheln umgebogen werden.

5. Nehmen Sie den Kühlkörper samt Lüfter vom Prozessor ab. Da es Kühlkörper von den verschiedensten Hersteller gibt, gibt es auch die unterschiedlichsten Befestigungstechniken. Der Pentium II-Kühlkörper wird meistens durch Kunststoffstifte festgehalten, die außen am Kühlkörper mit zwei Knebeln verriegelt werden können. Entriegeln Sie die Knebel, dann läßt sich der Kühlkörper abnehmen. Manchmal wird der Kühlkörper auch nur durch Clips festgehalten. Die umständlichsten Befestigungstechniken tauchen aber beim Celeron auf. Erschrecken sie also nicht, wenn Sie drei oder vier Teile in der Hand halten.

Bild 9.6:
Der Kühlkörper kann ganz unterschiedlich befestigt sein. Hier müssen z.B. die Metallklammern mit einem Schraubendreher gelöst werden.

6. Befestigen Sie den Kühlkörper in umgekehrter Reihenfolge auf dem neuen Prozessor. Fall sie vorher einen Pentium-II-Prozessor verwendet haben und jetzt einen Celeron einsetzen wollen oder umgekehrt, benötigen Sie einen neuen Kühlkörper mit Lüfter, da die beiden nicht kompatibel sind.

Bild 9.7:
Der Kühlkörper wird wieder montiert. Achten Sie darauf, daß entweder eine Wärmeleitfolie wie hier oder Wärmeleitpaste vorhanden ist.

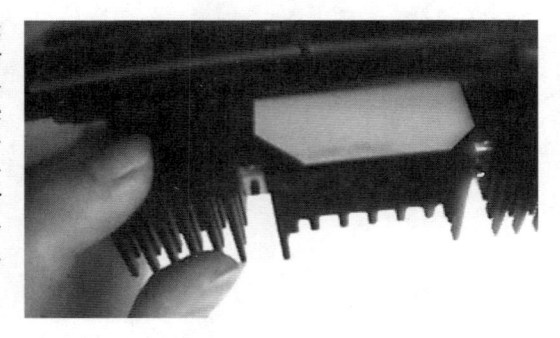

7. Ist der Kühlkörper montiert, können Sie ihn komplett mit dem Prozessor wieder in die Führungsschiene stecken bis er einrastet. Eventuell müssen Sie sogar von der Rückseite des Motherboard dagegendrücken, damit dies gelingt. Falsch herum einbauen läßt er sich nicht, denn er hat eine außermittige Kerbe zwischen den Steckkontakten und im Slot ist eine Nase angebracht.

Bild 9.8:
Der Prozessor wird wieder in die Führungsschiene gesteckt, bis er oben einrastet.

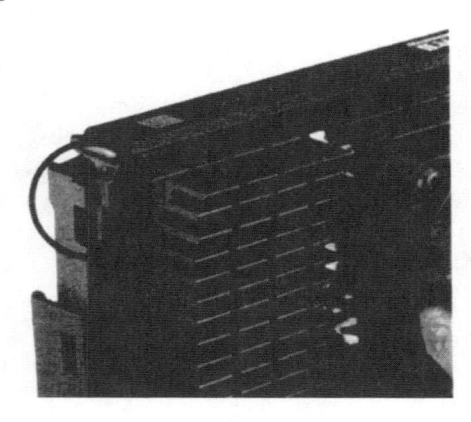

Slot-CPUs

8. Stecken Sie jetzt das Kabel für den Lüfter wieder an seinen Platz auf dem Motherboard.

Bild 9.9: Vergessen Sie auf keinen Fall, das Lüfterkabel wieder aufzustecken.

> **ACHTUNG**
> Dem Lüfterkabel sollten Sie besondere Aufmerksamkeit schenken, denn wenn Sie vergessen, dieses wieder auf dem Motherboard anzustecken, kann es zu einer schleichenden Überhitzung und sogar zu einer Zerstörung des Prozessors kommen. Überprüfen Sie am besten auch die Funktion des Lüfters, während Sie die neue CPU testen.

9.5.2 Die Installation

Als nächstes muß das Motherboard auf den neuen Prozessor eingestellt, also konfiguriert werden. Dazu benötigen Sie das Handbuch des Motherboard, damit Sie an Hand der Listen die Jumper oder DIP-Schalter für die Spannung und Taktraten einstellen können. Auf manchen Motherboards sind die Listen auch direkt aufgedruckt, dann können Sie auch auf das Handbuch verzichten.

Einige Motherboard-Hersteller verwenden für diese Einstellungen keine Jumper oder DIP-Schalter mehr, sondern lassen diese bequem aus dem BIOS-Setup zu (siehe Seite 175). Ist das bei Ihrem Board der Fall, können Sie die Punkte 1-4 für das Stecken der Jumper überspringen und nach Ausführen von Punkt 5 direkt ins BIOS-Setup wechseln.

Schritt für Schritt konfigurieren

Bevor Sie die Einstellungen vornehmen, müssen Sie die technischen Daten Ihrer CPU kennen. Entweder sind sie direkt aufgedruckt oder Sie finden sie in einer Tabelle des Handbuchs. Ist das nicht der Fall, wenden Sie sich an den Händler und erfragen Sie die Daten.

1. Slot-1-Prozessoren sind Dual-Voltage-Prozessoren und benötigen zwei unterschiedliche Spannungen zum Betrieb. Sie werden als Core-»Kern-« und I/O-»Eingangs/Ausgangs-« Spannung bezeichnet. Die I/O Spannung ist fest auf 3,3 Volt eingestellt und braucht nicht verändert werden. Die

Core-Spannung hängt vom verwendeten Prozessorkern ab und wird von fast allen Motherboards über das BIOS erkannt und automatisch eingestellt.

> **ACHTUNG**
> Wenn Sie die Spannung manuell z.B. über das Soft-Menu II des Abit-Boards einstellen, achten Sie auf die richtige Spannung! Eine zu hoch eingestellte Prozessorspannung kann den Prozessor auf Dauer zerstören.

2. Als nächstes kommt die Einstellung der Taktfrequenz an die Reihe. Sie wird mit einem Jumper für die externe Taktfrequenz, dem sogenannten Bustakt und einem Jumper für die interne Taktfrequenz, dem Multiplikator eingestellt. Der **Bustakt-x-Multiplikator** ergibt den Prozessortakt. In der Tabelle auf Seite 218 sehen Sie die gängigsten CPU-Taktfrequenzen und wie sie sich zusammensetzen.

Bild 9.10:
Versetzen Sie die Jumper am besten mit einer Pinzette.

3. Viele moderne Motherboards erkennen über das BIOS, welcher Prozessor eingesetzt ist und stellen die Taktfrequenz dann automatisch ein. Die Mehrzahl der Boards verwendet aber immer noch die Einstellung per Jumper oder DIP-Schalter.

> **ACHTUNG**
> Eine zu hoch eingestellte Prozessor-Taktfrequenz kann den Prozessor ebenfalls auf Dauer zerstören.

4. Die Konfiguration des Prozessors ist abgeschlossen. Jetzt müssen Sie nur noch die vorher entfernten Bauteile, wie etwa Kabel von Laufwerken oder Steckkarten, wieder einbauen oder anschließen.

Slot-CPUs

9.5.3 Neue CPU testen

Werfen Sie noch einmal einen Blick auf die eingebaute CPU und die Jumper-Einstellungen, ob sich kein Fehler eingeschlichen hat. Hat alles seine Richtigkeit, können Sie die Tastatur, den Monitor und die Spannungsversorgung wieder anschließen. Jetzt kommt der spannendste Moment:

1. Schalten Sie den PC ein und beobachten Sie den Monitor. Erscheint der Startbildschirm wird bei vielen Motherboards als erstes der eingebaute Prozessortyp und der eingestellte Systemtakt angezeigt.

> **ACHTUNG**
> Wird Ihr Motherboard durch das BIOS-Setup konfiguriert, wechseln Sie jetzt in dieses und stellen Sie die Werte für den Prozessor ein. Manche erkennen den verwendeten Prozessor auch automatisch und stellen die Werte dafür selbst ein. Lesen Sie dazu auch die Informationen im Handbuch.

2. Danach wird der Speicher hochgezählt und im Anschluß daran müßte der PC auch booten. Herzlichen Glückwunsch, Sie haben es geschafft und den neuen Prozessor erfolgreich eingebaut! Schalten Sie den PC wieder aus und stecken Sie aus Sicherheitsgründen vor dem Schließen des Gehäuses die Kabel wieder ab.

3. Bleibt der Bildschirm dunkel, schalten Sie den PC sofort wieder aus und lesen Sie im Kapitel 8.9 nach, was Sie falsch gemacht haben.

Gehäuse schließen

1. Nehmen Sie die Haube oder das Seitenteil und stecken Sie es über das Gehäuse.
2. Schrauben Sie die Gehäuseschrauben an der Rückseite wieder ein.

> **TIP**
> Die Gewinde in den Gehäusen sind oft nur sehr dünn und können ausreißen, wenn Sie die Schrauben gewaltsam eindrehen. Setzen Sie deshalb die Schraube an und drehen Sie in die Richtung, als wollten Sie die Schraube öffnen. Wenn Sie dann einen kleinen Knack spüren und die Schraube ein kleines Stück tiefer in das Gewindeloch fällt, paßt der Gewindegang im Gehäuse exakt zur Schraube. Drehen Sie diese jetzt ein, aber ziehen Sie erst alle Schrauben zum Schluß gemeinsam fest.

3. Stellen Sie die rückseitigen Anschlüsse wieder her.

9.6 Sockel-7-CPUs

Lesen Sie als erstes die Anleitung komplett durch, damit Sie sich ein Bild machen können, welche Bauteile auf dem Motherboard für den Austausch des Prozessors und für die anschließende Konfiguration zugänglich sein müssen. Diese Bauteile müssen vorher ausgebaut werden, denn sonst wird der Tausch zu einer endlosen Fummelei.

9.6.1 Prozessor austauschen

1. Verschaffen Sie sich einen Überblick im Gehäuse und orten Sie den Prozessor. Er ist leicht am großen Lüfter mit dem darunterliegenden Kühlkörper zu erkennen.

2. Entfernen Sie alle Teile, die im Weg sind, wie etwa Kabel von Laufwerken oder Steckkarten. Merken oder markieren Sie sich die Position. Bei Desktop-Gehäusen kann es vorkommen, daß sich der Prozessor ganz knapp unter dem Laufwerksschacht befindet. Kann der Schacht mit den Laufwerken nicht ausgebaut werden, hilft oft nur ein Ausbau des kompletten Motherboards, wie in Kapitel 10 beschrieben.

3. Auch das Netzteil kann den Ausbau des Prozessors behindern. Es kann aber relativ einfach durch Lösen von den auf der Gehäuserückseite befindlichen Schrauben entfernt und samt angeschlossener Kabel zur Seite gelegt werden.

4. Ist der Prozessor freigelegt, kann der Lüfter entfernt werden. Es gibt zwei verschiedene Ausführungen dieses aktiven Kühlkörpers, eine meist runde mit Klemmausführung und die mehr verbreitete, eckige mit Schnappausführung.

5. Die Klemmausführung wird nach Abstecken des Spannungskabels gegen den Uhrzeigersinn vom Prozessor heruntergeschraubt. Manche lassen sich erst nach dem Ausbau des Prozessors entfernen, da sich der Kühlkörper nicht vollständig abschrauben läßt.

Bild 9.11: Der Klemmlüfter wird durch Drehen gegen den Uhrzeigersinn gelockert.

Sockel-7-CPUs

6. Die eckige Schnappausführung ist mit einem Metallhalter am Prozessorsockel eingerastet. Zum Entfernen wird einfach der Metallhalter nach unten und gleichzeitig vom Sockel weggedrückt, so daß er über den Haltezapfen rutscht. Falls nötig, verwenden Sie einen Schraubendreher, um den Metallhalter vorsichtig vom Prozessorsockel wegzudrücken.

Bild 9.12:
Der eckige Lüfter hält mit einem Schnappverschluß.

7. Der Kühlkörper kann sich in beiden Fällen oft schwer vom Prozessor lösen, da die eingetrocknete Wärmeleitpaste beide zusammenklebt. Das ist auch der Grund, warum ich immer empfehle, bei der Klemmausführung zuerst den Kühlkörper abzuschrauben oder zu lösen, bevor der Prozessor aus den Sockel genommen wird, denn durch das notwendige, gewaltsame Drehen gegen den Uhrzeigersinn können sich die Anschlußbeinchen beim Festhalten leicht verbiegen.

8. Ist der Kühlkörper entfernt, kann der Prozessor aus dem Sockel ausgebaut werden. Dazu brauchen Sie nur den Hebel des ZIF-Sockels leicht zur Seite drücken, damit er sich aus seiner Arretierung löst. Danach läßt sich der Hebel leicht nach oben bewegen. Jetzt kann der Prozessor durch Hochheben mit beiden Fingern entnommen werden.

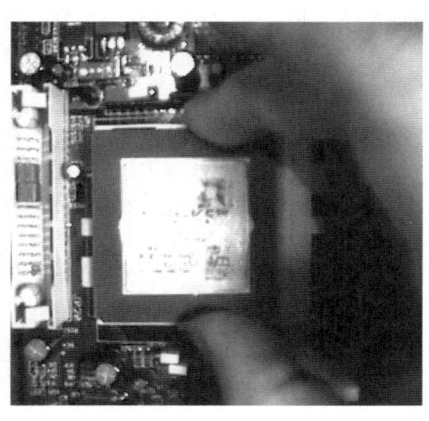

Bild 4.13:
Den Prozessor mit zwei Fingern herausnehmen.

Der Prozessorwechsel

9. Wenn der Prozessor weiter verwendet werden soll, legen Sie ihn vorsichtig auf die Seite und bewahren Sie ihn später in der Orginalverpackung des neuen auf, damit die Anschlußbeinchen nicht umknicken.

10. Jetzt kann der neue Prozessor in den Sockel eingesetzt werden. Da die CPU quadratisch ist, sind theoretisch vier verschiedene Positionen möglich, aber nur eine davon ist richtig. Um die richtige auf Anhieb zu finden, haben die Hersteller vorgesorgt und den Prozessor markiert. Er hat am PIN1 eine abgeschrägte Ecke und einen Markierungspunkt auf der Oberseite. Auf der Unterseite fehlt genau an dieser Ecke ein PIN.

Bild 9.14:
Die abgeschrägte Ecke ist der PIN1.

HINWEIS

Betrachten Sie den Sockel auf dem Motherboard, so fehlt auch ihm ein PIN an einer Ecke. Manche Hersteller schrägen auch zusätzlich noch den Sockel ab oder versehen ihn mit einer anderen Markierung. Jetzt ist eindeutig klar, in welcher Position die CPU eingesetzt werden muß.

11. Fassen Sie den Prozessor wieder mit zwei Fingern und lassen Sie ihn in der richtigen Position in den Sockel gleiten. Falls er sich verkantet, stimmt etwas nicht, drücken Sie ihn keinesfalls mit Gewalt in den Sockel! Entweder ist der Hebel des Sockels nicht ganz in der Senkrechten oder ein Anschlußpin ist verbogen. Kontrollieren Sie die Unterseite und richten Sie, falls ein Pin verbogen ist, diesen mit einer Pinzette wieder aus.

Sockel-7-CPUs

Bild 9.15: Setzen sie den Prozessor richtig und ohne Gewalt in den Sockel ein. Der Hebel muß dazu wieder absolut senkrecht stehen.

12. Wenn Sie einen Kühlkörper mit Klemmbefestigung haben, vergessen Sie nicht diese vor dem Einbringen des Prozessors in den Sockel zu montieren.

13. Ist der Prozessor im Sockel brauchen Sie nur noch den Hebel nach unten drücken, er rastet dann am Ende wieder in seine Arrretierung ein. Jetzt sitzt der Prozessor absolut fest im Sockel.

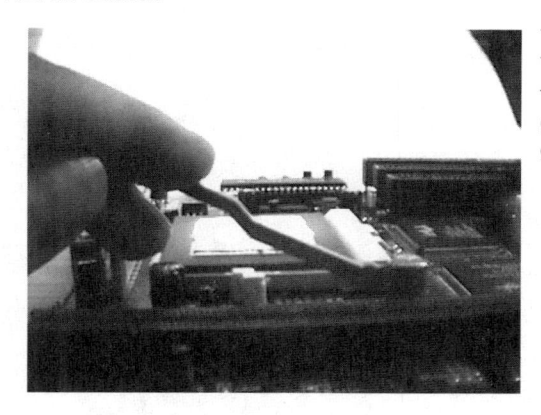

Bild 9.16: Der Hebel wird wieder nach unten gedrückt und eingerastet.

14. Nun folgt noch die Montage des Kühlkörpers mit Lüfter. Dabei ist es besonders wichtig, die alte Wärmeleitpaste mit einem Lappen gründlich zu entfernen. Ist die Paste sehr fest angetrocknet, kann sie vorher mit einer Spachtel abgeschabt oder mit etwas Spiritus auf einem Lappen aufgelöst werden. Wenn der Kühlkörper schon älter als zwei Jahre ist, werfen Sie ihn am besten gleich weg und verwenden Sie einen neuen.

15. Streichen Sie jetzt eine hauchdünne, gleichmäßige Schicht von der neuen Wärmeleitpaste auf den Kühlkörper. Nicht zu dick auftragen, denn sonst wird sie nachher seitlich herausgepreßt, was nicht im Sinne des Erfinders ist. Sie dient ja nur dazu, um die feinen Riefen im Alu des Kühlkörpers und Unebenheiten auf der Oberfläche des Prozessors auszugleichen.

Bild 9.17:
Eine dünne Schicht Wärmeleitpaste wird aufgetragen.

16. Setzen Sie den Kühlkörper auf den Prozessor auf und verriegeln Sie ihn mit dem Metallhalter am Haltezapfen des Sockels. Überprüfen Sie den festen Sitz, denn wenn der Lüfter später herunterfällt, kann das fatale Folgen haben.

17. Stecken Sie das Verbindungskabel vom Netzteil wieder mit dem des Lüfters zusammen. Es kann nicht verpolt zusammengesteckt werden, da die Buchse und der Stecker auf einer Seite eine Abschrägung aufweisen. Drücken Sie die beiden, aber nicht mit roher Gewalt zusammen, denn sonst können sich die Kontakte aus dem Stecker oder der Buchse herausdrücken

Bild 9.18:
Vergessen Sie nicht das Stomversorgungskabel des Lüfters aufzustecken.

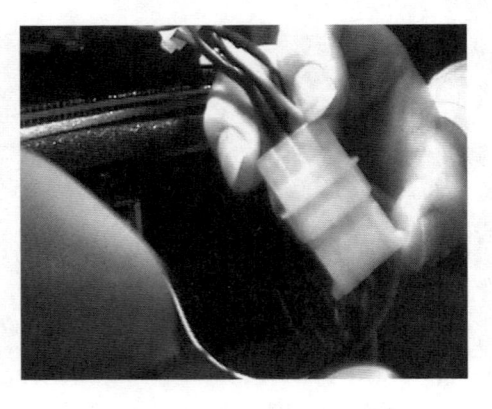

18. Der Einbau der Prozessors ist jetzt abgeschlossen, nun geht es an die Installation.

9.6.2 Die Installation

Als nächstes muß das Motherboard auf den neuen Prozessor eingestellt, also konfiguriert werden. Dazu benötigen Sie das Handbuch des Motherboard, damit Sie an Hand der Listen die Jumper oder DIP-Schalter für Spannungen und Taktraten einstellen können. Auf manchen Motherboards sind die Listen auch direkt aufgedruckt, dann können Sie auf das Handbuch verzichten.

Sockel-7-CPUs

Bild 9.19:
Die Liste im Handbuch ist weitgehend selbsterklärend.

```
Chapter 1                                          System Board

(B)     JP9, JP6    CPU Clock Selection

        (a) INTEL CPU
```

CPU Speed	Bus Clock & Multiplier	JP9 (1-2)	JP9 (3-4)	JP9 (5-6)	JP6 (1-2)	JP6 (3-4)	JP6 (5-6)
90MHz	60MHz x 1.5	open	closed	closed	open	open	open
100MHz	66MHz x 1.5	closed	open	closed	open	open	open
120MHz	60MHz x 2	open	closed	closed	closed	open	open
133MHz	66MHz x 2	closed	open	closed	closed	open	open
150MHz	60MHz x 2.5	open	closed	closed	closed	closed	open
166MHz	66MHz x 2.5	closed	open	closed	closed	closed	open
200MHz	66MHz x 3	closed	open	closed	open	closed	open
233MHz	66MHz x 3.5	closed	open	closed	open	open	open

* JP9(1-2)open & JP9(3-4)closed & JP9(5-6)closed   :Bus Clock = 60MHz
* JP9(1-2)closed & JP9(3-4)open & JP9(5-6closed   :Bus Clock = 66MHz
* JP9(1-2)open & JP9(3-4)closed & JP9(5-6)open   :Bus Clock = 75MHz
* JP6(1-2) open & JP6(3-4) open & JP6(5-6) open   : Multiplier = 1.5
* JP6(1-2) closed & JP6(3-4) open & JP6(5-6) open   : Multiplier = 2
* JP6(1-2) closed & JP6(3-4) closed & JP6(5-6) open : Multiplier = 2.5
* JP6(1-2) open & JP6(3-4) closed & JP6(5-6) open   : Multiplier = 3
* JP6(1-2) open & JP6(3-4) open & JP6(5-6)open   : Multiplier = 3.5

Einige Motherboard-Hersteller verwenden für diese Einstellungen keine Jumper oder DIP-Schalter mehr, sondern lassen diese bequem aus dem BIOS-Setup zu (siehe Seite 175). Ist das bei Ihrem Board der Fall, können Sie die Punkte 1-3 für das Stecken der Jumper überspringen und nach Ausführen von Punkt 4 direkt ins BIOS-Setup wechseln.

Schritt für Schritt konfigurieren

Bevor Sie die Einstellungen vornehmen, müssen Sie die technischen Daten Ihrer CPU kennen. Entweder sind sie direkt aufgedruckt oder Sie finden sie in einer Tabelle des Handbuchs. Ist das nicht der Fall, wenden Sie sich an den Händler und erfragen Sie die Daten.

1. Stellen Sie die Jumper für die Prozessorspannungen nach den Angaben der Liste ein. Sie werden bei Dual-Voltage-Prozessoren als Core-»Kern-« und I/

O-»Eingangs/Ausgangs-« Spannung bezeichnet. Für Single-Voltage-Prozessoren werden dann beide Spannungen auf den gleichen Wert gesetzt. Auf älteren Motherboards ohne Split-Voltage gibt es nur die Einstellung STD für 3,3 Volt und VRE für 3,53 Volt.

Bild 9.20:
Die Prozessorspannung wird eingestellt.
(Foto: Hans-Georg Veddeler)

ACHTUNG

Eine zu hoch eingestellte Prozessorspannung kann den Prozessor auf Dauer zerstören.

2. Als nächstes kommt die Einstellung der Taktfrequenz an die Reihe. Sie wird mit einem Jumper für die externe Taktfrequenz, dem sogenannten Bustakt und einem Jumper für die interne Taktfrequenz, dem Multiplikator, eingestellt. Der **Bustakt-x-Multiplikator** ergibt den Prozessortakt. In der nachfolgenden Tabelle sehen Sie die gängigsten CPU-Taktfrequenzen und wie sie sich zusammensetzen.

Bild 9.21:
Die Taktfrequenz wird meistens über einen Block mit 2 oder 3 Jumpern eingestellt.
(Foto: Hans-Georg Veddeler)

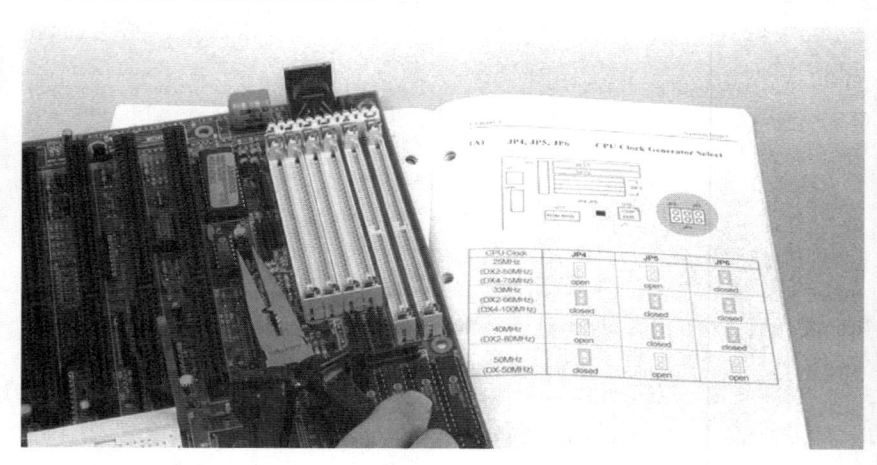

Sockel-7-CPUs

> **ACHTUNG**
> Eine zu hohe Prozessor-Taktfrequenz kann den Prozessor ebenfalls auf Dauer zerstören.

CPU-Takt	Bustakt MHz	Multiplikator
100	66	1,5
133	66	2
166	66	2,5
200	66	3
233	66	3,5
266	66	4
300	66	4,5
333	66	5
350	100	3,5
400	100	4
450	100	4,5

Tabelle 9.3: Bustakt und Multiplikator der gängigsten Taktfrequenzen.

3. Manche Motherboards haben noch einen extra Jumper für die Einstellung der CPU-Marke. Damit wird eingestellt, ob eine Intel-, AMD- oder Cyrix-CPU eingebaut ist.

4. Die Konfiguration des Prozessors ist abgeschlossen. Jetzt müssen Sie nur noch die vorher entfernten Bauteile, wie etwa Kabel von Laufwerken oder Steckkarten, wieder einbauen oder anschließen.

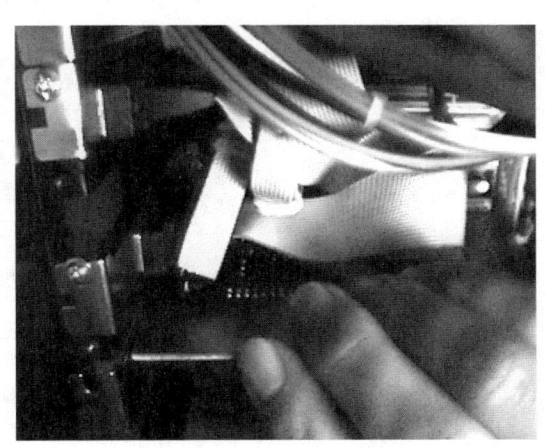

Bild 9.22: Bauen Sie die vorher entfernten Komponenten wieder ein.

9.6.3 Neue CPU testen

Werfen Sie noch einmal einen Blick auf die eingebaute CPU und die Jumpereinstellungen, ob sich kein Fehler eingeschlichen hat. Hat alles seine Richtigkeit, können Sie die Tastatur, den Monitor und die Spannungsversorgung wieder anschließen. Jetzt kommt der spannendste Moment:

Der Prozessorwechsel

5. Schalten Sie den PC ein und beobachten Sie den Monitor. Erscheint der Startbildschirm werden bei vielen Motherboards als erstes der eingebaute Prozessortyp und der eingestellte Systemtakt angezeigt.

Bild 9.23:
Der Prozessortyp und der Systemtakt werden angezeigt.

```
ASUS P2B-DS ACPI BIOS Revision 1003

CELERON-MMX CPU at 412MHz
Memory Test :   131072K OK

Award Plug and Play BIOS Extension v1.0A
Initialize Plug and Play Cards...

PNP Init Completed
```

> **ACHTUNG**
>
> Wird Ihr Motherboard durch das BIOS-Setup konfiguriert, wechseln Sie jetzt in dieses und stellen Sie die Werte für den Prozessor ein. Manche erkennen den verwendeten Prozessor auch automatisch und stellen die Werte dafür selbst ein. Lesen Sie dazu auch die Informationen im Handbuch.

6. Danach wird der Speicher hochgezählt und im Anschluß daran müßte der PC auch booten. Herzlichen Glückwunsch, Sie haben es geschafft und den neuen Prozessor erfolgreich eingebaut! Schalten Sie den PC wieder aus und stecken Sie aus Sicherheitsgründen vor dem Schließen des Gehäuses die Kabel wieder ab.

7. Bleibt der Bildschirm dunkel, schalten Sie den PC sofort wieder aus und lesen Sie im Kapitel 8.9 nach, was Sie falsch gemacht haben.

Gehäuse schließen

1. Nehmen Sie die Haube oder das Seitenteil und stecken Sie es über das Gehäuse.

2. Schrauben Sie die Gehäuseschrauben an der Rückseite wieder ein.

> **TIP**
>
> Die Gewinde in den Gehäusen sind oft nur sehr dünn und können ausreißen, wenn Sie die Schrauben gewaltsam eindrehen. Setzen Sie deshalb die Schraube an und drehen Sie in die Richtung, als wollten Sie die Schraube öffnen. Wenn Sie dann einen kleinen Knack spüren und die Schraube ein kleines Stück tiefer in das Gewindeloch fällt, paßt der Gewindegang im Gehäuse exakt zur Schraube. Drehen Sie diese jetzt ein, aber ziehen Sie erst alle Schrauben zum Schluß gemeinsam fest.

3. Stellen Sie die rückseitigen Anschlüsse wieder her.

9.7 Overdrive-Prozessoren

Overdrive-Prozessoren sind eine gute Lösung für 2 oder 3 Jahre alte Sockel-7-Motherboards, bei denen ein Prozessortausch durch das Fehlen der richtigen Spannungen oder Taktfrequenzen für eine moderne CPU nicht mehr möglich ist. Der Overdrive-Prozessor erzeugt die richtigen Spannungen und Taktfrequenzen selbst und braucht deshalb nur wie ein herkömmlicher Sockel-7-Prozessor in das Motherboard eingebaut werden. Die externe Taktfrequenz auf dem Motherboard muß allerdings auf 66 MHz eingestellt sein, da der Overdrive seine Taktfrequenzen daraus erzeugt. Das dürfte mit dem Handbuch des Motherboard aber kein Problem sein.

Bild 4.24:
Der Turbobooster von Topgrade

Eine feine Sache werden manche jetzt denken, denn durch den Overdrive-Prozessor braucht das Motherboard nicht ausgetauscht werden, und das ist nicht nur zeit-, sondern auch kostensparend. Das stimmt auch teilweise, nur birgt es auch viele Nachteile in sich:

- Der Overdrive paßt aus rein mechanischer Sicht nicht in jedes Board, denn er ist wesentlich höher und auf einer Seite minimal breiter als ein normaler Sockel-7-Prozessor mit Kühlkörper. In der Höhe sind es meistens lange Einsteckkarten, die den Einbau verhindern, und in der Breite kann es Probleme geben, wenn Bauteile direkt neben dem Prozessorsockel in die Höhe ragen.

- Der zweite ist das BIOS-Update, denn gerade für ältere »No-Name«-Motherboards ist kein solches verfügbar. Erkundigen Sie sich erst beim Hersteller (siehe Seite 295), ob für Ihr Board ein BIOS-Update angeboten wird, das den Prozessortyp im Overdrive unterstützt. Es ist zwar nicht immer zwingend erforderlich, kann dann aber zum Glücksspiel werden.

- Die alten und teilweise langsamen Schnittstellen bleiben erhalten.

Wer sich dennoch für einen Overdrive-Prozessor entscheidet, kann ihn nach folgendem Muster einbauen:

1. Öffnen Sie das Gehäuse (siehe Seite 27).

2. Verschaffen Sie sich einen Überblick im Gehäuse und orten Sie den Prozessor. Er ist leicht am großen Lüfter mit dem darunterliegenden Kühlkörper zu erkennen.

Der Prozessorwechsel

3. Entfernen Sie alle Teile, die im Weg sind, wie etwa Kabel von Laufwerken oder Steckkarten. Merken oder markieren Sie sich die Positon.

4. Ist der Prozessor freigelegt kann der Lüfter entfernt werden. Es gibt zwei verschiedene Ausführungen dieses aktiven Kühlkörpers, eine meist runde mit Klemmausführung und die mehr verbreitete, eckige mit Schnappausführung.

5. Die Klemmausführung kann nach Abstecken des Spannungskabels komplett mit dem Prozessor ausgebaut werden.

6. Die eckige Schnappausführung ist mit einem Metallhalter am Prozessorsockel eingerastet. Der Prozessor läßt sich erst nach der Demontage des Kühlkörpers ausbauen. Um den Kühlkörper samt Lüfter abzunehmen, wird einfach der Metallhalter nach unten und gleichzeitig vom Sockel weggedrückt, so daß er über den Haltezapfen rutscht. Falls nötig, verwenden Sie einen Schraubendreher, um den Metallhalter vorsichtig vom Prozessorsockel wegzudrücken.

7. Der Kühlkörper kann sich oft schwer vom Prozessor lösen, da die eingetrocknete Wärmeleitpaste beide zusammenklebt. Durch eine leichte Drehbewegung läßt er sich aber abnehmen.

8. Ist der Kühlkörper entfernt, kann der Prozessor aus dem Sockel ausgebaut werden. Dazu brauchen Sie nur den Hebel des ZIF-Sockels leicht zur Seite drücken, damit er sich aus seiner Arrretierung löst. Danach läßt sich der Hebel leicht nach oben bewegen. Jetzt kann der Prozessor durch Hochheben mit beiden Fingern entnommen werden.

9. Nun kann der Overdrive-Prozessor in den Sockel eingesetzt werden. Da die CPU unten quadratisch ist, sind theoretisch vier verschiedene Positionen möglich, aber nur eine davon ist richtig. Um die richtige auf Anhieb zu finden, haben die Hersteller vorgesorgt und den Prozessor markiert. Er hat am PIN1 eine abgeschrägte Ecke und einen Markierungspunkt auf der Oberseite. Auf der Unterseite fehlt genau an dieser Ecke ein PIN.

Bild 4.25:
Auch der Overdrive-Prozessor hat eine abgeschrägte Ecke, mit der PIN1 identifiziert wird.

Overdrive-Prozessoren

> **HINWEIS**
>
> Betrachten Sie den Sockel auf dem Motherboard, so fehlt auch ihm ein PIN an einer Ecke. Manche Hersteller schrägen auch zusätzlich noch den Sockel ab oder versehen ihn mit einer anderen Markierung. Jetzt ist eindeutig klar, in welcher Position die CPU eingesetzt werden muß.

10. Fassen Sie den Prozessor wieder mit zwei Fingern und lassen Sie ihn in der richtigen Position in den Sockel gleiten. Falls er sich verkantet, stimmt etwas nicht. Drücken Sie ihn keinesfalls mit Gewalt in den Sockel! Entweder ist der Hebel des Sockels nicht ganz in der Senkrechten oder ein Anschlußpin ist verbogen. Kontrollieren Sie die Unterseite und richten Sie, falls ein Pin verbogen ist, diesen mit einer Pinzette wieder aus.

Bild 9.26: Bauen Sie den Overdrive-Prozessor genauso ein wie einen herkömmlichen Prozessor.

11. Ist der Prozessor im Sockel, brauchen Sie nur noch den Hebel nach unten drücken, er rastet dann am Ende wieder in seine Arrretierung ein. Jetzt sitzt der Prozessor absolut fest im Sockel.

12. Viele Overdrive-Prozessoren werden komplett mit Kühlkörper und Lüfter ausgeliefert. Ist das nicht der Fall, müssen Sie den alten Kühlkörper reinigen und mit etwas Wärmeleitpaste wieder montieren. Klemmkühlkörper bereiten da oft Probleme, da sie sich nicht so weit öffnen lassen. Besorgen Sie sich einen mit Schnappmechanik.

13. Stecken Sie das Verbindungskabel vom Netzteil wieder mit dem des Lüfters zusammen. Es kann nicht verpolt zusammengesteckt werden, da die Buchse und der Stecker auf einer Seite eine Abschrägung aufweisen.

14. Aus manchen Modellen führt noch ein externer Stromanschluß heraus, der wie der Lüfter mit einem Anschlußkabel des Netzteils verbunden wird. Er dient für die externe Stromversorgung von stark stromfressenden Prozessoren, wie der AMD K6. Ältere Motherboards mit längsgeregeltem Spannungswandler würden sonst ihren Dienst versagen.

15. Der Einbau des Overdrive-Prozessors ist jetzt abgeschlossen, nun geht es an die Installation.

Die Installation

Als nächstes muß das Motherboard auf den Overdrive-Prozessor eingestellt, also konfiguriert werden. Dazu benötigen Sie das Handbuch des Motherboard, damit Sie an Hand der Listen die Jumper oder DIP-Schalter für die externe Taktrate einstellen können. Auf manchen Motherboards sind die Listen auch direkt aufgedruckt, dann können Sie auf das Handbuch verzichten.

1. Informieren Sie sich im Handbuch des Overdrive-Prozessors, auf welche externe Taktfrequenz das Motherboard eingestellt werden muß, meistens sind es jedoch 66 MHz.

2. Stellen Sie den erforderlichen externen Takt oder auch Bustakt genannt mittels der Jumper oder DIP-Schalter ein.

Bild 9.27: Stellen Sie den externen Takt nach Ihrem Handbuch ein.

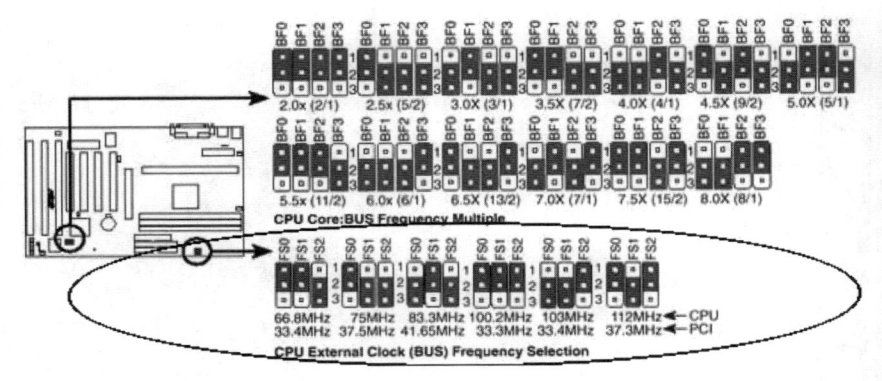

Neue CPU testen

Werfen Sie noch einmal einen Blick auf den eingebauten Overdrive-Prozessor und die Jumper-Einstellungen, ob sich kein Fehler eingeschlichen hat. Hat alles seine Richtigkeit, können Sie die Tastatur, den Monitor und die Spannungsversorgung wieder anschließen.

1. Schalten Sie den PC ein und beobachten Sie den Monitor. Erscheint der Startbildschirm, werden bei vielen Motherboards als erstes der eingebaute Prozessortyp und der eingestellte Systemtakt angezeigt. Danach wird der Speicher hochgezählt und im Anschluß daran müßte der PC auch booten. Herzlichen Glückwunsch, Sie haben es geschafft und den neuen Overdrive-Prozessor erfolgreich eingebaut! Schalten Sie den PC wieder aus und stecken Sie aus Sicherheitsgründen vor dem Schließen des Gehäuses die Kabel wieder ab.

Prozessor im Zwischensockel

```
Award Modular BIOS v4.51PG, An Energy Star Ally
Copyright (C) 1984-95, Award Software, Inc.

#401A0-0105

PENTIUM-S CPU at 166MHz
Memory Test :   65536K OK
```

Bild 9.28:
Wenn der Speicher hochgezählt wird, haben Sie es geschafft. In manchen Fällen stimmt die angezeigte Taktfrequenz nicht mit der des Prozessors überein.

2. Bleibt der Bildschirm dunkel, schalten Sie den PC sofort wieder aus und lesen Sie im Kapitel 8.9 nach, was Sie falsch gemacht haben.

War der Austausch erfolgreich, dann können Sie das Gehäuse wieder verschließen (siehe Seite 128).

9.8 Prozessor im Zwischensockel

Eine wesentlich günstigere Alternative zum Overdrive-Prozessor gibt es auch noch, nämlich den Eigenbau. Dafür gibt es sogenannte Zwischensockel im Computer-Fachhandel wie etwa bei K&M Elektronik www.kmelektronik.de, Schiwi Elektronik www.schiwi.de oder Madex www.madex.com/586.html. Diese enthalten einen Regulator für die Dual-Spannung und Jumper für den internen Multiplikator. Im Prinzip hat jeder Overdrive-Prozessor so einen Zwischensockel, nur ist der schon mit einem Prozessor bestückt und konfiguriert. Das müssen Sie beim Zwischensockel selbst erledigen, dafür sparen Sie aber auch einiges an Kosten.

Prozessor	Taktfrequenz
INTEL P55C	166MHz
	200MHz
	233MHz
AMD-K6	166MHz
	200MHz
	233MHz
	266MHz
	300MHz
	333MHz
	366MHz
	400MHz
Cyrix	PR166MHz
	PR200MHz
	PR233MHz
	PR266MHz

Tabelle 9.4:
Für diese Prozessoren paßt der Adapter von Madex.

Außer dem Zwischensockel brauchen Sie noch einen passenden Sockel-7-Prozessor, einen Kühlkörper mit Lüfter und Wärmeleitpaste. Erkundigen Sie sich vorher, welche Prozessoren der Zwischensockel unterstützt.

Bild 9.29:
Der Zwischensockel
von Madex.

Der Zusammenbau ist einfach:

1. Setzen Sie die Jumper an Hand der Bedienungsanleitung für die Core-Spannung und dem internen Multiplikator des Prozessors.

2. Für den Einbau des Prozessors legen Sie den Zwischensockel mit den PINs nach unten auf eine sehr harte, absolut plane Oberfläche wie z.B. eine Schreibtisch-, Arbeits-, Glas- oder Metallplatte.

3. Betrachten Sie den Prozessor noch einmal von unten, ob alle PINs gerade sind und keines umgebogen ist.

4. Legen Sie dann den Prozessor auf den Zwischensockel, und zwar mit der abgeschrägten Ecke des Prozessors auf die Markierung am Sockel.

5. Wenn Sie das Gefühl haben, daß alle PINs des Prozessors in die Löcher des Sockels eingerastet sind, drücken Sie ihn gleichmäßig mit beiden Daumen hinein. Falls Sie einen Klemmlüfter verwenden wollen, muß die Halterung vorher auf den Prozessor aufgeschoben werden.

> **ACHTUNG**
> Achten Sie peinlichst genau auf die Markierungen des Prozessors und des Sockels, denn wenn Sie die beiden aus Versehen falsch zusammenstecken, sind sie ohne Beschädigung kaum wieder zu trennen, der Sitz ist äußerst fest.

Auch mit dem Prozessor im Zwischensockel gibt es dieselben mechanischen Probleme wie beim Overdrive-Prozessor (siehe Seite 237). Prüfen Sie deshalb vor dem Kauf, ob der Platz in Ihrem PC ausreicht.

AMD K6-2/350 im HX- oder TX-Motherboard

9.8.1 Der Einbau

Der weitere Einbau in den PC erfolgt genauso, wie mit einem fertig gekauften Overdrive-Prozessor (siehe Seite 237).

9.9 AMD K6-2/350 im HX- oder TX-Motherboard

Sie möchten einen AMD K6-350 in Ihrem alten Motherboard mit HX- oder TX-Chipsatz ohne Zwischensockel einbauen? Kein Problem, obwohl die maximal einstellbare Taktfrequenz von 83 MHz und einem Multiplikator von 3 nur 250 MHz ergibt. Für Multiplikatoren von 4, 5 und 5,5 ist das BF2-PIN am Prozessor verantwortlich, für das aber auf den älteren Boards kein Jumper vorgesehen ist. Das ist auch klar, denn für einen Pentium 233 MMX waren 3,5 x 66 MHz = 233 MHz ausreichend.

Dieses Problem mit dem Multiplikator läßt sich aber ganz einfach lösen, indem eine Brücke am Prozessorsockel zwischen BF2 und Masse gelötet wird. Sind auf Ihrem Motherboard nur zwei Jumper zum Einstellen des Multiplikators vorhanden, können Sie nach dem Umbau den Faktor 1,5 bis 3 nicht mehr nutzen. Das ist aber egal, denn Sie wollen ja keinen Prozessor mehr verwenden, der mit weniger als 233 MHz taktet.

Eine andere Sache ist die Core-Spannung für den Prozessor. Diese Motherboards stellen meistens keine 2,2 Volt zur Verfügung sondern nur 2,3 Volt. AMD gibt in seiner Spezifikation aber 2,1 bis 2,3 Volt für diesen Prozessor vor, damit sind diese Boards innerhalb der Toleranz. Auf manchen Motherboards läßt sich auch mit undokumentierten Jumpereinstellungen die Spannung von 2,2 Volt erreichen. Ein Experimentieren ohne Meßgerät ist aber nicht ratsam, da sonst der Prozessor zerstört werden kann.

Bild 9.30: Das Meßgerät für die Prozessorspannungen von Madex ist für den Sockel 7 und Slot 1 erhältlich.

9.9.1 Der Umbau

6. Legen Sie das Motherboard mit dem Prozessorsockel nach unten auf den Arbeitstisch und zwar so, daß die abgeschrägte Ecke mit PIN1 links oben liegt.

Bild 9.31: Das Motherboard muß in dieser Position liegen, damit die PINs abgezählt werden können.

7. Der 10. PIN der zweiten Kontaktreihe wird mit dem 11. PIN der dritten Kontaktreihe verlötet. Das Abzählen der PINs erfolgt von links nach rechts und das der PIN-Reihen von außen nach innen.

9.9.2 Multiplikator einstellen

Der Multiplikator von 4 bis 5,5 kann jetzt mit den beiden Jumpern eingestellt werden. Dabei entspricht der frühere Multiplikator von 1,5 jetzt dem Multiplikator 4 usw. Die nachfolgende Tabelle zeigt, welche Taktfrequenzen mit dem umgebauten Motherboard möglich sind.

Tabelle 9.5: Übersicht der neuen Taktfrequenzen.

Bustakt/Multipl.	66 MHz	75 MHz	83 MHz
4	266	300	333
4,5	300	338	378
5	333	375	415
5,5	363	413	457

Jetzt stehen Ihnen Taktraten von 266 bis 457 MHz zur Verfügung, die theoretisch auch den Einsatz einer 450-MHz-CPU ermöglichen, wenn die Spannung von 2,3 Volt nicht zu hoch ist. Für den Einsatz von 75 und 83 MHz Bustakt benötigen Sie allerdings gute EDO-Module, damit es nicht zu Schutzverletzungen und Abstürzen kommt. Den AMD K6-2/35 können Sie noch mit 66-MHz-Bustakt betreiben, somit entstehen keine Probleme. Die minimale Übertaktung auf 363 MHz steckt er ohne weiteres weg, er kann aber genauso mit 333 MHz betrieben werden.

9.10 Prozessor auf der Steckkarte

Ganz aktuell ist eine revolutionäre PCI-Steckkarte von Evergreen, die es ermöglicht, selbst einen in die Jahre gekommenen 486er auf einen AMD K-2 oder Intel Celeron aufzurüsten. Die Technik dafür ist eine ganz andere als bei einem Overdrive-Prozessor. Auf der Steckkarte sind nämlich gleich der Cache für den K6-2, der Chipsatz, die Speicherbänke und ein 100- MHz-Bus integriert.

Die Steckkarte ist für den Sockel 7 mit einem VIA-MVP3-Chipsatz für den K6-2 oder dem Sockel 370 mit BX-Chipsatz für den Intel Celeron erhältlich. In die drei Steckplätze für den Speicher können bis zu 256 Mbyte Hauptspeicher mit SDRAMs in PC-66 oder PC-100 Ausführung eingesteckt werden.

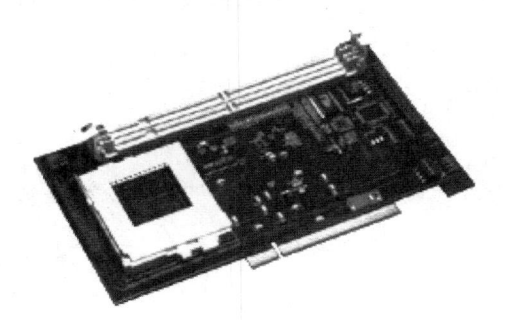

Bild 9.32:
Die Steckkarte von Evergreen

Die Installation der Karte ist einfach, denn durch das Plug & Play braucht sie nur in den PCI-Slot eingesteckt werden. Das System erkennt nach dem Einschalten die Karte automatisch und durch einen kurzen Reboot nimmt der neue Prozessor seine Arbeit auf.

Dieses System ist eine komfortable Lösung mit einer sehr guten Leistungsausbeute gegenüber den konventionellen Overdrive-Prozessoren. Noch mehr technische Daten der Eclipse-PCI-Karte finden Sie unter www.evertech.com auf den Internetseiten von Evergreen.

9.11 Slot-1-Adapter für Celeron 400

Ein Slot-1-Adapter von Gigabyte www.gigabyte.com.tw und MSI www.msi.com.tw für den Sockel 370 ist für Aufrüster interessant, denn der Intel Celeron ist nur noch übergangsweise in der 400- MHz-Version als Slot-1-Prozessor erhältlich. Die Nachfolgemodelle werden dann nur noch mit dem Sockel 370 angeboten. Beachten Sie aber bei so einer Aktion, daß Ihr Slot-1-Motherboard den Celeron unterstützt, sonst benötigen Sie erst ein BIOS-Update, damit er nach dem Einbau auch erkannt wird.

9.12 Prozessortausch im Notebook

Eine besondere Problematik stellt der Tausch des Prozessors im Notebook dar, denn er ist nicht gesockelt, sondern bis zum Pentium II direkt auf dem Motherboard aufgelötet. Hier hilft nur der Weg zu einer Spezialfirma wie etwa Hantz & Partner www.hantz.de, die durch eine Hot-Swap-Methode die vorhandene CPU gegen einen schnelleren Prozessor tauscht. Sogar 286er, 386 SX/DX und 486 SX/DX können auf 486er oder 586er durch eine PIN-kompatible CPU mit interner Taktvervielfachung ausgebaut werden. Ein in die Jahre gekommenes 486er-Notebook kann so zum Beispiel relativ günstig auf einen Pentium 133 aufgerüstet werden.

Bild 9.33:
Hanz & Partner verhilft dem Notebook zu einem Prozessorupgrade.

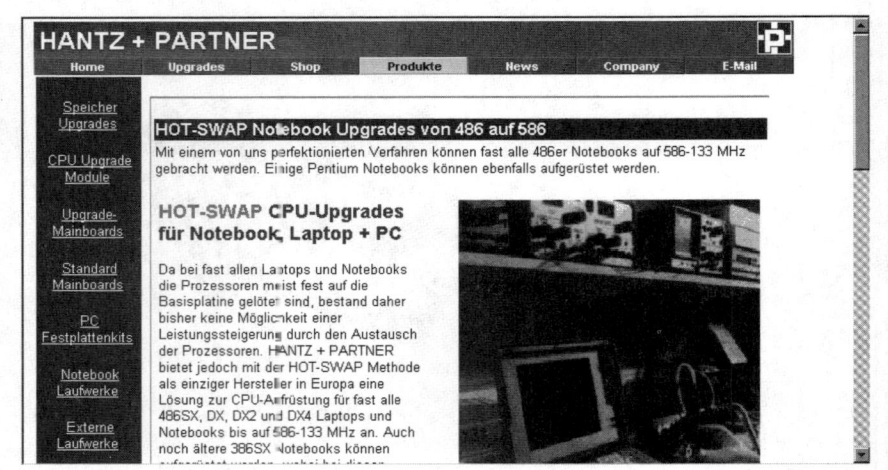

9.12.1 Die Mobile-Modul-Technik

Erst seit dem Pentium II hat Intel die Mobile-Module-Technik eingeführt. Der Prozessor sitzt jetzt auf einem Modul, das ausgetauscht werden kann. Es gibt zwei verschiedene Module, das mobile Modul »MMO« und die Cartridge. Auf der Cartridge ist nicht nur der Prozessor, sondern auch der Cache und der Chipsatz. Das mobile Modul enthält nur den Prozessor selbst und ist somit auch um einiges billiger. Ob der Tausch eines Pentium II 233 MHz gegen einen Pentium II mit 300 MHz lohnt, ist aber fraglich. Denn die Kosten sind nicht gerade niedrig, und bei älteren Notebooks ist auch meistens das Display nicht optimal, der Hauptspeicher zu gering und eventuell auch noch die Kapazität des Akkus schnell erschöpft. Wenn Sie nach der Aufrüstung des Prozessors noch mehr Hauptspeicher einbauen und sich vielleicht auch noch einen neuen Akku besorgen müssen, lohnt es nicht, denn der Preisunterschied zu einem neuen ist dann nicht mehr groß.

Fehlerquellen und ihre Ursachen

Bild 9.34:
Der Pentium II als Mobile-Module von Intel läßt sich einfach austauschen (© Intel Corporation).

9.13 Fehlerquellen und ihre Ursachen

Fehler können sich immer wieder einschleichen, auch durch die sehr präzisen Schritt-für-Schritt-Anleitungen sind sie nicht gänzlich auszuschließen. Auch professionellen Tunern unterlaufen immer wieder Fehler. Verzweifeln Sie deshalb nicht, wenn irgend etwas nicht auf Anhieb funktioniert, sondern machen Sie eine kurze Pause und gehen Sie alle Arbeitsabläufe noch einmal Schritt für Schritt durch. Ist Ihnen kein Fehler bewußt, hilft Ihnen vielleicht die nachfolgende Tabelle zur Fehlerbekämpfung weiter.

Fehlerbeschreibung	Ursache	Abhilfe
Monitor bleibt dunkel	Jumper für Taktfrequenz falsch gesetzt	Mit dem Handbuch vergleichen
Monitor bleibt dunkel	Jumper für Spannung falsch gesetzt	Mit dem Handbuch vergleichen
Monitor bleibt dunkel	ZIF-Sockel ist nicht verriegelt	ZIF-Sockel mit dem Hebel verriegeln
Monitor bleibt dunkel	Celeron-Prozessor sitzt nicht gleichmäßig im Slot	Prozessor so eindrücken, daß die Kontaktleiste vollständig im Slot sitzt
Monitor bleibt dunkel, kein Lüfter und Festplattengeräusch	Sockel-7-Prozessor falsch herum eingesetzt	Prozessor ausbauen, PIN geradebiegen, richtig einsetzen »Markierung«
Monitor bleibt dunkel, älteres Motheroard, neuer Prozessor	Prozessor wird nicht erkannt	Alten Prozessor einsetzen und BIOS-Update durchführen
Monitor bleibt dunkel, BX-Motheroard mit Celeron	Prozessor wird nicht erkannt	Pentium II einsetzen und BIOS-Update durchführen
PC stürzt permanent ab	BIOS-Einstellungen für Speichertiming falsch	Werte im BIOS-Setup erhöhen
PC stürzt permanent ab	BIOS-Einstellungen für ISA-Bus falsch	Werte im BIOS-Setup erhöhen
PC stürzt permanent ab	Bustakt zu hoch für Speichermodule	Bustakt heruntersetzen oder PC-100 Module verwenden
PC stürzt nach kurzer Zeit immer wieder ab	Prozessor zu hoch getaktet!	Richtigen Prozessortakt einstellen

Tabelle 9.6: Fehlerbeschreibung für den Prozessortausch

Fehlerbeschreibung	Ursache	Abhilfe
PC stürzt nach kurzer Zeit immer wieder ab	Lüfter funktioniert nicht	Überprüfen Sie die Funktion
Schutzverletzungen beim Booten von Windows 95 mit AMD K6-2 400 MHz	Betriebssystem	Patch von der Internetseite www.amd.com/products/cpg/k623d/win95_update_k6.html installieren

Teilweise verzeiht Ihnen der Prozessor auch gravierende Fehler, wie etwa das falsche Einsetzen einer Sockel-7-CPU, indem die Markierungen nicht übereinstimmen oder das kurzfristige Betreiben eines Prozessors mit zu hoher Betriebsspannung.

Ein Fehler, die ein Prozessor seltenst verzeiht, ist beispielsweise ein Kurzschluß durch einen umgeknickten PIN, wenn der zugleich einen anderen berührt oder durch eine fehlerhaft aufgesetzte Isolierung beim Celeron-Kühlkörper.

9.13.1 Defekte Hardware

Stellt sich mit der Tabelle kein Erfolg ein, ist vielleicht die Hardware schon beim Kauf defekt gewesen. Diese Möglichkeit ist bei einem Prozessor zwar sehr gering, aber nicht unwahrscheinlich. Kontaktieren Sie Ihren Händler und fragen Sie ihn, ob er den Prozessor prüfen kann. Ist er wirklich defekt, kann ihn der Händler gleich austauschen, funktioniert er dagegen einwandfrei, kann es möglich sein, daß er Ihnen das Prüfen in Rechnung stellt.

Kapitel 10

Austausch des Motherboard

Wenn Sie mit der Leistung Ihres PC trotz Tuning oder mit einem neuen Prozessor immer noch nicht zufrieden sind, dann leisten Sie sich doch einfach ein neues Motherboard. Das ist natürlich nur dann akzeptabel wenn Ihr PC nicht älter als zwei Jahre ist und dadurch die anderen Komponenten wie Festplatte, CD-ROM Laufwerk, Soundkarte etc. noch nicht zum alten Eisen gehören. Ein neues Motherboard mit 100-MHz-Front-Side-Bus unterstützt nicht nur die aktuellen Prozessoren optimal, sondern Sie kommen auch noch in den Genuß aller neuen Schnittstellen wie Ultra DMA/33, USB, AGP, SMB, ACPI und vielen weiteren Features.

10.1 Alles neu oder ....?

Wie in der Einleitung dieses Kapitels schon angekündigt sollen nicht alle Komponenten erneuert werden, sondern nur das Motherboard. Teilweise ist es auch angebracht die unmittelbar in Verbindung stehenden Komponenten, wie etwa den Speicher und die Grafikkarte, auch auszutauschen, um die volle Performance zu erhalten. Wenn es der Geldbeutel im Moment nicht erlaubt, kann das in manchen Fällen aber auch auf einen späteren Zeitpunkt verschoben werden. Jetzt stellt sich nur noch die Frage, was kann ich generell weiterverwenden und was muß ich unbedingt austauschen?

Das kommt wiederum ganz auf das im Moment eingebaute Motherboard und die dazu verwendeten Komponenten an. Um diese zu lokalisieren, führen Sie am besten eine Bestandsaufnahme, wie in Kapitel 1 beschrieben, durch und vergleichen Sie mit den nachfolgenden Erläuterungen.

10.1.1 Der Speicher

Alle aktuellen Motherboards verfügen nur noch über 168-polige DIMM-Steckplätze. Haben Sie noch 72-polige PS/2-SIMMs in Ihrem PC können diese bedingt verwendet werden. Dazu müssen Sie sich ein Motherboard mit SIMM- und DIMM-Steckplätzen zulegen. Das hat aber auch Nachteile, denn sind beide Steckplätze vorhanden, ist die Anzahl begrenzt und ein Mischbetrieb ist nicht zu empfehlen oder vom Hersteller sogar ausdrücklich untersagt. Boards, die nur SIMM-Steckplätze haben, gibt es nicht mehr und die mit SIMM/DIMM-Kombinaton müssen Sie derzeit schon suchen wie eine Nadel im Heuhaufen. Außerdem kann das Board dann mit den SIMMs nur mit maximal 83 MHz betrieben werden.

Die Speichermodule sind mittlerweile so günstig geworden, daß sich so ein Vorhaben eigentlich nicht rentiert. Ganz alte 30-polige SIMMs, auch wenn sie in einem PS/2-Adapter stecken, können überhaupt nicht mehr verwendet werden, da sie viel zu langsam sind.

Module mit PC-66-Spezifikation

Haben Sie schon 168-polige DIMMs in Ihrem PC sind es wahrscheinlich Module mit PC-66-Spezifikation. Diese können zwar in den Steckplätzen der aktuellen Motherboards weiter verwendet werden, aber damit sind auch wieder nur maximal 83 MHz Bustakt möglich. Das reicht für AMD-Prozessoren bis

Die Grafikkarte

266 MHz, Cyrix/IBM 6x86 MX bis PR 333, Pentium II bis 333 MHz und alle Celeron-Modelle aus, ohne einen Leistungsverlust zu haben. Höher getaktete Prozessoren können zwar betrieben werden, aber dann nur ohne den 100-MHz-Front-Side-Bus. Das ist aber kein Problem, denn es muß auch nur eine relativ geringe Leistungseinbuße in Kauf genommen werden. Zudem lassen sich die PC-66-Module jederzeit gegen PC-100-Module austauschen.

Module mit PC-100-Spezifikation

Wenn Sie von vornherein die volle Power eines AMD K6 300 oder Pentium II mit 350 MHz ausnutzen wollen, kommen Sie um neue PC-100-Module nicht herum, dafür haben Sie dann auch ein perfektes Zusammenspiel von Prozessor, Cache und Speicher.

10.2 Die Grafikkarte

Moderne Motherboards haben einen AGP-Bus für die Grafikkarte. In Ihrem PC ist sicherlich noch eine PCI-Grafikkarte vorhanden, die weiterverwendet werden könnte. In der 2D-Leistung, also im Office-Bereich ist nicht sehr viel Unterschied zwischen einer AGP- oder einer guten PCI-Grafikkarte. Dafür aber um so mehr in der 3D-Leistung, denn der AGP-Bus kommt auf den doppelten Datendurchsatz. Wenn der PC für Grafikanwendungen und Spiele genutzt wird, ist eine AGP-Grafikkarte unumgänglich.

10.2.1 On-Board-Grafikchip

Wenn Sie ein Motherboard mit einem On-Board-Grafikchip erworben haben, können Sie die vorhandene Grafikkarte außer Betracht lassen, und wenn Sie im Moment ein Board mit On-Board-Grafikchip nutzen und jetzt eines ohne erworben haben, brauchen Sie sowieso eine neue Grafikkarte. Dann steht natürlich außer Frage, daß Sie sich für eine AGP-Grafikkarte entscheiden werden, denn die Preise sind fast gleich.

Sollte in Ihrem System noch eine ISA-Grafikkarte eingebaut sein, ist es entweder schon uralt oder jemand hat es schon einmal mit einem PCI-Board aufgerüstet und dabei die alte ISA-Karte wieder weiterverwendet. Die ISA-Grafikkarte können Sie getrost vergessen, denn diese ist schon fast ein Museumsstück geworden.

10.2.2 Der SCSI-Host-Adapter

Ein SCSI-Host-Adapter in PCI-Ausführung kann auf jeden Fall weiterverwendet werden. ISA-Ausführungen neigen teilweise zu Ausfällen oder werden gar nicht mehr erkannt. Sie sind auch überhaupt nicht mehr zeitgemäß und sollten deshalb entweder durch einen PCI- oder On-Board-Adapter ersetzt werden. Falls Sie noch einen ISA-Adapter haben, würde ich Ihnen die Lösung mit der On-Board-Ausführung empfehlen, da Sie damit einiges an Anschaffungskosten einsparen. Achten Sie aber auf die SCSI-Modi, die Ihre Geräte benötigen, denn sonst kann es vorkommen, daß Ihre vorhandenen SCSI-Komponenten nicht mehr zum Host-Adapter passen.

10.2.3 ISA-Karten

ISA-Karten können auch weiter verwendet werden, fungieren aber im allgemeinen als kleine Systembremse, da das System immer zwischen ISA- und PCI-Bus hin- und herwechseln muß. Das kann teilweise im BIOS mit der Latenzzeit bestimmt werden, wie viele Systemtakte der PCI- und wie viele der ISA-Bus nutzen darf. Bekommt der ISA-Bus zu viele Takte, wird das System immer mehr ausgebremst, sind die Takte zu knapp bemessen, stürzt das System ab.

Wenn Sie die volle Performance des Systems nutzen möchten, verzichten Sie ganz auf ISA-Karten. Die Slots auf den Boards werden immer weniger und schon bald soll der ISA-Bus ganz verschwinden.

10.2.4 PCI-Karten

PCI-Karten können auf jeden Fall und auch in nächster Zeit weiter verwendet werden, da es das aktuellste Bussystem ist.

10.3 Gehäuse

Wenn Sie schon ein ATX-Gehäuse haben, können Sie es weiterverwenden. Bei einem AT-Gehäuse kann es jedoch sein, daß Sie ein bestimmtes Motherboard-Modell nicht im AT-Formfaktor bekommen, denn die Hersteller fertigen überwiegend nur noch für ATX. Dann müssen Sie in den sauren Apfel beißen und sich ein ATX-Gehäuse besorgen. Die Preise dafür sind derzeit auch schon stark gefallen und durch die kleine Mehrarbeit für das Umbauen des Disketten-, Festplatten- und CD-ROM-Laufwerks werden Sie mit einem fast neuen PC belohnt.

10.4 Maus und Tastatur

Die serielle Maus und die Tastatur mit DIN-Stecker können Sie auch bei einem ATX-Motherboard mit PS/2-Buchsen weiterverwenden, wenn Sie sich einen Adapter für die Tastatur besorgen. Die Maus kann nach wie vor an die serielle Schnittstelle angeschlossen werden. Falls erforderlich, gibt es auch dafür einen Adapter, der sich aber preislich nicht lohnt, denn für dasselbe Geld gibt es auch schon eine PS/2-Maus.

10.5 Fazit

Wenn Sie ein optimales System erhalten wollen, das auch für die Zukunft gerüstet ist, kaufen Sie sich ein ATX-Motherboard mit 100-MHz-Front-Side-Bus, einen Prozessor ab 300 MHz, ein ATX-Gehäuse, PC-100-Speichermodule und eine AGP-Grafikkarte. In Verbindung mit Ihren vorhandenen Komponenten haben Sie dann einen fast neuen PC, der sich auch noch prima tunen läßt.

Jetzt geht's los

10.6 Jetzt geht's los

Wie der Arbeitsplatz für Arbeiten am PC aussehen sollte und welche Werkzeuge Sie dazu brauchen, lesen Sie bitte auf Seite 26 nach.

Wenn Sie kein neues Gehäuse erwerben müssen, sondern das alte weiter verwenden können, ist es angebracht sich einen Satz steckbare Abstandshalter für die Befestigung des Motherboard kaufen, denn die vorhandenen werden bei der Demontage häufig beschädigt und halten nicht mehr richtig.

Nehmen Sie sich ausreichend Zeit für alle Arbeitsschritte und vergessen Sie auf keinen Fall vorher eine Datensicherung durchzuführen. Normalerweise geht zwar nichts schief, aber man kann ja nie wissen ....

> **ACHTUNG**
> Bevor Sie mit den Arbeiten am PC beginnen, lesen Sie bitte die Sicherheitshinweise im Kapitel 1 (siehe Seite 27).

10.6.1 Öffnen des PC

1. Entfernen Sie die rückseitigen Anschlüsse und stellen Sie den PC auf den Schreibtisch.
2. Lösen Sie die Gehäuseschrauben an der Rückseite. Desktop-PCs haben teilweise auch noch Schrauben auf der Unterseite.
3. Nehmen Sie die Haube oder das Seitenteil durch Ziehen nach hinten oder in seltenen Fällen auch nach vorne ab.
4. Ein Tower-Gehäuse legen Sie jetzt am besten auf die Seite. Dadurch erhalten Sie eine bessere Übersicht und können auch bequemer arbeiten, da ein Wegkippen oder Rutschen ausgeschlossen ist.

10.6.2 Motherboard ausbauen

1. Lösen Sie die Halteschrauben der Einsteckkarten und ziehen Sie diese nach oben heraus. Teilweise stecken die Karte enorm fest, so daß Sie mit beiden Händen wechselseitig an den Ecken ziehen müssen. Wenden Sie dabei aber keine rohe Gewalt an, sondern versuchen Sie die Karte Stück für Stück aus dem Steckplatz zu ziehen. Legen Sie die Karten dann an einen sicheren Ort, um statische Aufladungen und Beschädigungen zu vermeiden.

Austausch des Motherboard

Bild 10.1: So ziehen Sie die Einsteckkarten heraus.

2. Ziehen Sie alle Verbindungskabel auf dem Motherboard ab. Merken Sie sich, an welcher Schnittstelle die Kabel angeschlossen waren oder kleben Sie Zettel daran. Hängen Sie die Kabelenden nach außen über das Gehäuse. Wenn sie immer wieder zurückfallen können sie auch mit Klebstreifen fixiert werden.

Bild 10.2: Ziehen Sie die Verbindungskabel ab und beschriften Sie diese bei Bedarf.

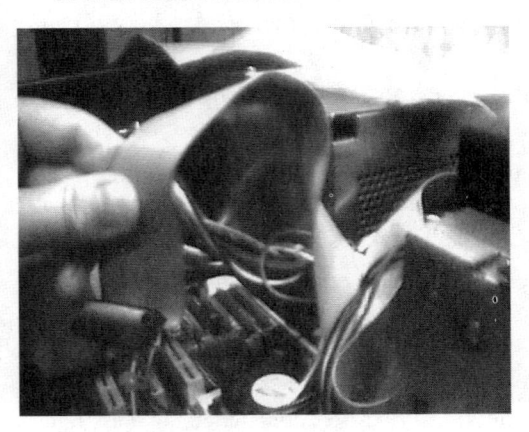

3. Trennen Sie beim Sockel-7-Motherboard auch den Stecker des Prozessorlüfters vom Netzteil.

Bild 10.3: Der Prozessorlüfter muß vom Netzteil getrennt werden.

Jetzt geht's los

HARDWARE 255

4. Bauen Sie andere störende Komponenten aus, wie zum Beispiel das Netzteil bei einem Desktop-Gehäuse.

Bild 10.4: Eventuell müssen Sie das Netzteil ausbauen, damit Sie an die Schrauben des Motherboard kommen.

5. Suchen Sie die Schrauben, mit denen das Motherboard im Gehäuse befestigt ist. Je nach Gehäuse ist das Motherboard nur mit einer oder zwei Schrauben fixiert, den Rest erledigen die Abstandshalter in einer Halterung. Manche sind aber komplett mit fünf oder sechs Schrauben befestigt. Entfernen Sie die Schrauben und legen Sie diese am besten in eine leere Schachtel oder Tasse, damit sie nicht verloren gehen.

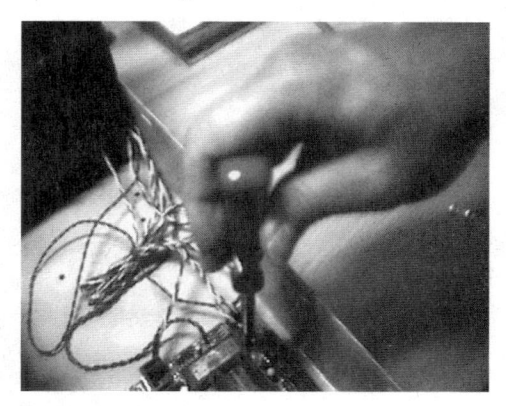

Bild 10.5: Lösen Sie alle Schrauben, mit denen das Motherboard befestigt ist.

6. War das Motheroard nur mit den Schrauben befestigt, läßt es sich jetzt herausheben. Fassen Sie das Board dazu an den Seiten an, aber keinesfalls an den darauf befindlichen Bauteilen. Sind dagegen noch einsteckbare Abstandshalter aus Kunststoff im Spiel, muß das Board in einem Tower-Gehäuse noch nach oben, und in einem Desktop-Gehäuse nach rechts oder links geschoben werden, damit diese aus der Führung geschoben und entriegelt werden können.

Austausch des Motherboard

Bild 10.6:
Schieben Sie das Motherboard nach oben oder unten, um die Abstandshalter aus dem Gehäuse zu entriegeln.

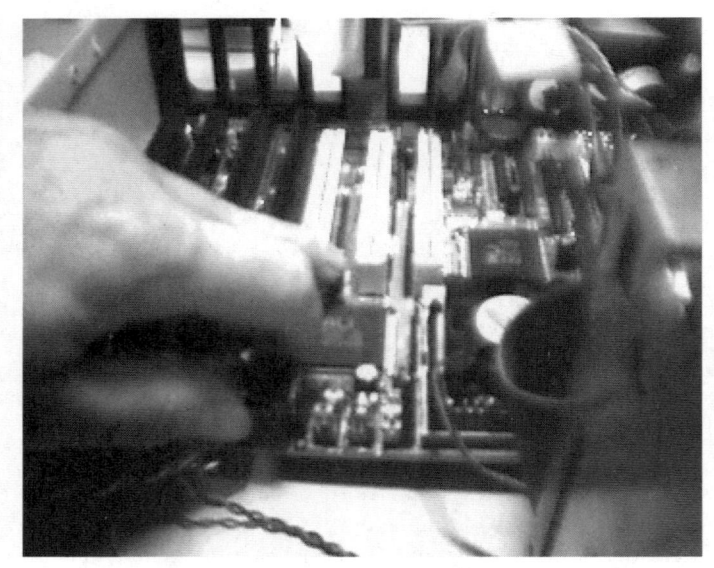

7. Sollen die Speichermodule für das neue Motherboard verwendet werden, so entfernen Sie diese durch Entriegeln der seitlichen Klammern und legen Sie sie, wie die Einsteckkarten, an einen sicheren Ort.

Bild 10.7:
Entfernen Sie im Bedarfsfall die Speichermodule.

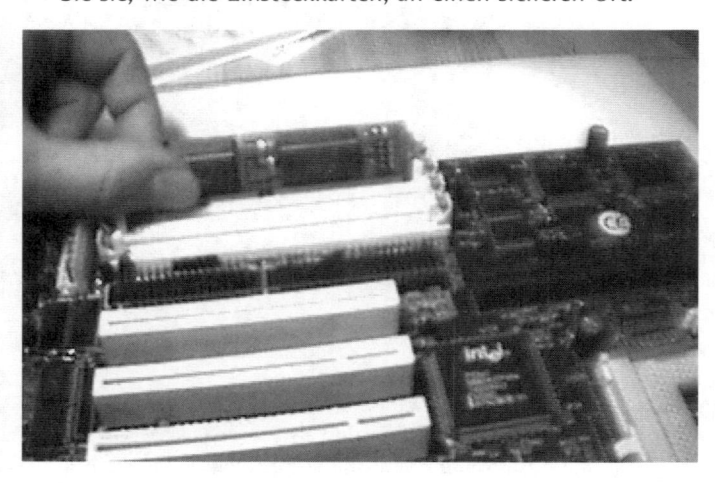

Jetzt geht's los

10.6.3 Vorbereiten des neuen Motherboards

1. Nehmen Sie das neue Motherboard aus der Verpackung und legen Sie es auf die Antistatikhülle, aus der Sie es entnommen haben.

Bild 10.8:
Entnehmen Sie das Motherboard erst aus der Antistatikhülle, wenn Sie sich entladen haben.

2. Sehen Sie sich das Handbuch dazu an, um eine Übersicht zu bekommen. Auf den ersten Seiten ist sehr oft ein Übersichtsplan enthalten, in dem die Steckplätze der PCI-Karten und der Speichermodule durchnumeriert sind. Auch die Stecker der Schnittstellen und die Zusatzanschlüsse sind bezeichnet.

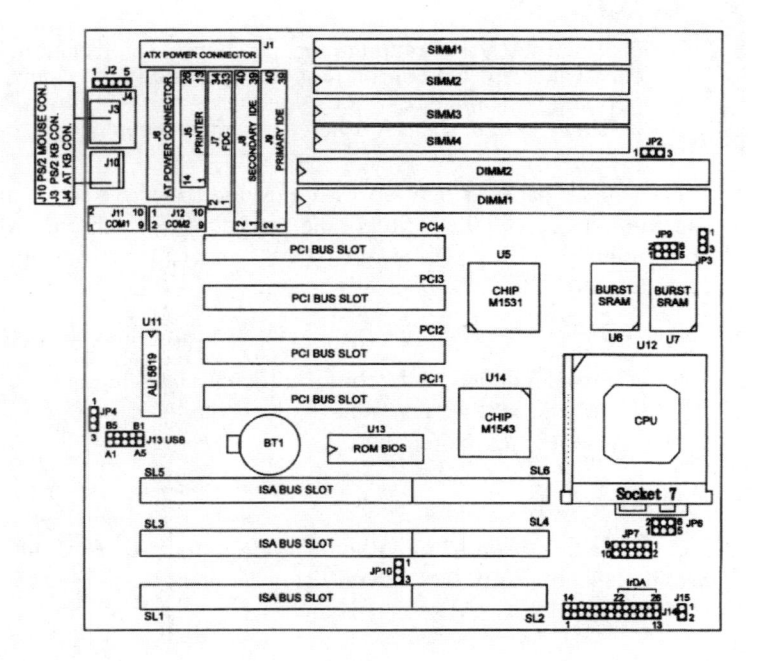

Bild 10.9:
Der Übersichtsplan des Motherboard ist sehr hilfreich, um die Stecker und Schnittstellen zuzuordnen.

3. Halten Sie versuchsweise das Motherboard in das Gehäuse hinein, damit Sie sehen, in welche Bohrungen die steckbaren Abstandshalter eingesetzt werden müssen. Merken Sie sich die Punkte und setzen Sie die Abstandshalter nun ins Gehäuse ein. Eventuell müssen auch die fest verschraubten Abstandshalter im Gehäuse versetzt werden, denn nicht jedes Motherboard nutzt sie an derselben Stelle.

Bild 10.10: Vergleichen Sie die Bohrungen des neuen Motherboards mit denen des Gehäuses.

> **ACHTUNG**
> Für einen fest verschraubten, metallischen Abstandshalter muß auf jeden Fall auch eine Bohrung für die Befestigung mit einer Schraube im Board vorhanden sein, sonst kommt es zu einem Kurzschluß auf der Unterseite, und das Motherboard wird irreparabel beschädigt.

4. Packen Sie als nächstes den Prozessor aus und bauen Sie Ihn gemäß der Anleitung im Kapitel 9 ein. Sofern die Konfiguration nicht im BIOS-Setup vorgenommen wird, setzen Sie gleich die Jumper für den verwendeten Prozessor.

5. Setzen Sie die Speichermodule gemäß der Anleitung im Kapitel 6 ein.

6. Sehen Sie im Handbuch nach, ob noch irgendwelche Jumper für Ihre Bedürfnisse angepaßt werden müssen, denn verschiedene Optionen lassen sich so ein-oder ausschalten.

10.6.4 Der Einbau

1. Stecken Sie bei einem ATX-Motherboard die Schnittstellenblende über die Schnittstellenbuchsen. Diese Blende ist leider nicht bei jedem Motherboard vorhanden.

Jetzt geht's los

2. Legen Sie das Motherboard dann auf die Abstandshalter, so daß alle durch die Bohrungen spitzen und drücken Sie dann das Board gleichmäßig nach unten, so daß alle einrasten.

Bild 10.11: Drücken Sie das Motherboard gleichmäßig auf die Abstandshalter, bis sie einrasten.

3. Schrauben Sie das Motherboard jetzt an den dafür vorgesehenen Stellen fest.

4. Schließen Sie als erstes das Kabel für die Betriebsspannungen, das vom Netzteil kommt, wieder an. Bei einem ATX-Netzteil ist es nur ein Kabel mit einem zweireihigen Stecker, der an einer Seite abgeschrägt ist. Er kann nicht falsch angesteckt werden. Anders ist es bei einem AT-Gehäuse, denn hier sind zwei einreihige Stecker mit der Bezeichnung P8 und P9 vorhanden. Sie können konstruktionsbedingt nur in eine Richtung eingesteckt werden, aber die schwarzen Kabel von P8 und P9 müssen sich auf jeden Fall in der Mitte treffen.

Bild 10.12: So schließen Sie die Stecker für die Betriebsspannung an. In der Mitte müssen die schwarzen Litzen beider Stecker zusammenkommen.

ACHTUNG
Wenn Sie die Stecker P8 und P9 falsch anschließen, kann das Motherboard und sogar das Netzteil zerstört werden.

Austausch des Motherboard

5. Als nächstes kann bei einem Sockel-7-Board der Lüfter wieder mit dem Netzteil verbunden werden.

6. Jetzt kommen bei einem AT-Motherboard die Kabel für die seriellen und der parallelen Schnittstelle an die Reihe. Verbinden Sie COM1 mit der 9-poligen und COM2 mir der 9- oder 24-poligen Buchse des Slotblechs. Auf LPT1 wird der parallele Anschluß des zweiten Slotblechs gesteckt. Achten Sie immer auf die rote Ader am Flachbandkabel, die auf PIN1 des Motherboard gesteckt werden muß.

Bild 10.13: Die serielle und die parallele Schnittstelle werden angesteckt. Achten Sie auf die Polung von PIN1.

7. Die Flachbandkabel für das Floppy und die EIDE-Schnittstellen werden genauso auf das Motherboard gesteckt. Wenn nur eine EIDE-Schnittstelle verwendet wird, schließen Sie diese am IDE1-Port und nicht am IDE2-Port an. Verwenden Sie beide Schnittstellen, sollte die bootfähige Festplatte mit dem Betriebssystem auf IDE1 angeschlossen werden. Achten Sie auch hier wieder auf PIN1.

Bild 10.14: Das Floppy und die Festplatte werden angeschlossen.

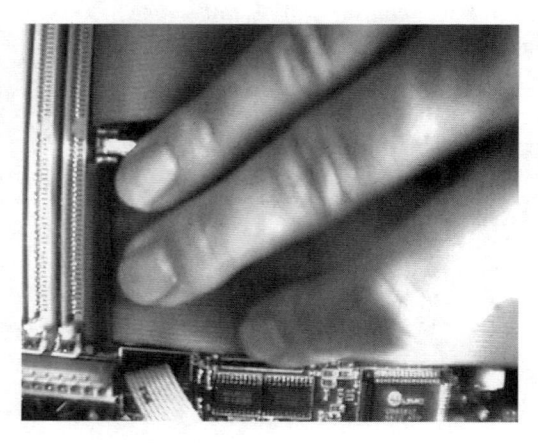

8. So, jetzt sind nur noch einige kleine Stecker für den Reset-Taster, der Festplatten-LED, des Lautsprechers und der Tastatursperre mit der LED für die Betriebsspannung übrig. Lokalisieren Sie die Anschlußpunkte im Handbuch und stecken Sie diese dann entsprechend auf die PINs.

Genau geplant – der erste Start

Bild 10.15:
An die Kontaktleiste werden die Zusatzstecker nach Handbuch angesteckt.

9. Im letzten Arbeitsschritt werden die Steckkarten wieder eingebaut und verschraubt. Achten Sie auf die Numerierung der PCI-Steckplätze, denn diese sollten der Reihe nach belegt werden.

Bild 10.16:
Die Steckkarten werden wieder eingebaut.

10.7 Genau geplant – der erste Start

Werfen Sie noch einmal einen Blick auf die eingebauten Komponenten, Kabel und die Jumper-Einstellungen, ob sich kein Fehler eingeschlichen hat. Jetzt wird es spannend: Stecken Sie die Tastatur, den Monitor und das Netzkabel an und drücken Sie den Netzschalter.

Beobachten Sie den Monitor genau.

1. Erscheint der Startbildschirm werden bei vielen Motherboards als erstes der eingebaute Prozessortyp und der eingestellte Systemtakt angezeigt.

> **ACHTUNG**
> Wird Ihr Motherboard durch das BIOS-Setup konfiguriert, wechseln Sie jetzt in dieses und stellen Sie die Werte für den Prozessor ein. Manche erkennen den verwendeten Prozessor auch automatisch und stellen die Werte dafür selbst ein. Lesen Sie dazu auch unbedingt die Informationen im Handbuch.

2. Danach wird der Speicher hochgezählt und teilweise erscheinen dann auch Fehlermeldungen, die beim ersten Start vom BIOS verursacht werden, da das CMOS leer ist. Bestätigen Sie diese Meldungen einfach immer mit der angeforderten Taste.

3. Im Anschluß daran müßte der PC auch booten. Herzlichen Glückwunsch, Sie haben das Motherboard erfolgreich ausgetauscht! Schalten Sie den PC wieder aus und stecken Sie aus Sicherheitsgründen vor dem Schließen des Gehäuses die Kabel wieder ab.

4. Bleibt der Bildschirm dunkel, schalten Sie den PC sofort wieder aus und lesen Sie im Kapitel Troubleshooting nach, was Sie falsch gemacht haben.

Gehäuse schließen

1. Nehmen Sie die Haube oder das Seitenteil und stecken Sie es über das Gehäuse.

2. Schrauben Sie die Gehäuseschrauben an der Rückseite wieder ein.

> **TIP**
>
> Die Gewinde in den Gehäusen sind oft nur sehr dünn und können ausreißen, wenn Sie die Schrauben gewaltsam eindrehen. Setzen Sie deshalb die Schraube an und drehen Sie in die Richtung, als wollten Sie die Schraube öffnen. Wenn Sie dann einen kleinen Knack spüren und die Schraube ein kleines Stück tiefer in das Gewindeloch fällt, paßt der Gewindegang im Gehäuse exakt zur Schraube. Drehen Sie diese jetzt ein, aber ziehen Sie erst alle Schrauben zum Schluß gemeinsam fest.

3. Stellen Sie die rückseitigen Anschlüsse wieder her.

10.8 Windows 95/98 neu aufspielen

Durch das neue Motherboard benötigt das Betriebssystem auch neue Treiber für den Chipsatz, AGP, USB, ACPI und noch einige andere Komponenten. Die Problematik erkennen Sie sofort, wenn Windows 95/98 bootet und neue Komponenten findet, für die es auch Treiber von der Windows-CD-ROM fordert. Die Treiber werden auch tadellos installiert, aber nach dem Neustart herrscht meistens ein totales Chaos im Geräte-Manager der Systemsteuerung. Doppelte Einträge und nicht funktionierende Geräte, die durch das gelbe Symbol mit schwarzem Ausrufezeichen signalisiert werden, sind häufig vorhanden.

10.8.1 Komponenten löschen

Manchmal hilft eine Radikalkur, in dem alle boardabhängigen Komponenten gelöscht werden und durch einen Neustart das Betriebssystem seine Plug & Play-Fähigkeiten unter Beweis stellen kann. Wenn auch dieser Trick scheitert, hilft nur eine Neuinstallation in ein anderes Verzeichnis. Dazu legen Sie die Bootdiskette ein und starten anschließend das Setup. Wenn die Eingabemaske

Troubleshooting

für das Verzeichnis erscheint, wählen Sie ANDERES VERZEICHNIS und geben dort z.B. C:\WIN95 ein. Das bisher genutzte Verzeichnis z.B. C:\WINDOWS bleibt bestehen und Sie können später Programme, Dateien oder Treiber in das neue Verzeichnis zurückkopieren. Ist nicht genügend Speicherplatz auf Ihrer Festplatte vorhanden, müssen Sie vorher das alte Windows löschen. Dann können Sie die Neuinstallation auch wieder in das vom Setup vorgeschlagene Verzeichnis C:\WINDOWS installieren.

10.8.2 Die Treiber zum Betriebssystem

Die meisten Motherboards haben eine Diskette oder CD-ROM mit Treibern im Lieferumfang. Auf dieser befinden sich die Treiber des Chipsatzes für das Betriebssystem, denn Windows 95 kennt z.B. noch keinen BX-Chipsatz und hat dafür auch keine eigenen Treiber auf der CD-ROM. Legen Sie deshalb den Datenträger des Motherboard-Herstellers ein, wenn Sie dazu aufgefordert werden.

10.8.3 Die Neuinstallation

Eine Neuinstallation bringt gegenüber einem »reparierten« System nicht nur mehr Performance, sondern auch gleich wieder mehr freien Festplattenspeicher, da die vorher verwendeten Treiber für die alten Komponenten nicht mehr vorhanden sind. Dafür müssen Sie aber fast alle Anwendungsprogramme wieder neu installieren.

10.8.4 Busmaster-Treiber

Die vom Motherboard-Hersteller mitgelieferten Busmaster-Treiber für Windows 95 können manchmal auch mehr Probleme verursachen als Nutzen bringen. Wenn Sie ein CD-ROM-Laufwerk oder einen CD-Brenner alleine am sekundären Port des EIDE-Controller betreiben, kann das Laufwerk nach einer Installation des Treibers einfach aus dem Geräte-Manager verschwunden sein. Es ist unter Windows 95 dann nicht mehr ansprechbar. »Teilweise« ist das Laufwerk auch vorhanden, aber bei einem Zugriff verabschiedet sich Windows 95 mit einer Schutzverletzung. CD-Brenner können zwar die CD lesen, verweigern aber das Schreiben. Solche und ähnliche Fälle gibt es sehr viele. Verwenden Sie den Busmaster-Treiber am besten nur dann, wenn am sekundären Port zum CD-ROM oder CD-Brenner auch eine Festplatte hängt. Der Treiber hat noch eine unschöne Eigenart, denn er läßt sich nur schwer wieder deinstallieren. Wird er aber nicht installiert, verlieren Sie bis zu 35% an Performance.

10.9 Troubleshooting

Wie in der Fehlererkennung beim Prozessorwechsel schon angesprochen, können sich immer wieder Fehler einschleichen, auch bei einer Schritt-für-Schritt-Anleitung. Das passiert auch professionellen Tunern, denn gerade die Jumper-Konfiguration fällt oft sehr dürftig oder unübersichtlich im Handbuch aus. Die meisten Handbücher sind in englischer Sprache und wer diese nicht beherrscht, ist erst recht auf eine gute Bebilderung angewiesen.

10.9.1 Schritt für Schritt nachprüfen

Werfen Sie nicht gleich die Flinte ins Korn, wenn irgend etwas nicht auf Anhieb funktioniert, sondern machen Sie eine kurze Pause und gehen Sie alle Arbeitsabläufe noch einmal Schritt für Schritt durch und nehmen Sie sich noch einmal Zeit für das Handbuch. Ist Ihnen kein Fehler bewußt, hilft Ihnen vielleicht die nachfolgende Tabelle zur Fehlerbekämpfung weiter.

Tabelle 10.1: Fehlerbeschreibung beim Motherboardtausch

Fehlerbeschreibung	Ursache	Abhilfe
Monitor bleibt dunkel	Jumper für Taktfrequenz falsch gesetzt	Mit dem Handbuch vergleichen
Monitor bleibt dunkel	Jumper für Prozessor-Spannung falsch gesetzt	Mit dem Handbuch vergleichen
Monitor bleibt dunkel	ZIF-Sockel ist nicht verriegelt	ZIF-Sockel mit dem Hebel verriegeln
Monitor bleibt dunkel	Celeron-Prozessor sitzt nicht gleichmäßig im Slot	Prozessor so eindrücken, daß die Kontaktleiste vollständig im Slot sitzt.
Monitor bleibt dunkel	Der Jumper zum Löschen des CMOS steht auf Clear.	Jumper auf Normal setzen
Monitor bleibt dunkel	Speichermodul sitzt nicht richtig oder im falschen Steckplatz	Auf richtigen Sitz und Steckplatz prüfen
Monitor bleibt dunkel, kein Lüfter und Festplattengeräusch	Die Kabel für die Betriebsspannung sind nicht oder falsch montiert.	Kabel richtig anstecken, Sicherung im Netzteil prüfen. Achtung, Lebensgefahr !!
Monitor bleibt dunkel, kein Lüfter und Festplattengeräusch	Sockel-7-Prozessor falsch herum eingesetzt	Prozessor ausbauen, PIN gerade biegen, richtig einsetzen »Markierung«
Monitor bleibt dunkel, kein Lüfter und Festplattengeräusch	Netzteil defekt	Vom Händler prüfen lassen
Monitor bleibt dunkel, älteres Motherboard, neuer Prozessor	Prozessor wird nicht erkannt	Alten Prozessor einsetzen und BIOS-Update durchführen
Monitor bleibt dunkel, BX-Motherboard mit Celeron	Prozessor wird nicht erkannt	Pentium II einsetzen und BIOS-Update durchführen
PC stürzt permanent ab	BIOS-Einstellungen für Speichertiming falsch	Werte im BIOS-Setup erhöhen
PC stürzt permanent ab	BIOS-Einstellungen für ISA-Bus falsch	Werte im BIOS-Setup erhöhen
PC stürzt permanent ab	Bustakt zu hoch für Speichermodule	Bustakt heruntersetzen oder PC-100-Module verwenden

Troubleshooting

Fehlerbeschreibung	Ursache	Abhilfe
PC stürzt nach kurzer Zeit immer wieder ab	Prozessor zu hoch getaktet	Richtigen Prozessortakt einstellen
PC stürzt nach kurzer Zeit immer wieder ab	Lüfter funktioniert nicht	Überprüfen Sie die Funktion.
PC stürzt nach kurzer Zeit immer wieder ab	Jumper für Prozessor-Spannung falsch gesetzt	Mit dem Handbuch vergleichen
Floppy-LED erlischt nicht	Verbindungskabel des Floppy falsch angesteckt	Verbindungskabel richtig anstecken »PIN1«
HDD-LED erlischt nicht und der PC bootet nicht	Verbindungskabel der Festplatte falsch angesteckt	Verbindungskabel richtig anstecken »PIN1«
HDD-LED ohne Funktion	Verbindungskabel der LED falsch angesteckt	Verbindungskabel richtig anstecken
Betriebsspannungs-LED ohne Funktion	Verbindungskabel der LED falsch angesteckt	Verbindungskabel richtig anstecken
Schutzverletzungen beim Booten von Windows 95 mit AMD K6-2 400 MHz	Betriebssystem	Patch von der Internetseite www.amd.com/products/cpg/k623d/win95_update_k6.html installieren

10.9.2 Defekte Hardware

Stellt sich mit der Tabelle kein Erfolg ein, ist vielleicht die Hardware schon beim Kauf defekt gewesen. Kontaktieren Sie Ihren Händler und fragen Sie ihn, ob er das Motherboard mit Prozessor und Speicher prüfen kann. Ist die Hardware wirklich defekt, kann sie der Händler gleich austauschen, funktioniert dagegen alles einwandfrei, kann es möglich sein, daß er Ihnen das Prüfen und die Korrektur der falschen Konfiguration in Rechnung stellt.

10.9.3 Service-Hotline kontaktieren

Damit Sie unnötige Kosten vermeiden, kontaktieren Sie vorher die Service-Hotline des Herstellers, um Konfigurationsfehler möglichst auszuschließen. Die Telefonnummer ist leider nicht immer im Handbuch zu finden, Sie können sie aber der Tabelle auf Seite 295 entnehmen. Notieren Sie sich vorher das Motherboard-Modell und den Fehler oder die Fehlermeldungen auf einen Zettel, damit Sie dem Service-Techniker dann eine gezielte Beschreibung liefern können. Ein Vorteil ist auch das Telefon neben dem PC zu haben, denn dann können Sie mit dem Techniker sprechen und gleichzeitig ein Auge auf das Motherboard werfen.

Kapitel 11

Tuning der Grafikkarte

Tuning der Grafikkarte

Vor allem bei Spielen und 3D-Anwendungen ist nicht allein die Taktgeschwindigkeit des Prozessors, sondern auch die Leistung der Grafikkarte entscheidend. Was nützt ein schneller Prozessor, wenn er von der Grafikkarte ausgebremst wird. Die besten Anzeichen dafür sind ein langsamer Bildaufbau oder ruckelnde Videosequenzen. Bevor Sie jetzt losgehen und eine neue Grafikkarte besorgen, versuchen Sie doch erst mit einem Tuning-Programm und einem BIOS-Update bis zu 25% und mehr Leistung aus Ihrer vorhandenen Karte zu holen.

> **ACHTUNG**
>
> Durch ein Overclocking der Grafikkarte werden bestimmte Bausteine außerhalb Ihrer Spezifikationen betrieben und können dadurch Schaden nehmen! Da sich durch den höheren Takt auch höhere Temperaturen entwickeln, wird die Lebensdauer der elektronischen Bauteile um einen unbekannten Faktor reduziert.

11.1 So funktioniert das Tuning

Für die Grafikkarte gibt es vier Methoden, um eine Leistungssteigerung zu erzielen:

- Den Grafikprozessor übertakten
- Den RAM-DAC übertakten
- Das Video-RAM-Timing verbessern
- Ein BIOS-Update

Genau wie das Motherboard hat auch die Grafikkarte einen Prozessor, der mit einer bestimmten Taktfrequenz arbeitet, die zwischen 66 und 133 MHz liegt. Auf der Grafikkarte sind aber keine Jumper und kein BIOS-Menü vorhanden, um die Taktfrequenz des Prozessors zu erhöhen. Dafür gibt es Software von Drittanbietern, mit der diese um bis zu 20% und mehr erhöht werden kann. Auch der RAM-DAC auf der Karte arbeitet, wie der Prozessor, mit einer bestimmten Taktfrequenz, die parallel dazu erhöht werden kann. Außerdem kann in manchen Programme auch noch das Timing der Video-RAM-Bausteine eingestellt werden. Immer mehr Grafikkarten werden mit einem Flash-BIOS ausgestattet, für das es Updates auf den Internetseiten des Herstellers gibt. Das bringt zusätzliche Performance und sorgt außerdem für die Kompatibilität zur neuen Software.

11.1.1 Der Grafik-Prozessor

Die Leistung einer Grafikkarte bestimmt in erster Linie der darauf enthaltene Chipsatz, der auch den Grafik-Prozessor beinhaltet. Diese haben Namen wie Voodoo, Rage, Nvidia Riva, Matrox Millenium, S3 usw. Wie die PC-Prozessoren haben auch Grafik-Prozessoren eine bestimmte Fertigungstoleranz, die nach oben hin ausgenutzt werden kann. Diese ist aber sehr unterschiedlich und kann nur durch Ausprobieren ermittelt werden. Durch eine höhere Taktfre-

So funktioniert das Tuning

quenz des Grafik-Prozessors steigt die Leistung der Grafikkarte, denn der Grafik-Prozessor ist für die Berechnung des Bildes zuständig, das er dann im Video-RAM ablegt.

Bild 11.1:
Der Prozessor der Grafikkarte wird auch als Chipsatz bezeichnet.

11.1.2 Die Speicherbausteine

Auf der Grafikkarte können genau wie auf dem Motherboard verschieden schnelle Speicherbausteine ihre Arbeit verrichten. Das können DRAM, SRAM, SDRAM, VRAM oder auch andere sein. Wie die RAM-Module des Motherboard haben auch sie Leistungsreserven und können außerhalb ihrer Spezifikationen betrieben werden. Welche Taktfrequenz das Video-RAM mitmacht, hängt von der Qualität der Bausteine und deren Zugriffsgeschwindigkeit ab. Einem DRAM mit 40 ns kann natürlich nicht so viel abverlangt werden wie einem 6-ns-VRAM.

Bild 11.2:
Die Speicherbausteine auf dem Grafikboard können teilweise auch erweitert werden. Dafür sind dann Steckplätze vorhanden.

11.1.3 Der RAM-DAC

Der RAM-DAC »Digital Analog Converter« ist für die Umwandlung des digitalen Signals im RAM in ein analoges für den Monitor zuständig. Genau wie der Grafik-Prozessor arbeitet auch er mit einer Taktfrequenz, die erhöht werden kann. Je schneller der RAM-DAC die Bilder dann umwandeln kann, desto schneller ist der Bildaufbau. Damit hängt auch die Bildwiederholfrequenz bei den verschiedenen Auflösungen zusammen. Die Bildwiederholfrequenz ist die

Frequenz, mit der das Bild auf dem Monitor immer wieder neu aufgebaut wird. Erst ab 75 Hz kann der Monitor als flimmerfrei bezeichnet werden. Eine höhere Bildwiederholfrequenz von beispielsweise 95 Hz ist besser, dazu braucht der RAM-DAC aber auch wesentlich mehr Rechenzeit. Diese verkürzt sich durch eine höhere Taktfrequenz. Der Bildaufbau wird dann deutlich beschleunigt.

Der Funktionsablauf

Jetzt haben Sie die drei ausschlaggebenden Komponenten einer Grafikkarte kennengelernt. Das Zusammenspiel funktioniert folgendermaßen: Der PC-Prozessor schickt Daten an den Grafik-Prozessor. Der berechnet sie und speichert sie im Video-RAM, von dem aus der RAM-DAC die digitalen Daten in analoge Signale für den Monitor umwandelt.

11.2 Treiber und BIOS-Updates

Bevor Sie mit dem Overclocking beginnen, sollten die Treiber und das BIOS der Grafikkarte auf dem aktuellsten Stand sein. Vergleichen Sie dazu die installierte Treiberversion mit der im Internet angebotenen. Falls Ihre Grafikkarte auch ein BIOS-Update zuläßt, vergleichen Sie auch die Firmware-Version mit der auf den Internetseiten des Herstellers. Sie wird unmittelbar nach dem Einschalten des PC auf dem Monitor angezeigt. Das sind die beiden Grundvoraussetzungen für das Tuning, die aber auch schon einiges an Tempo bringen.

Tabelle 11.1: Die Internetadressen der bekanntesten Grafikkarten-Hersteller.

ATI	www.atitech.com
Creativ Labs	www.soundblaster.com
Diamond	www.diamondmm.com
Elsa	www.elsa.com
Guillemot	www.guillemot.com
Hercules	www.hercules.com
Matrox	www.matrox.com

11.2.1 Das BIOS-Update

Laden Sie als erstes die Datei mit der neuen Versionsnummer aus dem Internet auf Ihre Festplatte. Meistens sind diese Dateien mit einem Packer komprimiert. Entpacken Sie die Datei mit einem entsprechenden Programm, z.B. WinZip, in ein Verzeichnis auf der Festplatte.

Das Updaten des BIOS der Grafikkarte ist wesentlich einfacher als das des Motherboard. Ein Update mit einer falschen Firmware ist ausgeschlossen, da die Installationsroutine eine Prüfung der Karte vornimmt.

Lesen Sie die README.TXT oder eventuell auch anders bezeichnete Datei, die mit dem Update geliefert wird. In ihr sind die Änderungen gegenüber der Vorversion und eine kurze Installationsanweisung vorhanden.

Treiber und BIOS-Updates

1. Sehr selten haben Grafikkarten einen Jumper, der das BIOS der Grafikkarte gegen ein Überschreiben schützt. Sehen Sie im Handbuch nach und setzen Sie den Jumper in die Schreibposition.
2. Starten Sie die *.exe-Datei z.B. UPDATE.EXE im Verzeichnis in das Sie die Update-Dateien entpackt haben, den Rest erledigt die Installationsroutine automatisch.
3. Taucht keine Fehlermeldung während des Update auf, hat alles geklappt. Erscheint aber eine Fehlermeldung, gibt sie auch den Grund dafür an.
4. Nach einem Neustart des PC kommen Sie schon in den Genuß der neuen Firmware.

11.2.2 Aktualisieren des Treibers in Windows 95/98

Der Treiber der Grafikkarte im Betriebssystem leistet auch einen nicht unerheblichen Beitrag zur Geschwindigkeit. Die Treiber werden vom Hersteller ständig weiterentwickelt und dadurch (zumindest meistens) auch verbessert. Aktualisieren Sie ihn deshalb in regelmäßigen Abständen.

1. Öffnen Sie den GERÄTE-MANAGER und wählen Sie unter GRAFIKKARTEN mit einem Klick auf das »+« Ihre Karte aus.
2. Aus dem Eigenschaftsdialogfeld wählen Sie die Registerkarte TREIBER und dann TREIBER AKTUALISIEREN aus. Der Assistent dafür wird gestartet.

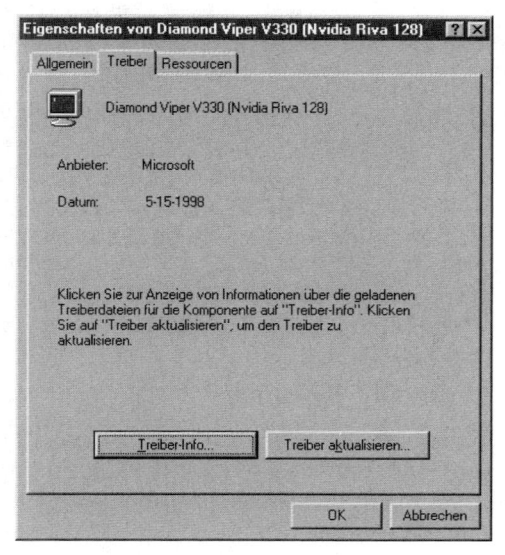

Bild 11.3: Im Eigenschaftsdialog wird die Registerkarte TREIBER angewählt.

3. Wählen Sie die Option EINE LISTE DER TREIBER IN EINEM BESTIMMTEN VERZEICHNIS ZUM AUSWÄHLEN ANZEIGEN.
4. Klicken Sie im Dialogfeld auf DISKETTE und im nächsten auf DURCHSUCHEN, wenn Ihr Treiber nicht auf Diskette vorliegt.

5. Wählen Sie das LAUFWERK und den ORDNER, in dem sich der neue Treiber befindet.

6. Ist die *.inf-Datei gefunden, klicken Sie auf die Schaltfläche OK.

Bild 11.4: Wenn die *.inf-Datei gefunden wurde, wird die Bezeichnung des Geräts angezeigt.

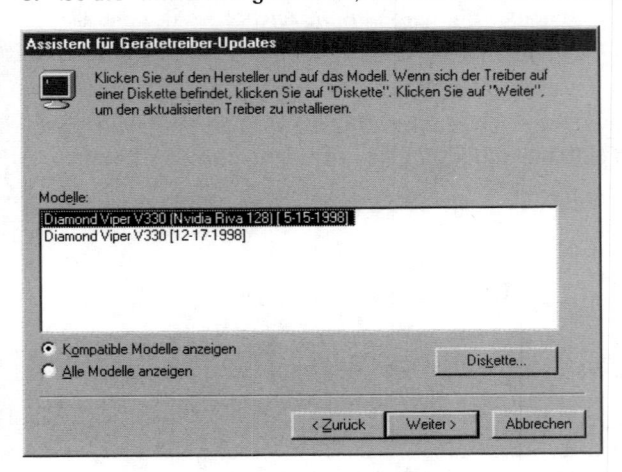

7. Der neue Treiber wird durch die Aktivierung der Schaltfläche WEITER installiert.

Die Hardware-Beschleunigung in Windows prüfen

Jetzt ist Ihr System auf dem aktuellsten Stand des Treibers für die Grafikkarte. Sehen Sie zur Sicherheit noch im GERÄTE-MANAGER nach, ob die Hardware-Beschleunigung voll aktiviert ist, denn sonst verlieren Sie eine Menge an Leistung. Öffen Sie dazu den GERÄTE-MANAGER und wählen Sie die Registerkarte LEISTUNGSMERKMALE. Nach einem Klick auf die Schaltfläche GRAFIK... sehen Sie den Regler für die Einstellung der Hardwarebeschleunigung, der auf 100% stehen sollte »Voreinstellung von Windows«. Ist das nicht der Fall, holen Sie es unbedingt nach. Starten Sie Windows neu, damit die Änderung wirksam wird. Nur wenn jetzt Probleme mit dem Mauszeiger auftreten oder das System aus unerklärlichen Gründen abstürzt, nehmen Sie den Regler wieder Schritt für Schritt zurück, bis der Fehler verschwunden ist.

11.3 Die Kühlung

Genau wie beim Übertakten des Prozessors auf dem Motherboard wird auch der Grafik-Prozessor durch den höheren Takt wärmer. Die thermische Belastung ist im Verhältnis dazu aber viel extremer. Bis auf 120 Grad kann die Temperatur ansteigen, wenn keine Kühlung vorhanden ist. Deshalb montieren die Hersteller schon serienmäßig auf manche Karten einen Kühlkörper, der teilweise mit Lüfter ausgestattet ist, wie bei der Elsa Erazor II oder der Nvidia TNT.

Die Kühlung

11.3.1 Die Temperatur messen

Die Temperatur auf dem Chip sollte nicht mehr als 95 Grad erreichen, da sonst Ausfälle vorprogrammiert sind. Sie kann mit einem elektronischen Thermometer gemessen werden, es ist aber nicht erforderlich. Um die 80 Grad auf der Oberfläche wären optimal, niedriger wäre natürlich noch besser. Ist auf Ihrer Karte weder ein Kühlkörper noch ein Lüfter vorhanden, empfehle ich dringend einen solchen anzubringen. Dazu gibt es mehrere Möglichkeiten:

- Spezielle Lüfter für Grafikkarten
- Kühlkörper mit Lüfter von der 486er-CPU
- Kühlkörper am Chip und Lüfter am Slotblech

11.3.2 Spezielle Lüfter

Die einfachste Lösung ist, sich im Zubehörhandel z.B. bei Conrad Electronik www.conrad.de oder im Internet bei ComputerNerd www.computernerd.com/coolspec.htm einen passenden zu besorgen. Diese Lüfter werden mit einer Wärmeleitfolie auf den Chip aufgeklebt und die Spannungsversorgung mit dem Netzteil verbunden.

Bild 11.5:
Der Lüfter für den Grafikprozessor.

11.3.3 486er-Lüfter

Wer einen Kühlkörper mit Lüfter von einer 486er-CPU hat, kann sich das Geld für einen neuen sparen. Denn der kann mit etwas Wärmeleitpaste in der Mitte und einem Tropfen Sekundenkleber in den Ecken auf den Chip aufgeklebt werden. Eine Montage mit Wärmeleitfolie oder zwei langen Kabelbindern, die durch die Kühlrippen um die Grafikkarte herum geführt werden, ist auch möglich.

Bild 11.6:
Ein Lüfter vom 486er kann auch verwendet werden.

11.3.4 Lüfter am Slotblech

Hat Ihre Grafikkarte einen Kühlkörper montiert aber keinen Lüfter, ist auch das kein Problem. Besorgen Sie sich einen Miniatur-Lüfter oder montieren Sie den eines 486er-Lüfters ab. Entfernen Sie das Slotblech neben der Grafikkarte und biegen Sie es im oberen Drittel im rechten Winkel, so daß dieser nach innen ins Gehäuse zeigt und dann noch einmal nach oben, daß ein U-Profil entsteht. Setzen Sie es wieder ein und befestigen Sie daran den Lüfter mit Isolierband, indem Sie ihn mit dem Gehäuse hochkant unten an den Winkel ansetzen und das Isolierband außen um das Gehäuse und den Winkel des Slotblechs führen. Dafür ist auch ein langer Kabelbinder bestens geeignet. Achten Sie vor dem Befestigen darauf, daß der Lüfter den Luftstrom über den Kühlkörper der Grafikkarte zieht. Der Nachteil ist, daß der benachbarte Slot nicht mehr genutzt werden kann.

Bild 11.7:
Der Lüfter wird mit einem Kabelbinder oder Klebeband an ein doppelt umgebogenes Slotblech montiert.

Nehmen Sie die Sache mit der Kühlung unbedingt ernst, da es sonst nach kurzer Betriebszeit zu Bildfehlern oder gar zur Zerstörung der Karte kommen kann, wenn der PC unbeaufsichtigt läuft.

11.4 Overclocking durch Software

Ist das BIOS-Update perfekt und sind die neuen Treiber installiert, kann es an das Übertakten gehen. Nehmen Sie grundsätzlich immer zuerst das Overclocking für den Prozessor auf dem Motherboard vor und dann das der Grafikkarte aber nie umgekehrt, denn sonst können Sie die Grenzen nicht genau ausloten.

11.4.1 Software für DOS und Windows

Es gibt viele Anbieter dieser Shareware-Programme zum Übertakten der Grafikkarte. Manche sind speziell für bestimmte Chipsätze entwickelt worden, andere wiederum eigenen sich gleich für mehrere. Teilweise funktionieren die Programme mit einer Kommandozeile unter DOS und manche haben sogar eine sehr komfortable Oberfläche in Windows 95/98. Für die Programme, die unter DOS laufen, reicht es aus, sie in ein Verzeichnis auf der Festplatte zu kopieren. Die Versionen für Windows 95/98 und NT installieren Sie wie gewohnt mit einer Installationsroutine.

11.4.2 Die Technik

Die Taktfrequenzen des Chipsatzes werden immer mit einem Programm oder Treiber eingestellt, der seine Parameter in der Registry, in einer *.ini-Datei, in der autoexec.bat oder sonst wo verewigt. Beim Start des Betriebssystems wird das Programm oder der Treiber aufgerufen, die Parameter aus der Konfigurationsdatei eingelesen und an den Chipsatz übermittelt. An dieser Stelle greifen die Tools ein und verändern die Parameter, die vom Hersteller vorgegeben sind.

11.4.3 Vom Hersteller untertaktet

Die Chipsätze sind unterschiedlich aufgebaut und verkraften daher genau wie eine CPU unterschiedlich hohe Taktfrequenzen. Viele davon sind sogar untertaktet. Das kommt daher, daß der Hersteller der Grafikkarte die Komponenten, die er auf seiner Karte verbaut, wiederum von unterschiedlichen Herstellern bezieht. Dabei handelt es sich hauptsächlich um die Speicherbausteine und den RAM-DAC in unterschiedlicher Qualität.

Die Karten von Matrox sind dafür ein gutes Beispiel, denn die Mystique 170 wird in drei Leistungsklassen mit derselben Bezeichnung ausgeliefert. Die Modelle gab oder gibt es mit 150 MHz, mit 170 MHz und mit 180 MHz RAM-DAC. In der Verpackung wurde zwar darauf hingewiesen, daß sich der MHz-Wert, der außen auf der Verpackung angegeben ist, erhöht hat, aber die Treiber sind die gleichen geblieben, daher wird die 180-MHz-Version genauso angesteuert wie die 150-MHz-Version. Genauso ist es mit der Mystique 220, die es mit 180 und 198 MHz RAM-DAC gibt. Die Treiber können die unterschiedlichen RAM-DACs nicht unterscheiden, deshalb wird die Karte immer auf den untersten Wert eingestellt und so einiges an Leistung verschenkt.

In der nachfolgenden Tabelle finden Sie die gängigsten Chipsätze und ihre Taktfrequenzen. Der optimale Takt ist nur ein Anhaltspunkt und nicht immer erreichbar, da sehr viele Faktoren daran beteiligt sind.

Tabelle 11.2:
Die möglichen Taktfrquenzen der Grafikchips

Chipsatz	Standardtakt	Maximaler Takt	Optimaler Takt
3Dfx Voodoo	50 MHz	75 MHz	60 MHz
3Dfx Voodoo Rush	50 MHz	75 MHz	60 MHz
3Dfx Voodoo 2	90 MHz	100 MHz	100 MHz
3Dlabs Permedia 2	83 MHz	120 MHz	100 MHz
Matrox Mystique 170	150-MHz-Version	200 MHz	190 MHz
Matrox Mystique 170	165-MHz-Version	205 MHz	195 MHz
Matrox Mystique 170	180-MHz-Version	220 MHz	200 MHz
Matrox Mystique 220	180-MHz-Version	200 MHz	195 MHz
Matrox Mystique 220	198-MHz-Version	215 MHz	215 MHz
Matrox Millenium I	50 MHz	70 MHz	60 MHz
Matrox Millenium II	62 MHz	75 MHz	70 MHz
Nvidia Riva 128	100 MHz	135 MHz	115 MHz

11.4.4 Die Parameter immer überprüfen

ACHTUNG

Wenn Sie die Parameter für die Grafikkarte in einem Tuning-Programm einstellen, überprüfen Sie diese genau, bevor Sie das Programm ausführen! Manche nehmen auch Extremwerte, wie etwa 700 MHz an Stelle von 70 MHz, die dann zur Zerstörung der Karte führen. Das ist eigentlich das größte Risiko bei der Video-Übertaktung.

11.4.5 Grafikspeicher optimieren

Außerdem lassen manche Programme wie z.B. Mystclock für die Matrox Mystique auch noch Einstellungen für die Speicherbausteine zu. Die Optionen lauten ähnlich wie die im Setup des System-BIOS. Es gibt CAS-Latency, RAS-to-CAS Delay und RAS Minimum Aktivate Time. Je nachdem, welche Speicherbausteine der Hersteller verwendet hat, kann damit auch eine Leistungssteigerung erzielt werden.

11.5 Die Programme

Nachfolgend sind die bekanntesten Programme für das Video-Overclocking kurz beschrieben:

Die Programme

11.5.1 Mclk

Das schon ältere Programm auf DOS-Ebene ist für Grafikkarten mit S3-, Trio 64- und Virge- sowie Cirrus-Logic-Chipsätze vorgesehen und auf der Internetseite www.venus.it/homes/spumador/sw.htm zu finden. Entpakken Sie das Programm in einem Verzeichnis und starten Sie Ihren PC anschließend im DOS-Modus. Wechseln Sie in das Verzeichnis und geben Sie MCLK.EXE in der Befehlszeile ein. Die möglichen Parameter und die derzeit verwendete Taktfrequenz wird angezeigt. Erhöhen Sie die Taktfrequenz aber um nicht mehr als 20% und am besten in 5%-Schritten. Lassen Sie den PC vor jeder weiteren Erhöhung eine Viertelstunde mit einer beliebigen Software laufen und beobachten Sie den Bildschirm. Treten sogenannte Pixel-Fehler auf oder der Bildschirm sieht plötzlich aus, als hätte er ein Muster, gehen Sie mit der Taktfrequenz wieder um eine Stufe herunter.

11.5.2 Powerstrip

Sehr vielseitig ist Powerstrip www.entechtaiwan.com/ps.htm, denn es eignet sich für sehr viele 2D- oder 3D-Grafikkarten und 3D-Zusatzkarten. Das Programm läuft unter Windows 95/98 und NT mit grafischer Oberfläche.

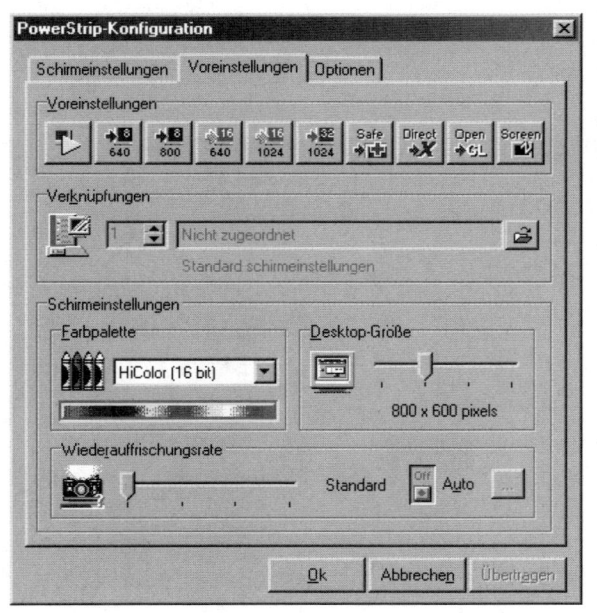

Bild 11.8:
Das vielseitige Powerstrip, mit dem alle Einstellungen inklusive Speichertakt der Grafikkarte geändert werden können.

In der Registerkarte LEISTUNG können Sie mit einem Schieberegler den Speichertakt stufenlos verändern. Rechts daneben wird die Taktfrequenz in MHz angezeigt. Steigern Sie auch hier wieder in kleinen, am besten in 1- oder 2-MHz-Schritten. Prüfen Sie danach wieder die Stabilität, bevor Sie weiter übertakten. 3D-Zusatzkarten finden Sie in ERWEITERTE OPTIONEN, GRAFIKSYSTEM-INFORMATIONEN, 3DFX zum übertakten. Auch hier gilt es, die Taktfrequenz immer in kleinen Schritten zu erhöhen. Außerdem bietet das Programm noch einige zusätzliche Funktionen, wie etwa das Speichern der Bildposition beim Auflösungswechsel. Das Shareware-Programm ist voll funktionsfähig, doch »vergißt« es die Einstellungen beim Beenden von Windows und muß deshalb nach einem Neustart wieder eingestellt werden. Merken Sie sich deshalb die optimale Einstellung, damit Sie nicht wieder von vorne tüfteln müssen, um die richtige zu finden.

11.5.3 Rage Pro Tweaker

Ein Schnäppchen unter den Grafikkarten war die ATI Rage Pro. Deshalb ist sie sehr häufig in Verwendung, hat aber nur mäßige Leistungswerte im 3D-Bereich. Mit dem Rage Pro Tweaker von der Internetseite http://studenti.lboro.ac.uk/~conb/rage/index.htm läßt sich das aber schnell ändern. Klicken Sie auf die Schaltfläche Overclocking und schon tauchen zwei Schieberegler mit der Bezeichnung MEMORY INTERFACE und INTERNAL ENGINE auf. Der erste Schieberegler beschleunigt den Speicherzugriff, was sich im 3D-Bereich besonders positiv auswirkt. Er kann von 100 MHz bis auf 115 MHz erhöht werden. Der zweite Schieberegler erscheint nur bei der Rage Pro aber nicht bei der Rage II / III+ / I / oder mach64. Mit ihm läßt sich der Prozessortakt von 75 bis auf 85 MHz erhöhen. Diese Werte sind normalerweise unbedenklich, aber ich kann immer wieder nur wiederholen: Den Takt in kleinen Schritten anpassen!

Bild 11.9: Speziell für den Rage-Chipsatz ist der Rage Pro Tweaker eine gute Lösung zum Übertakten.

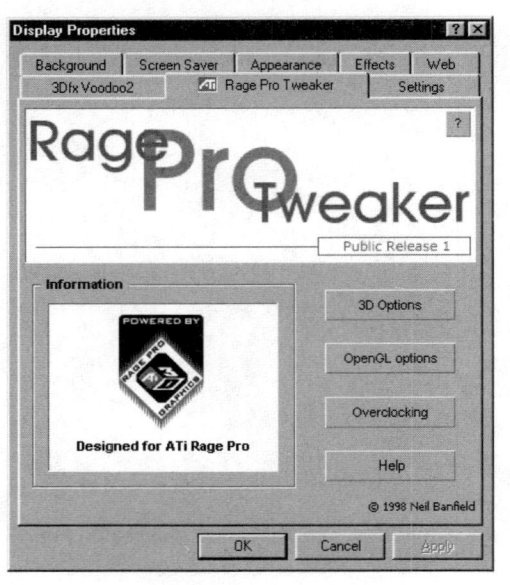

11.5.4 Matrox Overclock

Dieses Freeware-Programm für Windows 95/98 von der Internetseite http://3dfiles.com/bgrsoftware ist für die Matrox Millenium I und II, die Mystique 220 sowie MGA 100 und 200 entwickelt worden. Unter SELECT

Die Programme

MATROX CARD wählen Sie Ihr Modell aus. Unter DEFAULT wird dann die standardmäßige Taktfrequenz angezeigt. Zum Overclocken geben Sie bei SELECT CLOCK SPEED die neue Taktfrequenz ein. Mit einem Klick auf die Schaltfläche APPLY wird die neue Einstellung wirksam. Eine Sicherheitsoption ist auch mit eingebaut. Sie lautet DO NOT ALLOW CARD DEMAGING SETTINGS und bewirkt, daß keine schädigenden Werte eingestellt werden können. Ein Übertakten von 50 MHz auf 65 MHz ist auf jeden Fall drin und das bringt etwa 10% mehr Leistung.

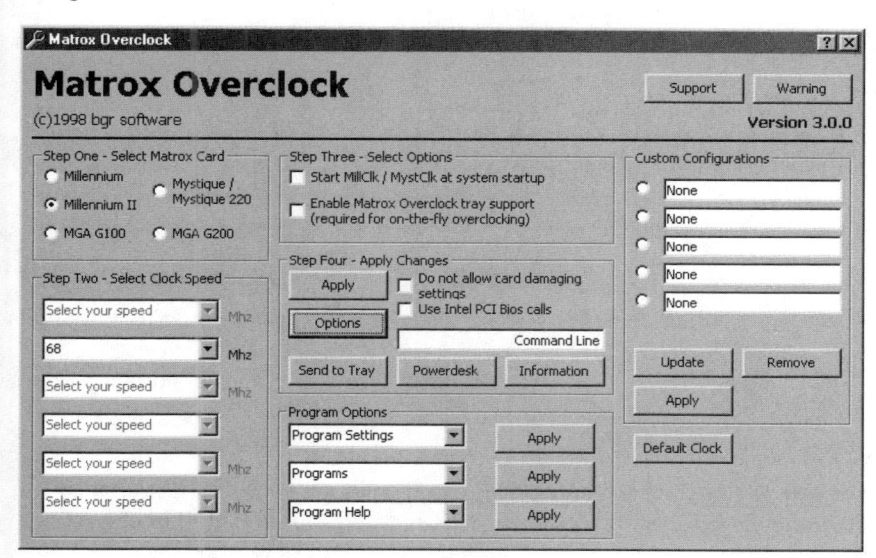

Bild 11.10: Das Freeware-Programm bringt bis zu 10% mehr Leistung.

11.5.5 Mystclk

Noch ein brauchbares Tool zum Overclocken der Matrox Mystique ist Mystclk von der Internetseite www.matroxusers.com. Es arbeitet mit Zahlenwerten unter DOS, kann aber durch die komfortable Windows-Oberfläche CLK FE95 als MCLK95.EXE ergänzt werden. Unter QUICK SETTINGS ist die Taktfrequenz bequem per Schaltfläche einzustellen. Das gilt genauso für die Parameter für das Video-RAM. Durch die Schaltflächen SLOW-, MED- UND FAST-RAM werden diese automatisch gesetzt, können aber auch von Hand unter den RAM-OPTIONEN eingestellt werden.

Für die Matrox Millenium gibt es das Tool Milclk, mit dem die Taktfrequenz bis auf 70 MHz erhöht werden kann. Es ist aber genauso umständlich zu bedienen wie Mystclk ohne mclk95.exe. In dem nachfolgend beschriebenen Programm Tweakit, das sich hervorragend für Voodoo-Chipsätze eignet, ist auch eine Oberfläche für Milclk enthalten. Damit läßt sich das Tool, das in Tweakit gleich mitgeliefert wird, auch komfortabel bedienen.

11.5.6 Tweakit

Das Freeware-Programm Tweakit für Windows 95/98, das ebenfalls auf der Internetseite http://3dfiles.com/bgrsoftware zu haben ist, kommt mit dem Voodoo 1, 2 und Rush sowie mit der Banshee zurecht. Es benötigt unbedingt die Visual-Basic-DLL in Version 5, die im Verzeichnis WINDOWS\SYSTEM vorhanden sein muß. Die Einstellungen für das Overclocking finden Sie mit der Registerkarte ADVANCED VOODOO. Außerdem lassen sich noch viele andere Einstellungen, wie die Bildwiederholrate und Gamma-Korrektur, bequem ändern.

Bild 11.11:
Tweek for Voodoo übertaktet den Voodoo 1, 2 und Rush sowie Banshee.

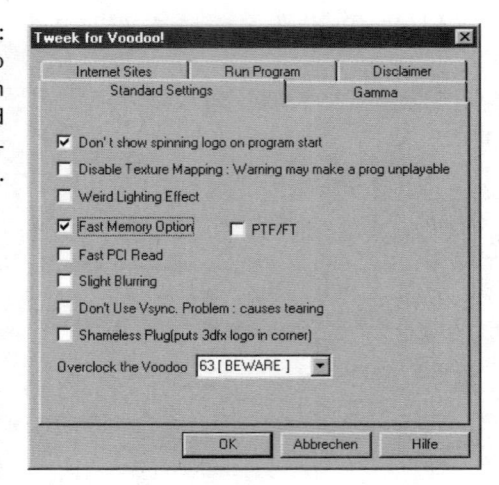

NV3Tweak

Für die weit verbreiteten Nvidia Riva 128 gibt es auch ein hervorragendes Freeware-Tool. Es wird unter vielen weiteren Tools für diesen Chipsatz auf der Internetseite www.rivazone.com angeboten und besteht nur aus einer *.inf-Datei. Sie wird über das Kontextmenü im Explorer installiert und nistet sich dann im System ein. Dazu wird einfach die Datei mit der rechten Maustaste angeklickt und INSTALLIEREN ausgewählt. Das Menü für die Einstellungen wird dann in der Systemsteuerung mit einem eigenen Icon aufgerufen.

Bild 11.12:
Mit NV3Tweak kann zwar die Grafikkarte nicht übertaktet werden, aber die Systemleistung wird optimiert.

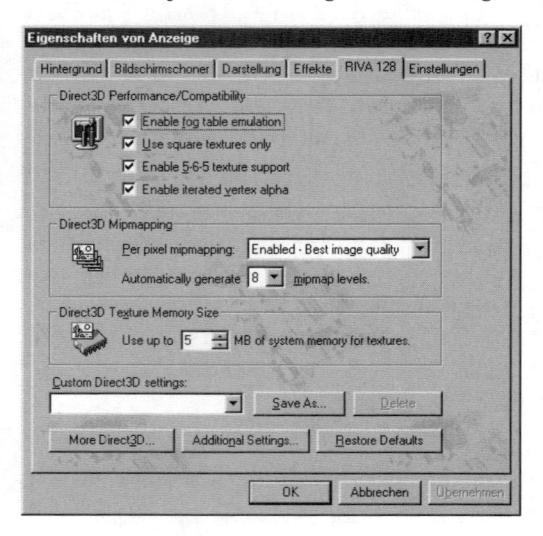

Die Programme

> **HINWEIS**
> Alle vorgestellten Programme und noch einige mehr sind auf der CD-ROM enthalten.

11.5.7 Performance testen

Jeder möchte natürlich gerne wissen, was das Overclocking letztendlich gebracht hat, dazu gibt es einen Grafik-Benchmark. Der 3D Winbench 99 von Ziff Davis ist etwas zeitaufwendig im Ablauf, deshalb verwende ich gerne Final Reality, der schneller abläuft und so auch zwischen den einzelnen Overclocking-Schritten eingesetzt werden kann. Es ist auch ein 2D- und 3D-Grafik-Benchmark der Extraklasse. Er simuliert sogar Spielsituationen und testet damit auch die Spieletauglichkeit der Einstellungen. Für diese Benchmarks ist eine 3D-Grafikkarte und Windows 95/98 mit installiertem DirektX in der Version 6 Voraussetzung. Testen Sie erst ohne und dann mit übertakteter Karte, damit die Differenz ersichtlich wird.

Kapitel 12

Motherboards, die sich lohnen

Motherboards, die sich lohnen

Der Markt ist geradezu überschwemmt von Motherboards, die ständig ihre Features ändern. Der 66-MHz-Bustakt hat ausgedient, deshalb würde ich dazu raten, auf jeden Fall ein Motherboard mit 100 MHz Front-Side-Bus zu erwerben, denn damit können auch Prozessoren und Speichermodule mit 66 MHz Bustakt betrieben werden. Wenn Sie später auf einem schnelleren Prozessor mit 100 MHz Bustakt ausweichen wollen, ist der Wechsel problemlos, denn das passende Board ist schon vorhanden.

Ebenfalls entscheidend ist der Formfaktor, denn Motherboards im AT-Format haben fast ausgedient, deshalb ist die Auswahl an solchen 100-MHz-Boards sehr, sehr gering. Hier würde ich empfehlen, lieber das alte AT-Gehäuse zu verschrotten und ein ATX-Gehäuse samt ATX-Motherboard zu kaufen, denn ein AT-Motherboard ist von der Anschaffung auch nicht günstiger und die ATX-Gehäuse sind stark im Preis gefallen.

Auch die Leistung des Motherboard ist ein nicht ganz unwesentliches Kriterium beim Kauf. Dabei ist in erster Linie der Chipsatz ausschlaggebend. Die Modelle mit identischen Chipsätzen weisen dagegen nur eine minimale Differenz von 2% bis 3% auf. Parallel zur Leistung sollte das Board auch mit einer guten Stabilität und Kompatibilität aufwarten können. Was für den einen oder anderen Nutzer vielleicht noch ein Kriterium darstellt, sind die unterschiedlichen ACPI-Features, die von Keyboard-On bis Wake-On-LAN reichen.

Ein anderer Punkt ist die Installation des Motherboard, die sich durch jumperlose Modelle stark vereinfacht. Was den einen durch die Einfachheit erfreut, kann für den anderen aber ein Verhängnis sein. Das trifft vor allem für den Overclocker zu, denn je weniger es zum Einstellen gibt, desto schwieriger wird auch das Übertakten. Der letzte Punkt, über den sich eigentlich keiner so richtig Gedanken macht, ist der der Garantie und der des Service. Denn was nutzt Ihnen ein neues Board, wenn es keine regelmäßigen BIOS-Updates gibt oder die Garantiezeit nur 6 Monate beträgt, was überwiegend bei No-Name-Produkten vorkommt. Sehen Sie sich die nachfolgenden Vorschläge an, vielleicht ist ja etwas für Sie dabei.

12.1 Sockel 7

Ein wahnsinnig großes Angebot ist auf dem Sockel-7-Markt vorhanden. Da Intel keine Chipsätze mehr für dieses Segment weiterentwickelt, verwenden fast alle Hersteller Chipsätze von VIA und ALi. Alle nachfolgend vorgestellten Motherboards sind mit einem VIA Apollo MVP3 ausgestattet. Er dominiert im Moment eindeutig bei den Herstellern. Die restlichen Ausstattungsmerkmale sind gut gemischt und reichen von SIMM- und DIMM-Speicherbänken in einer Kombination bis zur Einstellmöglichkeit des AGP- und PCI-Taktes. Auch die automatische Erkennung der Spannung ist im Vormarsch.

… Sockel 7

12.1.1 FIC PA-2013

Ein nicht ganz neues Motherboard ist das PA-2013 von FIC, das es nur im ATX-Formfaktor gibt. Es ist aber seit neuestem mit einem 2048 Kbyte großen L2-Cache ausgestattet, was die Performance gegenüber anderen Boards in die Höhe treibt. Es nutzt den aktuellen MVP3-Chipsatz von VIA und kann auf bis zu 384 Mbyte Hauptspeicher ausgebaut werden. Außerdem kann es durch die üppige Größe des L2-Cache den gesamten Arbeitsspeicher auch cachen. Die neuen K6-2-Prozessoren werden auf Anhieb vom BIOS erkannt. Da diese schon auf dem Kern des K6-3 basieren, dürfte dieser auch keine Schwierigkeiten bereiten. Es besitzt 1 AGP-, 4 PCI- und 2 ISA-Steckplätze. Auf der mitgelieferten CD befinden sich alle nötigen Treiber für den VIA-Chipsatz, die für einen stabilen und fehlerfreien Betrieb unter Windows 95/98 installiert werden müssen. Nur Windows NT kommt ohne zurecht. Ein rundherum ideales Motherboard für ein AMD-K6-2- oder K6-3-System, das auch mit mehr als 256 Mbyte Hauptspeicher ausgestattet werden kann, da er bis zur Obergrenze voll gecachet wird.

Bild 12.1:
Das FIC PA-2013

12.1.2 Elitegroup P5VP-A+

Ebenfalls ein sehr hochwertiges Board ist das Elitegroup P5VP-A+, das mit einem 1024 Kbyte großen L2-Cache ausgestattet ist und über 3 DIMM-Speicherbänke 768 Mbyte Hauptspeicher verwalten kann. Es besitzt 1 AGP-, 3 PCI-, 1 ISA- und 1 ISA/PCI-Steckplatz. Das Board verfügt auch über eine hervorragende Kompatibilität in Sachen Einsteckkarten und läuft außerordentlich stabil. Die AGP- und PCI-Bus-Taktraten sind in weiten Bereichen einstellbar. Offiziell unterstützt es CPUs bis 450 MHz, die Konfiguration erfolgt per Jumper. Zu der insgesamt guten Ausstattung gehört auch ein deutsches Handbuch.

Bild 12.2:
Das Elitegroup
P5VP-A+

12.1.3 Elito Epox EP-51MVP 3E-M

Das Motherboard mit der Typenbezeichnung, die sich keiner auf Anhieb einprägen kann, hat ebenfalls einen 1024 Kbyte großen L2-Cache und kann mit zwei SIMM- und drei DIMM-Speicherbänken 384 Mbyte Hauptspeicher sehr flexibel verwalten. Die Erweiterbarkeit wird durch 1 AGP-, 3 PCI-, 2 ISA- und 1 ISA/PCI-Steckplatz garantiert. Die Unterstützung der CPUs reicht hier bis 500 MHz. Konfiguriert wird wieder per Jumper. Die Kompatibilität und auch Stabilität sind mit sämtlichen Einsteckkarten problemlos. Wer DIMMs verwendet, kann auf dieses in puncto Geschwindigkeit überzeugende Motherboard zurückgreifen. Ein sehr gutes Handbuch und 24 Monate Garantie runden das Ganze noch ab.

Bild 12.3:
Daito Epox EP-51MVP 3E-M

Sockel 7

12.1.4 Soyo SY-5EMA

Das Soyo SY-5EMA mit seinem 1024 Kbyte großen L2-Cache kann auch mit zwei SIMM- und zwei DIMM-Speicherbänken aufwarten und ist damit auch wieder sehr flexibel einsetzbar. Damit können maximal 512 Mbyte Hauptspeicher verwendet werden. Auf den ersten Blick fällt gleich der mit »ETEQ« beschriftete Chipsatz auf, der aber in Wirklichkeit auch ein originaler VIA Apollo MVP3 ist. Offiziell werden nur CPUs bis 450 MHz unterstützt. Auch auf diesem Board können die Taktraten für den AGP- und PCI-Bus in weiten Bereichen eingestellt werden. Die Spannungseinstellung erfolgt entweder automatisch oder per Jumper. An Erweiterungssteckplätzen kann das Board 1 AGP-, 1 ISA-, 4 PCI- und 1 ISA/PCI-Slot bieten. Das englische Handbuch fällt leider etwas knapp aus, dafür gibt es aber 24 Monate Garantie.

Bild 12.4: Das Soyo SY-5EMA.

12.1.5 Tekram P5MVP-A4

Das mit nur einem 512 Kbyte großen L2-Cache ausgestattete Motherboard ist nicht gerade ein Renner in puncto Geschwindigkeit, dafür hat es aber andere Vorzüge. Es besitzt nämlich vier SIMM- und zwei DIMM-Speicherbänke, die bis zu 512 Mbyte ausgebaut werden können. Wer noch seine alten SIMMs bis zu einem Bustakt von 83 MHz verwenden möchte, ist damit ideal bedient. Auch ein sehr hoher CPU-Takt von bis zu 550 MHz kann sich sehen lassen. Mit 1 AGP-, 1 ISA-, 3 PCI- und 1 ISA/PCI-Steckplatz kann auch vernünftig erweitert werden. Die komplette Konfiguration erfolgt per Jumper. Das Board ist ideal für eine Aufrüstung, wenn ein ATX-Gehäuse verwendet wird, da es durch die Steckplätze überzeugt. Das Handbuch ist in Englisch, und die Garantie von 18 Monaten reicht aus.

Bild 12.5:
Das Tekram
P5MVP-A4

12.1.6 Tyan S1590 Trinity AT

Das Motherboard von Tyan hat einen 1024 Kbyte großen L2-Cache und kann insgesamt ein sehr hohes Tempo vorlegen. Es ist im Baby-AT-Formfaktor und deshalb ideal für eine Aufrüstung, wenn das vorhandene AT-Gehäuse weiter verwendet werden soll. Die zwei SIMM- und drei DIMM-Speicherbänke können bis auf 768 Mbyte bestückt werden. Auch hier wird ein sehr hoher CPU-Takt von 550 MHz unterstützt. Mit 1 AGP-, 3 ISA-, 3 PCI- und 1 ISA/PCI-Steckplatz, wovon sich alle 3 PCI- und 1 ISA-Steckplatz in voller Länge nutzen lassen, was bei einem AT-Board nicht ganz unwichtig ist. Durch die 3 ISA-Steckplätze lassen sich außerdem alle alten Karten unterbringen. Konfiguriert wird wieder per Jumper. Ein sehr gutes, in Englisch gehaltenes Handbuch und eine lange Garantie von 36 Monaten sprechen für sich.

Bild 12.6:
Das Tyan S1590
Trinity AT

12.2 Slot 370

Die neuen Slot-370-Motherboards für den Intel Celeron im PPGA-Gehäuse drängen auf den Markt. Fast jeder Hersteller hat schon welche im Programm. Sie sind entweder mit dem BX-Chipsatz von Intel oder dem extra dafür entwickelten ZX-Chipsatz erhältlich. Ich würde eher zu Boards mit dem vollwertigen BX-Chipsatz raten, auch wenn sie etwas teurer in der Anschaffung sind, aber die Ausbaumöglichkeiten sind vielseitiger.

12.2.1 Abit BM6

Das BM6 ist, wie der Name schon vermuten läßt, mit einem vollwertigen BX-Chipsatz ausgestattet. Durch drei DIMM-Speicherbänke unterstützt es bis zu 768 Mbyte Hauptspeicher inklusive ECC. Ein AGP-, 5 PCI- und 2 ISA-Steckplätze sorgen für eine gute Erweiterbarkeit des äußerst stabilen und leistungsstarken Boards, das auch mit der Kompatibilität keine Probleme hat. Wie das AB-BH6 für Slot-1-Prozessoren, hat auch dieses Board von Abit das Soft Menu II, mit dem Jumper und DIP-Schalter für die Konfiguration der Vergangenheit angehören. Auch alle anderen Features wie ACPI und Hardware-Monitoring sind vorhanden. Ein rundherum gelungenes Motherboard für den neuen Celeron im PPGA-Gehäuse-Design.

12.2.2 Abit ZM6

Der kleinere Bruder von BM6 ist das ZM6, das zwar auch über drei DIMM-Speicherbänke verfügt, aber nur 256 Mbyte Hauptspeicher zuläßt. Die restlichen Features sind dieselben wie beim BM6.

12.2.3 Chaintech CT-6ZIA

Das CT-6ZIA von Chaintech arbeitet mit einem Intel-ZX-Chipsatz, der eine abgespeckte Version des BX ist. Das Motherboard unterstützt dadurch zwar den 100-MHz-Front-Side-Bus, hat aber nur zwei DIMM-Sockel, auf denen maximal 256 Mbyte Hauptspeicher eingesetzt werden können. Es besitzt auch nur 1 AGP-, 3 PCI- und 1 ISA-Steckplatz. Dafür hat es eine Onboard-Soundkarte, die durch einen ESS-Chip realisiert wird und für den Home- und Office-Bereich völlig ausreichend ist. Die Konfiguration erfolgt jumperlos durch das BIOS-Setup in dem nur der Bustakt im Bereich von 66 bis 133 MHz eingestellt werden kann. Der Multiplikator ist im Celeron mit PPGA-Gehäuse sowieso fest eingestellt und kann nicht verändert werden. Ein Systemmonitoring ist ebenfalls auf dem Board integriert, das nur im microATX-Formfaktor verfügbar ist. Ein sauber aufgebautes Board, das aber im Moment einen relativ hohen Preis hat.

Bild 12.7:
Das Chaintech CT-6ZIA

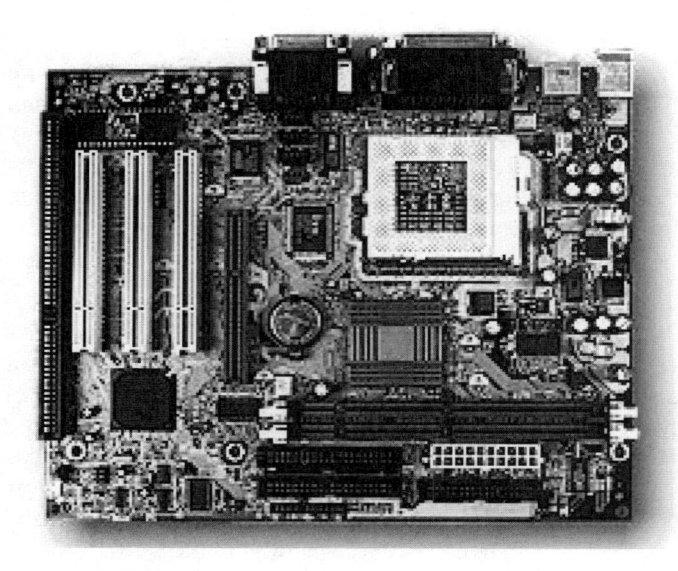

12.3 Slot 1

Fast alle Motherboards für den Slot 1 verfügen über einen Intel-Chipsatz. Nach und nach kommen aber auch Boards mit den Chipsätzen von VIA, ALi und SiS auf den Markt, die aber um ca. 5% langsamer sind. Wer auf Intel verzichten kann, fährt mit einem VIA-Chipsatz auch nicht schlecht, denn die etwas geringere Leistungsausbeute ist kaum spürbar. Mit einem USB-Port und PS/2-Schnittstellen für Tastatur und Maus sind alle ausgestattet. Da auch hier ständig neue Boards, vor allem mit den neuen Nicht-Intel-Chipsätzen auf den Markt kommen, können Sie sich über Leistung und Qualität am besten in den aktuellen Fachzeitschriften informieren.

12.3.1 Abit AB-BH6

Die legendäre Abit AB-BH6 arbeitet mit dem BX-Chipsatz und gehört zu den schnellsten und stabilsten Hauptplatinen überhaupt. Auch Kompatibilitätsprobleme mit Erweiterungskarten, Speichermodulen oder CPUs sind nicht bekannt. Letztere werden aber nur bis 500 MHz unterstützt, was im Moment noch ausreicht. Der Bustakt ist von 66 bis 133 MHz einstellbar. Als Ausstattung hat sie 3 DIMM-Speicherbänke, die bis auf 384 Mbyte ausgebaut werden können. Außerdem sind 1 AGP-, 4 PCI-, 1 ISA- und 1 ISA/PCI-Steckplatz vorhanden, genug also, um das Board im Bedarfsfall vernünftig auszubauen. Das Tolle an dieser Hauptplatine ist nach wie vor das Soft Menu II im BIOS, über das sich die CPU völlig jumperlos konfigurieren läßt. Nicht nur der Bustakt und der Multiplikator, sondern auch die CPU-Spannung läßt sich damit einstellen. Das Motherboard ist ein absoluter Geheimtip für Overclocker aller Art. Nicht nur bei den Einstellmöglichkeiten, sondern auch was Stabilität und Geschwindigkeit anbelangt, läßt es alle Konkurrenten hinter sich. Außerdem gibt es 24 Monate Garantie und sogar ein deutsches Handbuch.

Slot 1

Bild 12.8:
Das Abit AB-BH6

12.3.2 Abit AB-BX6

Das Abit AB-BX6 ist fast baugleich mit dem AB-BH6, nur die Erweiterungssteckplätze verteilen sich anders. Hier sind 1 AGP-, 3 PCI-, 2 ISA- und 1 ISA/PCI-Steckplatz vorhanden. Außerdem gibt es 4 DIMM-Speicherbänke, die einen Ausbau bis auf 512 Mbyte ermöglichen. Wem das BH-6 nicht ausreicht, der investiert in das BX6 und hat damit den Ferrari unter den Motherboards erstanden.

12.3.3 Gigabyte GA-6BXE

Die Basis für die Gigabyte GA-6BXE bietet wieder ein BX-Chipsatz, der voll ausgeschöpft wird. Die Bustaktfrequenz ist von 66 bis 133 MHz einstellbar. Der Multiplikationsfaktor reicht von 3 bis 5,5 und ist somit für alle zukünftigen Prozessoren - hoffentlich - gerüstet. Die CPU-Konfiguration kann mit sehr gut angeordneten DIP-Schaltern und einer direkt auf dem Motherboard aufgedruckten Tabelle einfach eingestellt werden. Der Blick ins Handbuch kann entfallen und man kann sich ohne Ablenkmanöver den DIP-Schaltern widmen. Ebenfalls sehr gut ist ein maximaler Ausbau des Arbeitsspeichers bis auf 1024 Mbyte durch vier DIMM-Sockel. Außerdem besitzt es gleich 1 AGP-, 5 PCI- und 2 ISA-Steckplätze, was einer hervorragenden Erweiterbarkeit zugute kommt. Die beiliegende CD-ROM bietet alles, was ein Motherboard dieser Klasse braucht. Auch für Overclocking ist es gut geeignet, da es sehr stabil läuft.

Bild 12.9:
Das Gigabyte GA-6BXE

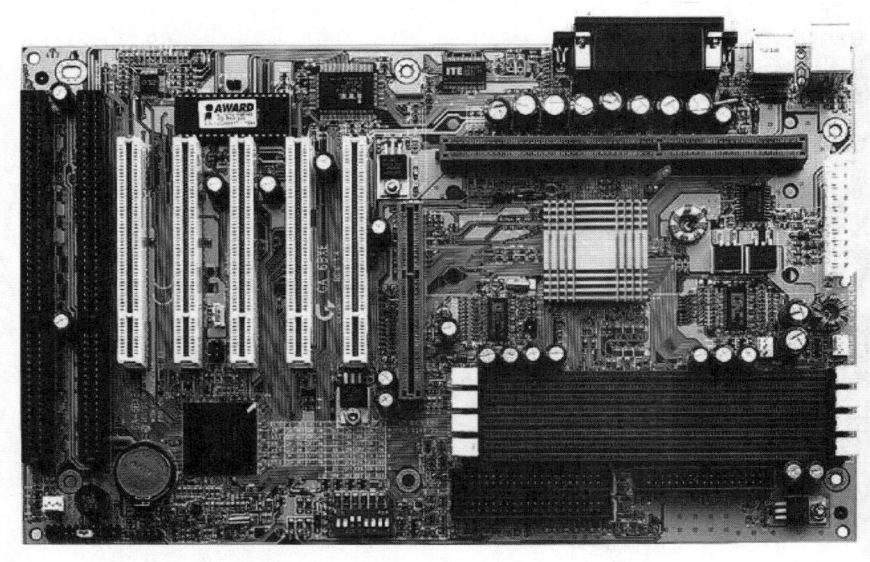

12.3.4 MSI MS-6119

Auch eine sehr hochwertige ATX-Hauptplatine mit dem Intel-BX-Chipsatz als Basis. Sie unterstützt CPUs bis 800 MHz und läuft sehr stabil und zuverlässig mit allen Erweiterungskarten und Speichermodulen. Die Geschwindigkeiten der CPU werden im BIOS eingestellt, damit entfällt auch hier die Spielerei mit Jumpern oder DIP-Schaltern. Drei DIMM-Speicherbänke sorgen für einen maximalen Speicherausbau von 384 Mbyte. Die Erweiterungssteckplätze sind als 1 AGP-, 3 PCI-, 2 ISA- und 1 ISA/PCI-Steckplatz ausgeführt. Das Handbuch ist zwar in Englisch, aber sehr ordentlich, ausgeführt. Die Garantiezeit beträgt 24 Monate. Wer eine 66-MHz-CPU mit dem 100-MHz-Front-Side-Bus betreiben möchte, muß bei diesem Board allerdings den PIN B21 umbauen, damit das Board diese Taktfrequenz akzeptiert. Im großen und ganzen auch ein sehr lohnenswertes Motherboard.

Bild 12.10:
Das MSI-MS-6119

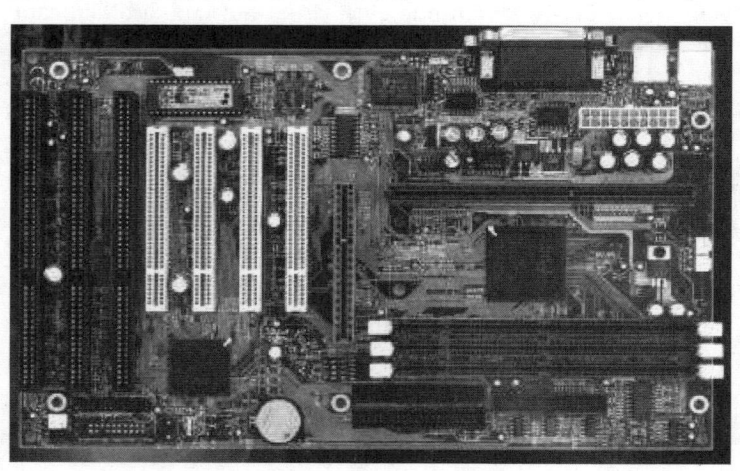

Slot 1

12.3.5 MSI MS-6120

Das MSI MS-6120 ist auch eine sehr hochwertige ATX-Hauptplatine mit dem Intel-BX-Chipsatz, die CPUs bis 800 MHz unterstützt. Im Gegensatz zum MS6119 ist es aber ein Dual-Board mit zwei CPU-Steckplätzen und einem integrierten SCSI-Host-Adapter von Adaptec, nämlich dem AIC-7895P. Außerdem hat sie nicht nur drei sondern vier DIMM-Speicherbänke, die einen Ausbau bis auf 1024 Mbyte ermöglichen. Die Erweiterungssteckplätze verteilen sich auf 1 AGP-, 4 PCI-, 1 ISA- und 1 ISA/PCI-Steckplatz. Die CPU-Konfiguration erfolgt über DIP-Schalter. Auch hier ist das ordentlich ausgeführte Handbuch in Englisch und die Garantiezeit beträgt 24 Monate. Für ein Dual-Board macht es einen sehr guten Eindruck.

Bild 12.11: Das MSI-MS 6120

12.3.6 Elito Epox EP-61BXA-M

Auch das Elito Epox EP-61BXA-M kann mit einem BX-Chipsatz aufwarten. Die Taktfrequenz ist nicht so hoch einstellbar wie beim MSI, aber 550 MHz reichen völlig aus. Auch hier ergeben sich keine Kompatibilitätsprobleme. 1 AGP-, 3 PCI-, 2 ISA- und 1 ISA/PCI-Steckplatz sorgen für die Erweiterungskarten. Drei DIMM-Speicherbänke können 768 Mbyte Hauptspeicher aufnehmen. Die Performance ist gut und die Stabilität läßt auch nichts zu wünschen übrig. Die Taktraten werden per Jumper und BIOS eingestellt. Dabei sind die Jumper für den Multiplikator und das BIOS für den Bustakt zuständig. Das Handbuch ist in Englisch, aber dafür sehr gut gestaltet. Die Garantiezeit beträgt 24 Monate. Das Board ist zwar nicht ganz so günstig, dafür kann es aber viel Hauptspeicher verwalten und ist zudem sehr gut verarbeitet.

Bild 12.12:
Das Elito Epox EP-61 BXA-M

12.3.7 Tekram P6PRO-A5

Eine Ausnahme ist das Tekram P6PRO-A5, das einen VIA-Apollo-Pro-Chipsatz hat. Die Taktfrequenz von 550 MHz, die durch konventionelle Jumper eingestellt wird, reicht aus. Die Kompatibilität ist auch mit dem Chipsatz von VIA gegeben. 1 AGP-, 5 PCI- und 2 ISA-Steckplätze sind mehr als ausreichend für das ATX-Board. Mit drei DIMM-Speicherbänken läßt es 384 Mbyte Hauptspeicher zu. Der Bustakt kann von 66 bis 133 MHz eingestellt werden. Es unterstützt alle System-Monitoring-Funktionen, und auch der Treiberumfang für den neuen Chipsatz und das Handbuch fallen gut aus. Das Preis-/Leistungsverhältnis ist bei diesem Board unschlagbar.

Bild 12.13:
Das Tekram P6PRO-A5

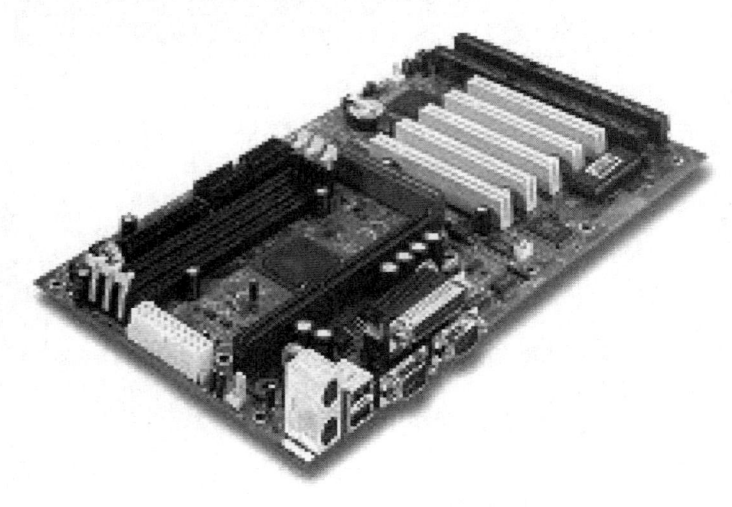

Slot 2

12.4 Slot 2

Die Auswahl an Slot 2 Motherboards ist verschwindend gering, denn sie sind nicht für den kommerziellen Anwendungsbereich bestimmt. Deshalb liegen auch noch keine aktuellen Testergebnisse und Bewertungen vor. Vergleichen Sie die technischen Daten auf den Internetseiten der Hersteller und versuchen Sie das Optimum für Ihren Anwendungszweck herauszufinden.

12.5 Hersteller

In der nachfolgenden Tabelle finden Sie die wichtigsten Daten aller bekannten Hersteller. Mit der Info-Telefonnummer können Sie direkten Kontakt zum Hersteller oder Vertrieb aufnehmen. Die Hotline wird weitgehend schon per E-Mail und nicht mehr telefonisch abgewickelt, was Ihnen Kosten spart, da der Hersteller nicht immer in Ihrer Nähe ist und teilweise auch 0190er-Telefonnummern verwendet. Über die Internetadresse können Sie die, teilweise sehr gut aufgebauten, Homepages des Herstellers durchforsten, die alle technischen Daten der einzelnen Boards genau beschreiben. Auch BIOS-Updates, Treiber und Handbücher lassen sich herunterladen.

Hersteller	Adresse	Telefon	Hotline	Internet	E-Mail Support
Abit				www.abit.com.tw	technical.abit@tip.nl
Asus	40880 Ratingen	02102-445011	02102-499712	www.asus-com.de	Hompage-Formular
Chaintech	22045 Hamburg	040-668580	0180-5000886	www.chaintech.com.tw	elt@chaintech.de
DFI	28307 Hamburg	0421-5656811		www.dfi-web.com	dfi-germany@alfa-net.de
Elitegroup	41812 Erkelenz	02431-9410	0190-793315	www.elite-group.de	support_at_ecsger@mail.ecs.com.tw
Elito-Epox	91257 Pegnitz	09241-991715	09241-991740	www.epox.com	Hompage-Formular
FIC				www.fic.com.tw	support@she-gmbh.de
Gigabyte	20537 Hamburg	040-255015		www.giga-byte.de	Hompage-Formular
Iwill				www.iwill.com.tw	fae@iwill.com.tw
MSI	63128 Dietzenbach	06074-400900		www.msi-computer.de	Hompage-Formular

Tabelle 12.1: Die Herstelleradressen

NMC	23923 Schönberg	038828-370		www.nmc-pe.de	support@nmc-pe.de
PC-Chips	41468 Neuss	02131-9313520	02131-310270	www.protac.com	Hompage-Formular
QDI	20305 Hamburg	040-61135316		www.qdi.nl	qdigermany-fae@csi.com
Shuttle	25337 Elmshorn	04121-476860		www.spacewalker.com	Hompage-Formular
Soyo				www.soyo.com	
Supermicro	Hertogenbosh-Niederlande	0031-736416512		www.super-micro.com	aupport@supermicro.com
Tekram	40885 Ratingen	02102-302800		www.tekram.de	support@tekram.de
Tyan	85229 Markt Indersdorf	08136-939530	08136-939550	www.tyan.com	rubenk@tyan.de

Falls Ihr Hersteller nicht in der Tabelle aufgeführt ist verwenden Sie einen Suchdienst im Internet, wie beispielsweise AltaVista, mit dem Sie auch nach »Real Names« suchen können.

Kapitel 13

Die Software-Werkzeuge

Die Software-Werkzeuge

Der Markt bietet alle nur erdenklichen Tools und Utilities sowohl konventionell, sprich kommerzielle als auch als Shareware-Programme. Sehr oft ist die Shareware sehr professionell und steht den kommerziellen Programmen in nichts nach. Das ist auch sehr deutlich bei der Hardware-Analyse und -Diagnose zu sehen. Auch Benchmark-Programme, wie Sie in Wintune und Sisoft Sandra 98 enthalten sind, arbeiten sehr komfortabel und genau. Die professionellen Benchmark-Programme von Ziff Davis finden Sie auf der CD-ROM zu diesem Buch.

13.1 Hardware-Analyse und -Diagnose

Wer nicht genau weiß, was in seinem PC für Komponenten eingebaut sind, muß ihn entweder öffnen und selber nachsehen oder ein Programm zur Harware-Analyse einsetzen. Diese Programme arbeiten zum größten Teil sehr genau und bringen viele Ergebnisse an den Tag, die durch eine reine Sichtung der Komponenten natürlich gar nicht erkannt werden können, da sie nur in den technischen Daten des Handbuchs auftauchen.

13.1.1 SiSoft Sandra 98

Bild 13.1:
Die Module werden übersichtlich angeboten.

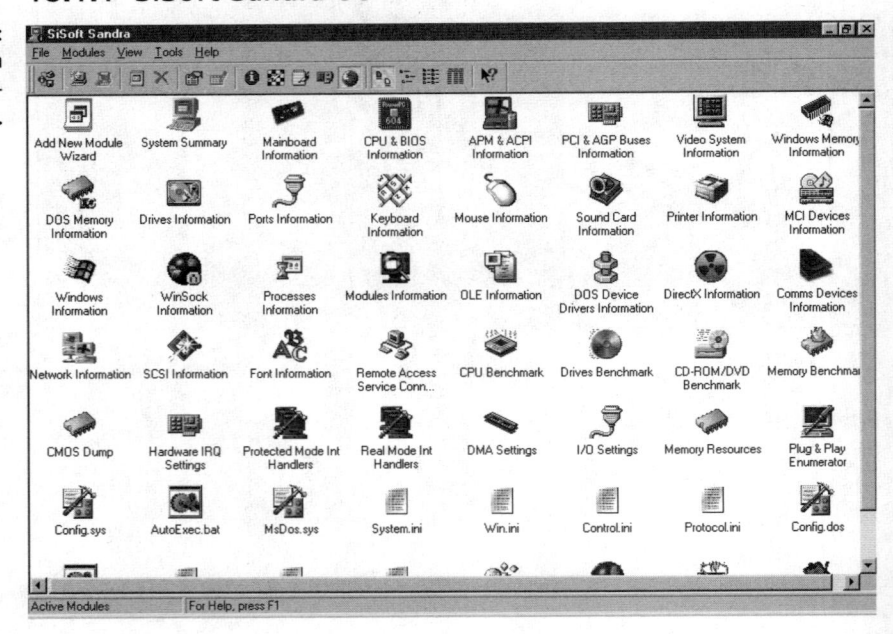

Ein tolles Programm für Windows 95/98, das Sie mit umfangreichen Informationen über die Konfiguration und das Innenleben Ihres PC versorgt. Ähnlich wie in der Systemsteuerung von Windows werden die einzelnen Module präsentiert und zeigen nach einem Doppelklick alle Informationen übersichtlich in einem Fenster an. Außerdem läßt sich jedes dieser 47 Module auch noch umfangreich konfigurieren. Das Modul Performance Tune-up ist eine nützliche Hilfe bei der Optimierung des Systems. In der kostenlosen Version auf der

Leistungsvergleich durch Benchmark

CD sind nur 40 Module aktiv. Wenn Sie auch Informationen über SCSI oder OLE benötigen, können Sie die anderen 7 Module durch eine Registrierung auch nutzen.

13.1.2 Dr. Hardware

Ähnlich wie Sisoft Sandra 98 kümmert sich auch Dr. Hardware um die Komponenten im PC. Er gibt von der Grafikkarte bis zum Prozessor alles preis. Die Darstellung erfolgt in übersichtlicher Tabellenform und in einer grafischen Auswertung. Verschiedene Benchmark-Tests runden das Ganze ab. Außerdem läßt sich ein aufwendiger Report aller Daten ausdrucken.

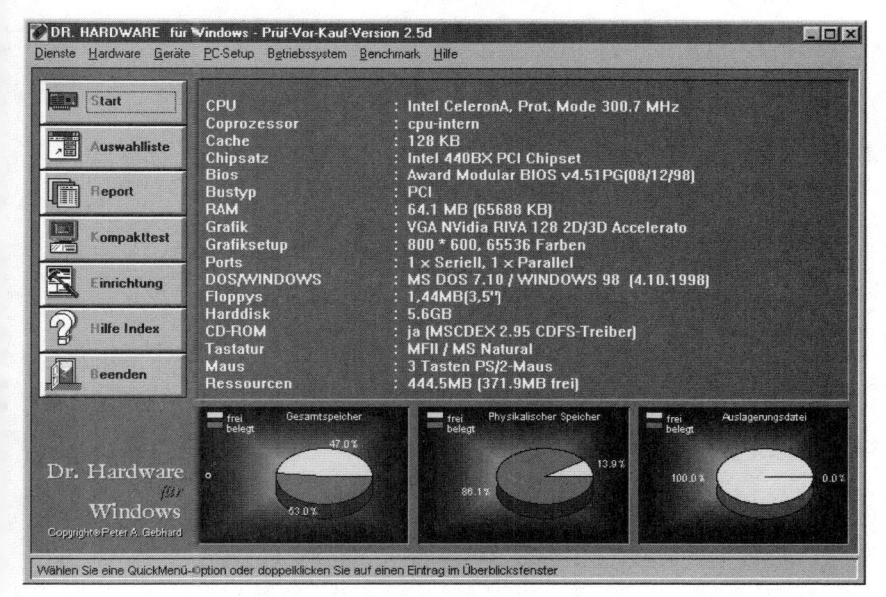

Bild 13.2:
In übersichtlicher Tabellenform wird das Ergebnis präsentiert.

13.2 Leistungsvergleich durch Benchmark

Benchmark-Programme dienen der Leistungsmessung von PC-Komponenten. Mit unterschiedlichen Testverfahren wird die CPU-, Speicher-, Grafikkarten-, Festplatten-, CD-ROM- oder auch Soundkartenleistung ermittelt und in Einzel- oder Gesamtergebnissen angezeigt. Damit kann der eigene PC mit einem Referenz-PC oder aber vor und nach einer Hardware- oder Treiberaktualisierung verglichen werden. Der Benchmark-Test ist unerläßlich beim Tuning von einzelnen Komponenten, wie zum Beispiel des BIOS oder der Grafikkarte. Denn nicht jede Veränderung bringt eine Leistungssteigerung, es kann auch genau das Gegenteil eintreten. Testen Sie am besten Ihren PC vor und nach dem Tuning, damit sie einen direkten Vergleich haben.

13.2.1 SiSoft Sandra 98

Das Programm Sisoft Sandra 98 ist nicht nur für die hervorragende Systemanalyse bekannt, sondern auch für die sehr schnellen und trotzdem präzisen

Die Software-Werkzeuge

CPU-, Memory-, Drives- oder CD-ROM/DVD-Benchmark-Tests. Mit einem Doppelklick auf das entsprechende Icon wird der Test ausgeführt und das Ergebnis in einer sehr gut gestalteten Dialogbox mit einem Balkendiagramm und als Zahlenwert angezeigt. Zum direkten Vergleich sind auch gleich noch andere Systeme aufgeführt.

Bild 13.3:
Der CPU-Benchmark

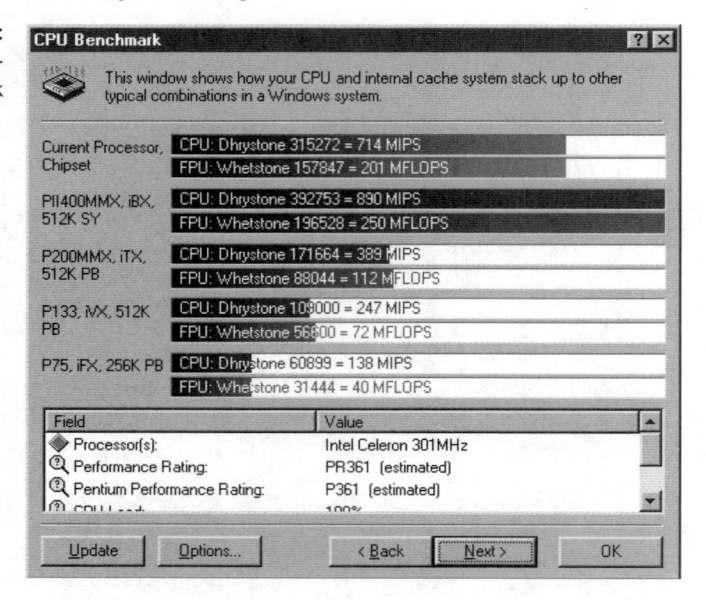

Der CPU-Benchmark von Sisoft Sandra 98 ist sehr gut für das Overclocking geeignet. Damit können Sie auf Anhieb sehen, um wie viele MIPS »Millions Instructions Per Second« die CPU- und um wie viele MFLOPS »Millions of Floating point Operations Per Second« die FPU-Leistung gestiegen ist.

Bild 13.4:
Der Memory Benchmark

Leistungsvergleich durch Benchmark

Der Memory-Benchmark ist optimal, um beim Speichertunig im BIOS die richtigen Werte herauszufinden. Der Test läuft wie auch alle anderen relativ schnell ab und liefert brauchbare Werte.

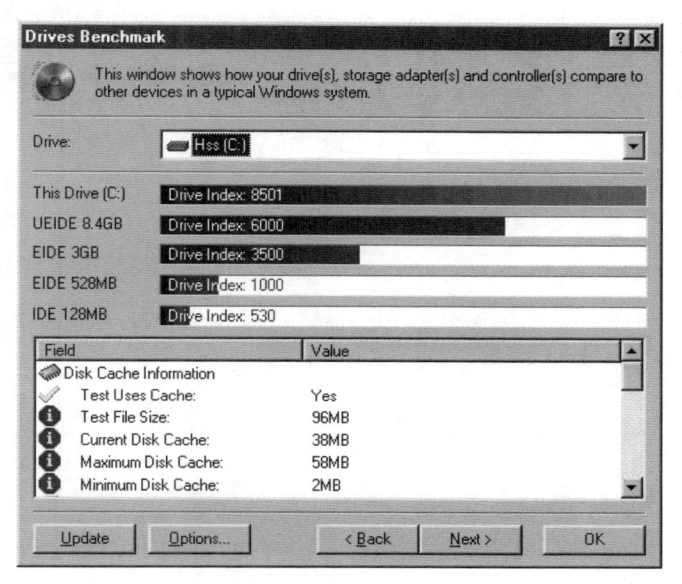

Bild 13.5:
Der Drives-Benchmark.

Der Drives-Benchmark ist nicht nur sehr gut geeignet, um die Leistung der Festplatten herauszufinden, sondern auch um die Einstellung der PIO- und DMA-Modi im BIOS oder Betriebssystem zu testen. Damit können Sie dann auch beurteilen, ob der Busmaster-Treiber das bringt, was er verspricht. Die Ergebnisse aller Benchmarks lassen sich als Report speichern und auch ausdrucken.

13.2.2 Wintune

Auch das Benchmark-Programm Wintune ist für die Auswertung der Tuningmaßnahmen optimal. Es ermittelt Werte, wie Sisoft Sandra 98, sehr schnell und äußerst genau, dabei ist es auch noch sehr komfortabel zu bedienen. Eine äußerst detaillierte Anzeige von CPU-, Video-, Disk- und Memory-Werten ist für das professionelle Tuning sehr vorteilhaft, da genau zu sehen ist, welche Werte sich im einzelnen verändert haben.

Die Software-Werkzeuge

Bild 13.6:
Alle Tests können auch einzeln ausgeführt werden.

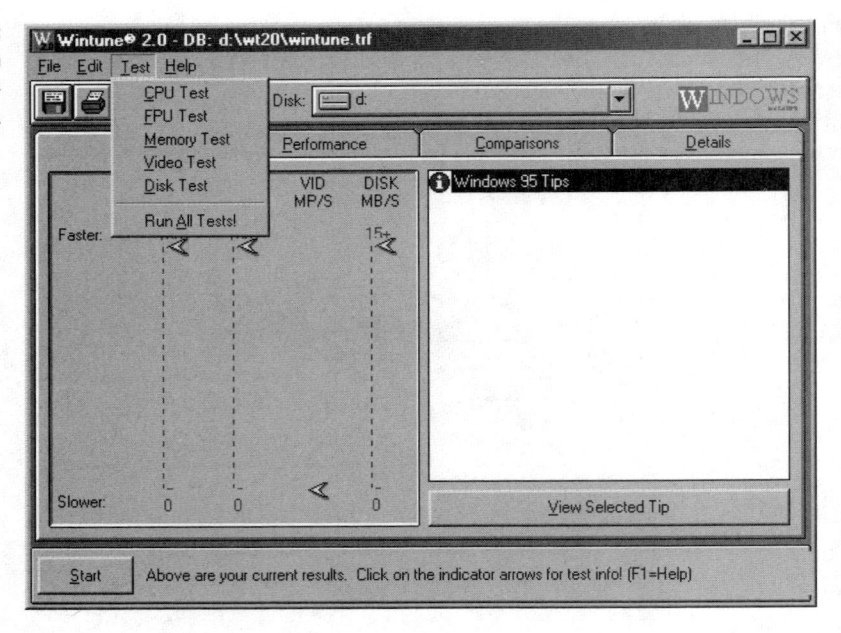

Wenn Sie im BIOS die Einstellungen für den Speicher verändern, können Sie unter Memory sofort die Werte zur vorigen Einstellung vergleichen. Allein für den Speicher werden viele Werte übersichtlich angezeigt, die durch einen aufwendigen Test ermittelt werden. Nur so kann auch die kleinste Veränderung im BIOS-Setup auf ihre Auswirkung hin in der Performance des Systems erkannt werden.

Bild 13.7:
Die Anzeige der Speicherwerte in der Liste

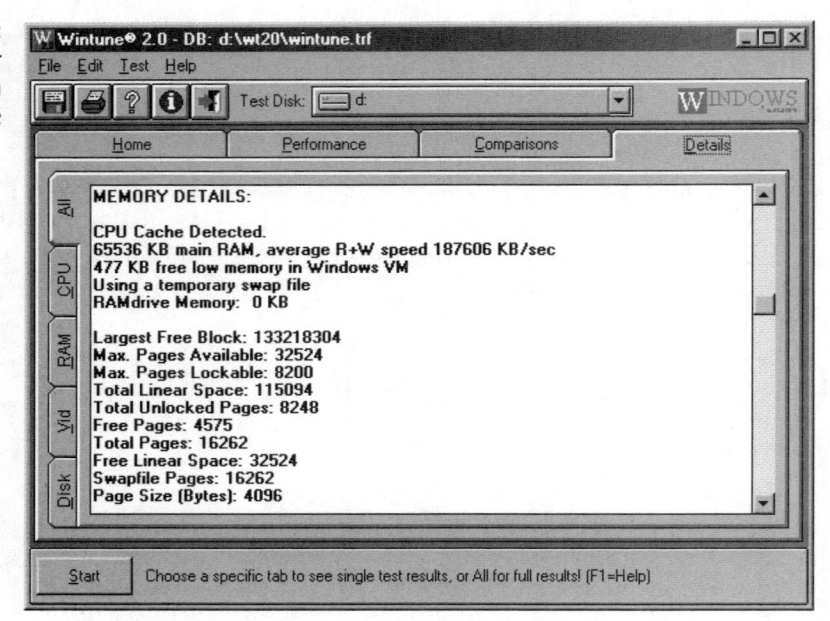

Leistungsvergleich durch Benchmark

Außerdem wird auch noch die Hard- und Software im System analysiert. Das Betriebssystem mit Versionsnummer sowie Informationen zum PC-Modell, Systembus, BIOS-Typ, APM-Version u.v.m. werden angezeigt. Auch ein Vergleich mit anderen Systemen aus einer Datenbank ist möglich. Die Werte werden dann entweder im Report sauber nebeneinander aufgelistet oder grafisch als Charts in 2D- oder 3D-Darstellung angezeigt. Damit sich die Werte in der grafischen Anzeigeform nicht gegenseitig behindern, wird nur immer ein Wert aus einer Auswahlliste dargestellt. Alle Daten können auch in einer Datei für den späteren Vergleich gespeichert werden.

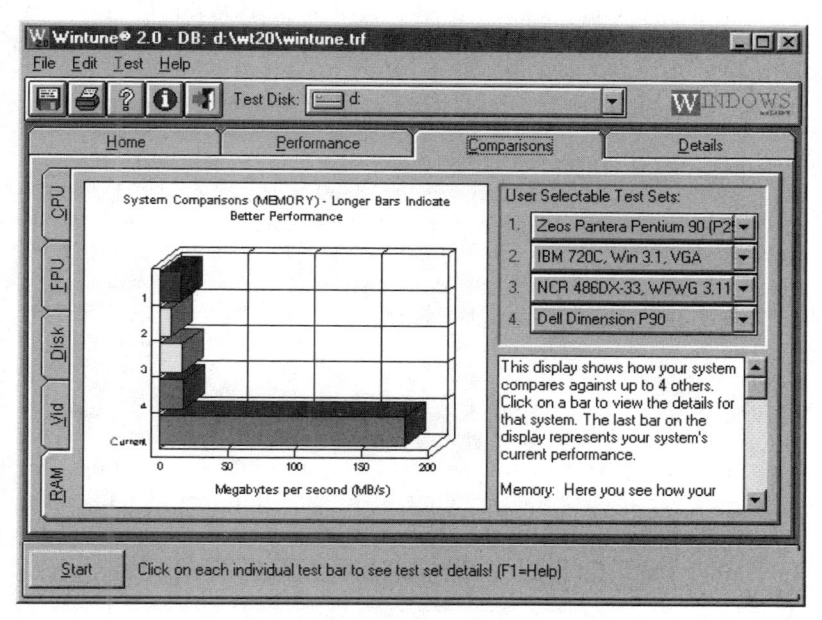

Bild 13.8: Der grafische Leistungsvergleich mit anderen Rechnern oder vorher gespeicherten Werten

Das Programm wird im Internet auf der Seite http://wintune.winmag.com des Windows-Magazin als Freeware vertrieben. Hergestellt wurde es von der Firma CMP-Media, wie dem Menüpunkt ABOUT WINTUNE zu entnehmen ist. Außer der aktuellen Wintune-98-Version, die nur unter Windows 95/98 und NT läuft, wird es auch noch als Wintune 2.0 für Windows 3.x zum Download angeboten.

13.2.3 Winbench 99

Die Benchmark-Programme aus dem Ziff Davis Verlag sind die professionellsten überhaupt. Der Winbench 99 kann durch die Einzeltests sehr gut verwendet werden, um einen Flaschenhals im System aufzuspüren.

In verschiedenen Einzeltests werden die Subsysteme wie Grafikkarte, Prozessor und Festplatte geprüft. Auch wechselbare Datenträger, wie in ZIP-, Jaz- oder LS120-Laufwerken, können durch einen Removable-Media-Test einer Prüfung unterzogen werden. Außerdem sind für 2D-Grafikkarten Testverfahren für GDI, Direct Draw, MPEG, Cinepak- und Indeo-Codecs enthalten. 3D-Grafik-

Business und HighEnd Graphics Winmark

Mit diesen Tests wird die 2D-Performance von Grafikkarten ermittelt. Dafür muß die Standard-Grafikschnittstelle von Windows, die GDI »Graphics Device Interface« herhalten. In der Testauswahl sieht es ähnlich aus wie im Winstone 99, bei dem Applikationen ausgeführt werden. Im Business und HighEnd Graphics Winmark werden aber nur die GDI-Aufrufe des Winstone ausgeführt, damit wird die Festplattenaktivität auf ein Minimum reduziert, was auch der Ablaufzeit zugute kommt. Die 2D-Performance-Tests sind in den Auflösungen von 800 x 600 und 1024 x 768 Bildpunkten vorhanden.

Businesss und HighEnd Disk Winmark

In diesen Tests ist es genau umgekehrt, denn hier werden nicht die GDI-Calls des Winstone 99 abgespielt, sondern die Festplattenaktivitäten. Die Schreib- und Lesevorgänge werden durch eine Playback-Technik genauso simuliert, wie sie in den Dateioperationen von Winstone 99 entstehen. Das Grafiksubsystem hat Pause und bleibt unbelastet. Das Ergebnis des Disk Winmark beinhaltet die Transferraten und Zugriffszeiten der Festplatten und fällt beim HighEnd Disk Winmark immer höher aus als beim Business Disk Winmark, da die Dateien, die geladen werden, größer sind. Das resultiert vor allem aus den Applikationen »Adobe Premiere« und dem »Photoshop«. Für den Test werden temporäre Dateien auf der Festplatte angelegt. Um ein unverfälschtes Ergebnis zu erhalten, sollte die Festplatte unfragmentiert sein und der darauf enthaltene Datenbestand sollte nicht mehr als 20% der gesamten Kapazität betragen. Am günstigsten wäre natürlich eine leere Partition, denn die Datentransferrate hängt auch von der Position des Schreib-/Lesekopfes ab.

Der Transfertest

Der Transfertest ist ideal zum Messen der Datentransferrate einer Festplatte, die nach innen hin teilweise stark abnimmt. Das liegt ganz einfach daran, daß sich eine Festplatte in Gegensatz zum CD-ROM-Laufwerk immer gleich schnell dreht. Die äußeren Spuren sind auf dem Datenträger immer länger als die inneren, deshalb nimmt die Übertragungsrate ab, wenn die Schreib-/Leseköpfe sich nach innen bewegen. Zusätzlich kommt noch hinzu, daß jede Spur nur eine bestimmte Anzahl von Sektoren aufnehmen kann, da jeder Sektor eine bestimmte Größe hat. Die Anzahl nimmt dadurch folglicherweise nach innen hin immer mehr ab. Deshalb sollte sich für den Test nur eine Partition auf der Platte befinden, damit die ganze Kapazität ausgenutzt werden kann. Das Dateisystem, mit der die Platte angesprochen wird, ist nicht ausschlaggebend, da nur sequentiell gelesen wird und keine Dateizugriffe durchgeführt werden. Die sequentielle Datentransferrate kann nicht nur als Meßwert, sondern auch grafisch dargestellt werden .Mit diesem Test läßt sich auch die Leistung des im Betriebssystem verwendeten Übertragungsprotokolls gut anzeigen. Der DMA-Modus bringt wesentlich mehr als PIO.

Leistungsvergleich durch Benchmark

> **TIP**
> Überprüfen Sie die Einstellung in der SYSTEMSTEUERUNG von Windows 95/98 oder NT. Im GERÄTE-MANAGER wählen Sie dazu die Option LAUFWERKE aus und klicken dann auf die Schaltfläche EIGENSCHAFTEN. Daraufhin wird das Eigenschaftsfenster geöffnet. Wählen Sie die Registerkarte EINSTELLUNGEN und sehen Sie nach, ob die Option DMA ausgewählt ist. Kann diese nicht aktiviert werden, sind keine Busmaster-Treiber dafür installiert. Besorgen Sie sich die nötigen Treiber vom Motherboard-Hersteller und installieren Sie diese, um eine Leistungssteigerung der Festplatte zu erhalten, wenn diese DMA unterstützt.

Wechselspeicher

Dieser Test für ZIP-, Jaz- und Syquest-Laufwerke funktioniert genauso wie der Disk-Winmark, aber mit dem Unterschied, daß hier Backup-Vorgänge simuliert werden und der benötigte Speicherplatz für den Test von 200 Mbyte auf 100 Mbyte reduziert worden ist. So kann ohne weiteres auch ein ZIP- oder LS120-Laufwerk überprüft werden.

Prozessortest

Die Leistungsfähigkeit des Prozessors bestimmt der CPU-Mark 32 und FPU-Winmark 99. Dafür werden Standardoperationen simuliert, die in Applikationen wie Textverarbeitungen oder Tabellenkalkulationen auftauchen. Dazu kommen noch mathematische Funktionen wie Fast Fourier Transformation, Iteration oder Matritzenoperationen. Die Funktionen werden dabei so gesteuert, daß ein Zwischenspeichern und Laden im L1-Cache des Prozessors erfolgen. Dadurch wird der Arbeitsspeicher vom Test weitgehend abgekapselt. Die Fließkommaregister der Floating Point Unit des Prozessors werden vom FPU-Winmarkt durch Rechenoperationen auf ihre Leistungsfähigkeit überprüft.

Indeo- Cinepak- und MPEG-Videos

Die Performance des Grafikkarte wir durch neun Videoclips, die sich auf der CD-befinden, getestet. Moderne Grafikchips unterstützen die Dekompression von MPEG-, Indeo- und Cinepak-Videos auf Hardware-Basis, arbeiten aber unterschiedlich schnell. Der Winbench-Videotest ermittelt die Geschwindigkeit und gibt die Performance in Frames pro Sekunde »fps«, die fehlenden Frames und die Qualität in Prozent an.

13.2.4 Winstone 99

Der Winstone 99 ist ein skriptgesteuerter Applikations-Benchmark, der durch Zeitmessungen einen Vergleich zu einem Referenz-PC zieht.

Business Winstone

Der Business Winstone besteht aus neun Anwendungen der populärsten Office-Suites. Mit drei Tests wird ein Punktewert erzeugt, der mit der Performance des Referenz-PC verglichen wird. Die Anwendungen werden dabei ausgeführt wie im richtigen Büroalltag, sogar Task-Switching wird simuliert.

Tabelle 13.1:
Die Programme der
Business-Gruppe

Programm	Kategorie
Quattro Pro 8	Corel Suite 8
Word Perfect 8	Corel Suite 8
Netscape Navigator 4.04	Corel Suite 8
Lotus 1-2-3 97	Lotus Smartsuite
Word Pro 97	Lotus Smartsuite
Netscape Navigator 4.04	Lotus Smartsuite
Access 97	Microsoft Office 97 Pro
Exel 97	Microsoft Office 97 Pro
Powerpoint 97	Microsoft Office 97 Pro
Word 97	Microsoft Office 97 Pro
Netscape Navigator 4.04	Microsoft Office 97 Pro

HighEnd Winstone

Der HighEnd Winstone besteht aus sieben Anwendungen und wird genauso ausgeführt wie der Business Winstone. Die Anwendungsprogramme für die Simulation liegen aber im Spektrum der Profianwender.

Tabelle 13.2:
Die Programme der
HighEnd-Gruppe

Programm	Kategorie
Adobe Photoshop 4.01	Bildbearbeitung
Adobe Premiere	Videobearbeitung
AVS Express 3.4	2D/3D-Modelling
Microsoft Frontpage 98	Internet-Design
Microsoft Visual C++ 5.0	Programmiersprache
Microstation SE	CAD/Rendering
Sound Forge 4.0	Soundstudio

Aus allen Anwendungen wird ein Gesamtergebnis erstellt, es können aber auch ein Einzelergebnisse ausgewertet werden. Das ist zum Beispiel für einen Grafiker interessant, der gerne wissen möchte, wie schnell der Adobe Photoshop auf einem bestimmten PC läuft.

Multiprozessor Systeme

Für Multiprozessorsysteme wie Windows NT 4.0 sind drei Inspektionstests mit Visual C++ MP, Microstation MP und Photoshop MP vorhanden. Mit den Skripten dafür wird hauptsächlich Kompilieren, Linken, Rendering und Filtering ausgeführt. Durch mehrere Threads kann ein guter Vergleich zu Systemen mit nur einem Prozessor gezogen werden. Auch hier können wieder ein Gesamtwert oder Einzelergebnisse ausgewertet werden.

Systemstillstand

Durch Benchmark-Programme wird der PC bis aufs äußerste strapaziert, deshalb kann es entweder von seiten der Hardware oder des Betriebssystems zu Abstürzen kommen, die dann den den ganzen Testablauf aufhalten, wenn dieser nicht kontrolliert wird. Winstone 99 bietet eine Option, in der eingestellt werden kann, wie oft eine Applikation neu gestartet werden soll, wenn

Leistungsvergleich durch Benchmark

diese abstürzt. Wenn natürlich das ganze System stillsteht, kann auch Winstone 99 nichts machen, dann hilft nur ein Neustart durch den Reset-Schalter. Die Testapplikationen werden in so einem Fall gelöscht und der Ausgangszustand des Systems wird wieder hergestellt.

Der Referenz-PC

Winstone 99 mißt die Zeitspanne, die das Skript auf dem Test-PC benötigt, um eine Applikation auszuführen. Diese Gesamtergebnisse des Business Winstone und HighEnd Winstone werden dann mit der relativen Geschwindigkeit des Referenz-PC verglichen. Das ist ein 233-MHz-Dell-PC, für den ein Geschwindigkeitsindex von 10,0 festgelegt wurde, nur bei den Multiprozessortests ist er 1,0. Die Ausstattung des Dell Dimension ist ein 233-MHz-Pentium-MMX-Prozessor mit 32 Mbyte SDRAM und einer Matrox Millenium II, die mit einer Auflösung von 1024x768 Pixel bei einer Farbtiefe von 24 Bit arbeitet.

13.2.5 3D Winbench 99

Mit insgesamt 59 Qualitätstest wird der 3D-Grafikkarte auf den Zahn gefühlt, denn keinem ist mit hohen Frame-Raten gedient, wenn die Qualität schlecht ist. In letzter Zeit werden die neuen Grafikchips aber schon hardwareseitig mit den DirektX-6-Funktionen optimiert, daß die meisten sich in den 15 Szenen des 3D Winmark 99 qualifizieren. Dieser Benchmark ist hervorragend geeignet, um am Ende des Hardware-Tunings die 3D-Leistung zu messen. Wer den Test vor dem Tuning durchführt, hat hinterher einen guten Vergleich, um wieviel sich die Framerate erhöht hat.

Die Standards

Vor allem der Trend der Spieleindustrie setzt vermehrt auf den DirektX-Standard; den Glide, den anfangs nur Voodoo-Grafikboards unterstützt haben, gerät immer mehr in den Hintergrund. Er kann zwar mit einem Mini-GL-Treiber oder OpenGL-ICD auch mit anderen 3D-Grafikkarten benutzt werden, aber nicht jeder Hersteller bietet diese Unterstützung. Da die Spieleindustrie aber eindeutig zum DirectX-Standard wechselt, wird im 3D Winbench 99 die Grafik-API Direct 3D aus dem DirectX-6 benutzt. Falls Ihr Windows 95/98 noch nicht mit DirectX in der Version 6 läuft, kann man es sehr leicht mit dem auf der CD befindlichen Paket upgraden.

> **TIP**
> DirektX in der Version 6 bringt gegenüber der Version 5 für den AMD K6-2 3Dnow, für den K6-3 und den Winchip 2 eine Geschwindigkeitssteigerung, da die Version 6 auf 3Dnow optimiert wurde.

3D Winbench 99 läuft zwar auch auf Systemen mit DirectX 5, aber die neuere Version des Treibers schneidet besser ab, da die neuen Funktionen voll ausgenutzt werden.

Der Qualitätstest

Mit den 59 Tests aus den 15 Szenen wird die Performance und die Qualität der 3D-Grafikkarte bestimmt. Überprüft wird die korrekte Implementierung der 3D-Funktionen an Hand von Referenzbildern, die verglichen werden. Nach jedem Durchlauf eines einzelnen Tests, stellt das Programm drei Bilder in nebeneinanderliegenden Fenstern dar. Im linken ist das für die korrekte 3D-Darstellung, in der Mitte das von der Grafikkarte produzierte und im rechten eine falsche Umsetzung. Der Tester kann jetzt per Schaltfläche nach eigenem Ermessen bestimmen, ob die Umsetzung des von der Grafikkarte erzeugten Bildes korrekt ist oder nicht. Der 3D Winbench 99 bietet zur Erleichterung einen Vorschlag an. Um einen flüssigen Ablauf zu gewähren, kann das Programm auch selbständig entscheiden, ob die Umsetzung korrekt ist oder nicht. Das ist aber nur bei ausgereiften Treibern zu empfehlen, da das Programm eine Funktion ablehnt, die keine 100%ige Übereinstimmung zum Referenzbild hat.

Der Performance-Test

Beim Performance-Test wird die durchschnittliche Framerate aus den 15 individuellen Szenen gemessen. Das Gesamtergebnis des Tests ist die Summe aller Frameraten. Damit sich die Grafikkarte für alle 15 Szenen auch qualifizieren kann, müssen folgende Direct-3D-Funktionen hardwareseitig im Grafikchip vorhanden sein:

- Add Pixel Blending
- Bilineares Mipmapping
- Fog
- Gouraud Shading
- Modulate 2x Pixel Blending
- Modulate Pixel Blending
- Perspektivische Korrektur
- Source Alpha Pixel Blending
- Specular Highlights
- Z-Buffering

Die Grafikkarten erhalten außerdem eine bessere Performance, wenn der Grafikchip auch noch folgende Funktionen enthält:

- AGP Execute Mode
- AGP DMA Mode
- Compressed Textures
- Palletized Textures
- Single Pass Multitexturing

Leistungsvergleich durch Benchmark

Fast alle hochwertigen Grafikkarten, die seit August 1998 ausgeliefert wurden, enthalten diese Funktionen.

Standardeinstellungen

3D Winbench 99 verwendet für moderne Grafikkarten mit 8 Mbyte Speicher oder auch mehr, eine Auflösung von 1024x768 Pixel bei einer Bildwiederholfrequenz von 85 Hz und einer Farbtiefe von 16 Bit. Auch die Tiefe des Z-Buffer ist auf 16 Bit eingestellt. Bei einer Grafikkarte mit 4 Mbyte sollte die Auflösung auf 800x600 Pixel reduziert werden.

13.2.6 Final Reality

Der Grafik-Benchmark Final Reality ist weniger aufwendig als der 3D Winbench 99 und der 2D-Test in Winbench 99, dafür vereint er beides zusammen, eine 3D-Grafikkarte vorausgesetzt. Auch er simuliert Spielesituationen und ist somit ein wichtiges Hilfsmittel, um die Spieletauglichkeit des PC zu testen. Ideal geeignet ist er aber für das Prüfen der Framerate einer übertakteten Grafikkarte, doch auch die Leistungsfähigkeit unterschiedlicher Treiber läßt sich ermitteln. Voraussetzung für dieses Programm ist Windows 95/98 und DirectX, am besten wieder in Version 6.

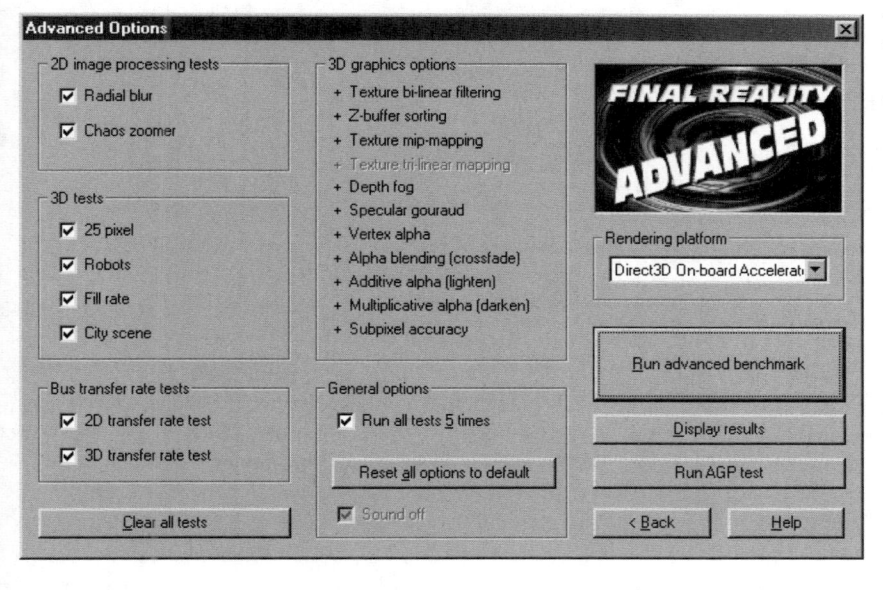

Bild 13.9:
Das Advanced-Options-Menü von Final Reality

Im Menü ADVANCED OPTIONS können Sie im Feld RENDERING PLATFORM die Option DIRECT3D ON-BOARD-ACCELERATOR einstellen. Nur wenn der PC während des Tests abstürzt, wählen Sie DIRECT3D SOFTWARE aus. Die Ergebnisse können Sie sich nach Ablauf des Tests mit DISPLAY RESULTS anzeigen lassen. Wenn Sie eine gute Grafikkarte haben, sollten Sie mindestens auf 35 fps, also auf 35 Bilder pro Sekunde im Robot-Spiele-Test kommen, damit die Wiedergabe bei aufwendigen Texturen nicht ruckelt.

13.3 Grafiktuning

Alle Programme, die Sie zum Overclocken der Grafikkarte brauchen, sind auf der CD-ROM im Buch enthalten. Eine Beschreibung der wichtigsten Programme dazu ist schon im Kapitel für das Grafiktuning vorhanden. Da es aber noch jede Menge mehr gibt, sollen auch diese kurz vorgestellt werden.

Tweek

Damit übertakten Sie den Voodoo-1-Chip bis auf 63 MHz. Das bringt in der Praxis bis zu 35% mehr Leistung. Nach dem Ausführen der Datei erscheint im Fenster ein Menü, in dem alle Einstellungen vorgenommen werden können.

Bild 13.10:
Das Menü von
Tweek for Voodoo

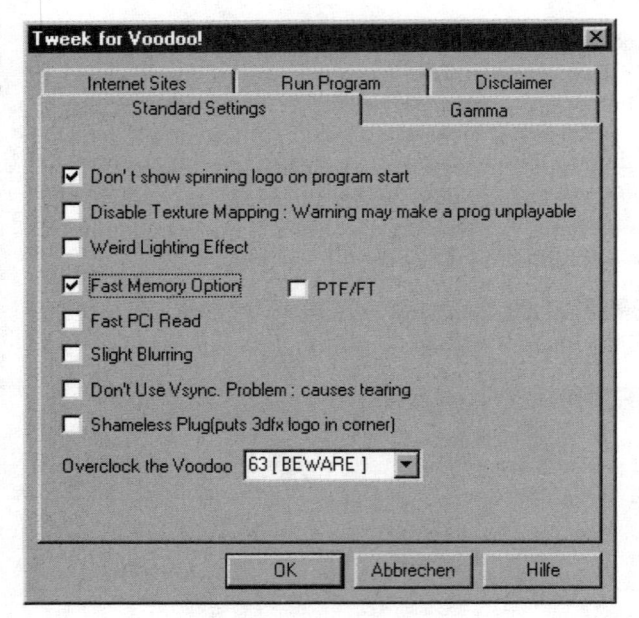

Tweak Rush 1.01

Tweak Rush übertaktet 2/3D-Karten mit Voodoo-Rush-Grafikchip. Durch das Ausführen der Datei erscheint ein Fenster, in dem unter der Option VG96_MCLKFREQUENCY die Taktrate eingestellt werden kann.

V2Speed

Dieses Programm kann den Voodoo-2-Chip bis auf 100 MHz übertakten. Nach dem Ausführen der Datei erscheint ein Icon in der Taskleiste, das nach einem Klick darauf ein Menü mit den zwei Schiebereglern öffnet, mit denen die Taktfrequenz eingestellt werden kann.

Grafiktuning

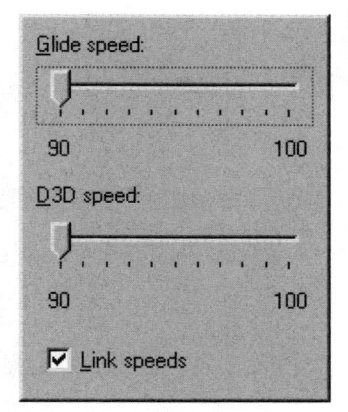

Bild 13.11:
Die zwei Regler für den Takt

Voodoo2 OC

Damit ist es möglich, den Voodoo-2-Chip auf satte 105 MHz zu übertakten. Die Installation ist einfach, dazu werden einfach die Dateien in ein Verzeichnis nach Wahl kopiert und die Datei V2OCINST.EXE ausgeführt. Danach befindet sich in der Systemsteuerung unter ANZEIGE, in den Eigenschaften der Anzeige die zusätzliche Registerkarte Voodoo2 OC, in der die Taktrate erhöht werden kann. Soll die Registerkarte wieder entfernt werden, wird einfach die Datei erneut aufgerufen und die Registerkarte ist verschwunden.

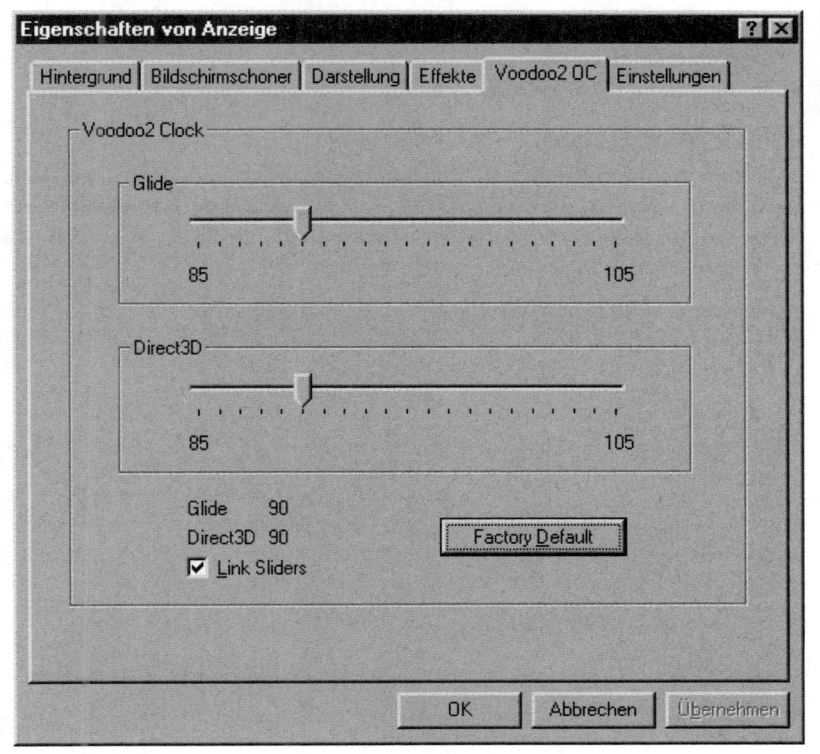

Bild 13.12:
Die zusätzliche Registerkarte in der Systemsteuerung

Voodoo Master 1.0

Mit Voodoo Master können Sie Grafikkarten oder 3D-Zusatzkarten mit Voodoo-1-Chipsatz übertakten und die Bildwiederholrate einstellen. Außerdem sind noch Gamma-Korrekturen möglich. Das Programm wird durch eine Setup-Routine installiert und bindet dann ein Icon in das Startmenü ein.

Bild 13.13:
Die Settings für den Voodoo - Chip

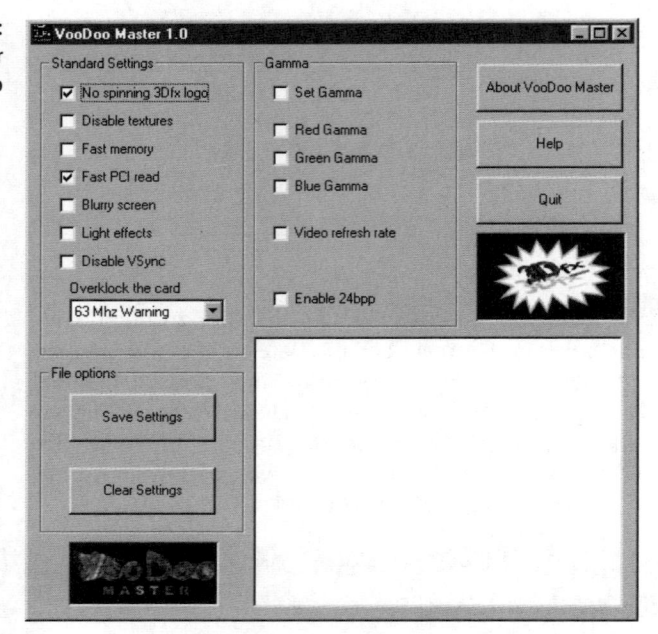

Voodoo Wizard 1.10

Das Programm entspricht dem Voodoo Master. Nach dem Ausführen der Datei erscheinen nach und nach Fenster, die immer durch einen Klick auf die Schaltfläche NEXT weitergeschaltet werden und mit BACK zurück. Darin kann unter anderem auch die Taktrate eingestellt werden.

Bild 13.14:
Der Voodoo Wizard besteht aus mehreren aufeinanderfolgenden Fenstern für die Konfiguration.

CPU-Tuning

Andere Chipsätze
Falls kein Programm für Ihren Chipsatz auf der CD dabei ist, suchen Sie im Internet nach dem Begriff Ihres Chipsatzes und Overclocking.

13.4 CPU-Tuning
Auch AMD- und Cyrix-CPUs kann per Software zu mehr Leistung verholfen werden.

13.4.1 16x86 Fast
Dieses Programm aktiviert das NO-Lock-Bit des 6x86-Cyrix-Prozessors und bringt dadurch 5% bis 10% mehr Leistung.

13.4.2 6x86opt
Auch dieses Programm optimiert die 6x86er-CPU durch den Aufruf in der Kommandozeile.

13.4.3 CX86
CX86 1.20 sorgt für die optimale Konfiguration von 5x86- und 6x86-CPUs von Cyrix.

13.4.4 Enva
Aktiviert die Funktion »Write Allocate« im L1-Cache der K5- und K6-CPU von AMD. Das Schreiben ins RAM wird dadurch um einiges beschleunigt.

13.4.5 M1opt
Optimiert die Register in einer 6x86-CPU von Cyrix.

13.4.6 M2opt
Optimiert wie M1opt auch die Register aber bei 6x86Mx-CPUs.

13.4.7 MSR
Aktiviert wie Enva auch die Funktion des »Write Allocate« im L1 Cache der CPU von AMD, arbeitet aber mit Windows NT.

13.5 Weitere nützliche Programme
Zum allgemeinen Tuning brauchen Sie noch das eine oder andere Programm, wie beispielsweise einen Packer, damit Sie Tools und Utilities oder Treiber, die aus dem Internet heruntergeladen werden, auch entpacken und verwenden können. Aber auch Tweakbios für ein professionelles BIOS-Tuning oder Programme zum Systemtuning, sind für eine Leistungssteigerung immer zu gebrauchen.

13.5.1 Tweakbios

BIOS-Tuning per Software ist durch das Programm Tweakbios möglich geworden. Nicht jedes Motherboard bietet ein BIOS-Setup, mit dem Sie auch das letzte Quentchen an Leistung herauskitzeln können. Dazu bietet sich aber Tweakbios mit seiner sehr komfortablen Oberfläche an, die dem Award-BIOS sehr ähnlich sieht, aber die Chipsatz-Optionen bieten wesentlich mehr Möglichkeiten. Ihre BIOS-Version spielt dabei keine Rolle, da das Programm das BIOS umgeht und direkt die programmierbaren Register im Chipsatz anspricht - und Chipsätze kennt das Programm eine ganze Menge. Nur die ALI-Chipsätze von Version 2 aufwärts kennt es noch nicht. Es werden aber immer wieder Updates auf der Internetseite www.miro.pair.com/tweakbios angeboten.

Tabelle 13.3: Diese Chipsätze werden von Tweakbios unterstützt.

Hauptplatinen-Chipsatz
Intel LX/NX
Intel ZX
Intel 430FX
Intel 430HX
Intel 430VX
Intel 430TX
Intel 440LX
Intel BX/EX
Natoma 440FX
Orion 450KX/GX
AMD-640
VIA VP
VIA VP-2
ViA VP-3
ALi Aladdin 2
OPTi Viper and Vendetta
UMC 881
SiS 5511/12/13, 5571, 5581/2, 5591/2/5/6/7/8

Das Programm braucht nicht einmal installiert werden, sondern ist nach dem Auspacken in ein bestimmtes Verzeichnis gleich betriebsbereit. **Nutzen Sie es aber nur unter DOS**, denn wenn Sie es unter Windows ausführen, funktioniert es zwar, aber bei Änderungen stürzt es unweigerlich ab. Die Shareware-Version ist voll funktionsfähig, speichert aber im Gegensatz zur Vollversion die Einstellungen nicht ab. Wenn Sie Ihren PC neu booten, sind alle Einstellungen im Chipsatz wieder wie vorher, also wie im originalen BIOS-Setup eingestellt. Ich würde Ihnen empfehlen, die Einstellungen für den »IDE-Controller« unangetastet zu lassen wenn Sie sensible Daten auf der Festplatte haben, denn durch gewagte Einstellmanöver können Sie auch einen Datenverlust verursachen.

Weitere nützliche Programme

Das Programm ist sehr gut aufgebaut, deshalb erscheint für die jeweils mit dem Cursor angewählte Option ein Tip, wie die Einstellung dafür verbessert werden kann. Das ist vor allem für den nicht so professionellen BIOS-Tuner praktisch und auch äußerst hilfreich.

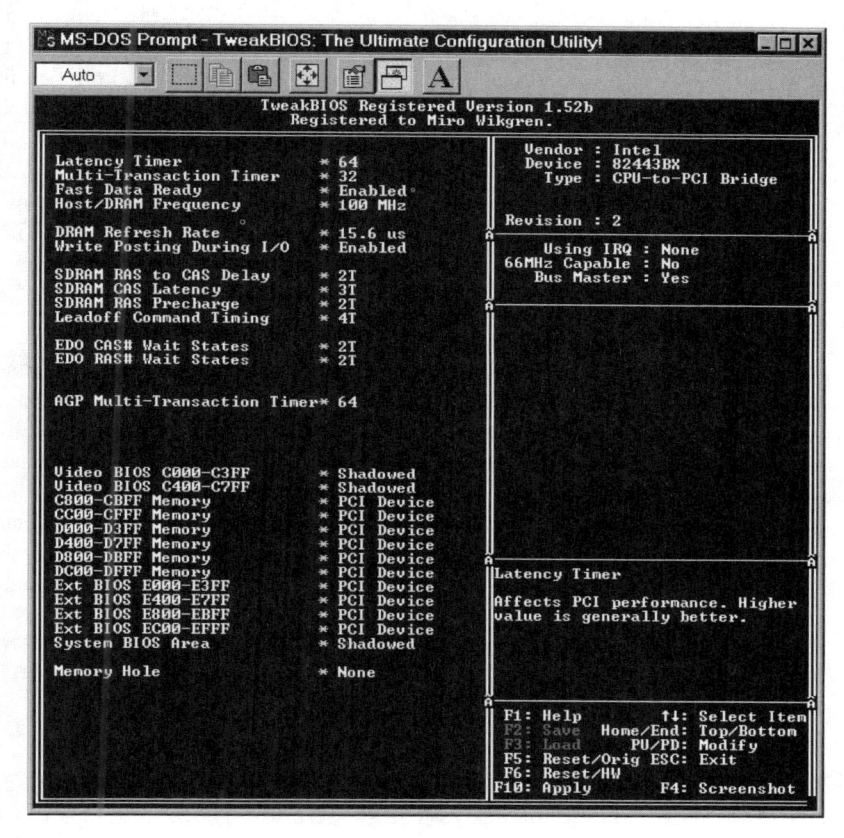

Bild 13.15: Tweakbios ist sehr übersichtlich aufgebaut.

Vor den Einstellungen erscheint bei jeder Option ein farbiges Sternsymbol (*). Mit ihm kann der Status des Werts lokalisiert werden, der durch drei verschiedene Farben signalisiert wird. Grün bedeutet, er ist unverändert, bei Rot ist er verändert worden, aber noch nicht gesichert, und bei Weiß sind die Änderungen schon in den Chipsatz geschrieben. Das bewahrt die Übersicht für die vielen Einstellungsmöglichkeiten. Nach dem Schreiben in den Chipsatz sind die Einstellungen ohne Neustart des PC sofort aktiv.

13.5.2 Winzip

Programme, die Sie aus dem Internet downloaden sind im Normalfall immer gepackt, und das meistens im »ZIP«-Format. Das heißt, daß alle Dateien, die zu dem entsprechenden Programm gehören in einer einzigen Datei eingepackt sind. Der Grund dafür ist, daß die gepackten Dateien um ca. 40% kleiner sind und das bedeutet auch kürzere Downloadzeiten.

Wenn Sie das heruntergeladene Programm verwenden möchten, müssen Sie die einzelnen Dateien erst wieder aus der ZIP-Datei auspacken. Dazu eignet sich das Programm Winzip sehr gut, denn es hat eine gut aufgebaute Oberfläche im Windows- 95-Standard. Nur die großen Schaltflächen fallen etwas aus dem üblichen Rahmen, aber das ist gerade das Praktische daran, denn damit können Sie die wichtigsten Funktionen sofort ausführen. Geübte Anwender können auch mit dem Kontextmenü arbeiten, die das Programm bei der Installation anlegt. Damit ersparen Sie sich das Aufrufen des Packers und können so auch direkt auf die Archive zugreifen. Auch ein Doppelklick auf eine ZIP-Datei reicht aus, um das Programm zu starten. Selbst Drag&Drop kann innerhalb eines Archivs angewendet werden. Bei andere Formaten wie ARJ, LHA oder ARC kann zwar der Inhalt angezeigt werden, aber zum Packen und Entpacken müssen die Zusatzpacker installiert und eingebunden werden.

13.5.3 Rain

Ein tolles Programm, das für eine optimale Kühlung in übertakteten PC sorgt. Rain versetzt den x86-kompatiblen Prozessor in einen Wartezustand, wenn er gerade nichts zu tun hat. Das spart Strom und die geringere Stromaufnahme reduziert die Wärmeentwicklung im Prozessor um 10 bis 20 Grad. Die Funktionsweise des Programms ist einfach, es macht sich nämlich nur den HLT-Befehl des Prozessors zunutze. Warum so eine nützliche Funktion nicht schon standardmäßig in jedem Betriebssystem integriert ist, gibt mir Rätsel auf. Für Notebooks bringt es noch einen zusätzlichen Nutzen, denn wenn weniger Strom verbraucht wird, hält auch der Akku länger. Einzige Voraussetzung ist ein Motherboard mit einem LM 75, LM 78, LM 79 oder Winbond W83781D-Chip.

13.5.4 Waterfall

Ein ähnliches Programm ist Waterfall, das auch den HLT-Befehl »F4h« des Prozessors nutzt, um ihn in den Wartezustand zu versetzen. Um welchen Faktor sich die Temperatur am Prozessor wirklich verringert, hängt stark von der Arbeitsweise und den verwendeten Programmen ab.

Bild 13.16: Waterfall zeigt auch noch die Tendenz und den Durchschnitt des Powersaving prozentual an.

Anhang

Die Programme auf CD-ROM

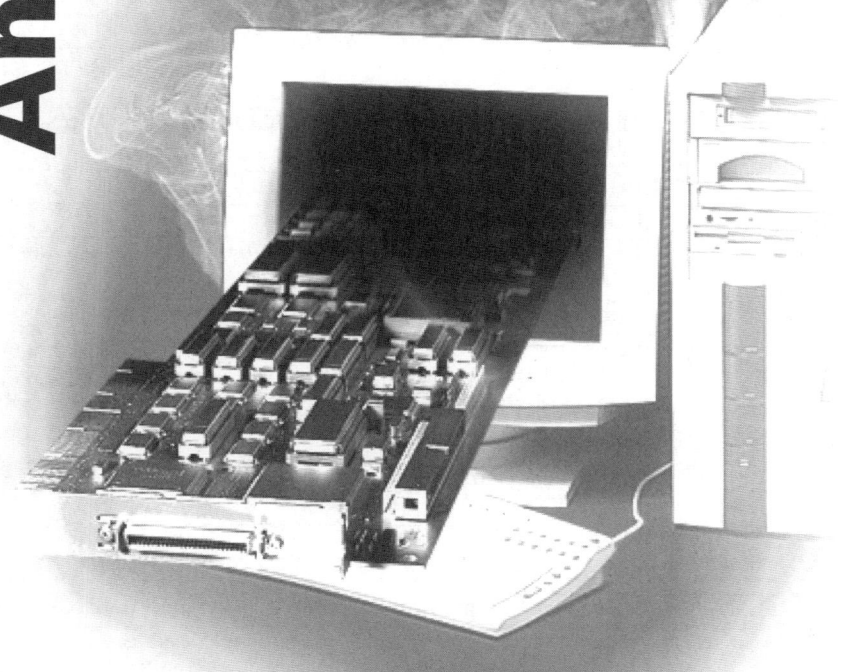

Die Programme auf CD-ROM

Programm	Funktion	Autor
3Dfxtune	Bildwiederholrate justieren	Joakim Krassman
5x86c2	Schaltet Register im Cyrix 586 ein	Peter N. Moss
686fast3	686FAST V3 beschleunigt Cyrix 6x86-, 5x86- und 486DX/4-CPUs um ca 5-10%	Holin Datentechnik
6x86opt	Optimiert den 6x86-M1-Prozessor	Mikael Johannson
Apk3dfx	Übertaktet 3D-Zusatzkarten mit Voodoo-Chipsatz	Alexander Peter Kowalski
BIOS310	BIOS-Tool, CMOS Sichern und Wiederherstellen, Paßwortcracker, Dump-PC-ROM, Debugging	Elevent Alliance
Cmossave	CMOS-Save, CMOS-Restore, CMOS-Check	Roedy Green
CPUIdle	Prozessorkühlung durch Software	Andreas Goetz
Drhard	PC-Analyse für Einsteiger und Profis, DOS	Peter Gebhard
Drhardwin	PC-Analyse für Einsteiger und Profis, Windows	Peter Gebhard
Enwa	Aktiviert das "Write Allocate"-Bit im AMD K5 und K6	Advanced Micro Devices
Axel Folley's BM	Benchmark-Programm	Axel Folley
Final Reality	Grafik-Benchmark-Programm	
Hmonitor	Motherboard-Monitor, Temperatur-, Lüfter-, Spannungsüberwachung	Alexander Berezkin
Hwinfo	Hardware-Info	Martin Malik
M1opt	Optimiert die CPU-Register des 6x86	IBM Microelectronics
M2opt	Optimiert die CPU-Register des 6x86-MX	IBM Microelectronics
Motherboard Monitor 34	Motherboard Monitor, Temperatur-, Lüfter-, Spannungsüberwachung	Alex van Kaam
MSR	Aktiviert das "Write Allocate"-Bit im AMD K5 und K6	AMD CPG
Mclk	Grafikkarten übertakten	
Mystclk	Matrox Mystique übertakten	K. J. Liew
NV3Tweak	Nvidia Riva 128 und 128 ZX tunen	Daniel Di Bacco
PC-Analyser	Systemanalyse und Benchmark-Programm	Devid Espenscheid u. Sven Bergmann
PC-Config	System-Info-Benchmark-Programm	Michael Holin
Pcwcpu	CPU-Testprogramm, erkennt CPU und mißt die Taktfrequenz sehr genau	Andreas Helmiss
Pstrip	Vielseitiges Programm zum Übertakten und Einstellen aller gängigen Grafikchips	
Raidmark	Professionelles Disk-Benchmark-Programm	Dynatek Automation Systems Inc.
Rain	Prozessorkühlung durch Software	Leading Wintech
Ragepro	Grafikkarten mit dem Rage-Chipsatz übertakten	Neil Banfield

Die Programme auf CD-ROM

Programm	Funktion	Autor
Sisoft Sandra 98	Analyse der Hardware- und Betriebssystemkomponenten in Windows 95/98	Catalin Adrian Silasi
Snooper 330	System Information Utility	John Vias
Softfsb	Systemtakt einstellen	H. Oda
Tweek	Beschleunigt den Voodoo1-Grafikchip	
Tweakbios 152b	Versteckte BIOS-Einstellungen verändern	Miro Wikgreen
Tweakit	Beschleunigt alle Voodoo-Karten	
TweakRush	Beschleunigt die Karten mit Voodoo-Rush-Chipsatz	Markus Jentsch
V2oc	Übertaktet den Voodoo-2-Chip bis auf 105 MHz	Gary Peterson
V2Speed	Übertaktet den Voodoo-2-Chip bis auf 100 MHz	Andrew Trevarrow
Viaspeed2	Aktiviert den CPU-to-PCI-Schreibpuffer des VIA-580-, 595- und 597-Chipsatzes	Holin Datentechnik
Vmonly	Voodoo Master übertaktet den Voodoo-1-Chipsatz	Christian Wallenberg
Vbrun5	Runtime-Module, die von Powerstrip und Tweakit benötigt werden	Microsoft
Waterfall	Prozessorkühlung durch Software	Zhu Yi Hong
Windiag	PC-Diagnose unter Windows 95	BCM Advanced Research, Inc.
Wizard	Übertaktet 3D-Zusatzkarten mit Voodoo1-Chipsatz	Joakim Krassman
Winbench	Professionelles Benchmark-Programm	Ziff Davis
Winstone 99	Professionelles Benchmark-Programm	Ziff Davis
3D Winbench 99	Professionelles Benchmark-Programm für Grafikkarten	Ziff Davis
Yes2K	Jahr-2000-Kompatibilität prüfen	Savetynet

Stichwortverzeichnis

Numerics
100 MHz Front-Side-Bus 94
66 MHz CPU auf 100 MHz takten 149

A
AGP-Bus 74
ALi Aladdin Pro 107
ALi-Aladdin V 102
AMD K6-2 3 DNow 49
AMD K6-3 3DNow 51
AMD K7 52
AMD-Familie 49
AMI 115
Arbeitsplatz 26
Arbeitsspeicher, Größe 126
Asynchroner Takt 137
Award 114

B
BEDO-Modul 122
BIOS 79
– 16 Bit I/O Recovery 183
– 8 Bit I/O Recovery 183
– AMI 115
– Automatik-Optionen 184
– Automatische Konfiguration 179
– Award 114
– Bedienung der Menüs 172
– brennen 193
– sichern 191
– Boot up Floppy Seek 186
– Bootdiskette erstellen 190
– Bootsequenz 185
– CIH-Virus 195
– CMOS sichern 195
– CPU internal Cache 182
– CPU-Soft-Menu 175
– Datum und Uhrzeit 174
– Disabled 173
– Diskettenlaufwerke 174
– DOS Speichertest abschalten 186
– DRAM... 178
– EEPROM 170
– Einstellungen speichern 172
– Enabled 173
– External Cache 182
– Fehlercodes 196
– Flash-Programm 187, 190
– Ident-Line 188
– Jahr 2000 174
– Latenzzeit 183
– Load BIOS Defaults 173
– Load Setup Defaults 173
– Memory Hole 182
– Motherboard-Hersteller suchen 187
– Notfall 194
– Optionen 173
– OS Select For DRAM >64 Mbyte 183
– Passive Release 183
– PCI Streaming 183
– Peer Concurrency 183
– Performancesteigerung 33
– Phoenix 115
– Pieptöne 196
– POST und CMOS 170
– Post-Card 196
– POST-Codes 202
– RAM-Timing testen 180
– Recovery Jumper 194
– Schnell ins BIOS-Setup 171
– Schnittstellen, EIDE, USB, seriell, PS/2 Mouse, IR-Port 176
– SDRAM ... 179
– Speculativ Leadoff 179
– Speichertest 186
– Speicher-Timing 177
– Standardwerte 173
– Tuningmethoden 33
– Update 186
BIOS-Ident-Line 188
BIOS-Markt 114
BIOS-Pieptöne 196
BIOS-Tuning 170
BIOS-Update 30, 186
Busmaster Treiber 98

C
Cachespeicher 118
Chipsatz 77, 94
– ALi Aladdin Pro 107
– ALi-Aladdin V 102
– Busmaster Treiber 98
– Busmaster Treiber, Installation 98
– Chipsatz allgemein 94
– Cyrix-Prozessor 100
– Dualprozessorfähig 100

Stichwortverzeichnis

- finden 95
- Funktion 96
- Intel BX 105
- Intel EX 105
- Intel GX 110
- Intel i820 109
- Intel LX 103
- Intel NX 110
- Intel TX 100
- Intel ZX 106
- Maximaler Speicherausbau 97
- MediaGX 76
- QPA 103
- SiS 5600/5595 108
- SiS-5591/5595 102
- Spezielle Funktion 96
- Systemtakt 97
- VIA Apollo Pro 107
- VIA-Apollo MVP3 101
Chipsätze der Zukunft 109
CPU-Soft-Menu 159
CPU-Tabelle, Overclocking 138
Cyrix Media GX 56
Cyrix MXI 57
Cyrix/IBM 6x86 MX und MII 54

D
DDR-SDRAM 124
Defekte Hardware 248
DIMM 121, 123
Direct Rambus 124
DRAMs 121
Dual-Celeron 160
Dualprozessorfähiger Chipsatz 100

E
ECC, EDC 77
EDO-Modul 122
EEPROM 170
Erweiterungskarten, vorhandene 73

F
Firewire 83
Flash-Programm 187
Formfaktor 66
FP- und EDO-Module 121
FP-Modul 121

G
Garantie 88
Gehäuse

- öffnen 27
Grafikchip, integriert 75
Grafikkarte
- BIOS-Updates 270
- Chipsatz untertaktet 275
- Funktionsablauf 270
- Grafik-Prozessor 268
- Grafikspeicher 269
- Grafikspeicher optimieren 276
- Kühlung 272
- Lüfter 273
- Matrox Overclock 278
- Mclk 277
- Mystclk 279
- NV3Tweak 280
- Overclocking, Software 275
- Overclocking, Technik 275
- Performance testen 281
- Powerstrip 277
- Rage Pro Tweaker 278
- RAM-DAC 269
- Temperatur messen 273
- Treiber 270
- Tuningmethoden 268
- Tweakit 279

H
Hardware analysieren 25
Hauptspeicher 76
Hauptspeichergröße, maximal 79
Hersteller, Motherboards 90
Herstelleradressen, Motherboards 295
Hot-Plugin 83

I
IDT Winchip 2 58
IDT Winchip 3 58
IDT Winchip C6 57
IEEE 1934 84
Intel BX 105
Intel Celeron 41
Intel EX 105
Intel GX 110
Intel i820 109
Intel LX 103
Intel NX 110
Intel Pentium II 37
Intel Pentium III 47
Intel TX 100
Intel Xeon 44
Intel ZX 106

Stichwortverzeichnis

IrDa-Port 84
ISA-BUS 72
Isochroner Datenversand 83

J
Jahr 2000 174

K
Kühlkörper
- entfernen 28
Kühlung
- Grafikprozessor 272
- Kühlkörper, Eigenbau 155
- Kühlkörperfläche 154
- Kühlung per Software 156
- Peltierelement 156
- Prozessorkühlung 154
- Wärmeleitpaste 154
- Zusatzlüfter 155
Kühlung per Software 156

L
L2-Cache 118
L2-Cache im Pentium II 119
L2-Cache, Größe 119

M
Mischbestückung 125
Mischbestückung des Speichers 30
Motherboard
- AMD K6-350 ohne Zwischensockel 243
- Asynchroner Takt 137
- BIOS 79
- Chipsatz allgemein 78
- Clock-Generator 153
- Core-Spannung 70
- Defekt 265
- ECC, EDC 77
- EIDE-Standard 80
- Externer und interner Takt 71
- Fehlerquellen 263
- Firewire 83
- Garantie 88
- Grafikspeicher 75
- Hauptspeicher 76
- Hersteller 90
- Hersteller unbekannt 24
- Herstelleradressen 295
- I/O Spannung 70
- integrierter Grafikchip 75
- IrDa-Port inclusive 84

- Jumper einstellen 220
- maximaler Hauptspeicher 79
- Onboard-Controller 79
- Overdrive-Prozessoren 237
- PIO/DMA-Modi 80
- Power on Keyboard 89
- Prozessortakt, rechnerisch 71
- PS/2 Anschlüsse 82
- Save to RAM 89
- SCSI-Standard 81
- serielle und parallele Schnittstelle 82
- Service-Hotline 265
- Soft-Menu II 290
- Software Power Off 89
- Spannungen 69
- Spannungswandler 70
- Speichermodule, Mischbestückung 77
- Steckplätze 72
- System Managment Bus 85
- System-Monitoring 85
- Systemtakt 78
- Taktraten 71
- technischer Support 87
- Treiber aus dem Netz 88
- Treiber, Utilities, Handbuch 86
- Ultra DMA/33-66 81
- USB-Port 82
- Vorhandene Erweiterungskarten 73
- Wake-On-LAN 89
Motherboard-Hersteller 187
Motherboards
- Speicher-Steckplätze 250
Motherboardspannungen 69

O
Onboard-Controller 79
Overclocking 132
- 66 MHz CPU auf 100 MHz takten 149
- 83 MHz Jumper fehlt 138
- AGP-Bus 138
- Celeron 143
- Celeron 333 143
- Celeron 400 143
- Celeron im Sockel 370 144
- CPU-Soft-Menu 159
- CPU-Tabelle 138
- Doppellüfter 154
- Dual-Celeron 160
- Externer Takt 136
- IBM/Cyrix 6x86 142
- IBM/Cyrix 6x86L 143

Stichwortverzeichnis

- Interner Takt 135
- Motherboardfeatures 151
- No-Name-Motherboards 152
- PC stürzt ab 160
- Pentium 133 142
- Pentium 166 142
- Pentium II 143
- Pentium II Cachebausteine 144
- Pentium II SL2W8 144
- Pentium III 143
- PIN B21 150
- PINs am Pentium_II abzählen 148
- Prozessorspannung erhöhen 146
- RAM-Module 150
- Schritt für Schritt 156
- SCSI-Host-Adapter 144
- Spezifikationen 137
- Taktungsverhältnisse 141
- testen 158
- Turbo-Schalter 145
- Übertakten mit Software 152
- Verschiedene Techniken 135
Overclocking, techniken 135
Overdrive-Prozessoren 61, 237

P
Parity 32
PC-100 SDRAM 124
PCI-Bus 73
Pentium Familie 36
Phoenix 115
PIN B21 150
POST 170
POST-Codes 202
P-Rating 54, 71
Programme
- CPU-Kühlung 156
- SoftFSB 152
Prozessor
- 3DNow Technologie 49
- 6x86 MX und MII 54
- AMD K7 52
- AMD-Familie 49
- Auswahl 36
- Celeron 41
- Celeron A 42
- Celeron L2-Cache 42
- Celeron, Halterung 69
- Cyrix MXI 57
- Cyrix/IBM Familie 53

- Der Gebrauchtmarkt 218
- Dual Independent Bus Architektur 39
- Dynamic Execution 38
- EV6-Protokoll 53
- Fehlerquellen 247
- FEMMS 50
- Funktionsprinzip 3D 50
- IDT Winchip 2 58
- IDT Winchip 3 58
- IDT Winchip C6 57
- Intel Celeron A 42
- Intel, gefälscht 133
- Intel, in a box 134
- K6-2 3 DNow 49
- K6-3 3DNow 51
- KNI 47, 48
- Media GX 56
- MMX-Technologie 39
- Mobile-Modul-Technik 246
- No-Lock aktivieren 143
- On-Die-Cache 51
- Overdrive-Prozessoren 61
- Pentium Familie 36
- Pentium II 37
- Pentium III 47
- Pentium III als A-Version 47
- Perfekt tauschen 219
- PI-ROM im Xeon 44, 45
- Prduktmerkmale des Pentium II 38
- Prozessor auf Steckkarte 245
- Prozessorboard 38
- Prozessortausch im Notebook 246
- Rise MP6 und MP6-II 60
- Scratch-EEPROM im Xeon 46
- SEC-Kassette 38
- SEPP 41
- Seriennummer im Pentium III 48
- SIMD 39, 50
- Slot-1-Adapter 245
- Technik des Pentium_II 37
- Temperatursensor im Xeon 45
- TriLevel-Cache im K6-3 52
- Typ feststellen 28
- Übersicht der Taktfrequenzen 218
- Vergleichstyp 25
- Xeon 44
- Xeon L2-Cache 44
- XpressAUDIO 57
- XpressGRAPHICS 57
- XpressRAM 56

Stichwortverzeichnis

- Zwischensockel 217
- Zwischensockel gespart 217
Prozessorauswahl 36
Prozessorkühlung 154
PS/2 SIMM-Ausführungen 31

R
RIMM-Modul 124
Rise MP6 und MP6-II 60

S
SEC-Kassette 38
Setup 171
Sicherheitshinweise 27
SiS 5600/5595 108
SiS-5591/5595 102
Slot 1 68
Slot 2 69
Slot-1-Adapter 245
Sockel 370 68
Sockel 7 67
Soft-Menu II 290
Software
- 3D-Winbench 99 307
- Analyse und Diagnose 298
- Benchmark 299
- CPU-Benchmark 300
- CPU-Tuning 313
- Dr. Hardware 299
- Final Reality 309
- Grafiktuning 310
- Rain 316
- SiSoft Sandra 98 298
- Softwarewerkzeuge 298
- Tweakbios 314
- Waterfall 316
- Winbench 99 303
- Winstone 99 305
- Wintune 301
- Winzip 315
Softwarewerkzeuge 298
Speicher
- BEDO-Modul 122
- CAS 122
- Cost-Modul 118
- DDR-SDRAM 124
- Der Cachespeicher, Erläuterung 118
- Der PLL-Chip 126
- DIMM 121, 123
- Direct-RAMBus 121
- DRAMs 121
- EDO-Modul 122
- Erweiterung 126
- Fehlerquellen 129
- FP- und EDO-Module 121
- FP-Modul 121
- Gewinnspanne 32
- Größe des Arbeitsspeichers 126
- L2-Cache als Turbo 118
- L2-Cache im Pentium_II 119
- L2-Cache, Größe 119
- Marken PC, Probleme 129
- Menge 32
- Mischbestückung 30, 125
- Modulgeschichte 120
- Parity 32
- PC-100 Label 30
- PC-100 SDRAM 124
- PS/2-SIMMs FP/EDO 31
- PS/2-SIMMs paarweise 31
- PS/2-SIMMs teuer 31
- Qualität 125
- RAS 121
- RDRAM 124
- Rezept 125
- RIMM-Modul 124
- SDRAM 123
- SPD-Baustein 123
Speicherausbau, maximaler 97
Speichermenge 32
Speichermodule, Mischbestückung 77
SPP, EPP, ECP 82
Statische Aufladungen 27
Support, technischer 87
System-Monitoring 85
Systemtakt 78, 97

T
Treiber, Utilities, Handbuch 86
Tuningmethoden, Grafikkarte 268

U
UART 82
Übersicht der Taktfrequenzen 218
Übertakten mit Software 152
User's Manual 86

V
Vergleichstyp 25
VIA Apollo Pro 107
VIA-Apollo MVP3 101

W
Wärmeleitpaste 154
Wärmeleitpaste entfernen 28
Werkzeug 26
Windows 95/98
– Busmaster-Treiber 263
– Grafiktreiber aktualisieren 271
– Hardwareanalyse 25
– Hardware-Beschleunigung 272
– Komponenten löschen 262
– Neu installieren 262
– Treiber 263

Z
ZIF 67
Zwischensockel 217, 241

NEW TECHNOLOGY

Anonym
Hacker's Guide
NEW TECHNOLOGY

Ein kontroverser, umfassender Leitfaden zur Netzwerksicherheit, insbesondere für Rechner und Netze mit Zugang zum Internet. Der Autor vermittelt Insiderwissen der Hackerszene, verschweigt keine aktuelle Sicherheitslücke und informiert über neueste Hackermethoden und Sicherheitstechnologien. Bei jeder Sicherheitslücke wird ausführlich dargestellt, wie sie ausgenutzt werden kann und welche Gegenmaßnahmen getroffen werden sollten.

832 Seiten, 1 CD-ROM
ISBN 3-8272-5460-4, DM 89,95

Markt&Technik
www.mut.de

Markt&Technik-Produkte erhalten Sie im Buchhandel, Fachhandel und Warenhaus.
Markt&Technik Buch- und Software-Verlag GmbH · Martin-Kollar-Straße 10–12 · 81829 München · Telefon (0 89) 4 60 03-222 · Fax (0 89) 4 60 03-100

PROGRAMMIERSPRACHEN

Peter Monadjemi
Visual Basic 6
KOMPENDIUM

Umfassende Information, gepaart mit einem lockeren Stil, sorgen für viel Motivation und Spaß beim Erlernen der faszinierenden und zukunftsorientierten Programmiersprache Visual Basic 6.

1224 Seiten, 1 CD-ROM
ISBN 3-8272-**5440**-X, DM 89,95

V. Toth / D. Louis
Visual C++ 6
KOMPENDIUM

Das Kompendium stellt eine umfassende Referenz für alle Programmierer dar, die effektiv mit der neuen Version von Visual C++ umgehen möchten und dabei auf praxisnahe Beispiele nicht verzichten wollen.

1128 Seiten, 1 CD-ROM
ISBN 3-8272-**5467**-1, DM 89,95

Dan Appleman
COM/ActiveX-Komponenten mit Visual Basic 6 entwickeln
NEW TECHNOLOGY

Dieses Tutorial konzentriert sich auf die Komponentenentwicklung mit Visual Basic 6. Es zeigt Ihnen Programmierkonzepte und die technischen Schritte, die nötig sind, COM- bzw. ActiveX-Komponenten zu erstellen, wie man von Anfang an Fehler vermeidet sowie das Zusammenspiel von VB-Applikationen mit Datenbanken und anderen Anwendungen.

ca. 900 Seiten, 1 CD-ROM
ISBN 3-8272-**5470**-1, DM 99,95

Markt&Technik
www.mut.de

Markt&Technik-Produkte erhalten Sie im Buchhandel, Fachhandel und Warenhaus.
Markt&Technik Buch- und Software-Verlag GmbH · Martin-Kollar-Straße 10–12 · 81829 München · Telefon (0 89) 4 60 03-222 · Fax (0 89) 4 60 03-100

Ek/Kock
Haftungsrisiken für Vorstand und Aufsichtsrat

Haftungsrisiken für Vorstand und Aufsichtsrat

von

Dr. Ralf Ek, LL. M.
Advokat (Schweden)
Rechtsanwalt sowie Fachanwalt für Handels- und Gesellschaftsrecht
in Frankfurt a. M.

und

Dr. Martin Kock
Attorney-at-Law (California)
Rechtsanwalt in München

3. Auflage 2019

C.H.BECK

Zitiervorschlag: Ek/Kock Haftungsrisiken

www.beck.de

ISBN 978 3 406 72903 4

© 2019 Verlag C. H. Beck oHG
Wilhelmstraße 9, 80801 München
Druck: Druckhaus Nomos
In den Lissen 12, 76547 Sinzheim
Satz und Umschlaggestaltung: Druckerei C. H. Beck Nördlingen

Gedruckt auf säurefreiem, alterungsbeständigem Papier
(hergestellt aus chlorfrei gebleichtem Zellstoff)

Vorwort zur dritten Auflage

Über neun Jahre sind seit der Veröffentlichung der zweiten Auflage dieses Ratgebers vergangen. In dieser Zeit wurde die deutsche Industrie von einer Vielzahl von Unternehmensskandalen erschüttert, Vorstände und Aufsichtsräte wurden in diversen Fällen zu Schadenersatz und sogar zu Gefängnisstrafen verurteilt und D&O-Versicherungen mussten erhebliche Summen wegen Gesetzesverstößen von Organmitgliedern bezahlen.

Das für die Vorstands- und Aufsichtsratshaftung relevante Recht wurde in den letzten Jahren in vielen Teilbereichen geändert und auch die Gerichte haben zu diesem Thema zahlreiche Urteile erlassen. Die Mitglieder von Vorstand und Aufsichtsrat müssen sich deshalb auch in Zukunft sehr sorgfältig sowohl mit den Risiken ihrer Tätigkeit befassen als auch mit den Möglichkeiten, diese zu reduzieren. Das Problembewusstsein von Organmitgliedern wie auch deren Ängste und Sorgen sind erheblich gestiegen, was anhand der zunehmenden – und bisweilen existenzgefährdenden – zivil- und strafrechtlichen Risiken nicht verwundern kann. Präventiv wurden insbesondere Compliance-Programme etabliert oder ausgebaut, die in mittleren und großen deutschen Unternehmen mittlerweile zum Standard gehören. Die Durchführung von internen oder externen Ermittlungen (Investigations) zur Aufdeckung und Sanktionierung von Rechtsverstößen war ebenfalls ein Trend der vergangenen Jahre.

Auch in der dritten Auflage soll dieser Ratgeber einen konzentrierten Überblick über praxisrelevante Haftungsrisiken für Organmitglieder geben und – ohne aufgrund der nahezu unüberschaubaren potentiellen Risikobereiche im „Leben" von oftmals international tätigen Unternehmen der unterschiedlichsten Branchen den Anspruch auf Vollständigkeit zu erheben – wesentliche Risiken aufzeigen und Praxistipps vermitteln. Aktuelle Rechtsprechung und neue Gesetzesentwicklungen bis zum November 2018 sind in die Neuauflage mit eingeflossen.

Frankfurt/München, im Februar 2019 Ralf Ek/Martin Kock

Vorwort zur zweiten Auflage

Im August und September 2009 sind die Gesetze zur Angemessenheit der Vorstandsvergütung (VorstAG) und zur Umsetzung der Aktionärsrechterichtlinie (ARUG) und im Mai 2009 das Gesetz zur Modernisierung des Bilanzrechts (BilMoG) in Kraft getreten. Das deutsche Aktienrecht ist durch diese Gesetzesänderungen in überaus praxisrelevanten Teilbereichen erheblich reformiert worden. Die Mitglieder von Vorstand und Aufsichtsrat müssen sich mit den gesetzlichen Neuregelungen – und auch mit einer Vielzahl wesentlicher neuer Gerichtsentscheidungen – im Detail befassen.

Dieser Ratgeber vermittelt einen konzentrierten Überblick über die praxisrelevanten Haftungsrisiken für die Organmitglieder. Er stellt die wesentlichen Haftungsfallen dar und gibt praktische Ratschläge zur Haftungsvermeidung bzw. -minimierung. Hierbei wird insbesondere auch auf die Absicherung durch D&O-Versicherungen eingegangen.

In der zweiten Auflage dieses Ratgebers sind die aktuellen Gesetzesänderungen und auch die neueste Rechtsprechung von Bundesgerichtshof und Instanzgerichten umfassend eingearbeitet. Vorstands- und Aufsichtsratsmitgliedern, Mitarbeiter von Rechtsabteilungen und allen anderen mit der Haftung der Organmitglieder befassten Personen soll hierdurch ein fundierter und praxisorientierter Überblick über die typischen Problemkreise gegeben werden.

Der Verfasser bedankt sich bei allen Mitarbeitern und Sekretärinnen für ihren großen Einsatz bei der Erstellung dieses Buches. Für Hinweise und Anregungen aus dem Kreis der Leser ist der Verfasser auch bei dieser Auflage dankbar.

Frankfurt, im November 2009   Ralf Ek

Vorwort zur ersten Auflage

Spektakuläre Einzelfälle haben in den letzten Jahren die Haftung von Vorstand und Aufsichtsrat in deutschen Aktiengesellschaften in den Fokus des öffentlichen Interesses gerückt. Medienwirksame Fälle wie Infomatec, EM.TV, Comroad und Mannesmann sowie aktuelle Gesetzesänderungen haben bei deutschen Managern zu einem neuen Problembewusstsein für das eigene Risiko geführt. Dem Problembewusstsein soll mit diesem Ratgeber Rechnung getragen werden, der sich an alle Vorstände und Aufsichtsräte richtet, die sich einen konzentrierten Überblick über die praxisrelevanten Haftungsrisiken für die Organmitglieder verschaffen wollen.

Der Ratgeber stellt die wesentlichen Haftungsfallen dar und gibt praktische Ratschläge zur Haftungsvermeidung bzw. -minimierung. er beruht auf einem Skript, das im Herbst 2005 bei mehreren Seminarveranstaltungen verwendet wurde und berücksichtigt den aktuellen Stand von Gesetzgebung und Rechtsprechung unter Einbeziehung des Anlegerschutzverbesserungsgesetzes und der zum 1. November 2005 in Kraft getretenen Gesetze zur Unternehmensintegrität und Modernisierung des Anfechtungsrechts (UMAG) und zur Einführung von Kapitalanleger-Musterverfahren (KapMuG).

Das Aktienrecht befindet sich in einem permanenten Reformprozess. Vorstände und Aufsichtsräte müssen deshalb auch in Zukunft mit neuen Gesetzen und insbesondere auch mit neuen Tendenzen in der Rechtsprechung rechnen. Es bleibt jedoch zu hoffen, dass die von Gesetzgeber und Rechtsprechung aufgestellten Pflichtenkataloge für Organmitglieder genügend Freiraum für wirtschaftlich sinnvolle und zukunftsweisende Entscheidungen lassen. Überregulierung führt zur Lähmung der Wirtschaft, zu große Freiräume erfahrungsgemäß zu Skandalfällen. Insoweit bleibt zu hoffen, dass Gesetzgeber und Rechtsprechung ein „gesundes Gleichgewicht" finden werden.

Der Verfasser dankt allen beteiligten Mitarbeitern und Sekretärinnen für ihren großen Einsatz bei der Erstellung dieses Buches. Für Hinweise und Anregungen aus dem Kreis der Leser wäre der Verfasser auch im Hinblick auf künftige Auflagen sehr dankbar.

Berlin, im Herbst 2005   Ralf Ek

Inhaltsverzeichnis

Vorwort zur dritten Auflage	V
Abkürzungsverzeichnis	XVII
Literaturverzeichnis	XXI
A. Einleitung	1
I. Umfeld	1
1. Aktuelle Entwicklungen	1
2. Überblick über die Gesetzeslage	1
a) Innenhaftung	2
aa) Allgemeine Sorgfaltspflicht des Vorstands	2
bb) Rechtsfolge Schadenersatz	3
cc) Allgemeine Sorgfaltspflicht des Aufsichtsrats	3
dd) Spezielle aktienrechtliche Sorgfaltspflichten der Verwaltung	3
b) Außenhaftung	3
3. Der Deutsche Corporate Governance Kodex (DCGK)	4
a) Aufbau des Kodex	4
b) Wesentliche Empfehlungen des Kodex	5
aa) Empfehlungen für den Vorstand	5
bb) Empfehlungen an den Aufsichtsrat	6
c) Die Entsprechenserklärung nach § 161 AktG	6
II. Rechtliche Rahmenbedingungen	7
1. Verwaltungsorganisation der Aktiengesellschaft	7
a) Einleitung	7
b) Der Vorstand	8
aa) Leitung	8
(1) Einführung	8
(2) Unternehmerische Entscheidungen des Vorstands	10
(3) Business Judgement Rule	10
bb) Geschäftsführung	13
cc) Vertretung	13
dd) Größe des Vorstands	14
ee) Persönliche Voraussetzungen	14
ff) Bestellung und Abberufung	15
c) Der Aufsichtsrat	17
aa) Überwachung der Geschäftsführung	17
bb) Größe und Zusammensetzung des Aufsichtsrats und Wählbarkeit	18
cc) Bestellung und Abberufung	20
d) Die Hauptversammlung	21
2. Vorstandsmitglieder als Haftungsadressaten	22
a) Allgemeines	22
b) Fehlerhaft bestelltes und faktisches Organ	22
c) Haftung überstimmter und verhinderter Vorstandsmitglieder	23
3. Aufsichtsratsmitglieder als Haftungsadressaten	24
4. Besonderheiten in Kollegialorganen	24
5. Mehrheit von Haftpflichtigen	26
III. Innenhaftung und Außenhaftung	26
1. Allgemeines	26
2. Innenhaftung	27
3. Außenhaftung	27

B. Haftungsrisiken für Vorstände 29
    I. Innenhaftung 29
        1. Einleitung 29
        2. Verletzung ausdrücklich geregelter Pflichten 29
            a) Bei der Gründung der Gesellschaft 29
                aa) Keine freie Verfügung des Vorstands über die geleisteten Einlagen . . . 30
                bb) Auswahl einer ungeeigneten Zahlstelle für die Einlageleistungen . . . 30
                cc) Verletzung der Pflicht zur Prüfung des Gründungsberichts bzw. des Nachgründungsberichts 31
                dd) Fehlende Vollständigkeit und Richtigkeit der Angaben gegenüber dem Registergericht 32
            b) Verstoß gegen den Grundsatz der Kapitalerhaltung 33
                aa) Allgemeines 33
                bb) Verbotene Einlagenrückgewähr 34
                cc) Zahlung von Zinsen oder Gewinnanteilen an Aktionäre 34
                dd) Erwerb eigener Aktien 35
                ee) Ausgabe von Aktien vor vollständiger Leistung des Ausgabebetrags . . 36
                ff) Verteilung von Gesellschaftsvermögen 36
                gg) Zahlungen entgegen Zahlungsverbot nach eingetretener Insolvenzreife 36
                    (1) Inhalt des Zahlungsverbots 36
                    (2) Zahlungsunfähigkeit und Überschuldung 37
                    (3) Umfang des Zahlungsverbots 38
                    (4) Zeitpunkt für den Eintritt des Zahlungsverbots 39
                    (5) Erkennbarkeit der Insolvenzreife 39
                hh) Vergütung an Aufsichtsräte 40
                ii) Gewährung von Krediten an Organmitglieder 42
                jj) Ausgabe von Bezugsaktien bei bedingter Kapitalerhöhung 43
            c) Verstoß gegen Berichtspflichten 43
                aa) Regelberichte 43
                bb) Sonderberichte 45
                cc) Anforderungsberichte 45
                dd) Grundsätze der Berichterstattung 45
            d) Verletzung der Pflicht zur Beachtung von Zustimmungsvorbehalten 46
            e) Verstoß gegen die Pflicht zur ordnungsgemäßen Buchführung und Bilanzierung 47
            f) Fehlende Einrichtung eines Risikomanagementsystems 48
            g) Fehlende Einrichtung eines Compliance-Management-Systems 49
                aa) Rechtsgrundlagen der Vorstandsaufgabe Compliance 50
                bb) Verantwortlichkeit für Compliance 52
                cc) Umsetzung der präventiven Compliance 53
                    (1) Analyse 53
                    (2) Implementierung des Compliance-Management-Systems 54
                    (3) Dokumentation und Training 55
                    (4) Überwachung 55
                    (5) Sanktionierung 55
                dd) Haftung bei fehlender oder falscher Umsetzung der Compliance-Aufgabe 56
            h) Verstoß gegen Pflichten im Zusammenhang mit der Hauptversammlung . . 56
                aa) Einberufung der Hauptversammlung bei einem Verlust in Höhe der Hälfte des Grundkapitals 58
                bb) Vorbereitung und Ausführung von Maßnahmen im Zuständigkeitsbereich der Hauptversammlung 59
                    (1) Zuständigkeit der Hauptversammlung kraft Gesetzes 60
                    (2) Zuständigkeit kraft Satzung 60
                    (3) Zuständigkeit der Hauptversammlung bei Geschäftsführungsmaßnahmen 61
                cc) Wesentliche Pflichten des Vorstands bei Vorbereitung und Durchführung der Hauptversammlung 65
                    (1) Vorbereitung der Hauptversammlung 65
                    (2) Durchführung der Hauptversammlung 79

i) Verstoß gegen die Insolvenzantragspflicht 90
j) Verstoß gegen das Verbot der unzulässiger Beeinflussung 91
3. Verletzung allgemeiner Pflichten 92
   a) Verstoß gegen die allgemeine Sorgfaltspflicht 92
   b) Verstoß gegen die allgemeine Treuepflicht 92
      aa) Verstoß gegen das Wettbewerbsverbot 93
      bb) Verstoß gegen die Verschwiegenheitspflicht 94
4. Besondere Pflichten im Konzern 94
   a) Einleitung 94
      aa) Der Vertragskonzern 95
      bb) Abhängigkeits- und faktische Konzernverhältnisse 95
         (1) Das einfache Abhängigkeitsverhältnis 95
         (2) Das faktische Konzernverhältnis 95
   b) Die Pflichten im Vertragskonzern 96
      aa) Pflichten des Vorstands des herrschenden Unternehmens 96
         (1) Gegenüber der „eigenen" Gesellschaft 96
         (2) Gegenüber der beherrschten Gesellschaft 96
      bb) Pflichten des Vorstands der beherrschten Gesellschaft 97
   c) Bei faktischer Abhängigkeit 98
      aa) Pflichtverletzung des Vorstands des herrschenden Unternehmens ... 98
         (1) Begriff des Nachteils 98
         (2) Möglichkeit zum Ausgleich des Nachteils 98
         (3) Rechtsfolgen nachteiliger Veranlassungen 99
      bb) Pflichtverletzung des Vorstands der abhängigen Gesellschaft 99
         (1) Haftung wegen der Befolgung nachteiliger Weisungen 99
         (2) Haftung wegen unterlassener Aufnahme nachteiliger Maßnahmen in
             den Abhängigkeitsbericht 100
5. Besondere Haftungsrisiken beim Cash-Pooling 100
   a) Einleitung 100
   b) Kapitalaufbringung 101
   c) Kapitalerhaltung 102
   d) Darlehensrückzahlung 103
6. Besondere Pflichten in börsennotierten Unternehmen 103
   a) Einführung 103
   b) Pflicht zur Veröffentlichung von Insiderinformationen 105
7. Weitere Haftungsvoraussetzungen 108
   a) Verschulden 108
   b) Schaden und Kausalität 109
   c) Darlegungs- und Beweislast 110
   d) Verjährung 111
8. Beschränkung der Innenhaftung 112
   a) Einleitung 112
   b) Billigung pflichtwidrigen Vorstandshandelns 112
   c) Nachträglicher Verzicht 112
   d) Vertragliche Haftungsbeschränkungen 113
9. Geltendmachung von Innenhaftungsansprüchen 114
   a) Geltendmachung von Ersatzansprüchen durch die Aktiengesellschaft ... 114
      aa) Zuständigkeit des Aufsichtsrats 114
      bb) Klageerzwingungsrecht der Aktionäre und Bestellung besonderer
          Vertreter 115
         (1) Einleitung 115
         (2) Klageerzwingungsverfahren 115
   b) Geltendmachung von Ersatzansprüchen durch Dritte 116
      aa) Prozessstandschaft der Aktionäre 116
         (1) Klagezulassungsverfahren 117
         (2) Bekanntmachungen zur Haftungsklage 118
         (3) Sonderprüfung 118

bb) Recht zur Geltendmachung von Innenhaftungsansprüchen durch Gläubiger	119
(1) Einführung	119
(2) Voraussetzungen	119
(3) Ausübung	119
II. Außenhaftung	120
1. Einleitung	120
2. Spezialgesetzlich geregelte Außenhaftung	121
a) Haftung für rechtsgeschäftliche Verbindlichkeiten der Vorgesellschaft	121
b) Haftung für Schäden durch schädigenden Einfluss der Vorstandsmitglieder	121
c) Haftung für die Verletzung von Steuerpflichten	122
d) Haftung für nach UmwG entstandene Schäden	123
3. Haftung kraft Rechtsscheins	124
4. Haftung aus culpa in contrahendo	124
5. Deliktische Haftung	125
a) Haftung wegen Verletzung absoluter Schutzgüter (§ 823 Abs. 1 BGB)	125
aa) Mitgliedschaftsrecht der Aktionäre	125
bb) Produkthaftung	126
b) Haftung aus Schutzgesetzen zugunsten Dritter (§ 823 Abs. 2 BGB)	127
aa) Haftung für unterlassene Abführung von Sozialversicherungsbeiträgen	128
bb) Insolvenzverschleppung	129
c) Vorsätzlich sittenwidrige Schädigung Dritter (§ 826 BGB)	129
d) Verletzung von Sonderdeliktsrecht	130
6. Verletzung der Kapitalmarktinformationspflichten	130
a) Verstoß gegen die Pflicht zur Veröffentlichung von Insiderinformationen	130
b) Verletzung der Regelpublizität	131
7. Geltendmachung von Außenhaftungsansprüchen	131
a) Allgemeines	131
b) Kapitalanleger-Musterverfahren	132
c) Musterfeststellungsklage	132
III. Strafrechtliche Verantwortlichkeit	133
1. Einleitung	133
2. Aktienrechtliche Straftatbestände	134
a) Falsche Angaben bei Gründung, Kapitalmaßnahmen und Abwicklung	134
b) Unrichtige Darstellungen in Bilanzen und Berichten	134
c) Verletzung der Geheimhaltungspflicht	135
3. Kapitalmarktrechtliche Straftatbestände	135
a) Verbot der Marktmanipulation	135
b) Verbot von Insidergeschäften	136
c) Kapitalanlagebetrug	136
4. Straftaten in Krise und Insolvenz	137
a) Pflichtverletzung bei Verlust, Überschuldung oder Zahlungsunfähigkeit	137
b) Insolvenzverschleppung	137
c) Vorenthalten und Veruntreuen von Sozialversicherungsbeiträgen	138
d) Bankrottdelikte	138
e) Verletzung der Buchführungspflicht	139
f) Gläubigerbegünstigung	139
5. Sonstige Straftatbestände	140
a) Untreue (§ 266 StGB)	140
b) Betrug (§ 263 StGB)	141
c) Korruptionsdelikte, Geldwäsche	142
d) Steuerstrafrecht	143
6. Ordnungswidrigkeiten	143
a) Aktienrecht	143
b) Kapitalmarktrecht	143
c) Aufsichtspflichtverletzungen	143

C. Haftungsrisiken für Aufsichtsräte 145
I. Innenhaftung 145
1. Verletzung ausdrücklich geregelter Pflichten 145
   a) Einleitung 145
   b) Verletzung von Pflichten bei der Gründung der Gesellschaft 145
   c) Verletzung der Überwachungspflicht 146
      aa) Verletzung der allgemeinen Überwachungspflicht 146
         (1) Inhalt der Überwachungspflicht 146
         (2) Maßstab der Überwachung 146
      bb) Verletzung der Informationspflicht 148
      cc) Verletzung der Pflicht zur Einberufung der Hauptversammlung 149
      dd) Verletzung der Pflicht zur Begründung und Ausübung von Zustimmungsvorbehalten 149
      ee) Verletzung der Pflicht zur Prüfung von Jahresabschluss, Lagebericht und Gewinnverwendungsvorschlag 151
      ff) Verletzung der Pflicht zur Berichterstattung an die Hauptversammlung 153
      gg) Verletzung der Pflicht zur Bestellung und Abberufung des Vorstands 154
      hh) Verletzung der Pflicht zur Überwachung des Compliance-Management-Systems 155
   d) Verletzung der Pflicht zur angemessenen Festsetzung der Vorstandsbezüge 156
      aa) Einleitung 156
      bb) Zulässigkeit nachträglicher Sonderzahlungen 157
      cc) Festsetzung der Vorstandsvergütung als Ermessensentscheidung 158
      dd) Angemessenheit von Vorstandsvergütungen 158
      ee) Verstoß gegen die Pflicht zur Festsetzung angemessener Vorstandsvergütungen 160
      ff) Transparenz der Vorstandsvergütung 160
   e) Verletzung der Pflicht zur Verfolgung von Ersatzansprüchen gegen Vorstandsmitglieder 160
   f) Verstoß gegen den Grundsatz der Kapitalerhaltung 161
   g) Verbot schädigenden Verhaltens 162
2. Verletzung allgemeiner Pflichten 162
   a) Verstoß gegen die allgemeine Sorgfaltspflicht 162
   b) Verstoß gegen die allgemeine Treuepflicht 163
      aa) Einleitung 163
      bb) Kein Wettbewerbsverbot 164
      cc) Verstoß gegen die Verschwiegenheitspflicht 164
3. Weitere Haftungsvoraussetzungen, insbes. Verschulden 165
4. Geltendmachung von Innenhaftungsansprüchen 166

II. Außenhaftung 167

D. Haftungsvermeidungsstrategien für Vorstände und Aufsichtsräte 169
I. Beschränkung der Innenhaftung 169
II. Freistellung von der Außenhaftung 169
III. Maßnahmen bei Rechtsverstößen von Organen oder Mitarbeitern 171
1. Einführung 171
2. Unternehmensinterne Untersuchungen (Internal Investigations) 171
   a) Grundlagen und Verantwortung 171
   b) Ausgewählte Rechtsfragen beim Ablauf interner Ermittlungen 173
      (1) Arbeitsrechtliche Aspekte 173
      (2) Beschäftigtendatenschutz 175
   c) Kooperation mit Strafverfolgungsbehörden und Abschluss der Untersuchungen 176
3. Amnestieprogramme 177
IV. Versicherungsschutz, insbes. D&O-Versicherungen 178
1. Einführung 178
2. D&O-Versicherungen 178

        a) Deckungsumfang von D&O-Versicherungen 178
            aa) Vom Versicherungsschutz erfasste Personen 179
            bb) Claims-made-Prinzip und Rückwärtsdeckung 180
            cc) Nachhaftung (Nachmeldefrist) 181
            dd) Tätigkeit in Tochtergesellschaften und Drittunternehmen 182
        b) Grenzen des Versicherungsschutzes 183
            aa) Selbstbehalte 183
            bb) Ausschlüsse 184
        c) Obliegenheits- und Anzeigepflichten 186
        d) Gesellschafts- und steuerrechtliche Aspekte 186
            aa) Zuständigkeit für den Abschluss des Versicherungsvertrages 186
            bb) Pflicht zum Abschluss und Aufrechterhaltung einer D&O-
                Versicherung? 187
            cc) Steuerliche Behandlung der Versicherungsprämien 187
   3. Industrie-Straf-Rechtsschutzversicherung 188
   4. Anstellungsvertrags-Rechtsschutzversicherung 188

Stichwortverzeichnis 191

Abkürzungsverzeichnis

aA	anderer Ansicht
ABl.	Amtsblatt (der Europäischen Gemeinschaft bzw. Europäischen Union)
Abs.	Absatz
AG	Amtsgericht; Aktiengesellschaft; Die Aktiengesellschaft (Zeitschrift)
AG-Report	Sonderteil der Zeitschrift Die Aktiengesellschaft
AktG	Aktiengesetz
AktR	Aktienrecht
Alt.	Alternative
Anh.	Anhang
ARUG	Gesetz zur Umsetzung der Aktionärsrechterichtlinie
Art.	Artikel
BaFin	Bundesanstalt für Finanzdienstleistungsaufsicht
BayObLG	Bayerisches Oberstes Landesgericht
BB	Betriebs-Berater (Zeitschrift)
Bd.	Band
BeckRS	Beck'sche-Rechtsprechungssammlung (abrufbar in beck-online)
BGB	Bürgerliches Gesetzbuch
BGBl. I, II	Bundesgesetzblatt Teil I, II
BGH	Bundesgerichtshof
BGHZ	Sammlung der Entscheidungen des BGH in Zivilsachen
BilMoG	Gesetz zur Modernisierung des Bilanzrechts (Bilanzrechtsmodernisierungsgesetz)
BKR	Zeitschrift für Bank- und Kapitalmarktrecht
BörsO FWB	Börsenordnung der Frankfurter Wertpapierbörse
BR-Drs.	Bundesratsdrucksache
BT-Drs.	Bundestagsdrucksache
BVerfG	Bundesverfassungsgericht
bzw.	beziehungsweise
ca.	circa
CB	Compliance Berater (Zeitschrift)
CCZ	Corporate Compliance (Zeitschrift)
DAX	Deutscher Aktienindex
DB	Der Betrieb (Zeitschrift)
DCGK	Deutscher Corporate Governance Kodex
dh	das heißt
DNotZ	Deutsche Notarzeitschrift
DrittelbG	Drittelbeteiligungsgesetz
Drs.	Drucksache
DStR	Deutsches Steuerrecht (Zeitschrift)
E	Entwurf
EG	Europäische Gemeinschaft(en)
etc	et cetera
evtl.	eventuell
EWiR	Entscheidungen zum Wirtschaftsrecht (Zeitschrift)
f., ff.	folgende Seite(n)
Fn.	Fußnote
GG	Grundgesetz
ggf.	gegebenenfalls

GmbH	Gesellschaft mit beschränkter Haftung
GmbHG	Gesetz betreffend die Gesellschaften mit beschränkter Haftung
GmbHR	GmbH-Rundschau (Zeitschrift)
Großkomm	Großkommentar
GWB	Gesetz gegen Wettbewerbsbeschränkungen
GWR	Gesellschafts- und Wirtschaftsrecht (Zeitschrift)
Hs.	Halbsatz
HdB	Handbuch
HGB	Handelsgesetzbuch
Hrsg.	Herausgeber
HV	Hauptversammlung
IRZ	Zeitschrift für internationale Rechnungslegung
iSv	im Sinne von
iVm	in Verbindung mit
JuS	Juristische Schulung (Zeitschrift)
KapMuG	Gesetz zur Einführung von Kapitalanleger-Musterverfahren (Kapitalanleger-Musterverfahrensgesetz)
KG	Kammergericht; Kommanditgesellschaft
Komm.	Kommentar
KonTraG	Gesetz zur Kontrolle und Transparenz im Unternehmensbereich
LG	Landgericht
MAR	Marktmissbrauchsverordnung (*Market Abuse Regulation*)
MarkenG	Markengesetz
Mio.	Million(en)
MitbestG	Gesetz über die Mitbestimmung der Arbeitnehmer
MontanMitbestG	Gesetz über die Mitbestimmung der Arbeitnehmer in den Aufsichtsräten und Vorständen der Unternehmen des Bergbaus und der Eisen und Stahl erzeugenden Industrie
MAH AktR	Münchener Anwaltshandbuch Aktienrecht
MHdB AG	Münchener Handbuch des Gesellschaftsrechts (Aktiengesellschaft)
MüKoAktG	Münchener Kommentar zum Aktiengesetz
MüKoHGB	Münchener Kommentar zum Handelsgesetzbuch
MüKoStGB	Münchener Kommentar zum Strafgesetzbuch
mwN	mit weiteren Nachweisen
NJOZ	Neue Juristische Online Zeitschrift
NJW	Neue Juristische Wochenschrift (Zeitschrift)
NJW-RR	NJW-Rechtsprechungs-Report Zivilrecht (Zeitschrift)
Nr.	Nummer
NStZ	Neue Zeitschrift für Strafrecht
NZA	Neue Zeitschrift für Arbeitsrecht
NZG	Neue Zeitschrift für Gesellschaftsrecht
NZI	Neue Zeitschrift für Insolvenz und Sanierung
NZKar	Neue Zeitschrift für Kartellrecht
NZWiSt	Neue Zeitschrift für Wirtschafts-, Steuer- und Unternehmensstrafrecht
OLG	Oberlandesgericht
OWiG	Gesetz über Ordnungswidrigkeiten
PatG	Patentgesetz
r+s	Recht und Schaden (Zeitschrift)
RdA	Recht der Arbeit (Zeitschrift)
RegBegr	Regierungsbegründung
RegE	Regierungsentwurf
Rn.	Randnote bzw. Randnummer

S.	Satz, Seite, Siehe
s.	siehe
SE	Societas Europaea (Europäische Aktiengesellschaft)
StGB	Strafgesetzbuch
TransPuG	Gesetz zur weiteren Reform des Aktien- und Bilanzrechts, zu Transparenz und Publizität (Transparenz- und Publizitätsgesetz)
u.	und
UMAG	Gesetz zur Unternehmensintegrität und Modernisierung des Anfechtungsrechts
UmwG	Umwandlungsgesetz
UrhG	Urhebergesetz
v.	vom/von
VG	Verwaltungsgericht
VO	Verordnung
VorstAG	Gesetz zur Angemessenheit der Vorstandsvergütung
VuR	Verbraucher und Recht – Zeitschrift für Wirtschafts- und Verbraucherrecht
wistra	Zeitschrift für Wirtschafts- und Steuerstrafrecht
WM	Wertpapiermitteilungen, Zeitschrift für Wirtschaft- und Bankrecht
WPg	Die Wirtschaftsprüfung (Zeitschrift)
WpHG	Wertpapierhandelsgesetz
WpÜG	Wertpapiererwerbs- und Übernahmegesetz
zB	zum Beispiel
ZBB	Zeitschrift für Bankrecht und Bankwirtschaft
ZGR	Zeitschrift für Unternehmens- und Gesellschaftsrecht
Ziff.	Ziffer
ZInsO	Zeitschrift für das gesamte Insolvenzrecht
ZIP	Zeitschrift für Wirtschaftsrecht
ZPO	Zivilprozessordnung
ZStW	Zeitschrift für die gesamte Strafrechtswissenschaft

Literaturverzeichnis

Altmeppen, Holger	Cash-Pool, Kapitalaufbringungshaftung und Strafbarkeit der Geschäftsleiter wegen falscher Versicherung, ZIP 2009, 1545
Armbrüster, Christian	Interessenkonflikte in der D&O-Versicherung, NJW 2016, 897
Armbrüster, Christian/ Schilbach, Dan	D&O-Versicherungsschutz für Ansprüche nach § 64 Satz 1 GmbHG, ZIP 2018, 1853
Arnold, Michael/Geiger, Jan-David	Haftung für Compliance-Verstöße im Konzern, BB 2018, 2306
Assmann, Heinz-Dieter/ Schneider, Uwe/Mülbert, Peter	Wertpapierhandelsrecht, 7. Auflage 2019 (zitiert: *Bearbeiter* in Assmann/Schneider/Mülbert Wertpapierhandelsrecht)
Bauer, Alexander/Holle, Philipp Maximilian	Untreue und unternehmerische Entscheidung, ZIP 2017, 555
Bauer, Jobst-Hubertus/Arnold, Christian	Festsetzung und Herabsetzung der Vorstandsvergütung nach dem VorstAG, AG 2009, 717
Baumbach, Adolf/Hopt, Klaus/Kumpan, Christoph/ Merkt, Klaus/Roth, Markus	Handelsgesetzbuch, 38. Auflage 2018 (zitiert: *Bearbeiter* in Baumbach/Hopt HGB)
Baumbach, Adolf/Hueck, Alfred	Gesetz betreffend die Gesellschaften mit beschränkter Haftung: GmbHG, 21. Auflage 2017 (zitiert: *Bearbeiter* in Baumbach/Hueck GmbHG)
Baums, Theodor/Drinhausen, Florian/Keinath, Astrid	Anfechtungsklagen und Freigabeverfahren. Eine empirische Studie, ZIP 2011, 2329
Bayer, Walter	Die Vergütung von Vorstands- und Aufsichtsratsmitgliedern börsennotierter Gesellschaften nach dem RefE für das ARUG II, DB 2018, 3034
Bayer, Walter/Hoffmann, Thomas	Aktienrecht in Zahlen, AG-Report 2016, R 151
Bayer, Walter/Hoffmann, Thomas	„Berufskläger" in der aktuellen rechtspolitischen Diskussion, ZIP 2013, 1193
Bayer, Walter/Hoffmann, Thomas	Beschlussmängelklagen-Monitor 2016, AG-Report 2017, R 155
Bayer, Walter/Hoffmann, Thomas	Der „Besondere Vertreter" i. S. v. § 147 Abs. 2 AktG, AG 2018, 337
Bayer, Walter/Scholz, Philipp	Der Verzicht auf die Dreiteilbarkeit der Mitgliederzahl des Aufsichtsrats nach der Neufassung des § 95 Satz 3 AktG, ZIP 2016, 193
Beckmann, Roland Michael/ Matusche-Beckmann, Annemarie	Versicherungsrechts-Handbuch, 3. Auflage 2015 (zitiert: *Bearbeiter* in Beckmann/Matusche-Beckmann VersR-HdB)
Beck'sches Handbuch der AG	siehe Drinhausen, Florian/Eckstein, Hans-Martin (Hrsg.)
Beck'sches Mandatshandbuch Vorstand der AG	siehe Lücke, Oliver/Schaub, Bernhard (Hrsg.)
Bicker, Eike	Compliance – organisatorische Umsetzung im Konzern, AG 2012, 542

Binnewies, Burkhard/Esteves Gomes, Cristian	Zu den steuerlichen Pflichten und steuerstrafrechtlichen Risiken von Organen und Nichtorgangen der AG, AG 2018, 881
Bittmann, Folker	Strafrechtliche Folgen des MoMiG, NStZ 2009, 113
Bode, Christoph	Nachträgliche Anschaffungskosten beim Ausfall von Gesellschafterdarlehen nach MoMiG und Einführung der Abgeltungsteuer, DStR 2009, 1781
Bormann, Michael/Urlichs, Marc	Kapitalerhöhungen im Cash Pooling – welche Erleichterungen bringt das MoMiG tatsächlich?, DStR 2009 641
Bosse, Christian	Grünes Licht für das ARUG: das Aktiengesetz geht online, NZG 2009, 807
Bosse, Christian	Rechtliche Anforderungen an Verträge mit Aufsichtsratsmitgliedern und die Zustimmung des Aufsichtsrats nach § 114 AktG, NZG 2007, 172
Böffel, Lukas	Russisch Roulette im Aktienrecht – die Erschwernisse von Kapitalmaßnahmen im physischen Cash Pool, ZIP 2018, 1011
Böttcher, Lars	Bankvorstandshaftung im Rahmen der Sub-Prime Krise, NZG 2009, 1047
Brahmstaedt, Robert/Klopp, Annika	Die Bugwelle ist gebrochen – Ermittlung der Zahlungsunfähigkeit unter Berücksichtigung der Passiva II, DB 2018, 875
Brand, Christian	Die insolvenzstrafrechtlichen Risiken der Rückzahlung von Gesellschafterdarlehen in der Krise, NZI 2017, 518
Brocker, Moritz/Schulenburg, Volker	Drum prüfe, wer sich (ewig) bindet – das Damoklesschwert des § 179a AktG bei M&A-Transaktionen im Allgemeinen sowie im insolvenznahen Bereich, BB 2015, 1993
Bürgers, Tobias/Körber, Torsten	Heidelberger Kommentar zum Aktiengesetz, 4. Auflage 2017 (zitiert: *Bearbeiter* in Bürgers/Körber AktG)
Bürkle, Jürgen	Die Bußgeldrelevanz des Compliance-Managements, BB 2018, 525
Bürkle, Jürgen/Hauschka, Christoph	Der Compliance Officer, 2015 (zitiert: *Bearbeiter* in Bürkle/Hauschka Compliance Officer)
Bungert, Hartwin	Umsetzung der überarbeiteten Aktionärsrechterichtlinie in das deutsche Recht: Say on Pay und Related Party Transaction, DB 2017, 1190
Bungert, Hartwin/Berger, Lucina	Say on Pay und Related Party Transactions: Der RefE des Gesetzes zur Umsetzung der zweiten Aktionärsrechterichtlinie (Teil 1), DB 2018, 2801
Bungert, Hartwin/Berger, Lucina	Say on Pay und Related Party Transactions: Der RefE des Gesetzes zur Umsetzung der zweiten Aktionärsrechterichtlinie (Teil 2), DB 2018, 2860
Busch, Julia/Boecker, Corinna	Risikomanagementsystem, Überwachungs- und Kontrollsystem – notwendige Hilfsmittel für eine ordnungsgemäße Rechnungslegung, IRZ 2015, 8
Butzke, Volker	Die Hauptversammlung der Aktiengesellschaft, 5. Auflage 2011 (zitiert: *Butzke* Die HV der AG)
Cyrus, Rolf	Neue Entwicklungen in der D&O-Versicherung, NZG 2018, 7
Dahnz, Werner/Grimminger, Carolin	Manager und ihr Berufsrisiko – Die zivil- und strafrechtliche Haftung von Aufsichtsräten, Vorständen und Geschäftsführern, 3. Auflage 2007 (zitiert: *Dahnz/Grimminger* Manager und ihr Berufsrisiko)
Diekmann, Hans/Bidmon, Katja	Das „unabhängige" Aufsichtsratsmitglied nach dem BilMoG – insbesondere als Vertreter des Hauptaktionärs, NZG 2009, 1087

Dietz-Vellmer, Fabian	Hauptversammlungsbeschlüsse nach § 119 II AktG – geeignetes Mittel zur Haftungsvermeidung für Organe?, NZG 2014, 721
Drinhausen, Florian/Eckstein, Hans-Martin	Beck'sches Handbuch der AG, 3. Auflage 2018 (zitiert: *Bearbeiter* in Beck HdB AG)
Drinhausen, Florian/Keinath, Astrid	Regierungsentwurf eines Gesetzes zur Umsetzung der Aktionärsrechterichtlinie (ARUG) – Überblick über die Änderungen gegenüber dem Referentenentwurf, BB 2009, 64
Ebenroth, Carsten Thomas/Boujong, Karlheinz/Joost, Detlev/Strohn, Lutz	Handelsgesetzbuch, 3. Auflage 2014 (zitiert: *Bearbeiter* in EBJS HGB)
Ek, Ralf	Praxisleitfaden für die Hauptversammlung, 3. Auflage 2018
Ek, Ralf/Hoyenberg, Philipp von	Aktiengesellschaften, Gründung, Leitung, Börsengang, 2. Auflage 2006 (zitiert: *Ek/v. Hoyenberg* Aktiengesellschaften)
Ek, Ralf/Hoyenberg, Philipp von	Unternehmenskauf und –verkauf, 2007 (zitiert: *Ek/v. Hoyenberg* Unternehmenskauf)
Emmerich, Volker/Habersack, Mathias/Schürnbrand, Jan	Aktien- und GmbH-Konzernrecht, 8. Auflage 2016 (zitiert: *Bearbeiter* in Emmerich/Habersack Aktien- / GmbH-KonzernR)
Emmerich, Volker/Habersack, Mathias	Konzernrecht, 10. Auflage 2013 (zitiert: *Emmerich/Habersack* KonzernR)
Eßwein, Kilian K.	Mitarbeiteramnestien bei der Aufklärung von Compliance-Verstößen, CCZ 2018, 73
Eusani, Guido	Darlehensverzinsung und Kapitalerhaltung beim Cash Pooling nach dem MoMiG, GmbHR 2009, 795
Eufinger, Alexander	Arbeitgeberseitiger Umgang mit Whistleblower-Hinweisen, DB 2018, 891
Eufinger, Alexander	Organhaftung bei Verzicht auf Schadensersatzansprüche gegenüber Arbeitnehmern, GWR 2018, 267
Eufinger, Alexander	Verbandsgeldbuße nach § 30 OWiG und Compliance, ZIP 2018, 615
Falkenhausen, Joachim von/Kocher, Dirk	Die Begründungspflicht für Abweichungen vom Deutschen Corporate Governance Kodex nach dem BilMoG, ZIP 2009, 1149
Fedke, Tibor	Konzerninnenfinanzierung nach dem MoMiG in insolvenznahen Szenarien, NZG 2009, 928
Finkel, Bastian/Ruchatz, Ulrich	Präventive Dokumentationsobliegenheiten von Gesellschaftsorganen zur Minimierung von Haftungsrisiken und Beweisschwierigkeiten, BB 2017, 519
Fischer, Thomas	Strafgesetzbuch mit Nebengesetzen, 65. Auflage 2018 (zitiert: *Fischer* StGB)
Fissenewert, Peter	Compliance für den Mittelstand, 2. Auflage 2018
Fleischer, Holger	Aktienrechtliche Compliance-Pflichten im Praxistest: Das Siemens/Neubürger-Urteil des LG München I, NZG 2014, 321
Fleischer, Holger	Aktuelle Entwicklungen der Managerhaftung, NJW 2009, 2337
Fleischer, Holger	Corporate Compliance im aktienrechtlichen Unternehmensverbund, CCZ 2008, 1
Fleischer, Holger	Das Gesetz zur Angemessenheit der Vorstandsvergütung (VorstAG), NZG 2009, 801
Fleischer, Holger	Handbuch des Vorstandsrechts, 2006 (zitiert: *Bearbeiter* in Fleischer VorstandsR-HdB)
Fleischer, Holger	Kartellrechtsverstöße und Vorstandsrecht, BB 2008, 1070
Fleischer, Holger	Vorstandshaftung wegen pflichtwidrig unterlassener Einholung eines Zustimmungsbeschlusses des Aufsichtsrats, DB 2018, 2619

Fleischer, Holger/Bedkowski, Dorothea	„Say on Pay" im deutschen Aktienrecht: Das neue Vergütungsvotum der Hauptversammlung nach § 120 Abs. 4 AktG, AG 2009, 677
Florstedt, Tim	Cum/ex-Geschäfte und Vorstandshaftung, Zur Reichweite des Vertrauensschutzes bei Rechtsirrtum, NZG 2017, 601
Frodermann, Jürgen/Jannott, Dirk	Handbuch des Aktienrechts, 9. Auflage 2017 (zitiert: *Bearbeiter* in Frodermann/Jannott HdB AktR)
Fuhrmann, Lambertus	Internal Investigations: Was dürfen und müssen die Organe beim Verdacht von Compliance Verstößen tun?, NZG 2016, 881
Gaul, Felix	Das Vergütungsvotum der Hauptversammlung nach § 120 Abs. 4 AktG im Lichte der Reform der Aktionärsrechte-Richtlinie, AG 2017, 178
Gehrlein, Markus	Grenzen der Geschäftsführungsbefugnisse – Stichentscheid bei Dissens innerhalb des Geschäftsführungsorgans?, WM 2018, 1865
Geissler, Dennis	D&O-Versicherung: Kein Versicherungsschutz bei verzögerter Insolvenzantragsstellung nach § 92 AktG?, GWR 2018, 285
Goette, Wulf/Habersack, Mathias	Münchener Kommentar zum Aktiengesetz, 4. Auflage 2014 ff. (zitiert: *Bearbeiter* in MüKoAktG)
Goslar, Sebastian/von der Linden, Klaus	Anfechtbarkeit von Hauptversammlungsbeschlüssen auf Grund fehlerhafter Entsprechenserklärungen zum Deutschen Corporate Governance Kodex, DB 2009, 1691
Graf, Jürgen Peter/Jäger, Markus/Wittig, Petra	Wirtschafts- und Steuerstrafrecht, 2. Auflage 2017 (zitiert: *Bearbeiter* in Graf/Jäger/Wittig Wirtschafts- und Steuerstrafrecht)
Grigoleit, Hans Christoph . Großkommentar AktG	Aktiengesetz, 2013 (zitiert: *Bearbeiter* in Grigoleit AktG) siehe Hirte, Heribert/Mülbert, Peter O./Roth, Markus (Hrsg.)
Grützner, Thomas/Boerger, Björn Momsen, Carsten	Die „Dieselaffäre" und ihre Folgen für Compliance-Management-Systeme – Evolution durch Einbeziehung des Bereichs Produkt-Compliance in ein CMS (zB zum Zweck der Prävention produktbezogener Täuschungen), CCZ 2018, 50
Grützner, Thomas/Wybitul, Tim	Interne Ermittlungen und Datenschutz, CCZ 2018, 241
Habbe, Julia Sophia/Fett, Torsten	Interne Untersuchungen als Ausübung der Überwachungspflicht des Aufsichtsrats, AG 2018, 257
Harbauer, Walter	Rechtsschutzversicherung, 9. Auflage 2018 (zitiert: *Bearbeiter* in Harbauer)
Hasselbach, Kai/Rauch, David	Vertretung der AG durch den Aufsichtsrat – auch im gerichtlichen Verfahren, DB 2018, 1713
Hauschka, Christoph E./Moosmayer, Klaus/Lösler, Thomas	Corporate Compliance, Handbuch der Haftungsvermeidung im Unternehmen, 3. Auflage 2016 (zitiert: *Bearbeiter* in Hauschka/Moosmayer/Lösler Corporate Compliance)
Hecker, Andreas	Die aktuellen Änderungen des Deutschen Corporate Governance Kodex im Überblick, BB 2009, 1654
Heidel, Thomas	Aktienrecht und Kapitalmarktrecht, 4. Auflage 2014 (zitiert: *Bearbeiter* in Heidel AktG)
Hennrichs, Joachim	CSR-Umsetzung – Neue Pflichten für Aufsichtsräte, NZG 2017, 841
Henze, Hartwig	Entrechtung der Aufsichtsräte?, Der Aufsichtsrat 2007, 81
Herrmann, Dorothee/Zeidler, Finn:	Arbeitnehmer und interne Untersuchungen – ein Balanceakt, NZA 2017, 1499

Hiéramente, Mayeul/ Schwerdtfeger, Max	Das Unternehmen im Fokus der Vermögensabschöpfung im Wirtschaftsstrafrecht – Risiken und Chancen der Gesetzesreform, BB 2018, 834
Hirte, Heribert/Mülbert, Peter O./Roth, Markus	Aktiengesetz, Großkommentar, 5. Auflage 2015 ff. (zitiert: *Bearbeiter* in Großkomm AktG)
Hirte, Heribert/Vallender, Heinz	Uhlenbruck Insolvenzordnung, 15. Auflage 2019 (zitiert: *Bearbeiter* in Uhlenbruck InsO)
Hoffmann, Andreas C./ Schieffer, Anita	Pflichten des Vorstands bei der Ausgestaltung einer ordnungsgemäßen Compliance-Organisation, NZG 2017, 401
Hoffmann-Becking, Michael	Münchener Handbuch des Gesellschaftsrechts, Band 4, Aktiengesellschaft, 4. Auflage 2015 (zitiert: *Bearbeiter* in MHdB GesR IV)
Hohaus, Benedikt/Weber, Christoph	Die Angemessenheit der Vorstandsvergütung gem. § 87 AktG nach dem VorstAG, DB 2009, 1515
Hohenstatt, Klaus-Stefan ..	Das Gesetz zur Angemessenheit der Vorstandsvergütung, ZIP 2009, 1349
Hohenstatt, Klaus-Stefan/ Kuhnke, Michael	Vergütungsstruktur und variable Vergütungsmodelle für Vorstandsmitglieder nach dem VorstAG, ZIP 2009, 1981
Holle, Philipp Maximilian .	Die Binnenhaftung des Vorstands bei unklarer Rechtslage, AG 2016, 270
Hölters, Wolfgang	Aktiengesetz Kommentar, 3. Auflage 2017 (zitiert: *Bearbeiter* in Hölters AktG)
Hüffer, Uwe/Koch, Jens ...	Aktiengesetz, 13. Auflage 2018 (zitiert: *Hüffer/Koch* AktG)
Illert, Staffan/Ghassemi-Tabar, Nima/Cordes, Malte ..	Handbuch Vorstand und Aufsichtsrat (zitiert: *Bearbeiter* in Illert/Ghassemi-Tabar/Cordes HdB Vorstand und Aufsichtsrat)
Inderst, Cornelia/Bannenberg, Britta/Poppe, Sina	Compliance, 3. Auflage 2017 (zitiert: *Bearbeiter* in Inderst/Bannenberg/Poppe Compliance)
Joecks, Wolfgang/Miebach, Klaus	Münchener Kommentar zum Strafgesetzbuch, 3. Auflage 2016 ff. (zitiert: *Bearbeiter* in MüKoStGB)
Kallmeyer, Harald	Umwandlungsgesetz, 6. Auflage 2017 (zitiert: *Bearbeiter* in Kallmeyer UmwG)
Kann, Jürgen van	Zwingender Selbstbehalt bei der D&O-Versicherung – Gut gemeint, aber auch gut gemacht? – Änderungsbedarf an D&O-Versicherungen durch das VorstAG, NZG 2009, 1010
Kann, Jürgen van/Keiluweit, Anjela	Das neue Gesetz zur Angemessenheit der Vorstandsvergütung – Wichtige Reform oder viel Lärm um nichts?, DStR 2009, 1587
Kasiske, Peter	Mitarbeiterbefragungen im Rahmen interner Ermittlungen – Auskunftspflichten und Verwertbarkeit im Strafverfahren, NZWiSt 2014, 262
Kersting, Christian	Gesellschaftsrechtliche Verschwiegenheitspflicht in öffentlichen Unternehmen, WPg 2018, 392
Klaas, Arne	Mehr Beteiligungsrechte des Verdächtigen – Der Einfluss des Transparenzgrundsatzes der DS-GVO auf die Durchführung interner Ermittlungen, CCZ 2018, 242
Klein, Franz	Abgabenordnung, 14. Auflage 2018 (zitiert: *Bearbeiter* in Klein AO)
Klein, Sebastian	Pflichten und Haftungsrisiken der Geschäftsleitung beim Cash Pooling, ZIP 2017, 258
Klinck, Fabian/Gärtner, Matthias	Versetzt das MoMiG dem Cash-Pooling den Todesstoß?, NZI 2008, 457

Klöhn, Lars	Marktmissbrauchsverordnung Verordnung (EU) Nr. 596/2014 über Marktmissbrauch (zitiert: *Bearbeiter* in Klöhn MAR)
Knieriem, Thomas/Rübenstahl, Markus/Tsambikakis, Michael	Internal Investigations, Ermittlungen im Unternehmen, 2. Auflage 2016 (zitiert: *Bearbeiter* in Knieriem/Rübenstahl/Tsambikaksi Internal Investigations)
Koch, Robert	Einführung eines obligatorischen Selbstbehalts in der D&O-Versicherung durch das VorstAG, AG 2009, 637
Kocher, Dirk	Erforderlicherkeit, Nachfrageobliegenheiten und Gremienvertraulichkeit – Begrenzungen der Auskunftsrechts in der Hauptversammlung, AG 2014, 81
Kocher, Dirk	Zur Bedeutung von Beschlussvorschlägen der Verwaltung für die Fassung und Anfechtung von Hauptversammlungsbeschlüssen, AG 2013, 406
Kocher, Dirk/Sambulski, Yanick	Insiderinformationen in der Hauptversammlung, DB 2018, 1905
Kock, Martin/Dinkel, Renate	Die zivilrechtliche Haftung von Vorständen für unternehmerische Entscheidungen, NZG 2004, 441
Kölner Kommentar zum Aktiengesetz	Siehe Zöllner, Wolfgang/Noack, Ulrich (Hrsg.)
Kort, Michael	Das „Mannesmann"-Urteil im Lichte von § 87 AktG, NJW 2005, 333
Kort, Michael	Entlastung der Organmitglieder einer Holding und „Dieselthematik", NZG 2018, 641
Kort, Michael	Neuer Beschäftigtendatenschutz und Industrie 4.0, RdA 2018, 24
Kort, Michael	Verhaltensstandardisierung durch Corporate Compliance, NZG 2008, 81
Korts, Sebastian	Cash Pooling, 2005
Krause, Hartmut	Kapitalmarktrechtliche Compliance: neue Pflichten und drastisch verschärfte Sanktionen nach der EU-Marktmissbrauchsverordnung, CCZ 2014, 248
Krause-Ablaß, Anna-Elisabeth	Kooperationsmöglichkeiten des Unternehmens bei staatsanwaltschaftlichen Ermittlungen zu Compliance-Verstößen, BB 2018, 123
Kremer, Thomas/Bachmann, Gregor/Lutter, Marcus/Werder, Axel von	Kommentar zum Deutschen Corporate Governance Kodex, 7. Auflage 2018 (zitiert: *Bearbeiter* in KBLW DCGK)
Krenberger, Benjamin/Krumm, Carsten	OWiG, 5. Auflage 2018 (zitiert: *Bearbeiter* in Krenberger/Krumm OWiG)
Krieger, Gerd/Schneider, Uwe H.	Handbuch Managerhaftung, 3. Auflage 2017 (zitiert: *Bearbeiter* in Krieger/Schneider HdB Managerhaftung)
Langenbucher, Katja	Aktien- und Kapitalmarktrecht, 4. Auflage 2018
Langheid, Theo/Wandt, Manfred	Münchener Kommentar zum VVG, 2. Auflage 2017 (zitiert: *Bearbeiter* in MüKoVVG)
Laue, Jens Carsten/von Busekist, Konstantin	Die Bedeutung eines wirksamen Compliance Risk Asssessments, CB 2013, 63
Lehmann, Martin	Aktuelle Rechtsprechung des Bundesgerichtshofs zur D&O-Versicherung und Folgerungen für die Praxis, r+s 2018, 6
Lind, Thorsten Patric	Neues zur Geschäftsführerhaftung nach § 64 GmbHG, DB 2018, 1003
Linden, Klaus von der	Das neue Marktmissbrauchsrecht im Überblick, DStR 2016, 1036
Lochen, Sebastian	Geldwäsche-Compliance im Industrieunternehmen, CCZ 2017, 226
Löbbe, Marc/Fischbach, Jonas	Wechsel von Vorstandsmitgliedern in den Aufsichtsrat auf Initiative der Verwaltungsorgane der Gesellschaft, AG 2012, 580

Löschhorn, Alexander	Notwendigkeit einer Datenschutzerklärung bei der Einladung zur Hauptversammlung von Aktiengesellschaften, AG-Report 2018, R319
Lorenz, Dirk/Pospiech, Lutz	Holzmüller Reloaded – Hauptversammlungskompetenz beim Beteiligungserwerb? DB 2010, 1925
Loritz, Karl-Georg/Wagner, Klaus-R.	Haftung von Vorständen und Aufsichtsräten: D&O-Versicherungen und steuerliche Fragen, DStR 2012, 2205
Lücke, Oliver/Schaub, Bernhard (Hrsg.)	Beck'sches Mandatshandbuch Vorstand der AG, 2. Auflage 2010 (zitiert: *Bearbeiter* in Beck MandatsHdB AG-Vorstand)
Lotze, Andreas	Haftung von Vorständen und Geschäftsführern für gegen Unternehmen verhängte Kartellbußgelder, NZKart 2014, 162
Lüneborg, Cäcilie/Resch, André-Pierre	Ausgewählte Probleme des D&O-Versicherungsschutzes aus Aufsichtsratsperspektive: Versicherungsabschluss, Rückwärtsdeckung, Nachmeldefristen und Umstandsmeldung, AG 2017, 691
Lüneborg, Cäcilie/Resch, André-Pierre	Die Ersatzfähigkeit von Kosten interner Ermittlungen und sonstiger Rechtsberatung im Rahmen der Organhaftung, NZG 2018, 209
Lutter, Marcus	Aktienrechtliche Aspekte der angemessenen Vorstandsvergütung, ZIP 2006, 733
Lutter, Marcus	Der Bericht des Aufsichtsrats an die Hauptversammlung, AG 2008, 1
Lutter, Marcus	Umwandlungsgesetz, 5. Auflage 2014
Lutter, Marcus/Hommelhoff, Peter	GmbH-Gesetz, 19. Auflage 2016 (zitiert: *Bearbeiter* in Lutter/Hommelhoff GmbHG)
Lutter, Marcus/Krieger, Gerd/Verse, Dirk A.	Rechte und Pflichten des Aufsichtsrats, 6. Auflage 2014 (zitiert: *Lutter/ Krieger/Verse* Rechte und Pflichten des AR)
Mann, Maximilian	§§ 394 ff. AktG im Geflecht von Individual- und Kollektivinteressen, AG 2018, 57
Manz, Gerhard/Mayer, Barbara/Schroder, Albert	Europäische Aktiengesellschaft, 3. Auflage 2019 (zitiert: *Bearbeiter* in NK-SE)
Marsch-Barner, Reinhard/ Schäfer, Frank A.	Handbuch börsennotierte AG, 4. Auflage 2018 (zitiert: *Bearbeiter* in Marsch-Barner/Schäfer HdB börsennotierte AG)
Mengel, Anja	Internal Investigations – Arbeitsrechtliche Lessons Learned und Forderungen an den Gesetzgeber, NZA 2017, 1494
Merkt, Hanno/Zimmermann, Jennifer	Die neue Musterfeststellungsklage: Eine erste Bewertung, VuR 2018, 363
Meyer, Andreas/Veil, Rüdiger/ Rönnau, Thomas	Handbuch zum Marktmissbrauchsrecht (zitiert: *Bearbeiter* in Meyer/ Veil/Rönnau MarktmissbrauchsR-HdB)
Mielke, Sebastian/Urlaub, Jasmin	Salto Mortale Geschäftsführerhaftung – jetzt auch noch ohne Sicherungsnetz durch eine D&O-Versicherung?, BB 2018, 2634
Mimberg, Jörg/Gätsch, Andreas	Die Hauptversammlung der Aktiengesellschaft nach dem ARUG (zitiert: *Mimberg/Gätsch* AG-Hauptversammlung)
Moosmayer, Klaus	Compliance, Praxisleitfaden für Unternehmen, 3. Auflage 2015 (zitiert: *Moosmayer* Compliance)
Moosmayer, Klaus/Hartwig, Niels	Interne Untersuchungen, 2. Auflage 2018 (zitiert: *Bearbeiter* in Moosmayer/Hartwig Interne Untersuchungen)
Mülbert, Peter/Leuschner, Lars	Aufsteigende Darlehen im Kapitalerhaltungs- und Konzernrecht – Gesetzgeber und BGH haben gesprochen, NZG 2009, 281

Musielak, Hans-Joachim/ Voit, Wolfgang	Zivilprozessordnung: ZPO, 15. Auflage 2018 (zitiert: *Bearbeiter* in Musielak/Voit ZPO)
Mutter, Stefan	Überlegungen zur Justiziabilität von Entsprechungserklärungen nach § 161 AktG, ZGR 2009, 788
Mylich, Falk	Zur Abgrenzung von Zahlungsstockung und Zahlungsunfähigkeit, ZIP 2018, 514
Nietsch, Michael	Emittentenwissen, Wissenszurechnung und Ad-hoc-Publizitätspflicht, ZIP 2018, 1421
Oechsler, Jürgen	Die Geschäftsleiteraußenhaftung nach § 826 BGB bei missbräuchlicher Ausnutzung eines Wissensvorsprungs, AG 2018, 388
Olbrich, Carola/Kassing, Daniel	Der Selbstbehalt in der D&O Versicherung: Gesetzliche Neuregelung lässt viele Fragen offen, BB 2009, 1659
Olgemöller, Herbert/Selle, Dominik	Der „räuberische Aktionär" und das Finanzamt, AG 2017, 309
Palandt, Otto	Bürgerliches Gesetzbuch, 78. Auflage 2019 (zitiert: *Bearbeiter* in Palandt BGB)
Park, Tido (Hrsg.)	Kapitalmarktstrafrecht, 4. Auflage 2017 (zitiert: *Bearbeiter* in HK-KapMarktStrafR)
Paschos, Nikolaos/ Goslar, Sebastian	Der Referentenentwurf des Gesetzes zur Umsetzung der zweiten Aktionärsrechterichtlinie (ARUG II) aus Sicht der Praxis, AG 2018, 857
Paul, Magdalena Sophia	Der besondere Vertreter und die Gelatine, BB 2018, 908
Peltzer, Martin	Konstruktions- und Handhabungsschwierigkeiten bei der D&O Versicherung, NZG 2009, 970
Peltzer, Martin	Trial and Error – Anmerkungen zu den Bemühungen des Gesetzgebers, die Arbeit des Aufsichtsrats zu verbessern, NZG 2009, 1041
Plück, Ralf/Lattwein, Alois	Haftungsrisiken für Manager, 2. Auflage 2004 (zitiert: *Plück/Lattwein* Haftungsrisiken für Manager)
Poelzig, Dörte	Die Neuregelung der Offenlegungsvorschriften durch die Marktmissbrauchsverordnung, NZG 2016, 761
Poepping, Melanie	Die Auswirkungen des MoMiG auf die insolvenzrechtliche Behandlung von Gesellschafterdarlehen ab dem 1.11.2008, BKR 2009, 150
Poller, Michelle	Der Verbrechenstatbestand der Marktmanipulation in § 119 Abs. 5 WpHG n. F. – erhöhtes Strafbarkeitsrisiko für Kapitalmarktteilnehmer durch die gerechtfertigte Aufwertung bestimmter Begehungsformen zum Verbrechen, NZWiSt 2017, 430
Potthoff, Erich/Trescher, Karl	Das Aufsichtsratsmitglied – Ein Handbuch der Aufgaben, Rechte und Pflichten, 6. Auflage 2003 (zitiert: *Potthoff/Trescher* Das Aufsichtsratsmitglied)
Preußner, Joachim/Becker, Florian	Ausgestaltung von Risikomanagementsystemen durch die Geschäftsleitung – Zur Konkretisierung einer haftungsrelevanten Organisationspflicht NZG 2002, 846
Priester, Hans-Joachim	Aktionärsentscheid zum Unternehmenserwerb, AG 2011, 654
Rack, Manfred	Die Verantwortung des Aufsichtsrats für das Compliance-Management-System im Unternehmen – Teil I, CB 2017, 59
Ransiek, Andreas	Risiko, Pflichtwidrigkeit und Vermögensnachteil bei der Untreue, ZStW 116 (2004), 634
Reichard, Michael	Neues Aufsichtsratsmitglied hat sich umfassend über die Lage der AG zu informieren, GWR 2015, 187
Retsch, Alexander	Die Selbstbefreiung nach der Marktmissbrauchsverordnung, NZG 2016, 1201
Ries, Gerhard/Peiniger, Gunhild	Haftung und Versicherung der Unternehmensleitung, 3. Auflage 2015
Rohde-Liebenau, Björn	Der Ombudsmann – Einführung, Umsetzung und Nutzen für Compliance, CB 2016, 385

Rubner, Daniel/Pospiech, Lutz	Die EU-Marktmissbrauchsverordnung – verschärfte Anforderungen an die kapitalmarktrechtliche Compliance auch für den Freiverkehr, GWR 2016, 228
Sattler, Andreas	Der Einfluss der Digitalisierung auf das Gesellschaftsrecht, BB 2018, 2243
Schaefer, Hans/Baumann, Diethelm	Compliance-Organisation und Sanktionen bei Verstößen, NJW 2011, 3601
Scheffler, Eberhard	Der Aufsichtsrat. Wirksame Überwachung der Unternehmensleitung, 2. Auflage 2017
Schellhorn, Mathias	Der Bilanzeid nach § 264 Abs. 2 Satz 3 HGB – Anwendungsfragen und Bedeutung, DB 2009, 2363
Schenck, Kersten von	Handlungsbedarf bei der D&O-Versicherung, NZG 2015, 494
Schmidt, Bernd	Vertrauen ist gut, Compliance ist besser!, BB 2009, 1295
Schmidt, Karsten	Insolvenzordnung, 19. Auflage 2016 (zitiert: *Bearbeiter* in Schmidt InsO)
Schmidt, Karsten	Münchener Kommentar zum Handelsgesetzbuch, 4. Auflage 2016 (zitiert: *Bearbeiter* in MüKoHGB)
Schmidt, Karsten/Lutter, Marcus	Aktiengesetz Kommentar, 3. Auflage 2015 (zitiert: *Bearbeiter* in Schmidt/Lutter AktG)
Schmittmann, Jens M.	Haftung von Organen in Krise und Insolvenz, 2. Auflage 2018
Schneider, Burkhard	Die zivilprozessuale Musterfeststellungsklage, BB 2018, 1986
Schockenhoff, Martin/Nußbaum, Anton	Claw-Back-Klauseln in Vorstandsverträgen, AG 2018, 813
Schönke, Adolf/Schröder, Horst	Strafgesetzbuch, 30. Auflage 2019 (zitiert: *Bearbeiter* in Schönke/Schröder StGB)
Scholz, Philipp	Ad-hoc-Publizität und Freiverkehr, NZG 2016, 1286
Scholz, Philipp	Haftungsprivileg, safe harbor oder verbindliche Konkretisierung des allgemeinen Sorgfaltsmaßstabs?, AG 2018, 173
Schubert, Christoph	Existenzbedrohende Lücke in der D&O-Versicherung?, DB 2017, 1767
Schüppen, Matthias/Schaub, Bernhard	Münchener Anwaltshandbuch Aktienrecht, 3. Auflage 2018 (zitiert: *Bearbeiter* in MAH AktienR)
Schulz, Martin/Renz, Hartmut	Der erfolgreiche Compliance-Beauftragte – Leitlinien eines branchenübergreifenden Berufsbildes, BB 2012, 2511
Schwartzkopff, Michael	Vorbereitung und Durchführung der Hauptversammlung, 2012 (zitiert: *Schwartzkopff* Hauptversammlung)
Seitz, Björn/Finkel, Bastian/Klimke, Dominik	D&O Versicherung, 1. Auflage 2016 (zitiert: *Bearbeiter* in Seitz/Finkel/Klimke)
Semler, Johannes	Corporate Governance – Beratung durch Aufsichtsratsmitglieder, NZG 2007, 881
Semler, Johannes/Peltzer, Martin/Kubis, Dietmar	Arbeitshandbuch für Vorstandsmitglieder, 2. Auflage 2015 (zitiert: *Bearbeiter* in Semler/Peltzer/Kubis Vorstands-HdB)
Semler, Johannes/Schenck, Kersten von	Arbeitshandbuch für Aufsichtsratsmitglieder, 4. Auflage 2013 (zitiert: *Bearbeiter* in Semler/v. Schenck AHR-HdB)
Semler, Johannes/Stengel, Arndt	Umwandlungsgesetz, 4. Auflage 2017 (zitiert: *Bearbeiter* in Semler/Stengel UmwG)
Semler, Johannes/Volhard, Rüdiger/Reichert, Jochen	Arbeitshandbuch für die Hauptversammlung, 4. Auflage 2018 (zitiert: *Bearbeiter* in Semler/Volhard/Reichert HV-HdB)
Siepelt, Stefan/Pütz, Lasse	Die Compliance-Verantwortung des Aufsichtsrats, CCZ 2018, 78

Sonnenberg, Thomas	Compliance Systeme in Unternehmen, Einrichtung, Ausgestaltung und praktische Herausforderungen, JuS 2017, 917
Spindler, Gerald/Stilz, Eberhard	Kommentar zum Aktiengesetz, 3. Auflage 2015 (zitiert: *Bearbeiter* in Spindler/Stilz AktG)
Stadler, Astrid	Musterfeststellungsklagen im deutschen Verbraucherrecht?, VuR 2018, 83
Strieder, Thomas	Erweiterung der Lageberichterstattung nach dem BilMoG, BB 2009, 1002
Ströbel, Lukas/Böhm, Wolf-Tassilo/Breunig, Christina/Wybitul, Tim	Beschäftigtendatenschutz und Compliance: Compliance-Kontrollen und interne Ermittlungen nach der EU-Datenschutz-Grundverordnung und dem neuen Bundesdatenschutzgesetz, CCZ 2018, 14
Strohn, Lutz	Cash-Pooling – verbotene und unwirksame Zahlungen, DB 2014, 1535
Stüber/Katharina	Directors' Dealings nach der Marktmissbrauchsverordnung, DStR 2016, 1221
Szesny, André-M.	Beschlagnahme von Unterlagen beim Ombudsmann?, CCZ 2017, 25
Theusinger, Ingo	Barkapitalerhöhung im Cash-Pool nach MoMiG, NZG 2009, 1017
Thümmel, Roderich C.	Persönliche Haftung von Managern und Aufsichtsräten, 5. Auflage 2016 (zitiert: *Thümmel* Persönliche Haftung von Managern und Aufsichtsräten)
Tödtmann, Ulrich/Schauer, Michael	Der Corporate Governance Kodex zieht scharf, ZIP 2009, 995
Troßbach, Stephanie	Geschäftspartner-Compliance – Wichtig wie nie zuvor, aber wie etabliert mein Unternehmen einen angemessenen Prozess?, CCZ 2017, 216
Umbeck, Elke	Anmerkung zu OLG Hamm Urteil vom 22.12.2008 – 8 U 65/01, GWR 2009, 274
Umnuß, Karsten	Corporate Compliance Checklisten, Rechtliche Risiken im Unternehmen erkennen und vermeiden, 3. Auflage 2018 (zitiert: *Umnuß* Compliance Checklisten)
Veit, Vivien	Compliance und interne Ermittlungen, 2018
Velte, Patrick	Beschränkung der Informationsrechte des Aufsichtsrats in Bezug auf die Rechnungslegungsunterlagen des Vorstands und den Prüfungsbericht des Abschlussprüfers, NZG 2009, 737
Vetter, Eberhard	Begrenzung der Vorstandsbezüge durch Hauptversammlungs- beschluss?, ZIP 2009, 1307
Vetter, Eberhard	Der Tiger zeigt die Zähne – Anmerkungen zum Urteil des BGH im Fall Leo Kirch/Deutsche Bank, NZG 2009, 561
Wachter, Thomas	AktG. Kommentar zum Aktiengesetz, 3. Auflage 2018 (zitiert: *Bearbeiter* in Wachter AktG)
Waclawik, Erich	Die Musterfeststellungsklage, NJW 2018, 2921
Wagner, Eric/Ruttloff, Marc	Product Compliance – Dos and Don'ts für Praktiker, BB 2018, 1288
Wandt, André	Was und wann? – Die Auswirkungen der Aktienrechtsnovelle 2016 auf die Einberufung der Hauptversammlung, NZG 2016, 367
Wastl, Ulrich/Litzka, Philippe/Pusch, Martin	SEC-Ermittlungen in Deutschland – eine Umgehung rechtsstaatlicher Mindeststandards!, NStZ 2009, 68
Weber, Martin	Die Entwicklung des Kapitalmarktrechts in 2016/2017, NJW 2017, 991
Weber, Robert/Kersjes, Julia	Hauptversammlungsbeschlüsse vor Gericht 2010 (zitiert: *Weber/Kersjes* Hauptversammlungsbeschlüsse)
Wellhöfer, Werner/Peltzer, Martin/Müller, Welf	Die Haftung von Vorstand Aufsichtsrat Wirtschaftsprüfer, 2008 (zitiert: *Bearbeiter* in Wellhöfer/Peltzer/Müller Vorstandshaftung)
Wettich, Carsten	Aktuelle Entwicklungen und Trends in der Hauptversammlungssaison 2016 und Ausblick auf 2017, AG 2017, 60

Wilhelm, Marco/Hoffmann, Tina	Haftungsrisiken bei Upstream-Sicherheiten, DB 2018, 1387
Wolf, Christian/Lange, Sonja	Wie neu ist das neue Kapitalanleger-Musterverfahrensgesetz?, NJW 2012, 3751
Xylander, Karl-Jörg/Kiefner, Alexander/Bahlinger, Simon	Durchsuchung und Beschlagnahme in der Sphäre des Unternehmensanwalts im Zuge von internen Ermittlungen, BB 2018, 2953
Ziemons, Hildegard/Binnewies, Burkhard	Handbuch Aktiengesellschaft, Oktober 2017 (zitiert: *Bearbeiter* in Ziemons/Binnewies HdB AG)
Zimmermann, Martin	Aktienrechtliche Grenzen der Freistellung des Vorstands von kartellrechtlichen Bußgeldern, DB 2008, 687
Zöllner, Wolfgang/Noack, Ulrich	Kölner Kommentar zum Aktiengesetz, 3. Auflage 2004 ff. (zitiert: *Bearbeiter* in KölnKommAktG)

A. Einleitung

I. Umfeld

1. Aktuelle Entwicklungen

Die Haftung von Vorstand und Aufsichtsrat in deutschen Aktiengesellschaften hat in den letzten Jahren erheblich an Bedeutung gewonnen. Spektakuläre Gerichtsentscheidungen und Gesetzesänderungen haben bei Managern zu einem neuen Problembewusstsein für das eigene Risiko gesorgt. Durch medienwirksame Skandale, gerade bei deutschen Großunternehmen wie bei Siemens oder in der Automobilindustrie, ist das Thema noch stärker in den öffentlichen Fokus geraten.

Historisch betrachtet war die Inanspruchnahme von Vorstands- und Aufsichtsratsmitgliedern für etwaige Schäden der Gesellschaft im Rahmen der Innenhaftung bzw. für Schäden Dritter im Rahmen der Außenhaftung selten. Das Aktiengesetz enthält zwar strikte Regeln, die zu Ersatzansprüchen der Gesellschaft gegen ihre Organe führen können, die (erfolgreiche) Geltendmachung solcher Ersatzansprüche spielte in der Praxis bis vor wenigen Jahren jedoch eine untergeordnete Rolle. Entsprechendes galt für die Inanspruchnahme der Organmitglieder durch Dritte im Rahmen der Außenhaftung. Allenfalls in der Insolvenz der Gesellschaft drohte in der Praxis eine persönliche Inanspruchnahme von Vorstand und Aufsichtsrat.

Nach der ARAG/Garmenbeck-Entscheidung des Bundesgerichtshofs[1] aus dem Jahr 1997, die konkrete Leitlinien für die Inanspruchnahme des Vorstands einer Aktiengesellschaft durch den Aufsichtsrat aufstellte, ist das Risiko einer Inanspruchnahme der Organmitglieder erheblich gestiegen. Dies mag auch damit zusammenhängen, dass ehemals feste Beziehungsgeflechte der sogenannten „Deutschland-AG" im Zuge der Globalisierung und anderer wirtschaftlicher Umbrüche nicht mehr so verbindlich sind wie früher.

Vorstände und Aufsichtsräte müssen sich nunmehr umfassender als bisher über ihre Rechte und Pflichten informieren, um Haftungsrisiken von vornherein vermeiden bzw. minimieren zu können. Nur das rechtlich gut informierte Organmitglied wird in der Lage sein, die immanenten Risiken seiner Tätigkeit professionell und rechtskonform, insbesondere aktien- und ggf. kapitalmarktrechtlich, zu handhaben. Angesichts der sich ständig fortentwickelnden Rechtsprechung und Gesetzgebung müssen Organmitglieder ihre rechtlichen Kenntnisse zudem in regelmäßigen Abständen aktualisieren.

2. Überblick über die Gesetzeslage

Vorstands- und Aufsichtsratsmitglieder sind für ihr Handeln in Angelegenheiten der Gesellschaft verantwortlich. Sie unterliegen einer Reihe spezieller Pflichten sowohl im Innenverhältnis gegenüber ihrer Gesellschaft, als auch im Außenverhältnis gegenüber Dritten, wie dem Staat und Aktionären, Gläubigern, Kunden oder Arbeitnehmern der Gesellschaft. Da sich die Pflichten der Organe und die Rechtsfolgen von Pflichtverletzungen nach unterschiedlichen Vorschriften richten, je nachdem ob es sich um Ansprüche

---

[1] BGHZ 135, 244.

A. Einleitung

der Gesellschaft oder von außenstehenden Dritten handelt, ist stets zwischen dem Innen- und dem Außenverhältnis zu unterscheiden.

a) Innenhaftung

6   Die zentrale Vorschrift im Zusammenhang mit der Haftung der Vorstandsmitglieder gegenüber der Gesellschaft ist die Generalklausel des § 93 AktG,[2] die gemäß § 116 AktG auch bei Aufsichtsratsmitgliedern anwendbar ist. Durch den Verweis auf die nationalen Regelungen sind diese Vorschriften auch für Innenhaftungsansprüche gegen Organmitglieder einer Europäischen Aktiengesellschaft (SE) mit Sitz in Deutschland von zentraler Bedeutung.[3]

aa) Allgemeine Sorgfaltspflicht des Vorstands

7   Die Sorgfaltspflichten sind in § 93 Abs. 1 AktG wie folgt beschrieben:

„Die Vorstandsmitglieder haben bei ihrer Geschäftsführung die Sorgfalt eines ordentlichen und gewissenhaften Geschäftsleiters anzuwenden. Eine Pflichtverletzung liegt nicht vor, wenn das Vorstandsmitglied bei einer unternehmerischen Entscheidung vernünftigerweise annehmen durfte, auf der Grundlage angemessener Information zum Wohle der Gesellschaft zu handeln. Über vertrauliche Angaben und Geheimnisse der Gesellschaft, namentlich Betriebs- oder Geschäftsgeheimnisse, die den Vorstandsmitgliedern durch ihre Tätigkeit im Vorstand bekannt geworden sind, haben sie Stillschweigen zu bewahren. Die Pflicht des Satzes 3 gilt nicht gegenüber einer nach § 342b des Handelsgesetzbuches anerkannten Prüfstelle im Rahmen einer von dieser durchgeführten Prüfung."

8   Nach § 93 Abs. 1 AktG haben die Vorstandsmitglieder den gesteigerten Sorgfaltsmaßstab eines ordentlichen und gewissenhaften Geschäftsleiters zu beachten. Vorstandsmitglieder müssen sich somit wie ein ordentlicher Geschäftsmann in verantwortlich leitender Position verhalten, der wie ein Treuhänder die Interessen des Unternehmens wahrt, und alles unterlassen, was das Unternehmen schädigen könnte.[4] Verletzen Vorstände diese Pflicht, so greift die Haftung nach § 93 Abs. 2 AktG ein.

9   In § 93 Abs. 1 S. 2 AktG findet sich die sogenannte Business Judgement Rule. Diese entspricht Vorbildern aus dem angelsächsischen Rechtskreis und nimmt die in der ARAG/Garmenbeck-Entscheidung des Bundesgerichtshofs[5] aufgestellten Kriterien für unternehmerisches Ermessen auf. Dadurch wird für unternehmerische Entscheidungen, die nach bestem Wissen und Gewissen getroffen worden sind, ein Haftungsprivileg geschaffen (Safe Harbour).[6] Zu unterscheiden ist zwischen unternehmerischen Entscheidungen und sonstigen Pflichten des Vorstands. Während die Mitglieder des Vorstands durch die Business Judgement Rule in den meisten Fällen von der Haftung für fehlgeschlagene unternehmerische Entscheidungen freigestellt werden können, bleibt ihre Haftung für sonstige Pflichtverletzungen, wie Verstöße gegen Treue- oder Informations-

---

[2] Zur entsprechenden Anwendung bei Sparkassenvorständen vgl. BGH AG 2015, 240.
[3] Zu Besonderheiten der Organhaftung in der SE vgl. *Wilk* in Illert/Ghassemi-Tabar/Cordes HdB Vorstand und Aufsichtsrat § 8 Rn. 49 ff.; *Teichmann* in Krieger/Schneider HdB Managerhaftung § 5 Rn. 517 ff.
[4] BGHZ 129, 30 (34); OLG Düsseldorf AG 1997, 231 (235); OLG Hamm AG 1995, 512 (514); *Hüffer/Koch* AktG § 93 Rn. 4; *Bürgers* in Bürgers/Körber AktG § 93 Rn. 3; *Fleischer* in Spindler/Stilz AktG § 93 Rn. 12; *Thümmel* Persönliche Haftung von Managern und Aufsichtsräten Rn. 183; *Mertens/Cahn* in KölnKommAktG § 93 Rn. 6.
[5] BGHZ 135, 244.
[6] *Hüffer/Koch* AktG § 93 Rn. 14; *Hölters* in Hölters AktG § 93 Rn. 29; *Kock/Dinkel* NZG 2004, 441 (443).

I. Umfeld

pflichten, unberührt.[7] Einen „sicheren Hafen" gibt es nur für unternehmerische Ermessensentscheidungen, die frei von Interessenskonflikten und auf Grundlage angemessener Informationen getroffen wurden. Eine tatbestandliche Freistellung für illegales Verhalten kommt hingegen nicht in Betracht; in solchen Fällen kann es im Einzelfall nur am Verschulden fehlen.[8]

bb) Rechtsfolge Schadenersatz

Die Rechtsfolge des Schadenersatzes ordnet § 93 Abs. 2 AktG wie folgt an: 10

„Vorstandsmitglieder, die ihre Pflichten verletzen, sind der Gesellschaft zum Ersatz des daraus entstehenden Schadens als Gesamtschuldner verpflichtet. Ist streitig, ob sie die Sorgfalt eines ordentlichen und gewissenhaften Geschäftsleiters angewandt haben, so trifft sie die Beweislast. Schließt die Gesellschaft eine Versicherung zur Absicherung eines Vorstandsmitglieds gegen Risiken aus dessen beruflicher Tätigkeit für die Gesellschaft ab, ist ein Selbstbehalt von mindestens 10 Prozent des Schadens bis mindestens zur Höhe des Eineinhalbfachen der festen jährlichen Vergütung des Vorstandsmitglieds vorzusehen."

§ 93 Abs. 2 S. 2 AktG wurde durch das VorstAG neu eingeführt. Die Gesellschaften 11 haben demnach beim Abschluss einer sog. D&O-Versicherung (Directors and Officers Liability Versicherung) zwingend einen Selbstbehalt für das Vorstandsmitglied zu vereinbaren.

cc) Allgemeine Sorgfaltspflicht des Aufsichtsrats

Für die Mitglieder des Aufsichtsrats erklärt § 116 AktG die Vorschrift des § 93 AktG 12 für entsprechend anwendbar. Die sich hieraus ergebenden konkreten Einzelpflichten sind unter Berücksichtigung der Aufgaben des Aufsichtsrats zu bestimmen. § 116 AktG lautet wie folgt:

„Für die Sorgfaltspflicht und Verantwortlichkeit der Aufsichtsratsmitglieder gilt § 93 mit Ausnahme des Absatzes 2 Satz 3 über die Sorgfaltspflicht und Verantwortlichkeit der Vorstandsmitglieder sinngemäß. Die Aufsichtsratsmitglieder sind insbesondere zur Verschwiegenheit über erhaltene vertrauliche Berichte und vertrauliche Beratungen verpflichtet. Sie sind namentlich zum Ersatz verpflichtet, wenn sie eine unangemessene Vergütung festsetzen (§ 87 Absatz 1)."

dd) Spezielle aktienrechtliche Sorgfaltspflichten der Verwaltung

Weitere relevante aktienrechtliche Regelungen für Verwaltungsmitglieder von Aktien- 13 gesellschaften finden sich unter anderem in § 48 AktG für Pflichtverletzungen im Zusammenhang mit der Gründung der Gesellschaft, in § 93 Abs. 3 AktG für Verletzungen des Kapitalerhaltungsgrundsatzes, in § 92 AktG für Pflichtverletzungen im Vorfeld und nach Eintritt der Insolvenzreife und in §§ 308, 309, 317, 318 AktG für Pflichtverletzungen in Abhängigkeits- und Konzernverhältnissen.

b) Außenhaftung

Ansprüche Dritter können aus den Vorschriften, die Pflichten der Organmitglieder 14 gegenüber der Gesellschaft begründen, insbesondere aus den §§ 93, 116 AktG, nicht

---

[7] Begründung UMAG-RegE BT-Drs. 15/5092, 11; *Thümmel* Persönliche Haftung von Managern und Aufsichtsräten Rn. 191.
[8] *Hüffer/Koch* AktG § 93 Rn. 43 ff.; *Bürgers* in Bürgers/Körber AktG § 93 Rn. 11.

erwachsen. Diese Vorschriften stellen auch keine Schutzgesetze zugunsten Dritter im Sinne von § 823 Abs. 2 BGB dar. Spezialgesetzliche Regelungen über die Außenhaftung der Vorstands- und Aufsichtsratsmitglieder gegenüber Dritten, insbesondere gegenüber den Aktionären und Gläubigern der Gesellschaft sind selten. § 41 Abs. 1 S. 2 AktG enthält einen Anspruch gegen die Vorstands- und Aufsichtsratsmitglieder der Aktiengesellschaft, wenn diese die Gesellschaft vor Eintragung in das Handelsregister rechtsgeschäftlich verpflichten, die Gesellschaft später aber nicht eingetragen wird. § 25 UmwG sieht einen unmittelbaren Anspruch der Aktionäre bei Verschmelzungs- und anderen Umwandlungstatbeständen vor. § 69 AO enthält einen unmittelbaren Anspruch des Fiskus gegen die Mitglieder des Vorstands für die Verletzung von Steuerpflichten der Gesellschaft, beispielsweise das Vorenthalten der monatlich abzuführenden Lohnsteuer und der monatlich oder vierteljährlich abzuführenden Umsatzsteuer.

15 In der Praxis ergeben sich Ersatzansprüche Dritter vor allem aus dem Deliktsrecht, wenn die Verwaltungsmitglieder, insbesondere die nach außen handelnden Vorstandsmitglieder, absolut geschützte Rechtsgüter wie das Leben, die Gesundheit oder das Eigentum Dritter verletzen (§ 823 Abs. 1 BGB) oder wenn sie gegen ein Gesetz verstoßen, das gerade auch den Schutz des Dritten bezweckt (§ 823 Abs. 2 BGB). Praxisrelevante Schutzgesetze sind insbesondere § 15a InsO (Insolvenzantragspflicht), § 263 StGB (Betrug), § 264a StGB (Kapitalanlagebetrug), § 266 StGB (Untreue) und § 266a StGB (Vorenthalten von Sozialversicherungsbeiträgen).[9] Darüber hinaus ist die Haftung gegenüber Dritten aus § 826 BGB wegen vorsätzlich sittenwidriger Schädigung besonders bedeutsam.

3. Der Deutsche Corporate Governance Kodex (DCGK)

16 Seit dem 26.2.2002 liegt mit dem Deutschen Corporate Governance Kodex (DCGK) erstmalig ein einheitliches Regelwerk zum deutschen System der Unternehmensführung und -kontrolle vor. Die Kodexbestimmungen werden regelmäßig überarbeitet und aktualisiert. Die aktuelle Fassung des Kodex stammt vom 7.2.2017.[10]

17 Deutscher Tradition folgend sind Verhaltensmaßstäbe für die Unternehmensleitung und -überwachung in Aktiengesellschaften vor allem im Aktiengesetz, dem Handelsgesetzbuch oder den Mitbestimmungsgesetzen niedergelegt. Diese Maßstäbe werden innerhalb des gesetzlichen Rahmens durch Satzungen, Geschäftsordnungen, Anstellungsverträge, allgemeine Übung und durch gerichtliche Entscheidungen konkretisiert und fortentwickelt. Der Corporate Governance Kodex fasst diese Verhaltensmaßstäbe zusammen und entwickelt sie weiter. Der Kodex gibt Aktionären und insbesondere ausländischen Investoren ein übersichtliches Bild des deutschen Systems der Corporate Governance.[11]

18 Der Kodex richtet sich primär an börsennotierte Aktiengesellschaften. Da er allerdings in weiten Passagen allgemeingültige Standards guter Unternehmensführung enthält, empfiehlt die Präambel auch nicht börsennotierten Gesellschaften, den Kodex zu beachten.

a) Aufbau des Kodex

19 Der Kodex differenziert zwischen drei unterschiedlichen Regelungskategorien. Neben Bestimmungen, die lediglich geltendes Recht wiedergeben, enthält der Kodex Empfeh-

---

[9] Vgl. *Hüffer/Koch* AktG § 93 Rn. 61 mwN; zur Veranschaulichung vgl. OLG Dresden GWR 2018, 395.
[10] Abrufbar unter: www.dcgk.de.
[11] Zu Details vgl. *Bachmann* in KBLW DCGK Rn. 100 ff.

lungen und Anregungen. Empfehlungen sind durch die Verwendung des Wortes „soll"
gekennzeichnet. Börsennotierte Gesellschaften sind gemäß § 161 AktG verpflichtet, einmal jährlich durch Vorstand und Aufsichtsrat zu erklären, inwieweit sie die Empfehlungen befolgen. Abweichungen von den Kodex-Empfehlungen sind zu begründen. Die Erklärung ist auf der Internetseite der Gesellschaft dauerhaft öffentlich zugänglich zu machen (§ 161 Abs. 2 AktG).

Anregungen des Kodex, gekennzeichnet durch die Verwendung des Wortes „sollte", 20
sind nach Auffassung der Kodex-Kommission Ausdruck guter Unternehmensführung, die sich bislang jedoch nicht in größerem Maße in der Praxis durchgesetzt haben. Mit den Anregungen sollen Anstöße für die weitere Entwicklung der Corporate Governance in Deutschland gegeben werden, ohne dabei die Unternehmen bereits zu stark an die Einhaltung dieser Regelungen zu binden. Somit dürfen die dem Kodex unterliegenden Gesellschaften von den Anregungen abweichen, ohne dies in der Entsprechenserklärung nach § 161 AktG offen legen zu müssen.[12]

b) Wesentliche Empfehlungen des Kodex

Der Corporate Governance Kodex behandelt die Organe Vorstand und Aufsichtsrat 21
überwiegend in den Kapiteln 3 (Zusammenwirken von Vorstand und Aufsichtsrat), 4 (Vorstand) und 5 (Aufsichtsrat). Der Kodex enthält eine Vielzahl von Empfehlungen und Anregungen, die die innere Organisation von Vorstand und Aufsichtsrat betreffen. Vorstand und Aufsichtsrat sollen jährlich über die Corporate Governance berichten und den Bericht veröffentlichen (Ziff. 3.10 DCGK).

Neben detaillierten Empfehlungen zur Vergütung von Vorständen und Aufsichtsräten 22
enthält der Kodex insbesondere die folgenden auch für die Haftungsvermeidung praxisrelevanten Empfehlungen:

aa) Empfehlungen für den Vorstand

- Der Vorstand soll aus mehreren Personen bestehen und einen Vorsitzenden oder 23
  Sprecher haben. Eine Geschäftsordnung soll die Arbeit des Vorstands, insbesondere die Ressortzuständigkeiten einzelner Vorstandsmitglieder, die dem Gesamtvorstand vorbehaltenen Angelegenheiten sowie die erforderliche Beschlussmehrheit bei Vorstandsbeschlüssen regeln (Ziff. 4.2.1 DCGK).
- Der Vorstand soll für angemessene, an der Risikolage des Unternehmens ausgerichtete Maßnahmen (Compliance-Management-System) sorgen und deren Grundzüge offenlegen; Beschäftigten soll auf geeignete Weise die Möglichkeit eingeräumt werden, geschützt Hinweise auf Rechtsverstöße im Unternehmen zu geben (Ziff. 4.1.3 S. 2, 3 DCGK).
- Der Vorstand soll bei der Besetzung von Führungsfunktionen im Unternehmen auf Vielfalt (Diversity) achten und insbesondere eine angemessene Berücksichtigung von Frauen anstreben (Ziff. 4.1.5 DCGK).
- Vorstandsmitglieder sollen Interessenkonflikte gegenüber dem Aufsichtsrat und anderen Vorstandsmitglieder unverzüglich offenlegen (Ziff. 4.3.3 DCGK) und Nebentätigkeiten, insbesondere andere Aufsichtsratsmandate, nur mit Zustimmung des Aufsichtsrats übernehmen (Ziff. 4.3.4 DCGK).
- Wer dem Vorstand einer börsennotierten Gesellschaft angehört, soll insgesamt nicht mehr als drei Aufsichtsratsmandate in konzernexternen börsennotierten (oder vergleichbaren) Gesellschaften wahrnehmen (Ziff. 5.4.5 S. 2 DCGK).

---

[12] *Hüffer/Koch* AktG § 161 Rn. 8; *Sester* in Spindler/Stilz AktG § 161 Rn. 25; *v. Werder* in KBLW DCGK Rn. 154.

bb) Empfehlungen an den Aufsichtsrat

24
- Der Aufsichtsratsvorsitzende soll mit dem Vorstand, insbesondere mit dem Vorsitzenden bzw. Sprecher, regelmäßig Kontakt halten und mit ihm zentrale Fragen des Unternehmens beraten (Ziff. 5.2 S. 3 DCGK).
- Der Aufsichtsrat soll sich eine Geschäftsordnung geben (Ziff. 5.1.3 DCGK) und Informations- und Berichtspflichten des Vorstands festlegen (Ziff. 3.4 S. 3 DCGK).
- Bei der Zusammensetzung des Vorstands soll der Aufsichtsrat auf Vielfalt (Diversity) achten, für eine langfristige Nachfolgeplanung sorgen und eine Altersgrenze für Vorstandsmitglieder festlegen (Ziff. 5.1.2 S. 2, 3 DCGK).
- Der Aufsichtsrat soll für seine Zusammensetzung konkrete Ziele benennen und ein Kompetenzprofil für das Gesamtgremium erarbeiten, dabei sollen auch potenzielle Interessenkonflikte, eine Altersgrenze für seine Mitglieder und Vielfalt (Diversity) angemessen berücksichtigt werden (Ziff. 5.4.1 S. 2, 3 DCGK).
- Dem Aufsichtsrat soll eine nach seiner Einschätzung und unter Berücksichtigung der Eigentümerstruktur ausreichende Anzahl unabhängiger Mitglieder und nicht mehr als zwei ehemalige Mitglieder des Vorstands angehören; Aufsichtsratsmitglieder sollen keine Aufgaben bei wesentlichen Wettbewerbern des Unternehmens ausüben (Ziff. 5.4.2 DCGK).
- Jedes Mitglied soll Interessenkonflikte dem Aufsichtsrat offenlegen und das Gremium soll in seinem Bericht an die Hauptversammlung über Interessenkonflikte und deren Behandlung informieren; wesentliche und nicht nur vorübergehende Interessenkonflikte in der Person eines Aufsichtsratsmitglieds sollen zur Beendigung des Mandats führen (Ziff. 5.5.2, 5.5.3 DCGK).
- Der Aufsichtsrat soll fachlich qualifizierte Ausschüsse bilden, insbesondere einen Nominierungsausschuss, der ausschließlich mit Vertretern der Anteilseigner besetzt ist und dem Aufsichtsrat für dessen Vorschläge an die Hauptversammlung zur Wahl von Aufsichtsratsmitgliedern geeignete Kandidaten benennt, sowie einen Prüfungsausschuss zur Überwachung von Rechnungslegung, Risikomanagement, Abschlussprüfung und Compliance; der Vorsitzende des Prüfungsausschusses soll unabhängig sein (Ziff. 5.3 DCGK).

25 Im Hinblick auf die Verantwortlichkeit der Vorstands- und Aufsichtsratsmitglieder und ihre Haftung für begangene Pflichtverletzungen enthält der Kodex keine praxisrelevanten Regelungen, die über die gesetzlichen Bestimmungen hinausgehen. Dies beruht im Wesentlichen darauf, dass verbindliche Pflichten der Organmitglieder nur durch rechtlich bindende Gesetze oder vertragliche Vereinbarungen begründet werden können. Bemerkenswert ist in diesem Zusammenhang jedoch, dass sich in der Präambel des Deutschen Corporate Governance Kodexes seit 2017 eine Bezugnahme auf das Leitbild des Ehrbaren Kaufmanns findet, der zu „ethisch fundiertem, eigenverantwortlichem Verhalten" verpflichtet ist.[13]

c) Die Entsprechenserklärung nach § 161 AktG

26 Gemäß § 161 AktG sind Vorstand und Aufsichtsrat börsennotierter Aktiengesellschaften verpflichtet, jährlich zu erklären, ob die Gesellschaft den Kodex-Empfehlungen entsprochen hat und auch in Zukunft entsprechen wird; etwaige Abweichungen sind zu begründen. Kommen die Organe ihrer Pflicht zur jährlichen Abgabe einer Entsprechenserklärung nicht ordnungsgemäß nach, können die Entlastungsbeschlüsse von Vorstand

---

[13] Vgl. hierzu (auch zur Kritik im Schrifttum zur Inhaltslosigkeit der Formel) *Hüffer/Koch* AktG § 76 Rn. 28 mwN.

und Aufsichtsrat und ggf. auch Wahlbeschlüsse anfechtbar sein; dies gilt nach Auffassung der Rechtsprechung auch bei unrichtigen bzw. unvollständigen Entsprechenserklärungen.[14] Im Anhang des Jahresabschlusses muss angegeben werden, dass die Entsprechenserklärung abgegeben und dauerhaft öffentlich zugänglich gemacht wurde (§§ 285 Nr. 16, 314 Abs. 1 Nr. 8 HGB).[15]

Organmitglieder können durch eine unterlassene Entsprechenserklärung oder eine Falscherklärung bzw. das Unterlassen der Berichtigung der Entsprechenserklärung ihre Sorgfaltspflichten verletzen. Dies kann zu einer Innenhaftung führen, sofern hierdurch ein adäquater Schaden bei der Gesellschaft entsteht.[16] Der Nachweis eines solchen Schadens ist aber in der Praxis schwierig.

Denkbar ist auch eine Außenhaftung der Organmitglieder bei falschen Entsprechenserklärungen, insbesondere aus Deliktsrecht (beispielsweise aus § 823 Abs. 2 BGB iVm mit § 331 HGB oder aus § 826 BGB).[17] In der Praxis scheitern jedoch Ansprüche von Dritten, beispielsweise von Aktionären, zumeist an der fehlenden Kausalität eines entstandenen Schadens.[18]

Gemäß §§ 285 Nr. 16 und 314 Abs. 1 Nr. 8 HGB ist im Anhang zum (Konzern-) Jahresabschluss der Gesellschaft anzugeben, dass die Entsprechenserklärung abgegeben und wo sie öffentlich zugänglich gemacht worden ist. Das Unterlassen dieser Pflichtangabe im Anhang des Jahresabschlusses ist eine Ordnungswidrigkeit (§ 334 Abs. 1 Nr. 1 lit. d und Nr. 2 lit. f HGB).[19] Die Erklärung zur Entsprechenserklärung ist zudem eine Pflichtangabe zu den Verhältnissen der Gesellschaft iSv § 331 Nr. 1 HGB (bzw. iSv § 331 Nr. 2 HGB bezogen auf den Konzernabschluss).[20] Die unrichtige oder verschleierte Wiedergabe der Verhältnisse der Gesellschaft wird gemäß § 331 HGB mit Freiheitsstrafe bis zu drei Jahren oder mit Geldstrafe bestraft, so dass in Einzelfällen auch strafrechtliche Risiken drohen.[21]

II. Rechtliche Rahmenbedingungen

1. Verwaltungsorganisation der Aktiengesellschaft

a) Einleitung

Die Aktiengesellschaft hat drei Pflichtorgane: den Vorstand, den Aufsichtsrat und die Hauptversammlung. Der Vorstand ist das Leitungsorgan der Gesellschaft (§ 76 Abs. 1

---

[14] BGH DB 2010, 1002; BGH BB 2009, 2725; BGH ZIP 2009, 460; OLG Frankfurt a. M. NZG 2011, 1029; OLG Frankfurt a. M. AG 2011, 36; OLG München ZIP 2008, 742; LG München I NZG 2008, 357; LG München I NZG 2008, 350; LG Krefeld AG 2007, 798; vgl. hierzu *Hüffer/Koch* AktG § 161 Rn. 31 f.; *Mutter* in v. Schenck Der Aufsichtsrat § 161 Rn. 67 ff.; *Vetter* NZG 2009, 561; *Goslar/v. der Linden* DB 2009, 1691; *Lutter* in KBLW DCGK Rn. 1908 ff.
[15] *Hüffer/Koch* AktG § 161 Rn. 24.; *Runte/Eckert* in Bürgers/Körber AktG § 161 Rn. 36; *Merkt* in Baumbach/Hopt HGB § 285 Rn. 20.
[16] *Hüffer/Koch* AktG § 161 Rn. 25 a ff.; *Tödtmann/Schauer* ZIP 2009, 995 (999); *Lutter* in KBLW DCGK Rn. 1908; *Kantenwein* in Wachter AktG § 161 Rn. 20.
[17] Zu Details vgl. *Hüffer/Koch* AktG § 161 Rn. 28 f.; *Runte/Eckert* in Bürgers/Körber AktG § 161 Rn. 57; *Lutter* in KölnKommAktG § 161 Rn. 178 ff.
[18] *Hüffer/Koch* AktG § 161 Rn. 29; *Runte/Eckert* in Bürgers/Körber AktG § 161 Rn. 57.
[19] *Lutter* in KölnKommAktG § 161 Rn. 190; *Quedenfeld* in MüKoHGB § 334 Rn. 25.
[20] *Lutter* in KölnKommAktG § 161 Rn. 191; *v. Falkenhausen/Kocher* ZIP 2009, 1149 (1151); *Hecker* BB 2009, 1654 (1656); *Tödtmann/Schauer* ZIP 2009, 995 (997); *Strieder* BB 2009, 1002 (1005).
[21] Zu den Strafbarkeitsvoraussetzungen bei fehlerhaften Entsprechenserklärungen vgl. *Lutter* in KölnKommAktG § 161 Rn. 191; *Runte/Eckert* in Bürgers/Körber AktG § 161 Rn. 62.

AktG), das für die Geschäftsführung und Vertretung der Gesellschaft zuständig ist. Der Aufsichtsrat ist das Überwachungs- und Kontrollorgan der Gesellschaft (§ 111 Abs. 1 AktG). Die Hauptversammlung schließlich ist als Satzungsgeber das Organ, durch das die Aktionäre ihre Rechte ausüben (§ 119 Abs. 1 Nr. 5 AktG). Aufgrund der strikten Aufgabentrennung stehen die Organe der Aktiengesellschaft grundsätzlich unabhängig und ohne Rangverhältnis nebeneinander.[22] Sie sind jedoch insbesondere durch die Bestellungs- und Abberufungskompetenzen verbunden. So bestellt die Hauptversammlung die Mitglieder des Aufsichtsrats (§§ 101, 119 Abs. 1 Nr. 1 AktG).[23] Der Aufsichtsrat wiederum bestellt die Mitglieder des Vorstands (§ 84 Abs. 1 S. 1 AktG).

31 Die Organisationsverfassung der Aktiengesellschaft unterliegt dem prägenden Grundsatz der Satzungsstrenge (§ 23 Abs. 5 AktG) und ist daher zwingend. Durch das gesetzliche Kompetenzgefüge soll sichergestellt werden, dass in der Gesellschaft eine Machtbalance zwischen Vorstand, Aufsichtsrat und Hauptversammlung besteht.[24]

32 In der Praxis ist die vom Aktiengesetz vorausgesetzte Machtbalance jedoch häufig nicht gegeben. Dies gilt insbesondere für den Fall, dass die Gesellschaft von einem Großaktionär dominiert wird. Ein solcher Großaktionär kann einen entscheidenden Einfluss auf sämtliche Organe der Gesellschaft ausüben. Da die vom Großaktionär dominierte Hauptversammlung den Aufsichtsrat wählt, kann ein Großaktionär die Besetzung dieses Organs und indirekt auch des Vorstands bestimmen.

b) Der Vorstand

33 Der Vorstand ist das Leitungsorgan der Gesellschaft. Er hat die Gesellschaft unter eigener Verantwortung, dh unabhängig vom Aufsichtsrat und der Hauptversammlung, zu leiten (§ 76 Abs. 1 AktG).[25] Gemäß §§ 77, 78 AktG führt er zudem die Geschäfte der Gesellschaft und vertritt die Aktiengesellschaft nach außen. Durchbrochen wird diese ausschließliche Kompetenz des Vorstands nur in Ausnahmefällen, insbesondere bei Rechtsverhältnissen zwischen der Gesellschaft und Mitgliedern des Vorstands (§ 112 AktG) sowie bei Anfechtungs- und Nichtigkeitsklagen (§ 246 Abs. 2 AktG).

aa) Leitung

34 (1) Einführung. Gemäß § 76 Abs. 1 AktG leitet der Vorstand die Gesellschaft unter eigener Verantwortung.[26] Leitung der Gesellschaft bedeutet nicht nur die allgemeine Geschäftsführung, sondern darüber hinaus auch die Ausübung der unternehmerischen Führungsfunktion.[27] Die Leitungsfunktion des Vorstands umfasst die Festsetzung der Unternehmenspolitik und die zu ihrer Verwirklichung erforderliche Durchführung der einzelnen Maßnahmen. Der Vorstand ist deshalb allgemein gesprochen sowohl zuständig für die Unternehmensplanung, -koordination, und -kontrolle, als auch für die Besetzung

---

[22] *Hüffer/Koch* AktG § 76 Rn. 5; *Bürgers* in Bürgers/Körber AktG § 76 Rn. 2; *Mertens/Cahn* in KölnKommAktG Vor § 76 Rn. 1 ff.; *Ek/v. Hoyenberg* Aktiengesellschaften S. 69.

[23] Ausnahmen bestehen nach den Mitbestimmungsgesetzen, vgl. hierzu *Hüffer/Koch* AktG § 96 Rn. 4 ff.

[24] *Hüffer/Koch* AktG § 76 Rn. 5; *Kort* in Großkomm AktG Vor § 76 Rn. 1 ff.; *Mertens/Cahn* in KölnKommAktG Vor § 76 Rn. 1.

[25] *Hüffer/Koch* AktG § 76 Rn. 1 f.; *Bürgers* in Bürgers/Körber AktG § 76 Rn. 6; *Fleischer* in Spindler/Stilz AktG § 76 Rn. 4.

[26] *Hüffer/Koch* AktG § 76 Rn. 1; *Bürgers* in Bürgers/Körber AktG § 76 Rn. 6; *Fleischer* in Spindler/Stilz AktG § 76 Rn. 4; *Spindler* in MüKoAktG § 76 Rn. 1 ff.; *Kubis* in Semler/Peltzer/Kubis Vorstands-HdB § 1 Rn. 179.

[27] *Hüffer/Koch* AktG § 76 Rn. 8; *Bürgers* in Bürgers/Körber AktG § 76 Rn. 8; *Raiser* Recht der Kapitalgesellschaften § 14 Rn. 1; *Mertens/Cahn* in KölnKommAktG § 76 Rn. 4.

der Führungspositionen und das zur Erreichung der Unternehmensziele erforderliche Tagesgeschäft.[28]

> *Gesetzlich normierte Leitungsaufgaben des Vorstands sind beispielsweise:*
> - Vorbereitung und Ausführung von Hauptversammlungsbeschlüssen (§ 83 AktG),
> - die Berichtspflicht gegenüber dem Aufsichtsrat (§ 90 AktG),
> - Buchführungspflicht und Etablierung eines Überwachungssystems (§ 91 AktG),
> - in § 92 AktG normierte Pflichten bei Verlust, Überschuldung und Zahlungsunfähigkeit,
> - die Einberufung des Aufsichtsrats (§ 110 Abs. 1 AktG),
> - die unverzügliche Vorlage des Jahresabschlusses und des Lageberichts nach Aufstellung (§ 170 Abs. 1 AktG) und
> - Insolvenzantragspflichten nach § 15 InsO.

35

> *Ungeschriebene Leitungsaufgaben lassen sich in die folgenden Maßnahmen unterteilen:*
> - die Unternehmensplanung (Zielsetzung, Festlegung der Unternehmenspolitik, Risikovorsorge),
> - die Unternehmenskoordination (Festlegung der Grundzüge der Markt-, Produkt-, Finanz-, Investitions- und Personalpolitik),
> - die Unternehmenskontrolle (auch der delegierten Geschäfte) und
> - die Überwachung der Geschäfts- und Ergebnisentwicklung.

36

Ebenso gehören Geschäfte von außergewöhnlicher Bedeutung bzw. hohem Risiko und die Verteilung der oberen Führungspositionen zu den Leitungsaufgaben.[29]

37

Während allgemeine Geschäftsführungsaufgaben an einzelne Mitglieder des Vorstands, nachgeordnete Ebenen oder Dritte delegiert werden können, sind die Leitungsaufgaben als herausgehobener Teilbereich der Geschäftsführung zwingend dem Vorstand als Kollegialorgan zugewiesen.[30] Da der Vorstand diese Leitungsaufgaben in eigener Verantwortung wahrnimmt, ist er nicht an Weisungen anderer Gesellschaftsorgane, einzelner Aktionäre oder Dritter gebunden.[31] Etwas anderes gilt allerdings gemäß §§ 308, 323 AktG für den Vorstand einer beherrschten oder eingegliederten Gesellschaft.[32]

38

Der Aufsichtsrat ist auf die Überwachungstätigkeit beschränkt, Maßnahmen der Geschäftsführung können ihm nicht übertragen werden (§ 111 Abs. 4 S. 1 AktG). Soweit bestimmte Arten von Geschäften der Zustimmung des Aufsichtsrats bedürfen, kann der Aufsichtsrat das Tätigwerden des Vorstands zwar nach Art eines Vetorechts verhindern, ein Weisungsrecht, mit dem er bestimmte Maßnahmen positiv durchsetzen könnte, steht ihm jedoch nicht zu.[33] Ebenso besteht vom Grundsatz her keine Pflicht des Vorstands,

39

---

[28] *Hüffer/Koch* AktG § 76 Rn. 8f.; *Bürgers* in Bürgers/Körber AktG § 76 Rn. 10; *Fleischer* in Spindler/Stilz AktG § 76 Rn. 6ff.; *Mertens/Cahn* in KölnKommAktG § 76 Rn. 5; *Spindler* in MüKoAktG § 76 Rn. 15f.

[29] Zu Details vgl. *Hüffer/Koch* AktG § 76 Rn. 8f. mwN.

[30] *Hüffer/Koch* AktG § 76 Rn. 8f.; *Spindler* in MüKoAktG § 76 Rn. 18; *Bürgers* in Bürgers/Körber AktG § 76 Rn. 7; *Fleischer* in Spindler/Stilz AktG § 76 Rn. 7; *Mertens/Cahn* in KölnKommAktG § 76 Rn. 4; *Kubis* in Semler/Peltzer/Kubis Vorstands-HdB § 1 Rn. 305.

[31] *Hüffer/Koch* AktG § 76 Rn. 25; *Bürgers* in Bürgers/Körber AktG § 76 Rn. 18; *Fleischer* in Spindler/Stilz AktG § 76 Rn. 51; *Mertens/Cahn* in KölnKommAktG § 76 Rn. 42; *Spindler* in MüKoAktG § 76 Rn. 22ff.; *Kort* in Großkomm AktG § 76 Rn. 5ff.

[32] *Hüffer/Koch* AktG § 308 Rn. 2ff.; § 323 Rn. 2ff.; *Bürgers* in Bürgers/Körber AktG § 76 Rn. 22; *Fleischer* in Spindler/Stilz AktG § 76 Rn. 51; *Koppensteiner* in KölnKommAktG § 308 Rn. 4ff.; KölnKommAktG § 323 Rn. 2ff.

[33] *Hüffer/Koch* AktG § 76 Rn. 27; *Fleischer* in Spindler/Stilz AktG § 76 Rn. 52; *Spindler* in MüKoAktG § 76 Rn. 23.

Beschlüsse der Hauptversammlung umzusetzen, soweit es um Fragen der Geschäftsführung geht. Von diesem Grundsatz gibt es jedoch zwei wesentliche Ausnahmen: die freiwillige Vorlage durch den Vorstand und die durch Rechtsfortbildung begründete Kompetenz der Hauptversammlung, ausnahmsweise über Maßnahmen im Kernbereich der Unternehmenstätigkeit zu entscheiden (Stichwort Holzmüller).[34]

40 **(2) Unternehmerische Entscheidungen des Vorstands.** Bei der Ausübung der Leitungsmacht handelt der Vorstand nach eigenem Ermessen, ihm steht für unternehmerische Entscheidungen grundsätzlich ein weiter Beurteilungsspielraum zu, der es ihm erlaubt, unternehmerische Risiken einzugehen.[35]

41 Die Haftung des Vorstands für Schäden, die der Gesellschaft infolge unternehmerischer Entscheidungen entstehen, kann folglich ausgeschlossen sein. Der Bundesgerichtshof hatte dies in seiner ARAG/Garmenbeck-Entscheidung[36] unter Anlehnung an die ursprünglich aus dem US-amerikanischen Recht stammende Business Judgement Rule bestätigt. Der Bundesgerichtshof[37] führte hierzu unter anderem aus:

„[...] *dem Vorstand [muss] bei der Leitung der Geschäfte des Gesellschaftsunternehmens ein weiter Handlungsspielraum zugebilligt werden [...], ohne den eine unternehmerische Tätigkeit schlechthin nicht denkbar ist. Dazu gehört neben dem bewussten Eingehen geschäftlicher Risiken grundsätzlich auch die Gefahr von Fehlbeurteilungen und Fehleinschätzungen, der jeder Unternehmensleiter, mag er auch noch so verantwortungsbewusst handeln, ausgesetzt ist. [...]*

Diese [Schadenersatzpflicht des Vorstands] kann erst in Betracht kommen, wenn die Grenzen, in denen sich ein von Verantwortungsbewusstsein getragenes, ausschließlich am Unternehmenswohl orientiertes, auf sorgfältiger Ermittlung der Entscheidungsgrundlagen beruhendes unternehmerisches Handeln bewegen muss, deutlich überschritten sind, die Bereitschaft, unternehmerische Risiken einzugehen, in unverantwortlicher Weise überspannt worden ist oder das Verhalten des Vorstands aus anderen Gründen als pflichtwidrig gelten muss."

42 **(3) Business Judgement Rule.** Nach US-amerikanischem Vorbild und auf der Basis der ARAG/Garmenbeck-Entscheidung des Bundesgerichtshofs ist durch das am 1.11.2005 in Kraft getretene UMAG die Business Judgement Rule in § 93 Abs. 1 S. 2 AktG aufgenommen worden.[38] Der Vorstand handelt demnach im Rahmen seines unternehmerischen Ermessens, wenn er bei einer unternehmerischen Entscheidung vernünftigerweise annehmen durfte, auf der Grundlage angemessener Informationen zum Wohle der Gesellschaft zu handeln.

43 Ein Eingreifen des haftungsfreien Ermessensspielraums gemäß § 93 Abs. 1 S. 1 AktG ist unter drei Voraussetzungen gegeben. Es muss sich bei der Entscheidung des Vorstandes erstens um eine unternehmerische Entscheidung handeln, der Vorstand muss zweitens auf der Grundlage angemessener Information und drittens zum Wohle der Gesellschaft handeln.

Unternehmerische Entscheidung

44 Zunächst werden vom Haftungsausschluss gemäß § 93 Abs. 1 S. 2 AktG nur unternehmerische Entscheidungen erfasst. Unternehmerische Entscheidungen sind nach der Re-

---

[34] Vgl. hierzu im Einzelnen *Ek* Praxisleitfaden für die Hauptversammlung Rn. 52 ff.
[35] BGHZ 135, 244 (253); *Hüffer/Koch* AktG § 76 Rn. 28; *Fleischer* in Spindler/Stilz AktG § 76 Rn. 53; *Spindler* in MüKoAktG § 76 Rn. 32.
[36] BGHZ 135, 244.
[37] BGHZ 135, 244 (253).
[38] Zur zivilrechtlichen Dogmatik vgl. *Scholz* AG 2018, 173.

gierungsbegründung zum UMAG wegen ihrer Zukunftsbezogenheit durch Prognosen und nicht-justitiable Einschätzungen geprägt. Dies unterscheidet sie von der Beachtung gesetzlicher, satzungsmäßiger oder anstellungsvertraglicher Pflichten ohne tatbestandlichen Beurteilungsspielraum.[39] Maßgeblich für den Begriff der unternehmerischen Entscheidung ist daher, dass die Entscheidung des Vorstands:
- nicht von vornherein gegen Gesetz oder Satzung (also insbesondere vom satzungsmäßigen Unternehmensgegenstand gedeckt ist)[40] verstößt,
- Prognosecharakter hat, es also in tatsächlicher Hinsicht ungewiss ist, wie sich die Dinge entwickeln werden, und
- in ein Handeln oder Unterlassen mündet, zu dem er nicht verpflichtet ist.[41]

Beschaffung angemessener Informationen
Grundlage jeder unternehmerischen Entscheidung ist die sorgfältige Ermittlung der Entscheidungsgrundlagen.[42] Der Vorstand muss in der konkreten Entscheidungssituation grundsätzlich alle ihm zur Verfügung stehenden – nicht aber alle erdenklichen – Erkenntnisquellen tatsächlicher und rechtlicher Art ausschöpfen.[43]

Der Informationsbedarf richtet sich daher unter anderem:

- Nach der Tragweite der Entscheidung: Je stärker der Bestand und der Erfolg des Unternehmens von der Entscheidung abhängen, desto höher ist die gebotene Informationsdichte.[44] So kann sich bei M&A-Transaktionen die Einholung von Bewertungsgutachten oder Fairness Opinions empfehlen.[45]
- Nach den Kosten der Informationsbeschaffung: Der Vorstand muss zwischen den Kosten und dem Nutzen einer umfangreichen Sachverhaltsermittlung abwägen.[46] Je kostenintensiver die Informationsrecherche ist, umso eher kann der Vorstand je nach Tragweite der Entscheidung auf die Information verzichten.[47]
- Nach der Relevanz der Information: Insbesondere bei Investitionen ist die Einholung von Informationen zwingend erforderlich, beispielsweise über deren Rentabilität, Risiko, Volumen und Finanzierung, da diese Informationen unverzichtbare Entschei-

---

[39] Begründung UMAG-RegE BT-Drs. 15/5092, 11; *Hüffer/Koch* AktG § 93 Rn. 16; *Bürgers* in Bürgers/Körber AktG § 93 Rn. 11; *Arnold* in Marsch-Barner/Schäfer HdB börsennotierte AG § 22 Rn. 20; *Arnold/Rothenburg* in Semler/Peltzer/Kubis Vorstands-HdB § 7 Rn. 28; *Krieger* in Krieger/Schneider HdB Managerhaftung § 3 Rn. 12.
[40] Vgl. BGH NJW 2013, 293; OLG Düsseldorf AG 2016, 410; *Hüffer/Koch* AktG § 82 Rn. 9.
[41] *Hüffer/Koch* AktG § 93 Rn. 16 ff.; *Fleischer* in Spindler/Stilz AktG § 93 Rn. 63; *Arnold* in Marsch-Barner/Schäfer HdB börsennotierte AG § 22 Rn. 20; *Arnold/Rothenburg* in Semler/Peltzer/Kubis Vorstands-HdB § 7 Rn. 28.
[42] BGH ZIP 2008, 1675; BGHZ 135, 244 (253); OLG Celle NZG 2008, 669; *Bürgers* in Bürgers/Körber AktG § 93 Rn. 13; *Fleischer* in Spindler/Stilz AktG § 93 Rn. 69; *Schnabel/Lücke* in BeckMandatsHdB AG-Vorstand § 6 Rn. 60; *Arnold* in Marsch-Barner/Schäfer HdB börsennotierte AG § 22 Rn. 21; zum zunehmenden Einfluss der Digitalisierung auf die Informationsbeschaffung vgl. *Sattler* BB 2018, 2243 (2247 f.).
[43] BGH NJW 2013, 3636 (3638); BGH NJW 2008, 3361; *Hüffer/Koch* AktG § 93 Rn. 20; *Fleischer* in Spindler/Stilz AktG § 93 Rn. 69; *Krieger* in Krieger/Schneider HdB Managerhaftung § 3 Rn. 13; *Illert/Meyer* in Illert/Ghassemi-Tabar/Cordes HdB Vorstand und Aufsichtsrat § 2 Rn. 36 ff.
[44] *Hüffer/Koch* AktG § 93 Rn. 20; *Kock/Dinkel* NZG 2004, 441 (444); *U. Schmidt* in Heidel AktG § 93 Rn. 86; *Hopt/Roth* in Großkomm AktG § 93 Rn. 107.
[45] OLG Köln NZG 2013, 548; *Hüffer/Koch* AktG § 93 Rn. 22.
[46] *Bürgers* in Bürgers/Körber AktG § 93 Rn. 13; *Fleischer* in Spindler/Stilz AktG § 93 Rn. 69; *Schnabel/Lücke* in BeckMandatsHdB AG-Vorstand § 6 Rn. 61; *Böttcher* NZG 2009, 1047 (1049); *Arnold/Rothenburg* in Semler/Peltzer/Kubis Vorstands-HdB § 7 Rn. 33; *Sattler* BB 2018, 2243 (2247).
[47] *Brömmenmeyer* WM 2005, 2065 (2067); *U. Schmidt* in Heidel AktG § 93 Rn. 86; *Arnold* in Marsch-Barner/Schäfer HdB börsennotierte AG § 22 Rn. 21; *Hopt/Roth* in Großkomm AktG § 93 Rn. 108.

dungsparameter darstellen.⁴⁸ Ohne Due Diligence ist eine Entscheidung über einen Unternehmenskauf jedenfalls dann keine informierte Entscheidung im Sinne der Business Judgement Rule, wenn keine ausreichenden gesicherten Erkenntnisse über das zu erwerbende Unternehmen vorhanden sind oder wenn vorhandene Erkenntnisse Unklarheiten aufweisen, insbesondere bei dem Erwerb aus einer Insolvenz.⁴⁹

- Nach der für die Entscheidung zur Verfügung stehenden Zeit: Bei besonderer Eilbedürftigkeit einer Entscheidung kann nicht jede verfügbare Information genutzt werden, sodass ein Rückgriff auf die zeitnah erreichbaren Informationen ausreichen kann.⁵⁰

47 Bei der Abwägung, welche Information im Zusammenhang mit der konkreten Entscheidung erforderlich sind, steht dem Vorstand ein Beurteilungsspielraum zu. Der Vorstand handelt daher jedenfalls dann nicht auf der Grundlage angemessener Informationen, wenn er in der konkreten Entscheidungssituation verfügbare Informationsquellen ignoriert, die er ohne unverhältnismäßig hohen Aufwand hätte berücksichtigen können und bei Anwendung der Sorgfalt eines ordentlichen Geschäftsleiters auch hätte berücksichtigen müssen.⁵¹ Nach der Regierungsbegründung zum UMAG soll die unternehmerische Entscheidung jedoch nicht verrechtlicht oder „(schein)objektiviert" werden. Sie beruhe vielmehr auf Instinkt, Erfahrung und Fantasie sowie auf einem Gespür für künftige Entwicklungen und einem Gefühl für die Märkte. Sie lasse sich daher nicht vollständig durch objektive Informationen ersetzen.⁵² Ungeachtet dessen ist es jedoch gerade Aufgabe der Business Judgement Rule sicherzustellen, dass Entscheidungen nicht „aus dem Handgelenk", sondern auf der Basis der – mit Blick auf Inhalt und Tragweite der Entscheidung – gebotenen Informationsgrundlage erfolgen.

48 Fehlt dem Vorstand die erforderliche Sachkunde, muss er sich von einem unabhängigen, für die zu klärende Frage fachlich qualifizierten Berufsträger, dem der Sachverhalt umfassend dargelegt wurde, beraten lassen und den erteilten Rat einer sorgfältigen Plausibilitätskontrolle unterziehen.⁵³ Die Einholung sachkundigen Rats kann eine Haftung auch dann vermeiden, wenn der erteilte Rat objektiv unrichtig war, der Irrtum eines sorgfältig ausgewählten Beraters wird dem Vorstand nicht nach § 278 BGB zugerechnet.⁵⁴

Handeln im Interesse oder zum Wohl der Gesellschaft

49 Vorstandsentscheidungen haben sich stets am Unternehmensinteresse zu orientieren. Das Vorstandsmitglied darf daher bei seiner Entscheidungsfindung keinesfalls alleine eigene Interessen oder die Interessen Dritter verfolgen.⁵⁵ Auch sachfremde Einflüsse

---

⁴⁸ Vgl. Begründung UMAG-RegE BT-Drs. 15/5092, 12.
⁴⁹ OLG Oldenburg NZG 2007, 434 (436) (für die GmbH); *Böttcher* NZG 2005, 49 ff.; *Arnold/Rothenburg* in Semler/Peltzer/Kubis Vorstands-HdB § 7 Rn. 33; *Ek/v. Hoyenberg* Unternehmenskauf S. 32 f.; *Spindler* in MüKoAktG § 93 Rn. 48; vgl. hierzu auch *Hüffer/Koch* AktG § 93 Rn. 23 mwN.
⁵⁰ Vgl. Begründung UMAG-RegE BT-Drs. 15/5092, 12; *Hüffer/Koch* AktG § 93 Rn. 20; *Schnabel/Lücke* in BeckMandatsHdB AG-Vorstand § 6 Rn. 60; *U. Schmidt* in Heidel AktG § 93 Rn. 86; *Spindler* in MüKoAktG § 93 Rn. 48; *Arnold* in Marsch-Barner/Schäfer HdB börsennotierte AG § 22 Rn. 21.
⁵¹ *Fleischer* in Spindler/Stilz AktG § 93 Rn. 70; zu Details vgl. *Hüffer/Koch* AktG § 93 Rn. 21 mwN.
⁵² Begründung UMAG-RegE BT-Drs. 15/5092, 11 f.
⁵³ BGH NZG 2011, 1271; NJW 2007, 2118 (2120); 1994, 2220; OLG Düsseldorf AG 2016, 410 (410), *Hüffer/Koch* AktG § 93 Rn. 44a ff.; *Krieger* in Krieger/Schneider HdB Managerhaftung § 3 Rn. 9; *Liebscher* in BeckHdB AG § 6 Rn. 132.
⁵⁴ BGH NZG 2011, 1271 (1273); *Krieger* in Krieger/Schneider HdB Managerhaftung § 3 Rn. 9; *Liebscher* in BeckHdB AG § 6 Rn. 132a.
⁵⁵ BGHZ 135, 244 (253); *Bürgers* in Bürgers/Körber AktG § 93 Rn. 14; *Hüffer/Koch* AktG § 93 Rn. 24; *Fleischer* in Spindler/Stilz AktG § 93 Rn. 68; *Hopt/Roth* in Großkomm AktG § 93 Rn. 90; *Schnabel/Lücke* in BeckMandatsHdB AG-Vorstand § 6 Rn. 59; *Krieger* in Krieger/Schneider HdB Managerhaftung § 3 Rn. 14; *Arnold* in Marsch-Barner/Schäfer HdB börsennotierte AG § 22 Rn. 20; *Arnold/Rothenburg* in Semler/Peltzer/Kubis Vorstands-HdB § 7 Rn. 30.

außerhalb des Unternehmensinteresses dürfen Entscheidungen des Vorstands nicht beeinflussen.[56]

Dem Unternehmensinteresse dient eine Maßnahme dann, wenn sie die Marktstellung, die finanzielle Lage oder die interne Verfassung der Gesellschaft stärkt.[57] Insbesondere eine Maßnahme, die den Gesellschaftszweck fördert, erfolgt regelmäßig zum Wohle der Gesellschaft.

bb) Geschäftsführung

Unter Geschäftsführung versteht man jede tatsächliche oder rechtsgeschäftliche Tätigkeit für die Aktiengesellschaft. Die Geschäftsführung ist ausschließlich dem Vorstand in seiner autonomen Verantwortung zugewiesen und umfasst die Leitung der Aktiengesellschaft als überaus wichtigen Teilbereich, aber auch jede Einzelmaßnahme, die der Vorstand intern oder gegenüber Dritten trifft.[58] Besteht der Vorstand aus mehreren Personen, so sind grundsätzlich sämtliche Vorstandsmitglieder nur gemeinschaftlich zur Geschäftsführung befugt (§ 77 Abs. 1 S. 1 AktG), so dass der Vorstand nur handeln kann, wenn alle Mitglieder der beabsichtigten Maßnahme ausdrücklich oder konkludent zugestimmt haben (Prinzip der Einstimmigkeit).[59] Das Einstimmigkeitsprinzip ist in entsprechender Anwendung von §§ 115 Abs. 2 HGB, 744 Abs. 2 BGB nur bei Gefahr im Verzug suspendiert, wenn Vorstandsmitglieder nicht erreichbar sind.[60] Die Satzung oder die Geschäftsordnung des Vorstands können jedoch gemäß § 77 Abs. 1 S. 2 AktG vom Einstimmigkeitsprinzip abweichen.[61] Eine Delegierung der Geschäftsführungsbefugnisse auf einzelne Vorstandsmitglieder oder ein Stichentscheid des Vorstandsvorsitzenden durch Satzung oder Geschäftsordnung finden ihre Grenzen allerdings bei Leitungsaufgaben des Vorstands; insoweit hat der Vorstand als Gesamtorgan tätig zu werden.[62]

cc) Vertretung

Der Vorstand vertritt die Gesellschaft gerichtlich und außergerichtlich (§ 78 Abs. 1 AktG). Vertretung der Aktiengesellschaft ist jedes nach außen gerichtete rechtsgeschäftliche und prozessuale Handeln im Namen der Gesellschaft und mit Wirkung für diese.[63] Die Vertretungsmacht des Vorstands ist grundsätzlich unbeschränkt und gemäß § 82 Abs. 1 AktG auch nicht wirksam beschränkbar. Daher tritt mit einer Beschränkung der Geschäftsführungsbefugnis nicht zugleich eine Beschränkung der Vertretungsmacht ein.[64]

---

[56] *Hüffer/Koch* AktG § 93 Rn. 24; *Fleischer* in Spindler/Stilz AktG § 93 Rn. 68; *Bürgers* in Bürgers/Körber AktG § 93 Rn. 14; *Arnold/Rothenburg* in Semler/Peltzer/Kubis Vorstands-HdB § 7 Rn. 31.

[57] *Hüffer/Koch* AktG § 93 Rn. 23; *Fleischer* in Spindler/Stilz AktG § 93 Rn. 67; *Kock/Dinkel* NZG 2004, 441 (443); *Arnold/Rothenburg* in Semler/Peltzer/Kubis Vorstands-HdB § 7 Rn. 30.

[58] *Hüffer/Koch* AktG § 77 Rn. 3; *Fleischer* in Spindler/Stilz AktG § 77 Rn. 3; *Bürgers* in Bürgers/Körber AktG § 77 Rn. 2; *Mertens/Cahn* in KölnKommAktG § 77 Rn. 2 ff.; *Ek/v. Hoyenberg* Aktiengesellschaften S. 87 f.

[59] *Hüffer/Koch* AktG § 77 Rn. 6; *Fleischer* in Spindler/Stilz AktG § 77 Rn. 8; *Bürgers* in Bürgers/Körber AktG § 77 Rn. 5; *Spindler* in MüKoAktG § 77 Rn. 10.

[60] *Hüffer/Koch* AktG § 77 Rn. 6; *Fleischer* in Spindler/Stilz AktG § 77 Rn. 9.

[61] Vgl. zu den möglichen Konstellationen *Hüffer/Koch* AktG § 77 Rn. 10 f.; *Fleischer* in Spindler/Stilz AktG § 77 Rn. 10 ff.; *Spindler* in MüKoAktG § 77 Rn. 11 ff.; *Kort* in Großkomm AktG § 77 Rn. 26.

[62] *Hüffer/Koch* AktG § 77 Rn. 18; *Fleischer* in Spindler/Stilz AktG § 77 Rn. 19; *Spindler* in MüKoAktG § 76 Rn. 18; *Mertens/Cahn* in KölnKommAktG § 76 Rn. 4; *Gehrlein* WM 2018, 1865.

[63] *Hüffer/Koch* AktG § 78 Rn. 3; *Bürgers* in Bürgers/Körber AktG § 77 Rn. 2.

[64] *Hüffer/Koch* AktG § 82 Rn. 3; *Spindler* in MüKoAktG § 78 Rn. 6.

53   Ein Vorstandsmitglied ist in den sogenannten Fällen der Mehrfachvertretung gemäß § 181 BGB von der Vertretung ausgeschlossen. Das Verbot der Mehrfachvertretung besagt, dass der Vorstand als gesetzlicher Vertreter der Gesellschaft auch nicht mit einem Dritten, den er selbst vertritt, Rechtsgeschäfte vornehmen darf. Etwas anderes gilt nur dann, wenn er durch die Satzung oder den Aufsichtsrat vom Verbot der Mehrfachvertretung befreit ist.[65]

54   Zwischen mehreren Vorstandsmitgliedern besteht Gesamtvertretung (§ 78 Abs. 2 AktG). Sofern die Satzung nichts anderes bestimmt, sind daher alle Vorstandsmitglieder nur gemeinschaftlich zur Vertretung der Gesellschaft befugt.[66] Umgekehrt ist es jedoch nach § 78 Abs. 2 S. 2 AktG ausreichend, dass eine gegenüber der Aktiengesellschaft abzugebende Willenserklärung allein einem Vorstandsmitglied gegenüber abgegeben wird. Die Satzung oder der Aufsichtsrat – sofern er hierzu durch die Satzung ermächtigt wurde – können eine von der Gesamtvertretung abweichende Regelung treffen (§ 78 Abs. 3 AktG). Insbesondere kann Einzelvertretungsmacht zugunsten eines bestimmten Vorstands oder aller Vorstandsmitglieder vereinbart werden. Üblicherweise regelt eine Satzung, dass die Gesellschaft durch zwei Vorstände gemeinsam oder durch einen Vorstand zusammen mit einem Prokuristen vertreten wird, sofern mehrere Vorstände bestellt wurden.

55   Ausnahmsweise wird die Gesellschaft (alleine) vom Aufsichtsrat vertreten, wenn es um Rechtsverhältnisse der Vorstandsmitglieder mit der Gesellschaft geht (§ 112 AktG).[67] In Anfechtungs- und Nichtigkeitsverfahren (§§ 246 Abs. 2 S. 2, 249 AktG) wird die Gesellschaft von Vorstand und Aufsichtsrat vertreten.

dd) Größe des Vorstands

56   Der Vorstand kann gemäß § 76 Abs. 2 S. 1 AktG aus einer oder mehreren Personen bestehen. Bei Gesellschaften mit einem Grundkapital von mehr als 3 Mio. EUR muss der Vorstand aus mindestens zwei Personen bestehen, es sei denn die Satzung bestimmt, dass er nur aus einer Person besteht (§ 76 Abs. 2 S. 2 AktG). Nach § 76 Abs. 2 S. 3 AktG bleiben die Vorschriften zur Bestellung eines Arbeitsdirektors, der gleichberechtigtes Mitglied des Vorstands mit einer Aufgabenzuweisung im Bereich Arbeit und Soziales ist,[68] unberührt. Gemäß § 23 Abs. 3 Nr. 6 AktG ist in der Satzung die Anzahl der Vorstandsmitglieder oder die Regel, nach der die Anzahl festgelegt wird, anzugeben. Als ausreichend wird auch die Angabe einer Mindest- und Höchstzahl der Vorstandsmitglieder angesehen.[69] Die genaue Anzahl der Vorstandsmitglieder liegt dann im Ermessen des Aufsichtsrats.[70]

ee) Persönliche Voraussetzungen

57   § 76 AktG bestimmt, dass Mitglied des Vorstands nur eine natürliche, unbeschränkt geschäftsfähige Person sein kann. Juristische Personen können nicht Vorstandsmitglied

---

[65] *Hüffer/Koch* AktG § 78 Rn. 7; *Bürgers* in Bürgers/Körber AktG § 78 Rn. 7; *Fleischer* in Spindler/Stilz AktG § 78 Rn. 12; *Wiesner* in MHdB GesR IV § 23 Rn. 7; *Ek/v. Hoyenberg* Aktiengesellschaft S. 91.
[66] *Hüffer/Koch* AktG § 78 Rn. 11; *Bürgers* in Bürgers/Körber AktG § 78 Rn. 10; *Fleischer* in Spindler/Stilz AktG § 78 Rn. 23.
[67] Zur Befugnis des Aufsichtsrats zur gerichtlichen Vertretung der Gesellschaft gegenüber vom Aufsichtsrat beauftragten Sachverständigen vgl. BGH DB 2018, 1136; *Hasselbach/Rauch* DB 2018, 1713.
[68] Vgl. *Hüffer/Koch* AktG § 76 Rn. 57; *Spindler* in MüKoAktG § 76 Rn. 104 jeweils mwN.
[69] LG Köln AG 1999, 137; *Hüffer/Koch* AktG § 23, 31; *Spindler* in MüKoAktG § 76 Rn. 97.
[70] *Hüffer/Koch* AktG § 76 Rn. 55; *Fleischer* in Spindler/Stilz AktG § 76 Rn. 98; *Spindler* in MüKoAktG § 76 Rn. 97.

sein.[71] Im Übrigen besteht ein Bestellungshindernis in den ausdrücklich in § 76 Abs. 3 S. 3 und 4 AktG genannten Fällen, bei rechtskräftiger Verurteilung oder bei einschlägigen Berufsverboten.[72] Bestellungshindernisse nach rechtskräftiger Verurteilung bestehen bei Insolvenzverschleppung und anderen Insolvenzstraftaten, bei Falschangaben, unrichtigen Darstellungen und bei Verurteilung zu einer Freiheitstrafe von mindestens einem Jahr auch bei Betrug und Untreue.[73]

Zum Vorstandsmitglied kann auch berufen werden, wer Aktionär der Gesellschaft ist.[74] Inkompatibel ist hingegen die gleichzeitige Mitgliedschaft in Vorstand und Aufsichtsrat (§ 105 Abs. 1 AktG). Hierdurch soll vermieden werden, dass ein Aufsichtsratsmitglied im Rahmen der Kontrollpflichten des Aufsichtsrats über die Rechtmäßigkeit seines eigenen Vorstandshandelns zu entscheiden hat.[75] Der Aufsichtsrat kann einzelne seiner Mitglieder nur ausnahmsweise für einen begrenzten Zeitraum von höchstens einem Jahr zu Stellvertretern von fehlenden oder verhinderten Vorstandsmitgliedern bestellen (§ 105 Abs. 2 AktG).

58

Keine gesetzlichen Eignungsvoraussetzungen bestehen hinsichtlich der Staatsangehörigkeit[76] oder des Wohnsitzes.[77] Ein Vorstandsmitglied muss demnach weder deutscher Staatsangehöriger sein noch seinen Wohnsitz im Inland haben. Entgegen der früheren Praxis einiger Registergerichte muss das vorgesehene Vorstandsmitglied auch nicht berechtigt sein, jederzeit in die Bundesrepublik einreisen zu dürfen,[78] da die Vorstandstätigkeit auch von einem ausländischen Geschäftssitz aus entfaltet werden kann.[79]

59

Die Satzung der Aktiengesellschaft kann neben den gesetzlichen Voraussetzungen zusätzliche persönliche und fachliche Qualifikationen für den Vorstand fordern. Zulässig ist es, Eignungsvoraussetzungen festzulegen, die im Hinblick auf die Art und Größe des Unternehmens, den Unternehmensgegenstand und auch wegen der speziellen Funktion des betreffenden Vorstandsmitglieds sinnvoll sind, also etwa eine spezielle Berufsausbildung oder Auslandserfahrung.[80]

60

ff) Bestellung und Abberufung

Für die Bestellung der Vorstandsmitglieder ist allein der Aufsichtsrat zuständig (§ 84 Abs. 1 AktG). Zuständig ist insoweit immer der gesamte Aufsichtsrat. Er darf die Bestellung eines Vorstandsmitglieds weder an Dritte oder die Hauptversammlung noch an

61

---

[71] *Hüffer/Koch* AktG § 76 Rn. 58; *Fleischer* in Spindler/Stilz AktG § 76 Rn. 106; *Bürgers* in Bürgers/Körber AktG § 76 Rn. 33; *Spindler* in MüKoAktG § 76 Rn. 105; *Kubis* in Semler/Peltzer/Kubis Vorstands-HdB § 2 Rn. 36.
[72] Zu den Einzelheiten vgl. *Hüffer/Koch* AktG § 76 Rn. 61; *Fleischer* in Spindler/Stilz AktG § 76 Rn. 118 ff.; *Spindler* in MüKoAktG § 76 Rn. 114 ff.
[73] Zu Details vgl. *Hüffer/Koch* AktG § 76 Rn. 62 mwN.
[74] *Hüffer/Koch* AktG § 76 Rn. 59; *Spindler* in MüKoAktG § 76 Rn. 108; *Ek/v. Hoyenberg* Aktiengesellschaften S. 68.
[75] *Hüffer/Koch* AktG § 105 Rn. 1; *Spindler* in Spindler/Stilz AktG § 105 Rn. 6; *Israel* in Bürgers/Körber AktG § 105 Rn. 1; *Mertens/Cahn* in KölnKommAktG § 105 Rn. 2.
[76] *Hüffer/Koch* AktG § 76 Rn. 58; *Fleischer* in Spindler/Stilz AktG § 76 Rn. 109; *Bürgers* in Bürgers/Körber AktG § 76 Rn. 33; *Spindler* in MüKoAktG § 76 Rn. 104.
[77] *Hüffer/Koch* AktG § 76 Rn. 58; *Fleischer* in Spindler/Stilz AktG § 76 Rn. 109; *Bürgers* in Bürgers/Körber AktG § 76 Rn. 33.
[78] Vgl. zu früheren Rechtsprechung OLG Celle ZIP 2007, 1157 f.; OLG Frankfurt a. M. FGPrax 2001, 124 f.; OLG Hamm FGPrax 1999, 233 (234); OLG Köln GmbHR 1999, 182 (183).
[79] OLG München ZIP 2010, 126 (127); OLG Düsseldorf NZG 2009, 678 (679); *Hüffer/Koch* AktG § 76 Rn. 59.
[80] *Hüffer/Koch* AktG § 76 Rn. 60; *Fleischer* in Spindler/Stilz AktG § 76 Rn. 115; *Bürgers* in Bürgers/Körber AktG § 76 Rn. 37.

einen Ausschuss, insbesondere nicht den Personalausschuss, delegieren (§ 107 Abs. 3 S. 2 AktG).[81]

62 Erfüllt der Bewerber die in Gesetz und Satzung aufgeführten Eignungsvoraussetzungen (bei Banken die nach §§ 32, 33 KWG erforderliche Erlaubnis, als Geschäftsleiter einer Bank tätig zu sein und bei börsennotierten Unternehmen unter Berücksichtigung der Zielgröße für den Frauenanteil gemäß § 76 Abs. 4 AktG),[82] unterliegt der Aufsichtsrat im Übrigen hinsichtlich der Auswahl keiner Bindung.[83] Besteht der Vorstand aus mehreren Mitgliedern, so kann der Aufsichtsrat einen Vorstandsvorsitzenden ernennen (§ 84 Abs. 2 AktG). Der Aufsichtsrat (oder subsidiär auch der Vorstand) kann alternativ auch einen Vorstandssprecher bestimmen, dessen Funktion nach der Gesetzesintention aber im Wesentlichen auf Repräsentation und Sitzungsleitung beschränkt ist.[84] Wenn ein erforderliches Vorstandsmitglied fehlt, der Aufsichtsrat sich nicht auf einen Kandidaten einigen kann und eine Vervollständigung des Vorstands dringend erforderlich ist, kommt eine Ersatzbestellung von Vorstandsmitgliedern durch das Gericht in Betracht (§ 85 Abs. 1 AktG). Das gerichtliche bestellte Vorstandsmitglied hat die gleichen Rechte und Pflichten wie vom Aufsichtsrat bestellte Vorstandsmitglieder, seine Vertretungsmacht richtet sich nach der Vertretungsmacht des fehlenden Mitglieds.[85] Die Amtsdauer des gerichtlich bestellten Vorstandsmitglieds endet spätestens mit der Bestellung eines neuen Mitglieds durch den Aufsichtsrat und die Annahme des Mandats durch das neue Mitglied (§ 85 Abs. 2 AktG).

63 Die Amtszeit eines Vorstandsmitglieds kann höchstens fünf Jahre betragen (§ 84 Abs. 1 S. 1 AktG). Die Frist beginnt mit dem Beginn der Amtszeit.[86] In den Grenzen der gesetzlichen Höchstdauer von fünf Jahren ist der Aufsichtsrat frei, die Dauer der Amtszeit in seinem Ermessen festzulegen.[87] Er kann demnach die ausgewählte Person auch nur für ein oder zwei Jahre bestellen.[88] Eine wiederholte Bestellung oder Verlängerung für jeweils höchstens fünf Jahre ist zulässig (§ 84 Abs. 1 S. 2 AktG). In einem solchen Fall muss der Aufsichtsrat jeweils einen neuen Beschluss fassen. Dieser Beschluss darf nicht früher als ein Jahr vor Ablauf der bisherigen Amtszeit gefasst werden (§ 84 Abs. 1 S. 3 AktG).

64 Wie die Bestellung, liegt auch ihr Widerruf in der ausschließlichen, unbeschränkbaren Zuständigkeit des Aufsichtsrats.[89] Gemäß § 84 Abs. 3 S. 1 AktG kann die Bestellung eines Vorstandsmitglieds aus wichtigem Grund durch Aufsichtsratsbeschluss widerrufen werden. Wichtige Gründe sind insbesondere grobe Pflichtverletzung, Unfähigkeit zur ordnungsgemäßen Geschäftsführung oder Vertrauensentzug durch die Hauptversamm-

---

[81] *Hüffer/Koch* AktG § 84 Rn. 5; *Fleischer* in Spindler/Stilz AktG § 84 Rn. 9; *Bürgers* in Bürgers/Körber AktG § 84 Rn. 3; *Mertens/Cahn* in KölnKommAktG § 84 Rn. 7; *Ek/v. Hoyenberg* Aktiengesellschaften S. 73.
[82] Zu Details vgl. *Hüffer/Koch* AktG § 76 Rn. 66 ff.
[83] *Hüffer/Koch* AktG § 84 Rn. 5; *Spindler* in MüKoAktG § 84 Rn. 15 f.; *Merten/Cahns* in KölnKommAktG § 84 Rn. 8.
[84] *Hüffer/Koch* AktG § 84 Rn. 30; *Fleischer* in Spindler/Stilz AktG § 84 Rn. 88; *Bürgers* in Bürgers/Körber AktG § 84 Rn. 22; *Spindler* in MüKoAktG § 84 Rn. 115.
[85] *Hüffer/Koch* AktG § 85 Rn. 5; *Mertens/Cahn* in KölnKommAktG § 85 Rn. 15.
[86] *Hüffer/Koch* AktG § 84 Rn. 7; *Spindler* in MüKoAktG § 84 Rn. 40.
[87] *Fleischer* in Spindler/Stilz AktG § 84 Rn. 14; *Bürgers* in Bürgers/Körber AktG § 84 Rn. 7; *Spindler* in MüKoAktG § 84 Rn. 44.
[88] Eine Mindestdauer ist nicht gesetzlich vorgeschrieben, wird aber idR bei einem Jahr angenommen, um die Unabhängigkeit des Vorstands nicht zu unterlaufen, vgl. *Hüffer/Koch* AktG § 84 Rn. 7; *Spindler* in MüKoAktG § 84 Rn. 43.
[89] *Hüffer/Koch* AktG § 84 Rn. 33; *Fleischer* in Spindler/Stilz AktG § 84 Rn. 94; *Bürgers* in Bürgers/Körber AktG § 84 Rn. 7; *Spindler* in MüKoAktG § 84 Rn. 117 f.; *Mertens/Cahn* in KölnKommAktG § 84 Rn. 109; *Kubis* in Semler/Peltzer/Kubis Vorstands-HdB § 2 Rn. 16.

lung aus nicht offenbar unsachlichen Gründen, wenn die Fortsetzung des Organverhältnisses bis zum Ende der Amtszeit – nach herrschender, aber sehr zweifelhafter Meinung, unter Berücksichtigung sowohl der Interessen der Gesellschaft als auch des Vorstandsmitglieds[90] – für die Gesellschaft unzumutbar ist.[91]

c) Der Aufsichtsrat

Der Aufsichtsrat ist Pflichtorgan der Aktiengesellschaft. Ihm obliegt in erster Linie die Überwachung, Kontrolle und Beratung des Vorstands (§ 111 Abs. 1 AktG). Um dieser Aufgabe sachgerecht nachkommen zu können ist der Aufsichtsrat berechtigt, jederzeit die Bücher und Schriften der Gesellschaft sowie deren Vermögensgegenstände einzusehen und zu prüfen (§ 111 Abs. 2 AktG). Zudem besteht eine ausführliche Berichtspflicht des Vorstands, die mit einem Informationsrecht des Aufsichtsrats korrespondiert (§ 90 AktG). In die Berichtspflicht einbezogen ist insbesondere die Erläuterung der künftigen Unternehmenspolitik in allen wichtigen Gebieten des Unternehmens, beispielsweise bezogen auf dessen Produkte oder Dienstleistungen, Investitionsentwicklung und Personalpolitik.[92]

65

Dem Aufsichtsrat ist ferner eine Reihe wichtiger unternehmerischer Führungsentscheidungen zugewiesen. Der Aufsichtsrat ist insbesondere zuständig für Bestellung, Anstellung und Abberufung von Vorstandsmitgliedern (§ 84 AktG). Hiermit korrespondiert, dass die gerichtliche und außergerichtliche Vertretung der Aktiengesellschaft gegenüber aktuellen und ausgeschiedenen Vorstandsmitgliedern durch den Aufsichtsrat erfolgt (§ 112 AktG). Weiterhin bestehen seine wesentlichen Aufgaben in der Zustimmung zu bestimmten Arten von Geschäften (§ 111 Abs. 4 S. 2 AktG), der Prüfung und Feststellung des Jahresabschlusses (§§ 171, 172 AktG) und der Vertretung der Gesellschaft in Anfechtungs- und Nichtigkeitsprozessen (§§ 246 Abs. 2, 249 AktG). Wegen des Grundsatzes der Satzungsstrenge (§ 23 Abs. 5 AktG) können die Zuständigkeiten des Aufsichtsrats durch die Satzung weder erweitert noch eingeschränkt werden.[93]

66

aa) Überwachung der Geschäftsführung

Vornehmliche Aufgabe des Aufsichtsrats ist die Überwachung der Geschäftsführung durch den Vorstand. Anders als nach § 77 AktG umfasst der Begriff der Geschäftsführung iSv § 111 Abs. 1 AktG nicht alle Geschäftsführungsmaßnahmen des Vorstands. Die Überwachungs- und Kontrollaufgabe des Aufsichtsrats beschränkt sich daher im Wesentlichen auf die Leitungs- und Führungsentscheidungen des Vorstands iSv § 76 Abs. 1 AktG sowie auf wesentliche Einzelgeschäftsführungsmaßnahmen.[94] Die Kontrolle von weniger wichtigen Geschäftsführungsmaßnahmen wie das laufende Tagesgeschäft muss unterbleiben, um nicht in die Leitungsautonomie des Vorstands ein-

67

---

[90] BGH WM 1962, 811 f.; 1968, 1325 (1326); NJW-RR 1988, 352 (353); KG AG 2007, 745; *Hüffer/Koch* AktG § 84 Rn. 34; aA (nur Interessen der Gesellschaft) BGH WM 2007, 164; *Fleischer* in Spindler/Stilz AktG § 84 Rn. 102; *Bürgers* in Bürgers/Körber AktG § 84 Rn. 28; *Wiesner* in MHdB GesR IV § 20 Rn. 49.
[91] BGH AG 2007, 125; OLG Frankfurt a. M. NZG 2015, 514; *Hüffer/Koch* AktG § 84 Rn. 34; *Bürgers* in Bürgers/Körber AktG § 84 Rn. 28. Zu den in § 84 Abs. 3 S. 2 AktG genannten Beispielsfällen für eine Abberufung aus wichtigem Grund vgl. *Hüffer/Koch* AktG § 84 Rn. 35; *Spindler* in MüKoAktG § 84 Rn. 127.
[92] *Hüffer/Koch* AktG § 90 Rn. 4 ff.; *Fleischer* in Spindler/Stilz AktG § 90 Rn. 19 ff.; *Bürgers* in Bürgers/Körber AktG § 90 Rn. 8.
[93] *Hüffer/Koch* AktG § 111 Rn. 1; *Hambloch-Gesinn/Gesinn* in Hölters AktG § 111 Rn. 3.
[94] *Hüffer/Koch* AktG § 111 Rn. 2 f.; *Spindler* in Spindler/Stilz AktG § 111 Rn. 7; *Israel* in Bürgers/Körber AktG § 111 Rn. 3; *Lutter/Krieger/Verse* Rechte und Pflichten des AR Rn. 63 ff.

zugreifen.[95] Konkretisiert werden die Überwachungsaufgaben des Aufsichtsrats durch die gesetzlich ausdrücklich angesprochenen Prüfungspflichten[96] und durch die Berichtspflichten des Vorstands gegenüber dem Aufsichtsrat.

68 Die Überwachung des Vorstands richtet sich sowohl auf die zeitlich abgeschlossene Tätigkeit des Vorstands als auch präventiv auf geplante Geschäftsführungsmaßnahmen.[97] Ferner hat der Aufsichtsrat mögliche Pflichtverletzungen des Vorstands und etwaige Schadenersatzansprüche der Gesellschaft zu untersuchen und diese gegebenenfalls geltend zu machen.[98]

69 Im Hinblick auf zukünftige Maßnahmen ist der Aufsichtsrat auch verpflichtet, den Vorstand zu beraten und mit ihm Fragen der Geschäftsleitung zu erörtern. Der Aufsichtsrat nimmt so an der Leitungsaufgabe des Vorstands teil.[99] Begrenzt wird das Recht zur Beratung durch den Bereich der Leitungsbefugnis, die ausschließlich dem Vorstand zugewiesen ist.[100]

bb) Größe und Zusammensetzung des Aufsichtsrats und Wählbarkeit

70 Dem Aufsichtsrat gehören immer Vertreter der Aktionäre an. Bei Gesellschaften, die mehr als 500 Arbeitnehmer beschäftigen, müssen ein Drittel der Mitglieder Vertreter der Arbeitnehmer der Gesellschaft sein (§ 4 Abs. 1 DrittelbG). Beschäftigt die Gesellschaft mehr als 2.000 Arbeitnehmer, besteht der Aufsichtsrat zur Hälfte aus Vertretern der Arbeitnehmer (§§ 1 Abs. 1, 7 MitbestG).

71 Nach § 95 AktG besteht der Aufsichtsrat aus mindestens drei Mitgliedern. Die Satzung kann eine bestimmte höhere Zahl festsetzen, die nach der Neufassung des § 95 Abs. 3 AktG nur noch dann durch drei teilbar sein muss, wenn dies zur Erfüllung mitbestimmungsrechtlicher Vorgaben erforderlich ist.[101] Die zulässige Höchstzahl der Aufsichtsratsmitglieder ist vom Grundkapital der Gesellschaft abhängig und beträgt maximal 21 Aufsichtsratsmitglieder bei einem Grundkapital von mehr als 10 Mio. EUR. Fällt eine Gesellschaft unter die Anwendbarkeit des Mitbestimmungsgesetzes, weil sie mehr als 2.000 Arbeitnehmer beschäftigt, richtet sich die Anzahl der Mitglieder des Aufsichtsrats nach den besonderen Regelungen des Mitbestimmungsgesetzes. Eine weitere Besonderheit hinsichtlich der Zahl der Aufsichtsratsmitglieder ergibt sich bei Unternehmen des Bergbaus und der eisen- und stahlerzeugenden Industrie, die unter das Montanmitbestimmungsgesetz fallen. Zusätzlich zu einer gleichen Anzahl von Aktionärs- und Arbeitnehmervertretern ist noch ein weiteres neutrales Mitglied auf Vorschlag des Aufsichtsrats von der Hauptversammlung in den Aufsichtsrat zu wählen (§§ 1, 4 MontanmitbestG, § 1 Montanmitbestimmungsergänzungsgesetz).

---

[95] *Spindler* in Spindler/Stilz AktG § 111 Rn. 8; *Lutter/Krieger/Verse* Rechte und Pflichten des AR Rn. 65 f.

[96] Prüfung des Jahresabschlusses, Lageberichts, ggf. des Konzernabschlusses und des Konzernlageberichts und des Vorschlags für die Gewinnverwendung sowie, sofern erstellt, des gesonderten nichtfinanziellen (Konzern-) Berichts (§ 171 Abs. 1 AktG) und Pflicht zur Prüfung eines etwaigen Abhängigkeitsberichts (§ 314 Abs. 1 AktG).

[97] BGHZ 114, 127 ff.; *Hüffer/Koch* AktG § 111 Rn. 5, 13; *Spindler* in Spindler/Stilz AktG § 111 Rn. 10.

[98] BGHZ 135, 244 ff.; BGH NZG 2009, 550; OLG Karlsruhe WM 2009, 1147; *Hüffer/Koch* AktG § 111 Rn. 13; *Spindler* in Spindler/Stilz AktG § 111 Rn. 27; *Breuer/Fraune* in Heidel AktG § 111 Rn. 12.

[99] BGHZ 114, 127 (130); *Hüffer/Koch* AktG § 111 Rn. 13; *Spindler* in Spindler/Stilz AktG § 111 Rn. 10; *Israel* in Bürgers/Körber AktG § 111 Rn. 4; *Hoffmann-Becking* in MHdB GesR IV § 29 Rn. 44; *Lutter/Krieger/Verse* Rechte und Pflichten des AR Rn. 103 ff.

[100] *Spindler* in Spindler/Stilz AktG § 111 Rn. 10; *Lutter/Krieger/Verse* Rechte und Pflichten des AR Rn. 107 f.

[101] *Hüffer/Koch* AktG § 95 Rn. 3; *Bayer/Scholz* ZIP 2016, 193.

In den Aufsichtsrat kann jede natürliche und unbeschränkt geschäftsfähige Person 72
gewählt werden (§ 100 Abs. 1 AktG). § 105 Abs. 1 AktG bestimmt jedoch, dass leitende
Mitarbeiter, beispielsweise der Vorstand, nicht Mitglieder des Aufsichtsrats sein können.
Weitere Bestellungshindernisse ergeben sich insbesondere aus § 100 Abs. 2 AktG. So
kann beispielsweise ein Kandidat, der bereits in zehn anderen Pflichtaufsichtsräten Mitglied ist, wobei Vorsitzmandate doppelt zählen, nicht Mitglied des Aufsichtsrats werden.
Weitere Voraussetzungen für die Wählbarkeit in den Aufsichtsrat ergeben sich aus mitbestimmungsrechtlichen Regelungen (§ 100 Abs. 3 AktG) oder können in der Satzung
festgelegt werden (§ 100 Abs. 4 AktG).

Bei börsennotierten Gesellschaften dürfen ehemalige Vorstandsmitglieder während 73
einer zweijährigen Karenzzeit nach ihrem Ausscheiden aus dem Vorstand nicht Aufsichtsratsmitglied werden, es sei denn, die Wahl in den Aufsichtsrat erfolgt auf Vorschlag
von Aktionären, die mehr als 25 % der Stimmrechte an der Gesellschaft halten (§ 100
Abs. 2 S. 1 Nr. 4 AktG).[102] Mit der 25 % Regelung soll der Situation insbesondere in
Familiengesellschaften Rechnung getragen werden.[103] Gemäß Ziffer 5.4.4 S. 2 DCGK soll
ein etwaiger Wechsel in den Aufsichtsratsvorsitz eine gegenüber der Hauptversammlung
zu begründende Ausnahme darstellen.

Kapitalmarktorientierte Gesellschaften[104] haben bei Aufsichtsratswahlen zu beachten, 74
dass gemäß § 100 Abs. 5 AktG mindestens ein Mitglied über Sachverstand in den Bereichen Rechnungslegung oder Abschlussprüfung verfügen muss und die Aufsichtsratsmitglieder in ihrer Gesamtheit mit dem Sektor vertraut sein müssen, in dem die Gesellschaft
tätig ist. Der gemäß § 100 Abs. 5 AktG erforderliche Sachverstand besteht, wenn das
Aufsichtsratsmitglied beruflich mit Rechnungslegung und/oder Abschlussprüfung befasst
ist oder war. Dies ist nach der Gesetzesbegründung nicht nur bei Steuerberatern, Wirtschaftsprüfern und Personen mit einer besonderen Berufsausbildung der Fall, sondern
auch bei Finanzvorständen, fachkundigen Angestellten aus den Bereichen Rechnungswesen und Controlling, Analysten sowie langjährigen Mitgliedern in Prüfungsausschüssen oder Betriebsräten, die sich diese Fähigkeit im Zuge ihrer Tätigkeit angeeignet
haben.[105] Zur Erfüllung des Kriteriums der Branchenvertrautheit der Gesamtheit der
Aufsichtsratsmitglieder ist es nicht erforderlich, dass alle Mitglieder „vom Fach" sind,
Sektorenkenntnisse können beispielsweise auch durch Weiterbildung oder längere Beratertätigkeit erworben werden.[106]

Bei börsennotierten Gesellschaften, für die das Mitbestimmungsgesetz, das Montan- 75
Mitbestimmungsgesetz oder das Mitbestimmungsergänzungsgesetz gilt, ist zudem die
Geschlechterquote des § 96 Abs. 2 AktG zu beachten, so dass der Aufsichtsrat zu
mindestens 30 % aus Frauen und Männern bestehen muss.[107] Der Aufsichtsrat von
börsennotierten oder der Mitbestimmung unterliegenden Aktiengesellschaften hat, sofern
für den Aufsichtsrat nicht bereits eine Quote nach § 96 Abs. 2 AktG gilt, (zusätzlich zu
der Zielgröße für den Vorstand) auch eine Zielgröße für den Frauenanteil im Aufsichtsrat
sowie eine Frist zur Erreichung der Zielgröße festzulegen (§ 111 Abs. 5 AktG).

---

[102] Zu Details vgl. *Hüffer/Koch* AktG § 100 Rn. 17 mwN.
[103] Begründung VorstAG-RegE, BT-Drs. 16/13433 S. 18; zur praktischen Umsetzung bei Publikumsgesellschaften vgl. *Löbbe/Fischbach* AG 2012, 580.
[104] Entsprechendes gilt für die in § 100 Abs. 5 AktG aufgeführten CRR-Kreditinstitute und Versicherungsunternehmen. Für die in § 25d KWG genannten Institute gelten zudem weitere u. a. dort genannten Regelungen für die Mitglieder des Aufsichtsrats.
[105] Begründung BilMoG-RegE, BT-Drs 16/10067 S. 102; vgl. hierzu auch OLG München NZG 2010, 784; *Hüffer/Koch* AktG § 100 Rn. 25.
[106] Begründung ARUG-RegE BT-Drs 18/7219 S. 56; *Hüffer/Koch* AktG § 100 Rn. 25 c.
[107] Zu Details und zur praktischen Umsetzung *Hüffer/Koch* AktG § 96 Rn. 13 ff.; *Wettich* AG 2017, 60 (61 f.) jeweils mwN.

76 Weiterhin ist für börsennotierte Gesellschaften von praktischer Bedeutung, dass der Deutsche Corporate Governance Kodex in den Ziffern 5.4.1. bis 5.4.5 S. 1 u. 2 Empfehlungen zur Aufsichtsratsbesetzung enthält.[108] Sofern die Gesellschaft von diesen Empfehlungen nicht abweichen möchte, hat der Aufsichtsrat diese bei seiner praktischen Tätigkeit und insbesondere bei seinen Wahlvorschlägen zu berücksichtigen. Von besonderer praktischer Bedeutung sind zum einen die Offenlegung der persönlichen und geschäftlichen Beziehungen der Kandidaten zum Unternehmen, den Organen der Gesellschaft und wesentlich an der Gesellschaft beteiligten Aktionären und zum anderen die Beschränkungen im Hinblick auf den Wechsel von Vorständen in den Aufsichtsrat und Ämterhäufung. Die Beifügung eines Lebenslaufes der Kandidaten ist mittlerweile Standard geworden. Dies gilt ebenfalls für die Bekanntgabe von etwaigen Kandidatenvorschlägen für den Aufsichtsratsvorsitzenden.

77 Die Amtszeit der Aufsichtsratsmitglieder endet spätestens mit Beendigung der Hauptversammlung, die über die Entlastung für das vierte Geschäftsjahr nach Beginn der Amtszeit zu beschließen hat; das Geschäftsjahr, in dem das Aufsichtsratsmitglied gewählt worden ist, wird hierbei nicht mitgerechnet (§ 102 Abs. 1 S. 2 AktG). Die Höchstdauer der Amtszeit beträgt also etwa fünf Jahre.[109]

cc) Bestellung und Abberufung

78 Die Bestellung der Aufsichtsratsmitglieder erfolgt durch Wahl oder Entsendungsakt.[110] Die Aufsichtsratsmitglieder, die nicht Arbeitnehmervertreter sind oder in den Aufsichtsrat entsandt werden, werden von der Hauptversammlung gewählt (§ 101 Abs. 1 AktG). Nur der erste Aufsichtsrat der Gesellschaft wird durch die Gründer bestellt (§ 30 Abs. 1 AktG). Die Wahl der Aufsichtsratsmitglieder der Arbeitnehmer bestimmt sich nach den Vorschriften der Mitbestimmungsgesetze.[111] In der Satzung kann namentlich benannten Aktionären oder Inhabern bestimmter vinkulierter Inhaberaktien das Recht zur Entsendung einer Person oder mehrerer Personen in den Aufsichtsrat, höchstens jedoch bis zu einem Drittel der Aktionärsvertreter im Aufsichtsrat, eingeräumt werden (§ 101 Abs. 2 AktG).[112]

79 Wirksam wird die Bestellung zum Aufsichtsratsmitglied durch Wahl oder Entsendung mit der Annahmeerklärung der gewählten bzw. entsandten Person.[113] Die Amtszeit endet durch Zeitablauf. Das Amt kann allerdings durch Amtsniederlegung oder Abberufung auch vorzeitig beendet werden.

80 Die Niederlegung des Amtes durch ein Aufsichtsratsmitglied ist auch ohne wichtigen Grund zulässig.[114] Sie erfordert eine empfangsbedürftige Willenserklärung des Aufsichtsratsmitglieds; sie wird wirksam, wenn sie der Gesellschaft zugeht.[115]

---

[108] Zu Details vgl. *Kremer* in KBLW DCGK Rn. 1314 ff.
[109] *Hüffer/Koch* AktG § 102 Rn 2; *Israel* in Bürgers/Körber AktG § 102 Rn. 2; *Drygala* in Schmidt/Lutter AktG § 102 Rn 3; *Breuer/Fraune* in Heidel AktG § 102 Rn. 3.
[110] *Hüffer/Koch* AktG § 101 Rn. 3; *Spindler* in Spindler/Stilz AktG § 101 Rn. 14; *Israel* in Bürgers/Körber AktG § 101 Rn. 1; *Mertens/Cahn* in KölnKommAktG § 101 Rn. 1.
[111] *Hüffer/Koch* AktG § 101 Rn. 3; *Spindler* in Spindler/Stilz AktG § 101 Rn. 20; *Israel* in Bürgers/Körber AktG § 101 Rn. 8; *Mertens/Cahn* in KölnKommAktG § 101 Rn. 42 ff.
[112] *Hüffer/Koch* AktG § 101 Rn. 9 ff.; *Spindler* in Spindler/Stilz AktG § 101 Rn. 47 ff.; *Israel* in Bürgers/Körber AktG § 101 Rn. 10 ff.; *Mertens/Cahn* in KölnKommAktG § 101 Rn. 51 ff.
[113] *Hüffer/Koch* AktG § 101 Rn. 8; *Spindler* in Spindler/Stilz AktG § 101 Rn. 9; *Israel* in Bürgers/Körber AktG § 101 Rn. 7; *Mertens/Cahn* in KölnKommAktG § 101 Rn. 36.
[114] *Hüffer/Koch* AktG § 103 Rn. 17; *Spindler* in Spindler/Stilz AktG § 103 Rn. 63.
[115] *Hüffer/Koch* AktG § 103 Rn. 17; *Israel* in Bürgers/Körber AktG § 103 Rn. 18; *Mertens/Cahn* in KölnKommAktG § 103 Rn. 59; *Lutter/Krieger/Verse* Rechte und Pflichten des AR Rn. 37.

Die Abberufung der von der Hauptversammlung ohne Bindung an Wahlvorschläge 81
gewählten Aufsichtsratsmitglieder setzt gemäß § 103 Abs. 1 AktG einen entsprechenden
Beschluss der Hauptversammlung voraus, der idR eine Mehrheit von mindestens Dreiviertel der abgegebenen Stimmen erfordert. Die Satzung kann gemäß § 103 Abs. 1 S. 3
AktG eine andere Mehrheit oder weitergehende Abberufungsvoraussetzungen vorsehen.
Die Abberufung der Arbeitnehmervertreter richtet sich nach den Bestimmungen der
Mitbestimmungsgesetze.[116] Entsandte Aufsichtsratsmitglieder können gemäß § 103
Abs. 2 AktG grundsätzlich vom Entsendungsberechtigten abberufen werden. Die Abberufung durch den Entsendungsberechtigten kann jederzeit erfolgen, ohne dass es eines
wichtigen Grundes bedarf.[117] Eines wichtigen Grundes bedarf es hingegen bei einer
Abberufung durch ein Gericht nach § 103 Abs. 3 AktG.[118]

d) Die Hauptversammlung

Die Aktionäre üben ihre Rechte in den Angelegenheiten der Gesellschaft in der Haupt- 82
versammlung aus, soweit das Gesetz nichts anderes bestimmt (§ 118 Abs. 1 AktG). Die
Hauptversammlung ist der Ort, an dem die Aktionäre Beschlüsse fassen. An deren
Zustandekommen wirkt der einzelne Aktionär mit, indem er sein Rede- und Fragerecht
ausübt sowie von seinem Stimmrecht Gebrauch macht. Die Hauptversammlung ist demnach die zentrale Plattform für den Aktionär zur Geltendmachung seiner Rechte.[119]
Umgekehrt sind die Rechte der Aktionäre jedoch auch mediatisiert, da Einflussmöglichkeiten nur dann bestehen, sofern die Hauptversammlung aufgrund von Kompetenzzuweisungen durch Gesetz, Satzung oder ausnahmsweise auch richterliche Rechtsfortbildung zuständig ist und eine (ausreichende) Stimmenmehrheit für einen Hauptversammlungsbeschluss zustande kommt.[120] Somit ist aus der Sicht der Gesellschaft der
Aktionärseinfluss in geordnete Bahnen gelenkt.

Kraft Gesetzes ist die Hauptversammlung insbesondere bei den in § 119 Abs. 1 83
AktG genannten regelmäßig wiederkehrenden Maßnahmen zuständig, wie der Wahl
der Aufsichtsratsmitglieder der Aktionäre, der Verwendung des festgestellten Bilanzgewinns, der Entlastung von Vorstand und Aufsichtsrat oder der Bestellung des Abschlussprüfers. Ebenfalls ist die Hauptversammlung zuständig bei Grundlagen- oder
Strukturmaßnahmen, wie Satzungsänderungen, Maßnahmen der Kapitalbeschaffung
und -herabsetzung oder der Auflösung der Gesellschaft. Darüber hinaus kommt der
Hauptversammlung eine Entscheidungskompetenz in sonst gesetzlich geregelten Fällen,
wie bei Unternehmensverträgen (§§ 293 Abs. 1, Abs. 2, 295 Abs. 1 AktG), Squeeze-
Out-Beschlüssen (§§ 327a ff. AktG), Verschmelzungen (§§ 65, 73 UmwG), Vermögensübertragungen (§ 179a Abs. 1 AktG, §§ 174 ff. UmwG) oder Umwandlungen (§§ 226 ff.
UmwG) zu.

Bei Geschäftsführungsmaßnahmen besteht grundsätzlich keine Zuständigkeit der 84
Hauptversammlung. Das Aktiengesetz selbst lässt von diesem Grundsatz nur eine
Ausnahme zu, wenn der Vorstand die Beschlussfassung der Hauptversammlung ausdrücklich verlangt (§§ 119 Abs. 2, 111 Abs. 4 S. 3 AktG). Ob daneben weitere, un-

---

[116] Vgl. hierzu *Spindler* in Spindler/Stilz AktG § 103 Rn. 41 f.; *Israel* in Bürgers/Körber AktG
§ 103 Rn. 15; *Hopt/Roth* in Großkomm AktG § 103 Rn. 77.
[117] *Hüffer/Koch* AktG § 103 Rn. 7; *Spindler* in Spindler/Stilz AktG § 103 Rn. 18; *Mertens/Cahn*
in KölnKommAktG § 103 Rn. 20.
[118] Zu Details vgl. *Hüffer/Koch* AktG § 103 Rn. 9 ff.; zur Veranschaulichung OLG München DB
2018, 2626.
[119] *Ziemons* in Nirk/Ziemons/Binnewies HdB AG, 10.26; *Göhmann* in Frodermann/Jannott HdB
AktR 9 Rn. 2; *Krenek/Pluta* in Heidel AktG § 118 Rn. 1.
[120] *Hüffer/Koch* AktG § 118 Rn 1; *Spindler* in Schmidt/Lutter AktG § 118 Rn. 2; *Kubis* in
MüKoAktG § 118 Rn. 33.

geschriebene Hauptversammlungskompetenzen bestehen, ist streitig.[121] In seiner Holzmüller-[122] und seinen beiden Gelatine-Entscheidungen[123] hat der Bundesgerichtshof jedenfalls eine Ausnahmekompetenz der Hauptversammlung für solche Entscheidungen angenommen, die *„an die Kernkompetenz der Hauptversammlung, über die Verfassung der Gesellschaft zu bestimmen, rühren, und in ihren Auswirkungen einem Zustand nahezu entsprechen, der allein durch eine Satzungsänderung herbeigeführt werden kann"*.[124]

85 Die Praxis hat sich an den neuen Vorgaben des Bundesgerichtshofs ausgerichtet. Da es der Bundesgerichtshof ausdrücklich abgelehnt hat, einen Katalog von Geschäftsführungsmaßnahmen zu erstellen, die ggf. zustimmungspflichtig sein könnten, muss jeder Sachverhalt weiterhin einzelfallbezogen geprüft werden. Die Holzmüller-Doktrin ist allerdings nur in Ausnahmekonstellationen von Bedeutung, wenn im Kernbereich des Unternehmens (qualitative Komponente) Strukturmaßnahmen anstehen, die hohe Schwellenwerte (quantitative Komponente) erreichen.[125]

2. Vorstandsmitglieder als Haftungsadressaten

a) Allgemeines

86 In der Praxis steht der Vorstand als Haftungsadressat im Vordergrund. Er ist zur Vertretung der Aktiengesellschaft berufen (§ 77 AktG) und leitet die Gesellschaft unter eigener Verantwortung (§ 76 Abs. 1 AktG). Er trifft damit die Unternehmensentscheidungen und handelt für die Gesellschaft. Den ordentlichen Vorstandsmitgliedern gleichgestellt sind die stellvertretenden Vorstandsmitglieder (§ 94 AktG). Die Stellvertretereigenschaft hat lediglich interne Bedeutung. Das stellvertretende Vorstandsmitglied handelt daher nach außen mit allen Rechten und Pflichten.[126] Auch das nach § 85 AktG gerichtlich bestellte Vorstandsmitglied ist den übrigen Vorstandsmitgliedern gleichgestellt. Es ersetzt das fehlende Vorstandsmitglied mit allen Rechten und Pflichten für die Zeit und im Umfang der gerichtlichen Bestellung, sofern die Geschäftsführungsbefugnis im Bestellungsbeschluss nicht ausdrücklich abweichend geregelt wird.[127]

b) Fehlerhaft bestelltes und faktisches Organ

87 Vorstand ist, wer hierzu bestellt worden ist. Auf die Wirksamkeit der Bestellung kommt es nicht an. Entscheidend ist nur, dass ein – wenn auch fehlerhafter – Bestellungs-

---

[121] Vgl. *Hüffer/Koch* AktG § 119 Rn. 16 ff.; *Hoffmann* in Spindler/Stilz AktG § 119 Rn. 21 ff.; *Reger* in Bürgers/Körber AktG § 119 Rn. 12 ff.; *Mülbert* in Großkomm AktG § 119 Rn. 17 ff.; *Kubis* in MüKoAktG § 119 Rn. 31 ff.; *Ek* Praxisleitfaden für die Hauptversammlung Rn. 56 ff.
[122] BGHZ 83, 122.
[123] BGH NZG 2004, 571; 2004, 575.
[124] BGH NZG 2004, 571 (574); 2004, 575 (579).
[125] Zu Details vgl. *Hüffer/Koch* AktG § 119 Rn. 20 f.; *Reger* in Bürgers/Körber AktG § 119 Rn. 21 ff.; *Spindler* in Schmidt/Lutter AktG § 119 Rn. 30 ff.
[126] *Hüffer/Koch* AktG § 94 Rn. 2; *Fleischer* in Spindler/Stilz AktG § 94 Rn. 2; *Bürgers* in Bürgers/Körber AktG § 94 Rn. 1; *Thümmel* Persönliche Haftung von Managern und Aufsichtsräten Rn. 50; *Mertens/Cahn* in KölnKommAktG § 94 Rn. 3; *Wiesner* in MHdB GesR IV § 24 Rn. 23 ff.; *Spindler* in MüKoAktG § 94 Rn. 1.
[127] *Hüffer/Koch* AktG § 85 Rn. 5; *Fleischer* in Spindler/Stilz AktG § 85 Rn. 13 f.; *Bürgers* in Bürgers/Körber AktG § 85 Rn. 6; *Mertens/Cahn* in KölnKommAktG § 85 Rn. 15 f.

vorgang stattgefunden hat, und dass das Vorstandsmitglied auch tatsächlich als solches tätig geworden ist.[128]

Die Haftung von faktischen Organen, beispielsweise eine als Vorstand auftretende Person ohne rechtlich wirksame Bestellung, ist streitig. Nach der nunmehr herrschenden Meinung in Schrifttum und Rechtsprechung haftet auch das faktische Organ, sofern es Geschäftsführungsfunktionen ausübt und die Geschicke der Gesellschaft durch eigenes Handeln im Außenverhältnis maßgeblich in die Hand nimmt.[129] Wer wie ein geschäftsführendes Organ handelt, muss somit auch die Verantwortung eines solchen Organs tragen und wie ein solches haften.[130]   88

c) Haftung überstimmter und verhinderter Vorstandsmitglieder

Auch wenn ein Vorstandsmitglied von der Mehrheit im Vorstand überstimmt wird, lässt dies seine Verantwortlichkeit nicht entfallen. Das überstimmte Vorstandsmitglied kann über das Stimmverhalten hinaus verpflichtet sein, einen gesetzwidrigen, satzungswidrigen oder gesellschaftsschädlichen Beschluss zu verhindern.[131] Eine bloße Enthaltung entbindet das Vorstandsmitglied erst recht nicht von seiner Verantwortung. Es muss vielmehr klar zu einem pflichtwidrigen Beschluss des Vorstands Stellung nehmen und im Interesse der Gesellschaft verhindernd tätig werden.[132]   89

Was einem Vorstandsmitglied zugemutet werden kann, um die Ausführung eines pflichtwidrigen Beschlusses zu verhindern, hängt stets vom Einzelfall ab.[133] Eine Verantwortung entfällt, wenn das überstimmte Mitglied die ihm nach Lage der Sache zu Gebote stehenden Mittel eingesetzt hat, etwa durch eindringliche Warnungen und Gegenvorstellungen.[134] Das Vorstandsmitglied sollte jedenfalls Widerspruch gegen den Beschluss des Gesamtvorstands zu Protokoll erklären.[135] Lässt sich der Gesamtvorstand nicht von der Fassung oder Ausführung eines pflichtwidrigen Beschlusses abbringen, so muss sich das überstimmte Vorstandsmitglied an den Aufsichtsrat wenden, damit dieser im Rahmen seiner Zuständigkeit tätig wird.[136] Der Aufsichtsrat könnte auf den Gesamtvorstand beratend einwirken, einen Ad-hoc-Zustimmungsvorbehalt festlegen oder sogar Vorstandsmitglieder aus wichtigem Grund nach § 84 Abs. 3 AktG abberufen.[137]   90

---

[128] BGHZ 41, 282 (287); BGH WM 1995, 799 (800); RGZ 144, 384 (387); 152, 273 (277); *Hüffer/Koch* AktG § 93 Rn. 37; *Fleischer* in Spindler/Stilz AktG § 93 Rn. 169; *Bürgers* in Bürgers/Körber AktG § 93 Rn. 18; *Thümmel* Persönliche Haftung von Managern und Aufsichtsräten Rn. 51; *Schmittmann* Haftung von Organen in Krise und Insolvenz Rn. 190.
[129] BGH NZG 2005, 755; *Hüffer/Koch* AktG § 93 Rn. 38 ff. mwN.
[130] BGHZ 104, 44 (47); *Fleischer* in Spindler/Stilz AktG § 93 Rn. 187.
[131] *Weber* in Hölters AktG § 77 Rn. 10; *Bürgers* in Bürgers/Körber AktG § 93 Rn. 20; *Fleischer* in Spindler/Stilz AktG § 77 Rn. 29; *Hopt/Roth* in Großkomm AktG § 93 Rn. 169; *Schnabel/Lücke* in BeckMandatsHdB AG-Vorstand § 6 Rn. 40.
[132] *Fleischer* in Spindler/Stilz AktG § 77 Rn. 29; *Spindler* in MüKoAktG § 93 Rn. 166 ff.
[133] *Fleischer* in Spindler/Stilz AktG § 77 Rn. 31 ff.; *Spindler* in MüKoAktG § 93 Rn. 166; zu Details vgl. *Fleischer* in Fleischer VorstandsR-HdB § 11 Rn. 43 ff.
[134] *Weber* in Hölters AktG § 93 Rn. 11; *Hopt/Roth* in Großkomm AktG § 93 Rn. 169; *Spindler* in MüKoAktG § 93 Rn. 166.
[135] OLG Düsseldorf BB 1996, 230 (231); *Bürgers* in Bürgers/Körber AktG § 93 Rn. 20; *Spindler* in MüKoAktG § 93 Rn. 149; *Schnabel/Lücke* in BeckMandatsHdB AG-Vorstand § 6 Rn. 40; *Fleischer* in Fleischer VorstandsR-HdB § 11 Rn. 41.
[136] *Weber* in Hölters AktG § 93 Rn. 11; *Mertens/Cahn* in KölnKommAktG § 77 Rn. 50; *Fleischer* in Spindler/Stilz AktG § 77 Rn. 32; *Bürgers* in Bürgers/Körber AktG § 93 Rn. 20; *Hopt/Roth* in Großkomm AktG § 93 Rn. 169; *Spindler* in MüKoAktG § 93 Rn. 167.
[137] *Weber* in Hölters AktG § 93 Rn. 11; *Spindler* in MüKoAktG § 93 Rn. 150.

91 Zur Vermeidung einer Haftung könnte das überstimmte Vorstandsmitglied auch sein Amt niederlegen. Hierzu ist es jedoch nicht verpflichtet, zumal dadurch die Ausführung des Beschlusses idR nicht verhindert werden kann.[138]

92 Hat ein Vorstandsmitglied an einem Beschluss nicht mitgewirkt, kommt eine Haftung wegen pflichtwidriger Stimmausübung nicht in Betracht, es sei denn, das Vorstandsmitglied ist bewusst der Vorstandssitzung ferngeblieben, um die Teilnahme an der Abstimmung zu vermeiden. Ein abwesendes Vorstandsmitglied muss jedoch von den anderen Vorstandsmitgliedern gefasste Beschlüsse eigenständig prüfen und bei Zweifeln an der Rechtmäßigkeit gegebenenfalls eine neue Sitzung anregen oder gegen den Beschluss bei den anderen Vorstandsmitgliedern remonstrieren bzw. andere Maßnahmen wie die Information des Aufsichtsrates ergreifen.[139]

3. Aufsichtsratsmitglieder als Haftungsadressaten

93 Mitglieder des Aufsichtsrats haften ebenfalls für ihre Pflichtverletzungen. Ihre Haftung im Innenverhältnis ist gemäß § 116 AktG an die der Vorstandsmitglieder angelehnt. Sie haften somit aus §§ 93, 116 AktG bei Nichterfüllung ihrer Aufgaben, insbesondere bei fehlerhafter Überwachung des Vorstands.[140] Des Weiteren können insbesondere Verstöße gegen die Pflicht zur Verschwiegenheit über erhaltene vertrauliche Berichte und vertrauliche Beratungen (§ 116 S. 2 AktG) wie auch die Festsetzung einer unangemessen hohen Vorstandsvergütung (§ 116 S. 3 AktG) zur Haftung eines Aufsichtsratsmitglieds führen.

94 Stellvertretende Aufsichtsratsmitglieder gibt es gemäß § 103 Abs. 3 S. 1 AktG nicht, jedoch können gemäß § 101 Abs. 3 S. 2 AktG Ersatzmitglieder bestellt werden, die bei Wegfall eines Aufsichtsratsmitglieds für den Rest der Amtszeit an dessen Stelle nachrücken. Für die Zeit ihrer Amtszeit haben die Ersatzmitglieder die gleichen Rechte und Pflichten wie die Aufsichtsratsmitglieder, die sie ersetzen.[141] Auch das gemäß § 104 AktG gerichtlich bestellte Aufsichtsratsmitglied ist den übrigen Aufsichtsratsmitgliedern gleichgestellt.[142] Hinsichtlich einer möglichen Haftung fehlerhaft bestellter und faktischer Aufsichtsratsmitglieder[143] sowie der Haftung überstimmter und verhinderter Aufsichtsratsmitglieder[144] gilt das zum Vorstand Gesagte entsprechend.

4. Besonderheiten in Kollegialorganen

95 Gemäß § 76 Abs. 2 S. 1 AktG kann der Vorstand aus einer oder mehreren Personen bestehen. Der Vorstand einer Gesellschaft mit einem Grundkapital von mehr als 3 Mio. EUR hat, sofern die Satzung keine abweichende Regelung vorsieht, stets aus mindestens zwei Personen zu bestehen (§ 76 Abs. 2 S. 2 AktG). Sämtliche Vorstandsmitglieder sind grundsätzlich nur gemeinschaftlich zur Geschäftsführung befugt, die Satzung oder die

---

[138] *Weber* in Hölters AktG § 93 Rn. 13; *Fleischer* in Spindler/Stilz AktG § 77 Rn. 32; *Mertens/Cahn* in KölnKommAktG § 77 Rn. 50; AktG § 77 Rn. 39; *Spindler* in MüKoAktG § 93 Rn. 167.

[139] *Spindler* in MüKoAktG § 93 Rn. 170; *Fleischer* in Fleischer VorstandsR-HdB § 11 Rn. 54.

[140] *Doralt/Doralt* in Semler/v. Schenck AR-HdB § 14 Rn. 31 ff.; *Spindler* in Spindler/Stilz AktG § 116 Rn. 1; *Israel* in Bürgers/Körber AktG § 116 Rn. 1.

[141] *Hüffer/Koch* AktG § 101 Rn. 14; *Spindler* in Spindler/Stilz AktG § 101 Rn. 88; *Wagner* in Semler/v. Schenck AR-HdB § 2 Rn. 66.

[142] *Hüffer/Koch* AktG § 104 Rn. 17; *Mertens/Cahn* in KölnKommAktG § 104 Rn. 40; *Spindler* in Spindler/Stilz AktG § 104 Rn. 3; *Israel* in Bürgers/Körber AktG § 104 Rn. 11.

[143] Zu Details vgl. BGH NJW 2013, 1535; *Hüffer/Koch* AktG § 101 Rn. 20 ff.; *Thümmel* Persönliche Haftung von Managern und Aufsichtsräten Rn. 52; *Spindler* in Spindler/Stilz AktG § 116 Rn. 11 f.

[144] Zu Details vgl. *Spindler* in Spindler/Stilz AktG § 116 Rn. 11 f.; *Habersack* in MüKoAktG § 116 Rn. 38; *Spindler* in Spindler/Stilz AktG § 116 Rn. 41 f.

Geschäftsordnung des Vorstands können jedoch Abweichendes bestimmen (§ 77 Abs. 1 S. 2 AktG). In der Praxis wird hiervon regelmäßig Gebrauch gemacht; insbesondere bei größeren Gesellschaften ist eine solche schriftlich fixierte Geschäftsverteilung meist unerlässlich.[145] Üblich ist insbesondere eine Verteilung der Geschäfte des Vorstands auf einzelne Mitglieder nach regionalen, fachlichen, organisatorischen oder personellen Gesichtspunkten.

Soweit nach der Geschäftsverteilung im Vorstand Einzelgeschäftsführung für alle oder einzelne Geschäftsbereiche besteht, sind die unzuständigen Vorstandsmitglieder jedoch nicht per se von ihrer haftungsrechtlichen Gesamtverantwortung befreit.[146] Die Geschäftsverteilung bewirkt nicht, dass sich Vorstandsmitglieder nur noch um die ihnen übertragenen Geschäftsbereiche kümmern müssen und für diese haften. Zwar beschränkt sich ihre unmittelbare Tätigkeit nur auf den eigenen Geschäftsbereich mit der Folge, dass ein Vorstandsmitglied nicht in Geschäftsbereiche der anderen Vorstandsmitglieder eingreifen darf.[147] Aus der unabdingbaren Gesamtverantwortung aller Vorstandsmitglieder für die Geschäftsführung folgt jedoch die Pflicht, die Tätigkeit der anderen Vorstandsmitglieder in den ihnen zugewiesenen Sachbereichen zu überwachen; es besteht also eine Aufsichtspflicht gegenüber den Vorstandskollegen.[148]

96

Inhalt und Umfang der aus der Gesamtverantwortung der Vorstandsmitglieder folgenden allgemeinen Aufsichtspflicht stets eine Frage des Einzelfalls. Anders als die Überwachungspflicht des Aufsichtsrats gemäß § 111 Abs. 1 AktG bezieht sich die allgemeine Aufsichtspflicht der Vorstandsmitglieder nicht auf die laufende und umfassende Kontrolle eines jeden Vorstandsmitglieds. Da eine Geschäftsverteilung auf gegenseitigem Vertrauen der Vorstandsmitglieder beruht, genügt das jeweilige Vorstandsmitglied gewöhnlich seiner allgemeinen Aufsichtspflicht, wenn es sich auf Sitzungen des Gesamtvorstands über die Tätigkeiten und Vorkommnisse in den anderen Geschäftsbereichen hinreichend informiert.[149] Die Aufsichtspflicht wird regelmäßig erst dann verletzt, wenn für einen ordentlichen und gewissenhaften Geschäftsleiter auf Grund konkreter Anhaltspunkte der Verdacht bestehen musste, dass die Geschäfte nicht ordnungsgemäß geführt werden und Interessen der Gesellschaft gefährdet sind.[150] In diesem Fall muss sich das überwachende Vorstandsmitglied einschalten, um nicht selbst ersatzpflichtig zu werden.[151] Um einen Mangel abzustellen, muss sich das Vorstandsmitglied an den Gesamtvorstand oder den Aufsichtsrat wenden, damit entweder über die in Frage stehende Geschäftsführungsmaßnahme durch den Gesamtvorstand entschieden oder beispielsweise eine andere Geschäftsverteilung vorgenommen wird.[152]

97

---

[145] *Bürgers* in Bürgers/Körber AktG § 77 Rn. 14; *Wiesner* in MHdB GesR IV § 22 Rn. 17.

[146] *Hüffer/Koch* AktG § 77 Rn. 15; *Bürgers* in Bürgers/Körber AktG § 77 Rn. 12; *Spindler* in MüKoAktG § 77 Rn. 56; *Wiesner* in MHdB GesR IV § 22 Rn. 24.

[147] *Fleischer* in Spindler/Stilz AktG § 77 Rn. 47; *Spindler* in MüKoAktG § 77 Rn. 56.

[148] BGHZ 133, 370 (377 f.); *Hüffer/Koch* AktG § 77 Rn. 15; *Fleischer* in Spindler/Stilz AktG § 77 Rn. 48; *Spindler* in MüKoAktG § 77 Rn. 56; *Mertens/Cahn* in KölnKommAktG § 77 Rn. 26 ff.; *Kort* in Großkomm AktG § 77 Rn. 37; *Liebscher* in BeckHdB AG § 6 Rn. 138.

[149] *Hüffer/Koch* AktG § 77 Rn. 15; *Bürgers* in Bürgers/Körber AktG § 77 Rn. 12; *Fleischer* in Spindler/Stilz AktG § 77 Rn. 54; *Wiesner* in MHdB GesR IV § 22 Rn. 25; *Kort* in Großkomm AktG § 77 Rn. 37 f.; *Schnabel/Lücke* in BeckMandatsHdB AG-Vorstand § 6 Rn. 36.

[150] *Spindler* in MüKoAktG § 93 Rn. 154; *Fleischer* in Spindler/Stilz AktG § 77 Rn. 51 ff.; *Kort* in Großkomm AktG § 77 Rn. 38; *Fleischer* in Fleischer VorstandsR-HdB § 8 Rn. 19.

[151] BGHZ 133, 370 (377 ff.); OLG Köln NZG 2001, 135 (136); OLG Koblenz NZG 1998, 953 (954); *Wiesner* in MHdB GesR IV § 22 Rn. 24; *Fleischer* in Spindler/Stilz AktG § 77 Rn. 51; *Mertens/Cahn* in KölnKommAktG § 77 Rn. 26 ff.; *Spindler* in MüKoAktG § 93 Rn. 155.

[152] *Hüffer/Koch* AktG § 77 Rn. 15a; *Fleischer* in Spindler/Stilz AktG § 77 Rn. 32; *Bürgers* in Bürgers/Körber AktG § 93 Rn. 20; *Spindler* in MüKoAktG § 93 Rn. 167; *Wiesner* in MHdB GesR IV § 22 Rn. 24; *Schnabel/Lücke* in BeckMandatsHdB AG-Vorstand § 6 Rn. 38.

5. Mehrheit von Haftpflichtigen

98 Beruht ein Schaden der Gesellschaft auf dem Verhalten mehrerer Organmitglieder, von denen jedes die Voraussetzungen einer anspruchsbegründenden Haftungsnorm erfüllt, so haften die Organmitglieder grundsätzlich als Gesamtschuldner. § 93 Abs. 2 S. 1 AktG bestimmt dies ausdrücklich für die Innenhaftung der Vorstandsmitglieder gegenüber der Gesellschaft und in Verbindung mit § 116 AktG auch für die Aufsichtsratsmitglieder. Soweit Außenhaftungsansprüche Dritter gegen Mitglieder der Verwaltung der Gesellschaft betroffen sind, ergibt sich die Gesamtschuldnerschaft idR aus dem allgemeinen Deliktsrecht, insbesondere aus § 840 Abs. 1 BGB.[153] Sind Mitglieder des Vorstands und des Aufsichtsrats nebeneinander haftbar, so haften alle gesamtschuldnerisch,[154] sofern jedes Organmitglied die Haftungsvoraussetzungen erfüllt. Die gesamtschuldnerisch haftenden Organmitglieder müssen nicht die gleiche Pflichtverletzung begangen haben. Möglich ist auch, dass ein Vorstandsmitglied eine in sein Ressort fallende Pflicht verletzt und ein anderes Vorstandsmitglied seine allgemeine Überwachungspflicht.[155] Zudem muss jedem Organmitglied ein eigenes Verschulden zur Last fallen.[156]

99 Die gesamtschuldnerische Haftung führt zur Anwendbarkeit der §§ 421 ff. BGB. Danach ist jedes mithaftende Organmitglied verpflichtet, in voller Höhe Ersatz zu leisten.[157] Die Organmitglieder tragen den Schaden gemäß § 426 Abs. 1 BGB untereinander idR zu gleichen Teilen, sofern sich nicht insbesondere aus § 254 BGB etwas anderes ergibt.[158] Daher kann sich im Innenverhältnis zwischen den haftenden Organmitgliedern ein anderer Verteilungsschlüssel ergeben, wenn auf sie ein unterschiedlicher Verschuldensmaßstab anzuwenden ist.

III. Innenhaftung und Außenhaftung

1. Allgemeines

100 Der Begriff der Organhaftung beschreibt die Verpflichtung von Vorstand und Aufsichtsrat, für solche Schäden einzustehen, die durch ihr unternehmerisches Handeln – sei es durch Tun oder Unterlassen – dem Unternehmen oder Dritten entstanden sind. Dabei ist zwischen der Innenhaftung (gegenüber dem Unternehmen) und der Außenhaftung (gegenüber Dritten) zu unterscheiden. Diese Differenzierung ist insofern von besonderer Bedeutung, als die Innenhaftung und die Außenhaftung gesetzlich unterschiedlich geregelt sind. Unterschiedliche Anspruchsgrundlagen und Anspruchsvoraussetzungen sind

---

[153] *Thümmel* Persönliche Haftung von Managern und Aufsichtsräten Rn. 65; *Ritter/Schüppen* in MAH AktR § 24 Rn. 8 f.

[154] *Hopt/Roth* in Großkomm AktG § 93 Rn. 461; *Fleischer* in Spindler/Stilz AktG § 93 Rn. 219; *Bürgers* in Bürgers/Körber AktG § 93 Rn. 30; *Mertens/Cahn* in KölnKommAktG § 93 Rn. 50.

[155] *Fleischer* in Spindler/Stilz AktG § 93 Rn. 195; *Wiesner* in MHdB GesR IV § 26 Rn. 12.

[156] *Thümmel* Persönliche Haftung von Managern und Aufsichtsräten Rn. 68; *Bürgers* in Bürgers/Körber AktG § 93 Rn. 30; *Wiesner* in MHdB GesR IV § 26 Rn. 15; *Mertens/Cahn* in KölnKommAktG § 93 Rn. 50.

[157] *Wiesner* in MHdB GesR IV § 26 Rn. 26; *Fleischer* in Spindler/Stilz AktG § 93 Rn. 219; *Bürgers* in Bürgers/Körber AktG § 93 Rn. 30; *Thümmel* Persönliche Haftung von Managern und Aufsichtsräten Rn. 65; *Hopt/Roth* in Großkomm AktG § 93 Rn. 462.

[158] *Hüffer/Koch* AktG § 93 Rn. 57; *Fleischer* in Spindler/Stilz AktG § 93 Rn. 220; *Bürgers* in Bürgers/Körber AktG § 93 Rn. 31; *Wiesner* in MHdB GesR IV § 26 Rn. 27; *Mertens/Cahn* in KölnKommAktG § 93 Rn. 50; *Hopt/Roth* in Großkomm AktG § 93 Rn. 465.

zu beachten.[159] Während die Innenhaftung weitgehend im Aktiengesetz geregelt ist, gelten für die Außenhaftung im Wesentlichen die allgemeinen Anspruchsgrundlagen, insbesondere das Deliktsrecht.[160]

2. Innenhaftung

Die Innenhaftung bezeichnet die Verantwortlichkeit der Organmitglieder gegenüber der Gesellschaft. Innenhaftungsansprüche können daher immer nur der Aktiengesellschaft zustehen, für die der Vorstand oder der Aufsichtsrat als Organ tätig ist. Die Innenhaftung der Vorstandsmitglieder ergibt sich insbesondere aus § 93 Abs. 2 S. 1 AktG. Danach sind Vorstandsmitglieder, die ihre Pflichten verletzen, der Gesellschaft zum Ersatz des daraus entstehenden Schadens verpflichtet. § 93 AktG umfasst sowohl die Haftung für die Verletzung der Organstellung als auch des Anstellungsvertrages.[161] Die entsprechende Verpflichtung der Aufsichtsratsmitglieder gegenüber der Aktiengesellschaft ergibt sich aus § 116 AktG, der unmittelbar auf § 93 AktG verweist.

101

3. Außenhaftung

Die Außenhaftung betrifft die persönliche Haftung von Vorstands- und Aufsichtsratsmitgliedern gegenüber Dritten, denen die Organmitglieder persönlich weder organschaftlich noch vertraglich gegenüberstehen.[162] Dritte können Aktionäre der Gesellschaft, Arbeitnehmer, Lieferanten, Kunden, Wettbewerber, sonstige Gläubiger oder unbeteiligte Personen sein.[163] Einen geschlossenen Katalog von Anspruchsgrundlagen, die zur Außenhaftung der Organmitglieder führen, gibt es nicht. Mögliche Anspruchsgrundlagen ergeben sich beispielsweise aus dem Deliktsrecht (§§ 823 ff. BGB), aus der bürgerlich-rechtlichen oder der spezialgesetzlichen Prospekthaftung oder aus Verschulden bei Vertragsschluss (culpa in contrahendo). Die Außenhaftung der Organmitglieder wird gerade in wirtschaftlich schlechten Zeiten, insbesondere in der Insolvenz der Gesellschaft, bedeutsam.

102

IdR sind schädigende Handlungen gegenüber Dritten gleichzeitig Sorgfaltspflichtverletzungen im Innenverhältnis, die Ersatzansprüche der Gesellschaft gegenüber dem Organmitglied gemäß § 93 AktG (gegebenenfalls in Verbindung mit § 116 AktG) auslösen.

103

---

[159] *Plück/Lattwein* Haftungsrisiken für Manager S. 18; *Thümmel* Persönliche Haftung von Managern und Aufsichtsräten Rn. 25.
[160] *Plück/Lattwein* Haftungsrisiken für Manager S. 19, 23; *Thümmel* Persönliche Haftung von Managern und Aufsichtsräten Rn. 25, 33.
[161] BGH NJW 1997, 741; ZIP 1989, 1390 (1392); WM 1992, 691 (692); *Hüffer/Koch* AktG § 93 Rn. 40; *Fleischer* in Spindler/Stilz AktG § 93 Rn. 166; *Bürgers* in Bürgers/Körber AktG § 93 Rn. 19; *Schnabel/Lücke* in BeckMandatsHdB AG-Vorstand § 6 Rn. 9.
[162] *Thümmel* Persönliche Haftung von Managern und Aufsichtsräten Rn. 33; *Plück/Lattwein* Haftungsrisiken für Manager S. 23.
[163] *Thümmel* Persönliche Haftung von Managern und Aufsichtsräten Rn. 33; *Spindler* in MüKo-AktG § 93 Rn. 298 ff.

B. Haftungsrisiken für Vorstände

I. Innenhaftung

1. Einleitung

Für bestimmte Pflichtverletzungen im Lebenszyklus der Gesellschaft, wie beispielsweise Pflichtverletzungen der Vorstandsmitglieder in der Gründungsphase der Gesellschaft, sieht das Aktiengesetz spezielle Anspruchsgrundlagen vor. Weitergehende Pflichten der Vorstandsmitglieder ergeben sich aus der allgemeinen Sorgfaltspflicht gemäß § 93 Abs. 1 AktG und den in § 93 Abs. 3 AktG genannten Fällen. Soweit darüber hinaus spezielle Sachverhalte betroffen sind, enthalten entweder das AktG (beispielsweise bei Konzernverhältnissen) oder bereichsspezifische Spezialgesetze wie beispielsweise die Marktmissbrauchsverordnung und das Wertpapierhandelsgesetz spezielle Pflichten. Im Folgenden werden aus der Fülle der in Frage kommenden Rechtspflichten, die Unternehmen in unterschiedlichen Branchen und Situationen treffen können,[164] einige praxisrelevante spezialgesetzliche Regelungen dargestellt.

2. Verletzung ausdrücklich geregelter Pflichten

a) Bei der Gründung der Gesellschaft

Besondere Pflichten der Vorstandsmitglieder ergeben sich bei der Gründung der Gesellschaft, und bei deren Verletzung droht eine Haftung gemäß § 48 S. 1 AktG. Daneben steht gemäß § 48 AktG die „allgemeine" Haftung nach § 93 AktG. Durch § 48 S. 2 AktG wird klargestellt, dass die Sorgfaltspflichten der Vorstandsmitglieder auch bereits während des Gründungsstadiums, also noch vor Eintragung der Gesellschaft in das Handelsregister, gelten. Die Innenhaftung der Vorstandsmitglieder gegenüber der Gesellschaft entsteht allerdings erst mit Eintragung der Gesellschaft.[165] § 48 AktG dient damit ebenso wie die §§ 46, 47 AktG, die die Haftung der Gründer bzw. ihnen gleichgestellten Personen regeln, dem Schutz der Kapitalaufbringung.[166]

Nach § 48 AktG sind Vorstandsmitglieder dafür verantwortlich, dass Einlagen der Gründer zur freien Verfügung des Vorstandes eingezahlt sind und dass die empfangende Zahlstelle (Bank) geeignet ist. Daneben existieren jedoch weitere Pflichten, insbesondere die Pflicht zur Prüfung des Gründungs- bzw. Nachgründungsberichts gemäß den §§ 33 Abs. 1, 34 AktG (bei Nachgründungssachverhalten in Verbindung mit § 53 AktG) sowie

---

[164] Vgl. zur Veranschaulichung die Auswahl von Checklisten zur Erfüllung vielfältiger Rechtsnormen aus unterschiedlichsten Rechtsbereichen und für die vielfältigen Konstellationen im „Leben" eines Unternehmens *Umnuß* Compliance Checklisten S. 1 ff.

[165] *Hüffer/Koch* AktG § 48 Rn. 2; *Wellhöfer* in Wellhöfer/Peltzer/Müller Vorstandshaftung § 4 Rn. 297; *Gerber* in Spindler/Stilz AktG § 48 Rn. 1; *Körber* in Bürgers/Körber AktG § 48 Rn. 3; *Pentz* in MüKoAktG § 48 Rn. 2; *Plück/Lattwein* Haftungsrisiken für Manager S. 28.

[166] *Hüffer/Koch* AktG § 48 Rn. 1; *Gerber* in Spindler/Stilz AktG § 48 Rn. 1; *Körber* in Bürgers/Körber AktG § 48 Rn. 2; *Pentz* in MüKoAktG § 48 Rn. 3.

die Pflicht, die Gesellschaft ordnungsgemäß zur Eintragung in das Handelsregister anzumelden (§§ 36 ff. AktG).[167]

aa) Keine freie Verfügung des Vorstands über die geleisteten Einlagen

107 Gemäß § 54 Abs. 3 S. 1 AktG müssen Gründungsgesellschafter ihre Bareinlagen vor Handelsregisteranmeldung der Gesellschaft zur freien Verfügung des Vorstands einzahlen. Die Tatsache, dass die Beträge zur freien Verfügung des Vorstands geleistet wurden, müssen die Gründungsgesellschafter und Organmitglieder gemäß § 37 Abs. 1 AktG in der Anmeldung versichern. Erst durch die Einzahlung der Beträge zur freien Verfügung des Vorstands werden die Gründungsgesellschafter von ihrer Einlageverpflichtung befreit.[168]

108 Die Zahlungen sind zur freien Verfügung des Vorstands erbracht, wenn die eingezahlten Mittel der Gesellschaft effektiv und endgültig zugeflossen sind, der Vorstand darüber im Rahmen seiner Aufgaben ohne Einschränkung verfügen kann und der Einlagenschuldner seine Verfügungsmacht über die Mittel vollständig und vorbehaltlos aufgegeben hat.[169] An der freien Verfügbarkeit kann es insbesondere dann fehlen, wenn die Einlage unmittelbar oder mittelbar aus dem Vermögen der Gesellschaft stammt, da ihr dann kein neues Kapital zufließt, oder wenn sich die Gesellschaft zur Rückzahlung (auch als Kredit) verpflichtet.[170] Bei Einlageleistung durch Kontogutschrift fehlt es an der freien Verfügbarkeit, wenn das Konto gesperrt oder gepfändet ist oder das kontoführende Institut nur bestimmte Verwendungen zulässt oder ermächtigt ist, selbst über den gutgeschriebenen Betrag zu verfügen.[171]

109 Sorgt der Vorstand nicht für eine vollständige Einzahlung der Einlagebeträge zu seiner freien Verfügung, haftet er gemäß § 48 S. 1 AktG insbesondere für offene Einlagen bezüglich derer von den Aktionären keine Zahlung zu erlangen ist.[172]

bb) Auswahl einer ungeeigneten Zahlstelle für die Einlageleistungen

110 Gemäß § 48 S. 1 AktG sind die Vorstandsmitglieder verpflichtet, eine geeignete Stelle zur Einzahlung der Einlageleistungen der Gründungsgesellschafter auszuwählen. Gemäß § 54 Abs. 3 AktG kann die von der Gesellschaft eingeforderte Einlageleistung auf ein Konto der Gesellschaft oder des Vorstands erfolgen. Eine Eignung der kontoführenden Stelle setzt voraus, dass diese zahlungsfähig und zuverlässig ist, so dass die Einlageleistung auch der Gesellschaft zukommt.[173]

---

[167] *Hüffer/Koch* AktG § 48 Rn. 3; *Wellhöfer* in Wellhöfer/Peltzer/Müller Vorstandshaftung § 4 Rn. 297; *Gerber* in Spindler/Stilz AktG § 48 Rn. 4; *Körber* in Bürgers/Körber AktG § 48 Rn. 6; *Pentz* in MüKoAktG § 48 Rn. 14 ff.; *Arnold* in KölnKommAktG § 48 Rn. 10.

[168] *Hüffer/Koch* AktG § 54 Rn. 11 ff.; *Cahn/Senger* in Spindler/Stilz AktG § 54 Rn. 70; *Bungeroth* in MüKoAktG § 54 Rn. 69.

[169] *Hüffer/Koch* AktG § 54 Rn. 18; *Cahn/Senger* in Spindler/Stilz AktG § 54 Rn. 71; *Bungeroth* in MüKoAktG § 54 Rn. 70; *Drygala* in KölnKommAktG § 54 Rn. 82 ff.

[170] BGHZ 122, 180 (184 f.); *Hüffer/Koch* AktG § 36 Rn. 8; *Cahn/Senger* in Spindler/Stilz AktG § 54 Rn. 73.

[171] *Hüffer/Koch* AktG § 36 Rn. 8; *Lohse* in Bürgers/Körber AktG § 36 Rn. 6; *Döbereiner* in Spindler/Stilz AktG § 36 Rn. 20 f.

[172] *Hüffer/Koch* AktG § 48 Rn. 5; *Körber* in Bürgers/Körber AktG § 48 Rn. 6; *Gerber* in Spindler/Stilz AktG § 48 Rn. 3; *Pentz* in MüKoAktG § 48 Rn. 24; *Arnold* in KölnKommAktG § 48 Rn. 15.

[173] *Hüffer/Koch* AktG § 46 Rn. 8; *Körber* in Bürgers/Körber AktG § 48 Rn. 6; *Pentz* in MüKoAktG § 46 Rn. 33; *Arnold* in KölnKommAktG § 46 Rn. 29.

cc) Verletzung der Pflicht zur Prüfung des Gründungsberichts bzw. des Nachgründungsberichts

Gemäß § 33 Abs. 1 AktG haben die Mitglieder des Vorstands und des Aufsichtsrats den Hergang der Gründung zu prüfen. Zusammen mit der Gründungsprüfung gemäß § 33 Abs. 2 AktG[174] unter Einschaltung eines externen Gründungsprüfers soll die Prüfung durch die Verwaltungsmitglieder die ordnungsgemäße Errichtung der Aktiengesellschaft sicherstellen. Grundlage der Gründungsprüfung ist der Gründungsbericht der Gründer gemäß § 32 AktG.[175] Der Inhalt der Prüfung gemäß § 33 Abs. 1 AktG richtet sich nach § 34 AktG. Danach muss sich die Prüfung auf alle Umstände erstrecken, die für die späteren Aktionäre und Gläubiger von Belang sein können, sowie auf alle Vorgänge, die Gegenstand der registerrechtlichen Prüfung nach § 38 AktG sind.[176] Die in § 34 Abs. 1 AktG genannten besonderen Prüfungsgegenstände stellen keine abschließende Regelung, sondern nur eine beispielhafte Hervorhebung besonderer und in jedem Falle ausdrücklich zu behandelnder Prüfungsgegenstände dar.[177]

111

Zu prüfen sind insbesondere:[178]
- Die Feststellung und der Inhalt der Satzung sowie ihre Vollständigkeit und Vereinbarkeit mit den gesetzlichen Bestimmungen, einschließlich der Ordnungsmäßigkeit der Beurkundung sowie etwaiger Vollmachten.
- Die Erbringung der Einlagen, sofern diese zum Zeitpunkt der Gründungsprüfung bereits ganz oder teilweise erbracht sind. Sofern Einlagen noch nicht vollständig geleistet wurden, ist dies im Prüfungsbericht zu vermerken.
- Die Richtigkeit und Vollständigkeit der Angaben der Gründer über die Übernahme der Aktien, die Einlagen und das Grundkapital und die Festsetzungen nach §§ 26, 27 AktG. Sofern sich bei pflichtgemäßer Sorgfalt Zweifel aufdrängen, ist auch die Zahlungsfähigkeit und der Zahlungswille der Gründer zu prüfen.
- Die Ordnungsmäßigkeit der Sacheinlage und Sachübernahmevereinbarungen sowie die Werthaltigkeit ihrer Gegenstände. Zu bestätigen ist in diesem Rahmen, dass der Wert der Sacheinlage den geringsten Ausgabebetrag der dafür gewährten Aktien erreicht.
- Das Vorliegen erforderlicher Genehmigungen.
- Die Ordnungsmäßigkeit der Bestellung der Vorstands- und Aufsichtsratsmitglieder und Abschlussprüfer.
- Das Vorliegen des Gründungsberichts der Gründer nach § 32 AktG.

112

Eine Verletzung der Gründungsprüfungspflicht durch die Organmitglieder führt zur Schadenersatzverpflichtung gemäß § 48 S. 1 AktG. Ist etwa durch die Verletzung der Gründungsprüfungspflicht eine zu hohe Bewertung einer Sacheinlage nicht berichtet worden, so haben die Organmitglieder die Gesellschaft so zu stellen, wie sie stünde, wenn

113

---

[174] Vgl. § 33a AktG zur Sachgründung ohne externe Gründungsprüfung bei Einbringung spezifischer Vermögensgegenstände (zB Wertpapiere).
[175] *Hüffer/Koch* AktG § 32 Rn. 1; *Lohse* in Bürgers/Körber AktG § 33 Rn. 1; *Gerber* in Spindler/Stilz AktG § 32 Rn. 1; *Pentz* in MüKoAktG § 33 Rn. 5.
[176] *Lohse* in Bürgers/Körber AktG § 34 Rn. 2; *Gerber* in Spindler/Stilz AktG § 34 Rn. 3; *Pentz* in MüKoAktG § 34 Rn. 9; *Röhricht/Schall* in Großkomm AktG § 33 Rn. 5.
[177] *Hüffer/Koch* AktG § 34 Rn. 2; *Lohse* in Bürgers/Körber AktG § 34 Rn. 1; *Gerber* in Spindler/Stilz AktG § 34 Rn. 3; *Pentz* in MüKoAktG § 34 Rn. 9.
[178] Vgl. *Hüffer/Koch* AktG § 34 Rn. 2; *Lohse* in Bürgers/Körber AktG § 34 Rn. 2; *Gerber* in Spindler/Stilz AktG § 34 Rn. 3 ff.; *Pentz* in MüKoAktG § 34 Rn. 10; *Röhricht/Schall* in Großkomm AktG § 34 Rn. 6 ff.; *Arnold* in KölnKommAktG § 34 Rn. 5 f.

die Sache tatsächlich den ihr beigemessenen Wert gehabt hätte.[179] Darüber hinaus können sich die Verwaltungsmitglieder gemäß § 399 Abs. 1 Nr. 2 AktG strafbar machen, wenn sie im Gründungsbericht falsche Angaben machen oder erhebliche Umstände verschweigen.[180]

114 Besondere Pflichten obliegen den Mitgliedern der Verwaltungsorgane bei einer Nachgründung gemäß § 52 AktG, die zu ihrer Wirksamkeit der Zustimmung der Hauptversammlung und der Eintragung im Handelsregister bedarf.[181] Eine Nachgründung ist die Begründung von Erwerbspflichten gegenüber einem Gründer oder Aktionären, die mit mehr als 10 % am Grundkapital beteiligt sind, gegen Zahlung einer Vergütung von mehr als 10 % des Grundkapitals innerhalb von zwei Jahren nach Eintragung im Handelsregister. Pflichtwidrige Vorstandsmitglieder haften gemäß § 53 AktG (entsprechendes gilt für den Aufsichtsrat).

dd) Fehlende Vollständigkeit und Richtigkeit der Angaben gegenüber dem Registergericht

115 Gemäß § 36 Abs. 1 AktG ist die Gesellschaft von den Mitgliedern der Verwaltungsorgane sowie allen Gründern zur Eintragung in das Handelsregister anzumelden. Bei der Vereinbarung von Bareinlagen ist in der Anmeldung eine Erklärung darüber abzugeben, dass der eingeforderte Betrag auf jede Aktie ordnungsgemäß eingezahlt worden ist und endgültig zur freien Verfügung des Vorstands steht (§ 36 Abs. 2 AktG). Zudem ist gemäß § 36a AktG bei Bareinlagen eine Erklärung darüber abzugeben, dass mindestens ein Viertel des geringsten Ausgabebetrages zuzüglich eines etwa vereinbarten Agios eingefordert wurde.[182]

116 Bei Sacheinlagen ist zu erklären, dass der Wert der Sacheinlage den geringsten Ausgabebetrag und bei Vereinbarung einer Überpariemission auch dem Mehrbetrag entspricht (§ 36a Abs. 2 S. 3 AktG).[183] Zudem ist zu erklären, ob die Sacheinlage gemäß § 36a Abs. 2 S. 1 AktG bereits vor der Anmeldung der Gesellschaft oder nach § 36a Abs. 2 S. 2 AktG erst innerhalb von fünf Jahren nach der Eintragung der Gesellschaft bewirkt werden muss. Ist die Einlage bereits erbracht, ist zu versichern, dass die Sacheinlage endgültig zur freien Verfügung des Vorstands steht.[184]

117 Ferner müssen die Vorstandsmitglieder gemäß § 37 Abs. 2 AktG versichern, dass keine Umstände vorliegen, die ihrer Bestellung nach § 76 Abs. 3 S. 2 Nr. 2 und 3 sowie S. 3 AktG entgegenstehen, und dass sie über ihre unbeschränkte Auskunftspflicht gegenüber dem Gericht belehrt worden sind.[185] Gemäß § 37 Abs. 3 AktG sind eine inländische Geschäftsanschrift und Art und Umfang der Vertretungsbefugnis des Vorstands anzugeben.

---

[179] *Pentz* in MüKoAktG § 48 Rn. 24; *Ehricke* in MüKoAktG § 48 Rn. 22.
[180] *Lohse* in Bürgers/Körber AktG § 32 Rn. 1; *Pentz* in MüKoAktG § 33 Rn. 12; *Röhricht/Schall* in Großkomm AktG § 33 Rn. 7.
[181] Zu Details vgl. *Hüffer/Koch* AktG § 52 Rn. 2 ff.
[182] *Hüffer/Koch* AktG § 37 Rn. 3, § 36a Rn. 2 f.; *Diebereiner* in Spindler/Stilz AktG § 37 Rn. 3; *Lohse* in Bürgers/Körber AktG § 37 Rn. 2; *Pentz* in MüKoAktG § 37 Rn. 16 f.
[183] *Hüffer/Koch* AktG § 37 Rn. 4; *Diebereiner* in Spindler/Stilz AktG § 37 Rn. 8; *Lohse* in Bürgers/Körber AktG § 37 Rn. 2; *Pentz* in MüKoAktG § 37 Rn. 40.
[184] *Hüffer/Koch* AktG § 37 Rn. 4; *Diebereiner* in Spindler/Stilz AktG § 37 Rn. 8; *Lohse* in Bürgers/Körber AktG § 37 Rn. 2; *Pentz* in MüKoAktG § 37 Rn. 41.
[185] *Hüffer/Koch* AktG § 37 Rn. 6 f.; *Diebereiner* in Spindler/Stilz AktG § 37 Rn. 13 f.; *Lohse* in Bürgers/Körber AktG § 37 Rn. 4 f.; *Pentz* in MüKoAktG § 37 Rn. 43; *Röhricht/Schall* in Großkomm AktG § 37 Rn. 42.

b) Verstoß gegen den Grundsatz der Kapitalerhaltung
aa) Allgemeines

Für Verstöße gegen den Grundsatz der Kapitalerhaltung enthält § 93 Abs. 3 AktG ausdrückliche Anspruchsgrundlagen der Gesellschaft gegen den Vorstand.[186] Die dort aufgeführten neun Sondertatbestände sind eine nicht abschließende Aufzählung von Schadenersatzpflichten bei Verstößen gegen Kapitalerhaltungsvorschriften.[187]

§ 93 Abs. 3 AktG hat folgenden Wortlaut:

„Die Vorstandsmitglieder sind namentlich zum Ersatz verpflichtet, wenn entgegen diesem Gesetz
1. *Einlagen an die Aktionäre zurückgewährt werden,*
2. *den Aktionären Zinsen oder Gewinnanteile gezahlt werden,*
3. *eigene Aktien der Gesellschaft oder einer anderen Gesellschaft gezeichnet, erworben, als Pfand genommen oder eingezogen werden,*
4. *Aktien vor der vollen Leistung des Ausgabebetrags ausgegeben werden,*
5. *Gesellschaftsvermögen verteilt wird,*
6. *Zahlungen entgegen § 92 Abs. 2 geleistet werden,*
7. *Vergütungen an Aufsichtsratsmitglieder gewährt werden,*
8. *Kredit gewährt wird,*
9. *bei der bedingten Kapitalerhöhung außerhalb des festgesetzten Zwecks oder vor der vollen Leistung des Gegenwerts Bezugsaktien ausgegeben werden."*

Das jeweilige Vorstandsmitglied ist bei Pflichtverletzung zum Ersatz des eingetretenen Schadens verpflichtet, die Höhe des Schadens beläuft sich idR auf den Wert, der entgegen den Kapitalerhaltungsvorschriften an den Aktionär oder Dritten geleistet wurde.[188] Nach dem Wortlaut des § 93 Abs. 3 AktG wird der Eintritt eines Schadens in dieser Höhe vermutet.[189] Das Vorstandsmitglied ist daher verpflichtet, darzulegen und gegebenenfalls zu beweisen, dass die Gesellschaft trotz pflichtwidrigen Verhaltens nicht geschädigt wurde.[190] Es genügt nicht die Behauptung, dass der Gesellschaft bisher kein Schaden entstanden ist. Erforderlich ist vielmehr der Nachweis, dass durch die Pflichtverletzung auch in Zukunft eine Schädigung der Gesellschaft nicht mehr möglich ist. Dieser Nachweis ist geführt, wenn ein die Zahlung aus dem Gesellschaftsvermögen ausgleichender Wert endgültig in das Vermögen der Gesellschaft gelangt ist.[191]

Ansprüche der Gesellschaft aufgrund einer Pflichtverletzung nach § 93 Abs. 3 AktG können gemäß § 93 Abs. 5 AktG auch von Gläubigern der Gesellschaft geltend gemacht

---

[186] *Spindler* in MüKoAktG § 93 Rn. 221; *Fleischer* in Spindler/Stilz AktG § 93 Rn. 1; *Mertens/Cahn* in KölnKommAktG § 93 Rn. 125.

[187] *Hüffer/Koch* AktG § 93 Rn. 68; *Thümmel* Persönliche Haftung von Managern und Aufsichtsräten Rn. 106.

[188] *Hüffer/Koch* AktG § 93 Rn. 68; *Fleischer* in Spindler/Stilz AktG § 93 Rn. 214; *Bürgers* in Bürgers/Körber AktG § 93 Rn. 41; *Thümmel* Persönliche Haftung von Managern und Aufsichtsräten Rn. 106; *Mertens/Cahn* in KölnKommAktG § 93 Rn. 125.

[189] RGZ 159, 211 (230); *Fleischer* in Spindler/Stilz AktG § 93 Rn. 214; *Bürgers* in Bürgers/Körber AktG § 93 Rn. 41; *Thümmel* Persönliche Haftung von Managern und Aufsichtsräten Rn. 106; *Mertens/Cahn* in KölnKommAktG § 93 Rn. 125; *Spindler* in MüKoAktG § 93 Rn. 221.

[190] BGH NJW 2009, 68; RGZ 159, 211 (230); LG Bochum ZIP 1989, 1557 (1558 f.); *Hüffer/Koch* AktG § 93 Rn. 68; *Fleischer* in Spindler/Stilz AktG § 93 Rn. 214; *Bürgers* in Bürgers/Körber AktG § 93 Rn. 42; *Mertens/Cahn* in KölnKommAktG § 93 Rn. 134; *Spindler* in MüKoAktG § 93 Rn. 221; *Thümmel* Persönliche Haftung von Managern und Aufsichtsräten Rn. 106.

[191] *Hüffer/Koch* AktG § 93 Rn. 68; *Spindler* in MüKoAktG § 93 Rn. 221; *Mertens/Cahn* in KölnKommAktG § 93 Rn. 134 f.

werden, soweit sie von dieser keine Befriedigung erlangen können, und zwar – im Gegensatz zu den anderen in § 93 Abs. 2 AktG geregelten Haftungsfällen, bei denen zumindest grob fahrlässiges Verhalten vorliegen muss – unabhängig von der Schwere des Verschuldens.[192]

bb) Verbotene Einlagenrückgewähr

122 Gemäß § 93 Abs. 3 Nr. 1 AktG macht sich der Vorstand schadensersatzpflichtig, wenn die Gesellschaft gemäß § 57 Abs. 1 AktG verbotswidrig Einlagen an die Aktionäre zurückgewährt. Danach ist jede Leistung wegen der Mitgliedschaft einzelner oder aller Aktionäre verboten, die nicht aus dem Bilanzgewinn der Gesellschaft erfolgt oder ausnahmsweise gesetzlich zugelassen ist.[193]

123 Leistungen an Dritte werden ebenfalls erfasst, wenn diese dem Aktionär zuzurechnen sind, zum Beispiel weil die Leistung auf Veranlassung eines Aktionärs an seinen Ehegatten oder an seine minderjährigen Kinder erfolgt.[194] Ebenso werden aber auch Leistungen Dritter an Aktionäre erfasst, sofern die Leistung für Rechnung der Aktiengesellschaft erfolgt und daher dessen Vermögen belastet.[195] § 93 Abs. 3 Nr. 1 AktG umfasst auch Verstöße gegen das Zahlungsverbot des § 230 AktG für Beträge, die aus der Auflösung von Kapital- oder Gewinnrücklagen bzw. aus einer Kapitalherabsetzung gewonnen wurden.[196]

124 Nach § 62 AktG sind sämtliche Leistungen der Gesellschaft, die Aktionäre entgegen den Vorschriften des Aktiengesetzes empfangen haben, an die Gesellschaft zurückzugewähren.[197] Sind die Beträge vom Aktionär nicht mehr zu erlangen oder macht der Vorstand den Rückzahlungsanspruch nicht geltend, so haften die Mitglieder des Vorstands gemäß § 93 Abs. 3 Nr. 1 AktG persönlich auf Schadenersatz.[198]

cc) Zahlung von Zinsen oder Gewinnanteilen an Aktionäre

125 Nach § 93 Abs. 3 Nr. 2 AktG ist der Vorstand schadenersatzpflichtig, wenn die Aktiengesellschaft entgegen § 57 Abs. 2 AktG an Aktionäre Zinsen auf ihre Einlage zahlt oder entgegen § 57 Abs. 3 AktG Gesellschaftsvermögen an Aktionäre verteilt.

126 Zinsen iSv § 57 Abs. 2 AktG sind alle wiederkehrenden, in ihrer Höhe bestimmten oder bestimmbaren Zahlungen auf die Einlage des Aktionärs, die ohne Rücksicht auf den Bilanzgewinn geleistet werden sollen.[199] Umfasst sind auch Dividendengarantien.[200] § 57

---

[192] Vgl. hierzu *Hüffer/Koch* AktG § 93 Rn. 82 ff. mwN.
[193] RGZ 77, 11 (13); 107, 161 (168); 149, 385 (400); BGHZ 90, 381 (386); OLG Frankfurt a. M. AG 1996, 324 (325); OLG Hamburg AG 1980, 275 (278); KG NZG 1999, 161; OLG Koblenz AG 1977, 231; *Hüffer/Koch* AktG § 57 Rn. 2; *Cahn/Senger* in Spindler/Stilz AktG § 57 Rn. 10; *Westermann* in Bürgers/Körber AktG § 57 Rn. 5; *Thümmel* Persönliche Haftung von Managern und Aufsichtsräten Rn. 107; *Bayer* in MüKoAktG § 57 Rn. 8; *Lutter* in KölnKommAktG § 57 Rn. 5.
[194] *Hüffer/Koch* AktG § 57 Rn. 19; *Cahn/Senger* in Spindler/Stilz AktG § 57 Rn. 73; *Westermann* in Bürgers/Körber AktG § 57 Rn. 8; *Thümmel* Persönliche Haftung von Managern und Aufsichtsräten Rn. 107; zu Details vgl. *Drygala* in KölnKommAktG § 57 Rn. 126.
[195] *Hüffer/Koch* AktG § 57 Rn. 17; *Cahn/Senger* in Spindler/Stilz AktG § 57 Rn. 55; *Westermann* in Bürgers/Körber AktG § 57 Rn. 9; *Drygala* in KölnKommAktG § 57 Rn. 120 f.
[196] *Hüffer/Koch* AktG § 93 Rn. 70; *Spindler* in MüKoAktG § 93 Rn. 99; *Oechsler* in MüKoAktG § 230 Rn. 11 ff.
[197] *Hüffer/Koch* AktG § 62 Rn. 1; *Cahn* in Spindler/Stilz AktG § 62 Rn. 4; *Westermann* in Bürgers/Körber AktG § 62 Rn. 9.
[198] OLG Stuttgart AG 2010, 133; *Fleischer* in Spindler/Stilz AktG § 93 Rn. 215; *Bürgers* in Bürgers/Körber AktG § 93 Rn. 41 f.
[199] *Hüffer/Koch* AktG § 57 Rn. 30; *Cahn/Senger* in Spindler/Stilz AktG § 57 Rn. 80; *Westermann* in Bürgers/Körber AktG § 57 Rn. 29; *Drygala* in KölnKommAktG § 57 Rn. 129.
[200] *Hüffer/Koch* § 57 Rn. 30; *Drygala* in KölnKommAktG § 57 Rn. 130.

Abs. 3 AktG verbietet jede Verteilung von Gesellschaftsvermögen an Aktionäre, soweit es sich nicht um Bilanzgewinn handelt. Eine Ausschüttung solchen Vermögens an die Aktionäre darf erst nach förmlicher Auflösung der Gesellschaft und Einhaltung der in §§ 271, 272 AktG geregelten Gläubigerschutzregularien erfolgen.[201] Gemäß § 271 AktG sind zunächst die Verbindlichkeiten der Gesellschaft zu begleichen und gemäß § 272 AktG der Ablauf der einjährigen Sperrfrist abzuwarten.

dd) Erwerb eigener Aktien

Nach § 93 Abs. 3 Nr. 3 AktG haftet der Vorstand, wenn die Gesellschaft oder ihr nach § 56 Abs. 2 AktG gleichstehende abhängige oder im Mehrheitsbesitz stehende Gesellschaften eigene Aktien der Gesellschaft zeichnen, erwerben, als Pfand nehmen oder einziehen. Die entsprechenden Verbote sind in §§ 56, 71–71e und 237–239 AktG geregelt.[202] 127

§ 56 Abs. 1 AktG verbietet die Zeichnung eigener Aktien. Hierunter fällt der Erwerb junger Aktien bei einer Kapitalerhöhung gegen Einlageleistung (§ 185 Abs. 1 AktG) oder bei der Verwendung genehmigten Kapitals (§ 185 Abs. 1 AktG iVm § 203 Abs. 1 S. 1 AktG) oder die Abgabe einer Bezugserklärung im Rahmen einer bedingten Kapitalerhöhung (§ 198 AktG).[203] Nicht verboten ist dagegen der Erwerb eigener Aktien bei einer Kapitalerhöhung aus Gesellschaftsmitteln gemäß § 215 Abs. 1 AktG, da sie nicht der Kapitalaufbringung dient.[204] § 56 Abs. 2 AktG erstreckt das Verbot der originären Übernahme von Aktien der eigenen Gesellschaft auch auf abhängige (§ 16 AktG) und im Mehrheitsbesitz (§ 17 AktG) stehende Unternehmen.[205] 128

Darüber hinaus ist auch der rechtsgeschäftliche Erwerb eigener Aktien verboten, sofern nicht ein Ausnahmetatbestand nach § 71 Abs. 1 AktG vorliegt. Erwerb in diesem Sinne ist jedes Rechtsgeschäft, das die Aktiengesellschaft auf Dauer oder vorübergehend zum Inhaber oder Mitinhaber der Aktie macht oder einen schuldrechtlichen Titel für einen solchen Erwerb schafft.[206] Ein Erwerb eigener Aktien ist nach § 71 Abs. 1 AktG insbesondere zulässig zur Abwendung eines schweren, unmittelbar bevorstehenden Schadens der Gesellschaft (§ 71 Abs. 1 Nr. 1 AktG), zur Ausgabe von Belegschaftsaktien (§ 71 Abs. 1 Nr. 2 AktG), zum Eigenhandel von Banken (§ 71 Abs. 1 Nr. 7 AktG) oder aufgrund ausdrücklicher Ermächtigung der Hauptversammlung (§ 71 Abs. 1 Nr. 8 AktG). 129

Verboten sind nach § 71a AktG zudem alle Umgehungsgeschäfte. Nach § 71d AktG sind auch Erwerbsgeschäfte durch Dritte verboten, die für Rechnung der Aktiengesellschaft handeln, sofern sie nicht auch der Gesellschaft nach § 71 Abs. 1 Nr. 1–5, 7 und 8 und Abs. 2 AktG gestattet wären, sowie nach § 71e AktG die Inpfandnahme eigener Aktien der Aktiengesellschaft. 130

---

[201] *Hüffer/Koch* AktG § 57 Rn. 31 (unter Hinweis auf die inhaltliche Übereinstimmung zu § 57 Abs. 1 S. 1 AktG).
[202] *Hüffer/Koch* AktG § 93 Rn. 70; *Hölters* in Hölters AktG § 93 Rn. 278.
[203] *Hüffer/Koch* AktG § 56 Rn. 3; *Thümmel* Persönliche Haftung von Managern und Aufsichtsräten Rn. 109; *Westermann* in Bürgers/Körber AktG § 56 Rn. 4; *Cahn/Senger* in Spindler/Stilz AktG § 56 Rn. 11.
[204] *Hüffer/Koch* AktG § 56 Rn. 3; *Cahn/Senger* in Spindler/Stilz AktG § 56 Rn. 11; *Drygala* in KölnKommAktG § 56 Rn. 26.
[205] *Hüffer/Koch* AktG § 56 Rn. 9; *Westermann* in Bürgers/Körber AktG § 56 Rn. 5; *Cahn/Senger* in Spindler/Stilz AktG § 56 Rn. 24.
[206] *Hüffer/Koch* AktG § 71 Rn. 4; *Wieneke* in Bürgers/Körber AktG § 71 Rn. 2; *Drygala* in KölnKommAktG § 71 Rn. 32 ff.

ee) Ausgabe von Aktien vor vollständiger Leistung des Ausgabebetrags

131 Die Gesellschaft kann Namens- und Inhaberaktien[207] ausgeben (§ 10 Abs. 1 AktG). Die Form der auszugebenden Aktien ist zwingend in die Satzung aufzunehmen (§ 23 Abs. 3 Nr. 5 AktG). Inhaberaktien dürfen, wie sich aus einem Umkehrschluss aus § 10 Abs. 2 AktG ergibt, nur nach vollständiger Leistung des Ausgabebetrages (und ggf. eines Agios) ausgegeben werden.[208] Namensaktien dürfen nach § 10 Abs. 2 S. 1 AktG vor vollständiger Einzahlung des Ausgabebetrages ausgegeben werden, auf der Aktie ist dann der Betrag der erbrachten Teilleistung anzugeben (§ 10 Abs. 2 S. 2 AktG), einerseits um der Gesellschaft die Feststellung ihrer Schuldner zu erleichtern, und andererseits um bei einer etwaigen Weiterveräußerung der Aktien die Gutgläubigkeit des Käufers hinsichtlich der vollständigen Einzahlung des Ausgabebetrages auszuschließen.[209] Gibt die Gesellschaft entgegen dieser Verpflichtung entweder Inhaberaktien vor vollständiger Einzahlung des Ausgabebetrages oder Namensaktien bei Teilzahlung ohne entsprechenden Vermerk aus, macht sich der Vorstand der Aktiengesellschaft nach § 93 Abs. 2 Nr. 4 AktG schadenersatzpflichtig.

ff) Verteilung von Gesellschaftsvermögen

132 Der Vorstand haftet nach § 93 Abs. 3 Nr. 5 AktG, wenn er unerlaubt Gesellschaftsvermögen verteilt. Die Verteilung von Gesellschaftsvermögen wird insbesondere durch die §§ 57 Abs. 3, 225 Abs. 2, 230, 233, 237 Abs. 2, 271, 272 AktG beschränkt.[210]

gg) Zahlungen entgegen Zahlungsverbot nach eingetretener Insolvenzreife

133 Besondere Haftungsrisiken bestehen für den Vorstand im insolvenznahen Bereich. Die Hinzuziehung kompetenter Berater in der Krise der Gesellschaft ist deshalb oftmals zwingend erforderlich.[211] Besonders haftungsrelevant sind Zahlungen nach Eintritt der Insolvenzreife und Zahlungen an Aktionäre, die zur Zahlungsunfähigkeit führen.

134 **(1) Inhalt des Zahlungsverbots.** Gemäß § 93 Abs. 3 Nr. 6 AktG machen sich die Mitglieder des Vorstands schadenersatzpflichtig, wenn sie entgegen § 92 Abs. 2 AktG Zahlungen nach Eintritt von Zahlungsunfähigkeit oder Überschuldung leisten, oder Zahlungen an Aktionäre bei absehbarer und später eingetretener Zahlungsunfähigkeit erbringen.

135 IdR entsteht der Gesellschaft durch einen Verstoß gegen das Zahlungsverbot des § 92 Abs. 2 AktG kein Schaden, da sie durch die Zahlungen von einer Forderung befreit wird.[212] Im Rahmen der Tatbestände des § 93 Abs. 3 AktG wird aber der Eintritt eines Schadens bei Gläubigern vermutet. Angesichts der Insolvenzreife der Gesellschaft sollen

---

[207] Vgl. zu den Voraussetzungen, unter denen die Ausgabe von Inhaberaktien zulässig sind, *Hüffer/Koch* AktG § 10 Rn. 7.
[208] *Hüffer/Koch* AktG § 10 Rn. 8; *Westermann* in Bürgers/Körber AktG § 10 Rn. 5; *Vatter* in Spindler/Stilz AktG § 10 Rn. 8; *Thümmel* Persönliche Haftung von Managern und Aufsichtsräten Rn. 110.
[209] *Hüffer/Koch* AktG § 10 Rn. 8; *Westermann* in Bürgers/Körber AktG § 10 Rn. 6; *Vatter* in Spindler/Stilz AktG § 10 Rn. 76; *Thümmel* Persönliche Haftung von Managern und Aufsichtsräten Rn. 110; *Dauner-Lieb* in KölnKommAktG § 10 Rn. 37.
[210] *Hüffer/Koch* AktG § 93 Rn. 70; *Mertens/Cahn* in KölnKommAktG § 93 Rn. 130; *Wiesner* in MHdB GesR IV § 26 Rn. 34; *Hopt/Roth* in Großkomm AktG § 93 Rn. 333; *Thümmel* Persönliche Haftung von Managern und Aufsichtsräten Rn. 111.
[211] Zu Details vgl. *Schmittmann* Haftung von Organen in Krise und Insolvenz Rn. 786 ff.
[212] BGH NJW 2011, 211; *Hüffer/Koch* AktG § 93 Rn. 71; *Thümmel* Persönliche Haftung von Managern und Aufsichtsräten Rn. 112; *Fleischer* in Spindler/Stilz AktG § 92 Rn. 38; *Habersack/Foerster* in Großkomm AktG § 92 Rn. 122, 134.

sämtliche Gläubiger der Gesellschaft in den Genuss eines geordneten, den Grundsatz der Gläubigergleichbehandlung beachtenden Verteilungsverfahrens kommen.[213] Abzustellen ist daher auf den durch die Masseschmälerung eintretenden Gesamtgläubigerschaden.[214]

Ausgenommen vom Zahlungsverbot sind gemäß § 92 Abs. 2 S. 2 AktG Zahlungen, die mit der Sorgfalt eines ordentlichen und gewissenhaften Geschäftsleiters vereinbar sind.[215] Dabei handelt es sich um Zahlungen, die entweder masseneutral sind oder innerhalb der Insolvenzantragsfrist des § 15a Abs. 1 S. 1 InsO zur Abwendung der Insolvenz erfolgen.[216] In ausdrücklicher Abkehr von seiner bisherigen Rechtsprechung hat der zweite Zivilsenat des Bundesgerichtshofes auch die Zahlung der Arbeitnehmeranteile zur Sozialversicherung und die Zahlung von Steuern angesichts der drohenden persönlichen strafrechtlichen Verfolgung des Vorstandes als mit der Sorgfalt eines ordentlichen und gewissenhaften Geschäftsleiters vereinbar angesehen.[217]

136

Sofern eine Zahlung der Gesellschaft an ihre Aktionäre zur Zahlungsunfähigkeit der Gesellschaft führen würde, unterliegt der Vorstand ebenfalls grundsätzlich dem Zahlungsverbot (§ 92 Abs. 2 S. 3 AktG) mit der Folge der Haftung nach § 93 Abs. 3 Nr. 6 AktG. Hierbei werden Zahlungen erfasst, die absehbar eine Zahlungsunfähigkeit herbeiführen mussten.[218]

137

(2) Zahlungsunfähigkeit und Überschuldung. Zahlungsunfähigkeit liegt gemäß § 17 InsO vor, wenn die Gesellschaft nicht mehr in der Lage ist, ihre fälligen und durchsetzbaren Zahlungspflichten zu erfüllen,[219] die Illiquidität also bereits tatsächlich eingetreten ist. Eine nur drohende Zahlungsunfähigkeit ist für das Zahlungsverbot des § 92 Abs. 2 S. 1 AktG nicht relevant.[220] Zahlungsunfähigkeit droht, wenn die Gesellschaft aufgrund einer Prognose künftige Zahlungsverpflichtungen nicht mehr wird erfüllen können (§ 18 Abs. 2 InsO). Nicht zur Zahlungsunfähigkeit führen nur vorübergehende Zahlungsstockungen und ganz geringfügige Liquiditätslücken.[221] Nach Rechtsprechung des Bundesgerichtshofs liegt lediglich eine Zahlungsstockung und damit keine Zahlungsunfähigkeit

138

---

[213] *Habersack/Foerster* in Großkomm AktG § 92 Rn. 103; *Fleischer* in Spindler/Stilz AktG § 92 Rn. 51; *Wellhöfer* in Wellhöfer/Peltzer/Müller Vorstandshaftung § 4 Rn. 334.
[214] *Hüffer/Koch* AktG § 93 Rn. 71; *Thümmel* Persönliche Haftung von Managern und Aufsichtsräten Rn. 112; *Oltmanns* in Heidel § 92 AktG Rn. 16; zur Berechnung vgl. *Habersack/Foerster* in Großkomm AktG § 92 Rn. 138.
[215] *Hüffer/Koch* AktG § 92 Rn. 34; *Habersack/Foerster* in Großkomm AktG § 92 Rn. 132, 164; *Pelz* in Bürgers/Körber AktG § 92 Rn. 34; *Fleischer* in Spindler/Stilz AktG § 92 Rn. 61; *Spindler* in MüKoAktG § 92 Rn. 29; zu Details vgl. *Schmittmann* Haftung von Organen in Krise und Insolvenz Rn. 341 ff.
[216] *Hüffer/Koch* AktG § 92 Rn. 34; *Pelz* in Bürgers/Körber AktG § 92 Rn. 34; *Fleischer* in Spindler/Stilz AktG § 92 Rn. 61; *Habersack* in Großkomm AktG § 92 Rn. 95; zur Nichtanwendbarkeit des Bargeschäftseinwands iSv § 142 InsO vgl. BGH BB 2017, 2130; *Mielke/Urlaub* BB 2018, 2634 (2636 f.); *Schmittmann* Haftung von Organen in Krise und Insolvenz Rn. 355 ff.
[217] BGH NJW 2007, 2118; zur fehlenden Priviligierung bei der Zahlung von Arbeitgeberanteilen zur Sozialversicherung vgl. BGH NZG 2009, 568. Vgl. hierzu auch *Hüffer/Koch* AktG § 92 Rn. 34.
[218] *Hüffer/Koch* AktG § 92 Rn. 45; *Zattler* GWR 2009, 285 (286); *Bittmann* NStZ 2009, 113 (118).
[219] Zu Details vgl. BGH DB 2018, 307; BGH DB 2017, 1959; *Brahmstaedt* DB 2018, 875; *Lind* DB 2018, 1003; *Thümmel* Persönliche Haftung von Managern und Aufsichtsräten Rn. 117; *Wellhöfer* in Wellhöfer/Peltzer/Müller Vorstandshaftung § 4 Rn. 337; *Pelz* in Bürgers/Körber AktG § 92 Rn. 10.
[220] BGH NZG 2014, 273; *Hüffer/Koch* AktG § 92 Rn. 12; *Pelz* in Bürgers/Körber AktG § 92 Rn. 9; *Fleischer* in Spindler/Stilz AktG § 92 Rn. 27; *Thümmel* Persönliche Haftung von Managern und Aufsichtsräten Rn. 130.
[221] BGH NJW 2005, 3062; *Hüffer/Koch* AktG § 92 Rn. 11; *Wellhöfer* in Wellhöfer/Peltzer/Müller Vorstandshaftung § 4 Rn. 337; *Pelz* in Bürgers/Körber AktG § 92 Rn. 13; *Fleischer* in Spindler/Stilz AktG § 92 Rn. 23; *Müller* in Jaeger InsO § 17 Rn. 5, 23 ff.; *Thümmel* Persönliche Haftung von Managern und Aufsichtsräten Rn. 117; *Schmerbach* in Frankfurter Komm InsO § 17 Rn. 5, 14.

im Sinne von § 17 InsO vor, wenn sich die Zahlungsunfähigkeit voraussichtlich innerhalb kurzer Zeit beheben lässt. Die Zahlungsstockung darf daher den Zeitraum nicht überschreiten, den eine kreditwürdige Person benötigt, um ein entsprechendes Darlehen aufzunehmen.[222] Des Weiteren führt eine nicht innerhalb von drei Wochen zu beseitigende aber nur geringfügige Liquiditätslücke nicht zur Zahlungsunfähigkeit, wenn diese weniger als 10 % der fälligen Gesamtverbindlichkeiten ausmacht, und nicht bereits absehbar ist, dass die Lücke demnächst mehr als 10 % betragen wird.[223]

139 Die Zahlungsunfähigkeit der Gesellschaft tritt insbesondere dann zu Tage und wird gemäß § 17 Abs. 2 S. 2 InsO vermutet, wenn die Gesellschaft ihre Zahlungen eingestellt hat, also beispielsweise Löhne und Gehälter oder Sozialversicherungsbeiträge nicht mehr oder nur in geringem Umfang zahlt.[224]

140 Nach § 19 Abs. 2 InsO ist eine Gesellschaft (rechtlich) überschuldet, wenn ihr Vermögen die bestehenden Verbindlichkeiten nicht mehr deckt, es sei denn, dass die Fortführung des Unternehmens nach den Umständen überwiegend wahrscheinlich ist. Es gilt ein modifiziert zweigliedriger Überschuldungsbegriff.[225]

141 In einem ersten Schritt ist eine bilanzielle Betrachtung der Vermögenslage des Unternehmens vorzunehmen (Überschuldungsbilanz). In der Überschuldungsbilanz sind die Vermögensgegenstände der Gesellschaft mit ihren Liquidationswerten (bzw. Restrukturierungswerten in besonderen Konstellationen) anzusetzen.[226] Der Liquidationswert eines Vermögensgegenstands ist sein Einzelveräußerungswert, wie er bei einer Zerschlagung des Unternehmens realisiert werden würde.[227] Ergibt sich bereits rechnerisch bzw. bilanziell keine Überschuldung der Gesellschaft, besteht keine Insolvenzantragspflicht.[228]

142 Liegt eine rechnerische/bilanzielle Überschuldung vor, kommt es in einem zweiten Schritt auf eine positive Fortführungsprognose für die Gesellschaft an. Hierfür sind der Wille des Unternehmers zur Fortführung des Unternehmens und die objektiven Erfolgsaussichten Grundvoraussetzungen.[229] Fällige Verbindlichkeiten müssen wenigstens auf mittelfristige Sicht von dem Unternehmen beglichen werden können, was durch ein aussagekräftiges Unternehmenskonzept mit Finanzplanung oder ein umfassendes Sanierungsgutachten nachgewiesen werden muss.[230] Ist die Fortführungsprognose positiv, besteht keine Pflicht zur Stellung eines Insolvenzantrages.[231] Der Vorstand, der sich auf eine positive Fortführungsprognose beruft, ist hierfür darlegungs- und beweispflichtig,[232] so dass die Prognose sorgfältig zu dokumentieren ist.

143 (3) Umfang des Zahlungsverbots. Streitig ist, welchen sachlichen Umfang das Zahlungsverbot hat. Nach seinem Wortlaut bezieht sich § 92 Abs. 2 AktG allein auf „Zah-

---

[222] BGH ZIP 2018, 283; BGH NJW 2005, 3062; *Mylich* ZIP 2018, 514; *Pelz* in Bürgers/Körber AktG § 92 Rn. 13; *Fleischer* in Spindler/Stilz AktG § 92 Rn. 23.
[223] BGH ZIP 2018, 283; BGH NJW 2005, 3062; *Hüffer/Koch* AktG § 92 Rn. 11; *Mylich* ZIP 2018, 514; *Wellhöfer* in Wellhöfer/Peltzer/Müller Vorstandshaftung § 4 Rn. 338; *Pelz* in Bürgers/Körber AktG § 92 Rn. 13.
[224] BGH ZIP 2002, 853 (855); WM 1985, 396; *Hüffer/Koch* AktG § 92 Rn. 11; *Pelz* in Bürgers/Körber AktG § 92 Rn. 15; *Thümmel* Persönliche Haftung von Managern und Aufsichtsräten Rn. 117; *Schmittmann* Haftung von Organen in Krise und Insolvenz Rn. 306 ff.
[225] Zu Details vgl. *Hüffer/Koch* AktG § 92 Rn. 16 mwN.
[226] BGH NJW 1995, 1739; *Hüffer/Koch* AktG § 92 Rn. 20.
[227] *Müller* in Jaeger InsO § 19 Rn. 46; *Thümmel* Persönliche Haftung von Managern und Aufsichtsräten Rn. 120.
[228] *Mock* in Uhlenbruck InsO § 19 Rn. 43; *Schmidt* in Schmidt InsO § 19 Rn. 20.
[229] Zu Details vgl. *Mock* in Uhlenbruck InsO § 19 Rn. 218 ff.
[230] BGH NZI 2007, 44; zu Details vgl. *Hüffer/Koch* AktG § 92 Rn. 21 mwN.
[231] *Mock* in Uhlenbruck InsO § 19 Rn. 42 ff.; *Schmidt* in Schmidt InsO § 19 Rn. 46 ff.
[232] BGH NZG 2010, 1393; *Hüffer/Koch* AktG § 92 Rn. 21; *Schmidt* in Schmidt InsO § 19 Rn. 55.

lungen". Dies könnte bedeuten, dass allein Barzahlungen vom Zahlungsverbot umfasst werden.[233] Nach zutreffender Ansicht hingegen umfasst § 92 Abs. 2 AktG auch alle sonstigen Leistungen, wie zB Scheckeinreichungen auf ein debitorisches Konto der Gesellschaft.[234] Nach Ansicht des Bundesgerichtshofes muss der Geschäftsführer einer insolvenzreifen GmbH aufgrund seiner Masseerhaltungspflicht sogar dafür sorgen, dass Zahlungen von Schuldnern nicht auf ein debitorisch geführtes Bankkonto geleistet werden; er muss ein neues Bankkonto bei einer anderen Bank eröffnen und aktuellen Schuldnern unverzüglich die geänderte Bankverbindung bekannt geben.[235] In diesem Fall kann damit schon die bloße Untätigkeit einen Verstoß gegen das Zahlungsverbot begründen. Zugleich hat der Bundesgerichtshof festgestellt, dass in der Zahlung einer insolvenzreifen Gesellschaft von einem debitorischen Konto an einen Gläubiger nur ein Gläubigerwechsel liegt, nicht aber eine haftungsbegründende Benachteiligung der Gläubigergesamtheit.[236]

(4) Zeitpunkt für den Eintritt des Zahlungsverbots. In der Literatur war umstritten, ab wann das Zahlungsverbot besteht: bereits bei Eintritt der Insolvenzreife oder erst bei Ablauf der maximal dreiwöchigen Frist zur Insolvenzantragstellung.[237] Der Bundesgerichtshof bejaht das Zahlungsverbot des § 92 Abs. 2 S. 1 AktG bereits ab Eintritt der Insolvenzreife.[238] Hierfür spricht vor allem das Bedürfnis nach einem umfassenden Schutz der Insolvenzmasse.[239] Je früher das Zahlungsverbot eingreift, desto umfassender wird die Insolvenzmasse zur Befriedigung aller Gläubiger erhalten. 144

(5) Erkennbarkeit der Insolvenzreife. Streitig ist, ob es für das Zahlungsverbot auf die Kenntnis des Vorstands von der Insolvenzreife ankommt. Während die herrschende Meinung die Erkennbarkeit für die Entstehung des Zahlungsverbots für ausreichend hält,[240] verlangt die Gegenauffassung die tatsächliche Kenntnis.[241] Die überzeugenderen Argumente sprechen für die bloße Erkennbarkeit, weil dem Schutzzweck der Norm Rechnung getragen wird, die Gesamtheit der Gläubiger vor einer Masseschmälerung zu bewahren. Aufgrund der Verbotsausnahme in § 92 Abs. 2 S. 2 AktG im Falle erfolgversprechender Sanierungsbestrebungen entspricht dies dem überragenden Ziel der Masseerhaltung, ohne sanierungsfeindlich zu sein.[242] Den Vorstand (und auch den Aufsichtsrat) trifft im Vorfeld einer Insolvenz ohnehin eine laufende wirtschaftliche Überwachungspflicht,[243] so dass eine Erkennbarkeit in der Praxis oftmals zu einem frühen Zeitpunkt zu bejahen sein wird. 145

---

[233] RGZ 159, 211 (234); *Mertens/Cahn* in KölnKommAktG § 92 Rn. 39.
[234] BGHZ 143, 184 (186 ff.); BGH NJW 2001, 304 f.; OLG Jena NZG 2002, 1116 (1117); *Hüffer/Koch* AktG § 92 Rn. 14a; *Pelz* in Bürgers/Körber AktG § 92 Rn. 33; *Fleischer* in Spindler/Stilz AktG § 92 Rn. 23; *Zattler* GWR 2009, 285.
[235] BGH GmbHR 2007, 596 ff.; OLG Hamm LSK 2009, 360616; *Umbeck* GWR 2009, 274.
[236] BGH GmbHR 2007, 596 ff.
[237] Vgl. hierzu *Fleischer* in Spindler/Stilz AktG § 92 Rn. 27 mwN.
[238] BGH NJW 2009, 2545.
[239] BGH NJW 2009, 2545 (2555); *Fleischer* in Spindler/Stilz AktG § 92 Rn. 27.
[240] BGH NJW 2012, 3510; BGHZ 143, 184 (185 f.); BGH NJW 2001, 304; OLG Oldenburg GmbHR 2004, 1014; OLG Celle GmbHR 2004, 568 f.; *Hüffer/Koch* AktG § 92 Rn. 23; *Fleischer* in Spindler/Stilz AktG § 92 Rn. 28; *Spindler* in MüKoAktG § 92 Rn. 28; *Thümmel* Persönliche Haftung von Managern und Aufsichtsräten Rn. 122.
[241] BGHZ 75, 96 (110); OLG Koblenz NZG 2005, 79 (81); OLG Frankfurt a. M. NZG 2004, 1157 (1159); OLG Düsseldorf ZIP 1985, 876 (886);.
[242] *Fleischer* in Spindler/Stilz AktG § 92 Rn. 28; *Spindler* in MüKoAktG § 92 Rn. 28.
[243] BGH NZG 2012, 940; BGH NZG 2012, 672; OLG Düsseldorf AG 2015, 434 (437); *Hüffer/Koch* AktG § 92 Rn. 25.

hh) Vergütung an Aufsichtsräte

146 Nach § 93 Abs. 3 Nr. 7 AktG haftet der Vorstand für gesetzeswidrig gewährte Vergütungen an Aufsichtsratsmitglieder. Gemäß § 113 Abs. 1 S. 1 AktG darf diesen eine Vergütung für ihre Tätigkeit nur dann gewährt werden, wenn sie in der Satzung festgesetzt ist oder von der Hauptversammlung bewilligt wurde; die Zahlung einer darüber hinausgehenden Vergütung ist unzulässig.[244]

147 Zudem sind nach § 114 AktG Dienst- und Werkverträge über Tätigkeiten höherer Art außerhalb der Aufsichtsratstätigkeit nur mit Zustimmung des Aufsichtsrats zulässig. Dies gilt nicht nur für unmittelbar mit dem Aufsichtsratsmitglied geschlossene Verträge, sondern auch für Verträge mit Gesellschaften, die dem Umfeld des Aufsichtsratsmitglieds zuzuordnen sind.[245] Wann eine Gesellschaft dem Umfeld des Aufsichtsratsmitglieds zuzuordnen ist, war lange umstritten. Der Bundesgerichtshof hat jedoch festgestellt, dass der Anwendungsbereich der §§ 113, 114 AktG stets eröffnet ist, wenn einem Aufsichtsratsmitglied mittelbar die Vergütung für eine Beratungsleistung zufließt und diese nicht geringfügig ist oder im Vergleich zur Aufsichtsratsvergütung einen nur vernachlässigenswerten Umfang hat.[246] Dies ist unabhängig von der Höhe der Beteiligung bei jeder gewinnbezogenen Beteiligung des Aufsichtsratsmitglieds am Beratungsunternehmen der Fall.[247] Es ist außerdem unerheblich, ob das betreffende Aufsichtsratsmitglied selbst an der Beratung mitgewirkt hat.[248]

148 In der Praxis sind vom Genehmigungserfordernis des § 114 AktG überwiegend Beraterverträge betroffen. Gehört dem Aufsichtsrat beispielsweise ein Rechtsanwalt an, so kann die Aktiengesellschaft mit diesem einen Beratervertrag über die rechtliche Beratung des Unternehmens abschließen. Gegenstand eines derartigen Beratervertrags dürfen aber nur Tätigkeiten sein, die das Aufsichtsratsmitglied nicht ohnehin schon in seiner Stellung als Organ erbringen muss.[249] So ist der Aufsichtsrat für die umfassende Kontrolle der Geschäftsführung durch den Vorstand zuständig (§ 111 Abs. 1 AktG). Die Prüfung der Ordnungs- und Rechtmäßigkeit des Vorstandshandelns bei einer besonderen Geschäftsführungsmaßnahme kann daher nicht Gegenstand eines Beratervertrags sein.[250] Zulässig sind nur solche Tätigkeiten, die außerhalb der Organpflichten liegen und Spezialkenntnisse erfordern, so dass sie üblicherweise extern vergeben werden.[251]

149 Die Abgrenzung zwischen zulässigen und unzulässigen Tätigkeiten ist im Einzelfall schwierig. Nach Auffassung des Bundesgerichtshofs beinhaltet die Organfunktion den Einsatz individueller Sachkenntnis und Erfahrung des Aufsichtsratsmitglieds und bei

---

[244] *Hüffer/Koch* AktG § 113 Rn. 2; *Israel* in Bürgers/Körber AktG § 113 Rn. 2; *Spindler* in Spindler/Stilz AktG § 113 Rn. 21; *Thümmel* Persönliche Haftung von Managern und Aufsichtsräten Rn. 124; *Mertens/Cahn* in KölnKommAktG § 113 Rn. 5.
[245] BGH NZG 2007, 103; 2007, 12; OLG Frankfurt a. M. NZG 2006, 29; KG AG 1997, 42 (44); *Hüffer/Koch* AktG § 114 Rn. 3; *Israel* in Bürgers/Körber AktG § 114 Rn. 5; *Spindler* in Spindler/Stilz AktG § 114 Rn. 9.
[246] BGH NJW 2007, 298, *Hüffer/Koch* AktG § 114 Rn. 3; *Israel* in Bürgers/Körber AktG § 114 Rn. 5; *Spindler* in Spindler/Stilz AktG § 114 Rn. 9; *Semler* NZG 2007, 881 (887); *Bosse* NZG 2007, 172 (173).
[247] BGH NJW 2007, 298 (299); *Israel* in Bürgers/Körber AktG § 114 Rn. 5; *Spindler* in Spindler/Stilz AktG § 114 Rn. 9; *Semler* NZG 2007, 881 (887); *Bosse* NZG 2007, 172 (173).
[248] BGH NJW 2007, 298 (299 f.).
[249] BGH ZIP 2009, 1661; BGHZ 114, 127 ff.; 126, 340 (344 ff.); *Hüffer/Koch* AktG § 114 Rn. 6 f.; *Israel* in Bürgers/Körber AktG § 114 Rn. 2; *Spindler* in Spindler/Stilz AktG § 114 Rn. 15.
[250] *Hüffer/Koch* AktG § 114 Rn. 7; *Spindler* in Spindler/Stilz AktG § 114 Rn. 16; *Mertens/Cahn* in KölnKommAktG § 114 Rn. 5 f.; *Scheffler* Der Aufsichtsrat S. 20 f.
[251] BGHZ 114, 127 (131 ff.); *Hüffer/Koch* AktG § 114 Rn. 7; *Ek/v. Hoyenberg* Aktiengesellschaften S. 131.

I. Innenhaftung

Bedarf eine das übliche Maß übersteigende Beanspruchung.[252] Zu den organschaftlichen Pflichten eines Rechtsanwalts gehört es, aus juristischer Sicht zu grundlegenden Fragen der Unternehmenspolitik Stellung zu nehmen, während er sich mit Einzelproblemen bei der Umsetzung derartiger Zielsetzungen und mit dem operativen Geschäft nicht befassen muss.[253] Die Übernahme der Prozessführung gehört nicht zu den organschaftlichen Pflichten eines Aufsichtsratsmitglieds.[254] Aufsichtsratsmitglieder können von der Aktiengesellschaft kein Entgelt für die Nutzung ihrer „Netzwerke" bzw. Kontakte fordern. Die aktive Teilnahme am operativen Geschäft ist allerdings keine Aufgabe von Aufsichtsratsmitgliedern, daher kann die Gewinnung von Kunden oder Investoren vergütbar sein.

Ein Beratungsvertrag muss eindeutige Feststellungen darüber zulassen, ob die zu erbringende Tätigkeit zu den organschaftlichen Pflichten gehört oder nicht.[255] Die konkreten Beratungsgegenstände, der Umfang der Tätigkeit und das dafür zu entrichtende Entgelt müssen daher so konkret bezeichnet werden, dass sich der Aufsichtsrat ein eigenständiges Urteil über Art und Umfang der Leistung sowie über die Höhe und Angemessenheit der Vergütung bilden kann.[256] Eine pauschale Festlegung des Beratungsgegenstandes auf „betriebswirtschaftliche Fragen"[257] oder „anwaltliche Beratung in sämtlichen Angelegenheiten der Gesellschaft"[258] ist deshalb nicht geeignet, dem Bestimmtheitserfordernis zur Abgrenzung von organschaftlichen Pflichten zu genügen. Rahmenverträge mit bloß beispielhafter Aufzählung der Aufgaben scheiden ebenfalls aus.[259] Des Weiteren muss der Aufsichtsrat über die vertraglich vereinbarte Vergütungshöhe informiert sein, um sich ein eigenständiges Urteil bilden zu können.[260] So verbietet sich ein bloßer Verweis auf den „üblichen" Stundensatz, wohingegen bei gebührenrechtlich geregelten Tätigkeiten ein Verweis auf die gesetzliche Vergütungsregelung als zulässig erachtet wird, sofern sich der mögliche Gesamtumfang hieraus entnehmen lässt.[261] Sind der Umfang der Tätigkeit und die Höhe des Entgelts nur schwer zu schätzen, ist dem Aufsichtsrat die erwartete Größenordnung anzugeben. Die Praxis tendiert darüber hinaus dazu, nach Abschluss eines Projektes den Aufsichtsrat noch einmal mit dem Beratervertrag zu befassen und das Entgelt vorsorglich nachträglich genehmigen zu lassen.[262] Gerade in den Fällen, in denen die Schätzung von dem tatsächlich gezahlten Entgelt erheblich abwich, ist diese Vorgehensweise sinnvoll.

Lange Zeit umstritten war ferner der Umgang mit den praktischen Schwierigkeiten, die sich hinsichtlich der Zustimmung des Aufsichtsrats zu Beraterverträgen gemäß § 114 AktG bei einem aus drei Mitgliedern bestehenden Aufsichtsrat ergeben. Gemäß § 108 Abs. 2 S. 3 AktG müssen mindestens drei Mitglieder an der Beschlussfassung teilnehmen, damit der Aufsichtsrat beschlussfähig ist. Nach allgemeiner Ansicht ist das Aufsichtsratsmitglied, mit dem der Beratervertrag abgeschlossen werden soll, nach dem entsprechend

150

151

---

[252] BGH BB 2006, 1813; *Spindler* in Spindler/Stilz AktG § 114 Rn. 17.
[253] OLG Köln NZG 2013, 548 (551); OLG Hamburg ZIP 2007, 814.
[254] OLG Hamburg ZIP 2007, 814.
[255] BGH BB 2006, 1813; OLG Köln NZG 2013, 548 (550); *Hüffer/Koch* AktG § 114 Rn. 7; *Thümmel* Persönliche Haftung von Managern und Aufsichtsräten Rn. 124; *Bosse* NZG 2007, 172 (173).
[256] BGH BB 2006, 1813; BGHZ 168, 188; *Hüffer/Koch* AktG § 114 Rn. 7; *Bosse* NZG 2007, 172 (173).
[257] BGH BB 2006, 1813; *Hüffer/Koch* AktG § 114 Rn. 7.
[258] BGH DB 2007, 1296.
[259] BGH NJW 2007, 298; *Bosse* NZG 2007, 172 (173).
[260] BGH AG 2012, 712; BGH AG 2007, 484; OLG Nürnberg AG 2018, 166.
[261] OLG Nürnberg AG 2018, 166; LG Stuttgart ZIP 1998, 1275; *Hüffer/Koch* AktG § 114 Rn. 8; *Bosse* NZG 2007, 172 (173).
[262] Die Zustimmung kann auch nachträglich durch eine Genehmigung erteilt werden, vgl. BGH NJW 2012, 3235; *Hüffer/Koch* AktG § 114 Rn. 8.

anzuwendenden § 34 BGB nicht stimmberechtigt.²⁶³ Hinsichtlich der Kontroverse, ob der Zustimmungsbeschluss wegen Beschlussunfähigkeit des Organs auch bei einer Enthaltung des betroffenen Aufsichtsratsmitglieds unwirksam ist,²⁶⁴ hat der Bundesgerichtshof für Rechtssicherheit gesorgt: Der Stimmrechtsausschluss führt nicht zur Beschlussunfähigkeit des Organs gemäß § 108 Abs. 2 S. 2 und 3 AktG, vielmehr muss das betreffende Aufsichtsratsmitglied an der Beschlussfassung teilnehmen und sich der Stimme enthalten.²⁶⁵

152 Ohne Zustimmung des Aufsichtsrats erfolgte Zahlungen an Aufsichtsratsmitglieder sind nach § 114 Abs. 2 S. 1 AktG vom Vorstand zurückzufordern. Gleiches gilt, wenn ein Beratervertrag aufgrund eines Verstoßes gegen die Bestimmtheitsanforderungen nicht genehmigungsfähig und damit nach § 113 AktG, § 134 BGB unheilbar nichtig ist.²⁶⁶ Bereicherungsansprüche gegen die Gesellschaft für erbrachte Leistungen kommen grundsätzlich nur für Tätigkeiten in Betracht, die nicht bereits zum organschaftlichen Pflichtenkreis des Aufsichtsrats gehören.²⁶⁷ Werden entgegen den Verboten der §§ 113, 114 AktG dennoch Zahlungen an Aufsichtsratsmitglieder geleistet und nicht wieder zurückgezahlt, macht sich der Vorstand nach § 93 Abs. 3 Nr. 7 AktG haftbar.²⁶⁸ Die Vorschriften dienen dem Schutz der Gläubiger der Gesellschaft vor gegenseitiger Selbstbegünstigung von Vorstand und Aufsichtsrat sowie dem Schutz der Aufsichtsratsmitglieder vor unsachlicher Beeinflussung.²⁶⁹

ii) Gewährung von Krediten an Organmitglieder

153 Gemäß § 93 Abs. 3 Nr. 8 AktG macht sich der Vorstand haftbar, wenn die Gesellschaft entgegen §§ 89 bzw. 115 AktG Kredite an ihre Vorstands- oder Aufsichtsratsmitglieder, Prokuristen oder Gesamthandlungsbevollmächtigten ausgibt. Ebenso erfasst sind Stundungen, die Bereitstellung von Sicherheiten sowie die Gestattung von Entnahmen durch Vorstandsmitglieder.²⁷⁰

154 Eine wirksame Kreditgewährung ist nur aufgrund eines Beschlusses des Aufsichtsrats zulässig. Der Beschluss muss sich auf ein konkretes Kreditgeschäft beziehen und darf nicht länger als drei Monate im Voraus gefasst werden. Er muss die Verzinsung und die Rückzahlung des Kredites regeln. Ausgenommen von § 89 AktG sind nur Kleinkredite, deren Wert ein Monatsgehalt nicht übersteigt. Neben der Gewährung eines Kredites an die genannten Personen selbst werden auch Umgehungstatbestände erfasst, beispielsweise Kredite an Ehepartner, Lebenspartner oder minderjährige Kinder einer der genannten Personen oder an andere, für ihre Rechnung handelnde Personen (§§ 89 Abs. 3, 115

---

²⁶³ BGH DB 2007, 1296; BayObLG NZG 2003, 691 (692); OLG Frankfurt a. M. NZG 2006, 29; LG Düsseldorf NZG 2004, 1057 (1065); *Hüffer/Koch* AktG § 108 Rn. 9; *Spindler* in Spindler/Stilz AktG § 108 Rn. 39; *Mertens/Cahn* in KölnKommAktG § 108 Rn. 65.
²⁶⁴ Für Unwirksamkeit: BayObLG NZG 2003, 691; OLG Frankfurt a. M. NZG 2006, 29; LG Düsseldorf (Strafgericht) NZG 2004, 1057 (1065); *Hüffer/Koch* AktG § 108 Rn. 11; vgl. für die Gegenmeinung *Mertens/Cahn* in KölnKommAktG § 108 Rn. 49.
²⁶⁵ BGH DB 2007, 1296; vgl. auch OLG München AG 2016, 592 (593); *Hüffer/Koch* AktG § 108 Rn. 16; *Israel* in Bürgers/Körber AktG § 108 Rn. 12; *Spindler* in Spindler/Stilz AktG § 108 Rn. 39.
²⁶⁶ BGH BB 2006, 1813; *Hüffer/Koch* AktG § 114 Rn. 10.
²⁶⁷ BGH ZIP 2009, 1661; *Hüffer/Koch* AktG § 114 Rn. 11; *Spindler* in Spindler/Stilz AktG § 114 Rn. 26.
²⁶⁸ *Hüffer/Koch* AktG § 114 Rn. 7; *Spindler* in Spindler/Stilz AktG § 114 Rn. 24; *Thümmel* Persönliche Haftung von Managern und Aufsichtsräten Rn. 124.
²⁶⁹ *Hüffer/Koch* AktG § 113 Rn. 1; § 114 Rn. 1; *Thümmel* Persönliche Haftung von Managern und Aufsichtsräten Rn. 124.
²⁷⁰ *Hüffer/Koch* AktG § 89 Rn. 2; *Bürgers* in Bürgers/Körber AktG § 89 Rn. 2; *Fleischer* in Spindler/Stilz AktG § 89 Rn. 6 f.; *Thümmel* Persönliche Haftung von Managern und Aufsichtsräten Rn. 125; *Mertens/Cahn* in KölnKommAktG § 89 Rn. 13.

Abs. 2 AktG).²⁷¹ Kredite ohne entsprechenden Aufsichtsratsbeschluss sind unverzüglich zurückzugewähren (§§ 89 Abs. 5, 115 Abs. 4 AktG). Wird der aktienrechtlich unzulässig ausgezahlte Kredit nicht oder nicht sofort zurückgewährt, tritt die Haftung des kreditgewährenden Vorstands nach § 93 Abs. 3 Nr. 8 AktG ein.

jj) Ausgabe von Bezugsaktien bei bedingter Kapitalerhöhung

155 Der Vorstand macht sich nach § 93 Abs. 3 Nr. 9 AktG haftbar, sofern er gemäß § 199 AktG bei bedingten Kapitalerhöhungen außerhalb des festgesetzten Zwecks oder vor der vollen Leistung des Gegenwerts Bezugsaktien ausgibt. Die Regelung dient dem Schutz der Aktionäre und der Sicherung der Kapitalaufbringung.²⁷²

c) Verstoß gegen Berichtspflichten

156 Während der Vorstand die Gesellschaft in eigener Verantwortung leitet (§ 76 Abs. 1 AktG), hat der Aufsichtsrat die Aufgabe, die Geschäftsführung des Vorstands zu überwachen (§ 111 Abs. 1 AktG). Voraussetzung zur Erfüllung dieser Überwachungspflicht ist eine ausreichende Information über die Vorgänge in der Gesellschaft. Da der Aufsichtsrat die Gesellschaft nicht leitet, verfügt er über keine eigenen Anschauungen über das Tagesgeschäft. Er ist auf Informationen angewiesen, die er durch den jährlichen Bericht des Abschlussprüfers (§ 170 Abs. 3 AktG iVm § 111 Abs. 2 S. 3 AktG) und unter Umständen auch aufgrund eigener Einsichtnahme und Prüfung der Bücher und Schriften der Gesellschaft (§ 111 Abs. 2 AktG) erlangt.

157 Der Aufsichtsrat ist darüber hinaus auf die direkte Information durch den Vorstand der Gesellschaft angewiesen. In § 90 AktG hat der Gesetzgeber daher ein umfassendes Auskunftsrecht des Aufsichtsrats bzw. eine Auskunftspflicht des Vorstands begründet. Danach ist zwischen den sogenannten Regelberichten (§ 90 Abs. 1 S. 1 und 2 AktG), den Sonderberichten (§ 90 Abs. 1 S. 3 AktG) und den Anforderungsberichten (§ 90 Abs. 3 AktG) zu unterscheiden. Verstößt der Vorstand gegen diese Berichtspflichten, so ist er für den hierdurch eingetretenen Schaden gemäß § 93 Abs. 2 AktG ersatzpflichtig.²⁷³ Ein Ersatzanspruch kommt insbesondere dann in Betracht, wenn ein bei der Gesellschaft eingetretener Verlust bei richtiger und rechtzeitiger Information des Aufsichtsrats hätte verhindert werden können.

aa) Regelberichte

158 § 90 Abs. 1 AktG nennt eine Reihe von Gegenständen, über die der Vorstand dem Aufsichtsrat regelmäßig zu berichten hat. So hat der Vorstand dem Aufsichtsrat regelmäßig über die beabsichtigte Geschäftspolitik und andere grundsätzliche Fragen der Unternehmensplanung – insbesondere die Finanz-, Investitions- und Personalplanung – zu berichten, wobei auf Abweichungen der tatsächlichen Entwicklung von früher berichteten Zielen unter Angabe von Gründen einzugehen ist (§ 90 Abs. 1 Nr. 1 AktG).

159 Der Vorstand hat über die beabsichtigte Geschäftspolitik und die Unternehmensplanung mindestens einmal jährlich zu berichten (§ 90 Abs. 1 S. 1 Nr. 1 iVm § 90 Abs. 2 Nr. 1 AktG). Zudem ist er verpflichtet, bei Änderungen der Lage oder wenn neue

---

²⁷¹ *Hüffer/Koch* AktG § 89 Rn. 6; *Bürgers* in Bürgers/Körber AktG § 89 Rn. 6; *Fleischer* in Spindler/Stilz AktG § 89 Rn. 19; *Wellhöfer* in Wellhöfer/Peltzer/Müller Vorstandshaftung § 4 Rn. 147 ff.
²⁷² *Hüffer/Koch* AktG § 199 Rn. 1; *Marsch-Barner* in Bürgers/Körber AktG § 199 Rn. 1.
²⁷³ *Hüffer/Koch* AktG § 90 Rn. 12; *Bürgers* in Bürgers/Körber AktG § 90 Rn. 22; *Fleischer* in Spindler/Stilz AktG § 90 Rn. 65; *Wellhöfer* in Wellhöfer/Peltzer/Müller Vorstandshaftung § 4 Rn. 199; *Mertens/Cahn* in KölnKommAktG § 90 Rn. 67.

Entwicklungen eine unverzügliche Berichterstattung gebieten, auch außerhalb des jährlichen Rhythmus erneut zu berichten (sogenannte „Follow-Up"-Berichte).[274]

160 Weiterhin ist der Vorstand gemäß § 90 Abs. 1 S. 1 Nr. 2 iVm § 90 Abs. 2 Nr. 2 AktG verpflichtet, dem Aufsichtsrat in der Sitzung, in dem der Jahresabschluss behandelt wird, über die Rentabilität der Gesellschaft, insbesondere die Rentabilität des Eigenkapitals, zu berichten. In diesem Rahmen hat er alle maßgeblichen Rentabilitätskennziffern darzulegen, wie den Cash-Flow und die Rentabilität des Gesamtkapitals, des Umsatzes und wesentlicher Investitionen. Auch eine Wertschöpfungsrechnung sowie genauere Angaben über diejenigen Faktoren, die das Betriebsergebnis wesentlich beeinflusst haben, sind beizufügen.[275] Die Angaben über die Rentabilität des Unternehmens sollen dem Aufsichtsrat bei der Entscheidungsfindung über die Billigung des Jahresabschlusses als Hilfestellung dienen.[276]

161 Zudem hat der Vorstand dem Aufsichtsrat gemäß § 90 Abs. 1 S. 1 Nr. 3 iVm § 90 Abs. 2 Nr. 3 AktG regelmäßig, mindestens vierteljährlich, über den Gang der Geschäfte zu berichten. Dies umfasst die gesamte operative Geschäftstätigkeit der Gesellschaft und der von ihr abhängigen Unternehmen, soweit letztere für das herrschende Unternehmen relevant sind.[277] Da der Geschäftsgang erst durch den Vergleich mit Planrechnungen beurteilt werden kann, sind auch diese gemäß mitzuteilen.[278] Darzustellen sind die finanzielle Situation, die Ertragslage und die Liquidität der Gesellschaft, die Marktlage, sowie Besonderheiten des Geschäftsverlaufs oder erhebliche Risiken der künftigen Entwicklung.[279] Gemäß § 90 Abs. 2 Nr. 3 AktG sind die Berichte über den Gang der Geschäfte in regelmäßigen, längstens vierteljährlichen Abständen zu erstatten. Die vierteljährliche Berichtspflicht korrespondiert mit dem in der Praxis vierteljährlichen Sitzungsrhythmus des Aufsichtsrats gemäß § 110 Abs. 3 AktG.[280]

162 Gemäß § 90 Abs. 1 S. 1 Nr. 4 AktG ist der Vorstand zudem verpflichtet, dem Aufsichtsrat über Geschäfte zu berichten, die für die Rentabilität oder Liquidität der Gesellschaft von erheblicher Bedeutung sein können. Angesichts des Wortlautes „sein können" hat die Berichterstattung bereits vor Abschluss des Geschäfts zu erfolgen.[281] Welche Geschäfte für die Rentabilität oder Liquidität der Gesellschaft von erheblicher Bedeutung sein können, ist gesetzlich nicht weiter bestimmt. Insofern kommt es auf den konkreten Einzelfall an.[282] Bei der Bestimmung der relevanten Geschäfte ist maßgeblich auf die Größe, den Gegenstand und die Lage des Unternehmens sowie auf die Art, das Ausmaß und das Risiko des einzelnen Geschäfts abzustellen.[283] Die Berichte sind gemäß § 90

---

[274] *Hüffer/Koch* AktG § 90 Rn. 4c; *Bürgers* in Bürgers/Körber AktG § 90 Rn. 9; *Fleischer* in Spindler/Stilz AktG § 90 Rn. 23; *Wellhöfer* in Wellhöfer/Peltzer/Müller Vorstandshaftung § 4 Rn. 192; *Klose* in BeckMandatsHdB AG-Vorstand § 4 Rn. 72; *Wiesner* in MHdB GesR IV § 25 Rn. 74.

[275] *Hüffer/Koch* AktG § 90 Rn. 5; *Fleischer* in Spindler/Stilz AktG § 90 Rn. 25; *Wellhöfer* in Wellhöfer/Peltzer/Müller Vorstandshaftung § 4 Rn. 191; *Mertens/Cahn* in KölnKommAktG § 90 Rn. 35; *Wiesner* in MHdB GesR IV § 25 Rn. 76.

[276] *Wiesner* in MHdB GesR IV § 25 Rn. 76; *Fleischer* in Spindler/Stilz AktG § 90 Rn. 26; *Mertens/Cahn* in KölnKommAktG § 90 Rn. 35.

[277] *Hüffer/Koch* AktG § 90 Rn. 6; *Mertens/Cahn* in KölnKommAktG § 90 Rn. 36.

[278] *Hüffer/Koch* AktG § 90 Rn. 6; *Fleischer* in Spindler/Stilz AktG § 90 Rn. 27; *Wiesner* in MHdB GesR IV § 25 Rn. 77; *Spindler* in MüKoAktG § 90 Rn. 28.

[279] *Spindler* in MüKoAktG § 90 Rn. 29; *Fleischer* in Spindler/Stilz AktG § 90 Rn. 27; *Mertens/Cahn* in KölnKommAktG § 90 Rn. 36.

[280] *Spindler* in MüKoAktG § 90 Rn. 27.

[281] *Bürgers* in Bürgers/Körber AktG § 90 Rn. 12; *Klose* in BeckMandatsHdB AG-Vorstand § 4 Rn. 72.

[282] *Spindler* in MüKoAktG § 90 Rn. 29; *Bürgers* in Bürgers/Körber AktG § 90 Rn. 12; *Klose* in BeckMandatsHdB AG-Vorstand § 4 Rn. 73.

[283] *Hüffer/Koch* AktG § 90 Rn. 7; *Fleischer* in Spindler/Stilz AktG § 90 Rn. 28; *Spindler* in MüKoAktG § 90 Rn. 29; *Klose* in BeckMandatsHdB AG-Vorstand § 4 Rn. 73.

Abs. 2 Nr. 4 AktG möglichst so rechtzeitig zu erstatten, dass der Aufsichtsrat vor Vornahme der Geschäfte Gelegenheit hat, zu ihnen Stellung zu nehmen.

bb) Sonderberichte

Der Vorstand hat zudem gemäß § 90 Abs. 1 S. 3 AktG aus wichtigem Anlass Sonderberichte zu erstellen. Wichtige Anlässe können die Gefährdung von Außenständen durch die drohende Insolvenz eines Großkunden, empfindliche behördliche Umweltauflagen, drohende Arbeitskämpfe, erhebliche Betriebsstörungen, Verwicklungen der Gesellschaft in einen Prozess, bei dem wichtige Geschäftsinteressen auf dem Spiel stehen, ernsthafte Störungen der Zusammenarbeit im Vorstand, wesentliche Steuernachforderungen oder Liquiditätsprobleme in Folge Kreditkündigung sein.[284] Aus Gründen der Eilbedürftigkeit ist anders als in den Fällen des § 90 Abs. 1 S. 1 AktG gegenüber dem Aufsichtsratsvorsitzenden Bericht zu erstatten und nicht gegenüber dem Aufsichtsrat als Organ.[285] Der Aufsichtsratsvorsitzende bzw. bei Verhinderung sein Stellvertreter hat dann über die erforderlichen Maßnahmen zu entscheiden.[286] Die anderen Mitglieder des Aufsichtsrats sind gemäß § 90 Abs. 5 S. 3 AktG jedenfalls spätestens in der nächsten Aufsichtsratssitzung von dem Bericht des Vorstands nach § 90 Abs. 1 S. 3 AktG zu unterrichten.

163

cc) Anforderungsberichte

Der Vorstand ist auch dann zur Berichterstattung gegenüber dem Aufsichtsrat verpflichtet, wenn der Aufsichtsrat dies verlangt. § 90 Abs. 3 AktG räumt dem Aufsichtsrat ein umfassendes Auskunftsrecht ein. Danach kann der Aufsichtsrat vom Vorstand jederzeit einen Bericht über die Angelegenheiten der Gesellschaft, über ihre rechtlichen und geschäftlichen Beziehungen zu verbundenen Unternehmen sowie über geschäftliche Vorgänge bei diesen Unternehmen verlangen, sofern sie auf die Lage der Gesellschaft von erheblichem Einfluss sein können. Grenze des Auskunftsrechts bildet allein das Missbrauchsverbot und die Grundsätze von Treu und Glauben.[287] Der Gegenstand des verlangten Berichts muss hinreichend präzisiert werden.[288]

164

Gemäß § 90 Abs. 3 S. 2 AktG kann ein Anforderungsbericht auch von jedem einzelnen Aufsichtsratsmitglied verlangt werden. Der Bericht ist dann jedoch vom Vorstand an den Aufsichtsrat als Organ, vertreten durch den Aufsichtsratsvorsitzenden, zu erstatten.[289] Der angeforderte Bericht ist unverzüglich zu erstatten.[290]

165

dd) Grundsätze der Berichterstattung

Die Grundsätze der Berichterstattung sind in § 90 Abs. 4 AktG geregelt. Danach haben die Berichte den Grundsätzen einer gewissenhaften und getreuen Rechenschaft zu ent-

166

---

[284] *Hüffer/Koch* AktG § 90 Rn. 8; *Fleischer* in Spindler/Stilz AktG § 90 Rn. 31; *Wellhöfer* in Wellhöfer/Peltzer/Müller Vorstandshaftung § 4 Rn. 192; *Klose* in BeckMandatsHdB AG-Vorstand § 4 Rn. 74; *Wiesner* in MHdB GesR IV § 25 Rn. 78 f.; *Mertens/Cahn* in KölnKommAktG § 90 Rn. 39.
[285] *Hüffer/Koch* AktG § 90 Rn. 8; *Fleischer* in Spindler/Stilz AktG § 90 Rn. 32; *Wellhöfer* in Wellhöfer/Peltzer/Müller Vorstandshaftung § 4 Rn. 192; *Mertens/Cahn* in KölnKommAktG § 90 Rn. 39.
[286] *Hüffer/Koch* AktG § 90 Rn. 8; *Klose* in BeckMandatsHdB AG-Vorstand § 4 Rn. 75.
[287] *Hüffer/Koch* AktG § 90 Rn 12a; *Klose* in BeckMandatsHdB AG-Vorstand § 4 Rn. 76, 78; *Mertens/Cahn* in KölnKommAktG § 90 Rn. 50; *Spindler* in MüKoAktG § 90 Rn. 33 ff.
[288] OLG Köln AG 1987, 26; LG Bonn AG 1987, 24; *Bürgers* in Bürgers/Körber AktG § 90 Rn. 16; *Fleischer* in Spindler/Stilz AktG § 90 Rn. 41; *Mertens/Cahn* in KölnKommAktG § 90 Rn. 50; *Klose* in BeckMandatsHdB AG-Vorstand § 4 Rn. 76.
[289] *Hüffer/Koch* AktG § 90 Rn. 12; *Klose* in BeckMandatsHdB AG-Vorstand § 4 Rn. 79.
[290] *Klose* in BeckMandatsHdB AG-Vorstand § 4 Rn. 80; *Bürgers* in Bürgers/Körber AktG § 90 Rn. 16; *Fleischer* in Spindler/Stilz AktG § 90 Rn. 42; *Mertens/Cahn* in KölnKommAktG § 90 Rn. 50.

sprechen und sind möglichst rechtzeitig und – mit Ausnahme der Sonderberichte nach § 90 Abs. 1 S. 3 AktG – idR in Textform zu erstatten.[291] Sowohl hinsichtlich der Form als auch hinsichtlich der Frist der Berichterstattung verbleibt damit explizit eine gewisse Flexibilität. So können Berichte auch per Email versandt werden. Bei der Versendung sollte wegen der Verschwiegenheitspflicht und aus Datensicherheitsgründen auf eine Verschlüsselung durch die Verwendung von Passwörtern zur Öffnung der Dateien geachtet werden.[292]

167 Nach allgemeiner Ansicht besteht bei besonderer Vertraulichkeit des Inhalts oder besonderer Dringlichkeit im Falle aktuellster Entwicklungen die Möglichkeit zu mündlicher Berichterstattung.[293] Der Aufsichtsrat kann die schriftliche Niederlegung mündlicher Berichte verlangen; auch sind schriftliche Berichte auf Verlangen mündlich zu erläutern.[294] Ebenso handelt es sich bei der Pflicht zur Rechtzeitigkeit der Berichterstattung lediglich um ein Regelerfordernis. Wiederum mit Ausnahme der Fälle besonderer Eilbedürftigkeit oder eines gesteigerten Geheimhaltungsbedürfnisses muss dem Aufsichtsrat eine angemessene Zeit verbleiben, sich noch mit dem Inhalt der Berichte befassen und gegebenenfalls reagieren zu können.[295]

168 Den Erfordernissen einer gewissenhaften und getreuen Rechenschaft entspricht der Bericht dann, wenn er den Aufsichtsrat in die Lage versetzt, seiner Überwachungsaufgabe nachzukommen.[296] Der Bericht muss daher inhaltlich vollständig und sachlich richtig sowie übersichtlich, klar gegliedert und im Ergebnis verständlich sein.[297] Daraus ergibt sich, dass Tatsachen und Wertungen zu trennen sind und inhaltlich ein Detaillierungsgrad erforderlich ist, der dem Aufsichtsrat schnell und präzise einen Vergleich der aktuellen Zahlen mit den Vorjahreswerten und dem Budget vermitteln muss.[298] Die Verwendung von Schaubildern, Tabellen und graphischen Darstellungen, die vom Vorstand näher erläutert werden, kann hierbei hilfreich sein.[299] Trotz der Möglichkeit, den Bericht im Rahmen der Sitzung mündlich zu erläutern, muss er aus sich heraus verständlich sein, eine bloß stichpunkthafte Darstellung im Wege von Charts dürfte dieser Anforderung daher idR nicht genügen.

d) Verletzung der Pflicht zur Beachtung von Zustimmungsvorbehalten

169 Bestimmte Maßnahmen des Vorstands sind durch Regelung in der Satzung oder durch Beschluss des Aufsichtsrats von der Zustimmung des Aufsichtsrats abhängig zu machen (§ 111 Abs. 4 S. 2 AktG). Beabsichtigt der Vorstand die Durchführung eines zustimmungspflichtigen Geschäfts, so hat er die beabsichtigte Maßnahme grundsätzlich vor

---

[291] *Hüffer/Koch* AktG § 90 Rn. 13; *Bürgers* in Bürgers/Körber AktG § 90 Rn. 5; *Fleischer* in Spindler/Stilz AktG § 90 Rn. 49; *Wellhöfer* in Wellhöfer/Peltzer/Müller Vorstandshaftung § 4 Rn. 196.
[292] *Bürgers* in Bürgers/Körber AktG § 90 Rn. 5; *Oltmanns* in Heidel § 90 AktG Rn. 17.
[293] *Hüffer/Koch* AktG § 90 Rn. 13; *Krieger/Sailer-Coceani* in Schmidt/Lutter § 90 Rn. 58; *Bürgers* in Bürgers/Körber AktG § 90 Rn. 5; *Fleischer* in Spindler/Stilz AktG § 90 Rn. 49.
[294] *Oltmanns* in Heidel § 90 AktG Rn. 17; *Klose* in BeckMandatsHdB AG-Vorstand § 4 Rn. 84; *Krieger/Sailer-Coceani* in Schmidt/Lutter AktG § 90 Rn. 58.
[295] *Hüffer/Koch* AktG § 90 Rn. 13a; *Krieger/Sailer-Coceani* in Schmidt/Lutter AktG § 90 Rn. 58; *Oltmanns* in Heidel AktG § 90 Rn. 18; *Fleischer* in Spindler/Stilz AktG § 90 Rn. 50.
[296] *Hüffer/Koch* AktG § 90 Rn. 13; *Krieger/Sailer-Coceani* in Schmidt/Lutter AktG § 90 Rn. 52; *Fleischer* in Spindler/Stilz AktG § 90 Rn. 48.
[297] *Hüffer/Koch* AktG § 90 Rn. 13; *Bürgers* in Bürgers/Körber AktG § 90 Rn. 4; *Fleischer* in Spindler/Stilz AktG § 90 Rn. 48; *Krieger/Sailer-Coceani* in Schmidt/Lutter AktG § 90 Rn. 52.
[298] *Klose* in BeckMandatsHdB AG-Vorstand § 4 Rn. 90; *Krieger/Sailer-Coceani* in Schmidt/Lutter AktG § 90 Rn. 52.
[299] *Wiesner* in MHdB GesR IV § 25 Rn. 90; *Krieger/Sailer-Coceani* in Schmidt/Lutter AktG § 90 Rn. 52.

deren Durchführung dem Aufsichtsrat zur Zustimmung vorzulegen.[300] Eine Einwilligung des Aufsichtsratsvorsitzenden ersetzt nicht die Zustimmung des Gesamtaufsichtsrats bzw. eines zuständigen Ausschusses.[301] Der Bundesgerichtshof hat jedoch bei fehlender Einholung der Zustimmung den Einwand eines Vorstands zugelassen, dass der Aufsichtsrat der betreffenden Maßnahme zugestimmt hätte, wenn er damit befasst worden wäre (Einwand des rechtmäßigen Alternativverhaltens); für das sichere und nicht nur wahrscheinliche Vorliegen der hypothetischen Zustimmung trägt der Vorstand dann aber die Darlegungs- und Beweislast.[302]

Eine Ersatzpflicht des Vorstands wegen Missachtung eines Zustimmungsvorbehalts ist nach § 93 Abs. 4 S. 1 AktG ausgeschlossen, wenn die getroffene Maßnahme auf einem gesetzmäßigem Beschluss der Hauptversammlung beruht, die Einwilligung eines Mehrheitsaktionärs, selbst eines Alleinaktionärs, reicht hierfür nach aktueller Rechtsprechung des Bundesgerichtshofs allerdings nicht aus.[303] 170

Für die zukünftige Aufsichtsratspraxis wird zu berücksichtigen sein, wie der deutsche Gesetzgeber (voraussichtlich im Jahre 2019) die Aktionärsrechterichtlinie umsetzen wird.[304] Bei wesentlichen Geschäften mit nahestehenden Personen („Related-Party-Transactions") könnte eine Zustimmungspflicht des Aufsichtsrates gesetzlich festgelegt werden. 171

e) Verstoß gegen die Pflicht zur ordnungsgemäßen Buchführung und Bilanzierung

Gemäß § 91 Abs. 1 AktG hat der Vorstand dafür zu sorgen, dass die erforderlichen Handelsbücher geführt werden. Die Norm stellt die allgemeine Verantwortung des Vorstands für die Erfüllung der Buchführungspflicht klar. Sie ergibt sich im Übrigen bereits aus der Leitungsaufgabe des Vorstands sowie aus der Verpflichtung zur ordnungsgemäßen Geschäftsführung.[305] Der Inhalt der Buchführungspflicht wird konkretisiert durch die einschlägigen Bestimmungen des HGB (§§ 238 ff. HGB), die besonderen Vorschriften zur Rechnungslegung gemäß § 150 ff AktG sowie die Grundsätze ordnungsgemäßer Buchführung (GoB).[306] Die Buchführungspflicht ist Leitungsaufgabe des Gesamtvorstands iSv § 76 Abs. 1 AktG und daher nicht auf Dritte delegierbar. Lediglich die Delegation der technischen Durchführung auf eigenes oder fremdes Personal bzw. fremde Einrichtungen, wie zum Beispiel ein Rechenzentrum, ist zulässig.[307] Wird die technische Durchführung der Buchführung auf Dritte übertragen, so obliegt dem Vorstand insoweit 172

---

[300] BGH DB 2018, 2423; *Fleischer* DB 2018, 2619 (2621 f.). Zur Frage, ob in besonders eilbedürftigen Einzelfällen auch die nachträgliche Genehmigung durch den Aufsichtsrat ausreicht, vgl. *Hüffer/Koch* AktG § 111 Rn. 46 mwN.
[301] BGH DB 2018, 2423 (2424); 2013, 449; 2013, 1403.
[302] BGH DB 2018, 2423 (2426). Zu Details des Urteils vgl. *Fleischer* DB 2018, 2619; zum früheren Streitstand vgl. *Hüffer/Koch* AktG § 111 Rn. 50 mwN.
[303] BGH DB 2018, 2423 (2426); zum früheren Streitstand vgl. *Hüffer/Koch* AktG § 111 Rn. 73 mwN.
[304] Zu Details der Reform der Aktionärsrechterichtlinie sowie der möglichen Umsetzung ins deutsche Recht vgl. *Bungert/Berger* DB 2018, 2801, DB 2018, 2860; *Gaul* AG 2017, 178; *Paschos/Goslar* AG 2018, 857; *Bungert* DB 2017, 1190.
[305] *Hüffer/Koch* AktG § 91 Rn. 1 f.; *Fleischer* in Spindler/Stilz AktG § 91 Rn. 4; *Thümmel* Persönliche Haftung von Managern und Aufsichtsräten Rn. 144; *Plück/Lattwein* Haftungsrisiken für Manager S. 42.
[306] *Plück/Lattwein* Haftungsrisiken für Manager S. 42; *Thümmel* Persönliche Haftung von Managern und Aufsichtsräten Rn. 144.
[307] *Hüffer/Koch* AktG § 91 Rn. 3; *Plück/Lattwein* Haftungsrisiken für Manager S. 42; *Thümmel* Persönliche Haftung von Managern und Aufsichtsräten Rn. 144.

eine Organisations- und Kontrollpflicht.[308] Sieht die Geschäftsverteilung vor, dass ein oder mehrere Vorstandsmitglieder für die Buchführung verantwortlich ist, so obliegt den übrigen Vorstandsmitgliedern jedenfalls eine allgemeine Überwachungspflicht.

173 Vorstandsmitglieder, die die Buchführungs- und Bilanzierungspflicht verletzen, sind der Gesellschaft gegenüber gemäß § 93 Abs. 2 AktG als Gesamtschuldner zum Schadenersatz verpflichtet. Unter bestimmten Umständen kann die Verletzung der Buchführungspflicht zudem auch eine Strafbarkeit, insbesondere gemäß § 283b (Verletzung der Buchführungspflicht) und § 283 Abs. 1 Nr. 5–7 StGB (Bankrott), nach sich ziehen.[309]

f) Fehlende Einrichtung eines Risikomanagementsystems

174 Gemäß § 91 Abs. 2 AktG muss der Vorstand geeignete Maßnahmen treffen, insbesondere ein Überwachungssystem einrichten, damit die den Fortbestand der Gesellschaft gefährdenden Entwicklungen früh erkannt werden. Damit wird ein Aspekt der allgemeinen Leitungsaufgabe des Vorstands nach § 76 Abs. 1 AktG gesetzlich konkretisiert. „Früh" bedeutet, dass noch geeignete Maßnahmen zur Sicherung des Fortbestands der Gesellschaft getroffen werden können.[310] Den Fortbestand der Gesellschaft gefährdende Entwicklungen sind insbesondere risikobehaftete Geschäfte (beispielsweise Derivatgeschäfte), Unrichtigkeiten der Rechnungslegung und Verstöße gegen gesetzliche Vorschriften, die sich auf die Vermögens-, Finanz- und Ertragslage der Gesellschaft oder des Konzerns wesentlich auswirken.[311] Reichweite und Grenzen der Risikofrüherkennung im Konzern sind zwar noch wenig bestimmt,[312] in das Überwachungssystem einzubeziehen sind aber zumindest die Risiken von Konzerngesellschaften, die den Bestand der Obergesellschaft gefährden können.[313] Auch im faktischen Konzern oder bei bloßer Abhängigkeit muss der Vorstand seine bestehenden rechtlichen und tatsächlichen Überwachungsmöglichkeiten nutzen.[314] Dies gilt insbesondere dann, wenn zu befürchten ist, dass die Tochtergesellschaft relevante Risiken verkennt oder nicht weiterleitet.[315] Eine Verletzung der Pflicht des Vorstands zur Einrichtung eines Überwachungssystems kann eine Haftung der Vorstandsmitglieder gemäß § 93 Abs. 2 S. 1 AktG nach sich ziehen.[316]

175 Bei börsennotierten Aktiengesellschaften muss der Abschlussprüfer gemäß § 317 Abs. 4 HGB beurteilen, ob der Vorstand die ihm nach § 91 Abs. 2 AktG obliegenden Maßnahmen in einer geeigneten Form getroffen hat. Eignung bedeutet, dass klare Regelungen für Informationsweitergabe und Risikobeurteilung bestehen und Gegenmaßnahmen rechtzeitig getroffen werden können.[317]

---

[308] *Hüffer/Koch* AktG § 91 Rn. 3; *Plück/Lattwein* Haftungsrisiken für Manager S. 42; *Thümmel* Persönliche Haftung von Managern und Aufsichtsräten Rn. 145.
[309] *Plück/Lattwein* Haftungsrisiken für Manager S. 42; *Thümmel* Persönliche Haftung von Managern und Aufsichtsräten Rn. 145.
[310] Begr. RegE zum KonTraG ZIP 1997, 2059 (2061); *Hüffer/Koch* AktG § 91 Rn. 7; *Bachmann* in KBLW DCGK Rn. 860.
[311] LG Stuttgart NZG 2018, 665 (677); *Hüffer/Koch* AktG § 91 Rn. 6; *Fleischer* in Spindler/Stilz AktG § 91 Rn. 32, *Müller-Michaels* in Hölters AktG § 91 Rn. 6.
[312] Zu Details vgl. *Hüffer/Koch* AktG § 91 Rn. 6 mwN.
[313] LG Stuttgart NZG 2018, 665 (677); *Fleischer* in Spindler/Stilz AktG § 91 Rn. 41; *Bürgers/Israel* in Bürgers/Körber AktG § 91 Rn. 8; kritisch *Hüffer/Koch* AktG § 91 Rn. 7 unter Hinweis auf die Unklarheiten bei der praktischen Umsetzung.
[314] *Krieger/Sailer-Coceani* in Schmidt/Lutter AktG § 91 Rn. 10 mwN.
[315] LG Stuttgart NZG 2018, 665 (677).
[316] *Fleischer* in Spindler/Stilz AktG § 91 Rn. 44; *Müller-Michaels* in Hölters AktG § 91 Rn. 12; *Spindler* in MüKoAktG § 91 Rn. 69.
[317] *Merkt* in Baumbach/Hopt HGB § 317 Rn. 13; *Böcking/Gros/Rabenhorst* in EBJS HGB § 317 Rn. 30.

§ 91 Abs. 2 AktG stellt keine konkreten organisatorischen Anforderungen, nennt aber als geeignete Maßnahme zur Früherkennung die Errichtung eines Überwachungssystems. Dessen konkrete Ausformung ist abhängig von den Umständen, insbesondere Größe, Branche, Struktur oder Kapitalmarktzugang des jeweiligen Unternehmens.[318] Aufsichtsrechtliche Sonderregeln wie §§ 25a KWG, 80 WpHG und ausfüllende Regelwerke, insbesondere das BaFin-Rundschreiben über „Mindestanforderungen an das Risikomanagement (MaRisk)",[319] gelten nur im Finanzsektor und sind nicht zu verallgemeinern,[320] können aber auch anderen Aktiengesellschaften zur generellen Orientierung dienen.[321] Der Vorstand muss das Überwachungssystem mit unmissverständlichen Zuständigkeiten und einem engmaschigen Berichtswesen organisieren, so dass zum einen ein Informationsfluss über alle Hierarchieebenen bis zum Vorstand gewährleistet ist und zum anderen der Abschlussprüfer die Funktionsfähigkeit des Risikoüberwachungssystems beurteilen kann.[322]

Ob im Rahmen des Überwachungssystems stets ein umfassendes Risikomanagementsystem eingerichtet werden muss, ist umstritten. Insbesondere die betriebswirtschaftliche Literatur geht hiervon aus, wie auch der vom Institut der Wirtschaftsprüfer in Deutschland e. V. aufgestellte Prüfungsstandard IDW PS 340, der als Richtschnur bei der Prüfung des Überwachungssystems börsennotierter Aktiengesellschaften gemäß § 317 Abs. 4 HGB dient.[323] Nach herrschender Auffassung in der juristischen Literatur sind dagegen Gegenstand des Überwachungssystems nicht allgemein alle bestandsgefährdenden Risiken, sondern nur die unternehmensinterne Kontrolle, ob die Umsetzung bereits veranlasster Maßnahmen auch geschieht, also insbesondere relevante Erkenntnisse von Innenrevision und Controlling dem Vorstand zeitnah übermittelt werden.[324] Betriebswirtschaftliche Modelle können dem Vorstand als Orientierung dienen, er muss sich jedoch nicht an solche Modelle halten, weil eine Festlegung das Leitungsermessen und die Organisationsfreiheit des Vorstands verkennen würde.[325]

g) Fehlende Einrichtung eines Compliance-Management-Systems

Ausgelöst durch Compliance-Skandale großer Unternehmen, bei denen sich kontinuierlich ansteigende Risiken für Management und Unternehmen insbesondere in Form von Aufklärungskosten, Geldbußen, Gewinnabschöpfungen und Schadenersatzzahlungen in Millionenhöhe sowie durch Reputationsschäden und anderer Nachteile und schließlich in Form von Untersuchungshaft und Haftstrafen von Managern realisiert haben, sind interne Compliance-Organisationen nicht nur in großen Konzernen unverzichtbar geworden.[326] Die Pflicht zur Einrichtung eines Risikofrühwarnsystems und die nachfolgend beschriebenen Compliance-Pflichten unterscheiden sich dadurch, dass die in § 91 Abs. 2 AktG angesprochenen Maßnahmen noch weiter in die Zukunft reichen (*Früh*erkennung)

---

[318] *Hüffer/Koch* AktG § 91 Rn. 7; *Fleischer* in Spindler/Stilz AktG § 91 Rn. 33, *Müller-Michaels* in Hölters AktG § 91 Rn. 6.
[319] Rundschreiben 09/2017 (BA) – Mindestanforderungen an das Risikomanagement – MaRisk vom 27.10.2017.
[320] *Hüffer/Koch* AktG § 91 Rn. 9; *Bachmann* in KBLW DCGK Rn. 861.
[321] *Bachmann* in KBLW DCGK Rn. 861.
[322] LG München I NZG 2008, 319 (320); *Hüffer/Koch* AktG § 92 Rn. 10.
[323] *Busch/Boecker* IRZ 2015, 8; *Preußner/Becker* NZG 2002, 846 (848); vgl. hierzu auch *Hüffer/Koch* AktG § 91 Rn. 8 mwN.
[324] *Hüffer/Koch* AktG § 91 Rn. 8 ff. mwN.
[325] *Hüffer/Koch* AktG § 91 Rn. 9; *Bürgers/Israel* in Bürgers/Körber AktG § 91 Rn. 12; *Spindler* in MüKoAktG § 91 Rn. 27.
[326] *Klahold/Lochen* in Hauschka/Moosmayer/Lösler Corporate Compliance § 37 Rn. 1; *Thümmel* Persönliche Haftung von Managern und Aufsichtsräten S. 130; *Fleischer* CCZ 2008, 1 (3).

und nicht einzelfallbezogen (Überwachungs*system*) sind, während Compliance-Maßnahmen eher der Vorbeugung vor zeitnahen Risiken und der vergangenheitsbezogenen Reaktion auf Fehlverhalten im Einzelfall dienen.

aa) Rechtsgrundlagen der Vorstandsaufgabe Compliance

179 Der Begriff „Compliance" stammt aus der anglo-amerikanischen Welt und hat in Deutschland zunächst im Bank- und Kapitalmarktrecht und später im Kartell- und Korruptionsstrafrecht Bedeutung gewonnen.[327] Beispiele für Compliance-Verstöße lassen sich inzwischen in sämtlichen Rechtsgebieten finden, vor allem im Kartell-, Umwelt-, Exportkontroll-, Datenschutz- und Kapitalmarktrecht, bei Korruption und Geldwäsche, bei Finanzierungen, M&A-Transaktionen und Geschäften in Krisensituationen sowie bei branchenspezifischen Pflichten und Spezialgebieten des öffentlichen Rechts.[328] Haftungsrisiken für Unternehmen, Organe und Mitarbeiter ergeben sich nicht nur aus aktiven Rechtsverstößen, sondern auch und gerade wegen fehlender oder unzureichender Compliance-Maßnahmen.[329]

180 Der Aufbau von Compliance-Organisationen soll zum einen präventiv verhindern, dass aus dem Unternehmen heraus Rechtsverstöße begangen werden und zum anderen die Fähigkeit des Unternehmens erhöhen, begangene Rechtsverstöße proaktiv zu erkennen und zu sanktionieren.[330] Dementsprechend wird zum Teil begrifflich unterschieden zwischen präventivem, investigativem und reaktivem Compliance-Management.[331] International tätige Unternehmen müssen dabei nicht nur deutsche Gesetze im Auge behalten, sondern auch die Gesetze aller Staaten, in denen sie geschäftlich aktiv sind.

181 Der Begriff Corporate Compliance umschreibt die Gesamtheit aller unternehmerischen Strategien und organisatorischen Maßnahmen zur Einhaltung von Gesetz, Satzung und unternehmensinterner Geschäftsführungsregelungen durch die Gesellschaft und deren Organe, Mitarbeiter und Geschäftspartner.[332] Es ist strittig, ob es eine allgemeine Pflicht zur Einrichtung einer umfassenden institutionalisierten Compliance-Organisation gibt.[333] Richtigerweise wird man eine solche Pflicht von der Art, Größe und Organisation der Aktiengesellschaft, der Branche und der für diese Branche relevanten Vorschriften, der geografischen Präsenz und auch vom Vorhandensein von Verdachtsfällen aus der Vergangenheit abhängig machen.[334] So kann der Vorstand in kleineren Aktiengesellschaften mit wenigen Mitarbeitern und einem geografisch beschränkten und nicht risikobehafteten Geschäft auch ohne ein solches institutionalisiertes Compliance-System die Einhaltung der gesetzlichen Vorschriften gewährleisten.[335]

182 Für Aktiengesellschaften mit entsprechendem Risikoprofil wird die Pflicht zur Einrichtung einer institutionalisierten Compliance-Organisation aus unterschiedlichen Vorschriften hergeleitet. Nach einer Ansicht folgt die Pflicht zur Einrichtung einer Com-

---

[327] *Fleischer* CCZ 2008, 1 (3); *Bürkle* in Bürkle/Hauschka Compliance Officer § 1 Rn. 6 ff.

[328] *Hüffer/Koch* AktG § 76 Rn. 11; *Hauschka/Moosmayer/Lösler* in Hauschka/Moosmayer/Lösler Corporate Compliance § 1 Rn. 15 ff.; *Sonnenberg* JuS 2017, 917.

[329] *Kremer/Klahold* in Krieger/Schneider HdB Managerhaftung § 25 Rn. 9; *Fleischer* CCZ 2008, 1 (3).

[330] *Klahold/Lochen* in Hauschka/Moosmayer/Lösler Corporate Compliance § 37 Rn. 2; *Moosmayer* Compliance Rn. 1.

[331] *Arnold/Geiger* BB 2018, 2306; *Bürkle* BB 2018, 525.

[332] *Hüffer/Koch* AktG § 76 Rn. 11; *Müller-Michaels* in Hölters AktG § 91 Rn. 93; *Kort* NZG 2008, 81; *Sonnenberg* JuS 2017, 917.

[333] Vgl. zum Diskussionsstand *Hüffer/Koch* AktG § 76 Rn. 13; *Fleischer* CCZ 2008, 1 (3); *Sonnenberg* JuS 2017, 917.

[334] So auch LG München I NZG 2014, 345 (347); *Hüffer/Koch* AktG § 76 Rn. 14 mwN.

[335] *Hüffer/Koch* AktG § 76 Rn. 15; *Fleischer* in Spindler/Stilz AktG § 91 Rn. 48.

pliance-Organisation bereits aus § 91 Abs. 2 AktG bzw. aus der allgemeinen Leitungspflicht der §§ 76 Abs. 1, 93 Abs. 1 AktG;[336] nach anderen Ansichten folgt die Verpflichtung zur Einrichtung eines Compliance-Management-Systems als Gesamtanalogie aus den §§ 76, 91, 93 AktG, 9, 30, 130 OWiG, 831 BGB sowie aus branchenspezifischen Sondervorschriften (§§ 25a KWG, 23 VAG, 80 WpHG, 14 GwG, 28 KAGB).[337] Ziff. 4.1.3. des Deutschen Corporate Governance Kodex beschreibt als geltendes Recht, dass der Vorstand für die Einhaltung der gesetzlichen Bestimmungen und der unternehmensinternen Richtlinien zu sorgen hat, auf deren Beachtung durch Konzernunternehmen hinwirkt und für ein angemessenes Compliance-Management-System sorgen und deren Grundzüge offenlegen soll.[338]

183 Kontrovers diskutiert wird die Reichweite von Compliance im Konzern. Nach überwiegender Ansicht besteht für den Vorstand der Obergesellschaft die Pflicht, eine adäquate konzernweite Compliance-Organisation einzurichten, um bestehende Compliance-Risiken zu reduzieren.[339] Branchenspezifische Sonderregeln, wie beispielsweise § 25a KWG oder § 23 VAG, regeln dies ausdrücklich. Im Innenverhältnis zur Obergesellschaft besteht die grundsätzliche Pflicht des Konzernvorstands, in den Grenzen des rechtlich Möglichen auch Tochter- und Enkelgesellschaften bei Compliance-Maßnahmen zu berücksichtigen, hieraus folgt jedoch keine umfassende Pflicht, nachgeordnete Konzernunternehmen vor Gefahren aus Rechtsverstößen zu schützen.[340] Dabei ist zu berücksichtigen, dass die Obergesellschaft im Vertragskonzern und im faktischen GmbH-Konzern Weisungen an konzernierte Gesellschaften erteilen kann, während sie im nur faktischen Aktienkonzern nur durch personelle Maßnahmen (Doppelmandate in Konzerngesellschaften) Einfluss nimmt.[341] Die Unternehmenspraxis versucht teilweise, diese Problematik im faktischen Aktienkonzern durch Konzern-Koordinationsverträge (*sog. Relationship Agreements*) zwischen Konzernunternehmen zu vermeiden, die im Interesse des Gesamtkonzerns die konzernweite Einrichtung von Risiko- und Compliance-Management-Systemen regeln und die Verantwortung für diese Systeme der Konzernmutter zuweisen. Ein Vorstand der Obergesellschaft ist in jedem Fall angesichts der generellen Haftungsverschärfung in der Praxis gut beraten, die Compliance-Organisation soweit möglich konzernweit auszugestalten und insbesondere jene Tochtergesellschaften eng einzubinden, die aufgrund von Erfahrungssätzen, insbesondere aufgrund ihrer geografischen Ausrichtung, besonders risikobehaftet sind.[342]

184 Branchenspezifisch sind spezialgesetzliche Vorschriften zu beachten. Nach § 25a Abs. 1 S. 3 Nr. 3 Buchst. c KWG muss jedes Kredit- und Finanzdienstleistungsinstitut als Bestandteil des Risikomanagements eine Compliance-Funktion haben. Die Bundesanstalt für Finanzdienstleistungsaufsicht präzisiert diese Anforderung in Ziff. AT 4.4.2 der MaRisk[343] dahin gehend, dass die Compliance-Funktion auf die Implementierung wirksamer Verfahren zur Einhaltung der wesentlichen rechtlichen Regelungen hinwirken

---

[336] *Klahold/Lochen* in Hauschka/Moosmayer/Lösler Corporate Compliance § 37 Rn. 4; *Fleischer* NZG 2014, 321 (322); offengelassen in LG München I NZG 2014, 345 (347).
[337] *Hüffer/Koch* AktG § 76 Rn. 13 f. mwN; *Rack* CB 2017, 59 (60).
[338] Vgl. hierzu *Bachmann/Kremer* in KBLW DCGK Rn. 812.
[339] LG Stuttgart NZG 2018, 665 (677); LG München I NZG 2014, 345 (347 f.); *Kremer/Klahold* in Krieger/Schneider HdB Managerhaftung § 25 Rn. 3; *Fleischer* CCZ 2008, 1 (3 f.); *Sonnenberg* JuS 2017, 917 (921).
[340] *Hüffer/Koch* AktG § 76 Rn. 20 mwN auch zur Gegenauffassung.
[341] *Arnold/Geiger* BB 2018, 2306 (2307 f.); *Bürkle* in Hauschka/Moosmayer/Lösler Corporate Compliance § 36 Rn. 86.
[342] Zur Ausgestaltung der Konzern-Compliance-Organisation vgl. *Fleischer* CCZ 2008, 1 (3 ff.); *Bicker* AG 2012, 542; *Sonnenberg* JuS 2017, 917 (921 f.).
[343] Rundschreiben 09/2017 (BA) – Mindestanforderungen an das Risikomanagement – MaRisk vom 27.10.2017.

und die Geschäftsleitung hinsichtlich der Einhaltung dieser rechtlichen Vorgaben unterstützen muss. Die Compliance-Funktion muss mindestens jährlich sowie anlassbezogen der Geschäftsleitung über ihre Tätigkeit sowie Angemessenheit und Wirksamkeit der Compliance-Regelungen Bericht erstatten. Die konkrete Ausgestaltung der Compliance-Funktion ist nach Ziff. AT 4.4.2 abhängig von der Größe des Instituts und von Art, Umfang, Komplexität und Risikogehalt der Geschäftsaktivitäten, jedes Institut muss aber mindestens einen Compliance-Beauftragten benennen, der für die Erfüllung der Aufgaben der Compliance-Funktion verantwortlich und unmittelbar der Geschäftsleitung unterstellt ist. Den Mitarbeitern der Compliance-Funktion sind ausreichende Befugnisse und ein uneingeschränkter Zugang zu allen Informationen einzuräumen.

185   Im Finanzdienstleistungssektor verlangen § 80 Abs. 1 WpHG, Art. 22 Abs. 1 und Art. 26 Abs. 7 DelVO,[344] dass die Geschäftsleitung eines Wertpapierdienstleistungsunternehmens unter Berücksichtigung von Art, Umfang und Komplexität seiner Geschäfte eine angemessene, dauerhafte und wirksame Compliance-Funktion einrichtet und ausstattet, die ihre Aufgaben unabhängig wahrnehmen kann. Die Bundesanstalt für Finanzdienstleistungsaufsicht hat auch hierzu weitere ausführende Compliance Mindestanforderungen (MaComp) veröffentlicht.[345]

186   In ähnlicher Weise verlangt § 29 VAG von Versicherungsunternehmen die Einrichtung einer Compliance-Funktion, die den Vorstand in Bezug auf die Einhaltung der relevanten Gesetze und Verwaltungsvorschriften beraten und das mit der Verletzung der rechtlichen Vorgaben verbundene Risiko (Compliance-Risiko) identifizieren und beurteilen soll. Diese branchenspezifischen Vorgaben können im Sinne einer „Best Practice" anderen Unternehmen als allgemeine Leitlinien und Diskussionsgrundlage dienen.[346]

187   Bei dem Aufbau von Compliance-Organisationen können auch internationale Standards, beispielsweise die OECD Good Practice Guidance on Internal Controls, Ethics and Compliance, oder das OECD Anti-Corruption Ethics and Compliance Handbook, herangezogen werden. Weitere Organisationsbeispiele für Compliance-Systeme ergeben sich auch aus (Prüfungs-) Standards wie dem IDW PS 980.

bb) Verantwortlichkeit für Compliance

188   Compliance ist „Chefsache", also primäre Aufgabe des Vorstands, der für das rechtskonforme Handeln der Gesellschaft und ihren Mitarbeitern verantwortlich ist.[347] Der Vorstand darf nicht nur keine Gesetzesverstöße anordnen (sog. Legalitätspflicht),[348] er muss auch dafür Sorge tragen, dass das Unternehmen so organisiert und beaufsichtigt wird, dass Gesetzesverletzungen nicht stattfinden (sog. Legalitätskontrollpflicht).[349] Unternehmerische Entscheidungsfreiheit gilt daher nur innerhalb der Grenzen des gesetzlich Erlaubten, der Vorstand darf auch keine für die Gesellschaft vorteilhaften Gesetzesverstöße begehen oder zulassen.[350] Legalitätspflicht und Legalitätskontrollpflicht obliegen

---

[344] Delegierte Verordnung (EU) 2017/565 der Kommission vom 25. 4. 2016.
[345] Rundschreiben 05/2018 (WA) – Mindestanforderungen an die Compliance-Funktion und weitere Verhaltens-, Organisations- und Transparenzpflichten – MaComp vom 19.4.2018, geändert am 9.5.2018.
[346] *Schulz/Renz* BB 2012, 2511 (2517).
[347] *Fleischer* NZG 2014, 321 (323); *Schulz/Renz* BB 2012, 2511 (2512).
[348] BGH NJW 2012, 3439 (3440); 2008, 2437; 1997, 130; *Mertens/Cahn* in KölnKommAktG § 93 Rn. 71; *Arnold/Geiger* BB 2018, 2306; *Hoffmann/Schieffer* NZG 2017, 401 (402); *Bürgers* in Bürgers/Körber AktG § 93 Rn. 7.
[349] LG München I NZG 2014, 345 (347); *Hüffer/Koch* AktG § 93 Rn. 6 ff.; *Bachmann/Kremer* in KBLW DCGK Rn. 819 f; *Fleischer* CCZ 2008, 1 (2).
[350] *Hüffer/Koch* AktG § 93 Rn. 6; *Hoffmann/Schieffer* NZG 2017, 401 (402); zum ausländischen Recht vgl. *Hüffer/Koch* AktG § 93 Rn. 6a mwN.

dem Gesamtvorstand und sind im Kern delegationsfeindlich,[351] allerdings können Vorstände ihre Verantwortung durch horizontale Delegation (Ressortaufteilung) reduzieren auf eine Überwachung des Ressortverantwortlichen.[352] Auch ein nicht für Compliance verantwortlicher Vorstand muss aber bei konkretem Verdacht auf schwerwiegende Unregelmäßigkeiten trotz gegenteiligem Vorstandsbeschluss aktiv darauf hinwirken, dass dem Verdacht weiter nachgegangen wird.[353] Die vertikale Delegation auf eine Compliance-Abteilung ist geboten, der Vorstand muss aber bei wesentlichen Compliance-Vorfällen selbst aktiv einschreiten und dafür Sorge tragen, dass diese zeitnah und kompromisslos aufgearbeitet werden.[354] Aufgabe des Vorstands ist es ferner, den Aufsichtsrat regelmäßig oder anlassbezogen zu informieren, damit dieser seine Überwachungs- und Beratungsaufgaben wahrnehmen kann.[355]

cc) Umsetzung der präventiven Compliance

Um die Einhaltung sämtlicher gesetzlicher und interner Regelungen zu gewährleisten, muss der Vorstand eine angemessene Compliance-Strategie in dem Unternehmen entwickeln. Hierzu sind erforderlich die Analyse der konkreten Compliance Risiken des Unternehmens und seiner Aktivitäten, die Entwicklung eines angemessenen und geeigneten Compliance Programms und schließlich dessen Implementierung und Überwachung.[356] Bei Ausübung der Legalitätskontrollpflicht hat der Vorstand einen breiten unternehmerischen Beurteilungsspielraum.[357]

189

(1) Analyse. Ausgangspunkt der Entwicklung einer geeigneten Compliance-Organisation ist eine Analyse und Bewertung der für das jeweilige Unternehmen (und ggf. seiner Tochter- und Enkelgesellschaften) relevanten spezifischen Risikofelder[358] und der national und international anwendbaren Rechtsvorschriften. Die Analyse umfasst sowohl allgemeine und branchenspezifische Risiken des Unternehmens als auch Schwachstellen und Verbesserungsmöglichkeiten der Unternehmensorganisation und ihrer Geschäftsprozesse. Die Analyse muss vor allem solche Compliance-Risiken erfassen, die das Unternehmen als wesentlich ansieht. Wesentlich sind zumindest solche Risiken, bei denen Gefahren für Leib und Leben von Menschen auftreten, bei denen das Unternehmen erhebliche wirtschaftliche Nachteile oder Reputationsschäden hinnehmen muss, oder bei denen Organe, Mitarbeiter oder das Unternehmen selbst straf- oder bußgeldrechtlicher Verfolgung ausgesetzt sein können.[359]

190

---

[351] *Kremer/Klahold* in Krieger/Schneider HdB Managerhaftung § 25 Rn. 3; *Klahold/Lochen* in Hauschka/Moosmayer/Lösler Corporate Compliance § 37 Rn. 4; *Fleischer* NZG 2014, 321 (323); *Arnold/Geiger* BB 2018, 2306.
[352] *Kremer/Klahold* in Krieger/Schneider HdB Managerhaftung § 25 Rn. 3, *Thümmel* Persönliche Haftung von Managern und Aufsichtsräten S. 134; *Wilsing/Goslar* in Krieger/Schneider HdB Managerhaftung § 15 Rn. 10; *Fleischer* CCZ 2008, 1 (3).
[353] LG München I, NZG 2014, 345; *Wilsing/Goslar* in Krieger/Schneider HdB Managerhaftung § 15 Rn. 11; *Fleischer* NZG 2014, 321 (323).
[354] *Hoffmann/Schieffer* NZG 2017, 401 (407); *Spindler* in MüKoAktG § 91 Rn. 68.
[355] *Kremer/Klahold* in Krieger/Schneider HdB Managerhaftung § 25 Rn. 15; *Hambloch-Gesinn/Gesinn* in Hölters AktG § 111 Rn. 13.
[356] *Moosmayer* Compliance S. 1 f.; *Wilsing/Goslar* in Krieger/Schneider HdB Managerhaftung § 15 Rn. 9.
[357] *Hüffer/Koch* AktG § 93 Rn. 6c; *Arnold/Geiger* BB 2018, 2306; *Bürkle* BB 2018, 525 (526).
[358] *Klahold/Lochen* in Hauschka/Moosmayer/Lösler Corporate Compliance § 37 Rn. 5; *Laue/von Busekist* CB 2013, 63; *Sonnenberg* JuS 2017, 917 (918); *Veit* Compliance und interne Ermittlungen Rn. 185 ff.
[359] *Hauschka/Moosmayer/Lösler* in Hauschka/Moosmayer/Lösler Corporate Compliance Anhang Ziff. 2.2.

191 **(2) Implementierung des Compliance-Management-Systems.** Auf Grundlage der Risikoanalyse ist eine angemessene und mit ausreichenden Ressourcen ausgestattete sowie funktionsfähige Compliance-Organisation einzurichten.[360] Die Compliance Organisation muss das gesetzeskonforme Handeln von Unternehmen, Organen, Mitarbeitern und Geschäftspartnern überwachen, die Geschäftsleitung auf Gefahren einer Missachtung gesetzlicher oder interner Regelungen hinweisen und Vorschläge zur Vermeidung von Rechtsverstößen vorbringen.

192 Die konkreten Inhalte des Compliance-Management-Systems stehen im Ermessen des Vorstands.[361] Ein „one-size-fits-all" Programm wäre nicht effizient. Inhaltliche Kernelemente des Compliance-Management-Systems sind aber das eindeutige Bekenntnis des Vorstands zur Compliance („tone from the top"),[362] die Verpflichtung aller Organe, Mitarbeiter und Geschäftspartner zu ethischem und rechtskonformen Handeln, Vorgaben zur Vermeidung von Interessenskonflikten und zur Zusammenarbeit mit Mitarbeitern und Geschäftspartnern, und der Hinweis auf Sanktionen bei Verstößen.[363]

193 Die Verteilung der Compliance-Aufgaben hängt stark von der Struktur des Unternehmens ab. Als organisatorisches Kernelement wird gefordert, dass der Vorstand eine Ressortzuständigkeit für die Compliance festlegt und einen Compliance-Beauftragten (auch Compliance Officer genannt) beruft, der ihm regelmäßig berichtet, sich mit ihm berät und dessen Tätigkeit er mit Hilfe einer internen Revision überwacht.[364] Der Compliance-Beauftragte fungiert ua als „Informationssammelstelle" und Informationsschnittstelle, welche die Weiterleitung der gesammelten Informationen an die betroffenen Personen und Abteilungen koordiniert.[365]

194 Die Einrichtung von Hinweisgeber-Systemen ist für Finanzinstitute zwingend erforderlich und für börsennotierte Gesellschaften in Ziff. 4.1.3 S. 3 DCGK empfohlen.[366] Hinweisgeber-Systeme sollen die Möglichkeit schaffen, auf vertraulicher und anonymer Basis und ohne eigene Nachteile Hinweise auf Rechtsverstöße im Unternehmen zu geben. Ausreichend substantiierten Hinweisen eines Whistleblowers auf Gesetzesverstöße muss das Unternehmen in verantwortlicher Weise nachgehen.[367] Bewährt hat sich auch die Einrichtung von sog. Ombudsmännern, also externe Vertrauenspersonen, meistens Rechtsanwälte, denen Mitarbeiter oder Geschäftspartner anonym über Missstände im Unternehmen berichten können.[368]

195 Besondere Bedeutung gewinnt auch die Geschäftspartner-Compliance, damit Risiken aus einer Geschäftsbeziehung angemessen gesteuert werden können und sich das Unternehmen vor exogenen Haftungs- und Reputationsrisiken schützen kann.[369] Transparenz bezüglich des Geschäftspartners sowie Grund und Rahmenbedingungen einer Geschäfts-

---

[360] LG München I NZG 2014, 345 (346); *Veit* Compliance und interne Ermittlungen Rn. 191 ff. mwN.

[361] *Hüffer/Koch* AktG § 76 Rn. 14; *Bürkle* in Hauschka/Moosmayer/Lösler Corporate Compliance § 36 Rn. 16; *Hoffmann/Schieffer* NZG 2017, 401 (403).

[362] *Hoffmann/Schieffer* NZG 2017, 401 (406); *Moosmayer* Compliance Rn. 144; *Sonnenberg* JuS 2017, 917 (918).

[363] *Fissenewert* Compliance für den Mittelstand S. 212 f.; *Moosmayer* Compliance Rn. 157 ff.

[364] *Hüffer/Koch* AktG § 76 Rn. 19; *Bürkle* in Hauschka/Moosmayer/Lösler Corporate Compliance § 36 Rn. 26 f.; *Fissenewert* Compliance für den Mittelstand S. 213 ff.; zu Details vgl. *Schulz/Galster* in Bürkle/Hauschka Compliance Officer § 4 Rn. 1 ff.

[365] *Schulz/Renz* BB 2012, 2511 (2514); *Schulz/Galster* in Bürkle/Hauschka Compliance Officer § 4 Rn. 45.

[366] *Hüffer/Koch* AktG § 76 Rn. 18; *Bachmann/Kremer* in KBLW DCGK Rn. 850d ff.

[367] Vgl. hierzu *Eufinger* DB 2018, 891.

[368] *Rohde-Liebenau* CB 2016, 385; *Szesny* CCZ 2017, 25; *Sonnenberg* JuS 2017, 917 (920).

[369] *Troßbach* CCZ 2017, 216; *Sonnenberg* JuS 2017, 917 (919 f.).

beziehung liegen ebenso im Geschäftsinteresse wie eine traditionelle Leistungsbewertung von Geschäftspartnern.

(3) Dokumentation und Training. Am Ende der Implementierungsphase sollten nachvollziehbare und konzernweit geltende Handlungsanweisungen stehen, die in einem Compliance-Handbuch oder einem Verhaltenskodex niedergelegt sind und für ausländische Standorte in übersetzter Form vorliegen. Die schriftlichen Materialien dürfen aber keine „Papiertiger" sein, sondern müssen durch Aushändigung, Übersendung und im Intranet kontinuierlich kommuniziert und durch auf relevante Risikobereiche fokussierte Schulungen von Organen, Mitarbeitern und Geschäftspartnern eingeübt werden. Ebenfalls müssen im konkreten Verdachtsfall getroffene Maßnahmen innerhalb des Unternehmens ausführlich dokumentiert und kommuniziert werden, um sich bei behördlichen Ermittlungen gegen Vorwürfe der nicht ausreichenden Aufklärung verteidigen zu können.

196

(4) Überwachung. Notwendiger Teil eines effektiven Compliance-Programms ist ferner eine anlassbezogene Prüfung von möglichen Rechtsverstößen sowie die kontinuierliche Überprüfung des Compliance-Programms selbst.[370] Dazu müssen angemessene Mittel vorgehalten und Verfahren eingerichtet werden, damit das Unternehmen, seine Mitarbeiter und seine Geschäftspartner den relevanten Verpflichtungen nachkommen. Zur Ausübung der Überwachung muss sich der Vorstand sowohl regelmäßig als auch anlassbezogen über Ausgestaltung und Umsetzung des Programms sowie über festgestellte Verstöße berichten lassen. Eine erhöhte Überwachungspflicht besteht, wenn vergleichbare Rechtsverstöße im Unternehmen bereits vorgefallen sind.[371] Bei identifizierten Schwächen der Ausgestaltung oder Umsetzung muss das Compliance-Programm angepasst werden.

197

Unternehmen müssen bei internen Kontrollen den Beschäftigtendatenschutzes beachten.[372] In jüngster Zeit traten Fälle an die Öffentlichkeit, in denen Mitarbeiter und externe Personen ausspioniert wurden. Neben den erheblichen öffentlichen Vorwürfen und den Reputationsschäden des Unternehmens dürfen die rechtlichen Konsequenzen eines Verstoßes gegen den Datenschutz nicht aus den Augen gelassen werden. Nach Art. 83 Abs. 5 DSGVO können bei bestimmten Gefährdungen personenbezogener Daten Geldbußen von bis zu 20 Millionen EUR oder bei Unternehmen von bis zu 4 % des weltweit erzielten Jahresumsatzes des vorangegangenen Geschäftsjahrs verhängt werden.

198

(5) Sanktionierung. Aus Compliance-Programmen muss klar hervorgehen, dass Rechtsverstöße nicht geduldet, sondern konsequent geahndet werden.[373] Verletzen Mitarbeiter durch Rechtsverstöße ihren Arbeitsvertrag, kommt als Sanktion eine verhaltensbedingte oder je nach Umständen des Einzelfalls auch eine fristlose Kündigung in Betracht. Liegt in dem Verhalten eines involvierten Vorstandsmitglieds ein wichtiger Grund im Sinne des § 84 Abs. 3 AktG, kann er abberufen und ggf. auch sein Dienstvertrag fristlos gekündigt werden. Dies kann im Interesse des Unternehmens liegen, da es Strafverfolgungsbehörden ggf. als „Bonus" werten, wenn Vorstände oder Mitarbeiter, die für die Compliance-Verstöße verantwortlich sind, nach Aufarbeitung der Rechtsverstöße entlassen werden.[374]

199

---

[370] *Kremer/Klahold* in Krieger/Schneider HdB Managerhaftung § 25 Rn. 14; *Klahold/Lochen* in Hauschka/Moosmayer/Lösler Corporate Compliance § 37 Rn. 9.
[371] LG München I NZG 2014, 345 (347); *Moosmeyer* Compliance Rn. 14.
[372] Zu Details des Beschäftigtendatenschutzes: *Kort* RdA 2018, 24; *Ströbel/Böhm/Breunig/Wybitul* CCZ 2018, 14; *Kessler/Köhler* in Moosmayer/Hartwig Interne Untersuchungen Kap. I Rn. 1 ff.
[373] *Moosmayer* Compliance Rn. 338; *Wauschkuhn* in Moosmayer/Hartwig Interne Untersuchungen Kap. F Rn. 1 ff.; *Fleischer* in Spindler/Stilz AktG § 91 Rn. 58.
[374] Vgl. hierzu *Schaefer/Baumann* NJW 2011, 3601 (3604 f.).

dd) Haftung bei fehlender oder falscher Umsetzung der Compliance-Aufgabe

200 Vorstandsmitglieder müssen der Gesellschaft gemäß § 93 Abs. 2 S. 1 AktG die Schäden aus schuldhaft verursachten Compliance-Verstößen ersetzen.[375] Zu den Schadenspositionen des Unternehmens zählen Geldbußen nach § 30 OWiG sowie Schadenersatzzahlungen und Aufklärungs- bzw. Rechtsverfolgungskosten.[376] Dies ist für Vorstandsmitglieder ein existenzgefährdendes Risiko, weil nach § 30 Abs. 3, 17 Abs. 4 Satz 1 OWiG die Geldbuße des Unternehmens den wirtschaftlichen Vorteil übersteigen soll, der aus der Ordnungswidrigkeit gezogen worden ist (Gewinnabschöpfung). Eine solche Gewinnabschöpfung kann sehr hohe Beträge umfassen. Konzernvorstände haften bei fehlendem oder falschem Compliance-Management gegenüber ihrer Obergesellschaft sowohl für deren unmittelbaren als auch deren mittelbaren Schäden, eine Haftung gegenüber der Tochtergesellschaft und gegenüber Dritten besteht idR nicht.[377]

201 Nach §§ 9, 130 OWiG können Geldbußen auch direkt gegen Vorstände verhängt werden.

h) Verstoß gegen Pflichten im Zusammenhang mit der Hauptversammlung

202 Die idR einmal jährlich stattfindende Hauptversammlung der Gesellschaft ist für den Vorstand von besonderer Bedeutung. Der Vorstand hat als Vertreter der Gesellschaft dafür zu sorgen, dass die Hauptversammlung ordnungsgemäß vorbereitet und durchgeführt wird. Soweit es im Einflussbereich des Vorstands liegt, hat er dafür Sorge zu tragen, dass die Beschlüsse der Hauptversammlung anfechtungssicher zustande kommen. Gerade bei wesentlichen Strukturmaßnahmen kann der Gesellschaft bei erfolgreichen Anfechtungsklagen ein erheblicher Schaden entstehen. Ist eine Anfechtungsklage aufgrund von zurechenbaren Versäumnissen des Vorstands erfolgreich, droht die persönliche Haftung der Vorstandsmitglieder.

203 Die Aktionäre üben ihre Rechte in den Angelegenheiten der Gesellschaft in der Hauptversammlung aus, soweit das Gesetz nichts anderes bestimmt (§ 118 Abs. 1 AktG). Die Hauptversammlung ist der Ort, an dem die Aktionäre Beschlüsse fassen. An deren Zustandekommen wirkt der einzelne Aktionär mit, indem er sein Rede- und Fragerecht ausübt sowie von seinem Stimmrecht Gebrauch macht.

204 Das Hauptversammlungsumfeld deutscher Aktiengesellschaften variiert stark. Die Hauptversammlungen nicht börsennotierter Gesellschaften mit kleinem Aktionärskreis verlaufen zumeist unspektakulär. Zwar sind auch hier die Form- und Fristvorschriften des Aktiengesetzes zwingend einzuhalten, doch ähneln diese Hauptversammlungen eher der Durchführung von GmbH-Gesellschafterversammlungen. Nach Erledigung der Formalia anhand eines kurzen Leitfadens zu Beginn der Hauptversammlung treten die Aktionäre in einen Dialog untereinander und insbesondere mit dem Vorstand ein. Der Dialog wird insbesondere dann, wenn sich die Beteiligten seit längerer Zeit persönlich kennen, direkt und ohne Einhaltung von strengen Formalia geführt. Die Rolle des Versammlungsleiters beschränkt sich oftmals auf die Leitung und Strukturierung der Diskussion. Bei diesen kleineren Gesellschaften wird oftmals keine Generaldebatte geführt, Gegenstände der Tagesordnung werden vielmehr einzeln abgearbeitet und entschieden. Die. Die Stimmabgabe erfolgt überwiegend per Handzeichen, so dass das Ergebnis schnell vom Versammlungsleiter erfasst und verkündet sowie der Beschluss festgestellt werden kann. Werden keine Grundlagenbeschlüsse gefasst, also insbesondere keine Satzungsänderungen beschlossen, bedarf es keiner notariellen Beurkundung, so dass der

---

[375] LG München I NZG 2014, 34; *Hoffmann/Schieffer* NZG 2017, 401 (403).
[376] *Hoffmann/Schieffer* NZG 2017, 401 (403); *Lüneborg/Resch* NZG 2018, 209 (212).
[377] Vgl. hierzu *Arnold/Geiger* BB 2018, 2306 (2308 ff.).

Aufsichtsratsvorsitzende, der idR als Versammlungsleiter fungiert,[378] im Anschluss an die Versammlung das Protokoll selbst erstellt.

Bei nicht börsennotierten Gesellschaften mit größerem Aktionärskreis und insbesondere bei börsennotierten Gesellschaften[379] mit Streubesitz ist die Vorbereitung und die Durchführung der Hauptversammlung eine „Kunst". Dies gilt insbesondere für große Publikumsgesellschaften, bei deren Hauptversammlungen mehrere tausend Teilnehmer erscheinen. Die Hauptversammlung ist monatelang umfassend zu planen. Beispielsweise muss rechtzeitig das „Versammlungslokal", ggf. also eine große Arena oder ein Kongresszentrum, angemietet werden. 205

Für deutsche Aktiengesellschaften besonders problematisch sind die sog. Berufsopponenten. Hierunter wird eine Gruppe von etwa 50 Personen verstanden, die einen Lästigkeitswert aufbauen wollen, indem sie im Rahmen der Hauptversammlung versuchen, Anfechtungsgründe zu schaffen. Der erworbene Lästigkeitswert soll dann im Rahmen einer vergleichsweisen Einigung von der Gesellschaft oder dem Mehrheitsaktionär abgekauft werden.[380] Aus diesem Grund wird in der öffentlichen Diskussion oftmals die Bezeichnung „räuberische Aktionäre" für diesen Personenkreis benutzt. Das Bundesministerium der Justiz definierte die Gruppe der räuberischen Aktionäre wie folgt: 206

„Aktionäre, die aktienrechtliche Anfechtungsklagen gegen Hauptversammlungsbeschlüsse nur deshalb anstreben, um dadurch die Unternehmenspolitik einer Aktiengesellschaft erheblich zu stören und um sich anschließend die Klage gegen Gewährung erheblicher finanzieller Vorteile abkaufen zu lassen".[381]

Das Auftreten von Berufsopponenten bei einer Hauptversammlung muss ein Warnsignal für die Gesellschaft bedeuten, da das konkrete Risiko besteht, dass Anfechtungsklagen gegen die Hauptversammlungsbeschlüsse bevorstehen. Besonders problematisch ist dies, sofern Strukturmaßnahmen wie beispielsweise Umwandlungen von der Hauptversammlung beschlossen werden sollen, die zu ihrer Wirksamkeit der Eintragung in das Handelsregister bedürfen. Zwar gibt es im Rahmen von Freigabeverfahren die Möglichkeit, trotz anhängiger Anfechtungsklage eine Eintragung in das Handelsregister zu erreichen, doch führt die Einreichung einer Anfechtungsklage jedenfalls zu einer erheblichen zeitlichen Verzögerung der Strukturmaßnahme. 207

Die Taktik der „schwarzen Schafe" dieser Gruppe ist in den letzten Jahrzehnten verfeinert worden. Früher wurde der Gesellschaft ganz unverhohlen die Rücknahme einer Anfechtungsklage gegen Zahlung eines bestimmten Betrages angeboten. So sollte beispielsweise in einem vom Bundesgerichtshof entschiedenen Fall für „Rechtsberatung" durch den klagenden Aktionär ein Betrag von 10 Mio. DM gezahlt werden, sofern der Aktionär seine Anfechtungsklage zurückziehen würde.[382] Zu den später üblichen verdeckteren Methoden gehörte das Angebot, die Hauptversammlung durch eine Gesellschaft zu organisieren, die dem Aktionär gehört. Gegen Zahlung einer hohen Veranstaltungsgebühr sollte „sichergestellt" werden, dass keine Anfechtungsklagen erhoben wer- 208

---

[378] Zur Frage, wer das Protokoll zu unterzeichnen hat, wenn nicht der Aufsichtsratsvorsitzende die Versammlung leitet, vgl Praxileitfaden für die HV Rn. 421 mwN.
[379] Vgl. § 3 Abs. 2 AktG.
[380] Vgl. zu den Rechtsfragen in Zusammenhang mit dem Verhalten von Berufsopponenten im Einzelnen *Hüffer/Koch* AktG § 245 Rn. 22 ff.; *Englisch* in Hölters AktG § 245 Rn. 28 ff.
[381] Pressemitteilung des Bundesministeriums der Justiz vom 29.5.2009: Bundestag verabschiedet ARUG. Gute Zeiten für Online-Aktionäre – schlechte Zeiten für Berufskläger. Vgl. zur Veranschaulichung des „Geschäftsmodells" FG Köln 2015, 1487; FG Berlin-Brandenburg AG 2011, 387; *Olgemöller/Selle* AG 2017, 309.
[382] BGH NJW 1992, 569 (570).

den. In den letzten Jahren ist es üblich geworden, dass Anfechtungsklagen nach Abschluss umfassender Vergleiche zurückgenommen werden. Die Vergleiche regeln, oftmals neben untergeordneten Transparenzpflichten, eine Kostenübernahmepflicht der beklagten Gesellschaft unter Zugrundelegung eines hohen Streitwertes und insbesondere eines idR unangemessenen hohen Vergleichsmehrwertes. Es wird vermutet, dass ein Teil der hierdurch erzielten Anwaltsgebühren in vielen Fällen den Berufsopponenten wirtschaftlich zu Gute kommen.

209 Die Rechtsprechung tendiert seit einigen Jahren dazu, den Berufsopponenten ihre rechtlichen Grenzen aufzuzeigen.[383] Grundlegend war in diesem Zusammenhang insbesondere die Kochs-Adler-Entscheidung des Bundesgerichtshofs,[384] wonach einer Anfechtungsklage der Einwand des Rechtsmissbrauchs entgegengehalten werden könne. Ein solcher Missbrauch liegt vor, wenn der Kläger in grob eigennütziger Weise die Gesellschaft veranlassen will, ihm Leistungen zukommen zu lassen, auf die er sonst keinen Anspruch hat. Seitdem hatten sowohl der Bundesgerichtshof[385] als auch die unterinstanzlichen Gerichte[386] mehrfach Gelegenheit, diese Rechtsprechung zum Missbrauch des Anfechtungsrechts zu bekräftigen. Auch der Gesetzgeber versucht verstärkt, insbesondere durch die Schaffung von mehr Transparenz und durch Erleichterungen für die Gesellschaften im Freigabeverfahren, das Geschäftsmodell der Berufsopponenten zu erschweren. Zudem sind auch Gesellschaften in den letzten Jahren dazu übergegangen, härter gegen Berufsopponenten vorzugehen, indem sie vermehrt Schadenersatzklagen einreichen und ggf. auch Strafanzeigen stellen.

210 Die Aktivitäten des Gesetzgebers und die veränderte Strategie der Gesellschaften im Umgang mit Berufsopponenten tragen mittlerweile Früchte. Die Anzahl der Beschlussmängelklagen ist erheblich zurückgegangen.[387]

aa) Einberufung der Hauptversammlung bei einem Verlust in Höhe der Hälfte des Grundkapitals

211 Wenn sich bei Aufstellung der Jahresbilanz oder einer Zwischenbilanz ergibt oder bei pflichtgemäßem Ermessen anzunehmen ist, dass ein Verlust in Höhe der Hälfte des Grundkapitals besteht, hat der Vorstand gemäß § 92 Abs. 1 AktG unverzüglich die Hauptversammlung einzuberufen und ihr dies anzuzeigen. Ein Verlust in Höhe der Hälfte des Grundkapitals ist eingetreten, wenn der Wert des Gesellschaftsvermögens nur noch die Hälfte des Nennkapitals deckt.[388] Die Verlustanzeige ist zur ordnungsgemäßen Einberufung der Hauptversammlung zwingend in die Tagesordnung aufzunehmen.[389] Die Vorschrift dient der Information der Hauptversammlung über eine krisenhafte Zuspitzung der wirtschaftlichen Lage der Gesellschaft; zudem soll sie die

---

[383] Vgl. hierzu *Hüffer/Koch* AktG § 245 Rn. 22 ff. mwN; *Göz* in Bürgers/Körber AktG § 245 Rn. 19 f.

[384] BGHZ 107, 296.

[385] BGH EWiR 2010, 805; BGHZ 112, 9 (30); BGH NJW 1992, 569; 1992, 2821; AG 1991, 102 (104); NJW 1990, 322.

[386] Vgl. OLG Hamburg AG 2011, 301; OLG Frankfurt a. M. NZG 2009, 222; OLG Frankfurt a. M. ZIP 2007, 1463; OLG Stuttgart AG 2003, 456 (457); OLG Frankfurt a. M. AG 1996, 135; LG Hamburg GWR 2009, 267; LG Frankfurt a. M. BB 2007, 2362; LG Frankfurt a. M. ZIP 2008, 1591.

[387] *Bayer/Hoffmann* AG-Report 2017, R 159; *Bayer/Hoffmann* ZIP 2013, 1193.

[388] BGH AG 1958, 293; OLG Köln AG 1978, 17 (22); *Hüffer/Koch* AktG § 92 Rn. 2; *Fleischer* in Spindler/Stilz AktG § 92 Rn. 7; *Thümmel* Persönliche Haftung von Managern und Aufsichtsräten Rn. 127; *Mertens/Cahn* in KölnKommAktG § 92 Rn. 8 ff.; *Wiesner* in MHdB GesR IV § 25 Rn. 102.

[389] *Hüffer/Koch* AktG § 92 Rn. 5; *Pelz* in Bürgers/Körber AktG § 92 Rn. 7; *Fleischer* in Spindler/Stilz AktG § 92 Rn. 15; *Wellhöfer* in Wellhöfer/Peltzer/Müller Vorstandshaftung § 4 Rn. 228; *Thümmel* Persönliche Haftung von Managern und Aufsichtsräten Rn. 127.

Handlungsfähigkeit der Aktionäre herstellen, die allein in der Hauptversammlung besteht.³⁹⁰

Liegen die Voraussetzungen des § 92 Abs. 1 AktG vor, so ist der Vorstand verpflichtet, unverzüglich die Hauptversammlung einzuberufen und ihr den Verlust anzuzeigen. Bei der Bemessung der Zeitspanne ist von der Sorgfalt eines ordentlichen und gewissenhaften Geschäftsleiters gemäß § 93 Abs. 1 AktG auszugehen. Der Termin der Hauptversammlung ist so zu bestimmen, dass unnötige Verzögerungen vermieden werden. Nötig kann eine kurze Verzögerung etwa sein, wenn rasche Sanierungsmaßnahmen des Vorstands Erfolg versprechend sind.³⁹¹ Denkbar ist auch, dass die Verlustanzeige bei Gelegenheit einer ordentlichen Hauptversammlung erfolgt, welche ohnehin für einen unwesentlich späteren Zeitpunkt geplant ist als der frühestmögliche Termin nach der Feststellung des Verlusts. Zur Vermeidung unverhältnismäßiger Kosten kann bei einer solchen Konstellation von der Einberufung einer außerordentlichen Hauptversammlung abgesehen werden.

212

Verstößt der Vorstand gegen die Verpflichtung zur Einberufung der Hauptversammlung nach § 92 Abs. 1 AktG, ist er gemäß § 93 Abs. 2 AktG der Gesellschaft gegenüber schadenersatzpflichtig, wenn ihm ein Verschulden zur Last fällt.³⁹² Allerdings ist bei unterlassener bzw. nicht ordnungsgemäß erfolgter Einberufung der Hauptversammlung der Nachweis eines hierauf beruhenden Schadens für die Gesellschaft häufig schwierig. Angesichts der vielfältigen Reaktionsmöglichkeiten der Hauptversammlung auf die Einberufung wird idR kaum nachzuweisen sein, dass die Aktionäre bei rechtzeitiger Einberufung gerade solche Maßnahmen ergriffen hätten, die den tatsächlich eingetretenen Verlust verringert hätten.³⁹³

213

Gemäß § 401 Abs. 1 AktG macht sich der Vorstand bei einer entgegen § 92 Abs. 1 AktG unterlassenen Einberufung der Hauptversammlung zudem strafbar. Die Tat wird mit Freiheitsstrafe bis zu drei Jahren oder mit Geldstrafe bestraft. Auch eine fahrlässige Begehung ist möglich, die mit Freiheitsstrafe bis zu einem Jahr oder mit Geldstrafe geahndet wird.

214

bb) Vorbereitung und Ausführung von Maßnahmen im Zuständigkeitsbereich der Hauptversammlung

Der Vorstand ist verpflichtet, Hauptversammlungen der Gesellschaft ordnungsgemäß vorzubereiten und durchzuführen. Er hat insbesondere gemäß § 83 Abs. 1 AktG auf Verlangen der Hauptversammlung diejenigen Maßnahmen, die in ihre Zuständigkeit fallen, vorzubereiten und im Anschluss an die Beschlussfassung der Hauptversammlung auszuführen. Im Rahmen der Vorbereitung ist der Vorstand gemäß § 124 Abs. 3 S. 1 AktG insbesondere verpflichtet, der Hauptversammlung geeignete Beschlussvorschläge zu unterbreiten, über die sie im Rahmen ihrer Zuständigkeit beschließt.

215

---

³⁹⁰ BGH NJW 1979, 1829 (1831); *Hüffer/Koch* AktG § 92 Rn. 1; *Pelz* in Bürgers/Körber AktG § 92 Rn. 8; *Fleischer* in Spindler/Stilz AktG § 92 Rn. 17; *Habersack/Foerster* in Großkomm AktG § 92 Rn. 2; *Mertens/Cahn* in KölnKommAktG § 92 Rn. 6.
³⁹¹ Zu Details vgl. *Hüffer/Koch* AktG § 92 Rn. 5; *Pelz* in Bürgers/Körber AktG § 92 Rn. 7; *Fleischer* in Spindler/Stilz AktG § 92 Rn. 10; *Mertens/Cahn* in KölnKommAktG § 92 Rn. 12; *Thümmel* Persönliche Haftung von Managern und Aufsichtsräten Rn. 129; *Schmittmann* Haftung von Organen in Krise und Insolvenz Rn. 289.
³⁹² *Hüffer/Koch* AktG § 92 Rn. 17; *Pelz* in Bürgers/Körber AktG § 92 Rn. 8; *Fleischer* in Spindler/Stilz AktG § 92 Rn. 16; *Wellhöfer* in Wellhöfer/Peltzer/Müller Vorstandshaftung § 4 Rn. 229; *Thümmel* Persönliche Haftung von Managern und Aufsichtsräten Rn. 129.
³⁹³ *Thümmel* Persönliche Haftung von Managern und Aufsichtsräten Rn. 129.

216 Die Hauptversammlung ist zuständig, wenn ihr in Gesetz, Satzung oder durch richterliche Rechtsfortbildung Kompetenzen ausdrücklich zugewiesen sind.[394] Verstöße gegen die Verpflichtungen bei der Vorbereitung und Durchführung von Hauptversammlungen führen zur Schadenersatzpflicht des Vorstands gemäß § 93 Abs. 2 AktG.

217 **(1) Zuständigkeit der Hauptversammlung kraft Gesetzes.** Nach § 119 Abs. 1 AktG beschließt die Hauptversammlung in den im Gesetz und in der Satzung ausdrücklich bestimmten Fällen. Die Norm selbst enthält bereits einen Katalog wesentlicher Zuständigkeiten. Es handelt sich hierbei jedoch nicht um eine abschließende, sondern lediglich um eine beispielhafte Aufzählung. Von besonderer Bedeutung sind die Konstellationen, mit denen die Hauptversammlung in regelmäßigen Abständen immer wieder befasst werden muss, insbesondere:

- Beschlussfassung über die Verwendung des Bilanzgewinns,
- Beschlussfassung über die Entlastung der Mitglieder des Vorstands und des Aufsichtsrats,
- Wahl des Abschlussprüfers und
- Bestellung der Mitglieder des Aufsichtsrats, soweit sie nicht entsendet oder als Arbeitnehmervertreter in den Aufsichtsrat gewählt werden.

218 Die Hauptversammlung ist von Gesetzes wegen immer bei sog. Strukturmaßnahmen, die das Wesen der Gesellschaft als solche betreffen, zu befassen. Hierbei handelt es sich insbesondere um:

- Satzungsänderungen gemäß § 179 AktG,
- Maßnahmen der Kapitalbeschaffung und der Kapitalherabsetzung gemäß §§ 182 ff. AktG und §§ 222 ff. AktG,
- Verpflichtung zur Übertragung des gesamten Gesellschaftsvermögens gemäß § 179a AktG,
- Abschluss und Änderung von Unternehmensverträgen gemäß §§ 291 ff. AktG,
- Eingliederungsmaßnahmen gemäß §§ 319 ff. AktG,
- Aktienrechtlicher Squeeze-Out gemäß §§ 327a ff. AktG,
- Verschmelzungen, Spaltungen, Vermögensübertragungen und Rechtsformwechsel nach dem UmwG und
- die Auflösung der Gesellschaft gemäß §§ 262 ff. AktG sowie die Fortsetzung der Gesellschaft nach beschlossener Auflösung gemäß § 274 Abs. 1 AktG.

219 Für die zukünftige Hauptversammlungspraxis wird zu berücksichtigen sein, wie der deutsche Gesetzgeber (voraussichtlich im Jahr 2019) die Änderungen der Aktionärsrechterichtlinie umsetzen wird.[395] Die Hauptversammlung wird zum einen bei wesentlichen Änderungen des Vergütungssystems für Vorstand und Aufsichtsrat, mindestens aber alle vier Jahre, über die Vergütungspolitik abzustimmen haben. Die börsennotieren Gesellschaften werden ihren Aktionären hierzu detaillierte Angaben machen müssen. Zum anderen ist ihnen zukünftig auch der Vergütungsbericht für das abgelaufene Geschäftsjahr zur Billigung vorzulegen.

220 **(2) Zuständigkeit kraft Satzung.** Neben den gesetzlich normierten Fällen kann auch die Satzung der Gesellschaft der Hauptversammlung besondere Zuständigkeiten übertragen. Gemäß § 23 Abs. 5 AktG darf die Satzung Abweichungen von den gesetzlichen Regelungen jedoch nur insofern enthalten, als das Gesetz dies ausdrücklich zulässt

---

[394] *Hüffer/Koch* AktG § 119 Rn. 1; *Reger* in Bürgers/Körber AktG § 119 Rn. 1; *Spindler* in Schmidt/Lutter AktG § 119 Rn. 1; *Semler* in Semler/Volhard/Reichert HV-HdB § 1 Rn. 1; *Kubis* in MüKoAktG § 119 Rn. 1; *Mülbert* in Großkomm AktG § 119 Rn. 5.
[395] Zu Details der Reform der Aktionärsrechterichtlinie sowie der möglichen Umsetzung ins deutsche Recht vgl. *Bayer* DB 2018, 3034; *Bungert/Berger* DB 2018, 2801, DB 2018, 2860; *Gaul* AG 2017, 178; *Paschos/Goslar* AG 2018, 857; *Bungert* DB 2017, 1190.

(Satzungsstrenge). Der praktische Anwendungsbereich satzungsmäßiger Zuständigkeiten ist deshalb sehr beschränkt. Insbesondere im Bereich der Kompetenzverteilung zwischen den Organen der Gesellschaft, also im Verhältnis der Hauptversammlung zu Vorstand und Aufsichtsrat, lässt das Gesetz Abweichungen nicht zu.[396]

> Beispiele für Kompetenzen der Hauptversammlung kraft Satzung sind: 221
> - Ausgestaltung der (minimalen) Freiräume, die der Satzungsgeber in Bezug auf das Verhältnis zwischen Versammlungsleiter und Hauptversammlung hat. Dies sind beispielsweise Bestimmungen zur Form der Stimmrechtsausübung (§ 134 Abs. 4 AktG), zur Person des Versammlungsleiters sowie zur Art und Weise der Übertragung der Hauptversammlung (§ 118 Abs. 4 AktG).
> - Errichtung von Beiräten oder anderen Beratungsgremien sowie Bestellung der Mitglieder dieser Gremien. Die Gremien dürfen jedoch keine Funktionen wahrnehmen, die zwingend anderen Organen zugewiesen sind, so dass lediglich beratende Funktionen möglich sind.[397]
> - Die Hauptversammlung kann in der Satzung bestimmte Arten von Geschäften unter den Vorbehalt der Zustimmung des Aufsichtsrats stellen (§ 111 Abs. 4 S. 2 AktG).

(3) Zuständigkeit der Hauptversammlung bei Geschäftsführungsmaßnahmen. Für 222 die Aufgabenverteilung zwischen Vorstand und Hauptversammlung ist entscheidend, dass die Hauptversammlung keine Zuständigkeit im Bereich der Geschäftsführung hat. Die Geschäftsführungskompetenz steht gemäß § 76 Abs. 1 AktG allein dem Vorstand zu.[398] Von diesem Grundsatz gibt es jedoch zwei wesentliche Ausnahmen: die freiwillige Vorlage durch den Vorstand und die durch Rechtsfortbildung begründete Kompetenz der Hauptversammlung, ausnahmsweise über Maßnahmen im Kernbereich der Unternehmenstätigkeit zu entscheiden (Stichwort Holzmüller).

Vorlage durch Vorstand
Der Vorstand kann bei Maßnahmen der Geschäftsführung selbst fordern, dass die 223 Hauptversammlung über diese Maßnahmen beschließt. In einem solchen Fall gibt der Vorstand einen Teil seiner Kompetenz für bestimmte Geschäftsführungsmaßnahmen an die Hauptversammlung ab. Dies ist nach § 119 Abs. 2 AktG zulässig. Die freiwillige Vorlage erfolgt idR vor dem Hintergrund der Haftungsbefreiung gemäß § 93 Abs. 4 S. 1 AktG, wonach eine Ersatzpflicht gegenüber der Gesellschaft nicht eintritt, wenn die Handlung des Vorstands auf einem gesetzmäßigen Beschluss der Hauptversammlung beruht.[399] In der Praxis wird von der Möglichkeit einer freiwilligen Vorlage durch den Vorstand jedoch selten Gebrauch gemacht, da einerseits ein hoher Aufwand, insbesondere auch in Bezug auf Informationsanforderungen, im Vorfeld der Hauptversammlung und eine zeitliche Verzögerung der Maßnahme mit einer Vorlage an die Hauptversammlung einhergeht und andererseits in der Außenwirkung das Bild eines nicht entscheidungsfreudigen Vorstands droht.[400]

---

[396] *Hüffer/Koch* AktG § 119 Rn. 10; *Reger* in Bürgers/Körber AktG § 119 Rn. 7; *Hoffmann* in Spindler/Stilz AktG § 119 Rn. 48; *Kubis* in MüKoAktG § 119 Rn. 17; *Krenek/Pluta* in Heidel AktG § 119 Rn. 12.
[397] *Hüffer/Koch* AktG § 119 Rn. 10; *Reger* in Bürgers/Körber AktG § 119 Rn. 7; *Hoffmann* in Spindler/Stilz AktG § 119 Rn. 46; *Reichert* in BeckHdB AG § 5 Rn. 23.
[398] *Hüffer/Koch* AktG § 119 Rn. 11; *Reger* in Bürgers/Körber AktG § 119 Rn. 8; *Kubis* in MüKoAktG § 119 Rn. 18; *Mülbert* in Großkomm AktG §§ 118–120 Rn. 21; *Drinhausen* in Hölters AktG § 119 Rn. 11; *Mayrhofer* in Wachter AktG § 119 Rn. 8.
[399] Zu Details vgl. *Dietz-Vellmer* NZG 2014, 721 (725 ff.).
[400] *Hüffer/Koch* AktG § 119 Rn. 13; *Hölters* in Hölters AktG § 93 Rn. 297; *Dietz-Vellmer* NZG 2014, 721 ff.

224 Der Vorstand entscheidet durch Beschluss, ob eine Geschäftsführungsmaßnahme der Hauptversammlung vorgelegt wird. Der Beschluss muss grundsätzlich einstimmig gefasst werden, sofern Satzung oder Geschäftsordnung keine anderen Mehrheitserfordernisse vorsehen.[401] Ein einzelnes Vorstandsmitglied kann die Vorlage an die Hauptversammlung nicht durchsetzen.

225 Der Hauptversammlung muss ein konkreter Beschlussvorschlag zu einer Maßnahme unterbreitet werden, über den die Hauptversammlung abstimmt. Die Hauptversammlung muss mit der einfachen Stimmenmehrheit des § 133 Abs. 1 AktG dem Antrag der Verwaltung zustimmen, sofern die Satzung keine strengeren Anforderungen bestimmt.[402] Ein höheres Mehrheitserfordernis von mindestens Dreiviertel der abgegebenen Stimmen gilt für den Fall, dass die Geschäftsführungsmaßnahme der Zustimmung des Aufsichtsrats bedarf und dieser seine Zustimmung verweigert hat. In diesem Fall kann der Vorstand verlangen, dass die Hautversammlung über die Zustimmung beschließt (§ 111 Abs. 4 S. 3, 4 AktG).[403] Bei der Vorbereitung der Hauptversammlung ist zu berücksichtigen, dass der Vorstand die Informationen zur Verfügung stellen muss, die die Hauptversammlung für eine sachgerechte Willensbildung benötigt.[404]

Wesentliche Strukturmaßnahmen

226 Das Aktiengesetz enthält keine Pflicht für den Vorstand, Geschäftsführungsmaßnahmen der Hauptversammlung vorzulegen. Jedoch hat der Bundesgerichtshof in seiner Holzmüller-Entscheidung[405] festgelegt, dass es im Bereich der Geschäftsführung Strukturmaßnahmen von herausragender Bedeutung gibt, die der Zustimmung der Hauptversammlung bedürfen. Demnach hat der Vorstand bei grundlegenden Entscheidungen die Hauptversammlung zu beteiligen, wenn er vernünftigerweise nicht annehmen kann, er dürfe diese Entscheidungen in ausschließlicher Verantwortung treffen.

227 Die Holzmüller-Entscheidung betraf eine Ausgliederung. Unternehmensgegenstand der beklagten Aktiengesellschaft war unter anderem der Betrieb einer Umschlag- und Lagerungshalle für Holz sowie die Vermittlung, Durchführung und Finanzierung von Holzgeschäften. Der Seehafenbetrieb als der mit einem wertmäßigen Anteil von 80 % mit Abstand wertvollste Unternehmensteil wurde im Rahmen einer Sachgründung in eine einhundertprozentige Tochtergesellschaft eingebracht. Hierzu war im Vorfeld der Einbringung bereits der Unternehmensgegenstand der Gesellschaft dahingehend geändert worden, dass der Geschäftsbetrieb ganz oder teilweise Tochtergesellschaften überlassen werden durfte. Der Bundesgerichtshof entschied, dass die Einbringung des mit Abstand wertvollsten Unternehmensteils in eine Tochtergesellschaft der Zustimmung der Hauptversammlung bedarf, auch wenn die Maßnahme durch die Satzung der Aktiengesellschaft gedeckt ist und die Voraussetzungen des § 179a AktG (Veräußerung des gesamten Vermögens einer Aktiengesellschaft)[406] nicht vorliegen. Die Vertretungsmacht des Vorstands im Außenverhältnis bleibt jedoch hiervon unberührt, so dass die Geschäftsführungsmaßnahme im Verhältnis zu anderen Vertragsparteien trotz fehlender Zustimmung der Hauptversammlung wirksam ist.

---

[401] *Hüffer/Koch* AktG § 119 Rn. 13; *Spindler* in Schmidt/Lutter AktG § 119 Rn. 16; *Mülbert* in Großkomm AktG § 119 Rn. 45; *Manz* in NK-SE Rn. 730.

[402] *Hüffer/Koch* AktG § 119 Rn. 14; *Reger* in Bürgers/Körber AktG § 119 Rn. 9; *Spindler* in Schmidt/Lutter AktG § 119 Rn. 23; *Mayrhofer* in Wachter AktG § 119 Rn. 13; *Kubis* in MüKoAktG § 119 Rn. 26.

[403] *Hüffer/Koch* AktG § 111 Rn. 50; *Hoffmann* in Spindler/Stilz AktG § 119 Rn. 14.

[404] Zu Details vgl. *Hüffer/Koch* AktG § 119 Rn. 14 mwN.

[405] BGHZ 83, 122.

[406] Vgl. hierzu *Brocker/Schulenburg* BB 2015, 1993.

I. Innenhaftung

Der Bundesgerichtshof hat im April 2004 die dogmatische Rechtfertigung der Holzmüller-Doktrin in seinen beiden Gelatine-Urteilen[407] konkretisiert und zumindest in Teilbereichen Unsicherheiten für die Praxis beseitigt. Die Hauptversammlung der Deutsche Gelatine-Fabriken Stoess AG wurde mit einer Umstrukturierung der Gesellschaft zu einer reinen Holdinggesellschaft befasst. Zum einen sollten Geschäftsanteile einer deutschen GmbH & Co. KG in eine andere Tochtergesellschaft der Gesellschaft eingebracht werden. Zum anderen sollten Beteiligungen an schwedischen und englischen Tochtergesellschaften an eine andere Tochtergesellschaft der Gesellschaft übertragen werden. Allein die schwedische Tochtergesellschaft trug 30 % zum Vorsteuerergebnis des Konzerns bei. Der Unternehmensgegenstand der Gesellschaft konnte auch durch Tochtergesellschaften bzw. Zweigniederlassungen erfüllt werden, so dass eine Satzungsänderung nicht erforderlich war. Zwischen dem klagenden Aktionär und der Gesellschaft war jedoch streitig, ob für die Beschlussfassung über die beiden Umstrukturierungsvorgänge eine Drei-Viertel-Mehrheit erforderlich gewesen wäre, da die Zustimmungsbeschlüsse nur mit einfacher Mehrheit zustande gekommen waren.

228

Der Bundesgerichtshof entschied, dass die Umstrukturierungsmaßnahmen keine Holzmüller-Fälle darstellten und hielt deshalb die Anfechtungsklagen für unbegründet. Die Maßnahmen hätten nicht in den Kernbereich des Unternehmens eingegriffen und daher die Aktionäre nicht in ihren mitgliedschaftlichen Rechten beeinträchtigt. Der Bundesgerichtshof bestätigte, dass eine ungeschriebene Kompetenz der Hauptversammlung dann vorliegen könne, wenn eine Umstrukturierung „an die Kernkompetenz der Hauptversammlung, über die Verfassung der Aktiengesellschaft zu bestimmen, rührt, weil sie Veränderungen nach sich zieht, die denjenigen zumindest nahe kommt, welche allein durch eine Satzungsänderung herbeigeführt werden können".[408] Eine Geschäftsführungsmaßnahme, bei der ggf. die Zustimmung der Hauptversammlung einzuholen ist, setze jedoch immer voraus, dass wie im Holzmüller-Fall ein Mediatisierungseffekt bei einer Ausgliederung eines wichtigen Betriebes einer Tochtergesellschaft oder bei der Umstrukturierung des Beteiligungsbesitzes eintrete.

229

Der Bundesgerichtshof stellte zudem klar, dass die im Schrifttum genannten Schwellenwerte für ein Eingreifen der Holzmüller-Grundsätze, die zwischen 10 % und 50 % schwankten, nicht ausreichen können. Eine Kompetenz der Hauptversammlung könne nur dann in Frage kommen, wenn ein mit der Holzmüller-Entscheidung vergleichbarer Sachverhalt vorläge.[409] Bei der Holzmüller-Entscheidung waren 80 % des Gesellschaftsvermögens betroffen. Der Bundesgerichtshof ließ jedoch offen, auf welche Kennzahl, wie beispielsweise Bilanzsumme, Eigenkapital, Umsatz oder Ergebnis vor Steuern, abzustellen ist.[410]

230

Der Bundesgerichtshof ging auch auf die Frage ein, ob bei einem Holzmüller-Beschluss die einfache Mehrheit ausreicht. Nach Auffassung des Bundesgerichtshofs bedarf der Beschluss einer Drei-Viertel-Mehrheit des vertretenen Grundkapitals. Dies gelte auch bei einer in der Satzung enthaltenen Konzernklausel und auch dann, wenn die Satzung der Aktiengesellschaft außer bei zwingenden Mehrheitserfordernissen nach Gesetz oder Satzung die einfache Mehrheit genügen lässt.[411]

231

Die Praxis hat sich an den Vorgaben des Bundesgerichtshofs ausgerichtet. Da es der Bundesgerichtshof abgelehnt hat, einen Katalog von Geschäftsführungsmaßnahmen zu

232

---

[407] BGH NZG 2004, 571; 2004, 575.
[408] BGH NZG 2004, 571; 2004, 575.
[409] BGH NZG 2004, 571 (574); 2004, 575 (579).
[410] BGH NZG 2004, 571 (575); 2004, 575 (579 f.); vgl. hierzu *Spindler* in Schmidt/Lutter AktG § 119 Rn. 30 ff.; *Reger* in Bürgers/Körber AktG § 119 Rn. 22.
[411] BGH NZG 2004, 571 (575); 2004, 575 (579); vgl. hierzu *Hüffer/Koch* AktG § 119 Rn. 18 f.; *Reger* in Bürgers/Körber AktG § 119 Rn. 26.

erstellen, die ggf. zustimmungspflichtig sein könnten, muss jeder Sachverhalt weiterhin einzelfallbezogen geprüft werden. Eine Zuständigkeit der Hauptversammlung aufgrund der Holzmüller-Doktrin bei Unternehmenskäufen und -verkäufen scheidet idR aus.[412] Die Holzmüller-Doktrin ist demnach nur noch in Ausnahmekonstellationen von Bedeutung, wenn im Kernbereich des Unternehmens (qualitative Komponente) Strukturmaßnahmen anstehen, die hohe Schwellenwerte (quantitative Komponente) erreichen.[413]

233 Diese Grundsätze hat das Oberlandesgericht Frankfurt hinsichtlich des Erwerbs der Dresdner Bank durch die Commerzbank bestätigt.[414] Entgegen der Vorinstanz[415] verneinte das Oberlandesgericht das Vorliegen einer ungeschriebenen Hauptversammlungszuständigkeit sowohl nach qualitativen als auch nach quantitativen Gesichtspunkten. Qualitativ war ausschlaggebend, dass die Commerzbank eine Konzernöffnungsklausel in ihrer Satzung hatte und dass das mit dem Beteiligungserwerb verbundene Risiko für den Aktionär nicht höher sei als bei sonstigen Investitionsentscheidungen. Unter quantitativen Aspekten hat das Oberlandesgericht darauf hingewiesen, dass nach seiner Ansicht zur Ermittlung der Holzmüller-Schwelle (80 % der Aktiva) die Größenverhältnisse des erworbenen Unternehmens zum hypothetisch gedachten kombinierten Unternehmen nach Erwerb ins Verhältnis gesetzt werden müssten.[416] Die Entscheidungen des Landgerichts und Oberlandesgerichts Frankfurt ergingen in einem Verfahren, das die Wirksamkeit der Beschlüsse der Hauptversammlung des Jahres nach dem Unternehmenserwerb über die Entlastung der Verwaltung zum Gegenstand hatte. Ohne die Frage einer vermeintlichen umgeschriebenen Hauptversammlungszuständigkeit näher zu prüfen, hat der Bundesgerichtshof die eingelegte Nichtzulassungsbeschwerde zurückgewiesen.[417] Der Bundesgerichtshof verneinte die Anfechtbarkeit des Entlastungsbeschlusses, da jedenfalls kein eindeutiger Gesetzesverstoß durch Vorstand und Aufsichtsrat begangen wurde, da sich die Organe der Gesellschaft angesichts der unklaren rechtlichen Vorgaben zur Befassung der Hauptversammlung bei einem Beteiligungserwerb nicht über eine zweifelsfreie Gesetzeslage hinweggesetzt hatten.

234 Sofern die Hauptversammlung ausnahmsweise mit einer Geschäftsführungsmaßnahme nach der Holzmüller-Doktrin befasst wird, ist aufgrund der Vorgabe des Bundesgerichtshofs für die Wirksamkeit des Beschlusses eine Drei-Viertel-Mehrheit des vertretenen Grundkapitals nötig. Der Vorstand wird deshalb im Vorfeld einer Holzmüller-Maßnahme eingehend prüfen müssen, ob das Erreichen der qualifizierten Mehrheit in der Hauptversammlung realistisch ist. Aufgrund der unnötigen Kosten für die Vorbereitung der Maßnahme und die Durchführung der Hauptversammlung sowie des Ansehensverlustes für die Gesellschaft, wird ein Vorstand die Hauptversammlung nur dann mit dem Vorgang befassen, wenn er davon ausgehen kann, dass diese Mehrheit auch erreicht wird. Bei

---

[412] Vgl. die Entscheidungen zur fehlenden Erforderlichkeit der Hauptversammlungszustimmung bei Beteiligungveräußerungen BVerfG GWR 2012, 9; BGH NZG 2007, 234; OLG Köln AG 2009, 416 (418); OLG Stuttgart NZG 2007, 234; *Hüffer/Koch* AktG § 119 Rn. 22 mwN auch zur Gegenansicht und beim Erwerb von Beteiligungen OLG Frankfurt a. M. AG 2011, 173, OLG Frankfurt a. M. AG 2008, 862; LG Hanau AG 2007, 718; kritisch *Hüffer/Koch* AktG § 119 Rn. 21 mwN. Zu beachten sind jedoch Zuständigkeiten der Hauptversammlung bei der Verpflichtung zur Übertragung des gesamten Gesellschaftsvermögens gemäß § 179a AktG oder bei dauerhaftem Über- oder Unterschreiten des Unternehmensgegenstandes (vgl. hierzu OLG Köln ZIP 2009, 1469; zu Schadenersatzrisiken OLG Düsseldorf ZIP 2010, 28).
[413] Zu Details vgl. *Hüffer/Koch* AktG § 119 Rn. 20 f.; *Reger* in Bürgers/Körber AktG § 119 Rn. 21 ff.; *Spindler* in Schmidt/Lutter AktG § 119 Rn. 30 ff.
[414] OLG Frankfurt a. M. AG 2011, 173.
[415] LG Frankfurt a. M. AG 2010, 416.
[416] Ablehnend *Priester* AG 2011, 654 (661) und *Lorenz/Pospiech* DB 2010, 1925 (1929), die auf das erwerbende Unternehmen als Bezugsgröße abstellen wollen.
[417] BGH AG 2012, 248.

der Vorbereitung der Hauptversammlung ist zu berücksichtigen, dass der Vorstand die Informationen zur Verfügung stellen muss, die die Hauptversammlung für eine sachgerechte Willensbildung benötigt.[418]

cc) Wesentliche Pflichten des Vorstands bei Vorbereitung und Durchführung der Hauptversammlung

Im Vorfeld der Hauptversammlung ist in rechtlicher Hinsicht entscheidend, dass sämtliche Formalia eingehalten werden. So müssen Hauptversammlungen insbesondere rechtzeitig einberufen werden. Zudem kann es notwendig sein, Vorstandsberichte zu erstellen und zusammen mit zustimmungspflichtigen Verträgen neben den „üblichen" vorlagepflichtigen Unterlagen wie dem Jahresabschluss, dem Lagebericht, dem Bericht des Aufsichtsrats und dem Vorschlag des Vorstands für die Verwendung des Bilanzgewinns auszulegen. Außerdem ist die fristgerechte Veröffentlichung etwaiger Gegenanträge von Aktionären sicherzustellen.

Bei der Durchführung der Hauptversammlung ist für den Vorstand entscheidend, dass er alle organisatorischen Maßnahmen ergreift, damit diese ordnungsgemäß und ohne Störung ablaufen kann. Schwerpunkt der aktienrechtlichen Pflichten des Vorstands im Rahmen der Hauptversammlung ist die Beantwortung zulässiger Fragen der Aktionäre. Die Versammlungsleitung selbst obliegt dem Vorstand hingegen nicht, in der aktienrechtlichen Praxis ist hierfür aufgrund einer entsprechenden Satzungsregelung überwiegend der Vorsitzende des Aufsichtsrats zuständig. Der Versammlungsleiter wird vom Vorstand jedoch bei der Erfüllung seiner Aufgabe, insbesondere durch die Bereitstellung von „Hilfspersonen", beispielsweise von fachkundigen Mitarbeitern und externen Beratern im Rahmen eines Back-Office, unterstützt.

(1) Vorbereitung der Hauptversammlung.
Einberufung

Für die Einberufung der Hauptversammlung ist der Vorstand zuständig. Ausnahmsweise kann jedoch nach § 111 Abs. 3 AktG auch eine Kompetenz des Aufsichtsrats für die Einberufung bestehen. Auch Aktionäre (vgl. § 122 Abs. 1 AktG) oder Liquidatoren können ausnahmsweise einberufungsberechtigt sein. Darüber hinaus kann die Satzung der Gesellschaft bestimmte Personen ermächtigen, die Hauptversammlung einzuberufen; hiervon wird in der Praxis jedoch nur selten bei kleineren, nicht börsennotierten Aktiengesellschaften und bei Familiengesellschaften Gebrauch gemacht.

Um den Aktionären eine Überprüfung der Einberufungsberechtigung zu ermöglichen, ist in der Einberufung zu einer Hauptversammlung anzugeben, wer zur Versammlung einlädt. Dies geschieht idR durch den Zusatz „der Vorstand" am Ende der Einberufung. Dieses Erfordernis lässt sich zwar nicht dem Gesetzeswortlaut des § 121 AktG oder § 124 AktG entnehmen, wird aber dennoch allgemein gefordert.[419]

Nach § 121 Abs. 2 AktG ist für die Einberufung der Hauptversammlung im Regelfall der Vorstand zuständig, der mit einfacher Mehrheit beschließt.[420] Wie bei jedem Beschluss des Vorstands ist aus Nachweisgründen darauf zu achten, dass die Beschlussfassung ordnungsgemäß dokumentiert und daher in das Protokoll einer Vorstandssitzung aufgenommen wird.

---

[418] Zu Details vgl. *Hüffer/Koch* AktG § 119 Rn. 27.
[419] *Hüffer/Koch* AktG § 121 Rn. 9; *Butzke* Die HV der AG B Rn. 69; *Kubis* in MüKoAktG § 121 Rn. 70; *Reichert* in Semler/Volhard/Reichert HV-HdB § 4 Rn. 99; *Mayer* in NK-SE Rn. 397.
[420] *Hüffer/Koch* AktG § 121 Rn. 6; *Rieckers* in Spindler/Stilz AktG § 121 Rn. 13; *Bohnet* in MAH AktR § 26 Rn. 54; *Herrler* in Grigoleit AktG § 121 Rn. 7.

240 Die Einberufung muss durch den Vorstand als Gesamtorgan erfolgen.[421] Die Ausführung des Vorstandsbeschlusses zur Einberufung der Hauptversammlung kann jedoch einem einzelnen Vorstandsmitglied überlassen werden.[422]

241 Der ordnungsgemäße Vorstandsbeschluss zur Einberufung der Hauptversammlung setzt die Handlungsfähigkeit des Vorstands, also eine ordnungsgemäße Besetzung voraus. Sofern der Vorstand bei einer Gesellschaft mit einem Grundkapital von mehr als 3 Mio. EUR mangels anderweitiger Satzungsbestimmungen nach § 76 Abs. 2 S. 2 AktG aus mindestens zwei Mitgliedern zu bestehen hat oder er aufgrund einer verschärften Satzungsregelung aus mehr als zwei Mitgliedern bestehen muss, ist bei einer Unterschreitung der gesetzlichen oder satzungsmäßigen Sollstärke eine ordnungsgemäße Einberufung nicht möglich.[423] Bei einer Unterbesetzung des Vorstands bedarf es demnach der vorherigen Berufung eines oder mehrerer Vorstandsmitglieder durch den Aufsichtsrat. Ist dies nicht möglich, ist eine Bestellung durch ein Gericht notwendig.

242 Eine Einberufung der Hauptversammlung durch den Aufsichtsrat hilft im Regelfall bei einer Unterbesetzung des Vorstands nicht weiter, da der Vorstand auch nicht in der Lage ist, ordnungsgemäße Beschlussvorschläge für die Hauptversammlung zu unterbreiten. Vorstand und Aufsichtsrat haben zu jedem Gegenstand der Tagesordnung, über den die Hauptversammlung beschließen soll, in der Bekanntmachung der Tagesordnung Vorschläge zur Beschlussfassung zu machen (§ 124 Abs. 3 S. 1 AktG). Ausnahmen bestehen bei der Wahl von Aufsichtsratsmitgliedern und Prüfern, für die nur der Aufsichtsrat Beschlussvorschläge zu unterbreiten hat. Für die Beschlussvorschläge des Vorstands bedarf es jedoch eines ordnungsgemäß zustande gekommenen Vorstandsbeschlusses, der bei einer gesetzeswidrigen oder satzungswidrigen Unterbesetzung des Vorstands nicht möglich ist.[424] Mangels ordnungsgemäßen Beschlussvorschlages durch den Vorstand können die betroffenen Hauptversammlungsbeschlüsse bei einer solchen Konstellation anfechtbar sein.

Inhalt der Einberufung

243 Die wesentlichen Grundsätze für die Einberufung der Hauptversammlung finden sich in § 121 AktG, der neben der Einberufungszuständigkeit auch die Formalia der Einberufung, den Ort der Hauptversammlung und die Besonderheiten bei einer Vollversammlung regelt. Welchen Inhalt die Einberufung zu haben hat, ist in § 121 Abs. 3 S. 1 AktG zwingend vorgeschrieben. Danach muss die Einberufung die folgenden (Mindest-) Angaben enthalten:

- Firma der Gesellschaft,
- Sitz der Gesellschaft,
- Zeit der Hauptversammlung und
- Ort der Hauptversammlung.

244 Zudem ist gemäß § 121 Abs. 3 S. 2 AktG die Tagesordnung der Hauptversammlung anzugeben. Bei börsennotierten Gesellschaften sind darüber hinaus weitere Angaben in der Einberufung zu machen (§ 121 Abs. 3 S. 3 AktG).

245 Der Text der Einladung sollte die in der Praxis üblichen Formulierungen enthalten. Zur Vermeidung von Anfechtungsrisiken sollte auf kreative eigene Formulierungen verzichtet und aktuelle Entwicklungen im Recht der Hauptversammlung beachtet werden. So ist es seit Inkrafttreten der Datenschutz-Grundverordnung am 25.5.2018 in der

---

[421] BGHZ 149, 158 (161); LG Münster NZG 1998, 352; *Hüffer/Koch* AktG § 121 Rn. 6.
[422] *Hüffer/Koch* AktG § 121 Rn. 6; *Noack/Zetzsche* in KölnKommAktG § 121 Rn. 34; *Reger* in Bürgers/Körber AktG § 121 Rn. 6.
[423] BGHZ 149, 158 (161); OLG Dresden NZG 2000, 426 (428); LG Heilbronn AG 2000, 373 (374); LG Münster NZG 1998, 352; *Hüffer/Koch* AktG § 76 Rn. 56; *Bürgers* in Bürgers/Körber AktG § 76 Rn. 32; *Kubis* in MüKoAktG § 121 Rn. 16; *Butzke* Die HV der AG B Rn. 31.
[424] BGHZ 149, 158; *Hüffer/Koch* AktG § 124 Rn. 16; *Müller* in Heidel AktG § 124 Rn. 13.

HV-Praxis üblich, Informationen zum Datenschutz in die Einberufung mit aufzunehmen.[425]

Besonderheiten für börsennotierte Aktiengesellschaften

§ 121 Abs. 3 S. 3 AktG erweitert den Inhalt der Einberufung einer Hauptversammlung für börsennotierte Gesellschaften. Neben Firma, Sitz der Gesellschaft sowie Zeit und Ort der Hauptversammlung (und der Tagesordnung) sind die Teilnahmebedingungen, das Verfahren für die Stimmabgabe, die Rechte der Aktionäre und der Informationszugang auf der Internetseite anzugeben. Gemäß § 49 Abs. 1 S. 1 Nr. 1 WpHG sind im zeitlichen Zusammenhang mit der Einberufung auch die Gesamtzahl der Aktien und Stimmrechte im Bundesanzeiger zu veröffentlichen, so dass es sich in der Praxis empfiehlt, diese Angaben ebenfalls in die Einberufung mit aufzunehmen. 246

Teilnahmebedingungen

Die sorgfältige Formulierung der Teilnahmebedingungen ist zur Vermeidung von Anfechtungsrisiken überaus wichtig.[426] Bis zum Inkrafttreten des ARUG waren die Teilnahmebedingungen in der Einberufung bei allen Aktiengesellschaften aufzunehmen. Diese Pflicht ist nunmehr gemäß § 121 Abs. 3 S. 3 Nr. 1 AktG auf börsennotierte Gesellschaften beschränkt.[427] Allerdings empfiehlt sich auch für nicht börsennotierte Gesellschaften, zumindest, wenn sie über einen größeren Aktionärskreis verfügen, Angaben zu den Teilnahmebedingungen zu machen. Einerseits ist dies als Service gegenüber den Aktionären zu verstehen und vereinfacht die Arbeit für den beauftragten Hauptversammlungsdienstleister bzw. für die Gesellschaft selbst. Nicht börsennotierte Gesellschaften sollten deshalb die Aufnahme von Teilnahmebedingungen in der Einberufung oder aber, wenn sie die potentiellen Anfechtungsrisiken scheuen, eine Information der Aktionäre über die Teilnahmebedingungen auf andere Weise, beispielsweise durch eine Veröffentlichung auf der Homepage der Gesellschaft, erwägen. 247

Andererseits können sich Angaben zu den Teilnahmebedingungen bei nicht börsennotierten Aktiengesellschaften auch aus rechtlicher Sicht empfehlen. So ist beispielsweise in § 123 Abs. 2 S. 2 AktG geregelt, dass bei einem Anmeldungserfordernis in der Satzung die Anmeldung der Gesellschaft unter der in der Einberufung hierfür mitgeteilten Adresse zuzugehen hat. Sofern in der Einberufung keine Adresse angegeben wird, muss die Gesellschaft jeden rechtzeitigen Zugang am Ort der Hauptverwaltung oder Geschäftsleitung gegen sich gelten lassen.[428] 248

Börsennotierte Gesellschaften haben in der Einberufung die Voraussetzungen für die Teilnahme an der Hauptversammlung und die Ausübung des Stimmrechts sowie ggf. den Nachweisstichtag (Record Date) und dessen Bedeutung in der Einberufung aufzunehmen (§ 121 Abs. 3 S. 3 Nr. 1 AktG). Der Nachweisstichtag ist durch konkrete Datumsnennung anzugeben.[429] Durch die Erläuterungen zum Nachweisstichtag soll den Aktionären verdeutlicht werden, dass nur Personen zur Teilnahme an der Versammlung und zur Stimmabgabe berechtigt sind, die zum Stichtag Aktionäre der Gesellschaft sind.[430] 249

---

[425] Zu Details vgl. *Löschhorn* AG-Report 2018, R319.
[426] Vgl. zu missverständlichen Formulierungen bei der Vollmachtserteilung an Stimmrechtsvertreter LG Dresden Der Konzern 2007, 461; zu fehlerhaften Formulierungen zur Vollmachterteilung OLG Frankfurt a. M. NZG 2008, 796; LG Frankfurt a. M. BB 2008, 2141; einschränkend zu Recht OLG München BB 2008, 2366; OLG Düsseldorf ZIP 2009, 518; LG München I ZIP 2008, 2124; LG Krefeld BB 2008, 2372.
[427] Begründung ARUG-RegE BR-Drs. 847/08, 40; *Hüffer/Koch* AktG § 121 Rn. 9; *Reger* in Bürgers/Körber AktG § 121 Rn. 13a; *Ziemons* in Schmidt/Lutter AktG § 121 Rn. 26; *Mayrhofer* in Wachter AktG § 121 Rn. 14.
[428] *Hüffer/Koch* AktG § 123 Rn. 7; *Ziemons* in Schmidt/Lutter AktG § 123 Rn. 26.
[429] *Hüffer/Koch* AktG § 121 Rn. 10a; *Ziemons* in Schmidt/Lutter AktG § 121 Rn. 47.
[430] Beschlussempfehlung Rechtsausschuss zum ARUG BT-Drs. 16/13098, 38.

Verfahren für die Stimmabgabe

250 Börsennotierte Gesellschaften haben in der Einberufung Angaben zum Verfahren für die Stimmabgabe zu machen.[431] Dies beinhaltet die Stimmabgabe durch einen Bevollmächtigten. Hierfür ist insbesondere ein Hinweis auf die Formulare, die für die Erteilung einer Stimmrechtsvollmacht zu verwenden sind (sofern eine solche Pflicht ausnahmsweise besteht) und auf die Art und Weise, wie der Gesellschaft ein Nachweis über die Bestellung eines Bevollmächtigten elektronisch übermittelt werden kann (in der Praxis oftmals durch Angabe einer Emailadresse), vorgeschrieben (§ 121 Abs. 3 S. 3 Nr. 2a AktG). Die Vorschrift wird ergänzt durch § 48 Abs. 1 Nr. 5 WpHG, wonach jeder stimmberechtigten Person zusammen mit der Einladung zur Hauptversammlung oder nach deren Anberaumung auf Verlangen in Textform ein Formular für die Vollmachtserteilung zu übermitteln ist. In der Praxis geschieht dies idR im Rahmen der Einladungs- oder Eintrittskartenübersendung. Obwohl der Gesetzeswortlaut von § 121 Abs. 3 S. 3 Nr. 2a AktG nur zwingend zu verwendende Formulare erwähnt und eine zwingende Vorgabe bestimmter Vollmachtsformulare nur für die Bevollmächtigung der von der Gesellschaft bestellten Stimmrechtsvertretern möglich ist, wird in der Literatur zum Teil vertreten, dass die Vorgabe dahingehend zu verstehen ist, dass börsennotierte Aktiengesellschaften Stimmrechtsformulare vorzuhalten und auf diese hinzuweisen haben.[432] Zur Vermeidung von Anfechtungsrisiken werden deshalb in der Hauptversammlungspraxis oftmals Stimmrechtsformulare von den Gesellschaften bereitgestellt und auf der Internetseite zum Download vorgehalten sowie eine Emailadresse für die Übermittlung angeboten; die entsprechenden Angaben finden sich dann in der Einberufung.

251 Die Einberufung muss zudem Angaben zu der Stimmabgabe durch Briefwahl oder im Wege elektronischer Kommunikation gemäß § 118 Abs. 1 S. 2 AktG beinhalten, soweit die Satzung (oder der durch die Satzung ermächtigte Vorstand) eine entsprechende Form der Stimmrechtsausübung vorsieht (§ 121 Abs. 3 S. 3 Nr. 2b AktG).[433]

Rechte der Aktionäre

252 In der Einberufung börsennotierter Gesellschaften sind gemäß § 121 Abs. 3 S. 3 Nr. 3 AktG Angaben zu den einzelnen Rechten der Aktionäre zu machen. Dies umfasst die Rechte nach § 122 Abs. 2 AktG (Minderheitsverlangen), § 126 Abs. 1 AktG (Gegenanträge), § 127 AktG (Wahlvorschläge) und § 131 Abs. 1 AktG (Auskunftsrecht der Aktionäre). Die Fristen müssen konkret berechnet und das jeweilige Datum angegeben werden.[434] Die Gesellschaft kann sich bei diesen Angaben auf die Angabe der Fristen beschränken, soweit sich in der Einberufung ein Hinweis zu weiterführenden Erläuterungen auf der Internetseite der Gesellschaft befindet.

Informationszugang auf der Internetseite

253 In der Einberufung müssen börsennotierte Gesellschaften gemäß § 121 Abs. 3 S. 3 Nr. 4 AktG ihre Aktionäre auf die Internetseite der Gesellschaft hinweisen, über die die Informationen zur Hauptversammlung nach § 124a AktG zugänglich sind. Hierdurch soll die Internetseite der börsennotierten Gesellschaft zum zentralen Medium des Informationsaustauschs zwischen Gesellschaft und Aktionär ausgebaut und den Aktionären der Zugriff auf hauptversammlungsrelevante Informationen erleichtert werden.[435]

---

[431] Begründung ARUG-RegE BR-Drs. 847/08, 41; *Hüffer/Koch* AktG § 121 Rn. 10b; *Reger* in Bürgers/Körber AktG § 121 Rn. 13c; *Ziemons* in Schmidt/Lutter AktG § 121 Rn. 42 ff.; *Rieckers* in Spindler/Stilz AktG § 121 Rn. 40; *Müller* in Heidel AktG § 121 Rn. 20.
[432] *Hüffer/Koch* AktG § 121 Rn. 10b; *Kubis* in MüKoAktG § 121 Rn. 65; aA *Rieckers* in Spindler/Stilz AktG § 121 Rn. 40; *Butzke* in Großkomm AktG § 124a Rn. 28.
[433] Vgl. hierzu *Hüffer/Koch* AktG § 121 Rn. 10c; *Reger* in Bürgers/Körber AktG § 121 Rn. 13c; *Ziemons* in Schmidt/Lutter AktG § 121 Rn. 64; *Rieckers* in Spindler/Stilz AktG § 121 Rn. 54 ff.
[434] Begründung ARUG-RegE BR-Drs. 847/08, 41; *Bosse* NZG 2009, 806 (809).
[435] Begründung ARUG-RegE BR-Drs. 847/08, 44.

Gesamtzahl der Aktien und Stimmrechte

Gemäß § 49 Abs. 1 S. 1 Nr. 1 WpHG haben börsennotierte Gesellschaften ua die Gesamtzahl der Aktien und Stimmrechte im Zeitpunkt der Einberufung der Hauptversammlung unverzüglich im Bundesanzeiger zu veröffentlichen. Verstößt die börsennotierte Aktiengesellschaft gegen diese Pflicht, kann dies jedoch nicht die Anfechtung der in der Hauptversammlung gefassten Beschlüsse rechtfertigen (§ 52 WpHG). In der Praxis werden diese Angaben oftmals bereits in der Hauptversammlungseinladung aufgenommen und im Bundesanzeiger veröffentlicht. 254

Frist für die Einberufung

Die Hauptversammlung ist mindestens 30 Tage vor dem Tag der Versammlung einzuberufen (§ 123 Abs. 1 AktG).[436] Diese Frist kann durch die Satzung zwar verlängert, nicht aber verkürzt werden.[437] Muss der Aktionär im Vorfeld der Hauptversammlung Anmeldungspflichten oder eine Pflicht zum Nachweis der Teilnahmeberechtigung erfüllen, hat der Gesetzgeber eine Verlängerung der Frist vorgesehen. Die Einberufungsfrist, die kurzfristige Entscheidungen der Hauptversammlungen zu dringenden Sachverhalten erheblich erschwert, soll es den Aktionären ermöglichen, sich auf den Hauptversammlungstermin rechtzeitig einzurichten und auf die Versammlung umfassend vorbereiten zu können. 255

Die umfassende Reform der Fristenberechnung im Rahmen des ARUG sollte die früheren Unklarheiten bei der Auslegung der Einberufungsfrist beseitigen.[438] Die Fristberechnung folgt nunmehr einer einfachen Regel. Nach § 121 Abs. 7 AktG ist bei sämtlichen Fristen und Terminen, die von der Hauptversammlung zurückzuberechnen sind, der Tag der Versammlung nicht mitzurechnen.[439] Weiterhin ist gemäß den Vorschriften, die entsprechende Fristen beinhalten, der Tag der jeweiligen Handlung bei der Fristberechnung nicht mitzurechnen. Eine Verlegung von einem Sonntag, einem Samstag oder einem Feiertag auf den vorhergehenden oder nachfolgenden Werktag kommt nicht in Betracht (§ 121 Abs. 7 S. 2 AktG). Rückgriffe auf das Berechnungsinstrumentarium der §§ 187–193 BGB werden in § 121 Abs. 7 S. 3 AktG klarstellend ausgeschlossen.[440] 256

Im Ergebnis bedeutet dies, dass bei den im Gesetz angegebenen Fristen gedanklich ein weiterer Tag hinzugerechnet werden muss, an dem die jeweilige Handlung spätestens vorgenommen werden muss. Am Beispiel der Einberufungsfrist von 30 Tagen ergibt sich hieraus, dass die Einberufung spätestens am 31. Tag vor der Hauptversammlung erfolgen muss.[441] Der 31. Tag vor der Hauptversammlung bleibt auch der letztmögliche Einberufungstag, wenn er auf einen Samstag, Sonntag oder Feiertag fällt. Zwar ist an diesen Tagen eine Einberufung durch Veröffentlichung im Bundesanzeiger faktisch nicht möglich, da dieser an Wochenenden bzw. an Feiertagen in Nordrhein-Westfalen nicht veröffentlicht wird, so dass die Einberufung dann ein oder mehrere Tage früher erfolgen muss.[442] Dogmatisch bleibt es jedoch beim 31. Tag vor der Hauptversammlung als letzten Einberufungstag, der im Beispielsfall bei Samstagen, Sonntagen oder Feiertagen dann von 257

---

[436] Kürzere Einberufungsfristen finden sich in § 16 Abs. 4 WpÜG für Übernahmesachverhalte und in § 7 FMStBG für Rekapitalisierungsmaßnahmen bei Unternehmen des Finanzsektors.
[437] *Kubis* in MüKoAktG § 123 Rn. 7; *Rieckers* in Spindler/Stilz AktG § 123 Rn. 4.
[438] Begründung ARUG-RegE BR-Drs. 847/08, 42; *Hüffer/Koch* AktG § 121 Rn. 24; *Rieckers* in Spindler/Stilz AktG § 121 Rn. 91; *Müller* in Heidel AktG § 121 Rn. 52; *Mimberg/Gätsch* AG-Hauptversammlung Rn. 65; *Bosse* NZG 2009, 807 (808).
[439] Begründung ARUG-RegE BR-Drs. 847/08, 42; *Hüffer/Koch* AktG § 121 Rn. 24; *Rieckers* in Spindler/Stilz AktG § 121 Rn. 94; *Müller* in Heidel AktG § 121 Rn. 52; *Mimberg/Gätsch* AG-Hauptversammlung Rn. 69; *Herrler* in Grigoleit AktG § 121 Rn. 36; *Bohnet* in MAH AktR § 26 Rn. 57.
[440] Begründung ARUG-RegE BR-Drs. 847/08, 42; *Reger* in Bürgers/Körber AktG § 121 Rn. 37; *Mayrhofer* in Wachter AktG § 121 Rn. 32.
[441] *Hüffer/Koch* AktG § 123 Rn. 2; *Weber/Kersjes* Hauptversammlungsbeschlüsse § 1 Rn. 313.
[442] Vgl. hierzu auch *Butzke* in Großkomm AktG § 123 Rn. 11.

praktischer Bedeutung ist, wenn die Gesellschaft durch eingeschriebenen Brief einberuft. Hier reicht es aus, am letzten Tag der Frist die eingeschriebenen Briefe aufzugeben, auch wenn dieser auf einen Samstag, Sonntag oder Feiertag fällt.

258 Bei nicht börsennotierten Gesellschaften kann die Satzung für die Fristberechnung eine andere Regelung als in § 121 Abs. 7 AktG vorsehen. In der Praxis empfehlen sich entsprechende Abweichungen von der gesetzlich vorgesehenen Fristenregelung nicht, da hierdurch ggf. Unklarheiten entstehen können. Aus diesem Grund ist anzuraten, bei der Neuformulierung entsprechender Satzungsbestimmungen auch bei nicht börsennotierten Gesellschaften weitestgehend auf den Gesetzeswortlaut zurückzugreifen. Bei „Altsatzungen", bei denen diese Anpassung nicht erfolgt ist, ist bei der Vorbereitung der Hauptversammlung sorgfältig zu prüfen, ob sich aus den bei nicht börsennotierten Gesellschaften insoweit weiterhin relevanten Satzungsregelungen modifizierte Fristen ergeben.

259 Sieht die Satzung der Gesellschaft ein Anmeldeerfordernis vor, so verlängert sich gemäß § 123 Abs. 2 S. 5 AktG die Einberufungsfrist um die Tage der Anmeldefrist. Sofern die Satzung (oder die Einberufung bei entsprechender Satzungsermächtigung) keine abweichende Regelung enthält, beträgt die Anmeldefrist sechs Tage (§ 123 Abs. 2 S. 2 AktG). In diesem Fall ist die Hauptversammlung spätestens am 37. Tag vor der Hauptversammlung einzuberufen. Entsprechendes gilt bei Gesellschaften mit Inhaberaktien, deren Satzung die Berechtigung zur Teilnahme an der Hauptversammlung oder zur Ausübung des Stimmrechts von einem zu erbringenden Nachweis der Aktionärsstellung abhängig macht (§ 123 Abs. 3 S. 1, 2. Hs. AktG).

Form der Einberufung

260 Die Einberufung der Hauptversammlung ist in den Gesellschaftsblättern bekannt zu machen (§ 121 Abs. 4 S. 1 AktG), dh im Bundesanzeiger (§ 25 AktG). Sind alle Aktionäre namentlich bekannt und bestimmt die Satzung nichts Anderes, kann die Einberufung alternativ auch mit eingeschriebenem Brief erfolgen (§ 121 Abs. 4 S. 2 AktG).

261 Auf der Homepage des Bundesanzeigers (www.bundesanzeiger.de) finden sich nähere Informationen zu Bekanntmachungen im Bundesanzeiger. Die unterschiedlichen Kosten und Bearbeitungszeiten sind den allgemeinen Geschäftsbedingungen des Bundesanzeiger-Verlages zu entnehmen. Besonders praxisrelevant ist die Beachtung der Vorlauffrist von mindestens zwei Arbeitstagen beim Bundesanzeiger. Dies muss unbedingt bei der zeitlichen Planung der Einberufung beachtet werden.[443]

262 Eine Bekanntmachung der Einberufung zur Hauptversammlung im Bundesanzeiger ist nicht notwendig, wenn der Aktiengesellschaft alle Aktionäre namentlich bekannt sind und die Satzung nichts Anderes bestimmt (§ 121 Abs. 4 S. 2 AktG). Eine Einladung durch eingeschriebenen Brief ist dann ausreichend. Damit die Einberufung durch eingeschriebenen Brief ordnungsgemäß erfolgen kann, muss der Gesellschaft sowohl der Name aller Aktionäre als auch deren Anschrift bekannt sein.[444]

263 Hat die Gesellschaft Namensaktien ausgegeben, sind der Gesellschaft sowohl Namen als auch Adressen aller Aktionäre bekannt, da diese gemäß § 67 Abs. 1 AktG im Aktienregister anzugeben sind und nur die im Aktienregister eingetragenen Personen im Verhältnis zur Gesellschaft als Aktionäre gelten (§ 67 Abs. 2 S. 1 AktG). Lädt die Aktiengesellschaft demnach alle im Aktienregister eingetragenen Aktionäre durch eingeschriebenen Brief ein, so sind die Erfordernisse für eine ordnungsgemäße Einberufung erfüllt.

264 Hat die Gesellschaft Inhaberaktien ausgegeben, kommt eine Einberufung der Hauptversammlung durch eingeschriebenen Brief idR nicht in Betracht, da der Gesellschaft nur selten sämtliche Aktionäre namentlich bekannt sind. Als problematisch erweist es sich in

---

[443] Zu Details vgl. *Butzke* in Großkomm AktG § 121 Rn. 11.
[444] *Hüffer/Koch* AktG § 121 Rn. 11b; *Reger* in Bürgers/Körber AktG § 121 Rn. 15; *Ziemons* in Schmidt/Lutter AktG § 121 Rn. 73.

diesem Fall insbesondere, dass die Veräußerung und Übertragung der Aktien der Gesellschaft gegenüber nicht angezeigt werden müssen und sich somit der Aktionärskreis ohne Kenntnis des Vorstands der Gesellschaft ändern kann. Sofern ein Aktionär kurz vor der Einladung zur Hauptversammlung seine Aktien an einen Dritten überträgt, ohne die Gesellschaft hiervon zu informieren, wird die Gesellschaft den „Altaktionär" und nicht den Erwerber der Aktien zur Hauptversammlung einladen. Da somit nicht sämtliche Aktionäre ordnungsgemäß eingeladen wären, läge ein gerichtlich angreifbarer Einberufungsmangel vor.[445] Um derartige Risiken zu vermeiden, empfiehlt sich daher für die Praxis bei der Ausgabe von Inhaberaktien die Einberufung der Hauptversammlung durch Veröffentlichung im Bundesanzeiger.

In der Praxis empfehlen sich Einberufungen von Hauptversammlungen durch eingeschriebenen Brief bei Aktiengesellschaften mit Inhaberaktien nur in seltenen Konstellationen, wenn an der Identität keinerlei Zweifel bestehen. Auch Satzungsregelungen, wonach die Übertragung von Aktien oder eine Änderung der Anschrift des Aktionärs der Gesellschaft anzuzeigen ist, helfen nicht rechtssicher weiter, da strittig ist, ob eine solche Regelung aktienrechtlich zulässig ist.[446]

265

Die Hauptversammlungseinberufung hat durch eingeschriebenen Brief zu erfolgen, auf einen Rückschein kann verzichtet werden.[447] Nach herrschender Meinung ist der Versand als Übergabeeinschreiben nicht zwingend, Einwurfeinschreiben sind ausreichend.[448] Zudem ist die Versendung mit einem anderen Beförderungsunternehmen als der Deutschen Post AG zulässig, wenn sowohl die Einlieferung als auch die Aushändigung des Briefes entsprechend der für ein postalisches Einschreiben jeweils gültigen Bestimmungen quittiert wird.[449] Mangels höchstrichterlicher Rechtsprechung sollte aber bis auf Weiteres zur Vermeidung unnötiger Anfechtungsrisiken der Versand von Einberufungsschreiben über die Deutsche Post AG per Übergabeeinschreiben erfolgen.[450]

266

Die Satzung der Gesellschaft kann vom Erfordernis des Einschreibebriefes abweichen und weitere Erleichterungen für die Einberufung vorsehen.[451] In Betracht kommt insbesondere die Einberufung durch einfachen Brief, per E-Mail oder Telefax. Gerade neu gegründete Aktiengesellschaften aus den Bereichen Informationstechnologie, Telekommunikation oder der Neuen Medien machen häufig von der Möglichkeit Gebrauch, eine Versendung per E-Mail in der Satzung zuzulassen.

267

Inhaltlich entspricht die Einberufung durch eingeschriebenen Brief der Einberufung durch Veröffentlichung im Bundesanzeiger. Aus dem Brief hat der Einberufene erkennbar zu sein; nicht notwendig, aber auch nicht schädlich, ist die Unterschrift wenigstens eines (beauftragten) Vorstandsmitgliedes.[452]

268

Bei der Einberufung durch eingeschriebenen Brief gilt der Tag der Absendung als Tag der Bekanntmachung; es kommt somit nicht auf den Zugang bei den Aktionären an. Bei

269

---

[445] *Hüffer/Koch* AktG § 241 Rn. 9; *Schwartzkopff* Hauptversammlung S. 69; *Rieckers* in Spindler/Stilz AktG § 121 Rn. 56; *Butzke* Die HV der AG B Rn. 54; *v. Horstig/Jaschinski/Ossola-Haring* Die kleine AG S. 143; der „übergangene" Aktionär kann den Beschluss aber genehmigen und somit die Nichtigkeit heilen (§ 242 Abs. 2 S. 4 AktG).
[446] Vgl. zum Streitstand *Hüffer/Koch* AktG § 121 Rn. 11d mwN.
[447] LG Mannheim NZG 2008, 111 (112); *Hüffer/Koch* AktG § 121 Rn. 11f; *Reger* in Bürgers/Körber AktG § 121 Rn. 16; *Rieckers* in Spindler/Stilz AktG § 121 Rn. 60; *Kubis* in MüKoAktG § 121 Rn. 81; *Weber/Kersjes* Hauptversammlungsbeschlüsse § 1 Rn. 339.
[448] *Hüffer/Koch* AktG § 121 Rn. 11f; *Kubis* in MüKoAktG § 121 Rn. 81; aA *Rieckers* in Spindler/Stilz AktG § 121 Rn. 60.
[449] *Hüffer/Koch* AktG § 121 Rn. 11f; *Kubis* in MüKoAktG § 121 Rn. 81.
[450] So auch *Schwartzkopff* Hauptversammlung S. 69; vgl. hierzu auch *Hüffer/Koch* AktG § 121 Rn. 11f.
[451] *Hüffer/Koch* AktG § 121 Rn. 11f; *Ziemons* in Schmidt/Lutter AktG § 121 Rn. 83.
[452] *Hüffer/Koch* AktG § 121 Rn. 11f; *Kubis* in MüKoAktG § 121 Rn. 81.

unterschiedlichen Einlieferungsdaten tritt die Bekanntmachungswirkung mit der Einlieferung des letzten Briefs ein.[453] Zustellungsprobleme gehen somit nicht zu Lasten der Gesellschaft, es liegt kein Einberufungsmangel vor.[454]

Besonderheiten für börsennotierte Aktiengesellschaften

270 § 121 Abs. 4a AktG enthält eine Erweiterung der Veröffentlichungspflichten für börsennotierte Gesellschaften. Börsennotierte Gesellschaften, die nicht ausschließlich Namensaktien ausgegeben haben oder die den Aktionären die Einberufung nicht unmittelbar per eingeschriebenem Brief übersenden, haben die Einberufung zum Zeitpunkt der Bekanntmachung solchen Medien zur Veröffentlichung zuzuleiten, bei denen davon ausgegangen werden kann, dass sie die Information in der gesamten Europäischen Union verbreiten.[455]

271 Weiterhin haben börsennotierte Gesellschaften gemäß § 124a AktG alsbald nach der Einberufung verschiedene Informationen über die Internetseite der Gesellschaft zugänglich zu machen. Zweck der Regelung ist der Ausbau der Internetseite der Gesellschaft zum zentralen Medium des Informationsaustauschs.[456] Ein Verstoß gegen die Veröffentlichungspflichten des § 124a AktG führt gemäß § 243 Abs. 3 Nr. 2 AktG nicht zur Anfechtbarkeit der Beschlüsse der Hauptversammlung.[457] Entsprechendes gilt bei einem Verstoß gegen § 121 Abs. 4a AktG.[458] Zu den Veröffentlichungspflichten gemäß § 124a AktG auf der Internetseite gehören:

272 Der Inhalt der Einberufung nach § 121 Abs. 3 AktG ist auf der Internetseite zu veröffentlichen. Dies umfasst insbesondere die Tagesordnung nebst den zu den einzelnen Tagesordnungspunkten bekanntzumachenden Beschlussvorschlägen des Vorstands und Aufsichtsrats, die Voraussetzungen zur Teilnahme und Stimmrechtsausübung, das Verfahren für die Stimmabgabe und die einzelnen Rechte der Aktionäre.[459] Sollten nach der Einberufung Minderheitsverlangen der Aktionäre im Sinne von § 122 Abs. 2 AktG auf Ergänzung der Tagesordnung bei der Gesellschaft eingehen, so sind diese auf die gleiche Weise zu veröffentlichen (§ 124a S. 2 AktG).

273 Weiterhin sind die Tagesordnungspunkte zu erläutern, zu denen kein Beschluss der Hauptversammlung herbeigeführt werden soll.[460] Hierunter fällt zum Beispiel der Tagesordnungspunkt „Vorlage des festgestellten Jahresabschlusses", zu dem kein Beschluss der Hauptversammlung gefasst wird.

274 Auf der Internetseite der Gesellschaft sind sämtliche Unterlagen einzustellen, die in der Hauptversammlung zugänglich zu machen sind.[461] Dies betrifft unter anderem den Jahresabschluss, den Lagebericht, den Bericht des Aufsichtsrats und den Vorschlag des Vor-

---

[453] *Hüffer/Koch* AktG § 121 Rn. 11g; *Rieckers* in Spindler/Stilz AktG § 121 Rn. 63; *Mayrhofer* in Wachter AktG § 121 Rn. 26; *Kubis* in MüKoAktG § 121 Rn. 83.
[454] *Kubis* in MüKoAktG § 121 Rn. 83; *Noack/Zetzsche* in KölnKommAktG § 121 Rn. 149.
[455] Begründung ARUG-RegE BR-Drs. 847/08, 41; *Hüffer/Koch* AktG § 121 Rn. 11i; *Reger* in Bürgers/Körber AktG § 121 Rn. 19a; *Rieckers* in Spindler/Stilz AktG § 121 Rn. 66 f.; *Ziemons* in Schmidt/Lutter AktG § 121 Rn. 87 ff.; *Mimberg/Gätsch* AG-Hauptversammlung Rn. 57.
[456] Begründung ARUG-RegE BR-Drs. 847/08, 44; *Drinhausen* in Hölters AktG § 124a Rn. 1.
[457] Begründung ARUG-RegE BR-Drs. 847/08, 62; *Hüffer/Koch* AktG § 243 Rn. 44a; *Göz* in Bürgers/Körber AktG § 243 Rn. 20; *Epe* in Wachter AkG § 243 Rn. 46; *Heidel* in Heidel § 243 AktG Rn. 35b.
[458] Vorsätzliche oder leichtfertige Verstöße stellen gemäß § 405 Abs. 3a AktG Ordnungswidrigkeiten dar.
[459] Begründung ARUG-RegE BR-Drs. 847/08, 44; *Hüffer/Koch* AktG § 121 Rn. 8a ff.; *Reger* in Bürgers/Körber AktG § 124a Rn. 2; *Rieckers* in Spindler/Stilz AktG § 121 Rn. 24; *Mimberg/Gätsch* AG-Hauptversammlung Rn. 30 ff.
[460] Begründung ARUG-RegE BR-Drs. 847/08, 44; *Reger* in Bürgers/Körber AktG § 124a Rn. 3; *Rieckers* in Spindler/Stilz AktG § 121 Rn. 27.
[461] *Hüffer/Koch* AktG § 124a Rn. 2; *Kubis* in MüKoAktG § 124a Rn. 9; *Wandt* NZG 2016, 367 (368).

stands für die Verwendung des Bilanzgewinns sowie den erläuternden Bericht zu den Angaben nach §§ 289a Abs. 1, 315a Abs. 1 HGB (Übernahmehemmnisse).

Gemäß § 124a Nr. 4 AktG ist die Gesamtzahl der Aktien und Stimmrechte im Zeitpunkt der Einberufung der Hauptversammlung einschließlich getrennter Angaben zur Gesamtzahl für jede Aktiengattung auf der Internetseite zu veröffentlichen. 275

Sollte die Gesellschaft Formulare für die Stimmabgabe durch einen Bevollmächtigten oder durch Briefwahl zwingend vorgeben, sind diese auf der Internetseite der Gesellschaft zur Verfügung zu stellen.[462] In der Praxis werden häufig als Service der Gesellschaften Formulare auf die Homepage gestellt, deren Verwendung den Aktionären aber freigestellt ist. Hintergrund hierfür ist, dass in der Literatur trotz des klaren Gesetzeswortlauts von § 124a S. 1 Nr. 5 AktG, wonach nur zwingend für die Stimmenabgabe durch Vertretung oder mittels Briefwahl zu verwendenden Formulare zugänglich zu machen sind, vertreten wird, dass entsprechende Formulare auf die Internetseite zu stellen sind.[463] Wurden die Formulare bereits mit der Einberufung an alle Aktionäre übermittelt, kann hiervon abgesehen werden.[464] 276

Tagesordnung

In der Tagesordnung werden die Gegenstände, über die die Hauptversammlung verhandeln und beschließen soll, aufgenommen. Über Gegenstände der Tagesordnung, die nicht ordnungsgemäß bekannt gemacht worden sind, dürfen keine Beschlüsse gefasst werden (§ 124 Abs. 4 S. 1 AktG). Die Tagesordnung ist in der Einberufung anzugeben (§ 121 Abs. 3 S. 2 AktG). 277

Um die rechtzeitige und umfassende Information der Aktionäre sicher zu stellen und ihnen die Vorbereitung auf die Hauptversammlung zu ermöglichen, sind in die Tagesordnung folgende Angaben aufzunehmen: 278
- Beschlussvorschläge von Vorstand und Aufsichtsrat zu den Tagesordnungspunkten,
- ggf. Beschlussvorschläge (ausschließlich) des Aufsichtsrats zur Wahl von Aufsichtsratsmitgliedern und zur Wahl des Abschlussprüfers,
- bei Satzungsänderungen: Wortlaut des Änderungsvorschlages und
- bei Beschlussfassungen über zustimmungspflichtige Verträge (beispielsweise Unternehmens- oder Umwandlungsverträge): Wiedergabe des wesentlichen Inhalts der Verträge.

Regelmäßig wiederkehrende Tagesordnungspunkte einer ordentlichen Hauptversammlung sind: 279
- die Vorlage und Erläuterung des geprüften und festgestellten Jahresabschlusses, des Lageberichts, des Berichts des Aufsichtsrats und des Vorschlags für die Gewinnverwendung,
- die Beschlussfassung über die Gewinnverwendung,
- die Beschlussfassung über die Entlastung von Vorstand und Aufsichtsrat und
- die Wahl des Abschlussprüfers.

Die Tagesordnung kann um jeden zulässigen Beschlussgegenstand ergänzt werden, der zum Zeitpunkt der Hauptversammlung für die Gesellschaft von Bedeutung ist. 280

---

[462] *Hüffer/Koch* AktG § 124a Rn. 2; *Kubis* in MüKoAktG § 124a Rn. 11; *Herrler* in Grigoleit AktG § 124a Rn. 8; *Rieckers* in Spindler/Stilz AktG § 124a Rn. 14; aA (Pflicht zur Einstellung von Vollmachtsformularen, selbst wenn deren Benutzung nicht verbindlich ist) *Ziemons* in Schmidt/Lutter AktG § 124a Rn. 13; *Schwartzkopff* Hauptversammlung S. 65.
[463] *Hüffer/Koch* AktG § 121 Rn. 10b; *Kubis* in MüKoAktG § 121 Rn. 65; aA *Rieckers* in Spindler/Stilz AktG § 121 Rn. 40; *Butzke* in Großkomm AktG § 124a Rn. 28.
[464] Begründung ARUG-RegE BR-Drs. 847/08, 45; *Rieckers* in Spindler/Stilz AktG § 121 Rn. 40; *Ziemons* in Schmidt/Lutter AktG § 124a Rn. 14.

Hierzu zählen beispielsweise Satzungsänderungen oder die Wahl von Aufsichtsratsmitgliedern.

281 Um sicherzustellen, dass sich die Aktionäre ausreichend auf die Hauptversammlung vorbereiten können, sind die einzelnen Punkte in der Tagesordnung so konkret zu bezeichnen, dass sich der Gegenstand der Verhandlung hinreichend klar und unmissverständlich erkennen lässt.[465] Ein Tagesordnungspunkt „Verschiedenes" reicht daher für die Tagesordnung einer Hauptversammlung nicht aus, um als Grundlage für einen Beschluss zu dienen.[466] Welchen Grad der Konkretisierung ein Tagesordnungspunkt haben muss, damit rechtmäßig über ihn abgestimmt werden kann, ist Frage des Einzelfalls.[467] Zur Konkretisierung können insbesondere die von der Verwaltung unterbreiteten Vorschläge zur Beschlussfassung herangezogen werden. Es wäre also zulässig, als Tagesordnungspunkt nur „Satzungsänderung" anzugeben, um dann die Konkretisierung durch den Vorschlag der Verwaltung über den Text der Satzungsänderung vorzunehmen. Vorstand und Aufsichtsrat haben ihre Vorschläge antragsförmig auszuformulieren und in die Tagesordnung aufzunehmen. Hierbei sind auch Alternativ- oder Eventualvorschläge zulässig.[468]

282 Mit der Bekanntmachung der Tagesordnung haben Vorstand und Aufsichtsrat Vorschläge für die Beschlussfassungen zu machen. Beschlussvorschläge können ausnahmsweise unterbleiben, wenn beispielsweise Gegenstände auf Verlangen einer Minderheit auf die Tagesordnung gesetzt worden sind. Die Verwaltung ist jedoch bei einem Minderheitsverlangen berechtigt, freiwillig einen Vorschlag zu unterbreiten.[469]

283 Vorstand und Aufsichtsrat müssen sich rechtzeitig vor der Hauptversammlung mit den einzelnen Tagesordnungspunkten befassen und durch Beschluss ihre Vorschläge an die Hauptversammlung festlegen. Für den Vorstand handelt es sich um eine Leitungsaufgabe, so dass der Vorstand beschlussfähig besetzt sein muss.[470] Auch der Aufsichtsrat, der sich in der Praxis überwiegend den Vorschlägen des Vorstands anschließt, muss beschlussfähig sein.

284 IdR unterbreiten Vorstand und Aufsichtsrat inhaltlich übereinstimmende Vorschläge. Rechtlich betrachtet handelt es sich jedoch nicht um einen gemeinsamen Vorschlag, sondern vielmehr um zwei eigenständige, wenn auch gleichlautende Vorschläge.[471] Schließt sich der Aufsichtsrat ausnahmsweise einem Vorschlag des Vorstands nicht an, so hat jedes Organ einen eigenen Vorschlag zu unterbreiten.

285 Die herrschende Auffassung in der Literatur hält es für ausreichend, dass entweder der Vorstand oder der Aufsichtsrat ihrer Vorschlagspflicht nachkommen.[472] Die notwendige Vorbereitungsfunktion für die Aktionäre und die institutionellen Stimmrechtsvertreter

---

[465] *Hüffer/Koch* AktG § 124 Rn. 1 ff.; *Göhmann* in Frodermann/Jannott HdB AktR 9 Rn. 73; *Ziemons* in Schmidt/Lutter AktG § 124 Rn. 1 f.; *Reger* in Bürgers/Körber AktG § 124 Rn. 1; *Rieckers* in Spindler/Stilz AktG § 124 Rn. 1.

[466] *Göhmann* in Frodermann/Jannott HdB AktR 9 Rn. 73; *Schlitt/Becker* in Semler/Volhard/Reichert HV-HdB § 4 Rn. 155.

[467] Zu den Grenzen bei Abweichungen von Beschlussempfehlungen vgl. OLG Rostock AG 2013, 768.

[468] OLG Frankfurt a. M. AG 2011, 36 (41); *Hüffer/Koch* AktG § 124 Rn. 17; *Reger* in Bürgers/Körber AktG § 124 Rn. 17; *Rieckers* in Spindler/Stilz AktG § 124 Rn. 37.

[469] OLG München WM 2010, 517 (519); *Hüffer/Koch* AktG § 124 Rn. 24; *Reger* in Bürgers/Körber AktG § 124 Rn. 20; *Noack/Zetzsche* in KölnKommAktG § 124 Rn. 80.

[470] BGHZ 149, 158 (161); OLG Dresden AG 2000, 43 (44); LG Dresden AG 1999, 46; OLG Dresden AG 1999, 517 (518); LG Heilbronn AG 2000, 373 (374); *Hüffer/Koch* AktG § 124 Rn. 16; *Reger* in Bürgers/Körber AktG § 124 Rn. 17.

[471] *Hüffer/Koch* AktG § 124 Rn. 16; *Kubis* in MüKoAktG § 124 Rn. 33.

[472] *Kocher* AG 2013, 406 (412); *Göhmann* in Frodermann/Jannott HdB AktR 9 Rn. 83; *Kubis* in MüKoAktG § 124 Rn. 59.

sei auch durch einen einzigen Vorschlag gewahrt, da gerade das Fehlen eines der beiden Verwaltungsvorschläge besonders sensibilisieren dürfte. Die Rechtsprechung ist dieser Auffassung jedoch nicht gefolgt.[473] Wenn ein nicht ordnungsgemäß zustande gekommener Vorschlag von Vorstand oder Aufsichtsrat, beispielsweise wegen Besetzungsmängeln, zu einer Anfechtbarkeit von Beschlüssen führt, soll dies auch bei einem Unterlassen eines Beschlussvorschlages durch ein Organ gelten. Bei der Prüfung der Relevanz des Verstoßes kann sich jedoch im Einzelfall ergeben, dass eine Anfechtungsklage nicht durchgreift.

Eine Ausnahme vom Vorschlagsrecht von Vorstand und Aufsichtsrat besteht bei der Wahl von Aufsichtsratsmitgliedern und des Abschlussprüfers bzw. des Prüfers für die prüferische Durchsicht von Halbjahresfinanzberichten gemäß § 115 WpHG (und ggf. weiterer unterjähriger Berichte), für die nur der Aufsichtsrat einen Beschlussvorschlag zu unterbreiten hat.[474] Macht der Vorstand zu diesen Tagesordnungspunkten einen Beschlussvorschlag, hat dies die Anfechtbarkeit der später gefassten Beschlüsse zur Folge. Dies soll nach Auffassung des Bundesgerichtshofs selbst dann gelten, wenn vor oder in der Hauptversammlung erkannt wird, dass der Vorstand irrtümlicherweise einen Beschlussvorschlag unterbreitet hat (bzw. die Einberufung nur falsch formuliert wurde) und dieser ausdrücklich nicht zur Abstimmung gestellt wird.[475]

286

Der Beschlussvorschlag von Vorstand und Aufsichtsrat stellt noch keinen Beschlussantrag in der nachfolgenden Hauptversammlung dar. Vielmehr müssen Anträge in der Versammlung ausdrücklich und mündlich gestellt werden. Dies geschieht idR durch den Versammlungsleiter, der den Beschlussvorschlag zur Abstimmung stellt. Die Verwaltung ist jedoch berechtigt, ihre Beschlussvorschläge wieder fallen zu lassen und keinen Antrag in der Hauptversammlung zu stellen.[476] Praxisrelevant ist dies insbesondere, wenn die Verwaltung aufgrund des Verlaufs der Hauptversammlung erkennt, dass ihr Beschlussvorschlag keine Mehrheit erhalten wird. In der Hauptversammlung kann die Verwaltung demnach auch von ihren Beschlussvorschlägen abweichende Anträge stellen. In der Praxis ist zu empfehlen, eine Begründung für die Abweichung zu geben, da zT eine Bindung der Verwaltung an ihre eigenen Beschlussvorschläge angenommen wird, sofern seit der Bekanntmachung der Tagesordnung keine neuen Tatsachen entstanden oder bekannt geworden sind, die eine andere Beurteilung durch die Verwaltung erforderlich machen.[477]

287

Zugänglichmachen von Unterlagen
Vom Zeitpunkt der Einberufung der Hauptversammlung an bis zu deren Abschluss sind gesetzlich näher bezeichnete Unterlagen in den Geschäftsräumen der Gesellschaft zur Einsicht der Aktionäre auszulegen. Dies ist nicht zwingend der Sitz der Gesellschaft im Sinne des § 5 AktG. Unterhält die Gesellschaft eine Hauptverwaltung, sind die

288

---

[473] BGHZ 149, 158 (160 ff.); OLG München AG 2010, 842 (843); NZG 2002, 678 (679); LG Frankfurt a. M. EWiR 2004, 625; vgl. auch *Hüffer/Koch* AktG § 124 Rn. 17.
[474] Zum Diskussionsstand zur alleinigen Zuständigkeit des Aufsichtsrats bei Abberufungen von Aufsichtsratsmitgliedern vgl. *Hüffer/Koch* AktG § 124 Rn. 18; *Butzke* in Großkomm AktG § 124 Rn. 83; bei der Wahl von Sonderprüfern *Butzke* in Großkomm AktG § 124 Rn. 82.
[475] BGH NJW 2003, 970 (971) (Wahl eines Sonderprüfers); zustimmend *Hüffer/Koch* AktG § 124 Rn. 18; *Reger* in Bürgers/Körber AktG § 124 Rn. 18; *Weber/Kersjes* Hauptversammlungsbeschlüsse § 1 Rn. 331; dagegen: OLG München AG 2001, 193 (196); LG München I AG 2000, 235 (236); *Kocher* AG 2013, 406 (413).
[476] OLG Hamm AG 2005, 361; OLG Stuttgart AG 1994, 411 (415); *Hüffer/Koch* AktG § 124 Rn. 17; *Kocher* AG 2013, 406 (410); *Göhmann* in Frodermann/Jannott HdB AktR 9 Rn. 88; *Reger* in Bürgers/Körber AktG § 124 Rn. 23; *Rieckers* in Spindler/Stilz AktG § 124 Rn. 26; *Kubis* in MüKo-AktG § 124 Rn. 48; *Zöllner* in KölnKommAktG § 124 Rn. 26.
[477] Vgl. zum Diskussionsstand *Hüffer/Koch* AktG § 124 Rn. 17 mwN.

Unterlagen an dem Ort der Hauptverwaltung auszulegen.[478] Auf Verlangen ist den Aktionären eine Abschrift dieser Unterlagen zu übersenden.

289 Gemäß § 175 Abs. 2 S. 4 AktG bedarf es einer Auslegung der Unterlagen in den Geschäftsräumen und einer Übersendung an die Aktionäre auf Verlangen nicht, sofern die Unterlagen ab Einberufung der Hauptversammlung über die Internetseite der Gesellschaft zugänglich sind. Die meisten börsennotierten Gesellschaften machen von dieser Vereinfachung Gebrauch. Sie erfüllen hierdurch auch ihre Pflicht nach § 124a AktG, alsbald nach der Einberufung die entsprechenden Unterlagen über die Internetseite der Gesellschaft zugänglich zu machen.

290 Nach § 175 Abs. 2 AktG besteht bei einer ordentlichen Hauptversammlung eine Pflicht zur Zugänglichmachung von Unterlagen stets bezüglich des Jahresabschlusses, ggf. eines vom Aufsichtsrat gebilligten Einzelabschlusses nach § 325 Abs. 2a HGB, des Lageberichts, des Berichts des Aufsichtsrats[479] sowie des Vorschlags des Vorstands für die Verwendung des Bilanzgewinns. Ist die Aktiengesellschaft Mutterunternehmen im Sinne von § 290 Abs. 1 und 2 HGB, sind auch der Konzernabschluss und der Konzernlagebericht auszulegen. Nicht auslagepflichtig ist der erläuternde Bericht zu den Angaben nach §§ 289a Abs. 1, 315a Abs. 1 HGB (Übernahmehemmnisse). Dieser Bericht ist dann der Hauptversammlung selbst zugänglich zu machen. Da § 124a AktG jedoch eine Veröffentlichungspflicht im Internet für alle Unterlagen fordert, die der Hauptversammlung zugänglich zu machen sind, ist demnach eine Veröffentlichung dieses Berichts im Internet erforderlich.[480]

291 Soll die Hauptversammlung ihre Zustimmung zu bestimmten Strukturmaßnahmen geben, wie zum Beispiel dem Abschluss eines Unternehmensvertrages, einer Eingliederung, Verschmelzung oder Spaltung, müssen weitere Unterlagen zugänglich gemacht werden. Je nach Art der Maßnahme betrifft dies insbesondere den zugrunde liegenden Vertrag bzw. Vertragsentwurf, den dazu zu erstattenden Bericht des Vorstandes sowie Jahres- und Zwischenbilanzen und Lageberichte.[481] In der Praxis ist im Vorfeld der Hauptversammlung sorgfältig zu prüfen, ob und welche Unterlagen zugänglich zu machen sind, damit diese rechtzeitig vorbereitet und erstellt werden können.

292 Werden die Unterlagen nicht ordnungsgemäß oder nicht vollständig zugänglich gemacht, begründet dies einen Anfechtungsgrund hinsichtlich der hiervon betroffenen Beschlüsse der Hauptversammlung.[482] Die Anfechtung der Beschlüsse ist jedoch ausgeschlossen, wenn die unterbliebene Vorlage der Unterlagen ohne Relevanz für den gefassten Beschluss ist oder ein objektiv urteilender Aktionär der Maßnahme auch ohne den Verfahrensfehler zugestimmt hätte. Ein Beispielsfall wäre, wenn die Unterlagen mit geringfügiger Zeitverzögerung zugänglich gemacht wurden.

Mitteilungspflichten

293 Nach § 125 Abs. 1 AktG hat der Vorstand mindestens 21 Tage vor der Hauptversammlung wesentliche Informationen (wie zB die Einberufung mitsamt Tagesordnung, bei börsennotierten Gesellschaften unter Berücksichtigung etwaiger Minderheitsverlan-

---

[478] *Hüffer/Koch* AktG § 175 Rn. 6; *Reger* in Bürgers/Körber AktG § 175 Rn. 6; *Euler/Klein* in Spindler/Stilz AktG § 175 Rn. 26; *Drinhausen* in Hölters AktG § 175 Rn. 17; *Bohnet* in MAH AktR § 26 Rn. 118.
[479] Der Aufsichtsrat hat über seinen Bericht an die Hauptversammlung einen Beschluss zu fassen; der Bericht ist zumindest vom Vorsitzenden des Aufsichtsrats zu unterschreiben, vgl. BGH NZG 2010, 943. Zum Inhalt des Berichts vgl. *Gernoth/Wernicke* NZG 2010, 531.
[480] *Hüffer/Koch* AktG § 175 Rn. 5; *Drinhausen* in Hölters AktG § 175 Rn. 21.
[481] Vgl. insbesondere §§ 52 Abs. 2, 179a Abs. 2, 293 f., 319 Abs. 3 Ziff. 1 AktG, §§ 63, 125, 230, 238 UmwG.
[482] *Hüffer/Koch* AktG § 176 Rn. 6; *Reger* in Bürgers/Körber AktG § 175 Rn. 10; *Rodewig* in Semler/Volhard/Reichert HV-HdB § 10 Rn. 53; *Hennrichs/Pöschke* in MüKoAktG § 175 Rn. 42.

gen) an Kreditinstitute, Aktionärsvereinigungen, Finanzdienstleistungsinstitute und die anderen in § 125 AktG Genannten zu übermitteln, wobei der Tag der Mitteilung nicht mitzurechnen ist. Demnach ist die Mitteilung spätestens am 22. Tag vor der Versammlung zu versenden.[483] § 125 Abs. 2 AktG verlangt weiterhin, dass der Vorstand die gleiche Mitteilung an die Aktionäre zu machen hat, die dies verlangen oder zu Beginn des 14. Tages vor der Versammlung als Aktionär im Aktienregister der Gesellschaft eingetragen sind. Durch eine Satzungsregelung kann die Übermittlung der Mitteilung an die Aktionäre auf den Weg der elektronischen Kommunikation beschränkt werden.[484]

Nach § 128 AktG sind die Kreditinstitute verpflichtet, die ihnen übermittelten Mitteilungen an die Aktionäre, für die sie Inhaberaktien verwahren oder für die sie im Aktienregister eingetragen sind, unverzüglich weiterzuleiten. Die Kosten hat die Gesellschaft zu tragen (§ 128 Abs. 3 AktG), Ohne diese Mitteilungen würden viele Aktionäre von der Hauptversammlung keine Kenntnis erlangen, da Veröffentlichungen im Bundesanzeiger nicht von allen Aktionären, insbesondere von Kleinanlegern, gelesen werden. 294

Die § 125-Mitteilung ist grundsätzlich auch dann zu erstellen und zu versenden, sofern zur Hauptversammlung mit eingeschriebenem Brief eingeladen wurde. Für die Praxis kleinerer Aktiengesellschaften ist es jedoch von Bedeutung, dass die Übermittlung der § 125-Mitteilung an Aktionäre und Aufsichtsratsmitglieder unterbleiben kann, sofern alle in § 125 AktG genannten Angaben bereits im Einberufungsschreiben enthalten sind.[485] Unberührt bleiben jedoch Ansprüche der Kreditinstitute und Aktionärsvereinigungen auf Erhalt der Mitteilung, sofern sie in der letzten Hauptversammlung Stimmrechte für Aktionäre ausgeübt oder die Mitteilung verlangt haben. 295

Die Mitteilungspflicht bezieht sich zunächst auf die Wiedergabe der Einberufung der Hauptversammlung und der Tagesordnung. In der Praxis ist somit der Inhalt der Mitteilung mit der im Bundesanzeiger veröffentlichten Einberufung der Hauptversammlung identisch. Ist jedoch nach der Einberufung ein ordnungsgemäßes Minderheitsverlangen auf Ergänzung der Tagesordnung gemäß § 122 Abs. 2 AktG gestellt worden, ist bei börsennotierten Gesellschaften auch die Ergänzung der Tagesordnung in die § 125-Mitteilung aufzunehmen (§ 125 Abs. 1 S. 3 AktG). 296

In der Mitteilung nach § 125 AktG ist ein ausdrücklicher Hinweis auf die Möglichkeit zur Ausübung des Stimmrechts durch einen Bevollmächtigten, insbesondere durch eine Aktionärsvereinigung, erforderlich. In der Hauptversammlungspraxis findet sich ein entsprechender Hinweis idR im Einberufungstext, so dass die Gesellschaft ihrer Verpflichtung bereits vorab nachgekommen ist. 297

Bei börsennotierten Gesellschaften sind dem Vorschlag zur Wahl von Aufsichtsratsmitgliedern Angaben zu deren Mitgliedschaften in anderen gesetzlich zu bildenden Aufsichtsräten sowie in vergleichbaren in- und ausländischen Kontrollgremien von Wirtschaftsunternehmen beizufügen. Während die Angaben zu Mitgliedschaften in anderen Aufsichtsräten zwingend sind, sind Angaben zu Mitgliedschaften in vergleichbaren in- und ausländischen Kontrollgremien zwar sinnvoll, aber aktienrechtlich nicht zwingend erforderlich (§ 125 Abs. 1 S. 5 AktG). In der Hauptversammlungspraxis sind auch diese Angaben regelmäßig bereits in der Tagesordnung enthalten. 298

---

[483] Begründung ARUG-RegE BR-Drs. 847/08, 45; *Hüffer/Koch* AktG § 125 Rn. 10; *Reger* in Bürgers/Körber AktG § 125 Rn. 13; *Rieckers* in Spindler/Stilz AktG § 125 Rn. 28; *Mimberg/Gätsch* AG-Hauptversammlung Rn. 148.

[484] Begründung ARUG-RegE BR-Drs. 847/08, 46; *Hüffer/Koch* AktG § 125 Rn. 8; *Rieckers* in Spindler/Stilz AktG § 125 Rn. 24; *Mayrhofer* in Wachter AktG § 125 Rn. 11; *Mimberg/Gätsch* AG-Hauptversammlung Rn. 155.

[485] *Hüffer/Koch* AktG § 121 Rn. 11h mwN.

299 Eine bestimmte Form ist für die Mitteilung nicht vorgeschrieben, so dass grundsätzlich auch eine Übermittlung auf elektronischem Wege – ggf. unter Beachtung der Vorschrift des § 49 Abs. 3 WpHG – zulässig ist.[486] Allerdings ist zu beachten, dass die Übersendung auf elektronischem Wege, insbesondere per E-Mail, nur insoweit zulässig ist, als mit Zugang bei den Aktionären in vergleichbarer Weise gerechnet werden kann wie bei Übersendung auf dem Postweg. Voraussetzung ist somit, dass der Aktionär der Gesellschaft seine E-Mail-Adresse (auch) zum Zwecke des Empfangs derartiger Mitteilungen bekannt gegeben hat. Da dieses nicht bei allen Aktionären der Fall sein wird, kann in der Praxis nur ein Teil der Mitteilungen auf elektronischem Wege versandt werden.

300 Die Übermittlung der Mitteilung an Aktionäre gemäß § 125 Abs. 2 AktG kann durch Satzungsregelung auf den elektronischen Weg beschränkt werden.[487] Bei börsennotierten Gesellschaften ist bei der Umsetzung einer solchen Satzungsregelung die Zustimmungspflicht der Aktionäre zur Übermittlung auf elektronischem Weg gemäß § 49 Abs. 3 Nr. 1 lit. d WpHG zu beachten; ohne Zustimmung hat der Versand zu unterbleiben. Im Ergebnis muss der Aktionär also zustimmen, falls er die Mitteilung erhalten will.[488]

301 Nach § 125 Abs. 3 AktG kann auch jedes Aufsichtsratsmitglied die Übersendung der Mitteilung verlangen. Das Verlangen kann in beliebiger Form gestellt werden und ist an keine Frist gebunden. Es ist möglich, die Übersendung der § 125-Mitteilungen für die gesamte Amtszeit zu fordern.[489]

302 Verstößt die Gesellschaft gegen die Mitteilungspflichten nach § 125 AktG, so sind die auf der Hauptversammlung gefassten Beschlüsse gemäß § 243 Abs. 1 AktG anfechtbar, sofern der Verstoß für die Beschlussfassung ursächlich war. Dies gilt jedoch dann nicht, wenn lediglich die Mitteilung über die Angaben zu Mitgliedschaften der Aufsichtsratskandidaten in vergleichbaren in- und ausländischen Kontrollgremien nicht erfolgt ist.[490] Allerdings ist zu beachten, dass sämtliche Mandate der Aufsichtsratsmitglieder als Pflichtangaben in den Anhang zum Jahresabschluss aufzunehmen sind (§ 285 Nr. 10 S. 1 HGB).[491]

303 Hat die Gesellschaft die Frist von 21 Tagen versäumt, so sollte die Übersendung der Mitteilung nachträglich erfolgen, da auf diese Weise der Nachweis erleichtert werden kann, dass der Verstoß gegen die Mitteilungspflicht für das Zustandekommen der in der Hauptversammlung gefassten Beschlüsse nicht ursächlich war.[492] Verstoßen die Kreditinstitute gegen ihre nach § 128 AktG obliegende Pflicht zur rechtzeitigen und vollständigen Weiterleitung der Mitteilung an die Aktionäre, so ist der jeweilige Informationsmittler dem Aktionär zum Schadenersatz verpflichtet (vergleiche § 128 Abs. 2 AktG). Nach § 243 Abs. 3 Nr. 2 AktG führt ein Verstoß gegen § 128 AktG jedoch nicht zur Anfechtbarkeit der Hauptversammlungsbeschlüsse.

Gegenanträge und Wahlvorschläge von Aktionären

304 Die §§ 126 und 127 AktG befassen sich mit Gegenanträgen und Wahlvorschlägen von Aktionären, die gegen die Beschluss- bzw. Wahlvorschläge der Verwaltung oppo-

---

[486] *Hüffer/Koch* AktG § 125 Rn. 8 f.; *Reger* in Bürgers/Körber AktG § 125 Rn. 12; *Rieckers* in Spindler/Stilz AktG § 125 Rn. 23; *Kubis* in MüKoAktG § 125 Rn. 27.
[487] Begründung ARUG-RegE BR-Drs. 847/08, 46; *Rieckers* in Spindler/Stilz AktG § 125 Rn. 24a; *Mayrhofer* in Wachter AktG § 125 Rn. 11; *Mimberg/Gätsch* AG-Hauptversammlung Rn. 155.
[488] Vgl. hierzu *Hüffer/Koch* AktG § 125 Rn. 9; *Herrler* in Grigoleit AktG § 125 Rn. 15.
[489] *Hüffer/Koch* AktG § 125 Rn. 16; *Reger* in Bürgers/Körber AktG § 125 Rn. 7.
[490] *Reger* in Bürgers/Körber AktG § 125 Rn. 16; *Rieckers* in Spindler/Stilz AktG § 125 Rn. 40 f.; *Butzke* Die HV der AG J Rn. 28; *Müller* in Heidel § 125 AktG Rn. 32; *Kubis* in MüKoAktG § 125 Rn. 41.
[491] *Müller* in Heidel AktG § 125 Rn. 12.
[492] KG AG 2009, 30.

nieren wollen. Sinn und Zweck dieser Vorschriften ist es, andere Aktionäre frühzeitig über die beabsichtigten Anträge und Wahlvorschläge der opponierenden Aktionäre zu informieren.[493] Dem Vorstand obliegt es, nach rechtlicher Prüfung der Gegenanträge und Wahlvorschläge diese unverzüglich zugänglich zu machen. Es genügt, wenn diese auf der Website der Gesellschaft veröffentlicht werden.[494] Bei börsennotierten Gesellschaften hat das Zugänglichmachen zwingend auf der Homepage der Gesellschaft zu erfolgen (§ 126 Abs. 1 S. 3 AktG).

Wesentliche Fristen und Termine im Rahmen der Hauptversammlung 305

Einberufung der Hauptversammlung	Spätestens am 31. Tag (24:00 Uhr) vor der HV (idR wegen Anmeldepflicht auf den 37. Tag (24:00 Uhr) verlängert)
Antrag auf Ergänzung der Tagesordnung	Spätestens am 31. Tag (24:00 Uhr) vor der HV bei börsennotierten Gesellschaften, ansonsten spätestens am 25. Tag (24:00 Uhr) vor der HV
Mitteilung an Kreditinstitute und Aktionärsvereinigungen	Spätestens am 22. Tag (24:00 Uhr) vor der HV
Record Date	Beginn des 21. Tages (00:00 Uhr) vor der HV
Gegenantrag	Spätestens am 15. Tag (24:00 Uhr) vor der HV
Letzter Anmeldetag	Spätestens am 7. Tag (24:00 Uhr) vor der HV (Satzung kann Frist verkürzen)

(2) Durchführung der Hauptversammlung
Ablauf
Der Ablauf einer Hauptversammlung erfolgt regelmäßig nach dem folgenden Schema: 306
Zunächst eröffnet der Versammlungsleiter die Hauptversammlung und begrüßt die Teilnehmer. Im Anschluss daran stellt er die anwesenden Mitglieder von Vorstand und Aufsichtsrat sowie ggf. den beurkundenden Notar und den Abschlussprüfer vor. Dann stellt er die Ordnungsgemäßheit der Einberufung fest und skizziert die Tagesordnung. Nach den Berichten des Aufsichtsrats und des Vorstands wird oftmals eine Generaldebatte über sämtliche Tagesordnungspunkte geführt. Während dieser Generaldebatte haben alle Redebeiträge zu erfolgen. Zudem müssen die Aktionäre ihre Fragen stellen, die dann vom Vorstand zu beantworten sind. Alternativ zur Generaldebatte wird gerade bei kleineren Aktiengesellschaften jeder einzelne Tagesordnungspunkt einzeln behandelt. Der Versammlungsleiter hat sicherzustellen, dass die Debatte ordnungsgemäß und in zeitlich angemessenem Rahmen verläuft. Ihm stehen hierbei umfassende Leitungsbefugnisse zur Verfügung, beispielsweise auch das Recht, Redezeiten angemessen zu beschränken. Sieht die Satzung bzw. die Geschäftsordnung der Hauptversammlung eine entsprechende Ermächtigung vor, kann der Versammlungsleiter zusätzlich zum Rederauch das Frageecht der Aktionäre zeitlich angemessen beschränken (§ 131 Abs. 2 S. 2 AktG). Der Versammlungsleiter soll sich bei der Anordnung von Einschränkungen davon leiten lassen, dass eine Hauptversammlung, in der keine tiefgreifenden unternehmensstrukturellen Maßnahmen zu erörtern sind, in vier bis sechs Stunden abge-

---

[493] *Hüffer/Koch* AktG § 126 Rn. 1; *Müller* in Heidel AktG § 126 Rn. 3; *Werner* in Großkomm AktG § 126 Rn. 1.
[494] Begründung ARUG-RegE BR-Drs. 847/08, 46; vgl. hierzu auch *Hüffer/Koch* AktG § 126 Rn. 6; *Mimberg/Gätsch* AG-Hauptversammlung Rn. 133.

307 handelt sein sollte.⁴⁹⁵ Im Anschluss an die Diskussion werden dann Beschlüsse zu den jeweiligen Tagesordnungspunkten gefasst.

307 Findet eine Generaldebatte statt, stellt nach Ende der Diskussion und Behandlung sämtlicher Fragen der Aktionäre der Versammlungsleiter den Schluss der Debatte fest und es beginnt die Abstimmung über die Tagesordnungspunkte. Teilweise wird Tagesordnungspunkt für Tagesordnungspunkt abgehandelt und darüber abgestimmt. Mit Hilfe moderner Technik ist es aber auch möglich, dass über sämtliche Tagesordnungspunkte „en bloc" abgestimmt wird, indem beispielsweise alle Stimmkarten zeitgleich eingesammelt werden. Im Anschluss wird das Ergebnis der Abstimmungen verkündet und vom Versammlungsleiter festgestellt. Mit einem Dank für das Erscheinen und ggf. auch für das sachgerechte Verhalten der Aktionäre während der Versammlung schließt der Versammlungsleiter dann die Hauptversammlung.

308 Aus der Sicht des Vorstands ist es entscheidend, den Versammlungsleiter bei der Erfüllung seiner vielfältigen Pflichten zu unterstützen. Unabhängig von der Streitfrage, ob der Versammlungsleiter zur Aufstellung eines Teilnehmerverzeichnisses nach § 120 AktG verpflichtet ist oder dies eine Vorstandsaufgabe ist,⁴⁹⁶ wird alleine aus praktischen Gesichtspunkten der Vorstand idR die Federführung haben und sich der Versammlungsleiter auf die Überprüfung der Ordnungsgemäßheit der Aufstellung konzentrieren. Wichtig für den Vorstand ist zudem, dass auch in der Hauptversammlung die Pflichten zur Zugänglichmachung von Unterlagen erfüllt werden und die Auskunftsrechte der Aktionäre beachtet werden.

Teilnehmerverzeichnis

309 Nach § 129 Abs. 1 S. 2 AktG ist in der Hauptversammlung ein Teilnehmerverzeichnis zu erstellen. In dem Teilnehmerverzeichnis werden alle erschienenen oder vertretenen Aktionäre sowie die Aktionärsvertreter aufgeführt. Mit Hilfe des Teilnehmerverzeichnisses kann später festgestellt werden, welche Personen an der Hauptversammlung teilgenommen haben und ob beispielsweise die Voraussetzungen für eine Vollversammlung vorlagen.

310 In das Teilnehmerverzeichnis sind Name und Wohnort des Aktionärs (bei Gesellschaften der Sitz) sowie der Gesamtbetrag (bei Stückaktien die Zahl) und die Gattung (insbesondere bei Ausgabe von Stamm- und Vorzugsaktien) der von ihm gehaltenen oder vertretenen Aktien einzutragen. Die mit den Aktien verbundenen Stimmen brauchen nicht mit angegeben werden.⁴⁹⁷ Als Name ist der bürgerliche Name, bei Handelsgesellschaften die Firma aufzunehmen. Einzelkaufleute können entweder unter ihrer Firma oder unter ihrem bürgerlichen Namen auftreten. Nimmt der Aktionär nicht persönlich an der Hauptversammlung teil, sondern ein von ihm bestellter offener Vertreter, so ist vom Grundsatz her zusätzlich zum Namen des Aktionärs auch der Name des Stellvertreters und dessen Wohnort aufzuführen.⁴⁹⁸ Üblicherweise werden die von Aktionären bzw. offenen Stellvertretern repräsentierten Aktien im Teilnehmerverzeichnis als Eigenbesitz („E") gekennzeichnet.⁴⁹⁹

---

⁴⁹⁵ Begründung UMAG-RegE BT-Drs. 15/5092, 17; BGH NJW 2010, 1604; OLG Frankfurt a. M. AG 2011, 36, 41; *Hüffer/Koch* AktG § 131 Rn. 45; *Göhmann* in Henn/Froderich/Jannott HdB AktR 9 Rn. 155; *Wicke* in Spindler/Stilz AktG Anh. § 119 Rn. 11; *Spindler* in Schmidt/Lutter AktG § 131 Rn. 56; *Reger* in Bürgers/Körber AktG § 131 Rn. 18; *Gantenberg* DB 2005, 207 (211); *Wilsing* DB 2005, 35 (40); siehe auch Ziff. 2.2.4 S. 2 DCGK.
⁴⁹⁶ Für die Zuständigkeit des Versammlungsleiters: *Kubis* in MüKoAktG § 129 Rn. 16; für die Zuständigkeit des Vorstands: *Reger* in Bürgers/Körber AktG § 129 Rn. 19; *Wicke* in Spindler/Stilz AktG § 129 Rn. 20; vgl. hierzu auch *Hüffer/Koch* AktG § 129 Rn. 6 f.
⁴⁹⁷ *Hüffer/Koch* AktG § 129 Rn. 4; *Kubis* in MüKoAktG § 129 Rn. 31.
⁴⁹⁸ *Herrler* in Grigoleit AktG § 129 Rn. 13; *Wicke* in Spindler/Stilz AktG § 129 Rn. 26; *Reger* in Bürgers/Körber AktG § 129 Rn. 25; *Kubis* in MüKoAktG § 129 Rn. 27; *Butzke* Die HV der AG C Rn. 56.
⁴⁹⁹ *Hüffer/Koch* AktG § 129 Rn. 2; *Mülbert* in Großkomm AktG § 129 Rn. 61 ff.

I. Innenhaftung

Online-Teilnehmeraktionäre sind ebenfalls in das Teilnehmerverzeichnis aufzunehmen.[500] Auch sie gehören zum Eigenbesitz.[501] In der Praxis werden aus Transparenzgründen online teilnehmende Aktionäre gesondert gekennzeichnet.[502] Da die Briefwähler nicht als Teilnehmer zählen, ist es nicht notwendig, sie im Teilnehmerverzeichnis einzeln aufzuführen.[503] Im Teilnehmerverzeichnis sollte jedoch angegeben werden, wie viele Briefwahlstimmen abgegeben wurden, da diese bei der Ermittlung des vertretenen Grundkapitals zu berücksichtigen sind.[504]

311

In § 129 Abs. 2 und 3 AktG ist der Inhalt des Teilnehmerverzeichnisses für zwei besondere Formen der Stellvertretung geregelt: die verdeckte Stellvertretung und der Fremdbesitz. Verdeckte Stellvertretung ist gegeben, wenn sich der Aktionär durch ein Kreditinstitut (bzw. ein gemäß § 129 Abs. 5 iVm § 125 Abs. 5 AktG mit Kreditinstituten gleichgestelltes Institut), eine Aktionärsvereinigung oder eine andere in § 135 Abs. 8 AktG genannte Person vertreten lässt und dieser Vertreter zwar im fremden Namen handelt, jedoch nicht offenlegt, wen er vertritt. Obwohl der Stimmrechtsvertreter der Gesellschaft in § 135 Abs. 8 AktG nicht genannt ist, ist § 129 Abs. 2 AktG auch auf ihn anzuwenden.[505] Der Name des vertretenen Aktionärs muss bei der verdeckten Stellvertretung anders als im Fall einer offenen Stellvertretung nicht aufgeführt werden. Bei Stückaktien ist die Zahl, bei Nennbetragsaktien der Betrag sowie die Gattung der Aktien, auf die sich die Vollmacht bezieht, gesondert anzugeben. Die Vorschrift erleichtert damit für den Fall der verdeckten Stellvertretung die Aufstellung des Teilnehmerverzeichnisses; die insoweit repräsentierten Aktien werden üblicherweise als Vollmachtsbesitz („V") gekennzeichnet.[506]

312

Fremdbesitz nach § 129 Abs. 3 AktG liegt vor, wenn ein Dritter von einem Aktionär zur Ausübung des Stimmrechts im eigenen Namen ermächtigt wird, obwohl ihm die Aktien nicht gehören (sog. Legitimationsaktionär). Teilweise wird gefordert, dass neben der Ermächtigung auch eine Besitzübertragung erforderlich ist.[507] Für die Gesellschaft ist idR nicht zu erkennen, dass es sich um einen Fall der Stellvertretung handelt. Der Fremdbesitzer ist wie ein Aktionär in das Teilnehmerverzeichnis einzutragen, in der Praxis üblicherweise mit Fremdbesitz („F") gekennzeichnet.[508] Der Aktionär wird nicht aufgenommen. Bei Nennbetragsaktien ist zudem der gesamte Nennbetrag sowie bei Stückaktien die Gesamtzahl und ggf. die Gattung gesondert anzugeben. Dies gilt auch bei Namensaktien, für die der Ermächtigte im Aktienbuch der Gesellschaft eingetragen ist (§ 129 Abs. 3 S. 2 AktG).

313

Das Teilnehmerverzeichnis muss vor der ersten Abstimmung allen Hauptversammlungsteilnehmern zugänglich gemacht werden (§ 129 Abs. 4 S. 1 AktG). Spätestens zu

314

---

[500] *Hüffer/Koch* AktG § 129 Rn. 2; *Kubis* in MüKoAktG § 129 Rn. 22; *Herrler* in Grigoleit AktG § 129 Rn. 14.
[501] *Mülbert* in Großkomm AktG § 129 Rn. 61.
[502] *Kubis* in MüKoAktG § 129 Rn. 23; *Herrler* in Grigoleit AktG § 129 Rn. 14.
[503] *Hüffer/Koch* AktG § 118 Rn. 2; *Schwartzkopff* Hauptversammlung S. 138 mwN auch zur abweichenden Auffassung.
[504] *Hüffer/Koch* AktG § 118 Rn. 2; *Schwartzkopff* Hauptversammlung S. 134; *Mimberg/Gätsch* AG-Hauptversammlung Rn. 236; *Arnold/Carl/Götze* AG 2011, 349 (359).
[505] *Reger* in Bürgers/Körber AktG § 129 Rn. 24; *Ziemons* in Schmidt/Lutter AktG § 129 Rn. 32; *Kubis* in MüKoAktG § 129 Rn. 33; *Butzke* Die HV der AG C Rn. 56 (Fn. 59a).
[506] *Hüffer/Koch* AktG § 129 Rn. 11; *Mülbert* in Großkomm AktG § 129 Rn. 65.
[507] OLG Bremen AG 2013, 643 (646); KG AG 2010, 166 (168); vgl. hierzu *Herrler* in Grigoleit AktG § 129 Rn. 18; aA *Mülbert* in Großkomm AktG § 129 RN 67; *Hüffer/Koch* AktG § 129 Rn. 12 mwN, der einen Nachweis des depotführenden Instituts (aus dem sich vorsorglich gleichermaßen Aktienbesitz und Wille zur Legitimationsübertragung ergibt) genügen lässt. In der Praxis empfiehlt sich die Anmeldung größerer Aktienbestände im Eigenbesitz mit nachfolgender Bevollmächtigung eines Dritten, vgl. *Besse* GWR 2014, 54 (55).
[508] *Hüffer/Koch* AktG § 129 Rn. 12a; *Butzke* in Großkomm AktG § 129 Rn. 72.

diesem Zeitpunkt muss also das vollständige Teilnehmerverzeichnis vorliegen. Die erste Abstimmung muss nicht einen Tagesordnungspunkt, sondern kann bereits eine Verfahrensfrage im Vorfeld betreffen, wie zum Beispiel die Wahl des Versammlungsleiters oder die Abstimmung über einen Antrag zur Geschäftsordnung.[509]

315 Das Teilnehmerverzeichnis wird idR bereits im Vorfeld der Hauptversammlung vorbereitet. Insbesondere bei großen Publikumsgesellschaften ist diese Vorgehensweise erforderlich, um die rechtzeitige Fertigstellung in der Hauptversammlung sicherzustellen. Das Teilnehmerverzeichnis kann beispielsweise mit speziell hierfür entwickelten EDV-Programmen vorbereitet werden. Auf der Basis der Anmeldungen können von der Gesellschaft Datenblöcke vorbereitet werden. Am Tag der Hauptversammlung wird das Anmeldeverzeichnis dann aktualisiert.

316 Das Teilnehmerverzeichnis ist während der Hauptversammlung immer auf aktuellem Stand zu halten, da es auch als Grundlage für die Feststellung der Präsenz dient. Verlässt ein Aktionär die Hauptversammlung oder kommen neue Aktionäre nach Eröffnung der Hauptversammlung hinzu, ist dies zu dokumentieren. Hierfür werden idR sog. Nachtragsverzeichnisse angelegt, in denen alle seit der Erstellung des Erstverzeichnisses registrierten Zu- und Abgänge aufgenommen werden.[510] Mit Hilfe moderner Technik ist dies leicht möglich. Es lässt sich somit jederzeit feststellen, welche Aktionäre bei den einzelnen Beschlussfassungen anwesend waren. Um die ordnungsgemäße Erstellung der Nachtragsverzeichnisse zu gewährleisten, müssen organisatorische Vorkehrungen während der Hauptversammlung bestehen, mittels derer die Zu- und Abgänge kontrolliert werden.

317 Eine Auslegung des Teilnehmerverzeichnisses in Papierform ist nicht zwingend erforderlich, jedoch zur Wahrung der Publizitätspflicht ausreichend. Den Teilnehmern kann auch über Bildschirmgeräte Einsicht in das Teilnehmerverzeichnis gewährt werden.[511] Wie viele Ausdrucke des Teilnehmerverzeichnisses bzw. wie viele Bildschirmgeräte erforderlich sind, um den Aktionären eine angemessene Möglichkeit der Kenntnisnahme zu verschaffen, ist Frage des Einzelfalls.

318 Jedem Aktionär ist auf Verlangen bis zu zwei Jahren nach der Hauptversammlung Einsicht in das Verzeichnis zu gewähren (§ 129 Abs. 4 S. 2 AktG). Das Recht auf Einsichtnahme in das Teilnehmerverzeichnis steht jedem Aktionär zu, nicht hingegen Dritten. Aktionär im Sinne dieser Vorschrift ist, wer im Zeitpunkt des Einsichtsverlangens Aktionär der Gesellschaft ist sowie alle Personen, die als Aktionäre oder Vertreter im Teilnehmerverzeichnis verzeichnet sind.[512] Nicht erforderlich ist, dass der Aktionär selbst an der Hauptversammlung teilgenommen hat. Die Einsichtnahme durch den Aktionär hat grundsätzlich am Sitz der Gesellschaft zu erfolgen. Die Einsicht ist zu den üblichen Geschäftszeiten zu gewähren. Allerdings kann der Aktionär auch die Übersendung einer Abschrift des Teilnehmerverzeichnisses verlangen. In diesem Fall hat der Aktionär entsprechend § 811 Abs. 2 BGB die Kopier- und Versandkosten zu tragen.[513] Die meisten Aktiengesellschaften tragen jedoch diese Kosten kulanterweise selbst.

Zugänglichmachung von Unterlagen

319 Die bereits vom Zeitpunkt der Einberufung der Hauptversammlung an auszulegenden Unterlagen sind auch in der Hauptversammlung zugänglich zu machen. Bei einer ordentlichen Hauptversammlung sind dies gemäß § 175 Abs. 2 S. 1 iVm § 176 Abs. 1 AktG der

---

[509] *Hüffer/Koch* AktG § 129 Rn. 13; *Kubis* in MüKoAktG § 129 Rn. 38.
[510] *Mülbert* in Großkomm AktG § 129 Rn. 54; *Kubis* in MüKoAktG § 129 Rn. 19.
[511] *Hüffer/Koch* AktG § 129 Rn. 13; *Herrler* in Grigoleit AktG § 129 Rn. 20.
[512] *Wicke* in Spindler/Stilz AktG § 129 Rn. 34; *Ziemons* in Schmidt/Lutter AktG § 129 Rn. 42; *Kubis* in MüKoAktG § 129 Rn. 42; *Butzke* Die HV der AG C Rn. 73.
[513] *Hüffer/Koch* AktG § 129 Rn. 14; *Wicke* in Spindler/Stilz AktG § 129 Rn. 34; *Ziemons* in Schmidt/Lutter AktG § 129 Rn. 42; *Kubis* in MüKoAktG § 129 Rn. 42; *Butzke* Die HV der AG C Rn. 73.

Jahresabschluss, ggf. ein vom Aufsichtsrat festgestellter Einzelabschluss nach § 325a HGB, der Lagebericht, der Bericht des Aufsichtsrats und ggf. der Vorschlag des Vorstands für die Verwendung des Bilanzgewinns.

Ist die Aktiengesellschaft Mutterunternehmen im Sinne von § 290 Abs. 1 und 2 HGB, sind auch der Konzernabschluss und der Konzernlagebericht zugänglich zu machen (§ 175 Abs. 2 S. 1 und 3 iVm § 176 Abs. 1 AktG). Bei börsennotierten Gesellschaften ist zudem der Hauptversammlung ein erläuternder Bericht zu den §§ 289a Abs. 1, 315a Abs. 1 HGB (Übernahmehemmnisse) zugänglich zu machen. 320

In der Praxis erfolgt die Zugänglichmachung idR durch die Auslegung der Unterlagen am Wortmeldetisch. In diesem Fall müssen die Unterlagen in ausreichender Stückzahl verfügbar sein, damit alle Einsichtswünsche in angemessener Zeit im Versammlungslokal erfüllt werden können.[514] Die Einsichtnahme durch Aktionäre sollte dokumentiert werden. Die Auslegung von Kopien genügt, wobei die Kopien mit dem Original übereinstimmen müssen.[515] Für die Praxis empfiehlt es sich, die Originalunterlagen vorsichtshalber bereitzuhalten, damit Aktionäre die Übereinstimmung der Kopien mit den Originalen nachprüfen können. Hierbei ist jedoch darauf zu achten, die Originale nicht an die Aktionäre herauszugeben, damit sie nicht „abhanden" kommen. Die Einsichtnahme sollte in diesem Fall nur unter Aufsicht erfolgen. 321

Auskunftserteilung

Entscheidend aus der Sicht des Vorstands ist im Rahmen der Hauptversammlung die Erfüllung der Auskunftsrechte der Aktionäre, die gemäß § 131 Abs. 1 AktG ein umfassendes Recht auf Auskünfte in der Hauptversammlung haben. 322

Jedem Aktionär ist auf Verlangen in der Hauptversammlung Auskunft über Angelegenheiten der Gesellschaft zu geben, soweit dies zur sachgerechten Beurteilung der Gegenstände der Tagesordnung erforderlich ist.[516] Unter Angelegenheiten der Gesellschaft sind alle Umstände von einigem Gewicht zu verstehen, die die Gesellschaft betreffen.[517] Hierzu zählen insbesondere alle Tatsachen und Umstände, die die Vermögens-, Finanz- und Ertragslage der Gesellschaft, ihre rechtlichen und tatsächlichen Verhältnisse, ihre Geschäftspolitik, die Darstellung des Unternehmens in der Öffentlichkeit oder ihre Beziehung zu Dritten, insbesondere zu Vertragspartnern, betreffen. 323

Eine Auskunft ist erforderlich, wenn aus Sicht eines durchschnittlichen Aktionärs, der objektiv denkt und die Verhältnisse der Gesellschaft lediglich aufgrund der allgemein bekannten Tatsachen kennt, die Auskunft für seine Urteilsfindung hinsichtlich eines Tagesordnungspunkts wesentlich ist.[518] Es ist daher stets zu prüfen, ob die Auskunft 324

---

[514] *Hüffer/Koch* AktG § 176 Rn. 2; *Drygala* in Schmidt/Lutter AktG § 176 Rn. 2 f.; *Butzke* Die HV der AG H Rn. 38; *Hennrichs/Pöschke* in MüKoAktG § 176 Rn. 6; *Steiner* in Heidel AktG § 176 Rn. 2; *Drinhausen* in Hölters AktG § 176 Rn. 6.

[515] *Euler* in Spindler/Stilz AktG § 176 Rn. 5; *Drygala* in Schmidt/Lutter AktG § 176 Rn. 2; *Claussen/Korth* in KölnKommAktG § 175 Rn. 9; *Butzke* Die HV der AG H Rn. 32.

[516] Das Erforderlichkeitskriterium ist im Lichte des Artikel 9 Abs. 1 Aktionärsrechterichtlinie nicht zu beanstanden und deshalb europarechtskonform, vgl. hierzu BGH AG 2014, 87, OLG Frankfurt a. M. ZIP 2012, 2502; OLG Stuttgart ZIP 2012, 970; *Hüffer/Koch* AktG § 131 Rn. 12; *Kubis* ZGR 2014, 608; *Reger* NZG 2013, 48; aA *Kersting* in KölnKommAktG § 131 Rn. 113.

[517] *Hüffer/Koch* AktG § 131 Rn. 11; *Spindler* in Schmidt/Lutter AktG § 131 Rn. 28; *Siems* in Spindler/Stilz AktG § 131 Rn. 23 f.; *Kubis* in MüKoAktG § 131 Rn. 35; *Heidel* in Heidel AktG § 131 Rn. 28; *Butzke* Die HV der AG G Rn. 40 f.; *Herrler* in Grigoleit AktG § 131 Rn. 12; zu wesentlichen Personalentscheidungen bei einer abhängigen Gesellschaft vgl. OLG Düsseldorf AG 2015, 908 sowie zu Begründung einer Zurückstellung der Geltendmachung von Schadenersatzansprüchen gegen ehemaligeVorstandsmitglieder vgl. OLG Düsseldorf ZIP 2015, 925.

[518] BGHZ 119, 1 (14); OLG Frankfurt a. M. ZIP 2012, 2502; OLG Frankfurt a. M. NZG 2011, 1029 (1031); OLG Stuttgart AG 2011, 93; *Hüffer/Koch* AktG § 131 Rn. 12; *Spindler* in Schmidt/Lutter AktG § 131 Rn. 30; *Kubis* in MüKoAktG § 131 Rn. 38.

gerade zur Beurteilung eines Gegenstandes der Tagesordnung erforderlich ist, da ein Auskunftsanspruch ansonsten nicht besteht. Bei einer ordentlichen Hauptversammlung mit den Tagesordnungspunkten „Jahresabschluss", „Verwendung des Bilanzgewinns" und „Entlastung von Vorstand und Aufsichtsrat" sind die Auskunftsansprüche der Aktionäre jedoch vom Ausgangspunkt her sehr weitgehend.

325 Eine Auskunft ist in der Hauptversammlung auch zu erteilen, wenn einem Aktionär wegen seiner Eigenschaft als Aktionär eine Auskunft außerhalb der Hauptversammlung, also quasi unterjährig, gegeben worden ist. Auf Verlangen ist diese Information jedem anderen Aktionär in der Hauptversammlung zu geben, auch wenn dies zur sachgemäßen Beurteilung der Tagesordnung nicht erforderlich ist (§ 131 Abs. 4 S. 1 AktG). § 131 Abs. 4 S. 2 AktG schließt die Berufung auf Auskunftsverweigerungsrechte gemäß § 131 Abs. 3 S. 1 Nr. 1-4 AktG in diesem Zusammenhang aus. Ausnahmen bestehen für Auskünfte zu Tochterunternehmen, wenn die Voraussetzungen des § 131 Abs. 4 S. 3 AktG erfüllt sind.

326 Auskunftsberechtigt ist jeder an der Hauptversammlung teilnehmende Aktionär, unabhängig davon, ob er stimmberechtigt ist und unabhängig von der Höhe seiner Beteiligung.[519] Ein Auskunftsrecht haben also auch Inhaber stimmrechtsloser Vorzugsaktien. Ferner ist auch jeder bevollmächtigte Aktionärsvertreter sowie der sog. Legitimationsaktionär, der die Aktionärsrechte eines Dritten im eigenen Namen wahrnimmt, auskunftsberechtigt. Auch eine bloße Stimmrechtsvollmacht nach § 134 Abs. 3 AktG berechtigt zur Ausübung des Auskunftsrechts, da das Stimmrecht nur dann sinnvoll ausgeübt werden kann, wenn auch ein Auskunftsrecht zu allen Tagesordnungspunkten besteht.[520] Kein Auskunftsrecht haben zur Hauptversammlung zugelassene Gäste oder Pressevertreter.

327 Die Auskunftspflicht trifft die Gesellschaft selbst, die von den Aktionären gestellten Fragen sind vom Vorstand als das für die Gesellschaft handelnde Organ zu beantworten.[521] Für den Vorstand antwortet entweder der Vorsitzende oder das jeweils fachlich zuständige Vorstandsmitglied. Zulässig ist es aber auch, dass einzelne Mitarbeiter der Gesellschaft (oder auch Dritte), die mit einer bestimmten Materie besonders vertraut sind, für den Vorstand als „Auskunftsgehilfen" antworten. In der Praxis antwortet häufig der Aufsichtsratsvorsitzende auf Fragen, die die Arbeit des Aufsichtsrats betreffen, unmittelbar. Wie bei allen anderen Auskünften, die nicht unmittelbar vom Vorstand gegeben werden, ist es jedoch auch in diesem Fall notwendig, dass sich der Vorstand die Antworten des Aufsichtsratsvorsitzenden zu eigen macht, da es sich letztlich rechtlich betrachtet um eine Beantwortung durch den Vorstand handelt.[522]

328 Die verlangte Auskunft ist grundsätzlich mündlich vom Vorstand zu erteilen. Eine Verpflichtung zur Vorlage von Nachweisen besteht nicht. Der Aktionär hat auch keinen Anspruch auf Einsichtnahme in Unterlagen der Gesellschaft. Allerdings kann der Vorstand ausnahmsweise dem fragenden Aktionär während der Hauptversammlung Einsicht in eine vorhandene Aufstellung von Zahlen und Daten gewähren, wenn dies eine schnellere und zuverlässigere Unterrichtung ermöglicht. Dabei muss allerdings sichergestellt

---

[519] *Hüffer/Koch* AktG § 131 Rn. 4; *Spindler* in Schmidt/Lutter AktG § 131 Rn. 13; *Reger* in Bürgers/Körber AktG § 131 Rn. 4; *Siems* in Spindler/Stilz AktG § 131 Rn. 12 f.; *Kubis* in MüKo-AktG § 131 Rn. 10; *Herrler* in Grigoleit AktG § 131 Rn. 4.
[520] Zu Details vgl. *Hüffer/Koch* AktG § 131 Rn. 5 mwN.
[521] *Hüffer/Koch* AktG § 131 Rn. 6 f. *Reger* in Bürgers/Körber AktG § 131 Rn. 5; *Spindler* in Schmidt/Lutter AktG § 131 Rn. 16; *Siems* in Spindler/Stilz AktG § 131 Rn. 16; *Kubis* in MüKoAktG § 131 Rn. 19; *Raiser/Veil* Recht der Kapitalgesellschaften § 16 Rn. 39; *Schlitt/Becker* in Semler/Volhard/Reichert HV-HdB § 10 Rn. 98 ff.; *Herrler* in Grigoleit AktG § 131 Rn. 6.
[522] *Hüffer/Koch* AktG § 131 Rn. 7 mwN auch zur Gegenauffassung.

I. Innenhaftung

sein, dass auch die übrigen Aktionäre diese Unterlagen auf Verlangen einsehen können.[523]

Ob auch eine Verlesung von Unterlagen (zum Beispiel von Vertragswerken) verlangt werden kann, ist im Einzelnen umstritten. Die überwiegende Meinung verneint dies zu Recht.[524] Eine Verlesung kommt allenfalls ausnahmsweise dann in Betracht, wenn der Vorgang besondere Bedeutung hat, es erkennbar auf bestimmte Formulierungen ankommt und deren zusammengefasste mündliche Wiedergabe dem Fragebegehren nicht gerecht würde. Die Verlesung eines vollständigen Vertragswerkes ist allerdings regelmäßig nicht erforderlich. Auch die Verlesung von Unterlagen, die während der Hauptversammlung für die Teilnehmer zugänglich sind, kann nicht gefordert werden.

329

Der Vorstand ist verpflichtet, sich auf die Fragenbeantwortung in der Hauptversammlung angemessen vorzubereiten.[525] Ist dem Vorstand jedoch trotz angemessener Vorbereitung die Beantwortung einzelner Fragen in der Hauptversammlung nicht möglich, wird er von seiner Auskunftspflicht frei.[526] Es besteht keine Pflicht des Vorstands, die von den Aktionären gestellten Fragen unverzüglich zu beantworten. Der Vorstand kann daher bei der Beantwortung der Fragen von der Reihenfolge der gestellten Fragen abweichen. Auch steht es dem Vorstand frei, inhaltsgleiche oder inhaltsähnliche Fragen in einer einzigen umfassenden Antwort zusammenzufassen.[527] Kommt der Vorstand aufgrund der Vielzahl oder des Umfangs der Auskunftsverlangen mit der Beantwortung der Fragen nicht nach, so besteht die in der Praxis oft genutzte Möglichkeit, die Hauptversammlung zu unterbrechen.

330

In § 131 Abs. 3 AktG sind die Fälle aufgeführt, in denen der Vorstand die Auskunft auf eine Frage eines Aktionärs verweigern darf. Die Entscheidung, ob eine Auskunft erteilt wird oder nicht, ist eine Geschäftsführungsmaßnahme, über die der Vorstand grundsätzlich durch (einstimmigen) Beschluss zu entscheiden hat.[528] Die Satzung oder die Geschäftsordnung des Vorstands kann hiervon jedoch abweichen und Erleichterungen vorsehen (§ 77 Abs. 1 S. 2 AktG).

331

Nach § 131 Abs. 3 AktG darf der Vorstand die Auskunft verweigern,

332

- soweit die Erteilung der Auskunft nach vernünftiger kaufmännischer Beurteilung geeignet ist, der Gesellschaft oder einem verbundenen Unternehmen einen nicht unerheblichen Nachteil zuzufügen;
- soweit sie sich auf steuerliche Wertansätze oder die Höhe einzelner Steuern bezieht;
- über den Unterschied zwischen dem Wert, mit dem Gegenstände in der Jahresbilanz angesetzt worden sind und einem höheren Wert dieser Gegenstände, es sei denn, dass die Hauptversammlung den Jahresabschluss feststellt;
- über die Bilanzierungs- und Bewertungsmethoden, soweit die Angabe dieser Methoden im Anhang ausreicht, um ein den tatsächlichen Verhältnissen entsprechendes Bild der

---

[523] BGHZ 101, 1 (16); OLG Düsseldorf AG 1992, 34 (36); *Hüffer/Koch* AktG § 131 Rn. 22; *Spindler* in Schmidt/Lutter AktG § 131 Rn. 61.
[524] BGH NJW 1967, 1462; *Spindler* in Schmidt/Lutter AktG § 131 Rn. 61; *Reger* in Bürgers/Körber AktG § 131 Rn. 17a; *Schlitt/Becker* in Semler/Volhard/Reichert HV-HdB § 10 Rn. 108; *Zöllner* in KölnKommAktG § 131 Rn. 84; *Butzke* Die HV der AG G Rn. 34; *Decher* in Großkomm AktG § 131 Rn. 94; aA *Kubis* in MüKoAktG § 131 Rn. 85 mwN.
[525] BGHZ 32, 159 (165); OLG Düsseldorf AG 1992, 34 (36); *Hüffer/Koch* AktG § 131 Rn. 10; *Spindler* in Schmidt/Lutter AktG § 131 Rn. 64; *Reger* in Bürgers/Körber AktG § 131 Rn. 15; *Siems* in Spindler/Stilz AktG § 131 Rn. 62; *Kubis* in MüKoAktG § 131 Rn. 92; *Decher* in Großkomm AktG § 131 Rn. 251 ff.
[526] *Hüffer/Koch* AktG § 131 Rn. 11 mwN.
[527] *Kubis* in MüKoAktG § 131 Rn. 82 ff.; *Kersting* in KölnKommAktG § 131 Rn. 500.
[528] *Hüffer/Koch* AktG § 131 Rn. 54; *Reger* in Bürgers/Körber AktG § 131 Rn. 19; *Spindler* in Schmidt/Lutter AktG § 131 Rn. 70; *Siems* in Spindler/Stilz AktG § 131 Rn. 35; *Decher* in Großkomm AktG § 131 Rn. 289.

Vermögens-, Finanz- und Ertragslage der Gesellschaft im Sinne des § 264 Abs. 2 HGB zu vermitteln; dies gilt nicht, wenn die Hauptversammlung den Jahresabschluss feststellt;
- soweit sich der Vorstand durch die Erteilung der Auskunft strafbar machen würde;
- soweit bei einem Kreditinstitut oder Finanzdienstleistungsinstitut Angaben über angewandte Bilanzierungs- und Bewertungsmethoden sowie vorgenommene Verrechnungen im Jahresabschluss, Lagebericht, Konzernabschluss oder Konzernlagebericht nicht gemacht zu werden brauchen, und
- soweit die Auskunft auf der Internetseite der Gesellschaft über mindestens sieben Tage vor Beginn und in der Hauptversammlung durchgängig zugänglich ist.

333 Von besonderer praktischer Bedeutung sind dabei die Auskunftsverweigerung wegen möglicher Nachteilszufügung und wegen Strafbarkeit der Auskunftserteilung. Bislang ohne wesentliche praktische Bedeutung ist das durch das UMAG im Jahre 2005 neu eingeführte Auskunftsverweigerungsrecht bei auf der Internetseite der Gesellschaft zugänglich gemachter Auskünfte.

334 Prozessual ist bei Auskunftsverweigerungsrechten der Gesellschaft zu berücksichtigen, dass die Gesellschaft die ein Auskunftsverweigerungsrecht begründenden Umstände nicht darlegen und beweisen muss, vielmehr ist ausreichend, diese Umstände plausibel zu machen.[529]

335 Der Vorstand ist berechtigt, die Auskunft auf die Frage eines Aktionärs zu verweigern, wenn diese Auskunft nach vernünftiger kaufmännischer Beurteilung geeignet ist, der Gesellschaft oder einem verbundenen Unternehmen einen nicht unerheblichen Nachteil zuzufügen (§ 131 Abs. 3 S. 1 Nr. 1 AktG). Als Nachteil gilt nicht nur ein Schaden im Sinne der §§ 249 ff. BGB, sondern jede Beeinträchtigung von Gesellschaftsinteressen, beispielsweise wirtschaftliche Einbußen bei der Offenlegung interner Kalkulationen oder strategischer Unternehmensziele.[530] Eine Auskunft kann auch verweigert werden, wenn nach Interna der Aufsichtsratstätigkeit (Beschlussanlässe oder Beschussvorschläge) gefragt wird, deren Vertraulichkeit zur Sicherung einer offenen Aussprache im Aufsichtsrat gewährleistet sein muss.[531] Maßgeblich für die Beurteilung ist der Zeitpunkt der Hauptversammlung. Bei der Entscheidung des Vorstands, ob eine Auskunftserteilung einen nicht unerheblichen Nachteil für die Gesellschaft darstellen würde, hat eine Abwägung der Vor- und Nachteile einer Auskunftserteilung stattzufinden.

336 Nach § 131 Abs. 3 S. 1 Nr. 4 AktG darf der Vorstand die Auskunft verweigern, wenn er sich durch die Erteilung der Auskunft strafbar machen würde. Erforderlich ist, dass der Straftatbestand gerade durch die Auskunftserteilung erfüllt würde. Bezüglich bereits begangener Straftaten einzelner Vorstandsmitglieder greift das Auskunftsverweigerungsrecht nicht.[532]

337 Die Strafbarkeit kann sich grundsätzlich aus allen Normen des deutschen und grundsätzlich auch des internationalen Strafrechts[533] ergeben. Eine Ausnahme besteht lediglich im Hinblick auf die Strafbarkeit nach § 404 AktG, der Verletzung der Geheimhaltungs-

---

[529] BGH AG 2014, 402 (404); BGHZ 119, 1 (17); *Hüffer/Koch* AktG § 131 Rn. 54 mwN.
[530] BayObLG ZIP 1996, 1251 (1253); KG AG 1996, 421 (423); LG Dortmund AG 1987, 189; *Hüffer/Koch* AktG § 131 Rn. 55; *Reger* in Bürgers/Körber AktG § 131 Rn. 20; *Spindler* in Schmidt/Lutter AktG § 131 Rn. 74; *Siems* in Spindler/Stilz AktG § 131 Rn. 38; *Kubis* in MüKoAktG § 131 Rn. 115; *Decher* in Großkomm AktG § 131 Rn. 297.
[531] BGH AG 2014, 402 (408); 2014, 87 (92); OLG Stuttgart AG 2012, 377; vgl. hierzu *Kocher* AG 2014, 81.
[532] *Hüffer/Koch* AktG § 131 Rn. 62; *Spindler* in Schmidt/Lutter AktG § 131 Rn. 82; *Kubis* in MüKoAktG § 131 Rn. 136; *Heidel* in Heidel AktG § 131 Rn. 71; *Zöllner* in KölnKommAktG § 131 Rn. 42.
[533] Vgl. zum Diskussionsstand *Hüffer/Koch* AktG § 131 Rn. 62 mwN.

pflichten durch den Vorstand. Die überwiegende Meinung ist der Ansicht, dass im Hinblick auf § 404 AktG die Auskunft nicht nach § 131 Abs. 3 S. 1 Nr. 5 AktG verweigert werden darf.[534]

Der Vorstand kann eine Auskunft nicht unter Hinweis darauf verweigern, dass sich die Frage auf eine Insiderinformation nach Art. 7 MAR beziehe bzw. die Antwort nach Art. 17 MAR unter die Ad-hoc-Publizität falle.[535] Der Vorstand hat bereits vor der Hauptversammlung zu prüfen, ob möglicherweise ad-hoc-mitteilungspflichtige Informationen zur Sprache kommen können und diese ggf. nach 17 MAR öffentlich zugänglich machen. Sollte ausnahmsweise trotz dieser Vorabprüfung erst in der Hauptversammlung die Problematik relevant werden, dass eine Auskunft über eine ad-hoc-mitteilungspflichtige Tatsache verlangt wird, sollte der Vorstand umgehend eine Ad-hoc-Mitteilung bekannt machen.[536] Im Anschluss hat er die geforderte Auskunft zu erteilen. Ggf. muss die Hauptversammlung bis zur Veröffentlichung der Ad-hoc-Mitteilung unterbrochen werden. 338

Nach § 131 Abs. 3 S. 1 Nr. 7 AktG darf der Vorstand die Auskunft verweigern, soweit die Auskunft auf der Internetseite der Gesellschaft über mindestens sieben Tage vor Beginn und während der Hauptversammlung durchgehend zugänglich gemacht wurde. Die Auskunft muss bis zum Ende der Hauptversammlung zugänglich sein.[537] Die Information ist auch in der Hauptversammlung zugänglich zu machen, sei es schriftlich oder in digitaler Form mit Hilfe entsprechender Infoterminals.[538] Über die Internetseite zugänglich gemacht ist die Information, wenn ein interessierter Aktionär sie auf der Internetseite der Gesellschaft nach Aufrufen der Startseite ohne Suchen entweder direkt oder durch eindeutige Verknüpfung auf Folgeseiten ohne Probleme finden kann. Vorübergehende, geringfügige Störungen des allgemeinen Internetzugangs sind unschädlich. Ein Hinweis auf die Internetseite der Gesellschaft in der Einberufung der Hauptversammlung ist hilfreich, gesetzlich aber nicht vorgeschrieben.[539] 339

Die Einführung des Auskunftsverweigerungsrechts ermöglicht es der Gesellschaft, sich von der Beantwortung typischer Standardfragen sowie vom Vortrag von Statistiken, Listen, Regularien und Aufstellungen zu entlasten, indem diese bereits vor der Hauptversammlung veröffentlicht werden. Der Vorstand kann zudem bereits vor der Hauptversammlung schriftlich oder in Textform eingereichte Fragen beantworten. Zusatzfragen, die sich aus den Vorabinformationen ergeben, sind in der Hauptversammlung zu beantworten.[540] 340

---

[534] *Hüffer/Koch* AktG § 131 Rn. 62; *Spindler* in Schmidt/Lutter AktG § 131 Rn. 82; *Siems* in Spindler/Stilz AktG § 131 Rn. 49; *Butzke* Die HV der AG G Rn. 74; *Decher* in Großkomm AktG § 131 Rn. 324; *Heidel* in Heidel AktG§ 131 Rn. 71; aA *Reger* in Bürgers/Körber AktG § 131 Rn. 24.

[535] Ggf. kann sich die Gesellschaft bei einer Selbstbefreiung nach Art. 17 Abs. 4 MAR auf das vorgenannte Auskunftsverweigerungsrecht „Nachteilsverfügung" berufen, vgl. hierzu *Hüffer/Koch* AktG § 131 Rn. 27; zu Details und zum praktischen Umgang mit Insiderinformationen in der Hauptversammlung vgl. *Kocher/Sambulski* DB 2018, 1905.

[536] *Kocher/Sambulski* DB 2018, 1905 (1910); *Siems* in Spindler/Stilz AktG § 131 Rn. 50; *Kubis* in MüKoAktG § 131 Rn. 134; *Heidel* in Heidel AktG§ 131 AktG Rn. 72; *Decher* in Großkomm AktG § 131 Rn. 328 f.

[537] OLG Düsseldorf AG 2013, 759; *Hüffer/Koch* AktG § 131 Rn. 64; *Spindler* in Schmidt/Lutter AktG § 131 Rn. 88; *Siems* in Spindler/Stilz AktG § 131 Rn. 52.

[538] *Hüffer/Koch* AktG § 131 Rn. 64; *Spindler* in Schmidt/Lutter AktG § 131 Rn. 89; *Siems* in Spindler/Stilz AktG § 131 Rn. 53; *Reger* in Bürgers/Körber AktG § 131 Rn. 26.

[539] *Hüffer/Koch* AktG § 131 Rn. 64; *Reger* in Bürgers/Körber AktG § 131 Rn. 26; *Siems* in Spindler/Stilz AktG § 131 Rn. 53.

[540] *Hüffer/Koch* AktG § 131 Rn. 64, *Spindler* in Schmidt/Lutter AktG § 131 Rn. 88; *Reger* in Bürgers/Körber AktG § 131 Rn. 26.

341 Verweigert der Vorstand die Auskunft auf eine Frage, so kann der Aktionär verlangen, dass seine Frage und der Grund, aus dem die Auskunft verweigert worden ist, in das Hauptversammlungsprotokoll aufgenommen werden (§ 131 Abs. 5 AktG). Die unbeantwortet gebliebene Frage wird bei Publikumsgesellschaften idR von dem Aktionär dem die Hauptversammlung beurkundenden Notar diktiert oder ihm schriftlich zur Verfügung gestellt.[541] Dabei sollten Notar und Vorstand darauf achten, dass die angeblich unbeantwortete Frage auch in der Hauptversammlung gestellt worden ist, da nur in diesem Fall die Frage in die Niederschrift aufzunehmen ist.[542] Wenn der Vorstand eine Frage als ausreichend beantwortet ansieht, ein Aktionär aber dennoch eine entsprechende Aufnahme in das Protokoll verlangt, sollte der Vorstand seinerseits zu Protokoll erklären, dass er die Frage für ausreichend beantwortet hält. In diesem Fall empfiehlt sich, auch die Antwort zu protokollieren.

342 Ob der Vorstand für den Fall, dass er die von einem Aktionär verlangte Auskunft nicht erteilt, die Gründe für die Verweigerung in der Hauptversammlung zwingend nennen muss, wird unterschiedlich beurteilt. Die überwiegende Meinung verneint dies, da das Gesetz eine solche materielle Begründungspflicht nicht vorsieht.[543] Koch[544] schlägt als Mittelweg vor, die Weigerung zwar zu begründen, aber an diese Begründung keine hohen inhaltlichen Anforderungen zu stellen. Hierdurch solle dem Aktionär eine Zuordnung zu den Fallgruppen des § 131 Abs. 3 S. 2 AktG ermöglicht werden. Erst im gerichtlichen Verfahren trifft die Aktiengesellschaft dann eine weitergehende Plausibilisierungspflicht. In diesem Verfahren sei noch ein Nachschieben einer Begründung möglich. Ein solches Nachschieben mag dann dazu führen, der Aktiengesellschaft die Verfahrenskosten des Auskunftserzwingungs- bzw. Anfechtungsverfahrens aufzuerlegen.

343 Anfechtungsrisiken aufgrund der Nichtangabe von Auskunftsverweigerungsgründen dürften in der Praxis eher gering sein. Bei der Frage der Begründetheit von Anfechtungsklagen wird es idR darauf ankommen, ob die geforderte Auskunft zu Recht nicht erteilt worden ist, unabhängig von der in der Hauptversammlung ggf. von der Gesellschaft gegebenen Begründung.[545] Zur Vermeidung unnötiger Diskussionen und angesichts der Tatsache, dass der Grund der Auskunftsverweigerung oftmals offensichtlich ist, tendiert die HV-Praxis dazu, oftmals kurz Angaben zum Grund der Auskunftsverweigerung zu machen.

344 Ist ein Aktionär der Auffassung, dass eine Frage vom Vorstand unberechtigterweise nicht beantwortet worden ist, kann er ein Auskunftserzwingungsverfahren einleiten und zusätzlich oder alternativ eine Anfechtungsklage gegen den gefassten Hauptversammlungsbeschluss erheben. Es handelt sich somit um zwei voneinander unabhängige Verfahren.[546] Im Rahmen des Auskunftserzwingungsverfahrens entscheidet das Landgericht am Sitz der Gesellschaft darüber, ob der Vorstand die Auskunft geben muss (§ 132 Abs. 1 AktG). Das Auskunftserzwingungsverfahren ist binnen zwei Wochen nach der Hauptversammlung einzuleiten. Ein Aktionär, der durch Squeeze-Out aus der Gesellschaft ausgeschlossen wird, verliert sein Rechtsschutzbedürfnis für das weitere Betreiben der Auskunftserzwingung mit der Folge, dass sein Antrag unzulässig wird.[547]

---

[541] Vgl. hierzu *Hüffer/Koch* AktG § 131 Rn. 77 mwN.
[542] OLG Frankfurt a. M. AG 2013, 302 (305); kritisch *Reger* NZG 2013, 48 (49 f.).
[543] BGH AG 2014, 402 (404); BGHZ 36, 121 (132); KG WM 1994, 1479 (1486); OLG Frankfurt a. M. ZIP 1986, 1244 (1245); *Spindler* in Schmidt/Lutter AktG § 131 Rn. 73; *Reger* in Bürgers/Körber AktG § 131 Rn. 19; *Siems* in Spindler/Stilz AktG § 131 Rn. 36; *Kubis* in MüKoAktG § 131 Rn. 113; *Butzke* Die HV der AG G Rn. 82; aA LG München I AG 2001, 319 (321); LG Frankfurt a. M. ZIP 1989, 1062 (1063); *Heidel* in Heidel AktG§ 131 Rn. 60; *Decher* in Großkomm AktG § 131 Rn. 291.
[544] *Hüffer/Koch* AktG § 131 Rn. 54.
[545] BGH AG 2014, 402 (404); vgl. hierzu im Einzelnen *Schwartzkopff* Hauptversammlung S. 191 mwN.
[546] BGHZ 86, 1 (3); *Hüffer/Koch* AktG § 132 Rn. 2 mwN.
[547] LG München I AG 2011, 494; *Hüffer/Koch* AktG § 132 Rn. 4a.

Umstritten ist die Frage, ob ein Auskunftserzwingungsverfahren auch dann in Betracht 345
kommt, wenn die Gesellschaft dem Aktionär eine falsche Auskunft erteilt hat. Dies wurde
bisher in der obergerichtlichen Rechtsprechung überwiegend abgelehnt.[548] Das Landgericht München I hat jedoch die Falschinformation der Auskunftsverweigerung gleichgestellt und ausgeführt, dass die alternativ zu erhebende Anfechtungsklage und ggf. Schadenersatzansprüche nicht geeignet seien, den Anspruch auf wahrheitsgemäße Auskunft zu erfüllen.[549] Nach Ansicht des Oberlandesgerichts Stuttgart ist bei einer behaupteten Falschauskunft erforderlich, dass konkrete Tatsachen vorgebracht werden, aus denen eine gewisse Wahrscheinlichkeit folgt, dass die Auskunft unrichtig war.[550]

Wird die Aktiengesellschaft antragsgemäß verurteilt, hat der Vorstand die Auskunft 346
unverzüglich zu erteilen. Da das Auskunftserzwingungsverfahren jedoch ohne Auswirkungen auf die in der Hauptversammlung gefassten Beschlüsse und auch auf etwaige Anfechtungsklagen[551] bleibt, ist es ohne größere praktische Relevanz.

Praxisrelevant ist hingegen bei einer Auskunftsverweigerung die Erhebung einer 347
Anfechtungsklage durch Aktionäre.[552] Die Anfechtungsklage ist im Falle einer unberechtigten Auskunftsverweigerung dann Erfolg versprechend, wenn die verweigerte Auskunft den Beschlussgegenstand betraf und der Fragegegenstand so gewichtig ist, dass ein objektiv urteilender Aktionär sein Stimmrecht von der Erteilung einer bestimmten Information als nicht nur unwesentliches Beurteilungselement abhängig gemacht hätte.[553] Maßstab ist der Durchschnittsaktionär, der die Gesellschaftsverhältnisse nur aufgrund allgemein bekannter Tatsachen kennt.[554] Gerade die Gefahr der Anfechtungsklage führt in der Praxis dazu, dass die Vorstände von Aktiengesellschaften dazu tendieren, im Zweifel sämtliche Fragen der Aktionäre zu beantworten. Hierdurch wird eine teilweise jahrelange Rechtsunsicherheit hinsichtlich der Wirksamkeit eines Beschlusses vermieden.

Die Rechtsprechung tendierte dazu, die Erheblichkeit einer unberechtigten Auskunfts- 348
verweigerung oftmals zu bejahen;[555] dies galt insbesondere bei Anfechtung von Entlastungsbeschlüssen.[556] Allerdings ist in den vergangenen Jahren eine begrüßenswerte Entwicklung in der Rechtsprechung festzustellen, vermehrt klarzustellen, dass Entlastungsbeschlüsse nur dann anfechtbar sind, wenn eindeutige und schwerwiegende Gesetzes- oder Satzungsverstöße von Vorstand und/oder Aufsichtsrat vorliegen.[557]

Insbesondere wegen der Gefahr einer Anfechtungsklage sollte der Versammlungs- 349
leiter vor Beginn der Abstimmungen unbedingt noch einmal ausdrücklich nachfragen,

---

[548] KG ZIP 2010, 698; OLG Dresden AG 1999, 274.
[549] LG München I EWiR 2011, 103; vgl. auch *Hüffer/Koch* AktG § 132 Rn. 4a mwN.
[550] OLG Stuttgart AG 2012, 377.
[551] BGH DB 2009, 500 (506); *Hüffer/Koch* AktG § 132 Rn. 2.
[552] *Hüffer/Koch* AktG § 131 Rn. 78; *Spindler* in Schmidt/Lutter AktG § 131 Rn. 116; *Reger* in Bürgers/Körber AktG § 131 Rn. 34; *Kubis* in MüKoAktG § 131 Rn. 173; *Decher* in Großkomm AktG § 131 Rn. 380.
[553] *Göz* in Bürgers/Körber AktG § 243 Rn. 21; *Schwab* in Schmidt/Lutter AktG § 243 Rn. 10; *Würthwein* in Spindler/Stilz AktG § 243 Rn. 128.
[554] BGHZ 160, 385; OLG Stuttgart AG 2011, 93; OLG Frankfurt a. M. ZIP 2012, 2502; OLG Frankfurt a. M. ZIP 2011, 1613 (1616).
[555] BGHZ 122, 211 (239); 119, 1 (18 f.); BGH NJW 1995, 3115 (3116); AG 1995, 462; OLG München AG 1996, 327 (328).
[556] Vgl. OLG Köln NZG 2011, 1150; OLG Frankfurt a. M. NZG 2011, 1029.
[557] BGH AG 2013, 643; 2012, 248; OLG Frankfurt a. M. AG 2014, 373; OLG Düsseldorf AG 2013, 759 (763); LG Frankfurt a. M. GWR 2014, 219 (auch mit ausdrücklicher Feststellung, dass sich die Frage grundsätzlich auf das Geschäftsjahr beziehen muss, für das Entlastung erteilt werden soll); vgl. zu idR zu verneinenden Auskunftspflichten bei zurückliegenden Geschäftsjahren auch OLG Frankfurt a. M. BB 2012, 2327; OLG Stuttgart AG 2011, 93 sowie *Hüffer/Koch* AktG § 120 Rn. 11 mwN.

ob auch alle Fragen beantwortet worden sind. Meldet sich daraufhin kein Aktionär, so liegt darin für den Fall, dass einzelne Fragen doch nicht oder nicht vollständig beantwortet sind, nach hM eine Verwirkung des Anfechtungsrechts.[558] Das Oberlandesgericht Köln hat jedoch Bedenken an dieser Auffassung geäußert.[559] Der Vorstand könne durch diese „salvatorische Frage" seine Verantwortung für die Beantwortung aller Fragen auf die Aktionäre abwälzen. Da vom Back-Office der Hauptversammlung die Fragen und Antworten bei vielen Hauptversammlungen erfasst werde, sei der Vorstand besser in der Lage, die Beantwortung aller Fragen im Auge zu behalten; dies gelte insbesondere im Verhältnis zu den sonstigen – nicht fragenden – Aktionären, die auch vom Ausschluss des Anfechtungsrechts betroffen wären. Das Oberlandesgericht Köln tendierte daher in einem obiter dictum zu der Auffassung, dass die Rechtsfolge der Verwirkung nur bei bewusstem Unterlassen angemessen sei. Trotzdem sollte die Frage nach nicht beantworteten Fragen der Aktionäre weiterhin im Leitfaden verbleiben, da gute Argumente dafür bestehen, mit der herrschenden Meinung eine Mitwirkungspflicht der Aktionäre zu bejahen.[560] Der Bundesgerichtshof hat zudem Mitwirkungspflichten im Sinne von Nachfragen durch den Aktionär in Bezug auf (vermeintliche) Pauschalantworten des Vorstands bei einer Vielzahl von Aktionärsfragen ausdrücklich bejaht.[561]

350   Nach § 243 Abs. 4 S. 2 AktG ist die Anfechtungsbefugnis wegen der Verletzung von Informationspflichten im Zusammenhang mit Bewertungsrügen ausgeschlossen, wenn hierfür gesetzlich ein Spruchverfahren vorgesehen ist. Spruchverfahren sind insbesondere in den §§ 1–4 SpruchG vorgesehen. Die Neuregelung ist beschränkt auf (angeblich) unrichtig, unvollständig oder unzureichend erteilte Informationen in der Hauptversammlung, über die Ermittlung, Höhe oder Angemessenheit von Kompensationen. Berichtspflichten vor und außerhalb der Hauptversammlung werden nicht erfasst.[562]

351   Sollte der Vorstand zu Unrecht die Auskunft zu einer Frage verweigert haben und entsteht der Gesellschaft hierdurch ein Schaden, kann im Einzelfall ein Schadenersatzanspruch der Gesellschaft gegen den Vorstand gemäß § 93 AktG in Betracht kommen.[563] Beantwortet der Vorstand Fragen der Aktionäre vorsätzlich unrichtig oder verschleiert er die wahren Verhältnisse bei der Beantwortung, macht er sich nach § 400 Abs. 1 Nr. 1 AktG strafbar.

i) Verstoß gegen die Insolvenzantragspflicht

352   Gemäß § 15a Abs. 1 S. 1 InsO hat der Vorstand im Falle der Zahlungsunfähigkeit oder (rechtlichen) Überschuldung der Gesellschaft ohne schuldhaftes Zögern, spätestens aber drei Wochen nach Eintritt der Zahlungsunfähigkeit (§ 17 InsO) bzw. Überschuldung (§ 19 InsO), die Eröffnung des Insolvenzverfahrens zu beantragen. Die drohende Zah-

---

[558] LG München I NZG 2009, 143 (147); LG Krefeld AG 2008, 754; LG München I AG 2007, 255; LG Mainz AG 1988, 169; LG Braunschweig AG 1991, 36 (37); *Reger* in Bürgers/Körber AktG § 131 Rn. 27; *Spindler* in Schmidt/Lutter AktG § 131 Rn. 94; *Kubis* in MüKoAktG § 131 Rn. 78 f.
[559] OLG Köln NZG 2011, 1150; zustimmend *Hüffer/Koch* AktG § 131 Rn. 69.
[560] So auch *Schwartzkopff* Hauptversammlung S. 234.
[561] BGH AG 2014, 87; vgl. hierzu *Kocher* AG 2014, 81.
[562] *Hüffer/Koch* AktG § 243 Rn. 47c; *Göz* in Bürgers/Körber AktG § 243 Rn. 21; *Würthwein* in Spindler/Stilz AktG § 243 Rn. 255.
[563] *Hüffer/Koch* AktG § 131 Rn. 78; *Spindler* in Schmidt/Lutter AktG § 131 Rn. 117; *Reger* in Bürgers/Körber AktG § 131 Rn. 34; *Siems* in Spindler/Stilz AktG § 131 Rn. 90; *Wellhöfer* in Wellhöfer/Peltzer/Müller Vorstandshaftung § 4 Rn. 259; *Kubis* in MüKoAktG § 131 Rn. 179; *Zöllner* in KölnKommAktG § 131 Rn. 99.

lungsunfähigkeit gemäß § 18 InsO erlaubt dem Vorstand einen Insolvenzantrag zu stellen, verpflichtet ihn hierzu jedoch nicht.[564]

Die Dreiwochenfrist des § 15a Abs. 1 InsO ist eine Höchstfrist. Eine Antragstellung nach Ablauf der Frist stellt eine schuldhafte Pflichtverletzung dar.[565] Die Frist darf jedoch nicht in jedem Fall ausgenutzt werden, vielmehr ist ein Abwarten im Rahmen der Dreiwochenfrist nur zulässig, um insbesondere die Überschuldung der Gesellschaft sicher festzustellen oder ernsthafte und Erfolg versprechende Sanierungsbemühungen voran zu bringen, in deren Rahmen die Insolvenzgründe vor Ablauf der drei Wochen beseitigt werden. Scheitern die Sanierungsbemühungen, ist unverzüglich Insolvenzantrag zu stellen.[566] 353

Wird die Insolvenzantragspflicht verletzt, machen sich die Vorstandsmitglieder schadenersatzpflichtig. Weigert sich der Gesamtvorstand zur Antragsstellung, so ist jedes Vorstandsmitglied einzeln hierzu verpflichtet und berechtigt, unabhängig davon, ob Gesamt- oder Einzelvertretungsmacht besteht.[567] 354

j) Verstoß gegen das Verbot der unzulässiger Beeinflussung

Gemäß § 117 Abs. 1 AktG macht sich derjenige gegenüber der Gesellschaft schadenersatzpflichtig, der vorsätzlich unter Benutzung seines Einflusses auf die Gesellschaft ein Mitglied des Vorstands oder des Aufsichtsrats, einen Prokuristen oder einen Handlungsbevollmächtigten dazu bestimmt, zum Schaden der Gesellschaft oder ihrer Aktionäre zu handeln. Die Haftung wegen schädigender Beeinflussung trifft danach jeden, der seinen Einfluss auf die Gesellschaft zum Nachteil der Gesellschaft ausnutzt. Neben Dritten, insbesondere Gläubigern oder Aktionären der Gesellschaft, kommt als Haftungsadressat auch der Vorstand in Betracht, sofern er seinen Einfluss auf die leitenden Angestellten der Gesellschaft ausnutzt.[568] Zudem haften die Vorstandsmitglieder gemäß § 117 Abs. 2 AktG auch dann, wenn sie sich unter Verletzung ihrer Pflichten durch Dritte beeinflussen lassen.[569] Im Rahmen einer Schadenersatzverpflichtung des Vorstands gegenüber der Aktiengesellschaft kommt § 117 Abs. 1 und 2 AktG selten eine eigenständige Bedeutung zu, da die jeweiligen Handlungen idR auch eine Pflichtverletzung nach § 93 Abs. 1 und 2 AktG darstellen.[570] Von größerer Bedeutung hingegen ist die in § 117 Abs. 1 S. 2 AktG angeordnete Schadenersatzverpflichtung gegenüber den Aktionären der Gesellschaft, die im Rahmen der Außenhaftung näher zu behandeln ist. 355

---

[564] BGH NZG 2014, 273; *Hüffer/Koch* AktG § 92 Rn. 12; *Pelz* in Bürgers/Körber AktG § 92 Rn. 9; *Fleischer* in Spindler/Stilz AktG § 92 Rn. 27; *Thümmel* Persönliche Haftung von Managern und Aufsichtsräten Rn. 130; *Habersack/Foerster* in Großkomm AktG § 92 Rn. 48.

[565] *Hüffer/Koch* AktG § 92 Rn. 24; *Fleischer* in Spindler/Stilz AktG § 92 Rn. 40; *Wellhöfer* in Wellhöfer/Peltzer/Müller Vorstandshaftung § 4 Rn. 348.

[566] BGH NZG 2012, 464; OLG Koblenz AG 2005, 446 (448); *Hüffer/Koch* AktG § 92 Rn. 24; *Pelz* in Bürgers/Körber AktG § 92 Rn. 24; *Fleischer* in Spindler/Stilz AktG § 92 Rn. 35; *Wellhöfer* in Wellhöfer/Peltzer/Müller Vorstandshaftung § 4 Rn. 348.

[567] *Pelz* in Bürgers/Körber AktG § 92 Rn. 26; *Fleischer* in Spindler/Stilz AktG § 92 Rn. 61; *Spindler* in MüKoAktG § 92 Rn. 73.

[568] *Hüffer/Koch* AktG § 117 Rn. 3; *Israel* in Bürgers/Körber AktG § 117 Rn. 2; *Schall* in Spindler/Stilz AktG § 117 Rn. 13; *Thümmel* Persönliche Haftung von Managern und Aufsichtsräten Rn. 151; *Plück/Lattwein* Haftungsrisiken für Manager S. 57; *Kort* in Großkomm AktG § 117 Rn. 1.

[569] *Hüffer/Koch* AktG § 117 Rn. 10; *Israel* in Bürgers/Körber AktG § 117 Rn. 6; *Schall* in Spindler/Stilz AktG § 117 Rn. 27; *Thümmel* Persönliche Haftung von Managern und Aufsichtsräten Rn. 151; *Plück/Lattwein* Haftungsrisiken für Manager S. 57 f.

[570] *Thümmel* Persönliche Haftung von Managern und Aufsichtsräten Rn. 151.

3. Verletzung allgemeiner Pflichten

356 Neben den vorstehend beschriebenen und gesetzlich unmittelbar geregelten Vorstandspflichten bzw. Haftungstatbeständen ergeben sich weitere Pflichten der Vorstandsmitglieder aus der ihnen obliegenden allgemeinen Sorgfaltspflicht sowie der allgemeinen Treuepflicht aus Organschafts- und Anstellungsverhältnis.

a) Verstoß gegen die allgemeine Sorgfaltspflicht

357 Die allgemeine Sorgfaltspflicht der Vorstandsmitglieder ergibt sich aus § 93 Abs. 1 S. 1 AktG. Danach haben die Vorstandsmitglieder „*bei ihrer Geschäftsführung die Sorgfalt eines ordentlichen und gewissenhaften Geschäftsleiters anzuwenden*". Allgemein gesprochen haben sich die Mitglieder des Vorstands aufgrund der allgemeinen Sorgfaltspflicht wie ein ordentlicher Geschäftsmann in verantwortlich leitender Position zu verhalten, der wie ein Treuhänder die Interessen des Unternehmens zu wahren hat; dabei haben sie alles zu unterlassen, was das Unternehmen schädigen könnte.[571]

358 § 93 Abs. 1 S. 1 AktG kommt nach der ganz herrschenden Meinung eine Doppelfunktion zu. Danach umschreibt die Vorschrift neben dem Verschuldensmaßstab, dem die Vorstandsmitglieder unterliegen, die objektiven Verhaltenspflichten des Vorstands in Form einer Generalklausel, aus der sich durch Konkretisierung weitere Einzelpflichten der Vorstandsmitglieder ergeben können.[572] Zur Konkretisierung der allgemeinen Sorgfaltspflicht ist es erforderlich, die Aufgabe und Funktion des Vorstands zu berücksichtigen. Gemäß § 76 Abs. 1 AktG obliegt den Vorstandsmitgliedern die Leitung der Aktiengesellschaft unter eigener Verantwortung. Der konkrete Inhalt und Umfang dieser Aufgabe hängt von der Art des Geschäfts des Unternehmens, seiner Größe und der jeweils konkreten Situation ab.[573]

b) Verstoß gegen die allgemeine Treuepflicht

359 Über ihre gesetzlichen Pflichten hinaus unterliegen die Vorstandsmitglieder einer besonderen Treuebindung gegenüber der Aktiengesellschaft, die sich aus ihrer organschaftlichen Stellung ergibt.[574] Die Treuepflicht der Vorstandsmitglieder geht in Inhalt und Umfang über die sich aus § 242 BGB ergebenden Grundsätze von Treu und Glauben hinaus.[575] Sie erfordert von den Vorstandsmitgliedern den vollen Einsatz ihrer Person. Sie haben sich mit allen Kräften den Interessen der Gesellschaft zu widmen, sie in jeder Weise zu fördern und Schaden von ihr abzuwenden. Die Treuepflicht hat daher Vorrang vor

---

[571] BGHZ 129, 30 (34); OLG Düsseldorf AG 1997, 231 (235); OLG Hamm AG 1995, 512 (514); *Hüffer/Koch* AktG § 93 Rn. 6; *Bürgers* in Bürgers/Körber AktG § 93 Rn. 2; *Thümmel* Persönliche Haftung von Managern und Aufsichtsräten Rn. 183; *Mertens/Cahn* in KölnKommAktG § 93 Rn. 6.

[572] *Hüffer/Koch* AktG § 93 Rn. 5; *Bürgers* in Bürgers/Körber AktG § 93 Rn. 2; *Fleischer* in Spindler/Stilz AktG § 93 Rn. 1; *Thümmel* Persönliche Haftung von Managern und Aufsichtsräten Rn. 182; *Mertens/Cahn* in KölnKommAktG § 93 Rn. 7; *Hopt/Roth* in Großkomm AktG § 93 Rn. 43 ff.

[573] *Hüffer/Koch* AktG § 93 Rn. 6; *Thümmel* Persönliche Haftung von Managern und Aufsichtsräten Rn. 182.

[574] BGHZ 13, 188 (192); 20, 239 (246); 49, 30 (31); *Hüffer/Koch* AktG § 84 Rn. 10; *Bürgers* in Bürgers/Körber AktG § 93 Rn. 5; *Fleischer* in Spindler/Stilz AktG § 93 Rn. 102; *Spindler* in MüKoAktG § 76 Rn. 13; *Thümmel* Persönliche Haftung von Managern und Aufsichtsräten Rn. 210.

[575] *Hüffer/Koch* AktG § 84 Rn. 10; *Spindler* in MüKoAktG § 76 Rn. 13; *Mertens/Cahn* in KölnKommAktG § 93 Rn. 57.

allen persönlichen Interessen der Vorstandsmitglieder.[576] Gesetzliche Einzelausprägungen der Treuepflicht liegen im Wettbewerbsverbot gemäß § 88 AktG sowie in der Verschwiegenheitspflicht der Vorstandsmitglieder gemäß § 93 Abs. 1 S. 2 AktG.

aa) Verstoß gegen das Wettbewerbsverbot

Gemäß § 88 Abs. 1 AktG dürfen Vorstandsmitglieder ohne Einwilligung des Aufsichtsrats weder ein Handelsgewerbe betreiben noch im Geschäftszweig der Gesellschaft für eigene oder fremde Rechnung Geschäfte tätigen. Das Betreiben eines Handelsgewerbes umfasst gemäß § 88 Abs. 1 S. 2 AktG auch die Mitgliedschaft im Vorstand oder in der Geschäftsführung sowie als persönlich haftender Gesellschafter in einer anderen Gesellschaft. Soweit den Vorstandsmitgliedern der Betrieb eines anderen Handelsgewerbes verboten ist, kommt es auf den Geschäftszweig der Aktiengesellschaft nicht an.[577] Der Gesellschaft soll insbesondere die Arbeitskraft des Vorstandsmitglieds voll erhalten werden.[578]

Geschäfte machen im Geschäftszweig der Gesellschaft umfasst jede, wenn auch nur spekulative, auf Gewinnerzielung gerichtete Teilnahme am geschäftlichen Verkehr für eigene oder fremde Rechnung, die nicht nur privaten Charakter hat.[579] Unerheblich ist, ob auch die Aktiengesellschaft selbst Geschäfte der fraglichen Art macht und das Vorstandsmitglied daher tatsächlich mit der Gesellschaft in Konkurrenz tritt.[580] Obwohl vom Wortlaut des § 88 AktG nicht unmittelbar erfasst, ist es den Vorstandsmitgliedern im Rahmen der ihnen gegenüber der Gesellschaft obliegenden Treuepflicht nicht gestattet, entstehende Geschäftschancen (Corporate Opportunities) für sich oder Dritte wahrzunehmen.[581] Eine Befreiung von der Geschäftschancenbindung kommt dann in Betracht, wenn der Aufsichtsrat dem Vorstand analog § 88 Abs. 1 S. 1 AktG für konkrete Geschäfte vorab Befreiung erteilt.[582] Eine Genehmigung, also die nachträgliche Einwilligung, kommt nicht in Betracht, da der Aufsichtsrat gemäß § 93 Abs. 4 S. 2 AktG nicht über nach § 93 Abs. 2 AktG bereits entstandene Ersatzansprüche der Gesellschaft verfügen kann.[583]

Verstößt der Vorstand gegen das Wettbewerbsverbot des § 88 AktG bzw. die Geschäftschancenbindung, so macht er sich gemäß § 88 Abs. 2 AktG gegenüber der Gesellschaft schadenersatzpflichtig.

360

361

362

---

[576] *Bürgers* in Bürgers/Körber AktG § 93 Rn. 6; *Thümmel* Persönliche Haftung von Managern und Aufsichtsräten Rn. 211; *Wiesner* in MHdB AG § 21 Rn. 17.
[577] *Hüffer/Koch* AktG § 88 Rn. 3; *Bürgers* in Bürgers/Körber AktG § 88 Rn. 5; *Fleischer* in Spindler/Stilz AktG § 88 Rn. 17; *Spindler* in MüKoAktG § 88 Rn. 12; *Mertens/Cahn* in KölnKommAktG § 88 Rn. 8.
[578] BGH AG 1997, 328; 2001, 468; *Hüffer/Koch* AktG § 88 Rn. 1; *Bürgers* in Bürgers/Körber AktG § 88 Rn. 5; *Fleischer* in Spindler/Stilz AktG § 88 Rn. 17; *Mertens/Cahn* in KölnKommAktG § 88 Rn. 8; *Spindler* in MüKoAktG § 88 Rn. 12.
[579] BGH NJW 1997, 2055 (2056); *Hüffer/Koch* AktG § 88 Rn. 3; *Bürgers* in Bürgers/Körber AktG § 88 Rn. 6; *Fleischer* in Spindler/Stilz AktG § 88 Rn. 20; *Spindler* in MüKoAktG § 88 Rn. 13.
[580] BGH NZG 2017, 627; *Hüffer/Koch* AktG § 88 Rn. 3; *Bürgers* in Bürgers/Körber AktG § 88 Rn. 6; *Fleischer* in Spindler/Stilz AktG § 88 Rn. 20; *Spindler* in MüKoAktG § 88 Rn. 13; *Fleischer* AG 2005, 336 (342).
[581] BGH NZG 2017, 627; *Hüffer/Koch* AktG § 88 Rn. 3; *Wellhöfer* in Wellhöfer/Peltzer/Müller Vorstandshaftung § 4 Rn. 98; *Bürgers* in Bürgers/Körber AktG § 88 Rn. 8.
[582] *Hüffer/Koch* AktG § 88 Rn. 5; *Wellhöfer* in Wellhöfer/Peltzer/Müller Vorstandshaftung § 4 Rn. 97; *Bürgers* in Bürgers/Körber AktG § 88 Rn. 9; *Fleischer* in Spindler/Stilz AktG § 88 Rn. 26 f.; *Thümmel* Persönliche Haftung von Managern und Aufsichtsräten Rn. 215.
[583] *Hüffer/Koch* AktG § 88 Rn. 5; *Bürgers* in Bürgers/Körber AktG § 88 Rn. 9; *Fleischer* in Spindler/Stilz AktG § 88 Rn. 26; *Spindler* in MüKoAktG § 88 Rn. 27; *Mertens/Cahn* in KölnKommAktG § 88 Rn. 12.

363 Das gesetzliche Wettbewerbsverbot des § 88 AktG gilt nur für amtierende Vorstandsmitglieder. Es beginnt mit der Bestellung zum Vorstandsmitglied[584] und endet mit der Beendigung des Amtes.[585] Für ausgeschiedene Vorstandsmitglieder gilt das Wettbewerbsverbot des § 88 AktG nicht.[586] Für die Zeit nach Ausscheiden kann den Vorstandsmitgliedern jedoch vertraglich ein Wettbewerbsverbot auferlegt werden, dass auch mit einer Vertragsstrafe bzw. einem Eintrittsrecht der Gesellschaft gesichert werden kann.[587] Grenzen für ein nachvertragliches Wettbewerbsverbot mit Vorstandsmitgliedern ergeben sich aus § 1 GWB und § 138 BGB.[588]

bb) Verstoß gegen die Verschwiegenheitspflicht

364 Ein weiterer gesetzlich besonders geregelter Fall der Treuepflicht ist die in § 93 Abs. 1 S. 3 AktG geregelte Verschwiegenheitspflicht. Danach haben Vorstandsmitglieder über vertrauliche Angaben und Geheimnisse der Gesellschaft, insbesondere Betriebs- und Geschäftsgeheimnisse, die ihnen durch ihre Tätigkeit im Vorstand bekannt geworden sind, Stillschweigen zu bewahren. Vertrauliche Angaben können alle Informationen sein, die Vorstandsmitglieder in dieser Eigenschaft erlangt haben. Nicht erforderlich ist, dass die Information durch ihre eigene Tätigkeit erlangt wurde. Sie kann auch von Dritten stammen oder durch Beratungen im Vorstand, durch Mitarbeiter oder in sonst vergleichbarer Weise zu ihrer Kenntnis gelangt sein.[589] Die Verschwiegenheitspflicht erstreckt sich auf alle Informationen, deren Bekanntwerden für die Gesellschaft nachteilig sein kann.[590] Geheimnisse der Gesellschaft sind Tatsachen, die nur einem sehr begrenzten Personenkreis bekannt sind – also nicht allgemein offenkundig sind –, wenn sie nach dem bekundeten oder mutmaßlichen Willen der Gesellschaft geheim gehalten werden sollen, sofern an der Geheimhaltung ein berechtigtes wirtschaftliches Interesse besteht.[591]

365 Die pflichtwidrige Kundgabe von vertraulichen Angaben und Geheimnissen zieht die zivilrechtliche Schadenersatzpflicht gemäß § 93 Abs. 2 AktG nach sich, die Offenbarung von Geheimnissen der Gesellschaft ist zudem gemäß § 404 AktG strafbar.

4. Besondere Pflichten im Konzern

a) Einleitung

366 In Konzernverhältnissen obliegen den Verwaltungsmitgliedern sowohl des herrschenden als auch des beherrschten Unternehmens zusätzliche Pflichten. Die §§ 291 ff. AktG bzw. §§ 311 ff. AktG sehen hierfür besondere Regelungen bei Konzernverhältnissen mit und ohne Beherrschungsvertrag vor. Zu unterscheiden ist einerseits zwischen der Art der

---

[584] *Bürgers* in Bürgers/Körber AktG § 88 Rn. 3; *Fleischer* in Spindler/Stilz AktG § 88 Rn. 8.
[585] Zu Details vgl. *Hüffer/Koch* AktG § 88 Rn. 2 mwN.
[586] *Hüffer/Koch* AktG § 88 Rn. 2; *Bürgers* in Bürgers/Körber AktG § 88 Rn. 3; *Fleischer* in Spindler/Stilz AktG § 88 Rn. 7.
[587] *Hüffer/Koch* AktG § 88 Rn. 10; *Bürgers* in Bürgers/Körber AktG § 88 Rn. 15 f.; *Fleischer* in Spindler/Stilz AktG § 88 Rn. 42; *Mertens/Cahn* in KölnKommAktG § 88 Rn. 27.
[588] BGHZ 91, 1 (5); *Hüffer/Koch* AktG § 88 Rn. 10; *Mertens/Cahn* in KölnKommAktG § 88 Rn. 26 f.
[589] *Hüffer/Koch* AktG § 93 Rn. 30; *Wellhöfer* in Wellhöfer/Peltzer/Müller Vorstandshaftung § 4 Rn. 105; *Hopt/Roth* in Großkomm AktG § 93 Rn. 289.
[590] *Hüffer/Koch* AktG § 93 Rn. 30; *Fleischer* in Spindler/Stilz AktG § 93 Rn. 154; *Wellhöfer* in Wellhöfer/Peltzer/Müller Vorstandshaftung § 4 Rn. 105; *Hopt/Roth* in Großkomm AktG AktG § 93 Rn. 283.
[591] BGHZ 64, 325 (329); BGH NJW 1997, 1985 (1987); RGZ 149, 329 (333 f.); *Hüffer/Koch* AktG § 93 Rn. 30; *Fleischer* in Spindler/Stilz AktG § 93 Rn. 152; *Wellhöfer* in Wellhöfer/Peltzer/Müller Vorstandshaftung § 4 Rn. 105.

Konzernierung und andererseits zwischen den Pflichten der Organmitglieder des beherrschten und des herrschenden Unternehmens.

aa) Der Vertragskonzern

Ein Vertragskonzern setzt einen Beherrschungsvertrag gemäß § 291 Abs. 1 AktG voraus.[592] Durch den Beherrschungsvertrag wird die Leitung einer Gesellschaft einem anderen Unternehmen unterstellt. Abweichend von anderen Unternehmensverträgen begrenzt er strukturell die Leitungskompetenzen des Vorstands des abhängigen beherrschten Unternehmens. Besteht ein Beherrschungsvertrag (oder liegt eine Eingliederung nach § 319 AktG vor), so wird gemäß § 18 Abs. 1 S. 2 AktG die Zusammenfassung beider Unternehmen unter einer einheitlichen Leitung unwiderlegbar vermutet. Möglich sind auch Teilbeherrschungsverträge, die nur einen Teil der Leitungsfunktionen erfassen.[593] Andere gesetzlich geregelte Unternehmensverträge sind der Gewinnabführungsvertrag (§ 291 Abs. 1 AktG), sowie gemäß § 292 Abs. 2 AktG die Gewinngemeinschaft, der Teilgewinnabführungsvertrag und der Betriebspacht- bzw Betriebsüberlassungsvertrag. 367

bb) Abhängigkeits- und faktische Konzernverhältnisse

Außerhalb von Vertragskonzernen sind Abhängigkeits- und faktische Konzernverhältnisse in der Praxis von großer Bedeutung. 368

(1) **Das einfache Abhängigkeitsverhältnis.** Ein einfaches Abhängigkeitsverhältnis liegt gemäß § 17 Abs. 1 AktG vor, wenn ein Unternehmen auf ein anderes rechtlich selbständiges Unternehmen unmittelbar oder mittelbar einen beherrschenden Einfluss ausüben kann. Es muss also nicht tatsächlich Einfluss ausgeübt werden, vielmehr reicht die bloße Möglichkeit einer beständigen, umfassenden und gesellschaftsrechtlich begründeten Einflussnahme.[594] Bei einem in Mehrheitsbesitz stehenden Unternehmen wird dessen Abhängigkeit gesetzlich vermutet (§ 17 Abs. 2 AktG). 369

(2) **Das faktische Konzernverhältnis.** Ein Konzern liegt gemäß § 18 AktG vor, wenn ein herrschendes und ein oder mehrere abhängige Unternehmen unter der einheitlichen Leitung des herrschenden Unternehmens zusammengefasst werden (sogenannter Unterordnungskonzern, § 18 Abs. 1 S. 1 AktG) oder wenn rechtlich selbständige Unternehmen ohne Bestehen eines Abhängigkeitsverhältnisses unter einheitlicher Leitung zusammengefasst werden (sogenannter Gleichordnungskonzern, § 18 Abs. 2 AktG). Maßgebliches Kriterium zur Abgrenzung eines Konzerns zum bloßen Abhängigkeitsverhältnis ist das Merkmal der einheitlichen Leitung.[595] 370

Im Gegensatz zur bloßen Abhängigkeit setzt das faktische Konzernverhältnis eine tatsächliche Einflussnahme auf die abhängige Gesellschaft voraus. Diese wird jedoch ebenfalls gemäß § 18 AktG gesetzlich vermutet, wobei diese Vermutung, anders als bei einem Beherrschungsvertrag, durch den Nachweis widerlegt werden kann, dass trotz des beherrschenden Einflusses keine einheitliche Leitung besteht.[596] 371

---

[592] *Hüffer/Koch* AktG § 18 Rn. 3; *Altmeppen* in MüKoAktG Vor § 291 Rn. 5.
[593] *Hüffer/Koch* AktG § 291 Rn. 15; *Veil* in Spindler/Stilz AktG § 291 Rn. 24; *Krieger* in MHdB GesR IV § 71 Rn. 5; *Emmerich/Habersack* KonzernR § 11 Rn. 15.
[594] *Hüffer/Koch* AktG § 17 Rn. 4; *Schall* in Spindler/Stilz AktG § 17 Rn. 8; *Wellhöfer* in Wellhöfer/Peltzer/Müller Vorstandshaftung § 4 Rn. 356; *Fett* in Bürgers/Körber AktG § 17 Rn. 3.
[595] Zu Details vgl. *Hüffer/Koch* AktG § 18 Rn. 8 ff. mwN.
[596] *Hüffer/Koch* AktG § 18 Rn. 19; *Schall* in Spindler/Stilz AktG § 17 Rn. 16; *Fett* in Bürgers/Körber AktG § 18 Rn. 15; *Emmerich/Habersack* KonzernR § 3 Rn. 46 ff.; *Krieger* in MHdB GesR IV § 69 Rn. 73.

b) Die Pflichten im Vertragskonzern

aa) Pflichten des Vorstands des herrschenden Unternehmens

372 **(1) Gegenüber der „eigenen" Gesellschaft.** Soweit es um Pflichten des Vorstands der herrschenden Gesellschaft geht, bestehen im Vertragskonzern keine spezialgesetzlichen Regelungen. Die allgemeine Sorgfaltspflicht der Vorstandsmitglieder aus den §§ 76, 93 AktG umfasst in Konzernverhältnissen auch die Betreuung des Beteiligungsbesitzes der Obergesellschaft.[597] Der Vorstand der herrschenden Aktiengesellschaft muss daher die Konzerngesellschaften überwachen.[598] Selbst im Vertragskonzern gibt es jedoch keine Pflicht zur umfassenden Konzernleitung.[599] Der Vorstand des herrschenden Unternehmens entscheidet demnach im eigenen Ermessen, ob und ggf. in welchem Umfang er abhängige Unternehmen selbstständig leitet oder relativ eigenständig arbeiten lässt.[600]

373 Zudem erstrecken sich die gegenüber der „eigenen" Gesellschaft bestehenden Loyalitätspflichten der Vorstandsmitglieder des herrschenden Unternehmens auch auf Konzernsachverhalte. So ist den Vorstandsmitgliedern des herrschenden Unternehmens trotz des insoweit unklaren Wortlauts von § 88 Abs. 1 AktG nach der vorherrschenden Ansicht in der Literatur auch im Geschäftszweig von Tochtergesellschaften eine Wettbewerbstätigkeit bzw. die Wahrnehmung von Geschäftschancen für eigene Rechnung verboten;[601] auch der Deutsche Corporate Governance Kodex geht in Ziffer 4.3.1 S. 2 DCGK von einem konzernweiten Wettbewerbsverbot aus.[602] Dies gilt grundsätzlich auch für die gegenüber der „eigenen" Gesellschaft bestehende Verschwiegenheitspflicht in Bezug auf Geschäftsgeheimnisse von Tochtergesellschaften.[603]

374 **(2) Gegenüber der beherrschten Gesellschaft.** Den Vorstandsmitgliedern des herrschenden Unternehmens obliegt im Vertragskonzern auch gegenüber der beherrschten Gesellschaft eine Sorgfaltspflicht. Sie ergibt sich aus § 309 Abs. 1 AktG, der § 93 AktG weitgehend nachgebildet ist. Danach haben die Vorstandsmitglieder des herrschenden Unternehmens bei der Erteilung von Weisungen an die beherrschte Gesellschaft die Sorgfalt eines ordentlichen und gewissenhaften Geschäftsleiters anzuwenden. Die dem eigenen Unternehmen geschuldete Sorgfaltspflicht wird damit auf die Untergesellschaft erstreckt, soweit es um die Ausübung der Leitungsmacht durch Weisungen geht.[604]

375 Verstößt der Vorstand des herrschenden Unternehmens gegen die ihm danach obliegende Sorgfalt, haftet er gemäß § 309 Abs. 2 AktG gegenüber der beherrschten Gesellschaft für den bei dieser eingetretenen Schaden. Dies ist nicht bereits jeder Nachteil der abhängigen Gesellschaft aus einer Weisung. Gemäß § 308 Abs. 1 S. 2 AktG sind ausdrücklich auch für die abhängige Gesellschaft nachteilige Weisungen zulässig und von ihr zu befolgen, wenn sie den Belangen des herrschenden Unternehmens oder den anderen konzernverbundenen Unternehmen dienen. Unzulässig sind nachteilige Weisungen, die

---

[597] *Hüffer/Koch* AktG § 76 Rn. 49; *Spindler* in MüKoAktG § 76 Rn. 42.
[598] *Hölters* in Hölters AktG § 76 Rn. 54; zu Details vgl. auch *Spindler* in MüKoAktG § 76 Rn. 46.
[599] *Hüffer/Koch* AktG § 76 Rn. 47; *Hölters* in Hölters AktG § 76 Rn. 52; *Spindler* in MüKoAktG § 76 Rn. 42; aA *Bayer* in MüKoAktG § 18 Rn. 19.
[600] *Hüffer/Koch* AktG § 76 Rn. 47; *Spindler* in MüKoAktG § 76 Rn. 42 (auch zu Grenzen des unternehmerischen Ermessens).
[601] *Wellhöfer* in Wellhöfer/Peltzer/Müller Vorstandshaftung § 4 Rn. 362; *Fleischer* in Spindler/Stilz AktG § 88 Rn. 23 f.; *Mertens/Cahn* in KölnKommAktG § 88 Rn. 7; aA OLG Frankfurt a. M. AG 2000, 518 (519).
[602] *Bachmann* in KBLW DCGK Rn. 1079.
[603] *Hölters* in Hölters AktG § 93 Rn. 146; *Wellhöfer* in Wellhöfer/Peltzer/Müller Vorstandshaftung § 4 Rn. 362; *Hopt/Roth* in Großkomm AktG § 93 Rn. 288.
[604] *Thümmel* Persönliche Haftung von Managern und Aufsichtsräten Rn. 441.

nicht im Interesse des Konzerns liegen oder denen auf Seiten des Konzerns kein vergleichbarer Vorteil gegenübersteht.[605]

Unzulässig sind zudem Weisungen, die gegen Gesetz oder die guten Sitten verstoßen, wie beispielsweise eine Weisung des herrschenden Unternehmens, auf den Anspruch auf Verlustausgleich aus § 302 AktG zu verzichten. Eine weitere Grenze des Weisungsrechts stellt die Überlebensfähigkeit der abhängigen Gesellschaft dar. Dies ergibt sich aus den §§ 300–307 AktG, die den Fortbestand der abhängigen Gesellschaft voraussetzen.[606] Ausgeschlossen sind somit existenzgefährdende Weisungen, wie beispielsweise der übermäßige Abzug von Liquidität. Eine derartige Maßnahme wäre mit der Sorgfalt eines ordentlichen und gewissenhaften Geschäftsleiters des herrschenden Unternehmens iSv § 309 Abs. 1 AktG nicht zu vereinbaren.

376

bb) Pflichten des Vorstands der beherrschten Gesellschaft

Der Vorstand der beherrschten Gesellschaft unterliegt im Konzernverhältnis einem besonderen Interessenkonflikt. Gemäß §§ 93 Abs. 1 S. 1, 76 Abs. 1 AktG hat er zum einen die Interessen seiner Aktiengesellschaft wahrzunehmen. Zum anderen ist er gemäß § 308 Abs. 2 AktG verpflichtet, die Weisungen des herrschenden Unternehmens zu befolgen. Diese Pflicht entspricht spiegelbildlich dem Recht des Vorstands des herrschenden Unternehmens, dem Vorstand der beherrschten Gesellschaft Weisungen hinsichtlich ihrer Leitung zu erteilen. Da der Vorstand der beherrschten Gesellschaft jedoch nur rechtmäßige Weisungen zu befolgen hat, muss er Weisungen auf ihre Rechtmäßigkeit überprüfen, um sich nicht selbst wegen Verletzung der ihm obliegenden Sorgfaltspflichten haftbar zu machen.[607] Bei Rechtmäßigkeit der Weisungen scheidet eine Ersatzpflicht der Vorstandsmitglieder der beherrschten Gesellschaft für einen durch Befolgung der Weisung eingetretenen Schaden aus.[608] Ein Ausschluss der Haftung des Vorstands der beherrschten Gesellschaft durch Billigung seines Handelns durch den Aufsichtsrat der beherrschten Gesellschaft kommt gemäß § 310 Abs. 2 AktG ausdrücklich nicht in Betracht. Die Billigung eines pflichtwidrigen Vorstandshandelns würde vielmehr eine eigene Pflichtverletzung des Aufsichtsrats der beherrschten Gesellschaft darstellen.[609] Die Haftung des Vorstands gemäß § 310 AktG steht grundsätzlich konkurrierend neben der Haftung aus § 93 AktG. § 310 AktG kommt daher eine eigenständige Bedeutung im Wesentlichen durch die Normierung der Gesamtschuldnerschaft der Organmitglieder der herrschenden und der beherrschten Gesellschaft zu.[610]

377

---

[605] *Hüffer/Koch* AktG § 308 Rn. 15 ff.; *Fett* in Bürgers/Körber AktG § 308 Rn. 21; *Wellhöfer* in Wellhöfer/Peltzer/Müller Vorstandshaftung § 4 Rn. 386; *Emmerich* in Emmerich/Habersack Aktien-/GmbH-KonzernR § 308 Rn. 49 f.

[606] OLG Düsseldorf AG 1190, 490 (492); *Peres* in Heidel AktG § 308 Rn. 17; *Wellhöfer* in Wellhöfer/Peltzer/Müller Vorstandshaftung § 4 Rn. 386; *Fett* in Bürgers/Körber AktG § 308 Rn. 24; *Hüffer/Koch* AktG § 308 Rn. 19; *Emmerich/Habersack* KonzernR § 23 Rn. 41 ff.; aA *Veil* in Spindler/Stilz AktG § 308 Rn. 31.

[607] *Hüffer/Koch* AktG § 308 Rn. 21 f.; *Peres* in Heidel § 308 AktG Rn. 31; *Wellhöfer* in Wellhöfer/Peltzer/Müller Vorstandshaftung § 4 Rn. 391; *Veil* in Spindler/Stilz AktG § 308 Rn. 33; *Fett* in Bürgers/Körber AktG § 308 Rn. 26; *Plück/Lattwein* Haftungsrisiken für Manager S. 58.

[608] *Hüffer/Koch* AktG § 310 Rn. 6; *Veil* in Spindler/Stilz AktG § 310 Rn. 3.

[609] *Hüffer/Koch* AktG § 310 Rn. 5; *Fett* in Bürgers/Körber AktG § 310 Rn. 5; *Veil* in Spindler/Stilz AktG § 310 Rn. 4; *Koppensteiner* in KölnKommAktG § 310 Rn. 7.

[610] *Hüffer/Koch* AktG § 310 Rn. 1; *Peres* in Heidel AktG § 310 Rn. 1; *Wellhöfer* in Wellhöfer/Peltzer/Müller Vorstandshaftung § 4 Rn. 410; *Veil* in Spindler/Stilz AktG § 310 Rn. 1; *Fett* in Bürgers/Körber AktG § 310 Rn. 1.

c) Bei faktischer Abhängigkeit

aa) Pflichtverletzung des Vorstands des herrschenden Unternehmens

378 Besteht zwischen dem herrschenden Unternehmen und der abhängigen Gesellschaft ein Abhängigkeitsverhältnis iSv §§ 17, 18 AktG, ohne dass ein Beherrschungsvertrag abgeschlossen wurde, spricht man von einem faktischen Konzern.

379 Im faktischen Konzern besteht keine Konzernleitungspflicht des Vorstands des herrschenden Unternehmens gegenüber der abhängigen Gesellschaft.[611] Durch das faktische Konzernverhältnis wird die Kompetenzverteilung nach § 76 AktG in der abhängigen Gesellschaft nicht verändert, deren Vorstand führt also die Geschäfte der Gesellschaft weiterhin in eigener Verantwortung. Gegenüber der abhängigen Gesellschaft obliegt dem herrschenden Unternehmen die Pflicht, diese nur dann zu einem für sie nachteiligen Rechtsgeschäft zu veranlassen, wenn es dafür einen Ausgleich gewährt (§ 311 Abs. 1 AktG).

380 **(1) Begriff des Nachteils.** Unter einem Nachteil im Sinne des § 311 AktG ist jede Minderung oder konkrete Gefährdung der Vermögens- oder Ertragslage der Gesellschaft zu verstehen, soweit sie auf die Abhängigkeit zurückzuführen ist.[612] Der Nachteil muss seine Ursache in der Abhängigkeit der Gesellschaft haben. Demnach fehlt es an einem Nachteil, wenn ein ordentlicher und gewissenhafter Geschäftsleiter einer unabhängigen Gesellschaft sich ebenso verhalten hätte wie der Vorstand der abhängigen Gesellschaft.[613]

381 Der nachteilige Charakter einer Maßnahme entfällt nicht dadurch, dass der Nachteil nicht quantifizierbar ist.[614] Nachteiligen Charakter können daher auch Maßnahmen haben, die nicht unmittelbar eine Verminderung des Gesellschaftsvermögens zur Folge haben. Zu denken ist insbesondere an Maßnahmen der Personalpolitik, organisatorische Maßnahmen wie etwa die Übertragung der gesamten EDV auf ein verbundenes Unternehmen, Maßnahmen der Bilanzierung, Eingriffe in die Organisationsstruktur, ein Liquiditätsausgleich durch zentrales Cash-Management sowie allgemein die Erteilung von Informationen.[615] Nicht quantifizierbare Nachteile sind allerdings im Allgemeinen einem Ausgleich nach § 311 Abs. 2 AktG nicht zugänglich und machen deshalb die Einflussnahme der herrschenden Gesellschaft rechtswidrig.[616]

382 **(2) Möglichkeit zum Ausgleich des Nachteils.** Eine nachteilige Einflussnahme durch das herrschende Unternehmen ist gerechtfertigt, wenn die Nachteile durch Gewährung gleichwertiger Vorteile ausgeglichen und damit die Vermögensinteressen der abhängigen Gesellschaft gewahrt werden. Das herrschende Unternehmen ist verpflichtet, die Nachteile innerhalb des Geschäftsjahres – entweder durch tatsächliche Kompensation oder

---

[611] *Hüffer/Koch* AktG § 76 Rn. 47; *Wellhöfer* in Wellhöfer/Peltzer/Müller Vorstandshaftung § 4 Rn. 411; *H.-F. Müller* in Spindler/Stilz AktG Vor §§ 311–318 Rn. 6; *Koppensteiner* in KölnKomm-AktG Vor § 311 Rn. 6.

[612] BGH NJW 2009, 850; BGHZ 141, 79 (84); *Hüffer/Koch* AktG § 311 Rn. 24 f.; *Fett* in Bürgers/Körber AktG § 311 Rn. 23; *H.-F. Müller* in Spindler/Stilz AktG § 311 Rn. 27; *Habersack* in Emmerich/Habersack Aktien-/GmbH-KonzernR § 311 Rn. 39; *Krieger* in MHdB GesR IV § 70 Rn. 76.

[613] BGH NJW 2009, 850; *Hüffer/Koch* AktG § 311 Rn. 25; *Fett* in Bürgers/Körber AktG § 311 Rn. 23; *H.-F. Müller* in Spindler/Stilz AktG § 311 Rn. 28; *Habersack* in Emmerich/Habersack Aktien-/GmbH-KonzernR § 311 Rn. 40; *Krieger* in MHdB GesR IV § 70 Rn. 76.

[614] BGHZ 141, 79 (84); *Hüffer/Koch* AktG § 311 Rn. 24; *Habersack* in Emmerich/Habersack Aktien-/GmbH-KonzernR § 311 Rn. 43; *Krieger* in MHdB GesR IV § 70 Rn. 81.

[615] *Habersack* in Emmerich/Habersack Aktien-/GmbH-KonzernR § 311 Rn. 46 ff.; *Fett* in Bürgers/Körber AktG § 311 Rn. 41; *Schatz/Schödel* in Heidel AktG § 311 Rn. 61.

[616] OLG Köln AG 2009, 416 (419); OLG Jena AG 2007, 785 (787); *Hüffer/Koch* AktG § 311 Rn. 25; *H.-F. Müller* in Spindler/Stilz AktG § 311 Rn. 40; *Habersack* in Emmerich/Habersack Aktien-/GmbH-KonzernR § 311 Rn. 43; *Krieger* in MHdB GesR IV § 70 Rn. 84.

I. Innenhaftung

Begründung eines Rechtsanspruchs auf Ausgleich – auszugleichen.[617] Vor Durchführung der nachteiligen Maßnahme hat der Vorstand der abhängigen Gesellschaft das herrschende Unternehmen auf den drohenden Nachteil hinzuweisen und sich die Bereitschaft zum Nachteilsausgleich erklären zu lassen.[618]

(3) Rechtsfolgen nachteiliger Veranlassungen. Erfolgt eine nachteilige Veranlassung iSv § 311 Abs. 1 AktG, ohne dass der Nachteil nach § 311 Abs. 2 AktG ausgeglichen wird, ist das herrschende Unternehmen zum Ersatz des daraus entstehenden Schadens verpflichtet (§ 317 Abs. 1 AktG). Es handelt sich in erster Linie um einen Schadenersatzanspruch der beherrschten Gesellschaft. Entsteht deren Aktionären jedoch ein unmittelbarer eigener Schaden, der über die Vermögensnachteile hinausgeht, die ihnen mittelbar als Reflex durch die Schädigung der Gesellschaft entstehen, wird durch § 317 Abs. 1 S. 2 AktG auch ein eigener Ersatzanspruch der Aktionäre begründet.[619] Gesamtschuldnerisch neben dem herrschenden Unternehmen selbst haften auch dessen gesetzliche Vertreter, die das beherrschte Unternehmen zu dem Rechtsgeschäft oder der Maßnahme veranlasst haben (§ 317 Abs. 3 AktG).[620] Die Haftung des Vorstands des beherrschten Unternehmens nach § 93 AktG wegen Befolgung nicht zulässiger Weisungen bleibt unberührt.[621]

383

bb) Pflichtverletzung des Vorstands der abhängigen Gesellschaft

(1) Haftung wegen der Befolgung nachteiliger Weisungen. Einem besonderen Haftungsrisiko unterliegt der Vorstand der abhängigen Gesellschaft. Anders als beim Vertragskonzern wird der Umfang seiner Leitungsverantwortung gemäß § 76 Abs. 1 AktG durch das Bestehen eines faktischen Konzernverhältnisses nicht eingeschränkt.[622] Auch ist er nicht an Weisungen des herrschenden Unternehmens gebunden. Die Leitungsverantwortung hat der Vorstand im Hinblick auf das Unternehmensinteresse der eigenen Gesellschaft wahrzunehmen. Bevor der Vorstand einer Weisung des herrschenden Unternehmens folgen kann, hat er daher zu prüfen, ob die veranlasste Maßnahme aktienrechtlich zulässig ist.[623] Hierbei hat der Vorstand der abhängigen Gesellschaft insbesondere zu prüfen, ob die Weisung den Interessen der beherrschten Gesellschaft widerspricht und für diese einen Nachteil darstellt.[624] Ist die Weisung mit Nachteilen verbunden, hat der Vorstand der abhängigen Gesellschaft weiter zu prüfen, ob dieser Nachteil ausgleichsfähig ist und ob das

384

---

[617] *Hüffer/Koch* AktG § 311 Rn. 44 ff.; *Habersack* in Emmerich/Habersack Aktien-/GmbH-KonzernR § 311 Rn. 59; *H.-F. Müller* in Spindler/Stilz AktG § 311 Rn. 54; *Fett* in Bürgers/Körber AktG § 311 Rn. 47.

[618] *Fett* in Bürgers/Körber AktG § 311 Rn. 60; *H.-F. Müller* in Spindler/Stilz AktG § 311 Rn. 62; *Habersack* in Emmerich/Habersack Aktien-/GmbH-KonzernR § 311 Rn. 78.

[619] *Hüffer/Koch* AktG § 317 Rn. 8; *H.-F. Müller* in Spindler/Stilz AktG § 317 Rn. 6; *Fett* in Bürgers/Körber AktG § 317 Rn. 18; *Krieger* in MHdB GesR IV § 70 Rn. 134.

[620] *Hüffer/Koch* AktG § 317 Rn. 13; *Plück/Lattwein* Haftungsrisiken für Manager S. 58; *H.-F. Müller* in Spindler/Stilz AktG § 317 Rn. 15; *Fett* in Bürgers/Körber AktG § 317 Rn. 15; *Thümmel* Persönliche Haftung von Managern und Aufsichtsräten Rn. 443.

[621] *H.-F. Müller* in Spindler/Stilz AktG § 318 Rn. 13; *Fett* in Bürgers/Körber AktG § 318 Rn. 10; *Habersack* in Emmerich/Habersack Aktien-/GmbH-KonzernR § 317 Rn. 33 f.; *Krieger* in MHdB GesR IV § 70 Rn. 138.

[622] *Hüffer/Koch* AktG § 311 Rn. 48; *Bürgers* in Bürgers/Körber AktG § 76 Rn. 27; *H.-F. Müller* in Spindler/Stilz AktG Vor §§ 311–318 Rn. 6; *Habersack* in Emmerich/Habersack Aktien-/GmbH-KonzernR § 311 Rn. 10; *Krieger* in MHdB GesR IV § 70 Rn. 23.

[623] *Krieger* in MHdB GesR IV § 70 Rn. 24; *Fett* in Bürgers/Körber AktG § 311 Rn. 60; *H.-F. Müller* in Spindler/Stilz AktG § 311 Rn. 62; *Habersack* in Emmerich/Habersack Aktien-/GmbH-KonzernR § 311 Rn. 78.

[624] *Krieger* in MHdB GesR IV § 70 Rn. 24; *Fett* in Bürgers/Körber AktG § 311 Rn. 60; *H.-F. Müller* in Spindler/Stilz AktG § 311 Rn. 62; *Habersack* in Emmerich/Habersack Aktien-/GmbH-KonzernR § 311 Rn. 78.

herrschende Unternehmen tatsächlich zum Ausgleich bereit ist. Aktienrechtlich problematisch ist eine nachteilige Weisung nur dann, wenn der entstehende Nachteil der beherrschten Gesellschaft nicht nach Maßgabe des § 311 AktG ausgeglichen wird.[625] Unter den Voraussetzungen des § 311 AktG darf der Vorstand der abhängigen Gesellschaft daher auch Weisungen des beherrschenden Unternehmens folgen, die mit Nachteilen für das abhängige Unternehmen verbunden sind. Ist das herrschende Unternehmen jedoch nicht zum Ausgleich des Nachteils bereit oder in der Lage oder entstehen durch die Einflussnahme Nachteile, die nicht ausgeglichen werden können, ist der Vorstand des abhängigen Unternehmens verpflichtet, den Anordnungen oder Weisungen des herrschenden Unternehmens zu widersprechen und darf den Weisungen nicht nachkommen.[626] Verstößt der Vorstand hiergegen, kann er sich nach § 93 AktG schadenersatzpflichtig machen.

385 **(2) Haftung wegen unterlassener Aufnahme nachteiliger Maßnahmen in den Abhängigkeitsbericht.** Der Vorstand der abhängigen Gesellschaft hat in den ersten drei Monaten des Geschäftsjahres einen Bericht über die Beziehungen der Gesellschaft zu verbundenen Unternehmen aufzustellen (§ 312 Abs. 1 AktG). In diesem Bericht sind alle Rechtsgeschäfte aufzuführen, die die Gesellschaft im abgelaufenen Geschäftsjahr mit dem herrschenden Unternehmen (oder einem mit diesem verbundenen Unternehmen) oder auf Veranlassung oder im Interesse dieser Unternehmen vorgenommen hat, und alle anderen Maßnahmen, die sie auf Veranlassung oder im Interesse dieser Unternehmen getroffen oder unterlassen hat. Bei den Rechtsgeschäften sind Leistungen und Gegenleistungen, bei den Maßnahmen die Gründe der Maßnahmen und deren Vor- und Nachteile für die Gesellschaft anzugeben. Bei einem Ausgleich von Nachteilen ist im Detail anzugeben, wie der Ausgleich während des Geschäftsjahres tatsächlich erfolgt ist, oder auf welche Vorteile der Gesellschaft ein Rechtsanspruch gewährt worden ist. Zum Abschluss des Berichts hat der Vorstand zu erklären, ob die Gesellschaft bei jedem Rechtsgeschäft eine angemessene Gegenleistung erhielt und dadurch, dass die Maßnahme getroffen oder unterlassen wurde, nicht benachteiligt wurde bzw. im Fall der Benachteiligung, ob die Nachteile ausgeglichen worden sind (§ 312 Abs. 3 AktG).[627] Verstoßen die Vorstandsmitglieder der abhängigen Gesellschaft gegen diese Verpflichtungen, so haften sie für den hierdurch eingetretenen Schaden gemäß § 318 Abs. 1 AktG persönlich.

5. Besondere Haftungsrisiken beim Cash-Pooling

a) Einleitung

386 Unter Cash-Pooling versteht man ein idR konzernweites Finanzmanagementsystem, bei dem die liquiden Mittel aller an diesem Cash Management-System beteiligten Unternehmen zusammengeführt und auf einem gemeinsamen Zielkonto (sog. Zentralkonto) bei der Konzernmutter (oder einer eigens für diesen Zweck bestehenden Cash-Pool-Trägergesellschaft) verwaltet werden.[628] Beim physischen Cash-Pooling werden täglich die

---

[625] *Krieger* in MHdB GesR IV § 70 Rn. 24; *H.-F. Müller* in Spindler/Stilz AktG § 311 Rn. 48; *Habersack* in Emmerich/Habersack Aktien-/GmbH-KonzernR § 311 Rn. 78.
[626] *Hüffer/Koch* AktG § 311 Rn. 48; *Fett* in Bürgers/Körber AktG § 311 Rn. 60; *Habersack* in Emmerich/Habersack Aktien-/GmbH-KonzernR § 311 Rn. 78; *Krieger* in MHdB GesR IV § 70 Rn. 24.
[627] Zu Details vgl. *Hüffer/Koch* AktG § 312 Rn. 11 ff.
[628] *Hüffer/Koch* AktG § 57 Rn. 23; *Böffel* ZIP 2018, 1011; *Klein* ZIP 2017, 258; *Strohn* DB 2014, 1535; *Theusinger* NZG 2009, 1017; neben dem hier beschriebenen physischen Cash-Pooling kommt auch die Einrichtung eines sogenannten virtuellen Cash-Poolings (sogenanntes Notional Cash-Pooling) in Betracht, bei dem die Konten der Konzerngesellschaften allein rechnerisch von der kontoführenden Bank wie ein Konto behandelt werden, um auf den Gesamtsaldo die Haben- oder Soll-Zinsen zu bilden.

Salden der laufenden Bankkonten der Konzerntöchter (sog. Quellkonten) auf dem Zentralkonto aggregiert. Quellkonten mit einem Soll-Saldo erhalten einen Übertrag vom Zentralkonto, Quellkonten mit einem Haben-Saldo übertragen diesen Saldo auf das Zentralkonto (auch „Zero-Balancing-Verfahren" genannt).[629]

Vorteile eines solchen Cash-Management-Systems sind die Ausnutzung der im Konzernverbund vorhandenen liquiden Mittel und die Reduktion des Zinsaufwands bei Konzerngesellschaften bzw. die Erzielung von Guthabenzinsen auf dem Zentralkonto. Ferner wird die Konzernmutter durch die Bündelung der Liquidität bessere Kreditbedingungen erhalten als die einzelnen Konzernunternehmen. 387

Rechtlich gewähren die Konzerntöchter durch Übertragung ihrer liquiden Mittel ein Darlehen an die Muttergesellschaft. Erhalten diese Konzerntöchter später Mittel vom Zielkonto, so zahlt die Muttergesellschaft hierdurch die Darlehen zurück. Übersteigen umgekehrt die von der Tochtergesellschaft in Anspruch genommenen die von ihr eingebrachten Mittel, so gewährt die Muttergesellschaft ihrer Tochter ein Darlehen.[630] 388

Im Rahmen eines physischen Cash Poolings entstehen gesellschaftsrechtliche Probleme insbesondere in Zusammenhang mit der Kapitalaufbringung und der Kapitalerhaltung. Eine mögliche Haftung der Vorstandsmitglieder der beteiligten Gesellschaften kann sich insbesondere aus einem Verstoß gegen die Einlagepflicht oder aufgrund einer Einlagenrückgewähr und der einhergehenden Pflichtverletzung nach § 93 Abs. 3 Nr. 1 und 2 AktG sowie nach § 823 Abs. 2 BGB iVm § 399 AktG ergeben. Ferner besteht das Risiko einer Strafbarkeit nach § 399 Abs. 1 AktG.[631] 389

b) Kapitalaufbringung

Wenn eine am physischen Cash Pool beteiligte Gesellschaft ihr Kapital erhöht und die Konzernmutter die neuen Anteile übernimmt, ist die Kapitalaufbringung zweifelhaft, weil die von der Konzernmutter auf ein Quellkonto überwiesene Bareinlage am Ende des gleichen Tages an das Zentralkonto und damit an die Muttergesellschaft zurückfließt. Der Vorstand der Tochtergesellschaft kann somit nicht über die Einlage iSv §§ 36 Abs. 2, 37 Abs. 1 S. 2 AktG endgültig frei verfügen.[632] 390

Die Leistung der Konzernmutter stellt nach der Rechtsprechung eine verdeckte Sacheinlage dar, wenn der Saldo auf dem Zielkonto zu Lasten der Gesellschaft negativ ausfällt, da die Konzernmutter anstelle einer Bareinlage im Ergebnis lediglich auf die entsprechende Rückzahlung des negativen Saldos verzichtet.[633] Die Konzernmutter erfüllt durch Forderungsverzicht nicht ihre Verpflichtung zur Bareinlage. Die Bareinlage muss aber nicht nochmals vollumfänglich erbracht werden, sondern der Wert des Verzichts wird auf die fortbestehende Einlageverpflichtung angerechnet (§ 27 Abs. 3 S. 3 AktG).[634] 391

Ein Fall des Hin- und Herzahlens liegt vor, wenn das Zielkonto für die Tochtergesellschaft einen positiven Saldo ausweist, weil die Tochtergesellschaft ihrer Konzernmutter ein (weiteres) Darlehen gewährt, wenn die Einlage auf das Zielkonto des Cash-Pools zurückfließt. Eine Leistung zur freien Verfügung des Vorstands liegt nicht vor, da die Einlageforderung der Gesellschaft lediglich durch eine schwächere Rückzahlungsforde- 392

---

[629] *Korts* Cash-Pooling S. 3; *Theusinger* NZG 2009, 1017; *Böffel* ZIP 2018, 1011.
[630] *Habersack* in Emmerich/Habersack Aktien-/GmbH-KonzernR § 311 Rn. 47 ff.; *Klinck/Gärtner* NZI 2008, 457 (458).
[631] *Böffel* ZIP 2018, 1011 (1016) mwN.
[632] *Wellhöfer* in Wellhöfer/Peltzer/Müller Vorstandshaftung § 4 Rn. 313; *Bormann/Urlichs* DStR 2009, 641 (642).
[633] BGH NZG 2009, 944 (945); *Klein* ZIP 2017, 258 (262); *Theusinger* NZG 2009, 1017; *Altmeppen* ZIP 2009, 1545 (1546).
[634] BGH NZG 2009, 944 (945).

rung ersetzt wird.⁶³⁵ Im Gegensatz zur verdeckten Sacheinlage wird der Wert der Leistung der Konzernmutter nicht auf die fortbestehende Geldeinlagepflicht angerechnet; jedoch ist die Konzernmutter gemäß § 27 Abs. 4 AktG von ihrer Einlagepflicht befreit, wenn das Hin- und Herzahlen offengelegt wird und der Gesellschaft ein vollwertiger Rückgewähranspruch zusteht, der jederzeit fällig ist oder durch fristlose Kündigung durch die Gesellschaft fällig werden kann.⁶³⁶

393   Ein und derselbe Vorgang (Rückzahlung auf das Zentralkonto) hat somit divergierende Rechtsfolgen abhängig vom Saldo des Quellkontos. Diese Problematiken lassen sich vermeiden, indem die Einlage der Konzernmutter auf ein separates Konto der Tochtergesellschaft überwiesen wird, das unabhängig von dem Cash-Pool bei einem anderen Kreditinstitut geführt wird.⁶³⁷ Die Mittel stehen hierdurch der Tochtergesellschaft für alle operativen Zwecke zur Verfügung, ohne jedoch in den „gefährlichen" Rückfluss des Cash-Poolings zu fallen.⁶³⁸ Die Probleme werden ggf. dann vermieden, wenn die Bareinlage nicht von der Gesellschaft erbracht wird, die das Zentralkonto führt.⁶³⁹ Beim virtuellen Cash Pool entstehen keine gesellschaftsrechtlichen Probleme, da eine Zusammenfassung der liquiden Mittel der Konzerngesellschaften nur rechnerisch erfolgt.⁶⁴⁰

c) Kapitalerhaltung

394   Im Rahmen des Cash-Poolings sind auch die Kapitalerhaltungsvorschriften des § 57 Abs. 1 AktG zu beachten. Danach ist jede Leistung der Aktiengesellschaft, die wegen der Mitgliedschaft ihrer Aktionäre erbracht wird, verboten, wenn sie nicht aus dem Bilanzgewinn erfolgt oder ausnahmsweise gesetzlich zugelassen ist.⁶⁴¹ Hierunter fallen im Rahmen des Cash-Poolings die von der Aktiengesellschaft an die Konzernmutter, und damit ihre Aktionärin, gewährten Darlehen. Nach § 57 Abs. 1 S. 3 AktG verstoßen Zahlungen an Aktionäre jedoch dann nicht gegen das Verbot der Einlagenrückgewähr, wenn diese Zahlungen *„durch einen vollwertigen Gegenleistungs- oder Rückgewähranspruch gegen den Aktionär gedeckt sind"*.

395   Die Vollwertigkeit der Gegenleistung oder des Rückgewähranspruches ist bilanziell Betrachtungsweise. Für die Zulässigkeit einer Zahlung im Rahmen des Cash-Poolings reicht es demnach aus, wenn bilanziell ein reiner Aktivtausch, Geld gegen Forderung, gegeben ist. Auch wenn § 57 Abs. 1 S. 3 AktG einen Drittvergleich nicht voraussetzt, muss nach Literatur und Rechtsprechung das Cash-Pooling gleichwohl einem Drittvergleich standhalten.⁶⁴² Der Rückzahlungsanspruch muss zum Zeitpunkt der Erbringung

---

⁶³⁵ BGH NZG 2009, 944 (945); *Böffel* ZIP 2018, 1011 (1013); *Klein* ZIP 2017, 258 (262); *Theusinger* NZG 2009, 1017; *Altmeppen* ZIP 2009, 1545 (1546).
⁶³⁶ BGH NZG 2009, 944 (945); *Böffel* ZIP 2018, 1011 (1013); *Theusinger* NZG 2009, 1017 (1018); *Altmeppen* ZIP 2009, 1545 (1548).
⁶³⁷ *Klein* ZIP 2017, 258 (263 f.); *Strohn* DB 2014, 1535 (1538); *Theusinger* NZG 2009, 1017 (1018); aA *Bormann/Urlichs* DStR 2009, 641 (644).
⁶³⁸ *Theusinger* NZG 2009, 1017 (1018); zu Bedenken vgl. *Solveen* in Hölters AktG § 27 Rn. 53 mwN.
⁶³⁹ *Altmeppen* ZIP 2009, 1545 (1547); *Theusinger* NZG 2009, 1017 (1018 f.).
⁶⁴⁰ *Böffel* ZIP 2018, 1011 (1012); *Solveen* in Hölters AktG § 27 Rn. 53.
⁶⁴¹ BGHZ 90, 381 (386); RGZ 77, 11 (13); 107, 161 (168); 149, 385 (400); OLG Frankfurt a. M. AG 1996, 324 (325); OLG Hamburg AG 1980, 275 (278); KG NZG 1999, 161; OLG Koblenz AG 1977, 231; *Hüffer/Koch* AktG § 57 Rn. 2; *Klein* ZIP 2017, 258 (259); *Westermann* in Bürgers/Körber AktG § 57 Rn. 5; *Cahn/Senger* in Spindler/Stilz AktG § 57 Rn. 14; *Thümmel* Persönliche Haftung von Managern und Aufsichtsräten Rn. 107; *Drygala* in KölnKommAktG § 57 Rn. 16.
⁶⁴² BGH NJW 2009, 850 (851); *Eusani* GmbHR 2009, 795 (800); *Mülbert/Leuschner* NZG 2009, 281 (282).

der Leistung der Aktiengesellschaft vollwertig sein.[643] Beim Cash-Pooling ist der Vorstand deshalb verpflichtet, die wirtschaftliche Lage der Muttergesellschaft fortlaufend zu überwachen und bei einer Bonitätsverschlechterung ggf. das Darlehen zu kündigen bzw. ausreichend Sicherheiten anzufordern.[644]

d) Darlehensrückzahlung

Entgegen früherem Recht sind Aktionärsdarlehen nicht mehr statuarischem Kapital gleichgestellt und unterliegen demzufolge auch nicht der Rückzahlungssperre des § 57 Abs. 1 S. 1 AktG; sie sind nicht mehr „kapitalersetzend". Außerhalb einer Insolvenz kann eine Gesellschaft ein ihr von einem Aktionär gewährtes Darlehen demnach an diesen zurückzahlen (§ 57 Abs. 1 S. 4 AktG).[645] Wird jedoch über die Gesellschaft das Insolvenzverfahren eröffnet, so kann der Insolvenzverwalter die Rückzahlung anfechten, wenn sie im letzten Jahr vor dem Insolvenzantrag oder danach erfolgte; der Aktionär ist verpflichtet, den zurückgezahlten Betrag zur Masse zurückzugewähren (§§ 135 Abs. 1 Nr. 2, 143 Abs. 1 S. 1 InsO).[646] Erfolgte in den letzten zehn Jahren vor dem Insolvenzantrag oder danach eine Besicherung des Aktionärsdarlehens, so kann der Insolvenzverwalter im Wege der Anfechtung die Freigabe der Sicherheit verlangen (§ 135 Abs. 1 Nr. 1 InsO). Der Aktionär kann die Forderung auf Rückzahlung des Darlehens im Insolvenzverfahren nur als nachrangige Forderung geltend machen (§ 39 Abs. 1 Nr. 5 InsO).

396

6. Besondere Pflichten in börsennotierten Unternehmen

a) Einführung

Börsennotierte Unternehmen und ihre Organmitglieder müssen die Einhaltung sogenannter kapitalmarktrechtlicher Folgepflichten sicherstellen, die insbesondere im WpHG und in der seit dem 3.7.2016 in allen EU-Mitgliedstaaten unmittelbar geltenden Marktmissbrauchsverordnung (*Market Abuse Regulation* – MAR) geregelt sind. Neben der in der Praxis besonders relevanten Pflicht zur Veröffentlichung von Insiderinformationen (Art. 17 MAR) fallen hierunter insbesondere:

397

- das in Art. 14 MAR enthaltene Verbot von Insidergeschäften und das Verbot der unrechtmäßigen Offenlegung von Insiderinformationen,[647]
- das Verbot der Marktmanipulation gemäß Art. 15 MAR,[648]
- die Erstellung von Insiderlisten gemäß § 18 MAR,[649]

---

[643] *Hüffer/Koch* AktG § 57 Rn. 25; *Bayer* in MüKoAktG § 57 Rn. 151, 178; zur Thematik der Besicherung eines Kredits vgl. BGH NZG 2017, 658; BGH NZG 2017, 344; *Hüffer/Koch* AktG § 57 Rn. 27.

[644] BGH NJW 2009, 850 (852); *Hüffer/Koch* AktG § 57 Rn. 25; *Klein* ZIP 2017, 258 (261 f.); *Strohn* DB 2014, 1535 (1540); *Fleischer* NJW 2009, 2337 (2341); *Klein* ZIP 2017, 258; vgl. auch zur Thematik von Upstream-Sicherheiten BGH DB 2017, 536; BGH DB 2017, 1135; *Wilhelm/Hoffmann* DB 2018, 1387.

[645] Zu Details vgl. *Hüffer/Koch* AktG § 57 Rn. 28 mwN.

[646] *Bode* DStR 2009, 1781 f.; *Fedke* NZG 2009, 928 (930); *Poepping* BKR 2009, 150 (155).

[647] Vgl. hierzu *Schäfer* in Marsch-Barner/Schäfer HdB börsennotierte AG § 14 Rn. 1 ff.; *Wuntke/Richter* in Frodermann/Jannott HdB AktR § 13 Rn. 223 ff.; *Klöhn* in Klöhn MAR Art. 14 Rn. 39 ff.

[648] Vgl. hierzu *Wuntke/Richter* in Frodermann/Jannott HdB AktR § 13 Rn. 251 ff.; *Klöhn* in Klöhn MAR Art. 14 Rn. 8 ff.

[649] Vgl. hierzu *Schäfer* in Marsch-Barner/Schäfer HdB börsennotierte AG § 14 Rn. 97 ff.; *Wuntke/Richter* in Frodermann/Jannott HdB AktR § 13 Rn. 243 ff.; *Klöhn* in Klöhn MAR Art. 18 Rn. 9 ff.

- die Erfüllung der in Art. 19 MAR bestimmten Meldepflichten bei Directors' Dealings (Eigengeschäfte von Führungskräften), also bei Geschäften von Vorstands- und Aufsichtsratsmitgliedern börsennotierter Gesellschaften und ihren Familienangehörigen in Wertpapieren der eigenen Gesellschaft (bei Erreichen einer Bagatellgrenze von 5.000 EUR pro Kalenderjahr für alle Geschäfte),[650]
- die Einhaltung von Meldepflichten über die Veränderung des Stimmrechtsanteils beim Erreichen, Überschreiten oder Unterschreiten von bestimmten Beteiligungsschwellen gemäß §§ 33 ff. WpHG,[651]
- die Erfüllung von weiteren wertpapierhandelsrechtlichen Veröffentlichungspflichten,[652]
- die Erstellung und Veröffentlichung einer ordnungsgemäßen Finanzberichterstattung,[653]

398 Im Rahmen der regelmäßigen Finanzberichterstattung ist gemäß § 114 Abs. 1 S. 1 WpHG der sogenannte Jahresfinanzbericht,[654] der gemäß § 114 Abs. 2 WpHG mindestens den geprüften Jahresabschluss, den geprüften Lagebericht und die Erklärung nach den §§ 264 Abs. 2 S. 3, 289 Abs. 1 S. 5 HGB (Bilanzeid) zu enthalten hat, innerhalb von vier Monaten nach Ablauf des Geschäftsjahres offenzulegen und dem Unternehmensregister zu übermitteln. Da die in § 114 WpHG genannten Unterlagen von einer börsennotierten Aktiengesellschaft bereits gemäß § 325 Abs. 1, 4 HGB innerhalb der gleichen Frist offenzulegen sind, ergeben sich aus § 114 Abs. 1 S. 1 WpHG keine weiteren Handlungspflichten. Entsprechendes gilt für den Konzernabschluss. Zusätzlich ist gemäß § 114 Abs. 1 S. 2, 3 WpHG eine Vorabveröffentlichung erforderlich, wann die Information auf einer Internetseite (neben dem Unternehmensregister) öffentlich zugänglich gemacht wird. Die Bekanntmachung ist zeitgleich der BaFin mitzuteilen und im Anschluss an ihre Veröffentlichung dem Unternehmensregister zuzuleiten.

399 Entsprechendes gilt für den Halbjahresfinanzbericht, der einen verkürzten Abschluss, einen Zwischenlagebericht und eine den Vorgaben der §§ 264 Abs. 2 S. 3, 289 Abs. 1 S. 5 HGB entsprechende Erklärung zu umfassen hat und binnen drei Monaten nach Ende des Berichtszeitraums der Öffentlichkeit zur Verfügung zu stellen ist (§ 115 WpHG).[655] Besondere Vorgaben für den Jahres- und den Halbjahreskonzernfinanzbericht enthält § 117 WpHG. Quartalsberichte sind grundsätzlich nicht mehr erforderlich: die im Prime Standard (Teilbereich des regulierten Marktes mit weiteren Zulassungspflichten) des regulierten Marktes der Frankfurter Wertpapierbörse gelisteten Unternehmen müssen jedoch gemäß § 53 BörsO FWB sogenannte Quartalsmitteilungen veröffentlichen.[656] Auch ist die Veröffentlichung eines Unternehmenskalenders, der alle wesentlichen Termine des Emittenten umfasst (§ 54 BörsO FWB) und die Durchführung einer jährlichen Analystenveranstaltung (§ 55 BörsO FWB) in diesem Börsensegment notwendig. Finanzberichte, Unternehmenskalender und Ad-hoc-Mitteilungen sind in diesem Börseseg-

---

[650] Vgl. hierzu *Stüber* DStR 2016, 1121; *Schäfer* in Marsch-Barner/Schäfer HdB börsennotierte AG § 16 Rn. 1 ff.; *Klöhn* in Klöhn MAR Art. 19 Rn. 15 ff.

[651] Vgl. hierzu *Schäfer* in Marsch-Barner/Schäfer HdB börsennotierte AG § 18 Rn. 7 ff.; *Wuntke/Richter* in Frodermann/Jannott HdB AktR § 13 Rn. 260 ff.

[652] Vgl. hierzu *Schäfer* in Marsch-Barner/Schäfer HdB börsennotierte AG § 18 Rn. 72 ff.

[653] Vgl. hierzu *Wuntke/Richter* in Frodermann/Jannott HdB AktR § 13 Rn. 281 ff.

[654] Zu den besonderen Vorgaben für die Konzernabschlüsse vgl. § 117 WpHG; allgemein zur Finanzberichterstattung im Konzern *Rabenhorst* in Marsch-Barner/Schäfer HdB börsennotierte AG § 56 Rn. 1 ff.

[655] *Wuntke/Richter* in Frodermann/Jannott HdB AktR § 13 Rn. 283; *Rabenhorst* in Marsch-Barner/Schäfer HdB börsennotierte AG § 57 Rn. 17 ff.

[656] *Wuntke/Richter* in Frodermann/Jannott HdB AktR § 13 Rn. 197; *Rabenhorst* in Marsch-Barner/Schäfer HdB börsennotierte AG § 57 Rn. 28 ff.

ment grundsätzlich in deutscher und englischer Sprache zu veröffentlichen.[657] Verstöße gegen die Börsenordnung können zu Sanktionen, insbesondere Ordnungsgeldern, führen.

Verstöße gegen die kapitalmarktrechtlichen Folgepflichten können insbesondere bei Marktmanipulationen sowie bei Verstößen gegen Insiderverbote und Ad-hoc-Mitteilungspflichten auch strafrechtliche Konsequenzen haben. Andere Verstöße stellen idR Ordnungswidrigkeiten dar, die zu erheblichen Geldbußen gegen die handelnden Organmitglieder und die Emittenten selbst führen können. Dies betrifft beispielsweise die unrichtige, unvollständige, nicht ordnungsgemäße oder nicht rechtzeitige Finanzberichterstattung (§ 120 Abs. 2 Nr. 2 WpHG) und die nicht ordnungsgemäße Meldung von Directors' Dealings (§ 120 Abs. 15 Nr. 17 – 22 WpHG). Als weitere Sanktion bei kapitalmarktrechtlichen Verstößen droht gemäß den §§ 124 f. WpHG das sogenannte „Naming and Shaming" durch die BaFin, also die Veröffentlichung der Art und Natur des Verstoßes und der Namen der verantwortlichen Personen durch die Behörde. Die Einhaltung der kapitalmarktrechtlichen Folgepflichten ist deshalb unbedingt sicherzustellen. In der Praxis haben sich hierfür kapitalmarktrechtliche Compliance-Systeme[658] bewährt, verbunden mit regelmäßigen Schulungen der Organmitglieder und der zuständigen Mitarbeiter.

b) Pflicht zur Veröffentlichung von Insiderinformationen

Börsennotierte Unternehmen müssen gemäß Art. 17 Abs. 1 MAR Insiderinformationen, die sie unmittelbar betreffen, unverzüglich[659] veröffentlichen. Gleiches gilt u a für Unternehmen, die aufgrund eines eigenen Antrags in den Freiverkehr einbezogen wurden, also beispielsweise diejenigen Emittenten, die im Entry Standard der Frankfurter Wertpapierbörse gelistet sind.[660] Die Ad-hoc-Publizität nach Art. 17 MAR steht selbständig neben anderen Transparenzregelungen, deren Erfüllung jedoch nicht von der Ad-hoc-Publizität befreit.[661]

Insiderinformationen sind in Art. 7 Abs. 1 MAR definiert als
- nicht öffentlich bekannte präzise Informationen,[662]
- die direkt oder indirekt ein oder mehrere Emittenten oder ein oder mehrere Finanzinstrumente betreffen[663] und
- die bei ihrem öffentlichen Bekanntwerden geeignet wären, den Kurs dieser Finanzinstrumente oder den Kurs damit verbundener derivativer Finanzinstrumente erheblich zu beeinflussen.[664]

---

[657] Vgl. § 51 Abs. 1 S. 2 BörsO FWB (Jahresfinanzbericht), § 52 Abs. 2 S. 1 BörsO FWB (Halbjahresfinanzbericht), § 53 Abs. 4 S. 1 BörsO FWB (Quartalsmitteilung), § 54 Abs. 1 BörsO FWB (Unternehmenskalender), § 56 BörsO (Veröffentlichung und Mitteilung von Insiderinformationen). Vgl. hierzu auch *Wuntke/Richter* in Frodermann/Jannott HdB AktR § 13 Rn. 195 ff.

[658] Vgl. hierzu *Rubner/Pospiech* GWR 2016, 228; *Krause* CCZ 2014, 248.

[659] Vgl. die berichtigte Sprachfassung der MAR vom 21.12.2016, in der der englische Text in Art. 17 Abs. 1 MAR („as soon as possible") mit „unverzüglich" übersetzt wird.

[660] *Scholz* NZG 2016, 1286 (1287 f.); *Rubner/Pospiech* GWR 2016, 228; *Wuntke/Richter* in Frodermann/Jannott HdB AktR § 13 Rn. 231; *Klöhn* in Klöhn MAR Art. 17 Rn. 57; *Schäfer* in Marsch-Barner/Schäfer HdB börsennotierte AG § 15 Rn. 13 f.

[661] *Kumpan* in Baumbach/Hopt HGB Art. 17 MAR Rn. 1; zu Details *Klöhn* in Klöhn MAR Art. 17 Rn. 35 ff.

[662] *Klöhn* in Klöhn MAR Art. 7 Rn. 23 ff.; *Schäfer* in Marsch-Barner/Schäfer HdB börsennotierte AG § 14 Rn. 14 ff. Zu Ad-hoc-Mitteilungspflichten von Zwischenschritten bei zeitlich gestreckten Vorgängen vgl. *Klöhn* in Klöhn MAR Art. 7 Rn. 66 ff.; *Schäfer* in Marsch-Barner/Schäfer HdB börsennotierte AG § 14 Rn. 15.

[663] *Klöhn* in Klöhn MAR Art. 7 Rn. 116 ff.; *Schäfer* in Marsch-Barner/Schäfer HdB börsennotierte AG § 14 Rn. 20 f.

[664] *Wuntke/Richter* in Frodermann/Jannott HdB AktR § 13 Rn. 218 ff.; *Klöhn* in Klöhn MAR Art. 7 Rn. 156 ff.; *Schäfer* in Marsch-Barner/Schäfer HdB börsennotierte AG § 14 Rn. 17 ff., 22 ff.

403 Betreffen Insiderinformationen den Emittenten unmittelbar, also treten sie insbesondere im Tätigkeitsbereich der Gesellschaft ein,[665] sind sie nach einer Vorabmeldung an die BaFin und die Handelsplätze, an denen die Finanzinstrumente zum Handel zugelassen oder in den Handel einbezogen sind, unverzüglich mitzuteilen, sowie unverzüglich nach ihrer Veröffentlichung dem Unternehmensregister zur Speicherung zu übermitteln (§ 26 Abs. 1 WpHG). Für Emittenten im Prime Standard besteht die Pflicht, die Insiderinformation zeitgleich auch in englischer Sprache zu veröffentlichen (§ 56 BörsO FWB). Die Veröffentlichung muss in einer Weise erfolgen, dass es mit elektronischen Mitteln einer möglichst breiten Öffentlichkeit ermöglicht wird, unentgeltlich, schnell und zeitgleich in der gesamten Europäischen Union auf die Information zuzugreifen und sie vollständig, korrekt und rechtzeitig zu bewerten. Sie muss deshalb unmittelbar oder – wie in der Praxis üblich – über einen spezialisierten Dienstleister an solche Medien übermittelt werden, bei denen die Öffentlichkeit vernünftigerweise davon ausgeht, dass sie Informationen tatsächlich verbreiten.[666] Im Anschluss an die Veröffentlichung ist die Insiderinformation unter Angabe von Datum und Uhrzeit auf der Homepage des Emittenten für mindestens fünf Jahre einzustellen.

404 Besonders praxisrelevant ist die sogenannte Selbstbefreiung von der Veröffentlichungspflicht von Insiderinformationen zum Schutz berechtigter Interessen des Emittenten.[667] Befindet sich das Unternehmen beispielsweise in fortgeschrittenen Verhandlungen über den Kauf eines anderen großen Unternehmens oder wird im Unternehmen eine bahnbrechende Erfindung gemacht, liegt es idR im Interesse des Unternehmens, dass diese Information nicht sogleich der Öffentlichkeit und damit auch Wettbewerbern bekannt wird, wie dies bei einer Ad-hoc-Mitteilung der Fall wäre. Art. 17 Abs. 4 MAR erlaubt deshalb einen Aufschub der Veröffentlichung, wenn

- die unverzügliche Veröffentlichung geeignet wäre, die berechtigten Interessen des Emittenten zu beinträchtigen,
- der Aufschub nicht geeignet ist, die Öffentlichkeit irrezuführen und
- der Emittent die Geheimhaltung dieser Information sicherstellen kann.[668]

405 Der Emittent hat jedoch die Pflicht, die Voraussetzungen für den Aufschub fortlaufend zu überwachen und Vorkehrungen zur unverzüglichen Veröffentlichung bei Wegfall einer Voraussetzung zur Selbstbefreiung zu treffen (u a sollte eine Ad-hoc-Mitteilung bereits im Entwurf vorliegen). Der Emittent hat hierüber eine Dokumentation zu erstellen, die auch Angaben zum Zeitpunkt des erstmaligen Vorliegens und der voraussichtlichen Bekanntgabe der Insiderinformation, der verantwortlichen Personen für die Entscheidung über die Selbstbefreiung der Überwachung des Aufschubs und für die Entscheidung über die Bekanntgabe der Insiderinformation umfasst.[669] Bei Wegfall einer oder mehrere Voraussetzungen muss die Ad-hoc-Mitteilung unverzüglich nachgeholt werden.[670] Der Emittent muss ferner die BaFin unmittelbar nach Veröffentlichung darüber informieren, dass die nunmehr erfolgte Veröffentlichung zunächst aufgeschoben wurde und inwieweit die Voraussetzungen für einen Aufschub bis zur Veröffentlichung vorlagen.[671]

---

[665] *Wuntke/Richter* in Frodermann/Jannott HdB AktR § 13 Rn. 232; *Schäfer* in Marsch-Barner/Schäfer HdB börsennotierte AG § 15 Rn. 17; *Klöhn* in Klöhn MAR Art. 17 Rn. 65 ff.
[666] Zu Details vgl. auch die DurchführungsVO 2016/1055 und die WpAV (§§ 3a ff., § 4 ff. WpAV).
[667] *Poelzig* NZG 2016, 761 (764); *Retsch* NZG 2016, 1201; *Klöhn* in Klöhn MAR Art. 17 Rn. 134 ff.
[668] Zu Details vgl. *Poelzig* NZG 2016, 761 (764 f.); *Klöhn* in Klöhn MAR Art. 17 Rn. 143 ff.; *Schäfer* in Marsch-Barner/Schäfer HdB börsennotierte AG § 15 Rn. 33 ff.
[669] *Retsch* NZG 2016, 1201 (1204 ff.); *Klöhn* in Klöhn MAR Art. 17 Rn. 295 ff.
[670] *Schäfer* in Marsch-Barner/Schäfer HdB börsennotierte AG § 15 Rn. 37; *Klöhn* in Klöhn MAR Art. 17 Rn. 299.
[671] *Retsch* NZG 2016, 1201 (1207); *Klöhn* in Klöhn MAR Art. 17 Rn. 302 ff.

Verstöße gegen Ad-hoc-Mitteilungspflichten haben erhebliche straf- und zivilrechtliche Folgen. Vorsätzliche und leichtfertige Verstöße gegen die Ad-hoc-Publizitätspflicht stellen Ordnungswidrigkeiten dar (§ 120 Abs. 15 Nr. 6–11 WpHG) und können gegenüber Organmitgliedern mit Geldbußen von bis zu 1 Mio. EUR und gegenüber juristischen Personen von bis zu 2,5 Mio. EUR oder 2 % des Gesamtumsatzes des vorausgegangenen Geschäftsjahres sanktioniert werden; möglich ist auch eine Geldstrafe bis zum Dreifachen des erzielten wirtschaftlichen Vorteils (§ 120 Abs. 18 WpHG).[672] Eine weitere Sanktion bei Verstößen gegen die Ad-hoc-Mitteilungspflichten ist gemäß § 125 WpHG das sogenannte „Naming and Shaming" durch die BaFin, also die Veröffentlichung der Art und Natur des Verstoßes und der Namen der verantwortlichen Personen durch die Behörde.[673] Dies hat einen erheblichen Reputationsverlust zur Folge.

406

Zivilrechtlich haftet der Emittent bei Verstößen gegen Ad-hoc-Mitteilungspflichten gegenüber seinen Aktionären gemäß den §§ 97 f. WpHG. § 97 WpHG betrifft die pflichtwidrige Unterlassung einer unverzüglichen Veröffentlichung von Insiderinformationen, § 98 WpHG die Veröffentlichung unwahrer Insiderinformationen. Der Emittent haftet für Vorsatz und grobe Fahrlässigkeit, für deren Fehlen der Emittent selbst die Beweislast trägt. Bei Kenntnis eines Dritten von der Insiderinformation hat dieser keine Ansprüche. Eine Vereinbarung ist unzulässig, durch die Innenregressansprüche der Gesellschaft gegen den Vorstand aufgrund einer Inanspruchnahme der Gesellschaft im Voraus eingeschränkt oder erlassen werden. Weitergehende Ansprüche, insbesondere aus Deliktsrecht, bleiben durch die §§ 97 f. WpHG unberührt; ob Art. 17 MAR (wie die frühere Regelung in § 15 WpHG) kein Schutzgesetz im Sinne von § 823 Abs. 2 BGB ist, ist noch nicht geklärt.[674] Es drohen demnach erhebliche Regressansprüche gegen Organmitglieder, die Verstöße zu verantworten haben.

407

Vorstellbar, aber in der Praxis selten, ist bei Ad-hoc-Mitteilungen, dass diese als unrichtige Darstellungen im Sinne des § 400 Abs. 1 Nr. 1 AktG anzusehen sind.[675] § 400 AktG ist ein Schutzgesetz im Sinne des § 823 Abs. 2 BGB.[676] § 400 Abs. 1 Nr. 1 AktG betrifft jedoch Dokumente, die über den Vermögensstand der Gesellschaft informieren, was bei einer Ad-hoc-Mitteilung, die idR nur ein Einzelereignis zum Gegenstand hat, oftmals nicht der Fall ist.[677] In Einzelfällen sind auch direkte Ansprüche von Anlegern aufgrund sittenwidriger Schädigung im Sinne von § 826 BGB möglich.[678]

408

---

[672] *Klöhn* in Klöhn MAR Art. 17 Rn. 583 ff.; *Horcher* in Illert/Ghassemi-Tabar/Cordes HdB Vorstand und Aufsichtsrat § 9 Rn. 31.

[673] *Klöhn* in Klöhn MAR Art. 17 Rn. 588; *Horcher* in Illert/Ghassemi-Tabar/Cordes HdB Vorstand und Aufsichtsrat § 9 Rn. 32.

[674] Vgl. *Schäfer* in Marsch-Barner/Schäfer HdB börsennotierte AG § 15 Rn. 53; *Klöhn* in Klöhn MAR Art. 17 Rn. 589; *Wolf/Wink* in Meyer/Veil/Rönnau MarktmissbrauchsR-HdB § 31 Rn. 52 ff.

[675] BVerfG ZIP 2006, 1096; BGH NJW 2004, 2664.

[676] BGH NJW 2012, 1800 (1802); BGH NJW 2004, 2971; *Altenhain* in KölnKommAktG § 400 Rn. 8; *Pelz* in Bürgers/Körber AktG § 400 Rn. 1; *Bergdolt* in Heidel Kapitalanlagerechte inkl. Prospekthaftung Teil 2 Rn. 51; *Wolf/Wink* in Meyer/Veil/Rönnau MarktmissbrauchsR-HdB § 31 Rn. 64.

[677] BGH NJW 2012, 1800 (1802); OLG Düsseldorf WM 2009, 1655 (1656) (zu einer Presseerklärung); *Südbick/Eidam* in HK-KapMarktStrafRecht Kap. 9.2 § 400 Rn. 10; *Pelz* in Bürgers/Körber AktG § 400 Rn. 6; *Altenhain* in KölnKommAktG § 400 Rn. 40; *Wolf/Wink* in Meyer/Veil/Rönnau MarktmissbrauchsR-HdB § 31 Rn. 64.

[678] BGH NJW 2004, 2664; OLG Frankfurt a. M. ZIP 2018, 1632; OLG Düsseldorf WM 2009, 1655 (1656); *Sprau* in Palandt BGB § 826 Rn. 35a; *Bergdolt* in Heidel Kapitalanlagerechte inkl. Prospekthaftung Teil 2 Rn. 47 ff., *Nietsch* ZIP 2018, 1421 (1428); *Wolf/Wink* in Meyer/Veil/Rönnau MarktmissbrauchsR-HdB § 31 Rn. 67 ff.; *Schäfer* in Marsch-Barner/Schäfer HdB börsennotierte AG § 15 Rn. 34, *Horcher* in Illert/Ghassemi-Tabar/Cordes HdB Vorstand und Aufsichtsrat 9 Rn. 35 ff.

7. Weitere Haftungsvoraussetzungen

a) Verschulden

409 Die Innenhaftung von Vorstandsmitgliedern setzt stets Verschulden voraus. Eine verschuldensunabhängige (Gefährdungs-) Haftung für die im Gesellschaftsvermögen eingetretenen Schäden besteht nach deutschem Recht nicht. § 93 Abs. 1 S. 1 AktG bestimmt in Doppelfunktion neben den objektiven Sorgfaltspflichten auch den Verschuldensmaßstab für Vorstandsmitglieder.[679] Danach ist eine Pflichtverletzung des Vorstandsmitglieds schuldhaft, wenn es die Sorgfalt eines ordentlichen und gewissenhaften Geschäftsleiters nicht eingehalten und zumindest fahrlässig gehandelt hat.[680] Der Verschuldensmaßstab des § 93 Abs. 1 S. 1 AktG ist normativer Natur und weitgehend objektiv gefasst. Daher kommt es nicht auf die individuellen Kenntnisse und Fähigkeiten des betroffenen Vorstandsmitglieds an. Es hat vielmehr diejenige Sorgfalt einzuhalten, die von einem ordentlichen und gewissenhaften Geschäftsleiter in der konkreten Situation dieses Vorstandsmitglieds erwartet werden muss.[681]

410 Vorstandsmitglieder haben daher stets für die Fähigkeiten und Kenntnisse einzustehen, die für die sorgfaltsgemäße Erfüllung ihrer Leitungsaufgabe erforderlich sind.[682] Zu berücksichtigen sind dabei insbesondere Größe und Art des Unternehmens. Mangelnde Erfahrungen, Fähigkeiten und Kenntnisse entlasten ein Vorstandsmitglied nicht.[683] Der Tatbeitrag anderer Angestellter oder Beauftragter der Gesellschaft bleibt bei der Haftung von Vorstandsmitgliedern unberücksichtigt und wird nicht dem Vorstand gemäß § 278 BGB bzw. § 831 BGB zugerechnet.[684] Die objektive Pflichtwidrigkeit indiziert das Verschulden des jeweiligen Vorstandsmitglieds.[685]

411 An einem Verschulden des Vorstands fehlt es, wenn aus der Sicht eines ordentlichen und gewissenhaften Geschäftsleiters die Pflichtwidrigkeit nicht erkennbar und der eingetretene Schaden nicht voraussehbar oder vermeidbar war.[686] Praxisrelevant sind beispielsweise unvermeidliche Rechtsirrtümer.[687] Grundvoraussetzung für eine Haftungsfreiheit ist, dass kompetenter und idR schriftlicher Rechtsrat (in der Praxis oftmals durch eine sog. Business Judgement Rule Opinion) durch einen unabhängigen und fachlich qualifizierten Rechtsanwalt eingeholt wurde, dem der Sachverhalt umfassend dargelegt und dessen Ergebnis vom Vorstand einer sorgfältigen Plausibilitätskontrolle unterzogen wur-

---

[679] *Hüffer/Koch* AktG § 93 Rn. 5; *Fleischer* in Spindler/Stilz AktG § 93 Rn. 10; *Hopt/Roth* in Großkomm AktG § 93 Rn. 391; *Mertens/Cahn* in KölnKommAktG § 93 Rn. 11.
[680] *Thümmel* Persönliche Haftung von Managern und Aufsichtsräten Rn. 219; *Plück/Lattwein* Haftungsrisiken für Manager S. 115.
[681] *Hüffer/Koch* AktG § 93 Rn. 6; *Mertens/Cahn* in KölnKommAktG § 93 Rn. 136; *Thümmel* Persönliche Haftung von Managern und Aufsichtsräten Rn. 220; *Hopt/Roth* in Großkomm AktG § 93 Rn. 392.
[682] BGH WM 1971, 1548 (1549); *Fleischer* in Spindler/Stilz AktG § 93 Rn. 193; *Mertens/Cahn* in KölnKommAktG § 93 Rn. 99; *Hopt/Roth* in Großkomm AktG § 93 Rn. 392.
[683] OLG Düsseldorf AG 2016, 410 (413); *Hüffer/Koch* AktG § 93 Rn. 43; *Thümmel* Persönliche Haftung von Managern und Aufsichtsräten Rn. 220; *Hopt/Roth* in Großkomm AktG § 93 Rn. 392.
[684] BGH AG 2011, 876; *Hüffer/Koch* AktG § 93 Rn. 46; *Fleischer* in Spindler/Stilz AktG § 93 Rn. 195; *Hopt/Roth* in Großkomm AktG § 93 Rn. 384, 391.
[685] *Thümmel* Persönliche Haftung von Managern und Aufsichtsräten Rn. 221; *Hopt/Roth* in Großkomm AktG § 93 Rn. 392; *Mertens/Cahn* in KölnKommAktG § 93 Rn. 99.
[686] *Thümmel* Persönliche Haftung von Managern und Aufsichtsräten Rn. 221.
[687] BGH AG 2017, 662; *Hüffer/Koch* AktG § 93 Rn. 43 ff; *Illert/Meyer* in Illert/Ghassemi-Tabar/Cordes HdB Vorstand und Aufsichtsrat § 2 Rn. 58 ff. Zu Details am Beispiel der Cum/ex-Geschäfte vgl. *Florstedt* NZG 2017, 601.

de.⁶⁸⁸ Strittig ist, ob die Auskunft der eigenen Rechtsabteilung ausreicht.⁶⁸⁹ Auch wenn keine generellen Bedenken gegen die Unabhängigkeit und fachliche Qualifikation der eigenen Rechtsabteilung bestehen, ist dem Vorstand zumindest bei komplexen oder wirtschaftlich besonders bedeutenden Entscheidungen anzuraten, externen Rechtsrat einzuholen, um die Haftungsfreiheit nicht aus formalen Gründen zu riskieren, wenn sich die Einschätzung der Rechtsabteilung als falsch herausstellt.⁶⁹⁰ Fälle mangelnder Erkennbarkeit kommen nur selten vor, sind jedoch insbesondere im Grenzbereich unternehmerischen Ermessens denkbar.

b) Schaden und Kausalität

Durch die schuldhafte Pflichtverletzung des Vorstands muss ein adäquat kausaler Schaden bei der Gesellschaft eingetreten sein.⁶⁹¹ Für die Berechnung des Schadens sind die §§ 249 ff. BGB maßgeblich. Es gelten daher die allgemeinen Grundsätze, so dass ein Schaden nach der Differenzhypothese gegeben ist, wenn ein Vergleich des Gesellschaftsvermögens nach Eintritt des schädigenden Ereignisses (Ist-Zustand) mit dem Stand des Gesellschaftsvermögens ohne das schädigende Ereignis (Soll-Zustand) eine Vermögensminderung ergibt.⁶⁹² Der zu ersetzende Schaden umfasst neben dem eingetretenen Vermögensverlust auch den nach regelmäßigen Umständen zu erwartenden entgangenen Gewinn gemäß § 252 BGB.⁶⁹³

412

Der Schaden der Gesellschaft muss durch die Pflichtwidrigkeit verursacht worden sein. Insoweit gelten die allgemeinen Grundsätze, insbesondere die Adäquanztheorie. Danach ist zu ermitteln, ob die Pflichtverletzung nach dem gewöhnlichen Lauf der Dinge geeignet war, eine Beeinträchtigung der eingetretenen Art herbeizuführen und ob diese Beeinträchtigung noch unter den Schutzzweck der Innenhaftungsnormen fällt.⁶⁹⁴ Dies ist im Einzelnen, beispielsweise bei Bußgeldern⁶⁹⁵ oder Aufklärungs- und Rechtsverfolgungskosten,⁶⁹⁶ zu untersuchen. Vorteile der Gesellschaft sind grundsätzlich anzurechnen.⁶⁹⁷

413

---

⁶⁸⁸ BGH NZG 2011, 1271; OLG Düsseldorf AG 2016, 410 (414); *Hüffer/Koch* AktG § 93 Rn. 44a ff.; *Krieger* in Krieger/Schneider HdB Managerhaftung § 3 Rn. 9.
⁶⁸⁹ Zum Streitstand vgl. *Hüffer/Koch* AktG § 93 Rn. 45 mwN.
⁶⁹⁰ *Hüffer/Koch* AktG § 93 Rn. 45; *Hölters* in Hölters AktG § 93 Rn. 249; *Schmittmann* Haftung von Organen in Krise und Insolvenz Rn. 807 ff.; *Illert/Meyer* in Illert/Ghassemi-Tabar/Cordes HdB Vorstand und Aufsichtsrat § 2 Rn. 60.
⁶⁹¹ *Hüffer/Koch* AktG § 93 Rn. 47; *Fleischer* in Spindler/Stilz AktG § 93 Rn. 202; *Bürgers* in Bürgers/Körber AktG § 93 Rn. 23; *Hopt/Roth* in Großkomm AktG § 93 Rn. 406; *Mertens/Cahn* in KölnKommAktG § 93 Rn. 55; *Thümmel* Persönliche Haftung von Managern und Aufsichtsräten Rn. 222; *Plück/Lattwein* Haftungsrisiken für Manager S. 117.
⁶⁹² *Hüffer/Koch* AktG § 93 Rn. 47; *Fleischer* in Spindler/Stilz AktG § 93 Rn. 198; *Bürgers* in Bürgers/Körber AktG § 93 Rn. 22; *Thümmel* Persönliche Haftung von Managern und Aufsichtsräten Rn. 222; *Hopt/Roth* in Großkomm AktG § 93 Rn. 409.
⁶⁹³ OLG Düsseldorf AG 1997, 231 (237 f.); *Hopt/Roth* in Großkomm AktG § 93 Rn. 409; *Bürgers* in Bürgers/Körber AktG § 93 Rn. 22; *Thümmel* Persönliche Haftung von Managern und Aufsichtsräten Rn. 224; *Plück/Lattwein* Haftungsrisiken für Manager S. 117.
⁶⁹⁴ *Hopt/Roth* in Großkomm AktG § 93 Rn. 413; *Fleischer* in Spindler/Stilz AktG § 93 Rn. 202; *Bürgers* in Bürgers/Körber AktG § 93 Rn. 23; *Mertens/Cahn* in KölnKommAktG § 93 Rn. 55; *Thümmel* Persönliche Haftung von Managern und Aufsichtsräten Rn. 222.
⁶⁹⁵ Vgl. hierzu LAG Düsseldorf ZIP 2015, 829, 830; *Hüffer/Koch* AktG § 93 Rn. 48 mwN.
⁶⁹⁶ Vgl. hierzu LG München I NZG 2014, 345, 348; *Hüffer/Koch* AktG § 93 Rn. 48 mwN.
⁶⁹⁷ BGH NJW 2013, 1958; BGH AG 2011, 876; OLG Düsseldorf AG 2016, 410, 414; zu Details vgl. *Hüffer/Koch* AktG § 93 Rn. 49 mwN.

c) Darlegungs- und Beweislast

414 Nach allgemeinen Vorschriften obliegen Darlegungs- und Beweislast grundsätzlich demjenigen, der sich auf eine Norm und dessen Tatbestandsmerkmale beruft.[698] Danach hätte die Gesellschaft die Beweislast für alle Tatbestandsmerkmale der Normen, welche die Haftung des Vorstands begründen. § 93 Abs. 2 S. 2 AktG sieht hiervon eine Ausnahme vor und kehrt die Beweislast für den Umstand um, ob das Vorstandsmitglied die Sorgfalt eines ordentlichen und gewissenhaften Geschäftsleiters beachtet hat. Die Beweislastumkehr erfasst sowohl die Pflichtwidrigkeit des Vorstandsmitglieds als auch dessen Verschulden.[699] Die Beweislast für die weiteren Tatbestandsmerkmale trägt nach den allgemeinen Regeln die Gesellschaft, insbesondere für Eintritt und Höhe des Schadens sowie adäquate Kausalität zwischen Handlung und Schaden.[700]

415 Hintergrund der Beweislastumkehr ist, dass die Gesellschaft Pflichtwidrigkeit und Verschulden des Vorstandsmitglieds häufig nicht nachweisen kann, während dem Vorstand wegen seiner größeren Sachnähe und dem Zugriff auf die Geschäftsunterlagen ein Nachweis leichter fällt.[701] Unter besonderen Umständen wird eine Beweiserleichterung auch im Hinblick auf den Schaden anerkannt, wenn tatsächliche Anzeichen einen Schaden indizieren. Ergibt sich beispielsweise aus Buchungsunterlagen ein Kassenfehlbetrag, so wird wegen der Buchführungspflicht des Vorstands vermutet, dass dieser Schaden tatsächlich eingetreten ist und nicht nur auf Buchungsfehlern beruht. Das Risiko der Unaufklärbarkeit des Verbleibs von eingegangenen Mitteln liegt dann bei dem jeweiligen Vorstandsmitglied.[702]

416 Problematisch ist die Beweislastumkehr bei ausgeschiedenen Vorstandsmitgliedern, da sie zu den Geschäftsunterlagen keinen bzw. keinen ungehinderten Zugang mehr haben. IdR bestimmen Anstellungsverträge oder Geschäftsordnungen ausdrücklich, dass Vorstände bei ihrem Ausscheiden zur Rückgabe aller Geschäftsunterlagen nebst etwaiger Kopien verpflichtet sind.[703] Eine solche Regelung wird allgemein als zulässig erachtet.[704] Die Gesellschaft hat daher bei Haftungsfällen den ausgeschiedenen Vorstandsmitgliedern das erforderliche Material zur Verfügung zu stellen sowie ihnen Einsicht in ihre Bücher

---

[698] *Hüffer/Koch* AktG § 93 Rn. 53; *Arnold/Rothenburg* in Semler/Peltzer/Kubis Vorstands-HdB § 11 Rn. 59.

[699] BGHZ 152, 280 (284); OLG Düsseldorf NZG 2016, 587; OLG Nürnberg NZG 2015, 555; *Hüffer/Koch* AktG § 93 Rn. 53; *Hopt/Roth* in Großkomm AktG § 93 Rn. 435; *Thümmel* Persönliche Haftung von Managern und Aufsichtsräten Rn. 226; *Mertens/Cahn* in KölnKommAktG § 93 Rn. 140; *Liebscher* in BeckHdB AG § 6 Rn. 141.

[700] *Hüffer/Koch* AktG § 93 Rn. 53; *Fleischer* in Spindler/Stilz AktG § 93 Rn. 208; *Bürgers* in Bürgers/Körber AktG § 93 Rn. 26; *Thümmel* Persönliche Haftung von Managern und Aufsichtsräten Rn. 226; *Mertens/Cahn* in KölnKommAktG § 93 Rn. 140; *Liebscher* in BeckHdB AG § 6 Rn. 141.

[701] *Thümmel* Persönliche Haftung von Managern und Aufsichtsräten Rn. 226; *Fleischer* in Spindler/Stilz AktG § 93 Rn. 207; *Bürgers* in Bürgers/Körber AktG § 93 Rn. 26; *Spindler* in MüKoAktG § 93 Rn. 180.

[702] BGH WM 1985, 1293 f.; BB 1974, 994; *Hüffer/Koch* AktG § 93 Rn. 55; *Fleischer* in Spindler/Stilz AktG § 93 Rn. 210; *Bürgers* in Bürgers/Körber AktG § 93 Rn. 28; *Mertens/Cahn* in KölnKommAktG § 93 Rn. 143.

[703] *Finkel/Ruchatz* BB 2017, 519 (520); *Fleischer* in Spindler/Stilz AktG § 93 Rn. 211; *Bürgers* in Bürgers/Körber AktG § 93 Rn. 29.

[704] BGH NZG 2008, 834; OLG Düsseldorf NZG 2007, 632; einschränkend *Henze* Der Aufsichtsrat 2007, 81 (Herausgabe erst nach Ablauf der Verjährungsfrist für Schadensersatzansprüche nach §§ 116, 93 Abs. 6 AktG).

und Schriften zu gewähren.⁷⁰⁵ Die Durchsetzung dieses Anspruchs kann sich jedoch in der Praxis als schwierig erweisen.⁷⁰⁶

Die Beweislastverteilung gilt grundsätzlich auch im Rahmen der Ansprüche nach § 93 Abs. 3 AktG wegen Verletzung der Pflicht zur Kapitalerhaltung. In diesem Fall erstreckt sich die Beweislastumkehr des § 93 Abs. 2 S. 2 AktG auch auf den Schaden, dessen Eintritt im Rahmen der Ansprüche gemäß § 93 Abs. 3 AktG vermutet wird.⁷⁰⁷ 417

d) Verjährung

Gemäß §§ 93 Abs. 6 AktG verjähren Ansprüche aus §§ 93 Abs. 1–5 AktG bei börsennotierten Gesellschaften innerhalb von zehn Jahren, bei anderen Gesellschaften in fünf Jahren. Vereinbarungen, die zu einer Verkürzung der Verjährungsfrist führen, sind unzulässig.⁷⁰⁸ Maßgeblich für den Fristbeginn ist das Entstehen des Anspruchs (§ 200 BGB).⁷⁰⁹ Ein Anspruch ist entstanden, soweit er erstmals gerichtlich geltend gemacht werden kann, sei es auch nur durch Feststellungsklage, so dass es auf eine konkrete Bezifferung des Schadens nicht ankommt.⁷¹⁰ Der Fristlauf beginnt mit Abschluss der pflichtwidrigen Handlung,⁷¹¹ selbst wenn die Gesellschaft von den anspruchsbegründenden Tatsachen keine Kenntnis hat.⁷¹² Die Gesellschaft kann jedoch den Arglisteinwand gegen die Verjährungseinrede erheben, wenn die betreffende Pflichtverletzung von dem Vorstandsmitglied aktiv verschleiert wurde.⁷¹³ 418

Konkurrierende Schadenersatzansprüche aufgrund anderer Haftungsnormen verjähren selbständig nach den auf diese Normen anwendbaren Regelungen, beispielsweise verjähren Ansprüche nach § 117 Abs. 6 AktG (Benutzung des Einflusses auf die Gesellschaft) und Ansprüche nach § 309 Abs. 5 AktG (Verantwortung im Konzern) nach jeweils fünf Jahren. Deliktische Ansprüche verjähren insbesondere nach den §§ 195, 199 Abs. 1 und 3 BGB;⁷¹⁴ idR gilt daher die dreijährige Verjährungsfrist des § 195 BGB. Sie beginnt mit Schluss des Jahres zu laufen, in dem der Anspruch entstanden ist und die Gesellschaft vom Schädiger und dem Schaden Kenntnis erlangt oder aufgrund grob fahrlässiger Unkenntnis nicht erlangt hat (§ 199 Abs. 1 BGB).⁷¹⁵ 419

---

⁷⁰⁵ BGH AG 2008, 743; LG München I NZG 2014, 345, 347; *Hüffer/Koch* AktG § 93 Rn. 56; *Finkel/Ruchatz* BB 2017, 519 (522); *Liebscher* in BeckHdB AG § 6 Rn. 141.

⁷⁰⁶ Vgl. zur Thematik im Detail *Finkel/Ruchatz* BB 2018, 519 mwN.

⁷⁰⁷ *Hüffer/Koch* AktG § 93 Rn. 68; *Hopt/Roth* in Großkomm AktG § 93 Rn. 343, 442; *Mertens/Cahn* in KölnKommAktG § 93 Rn. 125.

⁷⁰⁸ *Hüffer/Koch* AktG § 93 Rn. 88; *Thümmel* Persönliche Haftung von Managern und Aufsichtsräten Rn. 233.

⁷⁰⁹ BGH DB 2018, 2685 (2686); OLG München AG 2018, 758 (759); *Hüffer/Koch* AktG § 93 Rn. 87; *Fleischer* in Spindler/Stilz AktG § 93 Rn. 259; *Bürgers* in Bürgers/Körber AktG § 93 Rn. 54; *Illert/Meyer* in Illert/Ghassemi-Tabar/Cordes HdB Vorstand und Aufsichtsrat § 2 Rn. 102; *Liebscher* in BeckHdB AG § 6 Rn. 142.

⁷¹⁰ BGHZ 100, 228 (231); OLG Stuttgart AG 2010, 133, 136; *Hüffer/Koch* AktG § 93 Rn. 87; *Fleischer* in Spindler/Stilz AktG § 93 Rn. 259; *Thümmel* Persönliche Haftung von Managern und Aufsichtsräten Rn. 231; *Plück/Lattwein* Haftungsrisiken für Manager S. 116.

⁷¹¹ LG München I ZIP 2014, 570 (578); *Hüffer/Koch* AktG § 93 Rn. 87; *Illert/Meyer* in Illert/Ghassemi-Tabar/Cordes HdB Vorstand und Aufsichtsrat § 2 Rn. 106.

⁷¹² OLG München AG 2018, 758 (759).

⁷¹³ BGH NJW 1995, 1353 (1358), *Hüffer/Koch* AktG § 93 Rn. 87; *Illert/Meyer* in Illert/Ghassemi-Tabar/Cordes HdB Vorstand und Aufsichtsrat § 2 Rn. 101; *Thümmel* Persönliche Haftung von Managern und Aufsichtsräten Rn. 232.

⁷¹⁴ OLG München AG 2017, 631 (634); *Hüffer/Koch* AktG § 93 Rn. 86; *Mertens/Cahn* in KölnKommAktG § 93 Rn. 195; *Liebscher* in BeckHdB AG § 6 Rn. 142.

⁷¹⁵ *Hüffer/Koch* AktG § 93 Rn. 86; *Thümmel* Persönliche Haftung von Managern und Aufsichtsräten Rn. 234.

8. Beschränkung der Innenhaftung

a) Einleitung

420　Die Mitglieder des Vorstands unterliegen gegenüber der Gesellschaft einer weit reichenden Innenhaftung. Die Vorstandsmitglieder haben daher ein besonderes Interesse daran, diese strenge Haftung zu beschränken, sei es durch vorherige Billigung des relevanten Handelns, durch nachträglichen Verzicht auf entstandene Ersatzansprüche oder durch vertragliche Haftungsbeschränkung.

b) Billigung pflichtwidrigen Vorstandshandelns

421　Eine Billigung könnte durch den Aufsichtsrat oder die Hauptversammlung erfolgen. Eine Billigung der Handlung durch den Aufsichtsrat hat jedoch gemäß § 93 Abs. 4 S. 2 AktG keine haftungsbefreiende Wirkung. Dies beruht insbesondere darauf, dass der Aufsichtsrat dem Vorstand keine Weisung erteilen kann.[716] Der Vorstand handelt vielmehr gemäß § 76 Abs. 1 AktG unter eigener Verantwortung. Auch soweit die getroffene Entscheidung einem Zustimmungsvorbehalt des Aufsichtsrats gemäß § 111 Abs. 4 S. 2 AktG unterliegt, kommt einer Zustimmung des Aufsichtsrats keine haftungsbefreiende Wirkung zu. Unabhängig hiervon kann es sich bei potentiell risikoreichen Entscheidungen aus der Sicht des Vorstands empfehlen, den Aufsichtsrat um Zustimmung zu der Maßnahme zu ersuchen, um einerseits den Sachverstand der Aufsichtsratsmitglieder zu nutzen und andererseits die intensive Befassung mit den Chancen und Risiken der Maßnahme zu dokumentieren.

422　Eine Ersatzpflicht des Vorstands tritt nicht ein, wenn die Hauptversammlung die relevante Maßnahme durch gesetzmäßigen Beschluss billigt, bevor sie der Vorstand vornimmt (§ 93 Abs. 4 S. 1 AktG). IdR allerdings ist eine vorherige Entscheidung durch die Hauptversammlung nicht praktikabel. Zunächst müsste die Hauptversammlung einberufen werden, was einen zeitlichen Vorlauf erfordert. Zudem wären die Aktionäre in der Hauptversammlung umfassend über alle mit dem Beschlussgegenstand in Zusammenhang stehenden Fragen zu informieren (§ 131 AktG). Schließlich hätte eine solche Maßnahme insbesondere bei Gesellschaften mit größerem Aktionärskreis eine idR unerwünschte Öffentlichkeitswirkung. Eine Billigung durch vorherigen Beschluss der Hauptversammlung kommt daher in der Praxis nur bei kleinen Gesellschaften mit übersichtlichem Aktionärskreis in Betracht.[717]

423　Zudem tritt durch den Beschluss der Hauptversammlung gemäß § 93 Abs. 4 S. 1 AktG nur eine Haftungsbefreiung gegenüber der Gesellschaft ein. Ersatzansprüche der Gesellschaftsgläubiger sind gemäß § 93 Abs. 5 AktG von der Haftungsbefreiung nicht erfasst, wenn von der Gesellschaft keine Befriedigung mehr erlangt werden kann.[718] Entsprechendes gilt auch bei einem nachträglichen Verzicht oder Vergleich.[719]

c) Nachträglicher Verzicht

424　Weiterhin ist bei einer Haftungsbefreiung des Vorstands an einen nachträglichen Verzicht oder Vergleich auf bereits entstandene Innenhaftungsansprüche zu denken. Anders

---

[716] *Hüffer/Koch* AktG § 93 Rn. 75; *Bürgers* in Bürgers/Körber AktG § 93 Rn. 35; *Thümmel* Persönliche Haftung von Managern und Aufsichtsräten Rn. 330.

[717] *Thümmel* Persönliche Haftung von Managern und Aufsichtsräten Rn. 332; zu Details vgl. Hüffer/Koch AktG § 93 Rn. 72 ff.

[718] *Hüffer/Koch* AktG § 93 Rn. 82; *Thümmel* Persönliche Haftung von Managern und Aufsichtsräten Rn. 333; *Fleischer* in Spindler/Stilz AktG § 93 Rn. 246.

[719] *Hüffer/Koch* AktG § 93 Rn. 82.

als bei der GmbH bewirkt der Beschluss der Hauptversammlung über die Entlastung der Vorstandsmitglieder nach § 120 Abs. 1 AktG keinen Verzicht auf Ersatzansprüche der Gesellschaft gegenüber ihren Vorstandsmitgliedern. Während bei der GmbH anerkannt ist, dass ein Entlastungsbeschluss der Gesellschafterversammlung solche Haftungsansprüche präkludiert, die für die Gesellschafterversammlung aufgrund der Rechenschaftslegung und der sonst zugänglich gemachten Unterlagen und Angaben erkennbar waren,[720] ist eine solche Wirkung für die Aktiengesellschaft gemäß § 120 Abs. 2 S. 2 AktG ausdrücklich ausgeschlossen.

Ein Verzicht könnte dadurch erfolgen, dass Innenhaftungsansprüche faktisch vom Aufsichtsrat nicht geltend gemacht werden. Aufsichtsratsmitglieder, die pflichtwidrig die Geltendmachung von Ersatzansprüchen unterlassen, begehen jedoch ihrerseits eine Pflichtverletzung.[721] Verzichtet der Aufsichtsrat dennoch auf eine Geltendmachung, so könnte die Hauptversammlung mit einfacher Stimmenmehrheit die Verfolgung der Ansprüche gemäß § 147 AktG verlangen. Zudem können gemäß § 148 AktG die Aktionäre Ersatzansprüche in eigenem Namen geltend machen, deren Anteile im Zeitpunkt der Antragstellung zusammen 1 % des Grundkapitals oder den anteiligen Betrag von 100.000 EUR erreichen und die erfolgreich die Durchführung eines Zulassungsverfahrens beantragt haben. Verfolgen auch die Aktionäre die Ansprüche der Gesellschaft gegen ihre Vorstandsmitglieder nicht, so verjährt eine Innenhaftung der Vorstandsmitglieder nach Ablauf von fünf bzw. zehn Jahren (§ 93 Abs. 6 AktG). 425

Ein nachträglicher Erlass bereits entstandener Innenhaftungsansprüche ist nur unter den engen Voraussetzungen des § 93 Abs. 4 S. 3 AktG möglich. Danach kann die Gesellschaft auf Innenhaftungsansprüche gegen ihre Vorstandsmitglieder erst nach Ablauf von drei Jahren nach der Entstehung des Anspruchs verzichten oder sich über sie vergleichen. Erforderlich ist zudem ein Beschluss der Hauptversammlung, gegen den nicht mehr als mit 10 % am Grundkapital beteiligte Aktionäre Widerspruch eingelegt haben dürfen. Durch die zeitliche Beschränkung soll verhindert werden, dass die Gesellschaft vorzeitig auf Ansprüche verzichtet, ohne dass das gesamte Ausmaß des Schadens erkennbar geworden ist.[722] Ein unter Verstoß gegen § 93 Abs. 4 S. 3 AktG abgeschlossener Verzicht oder Vergleich ist unwirksam, selbst eine nachträgliche Genehmigung nach Ablauf der Frist von drei Jahren führt nicht zur Wirksamkeit.[723] Ist das Vorstandsmitglied zahlungsunfähig, so gilt gemäß § 93 Abs. 4 S. 4 AktG die zeitliche Beschränkung der Verzichts- bzw. Vergleichsmöglichkeit nicht, damit sein Insolvenzverfahrens abgewendet oder beendet werden kann.[724] 426

d) Vertragliche Haftungsbeschränkungen

Weiterhin stellt sich die Frage, ob die Haftung von Vorstandsmitgliedern durch Vereinbarung mit der Gesellschaft beschränkt werden kann. Während bei der GmbH nach überwiegender Ansicht die Geschäftsführerhaftung gegenüber der Gesellschaft gemäß § 43 427

---

[720] BGH NJW 1959, 192; WM 1976, 736 (737); BGHZ 97, 382; *Thümmel* Persönliche Haftung von Managern und Aufsichtsräten Rn. 347; *Zöllner/Noack* in Baumbach/Hueck GmbHG § 46 Rn. 41; *Bayer* in Lutter/Hommelhoff GmbHG § 46 Rn. 26.
[721] BGHZ 135, 244 ff; *Hüffer/Koch* AktG § 111 Rn. 7 ff.
[722] *Hüffer/Koch* AktG § 93 Rn. 76; *Thümmel* Persönliche Haftung von Managern und Aufsichtsräten Rn. 342; *Hopt/Roth* in Großkomm AktG § 93 Rn. 518.
[723] OLG München AG 2018, 758; *Spindler* in MüKoAktG § 93 Rn. 254; *Hopt/Roth* in Großkomm AktG § 93 Rn. 533 f.
[724] *Hüffer/Koch* AktG § 93 Rn. 79; *Fleischer* in Spindler/Stilz AktG § 93 Rn. 240; *Bürgers* in Bürgers/Körber AktG § 93 Rn. 39; *Thümmel* Persönliche Haftung von Managern und Aufsichtsräten Rn. 343; *Mertens/Cahn* in KölnKommAktG § 93 Rn. 176.

GmbHG durch Satzung oder Anstellungsvertrag beschränkt werden kann,[725] sind derartige Haftungserleichterungen bei der Aktiengesellschaft nicht zulässig; § 93 Abs. 2 S. 1 AktG ist insoweit zwingend.[726] Dies wird insbesondere mit der strengen Regelung zum Verzicht bzw. Vergleich über Innenhaftungsansprüche gemäß § 93 Abs. 4 S. 3 AktG begründet.[727]

9. Geltendmachung von Innenhaftungsansprüchen

a) Geltendmachung von Ersatzansprüchen durch die Aktiengesellschaft

aa) Zuständigkeit des Aufsichtsrats

428   Wenn ein Vorstandsmitglied seine Pflichten gegenüber der Aktiengesellschaft verletzt, entsteht ein Interessenkonflikt bei Geltendmachung von Ersatzansprüchen: Da die Gesellschaft gerichtlich und außergerichtlich grundsätzlich von ihren Vorstandsmitgliedern vertreten wird (§ 78 Abs. 1 AktG), müsste das pflichtwidrig handelnde Vorstandsmitglied bzw. andere Mitglieder im Vorstand die Ersatzansprüche geltend machen. Auch die anderen Vorstandsmitglieder wären aber nicht unbefangen. § 112 AktG regelt deshalb, dass die Gesellschaft gegenüber ihren Vorstandsmitgliedern gerichtlich und außergerichtlich ausnahmsweise vom Aufsichtsrat vertreten wird. Die Kompetenzverlagerung soll die Interessen der Gesellschaft wahren.[728] Die Aufsichtsratsmitglieder vertreten die Gesellschaft sowohl gegenüber amtierenden als auch bereits ausgeschiedenen Vorstandsmitgliedern, ohne dass es darauf ankommt, ob deren Bestellung wirksam oder unwirksam war.[729]

429   Nach der ARAG/Garmenbeck-Entscheidung des Bundesgerichtshofs muss der Aufsichtsrat grundsätzlich Ersatzansprüche gegen Vorstandsmitglieder geltend machen, wenn der Vorstand seine Pflichten gegenüber der Gesellschaft verletzt und dieser daraus ein Schadenersatzanspruch erwächst.[730] Im Einzelfall ist hierbei eine mehrstufige Prüfung erforderlich.[731] Grundsätzlich kommt dem Aufsichtsrat hinsichtlich der Frage, ob Ansprüche der Gesellschaft gegen ihren Vorstand geltend zu machen sind, kein erheblicher unternehmerischer Ermessensspielraum zu. Seine Entscheidung ist allein dem Unternehmenswohl verpflichtet, das nach Auffassung des Bundesgerichtshofes idR die Wiederherstellung des geschädigten Gesellschaftsvermögens verlangt:

„[Der Aufsichtsrat wird daher] von der Geltendmachung voraussichtlich begründeter Schadenersatzansprüche gegen einen pflichtwidrig handelnden Vorstand nur dann ausnahmsweise absehen dürfen, wenn gewichtige Interessen und Belange der Gesellschaft dafür sprechen, den ihr entstandenen Schaden ersatzlos hinzunehmen. Diese Voraussetzung wird im Allgemeinen nur dann erfüllt sein, wenn die Gesellschaftsinteressen und -belange, die es geraten erscheinen lassen, keinen Ersatz des der Gesellschaft durch den Vorstand zugefügten Schadens zu verlangen, die Gesichtspunkte, die für eine Rechtsverfolgung sprechen, überwiegen oder ihnen zumindest annähernd gleichwertig sind. In

---

[725] BGH NJW 2002, 3777 (3778); *Zöllner/Noack* in Baumbach/Hueck GmbHG § 43 Rn. 46; *Kleindieck* in Lutter/Hommelhoff GmbHG § 43 Rn. 60 ff.
[726] *Hüffer/Koch* AktG § 93 Rn. 2; *Hopt/Roth* in Großkomm AktG § 93 Rn. 47 ff.; *Plück/Lattwein* Haftungsrisiken für Manager S. 115; *Thümmel* Persönliche Haftung von Managern und Aufsichtsräten Rn. 350.
[727] *Hopt/Roth* in Großkomm AktG § 93 Rn. 47; *Plück/Lattwein* Haftungsrisiken für Manager S. 115; *Thümmel* Persönliche Haftung von Managern und Aufsichtsräten Rn. 350.
[728] BGHZ 103, 213 (216); BGH NJW 1989, 2055 (2056); AG 1991, 269; BGHZ 130, 108 (111 f.); OLG München EWiR 2009, 397; *Hüffer/Koch* AktG § 112 Rn. 1; *Spindler* in Spindler/Stilz AktG § 112 Rn. 1; *Israel* in Bürgers/Körber AktG § 112 Rn. 1.
[729] *Hüffer/Koch* AktG § 112 Rn. 2; *Spindler* in Spindler/Stilz AktG § 112 Rn. 6.
[730] BGHZ 135, 244 ff.
[731] Zu Details vgl. *Hüffer/Koch* AktG § 111 Rn. 7 ff. mwN.

diesem Zusammenhang können die von dem Berufungsgericht hervorgehobenen Gesichtspunkte, wie negative Auswirkungen auf Geschäftstätigkeit und Ansehen der Gesellschaft in der Öffentlichkeit, Behinderung der Vorstandsarbeit und Beeinträchtigung des Betriebsklimas, durchaus Bedeutung erlangen".[732]

Der Bundesgerichtshof folgerte hieraus, 430

„dass die Verfolgung der Schadenersatzansprüche gegenüber einem Vorstandsmitglied die Regel sein muss. Hingegen bedarf es gewichtiger Gegengründe und einer besonderen Rechtfertigung, von einer – voraussichtlich – aussichtsreichen Anspruchsverfolgung, die einem Anspruchsverzicht der Gesellschaft außerordentlich nahe kommt, abzusehen; sie muss die Ausnahme darstellen".[733]

bb) Klageerzwingungsrecht der Aktionäre und Bestellung besonderer Vertreter

(1) Einleitung. Interessenkonflikte können auch zwischen Mitgliedern des Aufsichts- 431
rats und des Vorstands entstehen. Häufig stecken hinter Pflichtverletzungen des Vorstands auch Pflichtverletzungen des Aufsichtsrats, insbesondere wegen mangelnder Überwachung, so dass eine Geltendmachung von Ersatzansprüchen gegen Vorstandsmitglieder auch eigene Verfehlungen zutage fördern könnte. Daher könnten Aufsichtsratsmitglieder den engen Ermessensspielraum bei Ersatzansprüchen gegen Vorstandsmitglieder aufgrund ihrer persönlichen Betroffenheit bewusst oder unbewusst pflichtwidrig ausüben.[734] Um zu verhindern, dass die Interessen der Aktiengesellschaft an einem Ausgleich ihres Schadens vernachlässigt werden, können Aktionäre gemäß §§ 147, 148 AktG die Geltendmachung von Ersatzansprüchen gegen Vorstandsmitglieder beeinflussen.[735]

(2) Klageerzwingungsverfahren. Nach § 147 Abs. 1 S. 1 AktG können Aktionäre der 432
Gesellschaft eine Klage erzwingen, so dass die Gesellschaft Ersatzansprüche gegen Vorstandsmitglieder geltend machen muss, wenn es die Hauptversammlung mit einfacher Stimmenmehrheit beschließt.

Hauptversammlungsbeschluss
Der Beschluss der Hauptversammlung muss hinlänglich genau angeben, welche Ansprü- 433
che gegen wen geltend zu machen sind.[736] Sofern betroffene Vorstände zugleich Aktionäre der Gesellschaft sind, unterliegen sie bei der Abstimmung in der Hauptversammlung einem Stimmverbot gemäß § 136 Abs. 1 S. 1 Abs. 3 AktG.[737] Der Antrag auf Geltendmachung von Ersatzansprüchen muss in der Tagesordnung zur Hauptversammlung gemäß § 124 AktG angekündigt werden, sofern er nicht im Zusammenhang steht mit einem in der Tagesordnung bereits angekündigten Gegenstand (§ 124 Abs. 4 S. 2 Abs. 2 AktG), in diesem Fall ist der Antrag bekanntmachungsfrei.[738] Nicht ausreichend ist, dass „nur" die Entlastung des Vorstands bzw. des Aufsichtsrats auf der Tagesordnung steht.[739]

---

[732] BGHZ 135, 244 (255).
[733] BGHZ 135, 244 (255).
[734] *Hüffer/Koch* AktG § 147 Rn. 1; *Arnold* in MüKoAktG § 147 Rn. 16.
[735] *Hüffer/Koch* AktG § 147 Rn. 1; *Mock* in Spindler/Stilz AktG § 147 Rn. 1; *Holzborn/Jänig* in Bürgers/Körber AktG § 147 Rn. 1; *Arnold* in MüKoAktG § 147 Rn. 16; *Thümmel* Persönliche Haftung von Managern und Aufsichtsräten Rn. 307.
[736] *Hüffer/Koch* AktG § 147 Rn. 5; *Mock* in Spindler/Stilz AktG § 147 Rn. 16; *Holzborn/Jänig* in Bürgers/Körber AktG § 147 Rn. 6; *Arnold* in MüKoAktG § 147 Rn. 36 ff.
[737] OLG Düsseldorf AG 1996, 373 (374); *Hüffer/Koch* AktG § 147 Rn. 4; *Mock* in Spindler/Stilz AktG § 147 Rn. 18; *Holzborn/Jänig* in Bürgers/Körber AktG § 147 Rn. 6; *Arnold* in MüKoAktG § 147 Rn. 45.
[738] *Hüffer/Koch* AktG § 147 Rn. 3; *Mock* in Spindler/Stilz AktG § 147 Rn. 15; *Holzborn/Jänig* in Bürgers/Körber AktG § 147 Rn. 6; *Arnold* in MüKoAktG § 147 Rn. 33 f.
[739] *Hüffer/Koch* AktG § 147 Rn. 8; *Mock* in Spindler/Stilz AktG § 147 Rn. 15; *Holzborn/Jänig* in Bürgers/Körber AktG § 147 Rn. 6; *Arnold* in MüKoAktG § 147 Rn. 34.

Gerichtliche Geltendmachung

434 Gemäß § 147 Abs. 1 S. 2 AktG sollen die Ansprüche innerhalb von sechs Monaten seit der Hauptversammlung, in der das Verlangen beschlossen wurde, durch die Gesellschaft geltend gemacht werden. Dabei handelt es sich nicht um eine Ausschlussfrist, vielmehr soll eine willkürliche Verzögerung der gerichtlichen Geltendmachung verhindert werden.[740] Lässt das zuständige Organ die sechsmonatige Klagefrist verstreichen, stellt dies seinerseits eine Pflichtverletzung dar, die zu einem Ersatzanspruch der Gesellschaft gemäß §§ 93, 116 AktG – insbesondere bei Zinsschäden – führen kann.[741]

Bestellung besonderer Vertreter

435 Die Bestellung sog. „besonderer Vertreter" durch die Hauptversammlung oder durch Gerichtsbeschluss hat in den letzten Jahren an Bedeutung gewonnen.[742] Gemäß § 147 Abs. 2 S. 1 AktG kann die Hauptversammlung mit einfacher Mehrheit einen oder mehrere besondere Vertreter zur Geltendmachung von Ersatzansprüchen gegen Vorstandsmitglieder bestellen. Zur Beschlussfassung durch die Hauptversammlung gilt das zum Beschluss über die Geltendmachung von Ersatzansprüchen gemäß § 147 Abs. 1 AktG Gesagte vom Grundsatz hier entsprechend.[743]

436 Die Bestellung eines besonderen Vertreters kann gemäß § 147 Abs. 2 S. 2 AktG auch dann erfolgen, wenn Aktionäre, die mit 10 % am Grundkapital beteiligt sind oder den anteiligen Betrag von 1 Mio. EUR erreichen, dies beim Gericht am Sitz der Gesellschaft beantragen und das Gericht die Bestellung eines besonderen Vertreters für zweckmäßig hält.[744] Erforderlich ist die Bestellung eines besonderen Vertreters insbesondere dann, wenn objektive Anhaltspunkte dafür bestehen, dass die Minderheit der Aktionäre dem zur Geltendmachung der Ansprüche befugten Vertretungsorgan nicht vertrauen kann, weil Zweifel an dessen Neutralität und Unabhängigkeit bestehen.[745] Die Aussichten der Klage hat das Gericht dabei nicht zu prüfen.[746]

437 Aufgaben und Rechtsstellung des besonderen Vertreters sind im Einzelnen umstritten. In seinem engen Aufgabenkreis der Anspruchsdurchsetzung[747] billigt die herrschende Meinung dem besonderen Vertreter Organqualität zu.[748]

b) Geltendmachung von Ersatzansprüchen durch Dritte

aa) Prozessstandschaft der Aktionäre

438 Innenhaftungsansprüche gegen Vorstandsmitglieder werden primär von der Gesellschaft geltend gemacht. Daneben besteht jedoch gemäß § 148 AktG subsidiär ein eigenes Klagerecht der Aktionäre im Sinne einer actio pro socio. Danach können Ersatzansprüche der Gesellschaft durch Aktionäre im eigenen Namen geltend gemacht werden, wenn ihre

---

[740] *Hüffer/Koch* AktG § 147 Rn. 9; *Arnold* in MüKoAktG § 147 Rn. 56.
[741] *Hüffer/Koch* AktG § 147 Rn. 9; *Mock* in Spindler/Stilz AktG § 147 Rn. 22; *Holzborn/Jänig* in Bürgers/Körber AktG § 147 Rn. 8; *Arnold* in MüKoAktG § 147 Rn. 56.
[742] Vgl. *Bayer/Hoffmann* AG 2018, 337; *Paul* BB 2018, 908; zu Gerichtsentscheidungen vgl. OLG Karlsruhe AG 2018, 367; OLG Köln AG 2017, 351; LG Köln ZIP 2016, 162; KG ZIP 2012, 672; LG Heidelberg AG 2017, 497.
[743] Zu Details vgl. *Hüffer/Koch* AktG § 147 Rn. 10; *Arnold* in MüKoAktG § 147 Rn. 87.
[744] *Hüffer/Koch* AktG § 147 Rn. 20; *Arnold* in MüKoAktG § 147 Rn. 97; *Mock* in Spindler/Stilz AktG § 147 Rn. 43; *Holzborn/Jänig* in Bürgers/Körber AktG § 147 Rn. 12.
[745] AG Nürtingen AG 1995, 287; *Hüffer/Koch* AktG § 147 Rn. 20; *Arnold* in MüKoAktG § 147 Rn. 97.
[746] *Arnold* in MüKoAktG § 147 Rn. 97; *Mock* in Spindler/Stilz AktG § 147 Rn. 44; *Holzborn/Jänig* in Bürgers/Körber AktG § 147 Rn. 12.
[747] Vgl. hierzu LG Duisburg AG 2016, 795 (796); LG Heidelberg AG 2016, 868.
[748] BGH AG 2011, 875; OLG Köln AG 2017, 351 (353); *Hüffer/Koch* AktG § 147 Rn. 13; *Holzborn/Jänig* in Bürgers/Körber AktG § 147 Rn. 13.

Anteile bei Antragstellung zusammen 1 % des Grundkapitals oder einen anteiligen Betrag von 100.000 EUR erreichen und sie zuvor erfolgreich ein Klagezulassungsverfahren betrieben haben.

(1) Klagezulassungsverfahren. Die den Antrag auf Klagezulassung stellenden Aktionäre müssen nachweisen, dass sie bereits Aktionäre waren, bevor sie aufgrund einer Veröffentlichung von der behaupteten Pflichtverletzung oder dem behaupteten Schaden Kenntnis erlangt haben oder hätten erlangen können. Der Nachweis des Aktienbesitzes kann durch Depotauszüge oder Kaufunterlagen erfolgen.[749] Weiter müssen die Aktionäre nachweisen, dass sie die Gesellschaft vor Antragstellung vergeblich zur Erhebung der Klage innerhalb einer angemessenen Frist aufgefordert haben. Eine Frist von zwei Monaten ist idR angemessen.[750] Eine Fristsetzung ist entbehrlich, wenn die Gesellschaft eine Klageerhebung ernsthaft und endgültig verweigert.[751] Zudem müssen Tatsachen vorliegen, die den Verdacht rechtfertigen, dass der Gesellschaft durch Unredlichkeit oder grobe Verletzung des Gesetzes oder der Satzung ein Schaden entstanden ist. Das Gericht darf daher dem Antrag auf Zulassung der Klage nur dann stattgeben, wenn eine Klage hinreichende Aussicht auf Erfolg hat.[752] Der Geltendmachung des Anspruchs dürfen keine überwiegenden Gründe des Gesellschaftswohls entgegenstehen.[753] Dies kann die Gesellschaft im Rahmen des mit ihrer Beiladung nach § 148 Abs. 2 S. 7 AktG verbundenen Rechts zur Stellungnahme vortragen.

439

Nach einem erfolgreichen Zulassungsverfahren kann die Schadenersatzklage innerhalb von drei Monaten nach Eintritt der Rechtskraft der Zulassungsentscheidung erhoben werden, jedoch nur, wenn die Gesellschaft nach nochmaliger Aufforderung durch die Aktionäre unter angemessener Fristsetzung nicht selbst Klage erhebt (§ 148 Abs. 4 S. 1 AktG). Klagegegenstand kann allein der zugelassene Anspruch sein, der auf Leistung an die Gesellschaft gerichtet ist.[754] Klagebefugt sind ausschließlich die Antragsteller des Zulassungsverfahrens, eine Nebenintervention ist nach der Zulassung der Klage nicht mehr möglich.[755] Während des Zulassungs- oder Hauptverfahrens kann die Gesellschaft jederzeit selbst Klage auf Schadenersatz erheben oder ein bereits anhängiges Verfahren übernehmen. Für die Klage der Aktionäre als gesetzliche Prozessstandschafter entfällt hierdurch das Rechtsschutzinteresse, sie sind in dem Verfahren der Gesellschaft allerdings beizuladen (§ 148 Abs. 3 AktG).[756]

440

Wird der Antrag auf Klagezulassung abgewiesen, tragen die Antragsteller gemäß § 148 Abs. 6 AktG die Kosten des Zulassungsverfahrens, sofern nicht die Abweisung auf entgegenstehenden Gründen des Gesellschaftswohls beruht, die die Gesellschaft vor Antragstellung hätte mitteilen können. Wird die Klage zugelassen, steht den Klägern selbst bei Klageabweisung ein Kostenerstattungsanspruch gegen die Gesellschaft zu, ausgenommen die Zulassung der Klage wurde durch vorsätzlich oder grob fahrlässig unrichtigen Vortrag

441

---

[749] *Holzborn/Jänig* in Bürgers/Körber AktG § 148 Rn. 4; *Spindler* in Schmidt/Lutter AktG § 148 Rn. 19; *Mock* in Spindler/Stilz AktG § 148 Rn. 45.
[750] *Hüffer/Koch* AktG § 148 Rn. 7 (unter Hinweis auf Notwendigkeit längerer Frist bei Zuständigkeit des Aufsichtsrats); *Holzborn/Jänig* in Bürgers/Körber AktG § 148 Rn. 5; *Mock* in Spindler/Stilz AktG § 148 Rn. 48.
[751] *Hüffer/Koch* AktG § 148 Rn. 8; *Spindler* in Schmidt/Lutter AktG § 148 Rn. 22; *Holzborn/Jänig* in Bürgers/Körber AktG § 148 Rn. 5; *Mock* in Spindler/Stilz AktG § 148 Rn. 48.
[752] *Holzborn/Jänig* in Bürgers/Körber AktG § 148 Rn. 7; *Mock* in Spindler/Stilz AktG § 148 Rn. 52.
[753] *Hüffer/Koch* AktG § 148 Rn. 9; *Hirschmann* in Hölters AktG § 148 Rn. 14.
[754] *Hüffer/Koch* AktG § 148 Rn. 15; *Hirschmann* in Hölters AktG § 148 Rn. 27.
[755] *Hüffer/Koch* AktG § 148 Rn. 18; *Holzborn/Jänig* in Bürgers/Körber AktG § 148 Rn. 17; *Mock* in Spindler/Stilz AktG § 148 Rn. 95.
[756] *Hüffer/Koch* AktG § 148 Rn. 13; *Holzborn/Jänig* in Bürgers/Körber AktG § 148 Rn. 15; *Mock* in Spindler/Stilz AktG § 148 Rn. 86; *Spindler* in Schmidt/Lutter AktG § 148 Rn. 36.

bewirkt. Ferner besteht ein Kostenerstattungsanspruch der Antragsteller, wenn die Gesellschaft im Verfahrensverlauf selbst Klage erhebt oder ein anhängiges Verfahren übernimmt; dann hat die Gesellschaft alle bis dahin den Klägern bzw. Antragstellern entstandenen Kosten zu tragen.[757]

442 **(2) Bekanntmachungen zur Haftungsklage.** Nach § 149 Abs. 1 AktG sind der Antrag auf Zulassung der Klage sowie die Verfahrensbeendigung bei börsennotierten Gesellschaften nach rechtskräftiger Zulassung der Klage gemäß § 148 AktG unverzüglich in den Gesellschaftsblättern, also im Bundesanzeiger, bekannt zu machen. Die Bekanntmachung muss neben den Namen der Beteiligten auch die Art der Verfahrensbeendigung und alle mit ihr im Zusammenhang stehenden Vereinbarungen im Wortlaut enthalten (§ 149 Abs. 2 S. 1 AktG). Etwaige Leistungen der Gesellschaft und ihr zurechenbare Leistungen Dritter sind gesondert zu beschreiben (§ 149 Abs. 2 S. 2 AktG). Bei nicht börsennotierten Aktiengesellschaften können diese Informationen im geschlossenen Gesellschafterkreis verbleiben.[758]

443 Bei fehlender oder unzureichender Bekanntmachung der Verfahrensbeendigung sind vereinbarte Leistungspflichten der Gesellschaft oder Dritter gemäß § 149 Abs. 2 AktG unwirksam.[759] Dies gilt auch für prozessvermeidende Vereinbarungen (§ 149 Abs. 3 AktG). Andernfalls sind bereits erbrachte Leistungen vom Vorstand der Gesellschaft als ungerechtfertigte Bereicherung zurück zu fordern.[760] Die prozessualen Wirkungen, insbesondere die Beendigung des Prozesses, bleiben hingegen auch bei fehlender Bekanntmachung bestehen.[761]

444 **(3) Sonderprüfung.** Die Geltendmachung von Organhaftungsansprüchen durch besondere Vertreter oder durch Aktionäre ist idR nur auf der Grundlage eines zuvor ermittelten Sachverhalts möglich. Diese Ermittlung kann oftmals nur durch eine vorausgehende Sonderprüfung gemäß §§ 142 ff. AktG erfolgen. Sonderprüfungsanträge haben in der Hauptversammlungspraxis in den letzten Jahren eine bedeutende Rolle gespielt.[762] Lehnt die Hauptversammlung den Sonderprüfungsantrag ab, können Aktionäre, deren Anteile bei Antragstellung zusammen 1 % des Grundkapitals oder einen anteiligen Betrag von 100.000 EUR erreichen, die gerichtliche Bestellung von Sonderprüfern nach § 142 Abs. 2 S. 1 AktG beantragen.[763]

445 Die antragstellenden Minderheitsaktionäre müssen nachweisen, dass sie die Aktien seit mindestens drei Monaten vor dem Tag der Hauptversammlung, in der ihr Antrag auf Bestellung des Sonderprüfers gescheitert ist und bis zur Entscheidung über ihren Antrag halten.[764] Das Gericht gibt dem Antrag nur statt, wenn Tatsachen vorliegen, die den Verdacht von Unredlichkeiten oder groben Gesetzes- oder Satzungsverletzungen recht-

---

[757] *Hüffer/Koch* AktG § 148 Rn. 22; *Hirschmann* in Hölters AktG § 148 Rn. 36.
[758] *Hüffer/Koch* AktG § 149 Rn. 1; *Holzborn/Jänig* in Bürgers/Körber AktG § 149 Rn. 1; *Mock* in Spindler/Stilz AktG § 149 Rn. 3.
[759] *Hüffer/Koch* AktG § 149 Rn. 4; *Holzborn/Jänig* in Bürgers/Körber AktG § 149 Rn. 6; *Mock* in Spindler/Stilz AktG § 149 Rn. 19.
[760] *Hüffer/Koch* AktG § 149 Rn. 4; *Holzborn/Jänig* in Bürgers/Körber AktG § 149 Rn. 6; *Mock* in Spindler/Stilz AktG § 149 Rn. 20.
[761] *Holzborn/Jänig* in Bürgers/Körber AktG § 149 Rn. 6; *Mock* in Spindler/Stilz AktG § 149 Rn. 21.
[762] Vgl. zu Gerichtsentscheidungen BVerfG NJW 2018, 381; OLG München AG 2018, 761; ZIP 2011, 1364; OLG Celle AG 2018, 42; OLG Frankfurt a. M. AG 2011, 755; OLG Hamburg AG 2011, 677; OLG Düsseldorf NJW 2010, 1537; LG München I AG 2018, 206; zu Details vgl. auch *Hüffer/Koch* AktG § 147 Rn. 18 ff.
[763] *Hüffer/Koch* AktG § 142 Rn. 18 ff.; *Holzborn/Jänig* in Bürgers/Körber AktG § 142 Rn. 16; *Mock* in Spindler/Stilz AktG § 142 Rn. 112.
[764] Zu Details vgl. *Hüffer/Koch* AktG § 142 Rn. 23 f. mwN.

bb) Recht zur Geltendmachung von Innenhaftungsansprüchen durch Gläubiger

(1) Einführung. In engen Grenzen können auch Gläubiger der Gesellschaft einen Ersatzanspruch der Gesellschaft gemäß § 93 Abs. 2 und 3 bzw. 117 AktG geltend machen, „*soweit sie von dieser keine Befriedigung erlangen können*" (§§ 93 Abs. 5, 117 Abs. 5 AktG). Hierdurch soll die Rechtsstellung der Gläubiger verbessert werden. Insbesondere soll vermieden werden, dass Gläubiger zunächst einen Titel gegen die Gesellschaft erwirken müssen, um deren Schadenersatzansprüche gegen Vorstandsmitglieder pfänden (§ 829 ZPO) und sich überweisen (§ 835 ZPO) lassen zu können.[765]

446

(2) Voraussetzungen. Zur Geltendmachung von Innenhaftungsansprüchen durch einen Gläubiger ist erforderlich und ausreichend, dass die Gesellschaft ihrerseits einen Anspruch eines Gläubigers nicht befriedigen kann. Ein fruchtloser Vollstreckungsversuch ist nicht erforderlich, allerdings genügt eine bloße Zahlungsunwilligkeit nicht.[766]

447

Abzugrenzen sind Ansprüche wegen Verstoß gegen Kapitalerhaltungsvorschriften (§ 93 Abs. 3 AktG), wegen unerlaubter Einflussnahme (§ 117 AktG) oder wegen sonstiger Pflichtverletzungen (§ 93 Abs. 2 AktG). Während ein Anspruch gemäß §§ 93 Abs. 3 oder 117 AktG ungeachtet des Verschuldensgrads der Vorstandsmitglieder von den Gläubigern der Gesellschaft geltend gemacht werden kann, ist dies bei einem Anspruch gemäß § 93 Abs. 2 AktG nur dann der Fall, wenn das betroffene Vorstandsmitglied wenigstens grob fahrlässig gehandelt hat (§ 93 Abs. 5 S. 2 Hs. 1 AktG). Die Beweislast für das Fehlen grober Fahrlässigkeit obliegt allerdings gemäß § 93 Abs. 2 S. 2 AktG iVm § 93 Abs. 5 S. 2 Hs. 2 AktG dem Vorstandsmitglied.

448

Verzicht, Vergleich oder billigender Beschluss der Hauptversammlung haben gemäß §§ 93 Abs. 5 S. 3, 117 Abs. 5 S. 2 AktG keine Auswirkungen auf Ansprüche der Gläubiger, gemäß §§ 93, 117 AktG (§ 93 Abs. 5 S. 3). Insoweit ist ihr Anspruch unabhängig vom Anspruch der Gesellschaft.[767]

449

(3) Ausübung. Der Gläubiger kann und muss Leistung an sich selbst, nicht an die Gesellschaft verlangen.[768] Auch sind Rechtsverfolgung durch die Gesellschaft und den Gläubiger unabhängig voneinander, so dass ein Vorstandsmitglied, das bereits von der Gesellschaft verklagt ist, der Klage des Gläubigers nicht die Einrede der Rechtshängigkeit entgegensetzen kann. Ebenso entfaltet ein im Prozess der Gesellschaft ergangenes Urteil keine Rechtskraftwirkung gegen den Gläubiger.[769] Wenn das Vorstandsmitglied die Aktiengesellschaft befriedigt, geht mit deren Anspruch auch der Anspruch des Gläubigers unter. Insoweit sind die Ansprüche akzessorisch. Zur Vermeidung dieser für den Gläubiger unerwünschten Folge ist gegebenenfalls auch bei Zahlungsunfähigkeit der Gesellschaft die Pfändung und Überweisung des Anspruchs der Gesellschaft gegen ihr Vor-

450

---

[765] *Hüffer/Koch* AktG § 93 Rn. 80; *Bürgers* in Bürgers/Körber AktG § 93 Rn. 43; *Fleischer* in Spindler/Stilz AktG § 93 Rn. 250; *Mertens/Cahn* in KölnKommAktG § 93 Rn. 179.

[766] *Hüffer/Koch* AktG § 93 Rn. 82; *Bürgers* in Bürgers/Körber AktG § 93 Rn. 44; *Fleischer* in Spindler/Stilz AktG § 93 Rn. 253; *Mertens/Cahn* in KölnKommAktG § 93 Rn. 182; *Wiesner* in MHdB GesR IV § 26 Rn. 57.

[767] Vgl. *Hüffer/Koch* AktG § 93 Rn. 82; *Bürgers* in Bürgers/Körber AktG § 93 Rn. 44; *Fleischer* in Spindler/Stilz AktG § 93 Rn. 254.

[768] *Hüffer/Koch* AktG § 93 Rn. 83; *Bürgers* in Bürgers/Körber AktG § 93 Rn. 45; *Fleischer* in Spindler/Stilz AktG § 93 Rn. 256; *Mertens/Cahn* in KölnKommAktG § 93 Rn. 181; *Wiesner* in MHdB GesR IV § 26 Rn. 58.

[769] *Hüffer/Koch* AktG § 93 Rn. 83; *Bürgers* in Bürgers/Körber AktG § 93 Rn. 45; *Mertens/Cahn* in KölnKommAktG § 93 Rn. 146; *Wiesner* in MHdB GesR IV § 26 Rn. 58.

standsmitglied vorzuziehen.⁷⁷⁰ Eine Leistung des Vorstandsmitglieds an den Gesellschaftsgläubiger befreit dagegen erst dann vom Anspruch der Gesellschaft, wenn der Gläubiger die Leistung verlangt hatte.⁷⁷¹

451 In der Insolvenz der Aktiengesellschaft wird das Verfolgungsrecht der Gläubiger gemäß §§ 93 Abs. 5 S. 4, 117 Abs. 5 S. 3 AktG durch den Insolvenzverwalter ausgeübt. Nach Insolvenzeröffnung können Gesellschaftsgläubiger die Vorstandsmitglieder daher nicht mehr in Anspruch nehmen.⁷⁷² War die Klage bei Insolvenzeröffnung bereits rechtshängig, so tritt analog § 240 ZPO die Unterbrechung des Rechtsstreits ein.⁷⁷³

II. Außenhaftung

1. Einleitung

452 Die Aktiengesellschaft ist gemäß § 1 Abs. 1 S. 1 AktG eine Gesellschaft mit eigener Rechtspersönlichkeit. Sie ist daher selbst Trägerin der Rechte und Pflichten, die aus Rechtsbeziehungen mit Dritten entstehen. Ihr fehlt es jedoch an einer eigenen Handlungsfähigkeit, so dass sie durch ihre Organe und Vertreter handelt.⁷⁷⁴ Sie wird rechtsgeschäftlich durch den Vorstand als organschaftlichem Vertreter der Gesellschaft verpflichtet (§ 78 Abs. 1 AktG iVm §§ 164 ff. BGB). Tatsächliche, insbesondere deliktische Handlungen des Vorstands, durch die gegenüber einem Dritten eine Schadenersatzverpflichtung entsteht und die der Vorstand in Ausführung einer ihm zustehenden Verrichtung begangen hat, werden der Gesellschaft gemäß § 31 BGB zugerechnet.⁷⁷⁵ Daher haftet die Gesellschaft grundsätzlich für das Handeln ihrer Organe auch Dritten gegenüber.

453 Auf der Ebene des Vorstands führen organschaftliche Pflichtverletzungen aber nur zur Innenhaftung gegenüber der Gesellschaft, weil die Legalitätspflicht des Vorstands nicht bezweckt, Gesellschaftsgläubiger oder Aktionäre vor den mittelbaren Folgen einer sorgfaltswidrigen Geschäftsleitung zu schützen.⁷⁷⁶ Die Haftungsnorm des § 93 Abs. 2 AktG berechtigt daher auch nur die Gesellschaft zum Schadenersatz und ist kein Schutzgesetz zugunsten Dritter.⁷⁷⁷ Eine Außenhaftung der Vorstandsmitglieder besteht daher nur aufgrund besonderer Anspruchsgrundlagen. In der Praxis kommen vor allem deliktische Pflichtverletzungen für eine Außenhaftung der Vorstandsmitglieder in Betracht, weil spezialgesetzlich geregelte Fälle der Außenhaftung eng begrenzt sind.⁷⁷⁸

---

⁷⁷⁰ Vgl. hierzu *Hüffer/Koch* AktG § 93 Rn. 83; *Mertens/Cahn* in KölnKommAktG AktG § 93 Rn. 181; *Wiesner* in MHdB GesR IV § 26 Rn. 58.

⁷⁷¹ *Hüffer/Koch* AktG § 93 Rn. 83; *Mertens/Cahn* in KölnKommAktG § 93 Rn. 146.

⁷⁷² *Hüffer/Koch* AktG § 93 Rn. 84; *Bürgers* in Bürgers/Körber AktG § 93 Rn. 46; *Fleischer* in Spindler/Stilz AktG § 93 Rn. 257; *Mertens/Cahn* in KölnKommAktG § 93 Rn. 189.

⁷⁷³ *Hüffer/Koch* AktG § 93 Rn. 84; *Bürgers* in Bürgers/Körber AktG § 93 Rn. 46; *Fleischer* in Spindler/Stilz AktG § 93 Rn. 257.

⁷⁷⁴ *Hüffer/Koch* AktG § 1 Rn. 4; *Fock* in Spindler/Stilz AktG § 1 Rn. 33; *Habersack/Foerster* in Großkomm AktG § 78 Rn. 14.

⁷⁷⁵ *Hüffer/Koch* AktG § 78 Rn. 23; *Westermann* in Bürgers/Körber AktG § 1 Rn. 12; *Fleischer* in Spindler/Stilz AktG § 78 Rn. 51; *Ellenberger* in Palandt BGB § 31 Rn. 1 ff.

⁷⁷⁶ BGH NJW 2012, 3439 (3441); *Fleischer* in Spindler/Stilz AktG § 93 Rn. 307; *Hüffer/Koch* AktG § 93 Rn. 66; *Spindler* in MüKoAktG § 93 Rn. 299.

⁷⁷⁷ BGH NJW 2012, 3439 (3441); *Hüffer/Koch* AktG § 93 Rn. 61; *Fleischer* in Spindler/Stilz AktG § 93 Rn. 308; *Mertens/Cahn* in KölnKommAktG AktG § 93 Rn. 208 ff.; *Thümmel* Persönliche Haftung von Managern und Aufsichtsräten Rn. 401.

⁷⁷⁸ *Hüffer/Koch* AktG § 93 Rn. 61 ff.; *Link* in Wachter AktG § 93 Rn. 102; *Hopt/Roth* in Großkomm AktG § 93 Rn. 625 ff.; *Thümmel* Persönliche Haftung von Managern und Aufsichtsräten Rn. 401.

2. Spezialgesetzlich geregelte Außenhaftung

a) Haftung für rechtsgeschäftliche Verbindlichkeiten der Vorgesellschaft

§ 41 Abs. 1 S. 2 AktG regelt die sogenannte Handelndenhaftung vor Eintragung der Gesellschaft in das Handelsregister. Vor ihrer Eintragung besteht die Aktiengesellschaft als solche gemäß § 41 Abs. 1 S. 1 AktG nicht. Ungeachtet dessen kann und muss die Gesellschaft unter Umständen in verschiedener Weise tätig werden. Einerseits ist die Eintragung der Gesellschaft in das Handelsregister zu betreiben und andererseits kann es erforderlich sein, insbesondere wenn ein Unternehmen eingebracht wurde, bereits vor Eintragung operative Geschäfte zu betreiben. 454

Ist die Gesellschaft bereits durch Feststellung der Satzung (§ 23 AktG) und Übernahme sämtlicher Aktien durch die Gründer (§ 29 AktG) errichtet, wird sie als sogenannte Vor-AG bezeichnet. Die notwendigen Organe der Vor-AG sind der Vorstand, der Aufsichtsrat und die Gründerversammlung.[779] Dem Vorstand kommt die Leitung der Vor-AG zu. Wird im Namen der Vor-AG, dh zwischen Errichtung und Eintragung der Gesellschaft, rechtsgeschäftlich für diese gehandelt, so haften die Handelnden gemäß § 41 Abs. 1 S. 2 AktG für die so begründeten Verbindlichkeiten persönlich.[780] 455

Die Handelndenhaftung gemäß § 41 Abs. 1 S. 2 AktG tritt neben die Haftung der Vorgesellschaft für die begründeten Verbindlichkeiten. Sobald die Gesellschaft im Handelsregister eingetragen und daher als Aktiengesellschaft entstanden ist, erlischt die Handelndenhaftung nach § 41 Abs. 1 S. 2 AktG. Ihr kommt daher nur dann Bedeutung zu, wenn die Gesellschaft endgültig nicht ins Handelsregister eingetragen wird.[781] 456

b) Haftung für Schäden durch schädigenden Einfluss der Vorstandsmitglieder

Aus § 117 Abs. 1 und 2 AktG ergibt sich ein Anspruch der Gesellschaft gegenüber den Vorstandsmitgliedern, wenn diese selbst unzulässigen Einfluss auf die Gesellschaft, die Mitglieder der Verwaltungsorgane oder die leitenden Angestellten nehmen (§ 117 Abs. 1 AktG) bzw. einer unzulässigen Einflussnahme durch Dritte nicht widerstehen und dadurch ihre Pflichten verletzen (§ 117 Abs. 2 AktG). Gemäß § 117 Abs. 1 S. 2 AktG steht ein Schadenersatzanspruch neben der Gesellschaft auch deren Aktionären zu. Zur Pflichtwidrigkeit und Beweislast bei der Außenhaftung gilt das Gleiche wie bei der Innenhaftung gemäß § 93 AktG.[782] 457

Den Aktionären der Gesellschaft steht der Anspruch allerdings nur insoweit zu, als er über den der Gesellschaft und dadurch als Reflex auch in ihrem Vermögen entstandenen Schaden hinausgeht.[783] Dies ist insbesondere der Fall, wenn der Aktionär der Gesellschaft aufgrund falscher Angaben ein Darlehen zur Abwendung der Insolvenz und zur Erhaltung des Wertes seiner Beteiligung gewährt.[784] Der infolge einer Schädigung der Gesellschaft eingetretene Kursverlust stellt hingegen nur einen Reflexschaden dar, der durch 458

---

[779] Hüffer/Koch AktG § 41 Rn. 6; Körber in Bürgers/Körber AktG § 41 Rn. 8.
[780] Hüffer/Koch AktG § 41 Rn. 18 ff.; Körber in Bürgers/Körber AktG § 41 Rn. 16; Heidinger in Spindler/Stilz AktG § 41 Rn. 109; Thümmel Persönliche Haftung von Managern und Aufsichtsräten Rn. 370; Schnabel/Lücke in BeckMandatsHdB AG-Vorstand § 6 Rn. 286.
[781] BGHZ 80, 129 (140 ff.); Hüffer/Koch AktG § 41 Rn. 25; Thümmel Persönliche Haftung von Managern und Aufsichtsräten Rn. 371.
[782] Hüffer/Koch AktG § 117 Rn. 10; Schall in Spindler/Stilz AktG § 117 Rn. 24; Thümmel Persönliche Haftung von Managern und Aufsichtsräten Rn. 395.
[783] Hüffer/Koch AktG § 117 Rn. 9; Israel in Bürgers/Körber AktG § 117 Rn. 3; Schall in Spindler/Stilz AktG § 117 Rn. 20.
[784] BGHZ 94, 55 ff.; Hüffer/Koch AktG § 117 Rn. 9; Schall in Spindler/Stilz AktG § 117 Rn. 20.

einen Schadenersatz der Gesellschaft ausgeglichen wird und daher nicht zu einem eigenen Ersatzanspruch der Aktionäre führt.[785] Eine Haftung gegenüber der Gesellschaft oder ihren Aktionären kommt dann nicht in Betracht, wenn die Handlung des Vorstands auf einem gesetzmäßigen Beschluss der Hauptversammlung beruht, eine Billigung durch den Aufsichtsrat genügt jedoch nicht (§ 117 Abs. 2 S. 3 und 4 AktG). Der Anspruch verjährt gemäß § 117 Abs. 6 AktG in fünf Jahren.

c) Haftung für die Verletzung von Steuerpflichten

459 Gemäß § 34 AO haben die Vorstandsmitglieder die steuerlichen Pflichten der Gesellschaft zu erfüllen und dafür zu sorgen, dass Steuern aus Mitteln der Gesellschaft entrichtet werden. Verletzen sie diese Pflichten, indem insbesondere Ansprüche aus Steuerschuldverhältnissen vorsätzlich oder grob fahrlässig nicht oder nicht rechtzeitig festgesetzt oder erfüllt bzw. Steuervergünstigungen oder Erstattungen ohne Rechtsgrund gewährt wurden, so haften sie wegen der Vermögensschädigung des Steuergläubigers gemäß § 69 AO persönlich auf Schadensersatz.[786] Die Pflichtwidrigkeit indiziert nach der Rechtsprechung des Bundesfinanzhofs den Schuldvorwurf.[787]

460 Die Vorstandsmitglieder können eine persönliche Haftung beispielsweise für Umsatz-, Gewerbe- und Körperschaftsteuerforderungen vermeiden, indem sie Anmeldungen fristgerecht vornehmen und bei Zahlungen den Grundsatz anteiliger Tilgung beachten.[788] Die Vorstandsmitglieder dürfen danach den Staat als Steuergläubiger nicht schlechter behandeln als die sonstigen Gläubiger der Gesellschaft. Daher sind die vorhandenen Mittel der Gesellschaft bezogen auf den steuerlichen Haftungszeitraum mindestens gleichmäßig zur Befriedigung des Finanzamts und der übrigen Gläubiger zu verwenden.[789] Der Grundsatz anteiliger Tilgung gilt ebenfalls bei Verletzung von Erklärungspflichten, wenn die Gesellschaft auch bei pflichtgemäßer Abgabe der Erklärung die Steuerschuld nur anteilig hätte tilgen können und aussichtsreiche Vollstreckungsmöglichkeiten des Finanzamts nicht vereitelt wurden.[790]

461 Bei der Lohnsteuer wird der Grundsatz anteiliger Tilgung modifiziert, und führt daher nur selten zu einer Haftungsbeschränkung.[791] Anders als bei Umsatz-, Gewerbe- und Körperschaftsteuerforderungen bemisst sich die zu zahlende Lohnsteuer nicht danach, wie viele Mittel zur Befriedigung aller Gläubiger verwandt wurden, sondern nur nach dem Umfang einer anteiligen Befriedigung des Finanzamts und der Arbeitnehmer.[792] Reichen die zur Verfügung stehenden Mittel der Gesellschaft daher nicht aus, um neben dem vollen Gehalt bzw. Lohn auch die gesamte fällige Lohnsteuer abzuführen, so sind die Löhne und Gehälter entsprechend zu kürzen, so dass die Mittel auch für die Abführung des auf den ausgezahlten Lohn entfallenden Steueranteils ausreichen.[793]

---

[785] BGHZ 94, 55 (58 f.); 105, 121 (130 f.); *Hüffer/Koch* AktG § 117 Rn. 9; *Mertens/Cahn* in KölnKommAktG § 117 Rn. 20.

[786] BFHE 121, 5; *Thümmel* Persönliche Haftung von Managern und Aufsichtsräten Rn. 433; *Rüsken* in Klein AO § 69 Rn. 19.

[787] BFH DStR 2015, 941 (943); DStR 2009, 427; NZG 2003, 734 (736).

[788] BFH DStR 1991, 1014; ZIP 1987, 1545; GmbHR 1997, 140; 2000, 1211 (1213 f.); *Thümmel* Persönliche Haftung von Managern und Aufsichtsräten Rn. 434; *Spindler* in Fleischer VorstandsR-HdB § 13 Rn. 74.

[789] BFH DB 1985, 2542; *Rüsken* in Klein AO § 69 Rn. 58b; *Thümmel* Persönliche Haftung von Managern und Aufsichtsräten Rn. 434.

[790] BFH DStR 1991, 1014; *Rüsken* in Klein AO § 69 Rn. 60a.

[791] BFH BStBl. 1988, 859 (860); *Rüsken* in Klein AO § 69 Rn. 71.

[792] BFH BStBl. 1988, 859 (860); *Rüsken* in Klein AO § 69 Rn. 71.

[793] BFH BStBl. 1982 S. 521 (523); BStBl. 1988 S. 859; ZIP 1989, 519; *Rüsken* in Klein AO § 69 Rn. 71; *Thümmel* Persönliche Haftung von Managern und Aufsichtsräten Rn. 435; *Spindler* in Fleischer VorstandsR-HdB § 13 Rn. 74.

d) Haftung für nach UmwG entstandene Schäden

Die §§ 25 ff. UmwG enthalten weitgehende Sondertatbestände für eine unmittelbare Außenhaftung der Vorstandsmitglieder eines übertragenden Rechtsträgers in Verschmelzungssituationen. Entsprechendes gilt auch für die Aufsichtsratsmitglieder. Danach können der übertragende Rechtsträger selbst, dessen Anteilsinhaber und dessen Gläubiger Schadenersatzansprüche gegen Vorstands- und Aufsichtsratsmitglieder der übertragenden Gesellschaft geltend machen, wenn diese beim Abschluss des Verschmelzungsvertrages ihre Sorgfaltspflichten nicht beachten. Durch Verweisungen in § 125 UmwG und §§ 205 f. UmwG gilt diese Haftungsregelung auch für die anderen Umwandlungstatbestände (Spaltung, Vermögensübertragung und Formwechsel).[794] Mehrere Vorstands- und Aufsichtsratsmitglieder haften gemäß § 25 Abs. 1 S. 1 UmwG als Gesamtschuldner. 462

Vorstandsmitglieder können nach § 25 UmwG nur in Anspruch genommen werden, wenn sie ihre Pflichten bei Prüfung der Vermögenslage oder bei Abschluss des Verschmelzungsvertrages verletzen.[795] Dies folgt aus § 25 Abs. 1 S. 2 UmwG, der für diese Pflichtverletzungen ausdrücklich eine Entlastungsmöglichkeit vorsieht.[796] Zur Verpflichtung, die Vermögenslage des übertragenden und des aufnehmenden Rechtsträgers zu prüfen, gehört die Pflicht, sich ein möglichst klares Bild über die Vermögenslage zu verschaffen. Dies ist insbesondere in Bezug auf den übernehmenden Rechtsträger schwierig, da insofern vielfach Einsichtsmöglichkeiten fehlen.[797] IdR wird deshalb eine Due Diligence Prüfung erforderlich sein.[798] Auch der Verschmelzungsprüfer ist sorgfältig auszuwählen.[799] 463

Zu den Pflichten bei Abschluss des Verschmelzungsvertrages gehört eine ordnungsgemäße und wirtschaftlich vertretbare Verhandlungsführung.[800] Zudem müssen Zustimmungserfordernisse und Formvorschriften beachtet werden sowie alle Regeln, die das Zustandekommen eines ordnungsgemäßen Verschmelzungsvertrages betreffen.[801] 464

Ein Schaden der Aktionäre ergibt sich insbesondere dann, wenn das Umtauschverhältnis unangemessen niedrig festgesetzt wurde und sie daher weniger Anteile an dem übernehmenden Rechtsträger erhalten, als ihnen bei richtiger Bewertung zustehen.[802] Ein Schaden der Gläubiger des übertragenden Rechtsträgers kommt insbesondere dann in Betracht, wenn ihre Ansprüche durch die Verschmelzung gefährdet werden, weil das Vermögen des übernehmenden Rechtsträgers zur Schuldendeckung nicht ausreicht.[803] 465

Der Anspruch nach § 25 Abs. 1 UmwG setzt Verschulden der Vorstandsmitglieder voraus.[804] Hinsichtlich der Darlegungs- und Beweislast bzgl. der Pflichtverletzung und 466

---

[794] *Thümmel* Persönliche Haftung von Managern und Aufsichtsräten Rn. 398.
[795] *Grunewald* in Lutter UmwG § 25 Rn. 8; *Thümmel* Persönliche Haftung von Managern und Aufsichtsräten Rn. 398.
[796] *Grunewald* in Lutter UmwG § 25 Rn. 8; *Leonard* in Semler/Stengel UmwG § 25 Rn. 8; *Marsch-Barner* in Kallmeyer UmwG § 25 Rn. 6.
[797] *Leonard* in Semler/Stengel UmwG § 25 Rn. 9; *Grunewald* in Lutter UmwG § 25 Rn. 9.
[798] *Leonard* in Semler/Stengel UmwG § 25 Rn. 9; *Grunewald* in Lutter UmwG § 25 Rn. 9; *Marsch/Barner* in Kallmeyer UmwG § 25 Rn. 6.
[799] *Grunewald* in Lutter UmwG § 25 Rn. 9; *Leonard* in Semler/Stengel UmwG § 25 Rn. 9; *Marsch-Barner* in Kallmeyer UmwG § 25 Rn. 6.
[800] *Grunewald* in Lutter UmwG § 25 Rn. 10; *Leonard* in Semler/Stengel UmwG § 25 Rn. 10.
[801] *Grunewald* in Lutter UmwG § 25 Rn. 10; *Leonard* in Semler/Stengel UmwG § 25 Rn. 10.
[802] *Leonard* in Semler/Stengel UmwG § 25 Rn. 14; *Thümmel* Persönliche Haftung von Managern und Aufsichtsräten Rn. 399; *Grunewald* in Lutter UmwG § 25 Rn. 17.
[803] *Leonard* in Semler/Stengel UmwG § 25 Rn. 16; *Thümmel* Persönliche Haftung von Managern und Aufsichtsräten Rn. 399.
[804] *Leonard* in Semler/Stengel UmwG § 25 Rn. 11; *Grunewald* in Lutter UmwG § 25 Rn. 12; *Marsch-Barner* in Kallmeyer UmwG § 25 Rn. 7.

124   B. Haftungsrisiken für Vorstände

des Verschuldens gilt gemäß § 25 Abs. 1 S. 2 UmwG, dass sich die Vorstandsmitglieder selbst zu entlasten haben, es gibt also wie bei § 93 AktG eine Beweislastumkehr.[805] Gemäß § 25 Abs. 3 UmwG verjährt der Anspruch in fünf Jahren ab dem Tag, an dem die Eintragung der Verschmelzung im Handelsregister des übernehmenden Rechtsträgers als bekannt gemacht gilt. Die Verjährungsfrist von fünf Jahren gilt gemäß § 27 UmwG auch für Schadenersatzansprüche gegen Mitglieder von Vorstand und Aufsichtsrat des übernehmenden Rechtsträgers auf Grund der Verschmelzung.[806]

467   Der Anspruch aus § 25 Abs. 1 UmwG kann von den Anspruchsberechtigten nicht selbst geltend gemacht werden. Gemäß § 26 UmwG hat die Geltendmachung vielmehr durch einen besonderen Vertreter zu erfolgen.[807] Er wird auf Antrag der Anteilseigner oder Gläubigern der Gesellschaft durch das Amtsgericht am Sitz des übertragenden Rechtsträgers bestellt.[808] Die Antragsteller haben dabei ihre Ansprüche glaubhaft zu machen.[809] Berechtigt an dem Erlös sind allein diejenigen Gläubiger und Aktionäre, die ihre Ansprüche auf die öffentliche Aufforderung des besonderen Vertreters gemäß § 26 Abs. 2 UmwG fristgemäß angemeldet haben.[810]

3. Haftung kraft Rechtsscheins

468   Grundsätzlich wird durch die Handlungen und Erklärungen der Vorstandsmitglieder ausschließlich die Gesellschaft verpflichtet. Ausnahmsweise gilt jedoch etwas anderes, wenn das Vorstandsmitglied bei der Unterzeichnung eines Vertrages den AG-Zusatz weglässt und hierdurch den Eindruck erweckt, dass es sich nicht um eine Kapitalgesellschaft, sondern um eine Personengesellschaft oder ein einzelkaufmännisches Unternehmen handelt.[811] In diesem Fall haftet das Vorstandsmitglied persönlich aus dem von ihm veranlassten Rechtsschein gegenüber gutgläubigen Vertragspartnern, die ihn als unbeschränkt Haftenden angesehen haben.[812] Ist die Gesellschaft noch zahlungsfähig, so steht dem Vorstand jedoch gegen diese ein Ausgleichsanspruch zu.[813]

4. Haftung aus culpa in contrahendo

469   Eine persönliche Haftung der Vorstandsmitglieder kommt auch aus dem Rechtsinstitut der culpa in contrahendo (Verschulden bei Vertragsschluss) in Betracht. Vorstandsmitglieder haften nach § 311 Abs. 3 S. 2 BGB, wenn sie besonderes Vertrauen in Anspruch

---

[805] *Leonard* in Semler/Stengel UmwG § 25 Rn. 11; *Grunewald* in Lutter UmwG § 25 Rn. 13; *Marsch-Barner* in Kallmeyer UmwG § 25 Rn. 6.
[806] *Leonard* in Semler/Stengel UmwG § 27 Rn. 5; *Grunewald* in Lutter UmwG § 27 Rn. 5; *Marsch/Barner* in Kallmeyer UmwG § 27 Rn. 6.
[807] *Leonard* in Semler/Stengel UmwG § 26 Rn. 3; *Grunewald* in Lutter UmwG § 26 Rn. 4; *Marsch/Barner* in Kallmeyer UmwG § 26 Rn. 2; *Thümmel* Persönliche Haftung von Managern und Aufsichtsräten Rn. 400.
[808] *Leonard* in Semler/Stengel UmwG § 26 Rn. 5 f.; *Grunewald* in Lutter UmwG § 26 Rn. 13; *Thümmel* Persönliche Haftung von Managern und Aufsichtsräten Rn. 400.
[809] OLG Hamm DB 1991, 2535 (2536); *Leonard* in Semler/Stengel UmwG § 26 Rn. 4; *Grunewald* in Lutter UmwG § 26 Rn. 12; *Marsch/Barner* in Kallmeyer UmwG § 26 Rn. 17; *Thümmel* Persönliche Haftung von Managern und Aufsichtsräten Rn. 400.
[810] *Thümmel* Persönliche Haftung von Managern und Aufsichtsräten Rn. 400; *Grunewald* in Lutter UmwG § 26 Rn. 20 ff.
[811] BGH NJW 1991, 2627; OLG Naumburg NJW-RR 1997, 1324; *Hopt/Roth* in Großkomm AktG § 93 Rn. 651; *Plück/Lattwein* Haftungsrisiken für Manager S. 131.
[812] BGH NJW 2012, 2871 (2873); *Hopt/Roth* in Großkomm AktG § 93 Rn. 651.
[813] *Hopt/Roth* in Großkomm AktG § 93 Rn. 651.

nehmen und dadurch Vertragsverhandlung oder Vertragsschluss mit einem Dritten maßgeblich beeinflussen. Dies setzt voraus, dass Vorstandsmitglieder durch ihr Auftreten ausnahmsweise eine persönliche Gewähr für die Vollständigkeit und Richtigkeit ihrer Erklärungen und die Erfüllung des Vertrages übernehmen, die über dasjenige Vertrauen hinausgeht, das von einem Vorstandsmitglied ohnehin erwartet werden durfte.[814]

Vorstandsmitglieder haften aus culpa in contrahendo auch, wenn sie ein starkes wirtschaftliches Eigeninteresse an dem Rechtsgeschäft haben und wirtschaftlich gleichsam in eigener Sache tätig werden.[815] Ein allgemeines Interesse des Vorstands am Erfolg des von ihm geleiteten Unternehmens oder eine Beteiligung an der Gesellschaften begründen eine Eigenhaftung jedoch noch nicht.[816] Die Eigenhaftung wegen eines eigenen wirtschaftlichen Interesses an dem Geschäft wird heute nur noch bejaht, wenn Vorstandsmitglieder im Grunde in eigener Sache tätig werden, insbesondere, weil sie von vornherein die Absicht haben, die Gegenleistung nicht ordnungsgemäß an die Gesellschaft weiterzuleiten, sondern für eigene Zwecke zu verwenden.[817]

5. Deliktische Haftung

Grundsätzlich werden alle deliktischen Handlungen des Vorstands, die er in Ausführung einer ihm zustehenden Verrichtung begeht und die Dritten gegenüber eine Schadenersatzverpflichtung auslösen, gemäß § 31 BGB der Aktiengesellschaft zugerechnet.[818] Allein wegen dieser Zurechnung des Delikts zur juristischen Person entfällt die persönliche Haftung der Vorstandsmitglieder allerdings nicht. Deren deliktische Haftung kann vielmehr neben der deliktischen Haftung der Aktiengesellschaft stehen.[819]

a) Haftung wegen Verletzung absoluter Schutzgüter (§ 823 Abs. 1 BGB)

aa) Mitgliedschaftsrecht der Aktionäre

Geschützt wird durch § 823 Abs. 1 BGB neben den ausdrücklich genannten Schutzgütern, wie dem Leben, der körperlichen Unversehrtheit und dem Eigentum, als sogenanntes sonstiges Recht auch das Recht am eingerichteten und ausgeübten Gewerbebetrieb[820] sowie das Mitgliedschaftsrecht der Aktionäre, das der Bundesgerichtshof in seiner Holzmüller-Entscheidung als weiteres absolut geschütztes Rechtsgut im Sinne des § 823 Abs. 1 BGB anerkannt hat.[821] Danach hat die Gesellschaft die Mitgliedschaftsrechte ihrer Aktionäre zu achten und alles zu unterlassen, *„was sie über das durch Gesetz und Satzung gedeckte Maß hinaus beeinträchtigt"*.[822]

---

[814] BGHZ 88, 67 (70); BGH NJW-RR 1991, 1241 (1242), BGH NJW-RR 1991, 1312 (1314); BGH NJW 1994, 2220 (2222); *Grüneberg* in Palandt BGB § 311 Rn. 63; *Hopt/Roth* in Großkomm AktG § 93 Rn. 653 ff.

[815] BGHZ 56, 81 (84); 126, 181 (184 f.); BGH NJW 1986, 586 (587); NJW-RR 1991, 1241 (1242); 1992, 605; 2002, 1309; 1310; *Fleischer* in Spindler/Stilz AktG § 93 Rn. 267; *Grüneberg* in Palandt BGB § 311 Rn. 61.

[816] BGHZ 126, 183 ff.; BGH NJW 1986, 586 (587); 1990, 389 (390); 1994, 2220 (2222); 1995, 1544; *Grüneberg* in Palandt BGB § 311 Rn. 65.

[817] BGH NJW 1994, 2220 (2222); 2002, 208 (212).

[818] *Hüffer/Koch* AktG § 78 Rn. 23; *Westermann* in Bürgers/Körber AktG § 1 Rn. 12; *Fleischer* in Spindler/Stilz AktG § 78 Rn. 58; *Ellenberger* in Palandt BGB § 31 Rn. 1 ff.

[819] BGHZ 109, 297 (302); BGH NJW 1996, 1535 (1536).

[820] BGH NJW 2006, 830 (840 ff.); *Fleischer* in Spindler/Stilz AktG § 93 Rn. 313.

[821] BGHZ 83, 122 (133 ff.).

[822] BGHZ 83, 122 (133); vgl. hierzu *Thümmel* Persönliche Haftung von Managern und Aufsichtsräten Rn. 402; *Mertens/Cahn* in KölnKommAktG § 93 Rn. 210 ff.

473 Demzufolge haften Vorstandsmitglieder für Maßnahmen, die die Mitgliedschaft der Aktionäre in ihrem rechtlichen Bestand betreffen. Dies sind Vorstandsmaßnahmen, die direkt Stimm- oder Gewinnbezugsrechte von Aktionären verletzen[823] oder indirekt dazu führen, dass das Mitgliedschaftsrecht durch einen Dritten, beispielsweise durch eine unberechtigte Verwertung der Aktien im Wege der Zwangsvollstreckung, ganz oder teilweise entzogen wird.[824] Eine Haftung gemäß § 823 Abs. 1 BGB wegen Verletzung von Mitgliedschaftsrechten besteht nicht, soweit der Schaden des Aktionärs nur in der vermögensmäßigen Minderung seines Anteils besteht und sich damit als Reflex des Gesellschaftsschadens darstellt.[825]

474 Ob darüber hinaus § 823 Abs. 1 BGB auch nicht bestandsgefährdende Eingriffe in das Mitgliedschaftsrecht erfasst, ist umstritten. Zum Teil wird vertreten, dass von der Haftung der Vorstandsmitglieder alle Schäden erfasst werden, die aus der Beeinträchtigung der Mitgliedschaft erwachsen, so dass unter anderem auch Verstöße gegen das Gleichbehandlungsgebot und die Zuständigkeit der Hauptversammlung erfasst werden.[826] Nach überwiegender und zutreffender Ansicht ist eine Ausweitung der Haftung von Vorstandsmitgliedern auf nicht bestandsgefährdende Verstöße hingegen abzulehnen; Ansprüche wegen solcher Verstöße können allenfalls gegen die Gesellschaft bestehen.[827] Das Mitgliedschaftsrecht gewährt den Aktionären gegenüber den Vorstandsmitgliedern keinen Anspruch auf rechtmäßiges Verhalten.[828]

bb) Produkthaftung

475 Unter Produkthaftung versteht man die Haftung des Herstellers für Personen- oder Sachschäden, die infolge eines Fehlers des Erzeugnisses aus der bestimmungsgemäßen Benutzung der Produkte entstehen.[829] Die Produkthaftung basiert einerseits auf richterrechtlichen Ausprägungen des Deliktsrechts und andererseits dem speziellen Produkthaftungsgesetz; vertragliche Ansprüche sind möglich, aber weniger bedeutend. Ein Anspruch gegen die Gesellschaft aus § 823 Abs. 1 BGB erfordert ein Produkt, welches trotz erkannter oder erkennbarer Entwicklungs-, Konstruktions- oder Fabrikationsfehler pflichtwidrig in den Verkehr gebracht wird.[830] Die §§ 1, 4 ProdHaftG begründen eine Haftung des Herstellers des schadenstiftenden Produkts, subsidiär des Lieferanten des Produkts.[831] Organmitglieder des Herstellers (bzw. subsidiär des Lieferanten) haften nach § 823 Abs. 1 BGB, wenn sie durch aktives Tun oder durch Unterlassen schuldhaft zum Schadenseintritt beigetragen haben.[832] Während der Bundesgerichtshof früher ein pflichtwidriges Unterlassen des Geschäftsleiters bereits an

---

[823] *Spindler* in MüKoAktG § 93 Rn. 305.
[824] RGZ 100, 274 (278); 158, 248 (255); *Spindler* in MüKoAktG § 93 Rn. 303.
[825] *Spindler* in MüKoAktG § 93 Rn. 304; *Hopt/Roth* in Großkomm AktG AktG § 93 Rn. 626; *Mertens/Cahn* in KölnKommAktG § 93 Rn. 211.
[826] *Mertens/Cahn* in KölnKommAktG § 93 Rn. 211.
[827] *Spindler* in MüKoAktG § 93 Rn. 305; *Wiesner* in MHdB GesR IV § 26 Rn. 64; *Hopt/Roth* in Großkomm AktG § 93 Rn. 473.
[828] BGHZ 83, 122 (135); *Spindler* in MüKoAktG § 93 Rn. 305; *Mertens/Cahn* in KölnKommAktG § 93 Rn. 235.
[829] *Sprau* in Palandt ProdHaftG Einf. Rn. 1; *Thümmel* Persönliche Haftung von Managern und Aufsichtsräten Rn. 427.
[830] *Harbarth* in Krieger/Schneider Hdb Managerhaftung § 28 Rn. 12 ff.; *Sprau* in Palandt BGB § 823 Rn. 170.
[831] *Sprau* in Palandt BGB ProdHaftG § 1 Rn. 12; *Thümmel* Persönliche Haftung von Managern und Aufsichtsräten Rn. 427.
[832] *Thümmel* Persönliche Haftung von Managern und Aufsichtsräten Rn. 427; *Plück/Lattwein* Haftungsrisiken für Manager S. 144; *Sprau* in Palandt BGB § 823 Rn. 170 ff.

seine Zuständigkeit für die Leitung und Organisation knüpfte,[833] wird heute für eine Durchgriffshaftung zumeist verlangt, dass ein Geschäftsleiter im konkreten Fall aufgrund besonderer Umstände eine persönliche Garantenstellung hat oder die Verletzungshandlung kennt.[834]

In der Praxis haben sich im Rahmen des § 823 BGB Verkehrssicherungspflichten herausgebildet, die neben der Gesellschaft auch ihre Vorstandsmitglieder treffen: Der Betrieb ist so einzurichten, dass Fehler möglichst ausgeschaltet und durch Kontrollen entdeckt werden (Organisationspflicht).[835] Kunden und Dritte sind auf Risiken hinzuweisen und entsprechende Warnungen sind auf dem Produkt anzubringen (Instruktionspflicht).[836] Zudem sind Produkte ab Inverkehrbringen auf noch unbekannt gebliebene, schädliche Eigenschaften und sonstige, eine Gefahrenlage schaffende Verwendungsfolgen zu beobachten (Produktbeobachtungspflicht)[837] und erkannte Gefahren sind im Rahmen des Zumutbaren abzuwenden.[838] Schließlich obliegt ihnen eine Rückrufpflicht hinsichtlich gesundheits- oder lebensgefährdender Produkte.[839] 476

Haftungsverschärfend wirkt dabei die von der Rechtsprechung entwickelte Beweislastumkehr: Der Geschädigte muss nicht das Verschulden des Vorstandsmitglieds nachweisen, sondern wegen der größeren Nähe zur betreffenden Gefahrenquelle muss umgekehrt der Vorstand bei Verstoß gegen Verkehrssicherungspflichten nachweisen, dass er den Schaden nicht verschuldet hat.[840] 477

b) Haftung aus Schutzgesetzen zugunsten Dritter (§ 823 Abs. 2 BGB)

Über die absolut geschützten Rechtsgüter des § 823 Abs. 1 BGB hinaus kommt eine Haftung der Vorstandsmitglieder nach § 823 Abs. 2 BGB wegen der Verletzung eines Schutzgesetzes in Betracht. Schutzgesetz ist eine Rechtsnorm aber nur dann, wenn sie – ggf. neben dem Schutz der Allgemeinheit – gerade dazu dienen soll, den Einzelnen oder einzelne Personenkreise gegen die Verletzung eines Rechtsguts zu schützen; maßgeblich ist insoweit nicht die Wirkung, sondern Inhalt und Zweck des Gesetzes, also ob der Gesetzgeber gerade einen Rechtsschutz zu Gunsten von Einzelpersonen oder bestimmten Personenkreisen gewollt oder zumindest mitgewollt hat.[841] Es genügt, dass die Norm jedenfalls auch das Interesse des Einzelnen schützen soll, selbst wenn sie in erster Linie das Interesse der Allgemeinheit im Auge hat.[842] Viele Vorschriften, die Pflichten der Verwaltung ausdrücklich normieren, insbesondere die §§ 93 und 116 AktG, sind keine Schutzgesetze zugunsten Dritter oder der Aktionäre, weil ihr alleiniges Ziel der Schutz der Gesellschaft ist.[843] Im Wesentlichen sind daher nur insolvenzrechtliche und strafrechtliche Normen als Schutzgesetze im Sinne von § 823 Abs. 2 BGB bedeutsam. 478

---

[833] BGH NJW 1990, 976; NJW 1996, 1535 (1537); *Zöllner/Noack* in Baumbach/Hueck GmbHG § 43 Rn. 78.
[834] Vgl. BGH NZG 2014, 991; *Fleischer* in Spindler/Stilz AktG § 93 Rn. 317; *Spindler* in MüKo-AktG § 93 Rn. 323; *Harbarth* in Krieger/Schneider Hdb Managerhaftung § 28 Rn. 38 ff.; *Kleindiek* in Lutter/Hommelhoff GmbHG § 43 Rn. 88.
[835] BGHZ 104, 323 (326 f.); BGH NJW 1995, 2162 (2163 f.); *Sprau* in Palandt BGB § 823 Rn. 173.
[836] *Sprau* in Palandt BGB § 823 Rn. 174.
[837] BGHZ 80, 199; *Sprau* in Palandt BGB § 823 Rn. 175.
[838] BGH NJW 1994, 3349 (3350); *Sprau* in Palandt BGB § 823 Rn. 176.
[839] BGH NJW 1990, 2560; *Sprau* in Palandt BGB § 823 Rn. 176; *Plück/Lattwein* Haftungsrisiken für Manager S. 144; *Thümmel* Persönliche Haftung von Managern und Aufsichtsräten Rn. 428.
[840] BGHZ 51, 91 (103 ff.); 80, 186 (196 ff.); 116, 104 (107 ff.); *Plück/Lattwein* Haftungsrisiken für Manager S. 144.
[841] BGH NZG 2018, 625; BGH NJW 2004, 2664 (2665); 2010, 3651 (3652).
[842] BGH NZG 2012, 263 (265); NZG 2018, 625.
[843] BGH NJW 2012, 3439; *Hüffer/Koch* AktG § 93 Rn. 65; *Spindler* in MüKoAktG § 93 Rn. 309.

479 Von den aktienrechtlichen Straftatbeständen sind als Schutzgesetze insbesondere § 399 AktG (falsche Angaben bei Gründung, Kapitalmaßnahmen und Abwicklung), § 400 AktG (unrichtige Darstellungen in Bilanzen und Berichten), § 403 AktG (Verletzung der Berichtspflicht) sowie § 404 AktG (Verletzung der Geheimhaltungspflicht) relevant. Weiterhin sind als Schutzgesetze § 263 StGB (Betrug), § 264a StGB (Kapitalanlagebetrug), sowie § 266a StGB (Vorenthalten und Veruntreuen von Arbeitsentgelt) von besonderer Bedeutung.[844] Der Schutzgesetzcharakter von § 266 StGB (Untreue) ist umstritten, aber von der Rechtsprechung überwiegend anerkannt.[845]

aa) Haftung für unterlassene Abführung von Sozialversicherungsbeiträgen

480 Ein besonders praxisrelevanter Fall der Haftung wegen Verletzung eines Schutzgesetzes ist die Haftung der Vorstandsmitglieder gemäß § 823 Abs. 2 BGB iVm § 266a StGB wegen unterlassener Abführung des Arbeitnehmeranteils an den Sozialversicherungsbeiträgen.[846] Gemäß § 266a Abs. 1 StGB macht sich strafbar, wer als Arbeitgeber dem Sozialversicherungsträger Beiträge der Arbeitnehmer zur Sozialversicherung vorenthält. Auch das Vorenthalten von Arbeitgeberbeiträgen ist gemäß § 266a Abs. 2 StGB unter Strafe gestellt.[847] Gemäß § 14 Abs. 1 Nr. 1 StGB trifft die Strafbarkeit bei Aktiengesellschaften die Mitglieder des Vorstands.

481 § 266a StGB ist Schutzgesetz zugunsten des Sozialversicherungsträgers[848] und auf Ersatz des Beitragsausfalls gerichtet, der in Folge einer Insolvenz entsteht. Um einer möglichen Haftung oder strafrechtlichen Sanktion zu entgehen, muss der Vorstand in der Krise der Gesellschaft darauf achten, dass ausreichend Liquidität für die Zahlung sowohl von Arbeitsentgelt als auch von Sozialversicherungsbeiträgen zur Verfügung steht. Genügen die Mittel hierfür nicht, so muss die Gesellschaft die Gehälter und Löhne so reduzieren, dass der verfügbare Betrag auch die fällige Lohnsteuer und die Sozialversicherungsabgaben deckt.[849] Es genügt nicht, Gehälter und Löhne lediglich anteilig zu zahlen. Die Ansprüche auf das Arbeitsentgelt wären dann in voller Höhe entstanden, was die Verpflichtung zur Abführung der (vollen) Sozialversicherungsabgaben nach sich zieht.[850] Möglich ist daher nur eine Kürzung der Löhne und Gehälter.[851] Zahlungen von Arbeitnehmerbeiträgen zur Sozialversicherung können vom Vorstand geleistet werden, ohne dass er gemäß § 92 Abs. 2 AktG ersatzpflichtig wird, da er mit der Zahlung eine sonst drohende strafrechtliche Verfolgung vermeidet und somit die Zahlung mit der Sorgfalt eines ordentlichen und gewissenhaften Geschäftsleiters vereinbar ist.[852]

---

[844] Vgl. *Hüffer/Koch* AktG § 93 Rn. 61 mwN; zur Veranschaulichung vgl. OLG Dresden GWR 2018, 395.
[845] BGH WM 2018, 1508, NJW 2010, 2948; 2012, 3439; *Hölters* in Hölters AktG § 93 Rn. 355; aA *Hüffer/Koch* AktG § 93 Rn. 61; *Spindler* in MüKoAktG § 93 Rn. 312; LG Wiesbaden NZG 2016, 832.
[846] BGH ZIP 2005, 1026 (1027); NJW 2009, 295; 2013, 3303 (3304); *Thümmel* Persönliche Haftung von Managern und Aufsichtsräten Rn. 437.
[847] Zu Details vgl. *Fischer* StGB § 266a Rn. 19 ff.
[848] *Fischer* StGB § 266a Rn. 2a; *Thümmel* Persönliche Haftung von Managern und Aufsichtsräten Rn. 437.
[849] *Thümmel* Persönliche Haftung von Managern und Aufsichtsräten Rn. 439; *Spindler* in Fleischer VorstandsR-HdB § 13 Rn. 55; *Plück/Lattwein* Haftungsrisiken für Manager S. 136.
[850] *Fischer* StGB § 266a Rn. 12 ff.; *Plück/Lattwein* Haftungsrisiken für Manager S. 136; *Radtke* in MüKoStGB § 266a Rn. 31 f.
[851] BGH NJW 1997, 1237; 2001, 967 (968); 2006, 3573; OLG Düsseldorf GmbHR 1997, 900; *Thümmel* Persönliche Haftung von Managern und Aufsichtsräten Rn. 439; *Plück/Lattwein* Haftungsrisiken für Manager S. 136.
[852] BGH NJW 2007, 2118; zu Details vgl. *Hüffer/Koch* AktG § 92 Rn. 34 mwN.

bb) Insolvenzverschleppung

Von besonderer praktischer Bedeutung ist die Haftung der Vorstandsmitglieder wegen Verletzung der Pflicht zur Stellung des Insolvenzantrags (§ 15a Abs. 1 S. 1 InsO) spätestens drei Wochen nach Eintritt der Zahlungsunfähigkeit (§ 17 InsO) oder der Überschuldung (§ 19 InsO). Bei Insolvenzverschleppung nach § 15a Abs. 1 S. 1 InsO verletzt der Vorstand seine Sorgfaltspflichten gegenüber der Gesellschaft und haftet daher im Innenverhältnis. Darüber hinaus ist § 15a Abs. 1 S. 1 InsO auch ein Schutzgesetz gemäß § 823 Abs. 2 BGB zugunsten der Gläubiger der Gesellschaft.[853]

482

Insolvenzverschleppung verursacht einen Schaden der Gesellschaftsgläubiger, wenn sich das Vermögen der Gesellschaft durch ihre fortgesetzte Geschäftstätigkeit weiter verringert. Bei der Berechnung des Schadens ist zu unterscheiden, ob die Forderung bereits vor Eintritt der Insolvenzreife entstanden ist (sog. Altgläubiger) oder erst danach (sog. Neugläubiger). Altgläubigern steht allein ein Anspruch auf den Quotenschaden zu. Dieser liegt darin, dass sich die Insolvenzquote des Altgläubigers durch die verspätete Eröffnung des Insolvenzverfahrens verringert hat.[854] Neugläubiger der Gesellschaft hingegen haben Anspruch auf Ersatz ihres Vertrauensschadens (negatives Interesse).[855] Neugläubigern ist daher der Schaden aus dem Umstand zu ersetzen, dass sie mit einer unerkannt insolvenzreifen Gesellschaft in vertragliche Beziehungen getreten sind, ohne eine werthaltige Gegenleistung zu erhalten. Erfasst werden alle Aufwendungen des Neugläubigers zur Erbringung der vertraglichen Gegenleistung. Nicht ersetzt wird der entgangene Gewinn, sofern nicht gerade durch den Vertragsschluss mit dem insolventen Unternehmen ein anderes Geschäft nicht durchgeführt werden konnte.[856] Sofern Vorstandsmitglieder Schadenersatz leisten, müssen die Neugläubiger entsprechend § 255 BGB ihre Insolvenzforderung gegen die Gesellschaft an den Vorstand abtreten.[857]

483

c) Vorsätzlich sittenwidrige Schädigung Dritter (§ 826 BGB)

Neben der Haftung wegen der Verletzung absoluter Schutzgüter (§ 823 Abs. 1 BGB) bzw. von Schutzgesetzen zugunsten Dritter (§ 823 Abs. 2 BGB) kommt eine Haftung der Vorstandsmitglieder wegen vorsätzlich sittenwidriger Schädigung gemäß § 826 BGB in Betracht.[858] § 826 BGB schützt das gesamte Vermögen des Geschädigten, ohne dass es auf die Verletzung eines bestimmten Rechtsguts ankommt.[859] Ein Vorstand begeht eine vorsätzlich sittenwidrige Schädigung, wenn er in besonders verwerflicher Weise die Vermögensinteressen des Geschädigten außer Acht lässt und den Eintritt eines Schadens zumindest billigend in Kauf nimmt. Die danach vorausgesetzte Verwerflichkeit des Verhaltens kann sich aus dem verfolgten Ziel, den eingesetzten Mitteln, der zutage tretenden

484

---

[853] BGHZ 29, 100 (103); 126, 181 (190); NZG 2018, 625 (626); *Hüffer/Koch* AktG § 92 Rn. 26; *Fleischer* in Spindler/Stilz AktG § 93 Rn. 73; *Thümmel* Persönliche Haftung von Managern und Aufsichtsräten Rn. 380; *Plück/Lattwein* Haftungsrisiken für Manager S. 138.

[854] BGHZ 29, 100 (102 ff.); BGH DB 1998, 978 (979); *Hüffer/Koch* AktG § 92 Rn. 27; *Pelz* in Bürgers/Körber AktG § 92 Rn. 30; *Fleischer* in Spindler/Stilz AktG § 92 Rn. 43; *Thümmel* Persönliche Haftung von Managern und Aufsichtsräten Rn. 382.

[855] BGH NJW 2012; 3510; BGHZ 126, 181 (192 ff.); *Hüffer/Koch* AktG § 92 Rn. 28; *Pelz* in Bürgers/Körber AktG § 92 Rn. 31; *Fleischer* in Spindler/Stilz AktG § 92 Rn. 44; *Thümmel* Persönliche Haftung von Managern und Aufsichtsräten Rn. 383.

[856] BGH NJW 2009, 750; *Hüffer/Koch* AktG § 92 Rn. 28.

[857] BGH NJW 2012, 3510; BGH ZIP 2007, 676; *Hüffer/Koch* AktG § 92 Rn. 28; *Bittner* in Staudinger BGB § 255 Rn. 70.

[858] *Oechsler* AG 2018, 388; *Schmittmann* Haftung von Organen in Krise und Insolvenz Rn. 858 ff.

[859] *Müller* in Wellhöfer/Peltzer/Müller Vorstandshaftung AktG § 23 Rn. 49; *Sprau* in Palandt BGB § 826 Rn. 1; *Thümmel* Persönliche Haftung von Managern und Aufsichtsräten Rn. 360.

Gesinnung oder den eintretenden Folgen ergeben.[860] Ein Mittel, das unter anderen Umständen gegebenenfalls nicht zu beanstanden wäre, ist sittenwidrig, wenn es zu dem angestrebten und für sich genommen möglicherweise billigenswerten Zweck unter Berücksichtigung der Umstände des Einzelfalls außer Verhältnis steht.[861]

485 Eine besondere Bedeutung kommt dem Tatbestand des § 826 BGB bei börsennotierten Gesellschaften zu und zwar im Zusammenhang mit unrichtigen oder unvollständigen Kapitalmarktinformationen.[862]

d) Verletzung von Sonderdeliktsrecht

486 Eine unmittelbare deliktische Haftung der Vorstandsmitglieder auf Schadenersatz kann auch bei Verstößen gegen wettbewerbs- und kartellrechtliche Bestimmungen eintreten. Als Anspruchsgrundlagen kommen hierbei insbesondere § 33a Abs. 1 GWB sowie für das Immaterialgüterrecht die §§ 97 Abs. 2 UrhG, 14 Abs. 6, 15 Abs. 5 MarkenG und § 139 Abs. 2 PatG in Betracht.[863] Grundsätzlich treffen diese Vorschriften nur das rechtsverletzende Unternehmen, allerdings haften auch Vorstandsmitglieder, wenn sie an der Rechtsverletzung beteiligt waren oder diese trotz Kenntnis und Möglichkeit nicht verhindert haben.[864] Das Gleiche gilt, wenn ein Vorstandsmitglied nachträglich von einer aus dem Betrieb heraus begangenen und noch anhaltenden Wettbewerbsverletzung Kenntnis erhält, diese jedoch nicht sofort unterbindet, obwohl es die rechtliche Verfügungsmacht zur Beseitigung der Störung hat.[865] Compliance-Management-Systeme sollen insbesondere die besonderen Haftungsrisiken bei der Verletzung wettbewerbs- und kartellrechtlicher Bestimmungen reduzieren.

6. Verletzung der Kapitalmarktinformationspflichten

a) Verstoß gegen die Pflicht zur Veröffentlichung von Insiderinformationen

487 Börsennotierte Unternehmen müssen gemäß Art. 17 Abs. 1 MAR Insiderinformationen, die sie unmittelbar betreffen, unverzüglich[866] veröffentlichen. Gleiches gilt ua für Unternehmen, die aufgrund eines eigenen Antrags in den Freiverkehr einbezogen worden sind, also beispielsweise diejenigen Emittenten, die im Entry Standard der Frankfurter Wertpapierbörse gelistet sind.[867]

488 Verstöße gegen Ad-hoc-Mitteilungspflichten haben erhebliche straf- und zivilrechtliche Folgen, auch für die Außenhaftung der Organmitglieder. Ob Art. 17 MAR (wie die frühere Regelung in § 15 WpHG) kein Schutzgesetz im Sinne von § 823 Abs. 2 BGB ist,

---

[860] BGH AG 2004, 546; *Sprau* in Palandt BGB § 826 Rn. 4.
[861] BGH AG 2004, 546 (547); *Sprau* in Palandt BGB § 826 Rn. 4.
[862] Vgl. *Hüffer/Koch* AktG § 93 Rn. 62; *Spindler* in MüKoAktG § 93 Rn. 334 f.
[863] Vgl. *Hüffer/Koch* AktG § 93 Rn. 65 mwN.
[864] BGH DB 1986, 373; OLG Frankfurt a. M. AG 1994, 234 (235); OLG Karlsruhe ZIP 1997, 125 (126); *Wellhöfer* in Wellhöfer/Peltzer/Müller Vorstandshaftung AktG § 5 Rn. 89; *Thümmel* Persönliche Haftung von Managern und Aufsichtsräten Rn. 448; *Mertens/Cahn* in KölnKommAktG § 93 Rn. 185; *Lotze* NZKart 2014, 162.
[865] *Thümmel* Persönliche Haftung von Managern und Aufsichtsräten Rn. 448; *Wellhöfer* in Wellhöfer/Peltzer/Müller Vorstandshaftung AktG § 5 Rn. 89; *Plück/Lattwein* Haftungsrisiken für Manager S. 142.
[866] Vgl. die berichtigte Sprachfassung der MAR vom 21.12.2016, in der der englische Text in Art. 17 Abs. 1 MAR („as soon as possible") mit „unverzüglich" übersetzt wird.
[867] *Scholz* NZG 2016, 1286 (1287 f.); *Rubner/Pospiech* GWR 2016, 228; *Wuntke/Richter* in Frodermann/Jannott HdB AktR § 13 Rn. 231; *Klöhn* in Klöhn MAR Art. 17 Rn. 57; *Schäfer* in Marsch-Barner/Schäfer HdB börsennotierte AG § 15 Rn. 13 f.

II. Außenhaftung

ist noch nicht geklärt.[868] Vorstellbar, aber in der Praxis selten, ist bei Ad-hoc-Mitteilungen, dass diese als unrichtige Darstellungen im Sinne des § 400 Abs. 1 Nr. 1 AktG anzusehen sind.[869] § 400 AktG ist ein Schutzgesetz im Sinne des § 823 Abs. 2 BGB.[870] § 400 Abs. 1 Nr. 1 AktG betrifft jedoch Dokumente, die über den Vermögensstand der Gesellschaft Aussagen treffen, was bei einer Ad-hoc-Mitteilung, die idR nur ein Einzelereignis zum Gegenstand hat, zumeist nicht der Fall ist.[871] In Einzelfällen vorstellbar sind auch direkte Ansprüche von Anlegern aufgrund einer sittenwidrigen Schädigung im Sinne von § 826 BGB.[872]

b) Verletzung der Regelpublizität

Ebenso wie die Ad-hoc-Mitteilungspflichten obliegen auch die Regelpublizitätspflichten allein dem Emittenten. Eine Haftung der Vorstandsmitglieder kommt daher in erster Linie im Innenverhältnis in Betracht. Darüber hinaus haften die Vorstandsmitglieder direkt gegenüber geschädigten Aktionären, wenn sie ein Schutzgesetz zugunsten der Aktionäre verletzt haben. Schutzgesetzcharakter haben insbesondere § 331 HGB (unrichtige Darstellungen ua in Bilanzen und Lageberichten)[873] und § 400 AktG (unrichtige Darstellungen ua in Übersichten über den Vermögensstand oder in Vorträgen und Auskünften in der Hauptversammlung).[874]

489

7. Geltendmachung von Außenhaftungsansprüchen

a) Allgemeines

Die Geltendmachung von Ersatzansprüchen gegen Vorstandsmitglieder durch Dritte, insbesondere Aktionäre und Gläubiger der Gesellschaft, richtet sich nach den allgemeinen Vorschriften, insbesondere der ZPO, zur Geltendmachung von Schadenersatzansprüchen. Von den Anspruchstellern ist daher idR Klage zu erheben oder, sofern sinnvoll, ein Mahnverfahren einzuleiten. In Abweichung vom Grundsatz, dass der Kläger die Beweislast für alle anspruchsbegründenden Tatsachen trägt, gilt bei Ersatzansprüchen der Gesellschaftsgläubiger gemäß §§ 93 Abs. 5, 117 Abs. 5 AktG die Beweislastumkehr zu Lasten der Vorstandsmitglieder nach §§ 93 Abs. 2 S. 2, 117 Abs. 2 S. 2 AktG.

490

---

[868] Vgl. *Schäfer* in Marsch-Barner/Schäfer HdB börsennotierte AG § 15 Rn. 53; *Klöhn* in Klöhn MAR Art. 17 Rn. 589; *Wolf/Wink* in Meyer/Veil/Rönnau MarktmissbrauchsR-HdB § 31 Rn. 52 ff.

[869] BVerfG ZIP 2006, 1096; BGH NJW 2004, 2664.

[870] BGH NJW 2012, 1800 (1802); BGH NJW 2004, 2971; *Altenhain* in KölnKommAktG § 400 Rn. 8; *Pelz* in Bürgers/Körber AktG § 400 Rn. 1; *Wachter* in Wachter AktG § 400 Rn. 3; *Bergdolt* in Heidel Kapitalanlagerechte inkl. Prospekthaftung Teil 2 Rn. 51; *Wolf/Wink* in Meyer/Veil/Rönnau MarktmissbrauchsR-HdB § 31 Rn. 64.

[871] BGH NJW 2012, 1800 (1802); OLG Düsseldorf WM 2009, 1655 (1656) (zu einer Presseerklärung); *Südbick/Eidam* im HK-KapMarktStrafR Kap. 9.2 § 400 Rn. 10; *Pelz* in Bürgers/Körber AktG § 400 Rn. 6; *Altenhain* in KölnKommAktG § 400 Rn. 40; *Wolf/Wink* in Meyer/Veil/Rönnau MarktmissbrauchsR-HdB § 31 Rn. 64.

[872] BGH NJW 2004, 2664; OLG Fankfurt ZIP 2018, 1632; OLG Düsseldorf WM 2009, 1655 (1656); *Sprau* in Palandt BGB § 826 Rn. 35a; *Bergdolt* in Heidel Kapitalanlagerechte inkl. Prospekthaftung Teil 2 Rn. 47 ff., *Nietsch* ZIP 2018, 1421 (1428); *Wolf/Wink* in Meyer/Veil/Rönnau MarktmissbrauchsR-HdB § 31 Rn. 67 ff.; *Schäfer* in Marsch-Barner/Schäfer HdB börsennotierte AG § 15 Rn. 34.

[873] *Merkt* in Baumbach/Hopt HGB § 331 Rn. 1; *Fleischer* in Fleischer VorstandsR-HdB § 14 Rn. 51.

[874] *Pelz* in Bürgers/Körber AktG § 400 Rn. 1; *Hefermehl* in Spindler/Stilz AktG § 400 Rn. 4; *Wachter* in Wachter AktG § 400 Rn. 3.

b) Kapitalanleger-Musterverfahren

491 Durch das Gesetz über Musterverfahren in kapitalmarktrechtlichen Streitigkeiten (Kapitalanleger-Musterverfahrensgesetz – KapMuG)[875] hat der Gesetzgeber im Jahre 2005 ein Verfahren für gleichgerichtete Klagen in bestimmten kapitalmarktrechtlichen Schadenersatzverfahren geschaffen. Anlass für das KapMuG waren insbesondere die negativen Erfahrungen mit den massenhaft eingereichten Prospekthaftungsklagen gegen die Deutsche Telekom AG wegen der Bewertung ihres Immobilienvermögens. Das Gesetz ist im Jahre 2012 reformiert worden[876] und tritt nach derzeitiger Rechtslage am 1.11.2020 außer Kraft (§ 28 KapMuG). Beim Kapitalanleger-Musterverfahren wird aus mindestens zehn gleichgerichteten Streitigkeiten ein Musterprozess ausgewählt, in dem das übergeordnete Oberlandesgericht eine Musterentscheidung erlässt (§ 1 Abs. 1 iVm § 6 Abs. 1 KapMuG).

492 Der Anwendungsbereich des KapMuG beschränkt sich gemäß § 1 Abs. 1 KapMuG auf Ansprüche der Aktionäre im Kapitalmarktbereich, insbesondere auf Schadenersatzansprüche wegen falscher, irreführender oder unterlassener öffentlicher Kapitalmarktinformationen. Vom Anwendungsbereich umfasst sind auch Ansprüche gegen Vorstände, beispielsweise aus § 823 Abs. 2 und 826 BGB wegen unrichtiger Darstellungen der Verhältnisse der Gesellschaft, falscher Ad-hoc-Mitteilungen oder Kapitalanlagebetrug.[877] Das Musterverfahren nach dem KapMuG gliedert sich in drei Abschnitte: Das Vorlageverfahren beim erstinstanzlichen Prozessgericht, die Durchführung des Musterverfahrens beim Oberlandesgericht und die Fortsetzung des Verfahrens vor dem Prozessgericht.[878] Ziel des Gesetzes ist es, die kapitalmarktrechtlichen Streitigkeiten durch Führung eines Musterverfahrens zu bündeln und die Verfahren durch Einführung eines ausschließlichen Gerichtsstands zu kanalisieren. Hierdurch soll eine Entlastung der Zivilgerichte erreicht werden.[879]

c) Musterfeststellungsklage

493 Seit dem 1.11.2018 gelten die neuen Bestimmungen in §§ 606 ff. ZPO zur zivilprozessualen Musterfeststellungsklage.[880] Die Musterfeststellungsklage ist keine Class Action im Sinne des US-Rechts, bei der einer abstrakt bestimmten Gruppe von Geschädigten auf Initiative einzelner Kläger Schadenersatzleistungen zugesprochen wird, sondern erlaubt Verbraucherzentralen und anderen Verbraucherschutzverbänden die Wahrnehmung der Interessen von Geschädigten.[881] Die Verbraucherschutzverbände können nach § 606 ZPO die Feststellung des Vorliegens (oder des Nichtvorliegens) von tatsächlichen oder rechtlichen Voraussetzungen für Ansprüche oder Rechtsverhältnisse zwischen mindestens zehn Verbrauchern und einem Unternehmer begehren. Wesentliche Teile des Streitstoffs sollen im Musterverfahren geklärt werden, die Verbraucher müssen aber ihre jeweiligen Ansprüche in nachfolgenden Individualprozessen durchsetzen, sofern nicht die Parteien des Musterfeststellungsverfahrens nach § 611 ZPO einen Vergleich mit Wirkung für und gegen die Verbraucher schließen.[882] Die Verbraucher, die ihre Ansprüche beim

---

[875] BGBl. 2005 I 2437.
[876] Vgl. hierzu *Wolf/Lange* NJW 2012, 3751.
[877] BGH BB 2011, 2640 (2641); NJW-RR 2012, 491 (495); *Gängel/Huth/Gansel* in Heidel KapMuG § 1 Rn. 9.
[878] Zu Details des Verfahrens vgl. *Musielak* in Musielak/Voit ZPO § 325a Rn. 2 ff.
[879] OLG München NZG 2009, 158 (159); *Gängel/Huth/Gansal* in Heidel Vor KapMuG § 1 Rn. 1.
[880] Gesetz zur Einführung einer zivilprozessualen Musterfeststellungsklage, BGBl. 2018 I 1151.
[881] *Waclawik* NJW 2018, 2921; *Schneider* BB 2018, 1986; *Merkt/Zimmermann* VuR 2018, 363.
[882] *Waclawik* NJW 2018, 2921 (2924); *Schneider* BB 2018, 1986 (1995); *Merkt/Zimmermann* VuR 2018, 363 (370).

Register für Musterfeststellungsklagen (Klageregister) des Bundesamts für Justiz anmelden (§§ 608, 609 ZPO), können sich in ihren Folgeverfahren auf die Musterfeststellungen berufen. Mit Erhebung der Musterfeststellungsklage ist die Verjährung von angemeldeten Ansprüchen gehemmt (§ 204 Abs. 1 Nr. 1a BGB).

Verbraucher ist nach § 29c Abs. 2 ZPO jede natürliche Person, die bei dem Erwerb des Anspruchs oder der Begründung des Rechtsverhältnisses nicht überwiegend im Rahmen ihrer gewerblichen oder selbständigen beruflichen Tätigkeit handelt. Der Begriff des Unternehmers ist dagegen nicht in der ZPO, sondern nur in § 14 BGB definiert und bezeichnet eine natürliche oder juristische Person oder eine Personengesellschaft, die bei Abschluss eines Rechtsgeschäfts in Ausübung ihrer gewerblichen oder selbständigen beruflichen Tätigkeit handelt.[883]   **494**

Dem Konzept der Musterfeststellungsklage begegnen in der Literatur einige Zweifel,[884] aber auch Zustimmung.[885] Von der Musterfeststellungsklage unberührt sind kollektive Modelle, bei denen Anwaltskanzleien oder Prozessfinanzierer über Internetportale und anlassbezogen gegründeter Prozesstreuhandgesellschaften („Litigation SPV") Ansprüche der teilnehmenden Geschädigten gegen Erfolgsbeteiligung gerichtlich geltend machen. Die Musterfeststellungsklage schafft lediglich zusätzliche Klagerechte für Verbraucherschutzeinrichtungen, ohne in die Rechtsschutzmöglichkeiten für Individualkläger oder kollektive Abtretungsmodelle einzugreifen.[886]   **495**

III. Strafrechtliche Verantwortlichkeit

1. Einleitung

Die Vorstandsmitglieder haben bei der ihnen obliegenden Leitung der Gesellschaft diverse strafbewehrte Pflichten. Ihnen droht daher eine persönliche Strafbarkeit als unmittelbare Täter oder als Teilnehmer (wegen Beihilfe oder Anstiftung) bei Verstößen gegen Strafgesetze zum Schutz Einzelner, wie Vermögens-, Körperverletzungs- oder Sachbeschädigungsdelikten, oder bei Verstößen gegen Strafgesetze zum Schutz des Rechtsverkehrs oder der Allgemeinheit. Eine Strafbarkeit von Unternehmen kennt das deutsche Recht zwar (noch) nicht, ein Sanktionsrecht für Unternehmen ist aber in der Vorbereitung durch das Bundesjustizministerium. Hintergrund hierfür ist, dass zur Bekämpfung von Wirtschaftsstraftaten „mit System" das Unternehmen selbst belangt werden soll. Umsatzgekoppelte Bußgelder sollen abschreckend wirken und Compliance soll für die Unternehmen damit unverzichtbar und „lohnend" werden.   **496**

Im Zusammenhang mit Skandalen und Unternehmenspleiten haben wirtschaftsrechtliche Straftatbestände an Bedeutung gewonnen, da Strafverfahren auch gegen Vorstandsmitglieder bekannter Unternehmen eröffnet wurden. Neben den aktienrechtlichen Straftatbeständen kommen den Verboten der Kurs- und Marktpreismanipulation sowie der Insidergeschäfte besondere Bedeutung zu. Praxisrelevant ist zudem die Strafbarkeit wegen Kapitalanlagebetrugs (§ 264a StGB). Zuletzt sind im Zusammenhang mit Korruptions- und Umweltdelikten auch Ordnungswidrigkeiten in den Mittelpunkt öffentlicher Diskussionen geraten. Wegen der gesetzlich vorgesehenen Gewinnabschöpfung können hohe Geldbußen gegen Unternehmen verhängt werden, die diese wiederum unter Um-   **497**

---

[883] Zu Details vgl. *Schneider* BB 2018, 1986 (1989).
[884] *Schneider* BB 2018, 1986 (1996 ff.); *Waclawik* NJW 2018, 2921 (2926); *Stadler* VuR 2018, 83 (89).
[885] *Merkt/Zimmermann* VuR 2018, 363.
[886] *Schneider* BB 2018, 1986 (1987); *Merkt/Zimmermann* VuR 2018, 363 (364).

ständen bei ihren Organen als Schadenersatz geltend machen können. Im Folgenden werden die im Wirtschaftsleben besonders relevanten Tatbestände des Strafrechts und des Rechts der Ordnungswidrigkeiten dargestellt.

2. Aktienrechtliche Straftatbestände

a) Falsche Angaben bei Gründung, Kapitalmaßnahmen und Abwicklung

498 Gemäß § 399 AktG machen sich Vorstandsmitglieder strafbar, die bei der Gründung der Gesellschaft (§§ 23–51 AktG), der Nachgründung (§ 52 AktG) oder bei einer Kapitalerhöhung (§§ 182–206 AktG) gegenüber dem Handelsregister oder in Berichten, die nach dem Aktiengesetz zu erstellen sind, falsche Angaben machen oder erhebliche Umstände verschweigen.[887] Geschützt wird jeweils das Vertrauen der Gläubiger und der Allgemeinheit auf die Richtigkeit des Handelsregisters und der zum Handelsregister gemachten Angaben.[888] Der Strafrahmen beläuft sich auf Freiheitsstrafe bis zu drei Jahren oder Geldstrafe. § 399 AktG ist ein Schutzgesetz iSd § 823 Abs. 2 BGB für die Personen, die im Vertrauen auf die Richtigkeit der zum Handelsregister gemachten Angaben einen Schaden erlitten haben.[889]

b) Unrichtige Darstellungen in Bilanzen und Berichten

499 In der Vergangenheit haben spektakuläre Fälle, in denen Gremienmitgliedern Bilanzfälschungen und unrichtige Darstellungen vorgeworfen wurden, die Öffentlichkeit bewegt und Staatsanwaltschaften beschäftigt.[890] Nach § 400 Abs. 1 Nr. 1 AktG machen sich Organmitglieder strafbar, die wesentliche Verhältnisse der Gesellschaft (und ihrer Konzernunternehmen) in Darstellungen und Übersichten über ihren Vermögensstand oder bei Auskünften in der Hauptversammlung unrichtig wiedergeben oder verschleiern.[891] Verschleiert werden Verhältnisse, wenn objektiv wahre Tatsachen beim Adressaten falsche Vorstellungen erwecken können.[892] Nach § 400 Abs. 1 Nr. 2 AktG machen sich Organmitglieder strafbar, wenn sie gegenüber Prüfern der Gesellschaft oder eines Konzernunternehmens falsche Angaben machen oder deren Verhältnisse unrichtig wiedergeben oder verschleiern.[893] Der Strafrahmen beläuft sich auf Freiheitsstrafe bis zu drei Jahren oder Geldstrafe.

500 § 400 Abs. 1 Nr. 1 AktG wird ergänzt durch die in § 331 HGB speziell geregelte Strafbarkeit von Organmitgliedern bei unrichtiger Wiedergabe oder Verschleierung von Verhältnissen gegenüber dem Abschlussprüfer.[894] § 331 HGB sieht ebenfalls einen Straf-

---

[887] *Südbeck/Eidam* in HK-KapMarktStrafR Kap. 8.1. AktG § 399 Rn. 27 f.; *Schaal* in MüKoAktG § 399 Rn. 55 ff.; *Temming* in Graf/Jäger/Wittig Wirtschafts- und Steuerstrafrecht AktG § 399 Rn. 12 ff; *Corsten/Wackernagel* in Illert/Ghassemi-Tabar/Cordes HdB Vorstand und Aufsichtsrat § 17 Rn. 254 ff.
[888] BGH NZG 2005, 976 (978); *Corsten/Wackernagel* in Illert/Ghassemi-Tabar/Cordes HdB Vorstand und Aufsichtsrat § 17 Rn. 257.
[889] BGH NJW 2005, 3721; *Müller-Michaels* in Hölters AktG § 399 Rn. 2; *Schaal* in MüKoAktG § 399 Rn. 5.
[890] *Südbeck/Eidam* in HK-KapMarktStrafR Kap. 9.2. AktG § 400 Rn. 4.
[891] *Corsten/Wackernagel* in Illert/Ghassemi-Tabar/Cordes HdB Vorstand und Aufsichtsrat § 17 Rn. 249 ff.; *Südbeck/Eidam* in HK-KapMarktStrafR Kap. 9.2. AktG § 400 Rn 13; *Schaal* in MüKoAktG § 400 Rn. 15.
[892] *Müller-Michaels* in Hölters AktG § 400 Rn. 13; *Hefendehl* in Spindler/Stilz AktG 400 Rn. 45.
[893] Zu Details vgl. *Müller-Michaels* in Hölters AktG § 400 Rn. 22 ff.; *Altenhain* in KölnKomm-AktG § 400 Rn. 54 ff.
[894] *Corsten/Wackernagel* in Illert/Ghassemi-Tabar/Cordes HdB Vorstand und Aufsichtsrat § 17 Rn. 194 ff.

rahmen von Freiheitsstrafe bis zu drei Jahren oder Geldstrafe vor. § 400 AktG ist ein Schutzgesetz iSd § 823 Abs. 2 BGB, dem gerade im Bereich der kapitalmarktrechtlichen Informationshaftung eine erhebliche praktische Relevanz zukommt, wenn ein Dritter im Vertrauen auf die Richtigkeit der Angaben einen Schaden erlitten hat.[895]

c) Verletzung der Geheimhaltungspflicht

Gemäß § 404 Abs. 1 Nr. 1, Abs. 2 AktG machen sich Organmitglieder strafbar, die ein Geheimnis unbefugt offenbaren oder unbefugt verwerten. § 404 AktG schützt die Interessen der Gesellschaft an der Bewahrung ihrer Geheimnisse.[896] Es handelt sich um ein abstraktes Gefährdungsdelikt, eine konkrete Gefährdung der Gesellschaft oder ein Schadenseintritt sind daher für den Tatbestand nicht erforderlich.[897] Der Strafrahmen beläuft sich auf Geldstrafe oder Freiheitsstrafe bis zu einem Jahr. Die besonders schweren Fälle des § 404 Abs. 2 S. 1 AktG sowie das unbefugte Verbreiten eines Geheimnisses gemäß § 404 Abs. 2 S. 2 AktG werden mit Geldstrafe oder Freiheitsstrafe bis zu zwei Jahren, bei börsennotierten Gesellschaften bis zu drei Jahren, bestraft. Für den geschützten Personenkreis ist § 404 AktG ein Schutzgesetz iSd § 823 Abs. 2 BGB.[898]

501

3. Kapitalmarktrechtliche Straftatbestände

Die seit dem 3. 7 2016 unmittelbar anwendbare EU-Marktmissbrauchsverordnung[899] führt zur einer erheblichen Ausweitung der Aufsichts- und Ermittlungsbefugnisse nationaler Aufsichtsbehörden als auch ihrer koordinierenden und kooperativen Zusammenarbeit. In Deutschland ist die Bundesanstalt für Finanzdienstleistungsaufsicht (BaFin) für alle Missbräuche zuständig, die sich auf Finanzinstrumente beziehen, welche über geregelte Märkte, multilaterale Handelssysteme (multilateral trading facilities – MTFs) oder organisierte Handelssysteme (organised trading facilities – OTFs) gehandelt werden.[900]

502

a) Verbot der Marktmanipulation

Art. 15 MAR verbietet die Marktmanipulation und deren Versuch. Art. 12 MAR konkretisiert den Begriff „Marktmanipulation" und unterscheidet zwischen handels- und informationsbezogenen Tatbeständen.[901] Als handelsbezogener Tatbestand ist nach Art. 15, 12 Abs. 1 Buchst. a und b MAR verboten, durch den Abschluss eines Geschäfts, die Erteilung eines Handelsauftrags oder jede andere Handlung falsche oder irreführende Signale hinsichtlich des Angebots, der Nachfrage oder des Preises eines Finanzinstruments zu geben. Art. 15, 12 Abs. 1 Buchst. c MAR verbietet ferner Informationen zu verbreiten, die falsche oder irreführende Signale hinsichtlich des Angebots oder des Kurses eines Finanzinstruments geben oder ein künstliches Kursniveau herbeiführen. Dieser Tatbestand ist wegen vielfältiger Außendarstellungen von Unternehmen besonders

503

---

[895] BGH NZG 2012, 263 (265); *Müller-Michaels* in Hölters AktG § 400 Rn. 2; *Schaal* in MüKo-AktG § 400 Rn. 3.
[896] Ein Schutz zu Gunsten der Aktionäre ist umstritten, vgl. dazu *Schaal* in MüKoAktG § 404 Rn. 3 mwN.
[897] *Müller-Michaels* in Hölters AktG § 404 Rn. 4; *Schaal* in MüKoAktG § 404 Rn. 6; *Janssen/Gercke* in HK-KapMarktStrafR Kap. 11.2. AktG § 404 Rn. 5.
[898] OLG Koblenz NJW-RR 1987, 809; *Müller-Michaels* in Hölters AktG § 404 Rn. 3; *Schaal* in MüKoAktG § 404 Rn. 4.
[899] VO (EU) Nr. 596/2014.
[900] Vgl. hierzu im Detail *Weber* NJW 2017, 991.
[901] *Schmolke* in Klöhn MAR Art. 12 Rn. 6; *von der Linden* DStR 2016, 1036 (1040).

relevant.[902] Zudem verbietet Art. 15, 12 Abs. 1 Buchst. d MAR ausdrücklich die Manipulation von Referenzwerten. Ausnahmen für zulässige Marktpraktiken werden von nationalen Aufsichtsbehörden festgelegt (Art. 13 MAR). Verstößt ein Verwaltungsmitglied vorsätzlich gegen das Verbot der Marktmanipulation und wirkt dadurch tatsächlich auf den Börsen- oder Marktpreis eines Finanzinstruments oder auf einen Referenzwert ein, so macht es sich gemäß § 119 Abs. 1 WpHG strafbar.[903] Der Strafrahmen beläuft sich auf Freiheitsstrafe bis zu fünf Jahren oder Geldstrafe, bei besonders schweren Fällen im Sinne des § 119 Abs. 5 WpHG von einem bis zu zehn Jahren. Gemäß § 120 Abs. 15 Nr. 2 WpHG begründet leichtfertiges Handeln eine Ordnungswidrigkeit.[904]

b) Verbot von Insidergeschäften

504   Art. 14 MAR enthält das Verbot von Insidergeschäften und unrechtmäßiger Offenlegung, diese Tatbestände werden in Art. 8 ff. MAR konkretisiert.[905] Verboten sind das Tätigen von Insidergeschäften und dessen Versuch. Ein Insidergeschäft liegt nach Art. 8 Abs. 1 S. 1 MAR vor, wenn eine Person über Insiderinformationen verfügt und unter Nutzung derselben für eigene oder fremde Rechnung direkt oder indirekt Finanzinstrumente erwirbt oder veräußert, auf die sich die Informationen beziehen. Der Begriff „Insiderinformation" ist in Art. 7 Abs. 1 MAR konkretisiert. Art. 8 Abs. 1 S. 2 MAR erfasst auch Varianten des Unterlassens des Erwerbs oder der Veräußerung von Finanzinstrumenten, denn die Nutzung von Insiderinformationen bei Stornierung oder Änderung eines Auftrags sind ein Insidergeschäft, wenn der ursprüngliche Auftrag vor Erlangen der Insiderinformationen erteilt wurde.[906] Art. 9 MAR enthält einen nicht abschließenden Katalog legitimer Handlungen, bei denen das Vorhandensein von Insiderinformationen nicht automatisch auf eine Nutzung dieser Insiderinformationen schließen lassen soll.[907] Ein Verwaltungsmitglied macht sich gemäß § 119 Abs. 3 WpHG strafbar, wenn es entgegen Art. 14 MAR vorsätzlich ein Insidergeschäft selbst tätigt, einem Dritten empfiehlt oder ihn verleitet, ein Insidergeschäft zu tätigen, oder eine Insiderinformation unrechtmäßig offenlegt. Wie bei der Markmanipulation beträgt die Freiheitsstrafe bis zu fünf Jahren oder Geldstrafe. Die leichtfertige Verwirklichung des Tatbestands stellt gemäß § 120 Abs. 14 WpHG eine Ordnungswidrigkeit dar.[908]

c) Kapitalanlagebetrug

505   Kapitalanlagebetrug gemäß § 264a StGB begehen Personen, die insbesondere beim Vertrieb von Wertpapieren in Prospekten oder anderen Darstellungen über den Vermögensstand der Gesellschaft gegenüber einem größeren Kreis von Personen unrichtige vorteilhafte Angaben machen oder nachteilige Tatsachen verschweigen, die für die Ent-

---

[902] *Corsten/Wackernagel* in Illert/Ghassemi-Tabar/Cordes HdB Vorstand und Aufsichtsrat § 17 Rn. 303; *Schmolke* in Klöhn MAR Art. 12 Rn. 240.
[903] Ausführlich *Poller* NZWiSt 2017, 430; zu verwaltungsrechtlichen Sanktionen vgl. *Schmolke* in Klöhn MAR Art. 12 Rn. 106 ff.
[904] *Spoerr* in Assmann/Schneider/Mülbert Wertpapierhandelsrecht WpHG § 120 Rn. 342; *Langenbucher* Aktien- und Kapitalmarktrecht § 16 Rn. 29.
[905] *Kumpan* in Baumbach/Hopt MAR Art. 14 Rn. 1; *Klöhn* in Klöhn MAR Art. 14 Rn. 1.
[906] *Corsten/Wackernagel* in Illert/Ghassemi-Tabar/Cordes HdB Vorstand und Aufsichtsrat § 17 Rn. 294; *Langenbucher* Aktien- und Kapitalmarktrecht § 15 Rn. 55; *Hilgendorf/Kusche* in HK-KapMarktStrafR Kap. 5.4. MAR Art 14 Rn 49.
[907] *Klöhn* in Klöhn MAR Art. 9 Rn. 1 f.; *Assmann* in Assmann/Schneider/Mülbert Wertpapierhandelsrecht MAR Art. 9 Rn. 2 f.; *Hilgendorf/Kusche* in HK-KapMarktStrafR Kap. 5.4. MAR Art. 14 Rn. 52.
[908] *Spoerr* in Assmann/Schneider/Mülbert Wertpapierhandelsrecht WpHG § 120 Rn. 337 ff.; *Langenbucher* Aktien- und Kapitalmarktrecht § 15 Rn. 101.

scheidung über den Erwerb der Wertpapiere erheblich sind. § 264a StGB schützt das Vermögen von Kapitalanlegern vor Übervorteilung[909] und das Vertrauen der Allgemeinheit in einen funktionierenden Kapitalmarkt.[910] Der Strafrahmen beträgt Freiheitsstrafe bis zu drei Jahren oder Geldstrafe.

4. Straftaten in Krise und Insolvenz

In der Krise oder bei Insolvenz der Gesellschaft ist zur Vermeidung persönlicher Risiken besondere Sorgfalt der Vorstandsmitglieder geboten. Es bestehen besondere Pflichten, deren Verletzung auch strafrechtliche Folgen haben kann.   506

a) Pflichtverletzung bei Verlust, Überschuldung oder Zahlungsunfähigkeit

Gemäß § 401 AktG machen sich die Mitglieder des Vorstands strafbar, wenn sie es entgegen § 92 Abs. 1 AktG unterlassen, bei einem Verlust in Höhe der Hälfte des in der Satzung bestimmten Grundkapitals die Hauptversammlung einzuberufen und ihr dies anzuzeigen. Der Verlust muss sich bei der Aufstellung der Jahresbilanz oder einer Zwischenbilanz ergeben; er ist nicht eingetreten, soweit er aus gesetzlichen, freien, offenen oder stillen Rücklagen gedeckt werden kann.[911] Für die Einberufung der Hauptversammlung und die Anzeige des Verlustes ist jedes Vorstandsmitglied unabhängig von einer abweichenden Geschäftsverteilung strafrechtlich verantwortlich.[912] Bei Vorsatz droht Freiheitsstrafe bis zu drei Jahren oder Geldstrafe (§ 401 Abs. 1 AktG). Bei Fahrlässigkeit beträgt die Freiheitsstrafe maximal ein Jahr (§ 401 Abs. 2 AktG).   507

b) Insolvenzverschleppung

Ebenso wird bestraft, wer gemäß § 15a InsO bei Zahlungsunfähigkeit oder (rechtlicher) Überschuldung der Aktiengesellschaft seiner ihm als Vorstandsmitglied obliegenden Pflicht zur Stellung eines Insolvenzantrages nicht, nicht rechtzeitig oder nicht richtig nachkommt. Tathandlung ist das Unterlassen der Stellung eines richtigen Insolvenzantrages innerhalb der gesetzlichen Höchstfrist von drei Wochen ab Eintritt des Insolvenzgrundes. Ein Eröffnungsantrag ist unrichtig, wenn die gemachten Angaben unzutreffend oder unvollständig sind, und insbesondere nicht die Angaben enthält, die das Insolvenzgericht zur ordnungsgemäßen Prüfung des Antrags und etwaiger Maßnahmen zur Massesicherung benötigt.[913] Unabhängig von einer Geschäftsverteilung ist jeder einzelne Vorstand zur fristgerechten und richtigen Antragstellung verpflichtet. Täter des § 15a InsO kann auch ein faktisches Vorstandsmitglied sein.[914] Handelt der Vorstand mit Vorsatz,   508

---

[909] BGH BB 2014, 2770; *Park* in HK-KapMarktStrafR Kap. 3.2. StGB § 264a Rn. 3; *Corsten/Wackernagel* in Illert/Ghassemi-Tabar/Cordes HdB Vorstand und Aufsichtsrat § 17 Rn. 307.

[910] *Fischer* StGB § 264a Rn. 2; *Perron* in Schönke/Schröder StGB § 264a Rn. 1; *Wohlers/Mühlbauer* in MüKoStGB § 264a Rn. 3; *Park* in HK-KapMarktStrafR Kap. 3.2. StGB § 264a Rn. 3 mwN auch zur Gegenansicht, nach der ausschließlich das Vermögen der Anleger geschützt sein soll.

[911] BGH AG 1958, 293; OLG Köln AG 1978, 17 (22); *Hüffer/Koch* AktG § 92 Rn. 2; *Fleischer* in Spindler/Stilz AktG § 92 Rn. 7; *Thümmel* Persönliche Haftung von Managern und Aufsichtsräten Rn. 127; *Mertens/Cahn* in KölnKommAktG § 92 Rn. 8 ff.; *Wiesner* in MHdB GesR IV § 25 Rn. 102; *Schaal* in MüKoAktG § 401 Rn. 19.

[912] *Schaal* in MüKoAktG § 401 Rn. 16 auch zu Details der notwendigen Kenntnis des Vorstandsmitglieds.

[913] *Corsten/Wackernagel* in Illert/Ghassemi-Tabar/Cordes HdB Vorstand und Aufsichtsrat § 17 Rn. 147; *Hohmann* in MüKoStGB InsO § 15a Rn. 82.

[914] BGH NZG 2015, 246; *Schmittmann* Haftung von Organen in Krise und Insolvenz S. 221; *Fischer* StGB Vor § 283a Rn. 23; aA *Hohmann* in MüKoStGB InsO § 15a Rn. 71.

c) Vorenthalten und Veruntreuen von Sozialversicherungsbeiträgen

509 Vorstandsmitglieder machen sich strafbar, wenn sie der Einzugsstelle Sozialversicherungsbeiträge von Arbeitnehmern vorenthalten (§ 266a Abs. 1 StGB) bzw. wenn über sozialversicherungsrechtlich erhebliche Tatsachen unrichtige oder unvollständige Angaben gemacht oder solche Tatsachen pflichtwidrig verschwiegen werden und dadurch Sozialversicherungsbeiträge vorenthalten werden (§ 266a Abs. 2 StGB). Auch bei § 266a StGB sind faktische Vorstandsmitglieder taugliche Täter.[915] Der Strafrahmen beläuft sich auf Geldstrafe oder Freiheitsstrafe bis zu fünf Jahren. Ein Gericht kann gemäß § 266a Abs. 6 StGB von einer Bestrafung absehen, wenn der Vorstand spätestens bei Fälligkeit oder unverzüglich danach der Einzugsstelle schriftlich die Höhe der vorenthaltenen Beiträge mitteilt und darlegt, warum die fristgemäße Zahlung trotz ernsthaftem Bemühen nicht möglich ist.

d) Bankrottdelikte

510 Als Kernvorschrift des Insolvenzstrafrechts stellt § 283 StGB acht Tathandlungen unter Strafe, die bei Überschuldung, Zahlungsunfähigkeit oder drohender Zahlungsunfähigkeit begangen werden (§ 283 Abs. 1 StGB) oder durch die eine Überschuldung oder Zahlungsunfähigkeit der Gesellschaft zumindest mitursächlich[916] herbeigeführt wird (§ 283 Abs. 2 StGB). § 283 StGB schützt im Wesentlichen die Insolvenzmasse vor unwirtschaftlicher Verringerung, Verheimlichung und ungerechter Verteilung.[917] Die wesentlichen Bankrotthandlungen sind die Vernichtung oder das Beiseiteschaffen von Vermögen, das der Insolvenzmasse zur Verfügung gestanden hätte oder sonst zur Befriedigung der Gläubiger dienen würde. Beiseiteschaffen im Sinne des § 283 Abs. 1 Nr. 1 StGB bedeutet, dass der Zugriff auf den weggegebenen Vermögensbestandteil für einen Insolvenzverwalter wesentlich erschwert wird.[918] Weitere Tathandlungen sind das Eingehen von Spekulationsgeschäften oder unwirtschaftlicher Ausgaben (§ 283 Abs. 1 Nr. 2 StGB) sowie Verstöße in der Krise gegen die Pflicht zur kaufmännischen Buchführung (§ 283 Abs. 1 Nr. 5–7 StGB). Objektive Bedingung für die Strafbarkeit (also unabhängig von einem Verschulden des Täters) ist gemäß § 283 Abs. 6 StGB, dass die Gesellschaft ihre Zahlungen eingestellt hat, das Insolvenzverfahren über das Vermögen der Gesellschaft eröffnet wurde oder der Insolvenzantrag mangels Masse abgewiesen worden ist.[919]

511 Das Strafmaß beläuft sich bei vorsätzlichem Handeln auf Freiheitsstrafe bis zu fünf Jahren oder Geldstrafe. Bei fahrlässigem bzw. leichtfertigem Handeln beläuft sich der Strafrahmen in den in § 283 Abs. 4 StGB genannten Fällen auf Freiheitsstrafe bis zu zwei Jahren oder Geldstrafe. Ein besonders schwerer Fall einer Bankrotthandlung liegt gemäß § 283a StGB vor, wenn der Täter aus Gewinnsucht handelt oder wissentlich viele Personen in die Gefahr des Verlustes ihrer dem Täter anvertrauten Vermögenswerte oder in wirtschaftliche Not bringt. Gewinnsucht bezeichnet das Streben nach Gewinn um jeden Preis, also mit besonderer Rücksichtslosigkeit über die Interessen der Gläubiger hinweg

---

[915] *Fischer* StGB § 266a Rn. 5; *Schmittmann* Haftung von Organen in Krise und Insolvenz S. 226.
[916] BGH NStZ-RR 2017, 177.
[917] *Corsten/Wackernagel* in Illert/Ghassemi-Tabar/Cordes HdB Vorstand und Aufsichtsrat § 17 Rn. 150.
[918] BGH NJW 2010, 2894.
[919] *Fischer* StGB Vor § 283 Rn. 12 ff.; *Schmittmann* Haftung von Organen in Krise und Insolvenz S. 227; *Corsten/Wackernagel* in Illert/Ghassemi-Tabar/Cordes HdB Vorstand und Aufsichtsrat § 17 Rn. 159 f.

und entgegen den Anforderungen einer ordnungsgemäßen Wirtschaft.⁹²⁰ Das Strafmaß beläuft sich in einem solchen Fall auf Freiheitsstrafe von sechs Monaten bis zu zehn Jahren.

e) Verletzung der Buchführungspflicht

In Ergänzung zu § 283 Abs. 1 Nr. 5–7 StGB stellt § 283b StGB als abstraktes Gefährdungsdelikt auch solche Verstöße gegen die Buchführungspflicht unter Strafe, die noch vor Eintritt der Krise oder von einem Täter begangen werden, der die eingetretene Krise ohne Fahrlässigkeit nicht kennt.⁹²¹ Strafbar ist, wer Handelsbücher trotz gesetzlicher Verpflichtung nicht führt oder so führt oder verändert, dass die Übersicht über den Vermögensstand erschwert wird (§ 283b Abs. 1 Nr. 1 StGB) oder wer Handelsbücher entgegen einer gesetzlichen Aufbewahrungspflicht beiseiteschafft, verheimlicht, zerstört oder beschädigt und dadurch die Übersicht über den Vermögensstand erschwert (§ 283b Abs. 1 Nr. 2 StGB). Ebenso macht sich strafbar, wer Bilanzen so aufstellt, dass die Übersicht über den Vermögensgegenstand erschwert wird oder wer Bilanzen nicht innerhalb gesetzlicher Fristen aufstellt (§ 283b Abs. 1 Nr. 3 StGB). Anders als bei § 283 Abs. 2 StGB müssen die Verstöße gegen die Buchführungspflicht zwar nicht kausal den Zusammenbruch des Unternehmens hervorgerufen haben, aber sie müssen zum Zeitpunkt des Zusammenbruchs noch spürbare Auswirkungen haben.⁹²² Folgenlose und für einen späteren wirtschaftlichen Zusammenbruch völlig unerhebliche Verletzungen von Buchführungs- und Bilanzierungspflichten sind unerheblich.⁹²³ Der spätere Zusammenbruch der Gesellschaft ist aber gemäß § 283b Abs. 3 StGB iVm § 283 Abs. 6 StGB eine objektive Bedingung für die Strafbarkeit. Die bloße Verletzung von Buchführungs- und Bilanzierungspflichten ohne wirtschaftlichen Zusammenbruch ist nicht strafbar. Das Strafmaß beläuft sich auf Freiheitsstrafe bis zu zwei Jahren oder Geldstrafe. Sind Buchführung und Bilanzierung aus Fahrlässigkeit nicht ordnungsgemäß, droht Freiheitsstrafe bis zu einem Jahr oder Geldstrafe (§ 283b Abs. 2 StGB).

512

f) Gläubigerbegünstigung

Eine Gläubigerbegünstigung gemäß § 283c StGB begeht, wer einen Gläubiger absichtlich oder wissentlich begünstigt, indem er in Kenntnis der Zahlungsunfähigkeit einen Anspruch sichert oder erfüllt, obwohl der Gläubiger auf Sicherung oder Befriedigung keinen oder jedenfalls keinen Anspruch zu der Zeit oder in der Art hat. § 283c StGB ist eine Privilegierung gegenüber § 283 Abs. 1 Nr. 1 StGB: Ein durch Befriedigung oder Sicherung zu Lasten der Masse handelnder Schuldner soll milder bestraft werden, wenn er durch Bevorzugung eines bestimmten Gläubigers lediglich die Verteilungsgerechtigkeit beeinträchtigt.⁹²⁴ Die Privilegierung entfällt, wenn der Handelnde sich selbst, direkt oder indirekt, einen Vorteil verschaffen will. Die Rückzahlung eines Darlehens durch den Vorstand an sich selbst oder eine von ihm kontrollierte andere Gesellschaft ist daher keine Gläubigerbegünstigung, sondern ein Bankrottdelikt gemäß §§ 283 Abs. 1 Nr. 1 StGB.⁹²⁵ Das Strafmaß der Gläubigerbegünstigung beläuft sich auf Freiheitsstrafe bis zu zwei Jahren oder Geldstrafe.

513

---

⁹²⁰ BGH NStZ-RR 2017, 282; *Fischer* StGB § 283a Rn. 2.
⁹²¹ BGH NJW 1979, 1418; *Radtke* in MüKoStGB § 283b Rn. 6; *Fischer* StGB § 283b Rn. 2.
⁹²² BGH NJW 1979, 1418; *Fischer* StGB § 283b Rn. 5; *Radtke* in MüKoStGB § 283b Rn. 2.
⁹²³ BGH NJW 1979, 1418; *Fischer* StGB § 283b Rn. 5.
⁹²⁴ BGH NZI 2017, 542 (544); *Fischer* StGB § 283c Rn. 1.
⁹²⁵ BGH NZI 2017, 542 (544); eingrenzend für Darlehen mit Rangrücktritt *Brand* NZI 2017, 518 (520 f.).

5. Sonstige Straftatbestände

514 Je nach Tätigkeitsgebiet der Aktiengesellschaft kommen weitere Straftatbestände für den Vorstand in Betracht. Beispiele hierfür sind in Zusammenhang mit Produkthaftungsfällen strafrechtliche Verurteilungen wegen Körperverletzung nach §§ 223 ff. StGB oder Verstöße gegen die Vorschriften des Außenwirtschaftsgesetzes (§ 34 AWG). Besonders praxisrelevant für den Vorstand ist die Strafbarkeit wegen Untreue (§ 266 StGB) und Betrug (§ 263 StGB).

a) Untreue (§ 266 StGB)

515 Jedem Vorstandsmitglied obliegt eine Vermögensbetreuungspflicht zu Gunsten der „eigenen" Aktiengesellschaft; möglich sind auch im Einzelnen strittige Vermögensbetreuungspflichten gegenüber abhängigen Konzerngesellschaften.[926] Der Vorstand muss somit das ihm fremde Vermögen der rechtlich selbstständigen Gesellschaft schützen;[927] der Straftatbestand ist damit sehr weit gefasst.[928]

516 Ein Vorstandsmitglied macht sich gemäß § 266 StGB der Untreue strafbar, wenn es das Vermögen der Aktiengesellschaft unter Ausnutzung seiner Verfügungsbefugnisse vorsätzlich schädigt. Typische Fälle sind der Griff in die Kasse, „Kick-Back-Geschäfte", Schmiergeldzahlungen, riskante Darlehensgewährungen, spekulative Geschäfte, überhöhte oder unverhältnismäßige Ausgaben, Verfügungen außerhalb des Satzungszwecks oder die Unterhaltung schwarzer Kassen. Auch das Unterlassen einer rechtsgeschäftlichen Handlung kann bei einer Garantenstellung den Untreuetatbestand verwirklichen.[929] Mitglieder des Aufsichtsrats oder seiner Ausschüsse haben ebenfalls Vermögensbetreuungspflichten, insbesondere bei der Festsetzung der Vergütung von Vorständen oder bei Sonderzahlungen.[930] Beginnend mit dem „Mannesmann/Vodafone"-Urteil des Bundesgerichtshofs[931] hat der Untreuetatbestand des § 266 StGB große Bedeutung im Unternehmensrecht erhalten. Da das Vermögen der Aktionäre in ihrer Gesamtheit geschützt ist, kann eine Untreue bei Zustimmung aller Aktionäre der Aktiengesellschaft oder der diese repräsentierenden Hauptversammlung zu einer konkreten Maßnahme nicht vorliegen.[932]

517 Bei unternehmerischen Entscheidungen ist dem Vorstand nach der Rechtsprechung des Bundesgerichtshofs grundsätzlich ein weiter Ermessensspielraum zuzubilligen. Danach ist eine Pflichtverletzung nicht anzunehmen, solange die Grenzen nicht überschritten sind, in denen sich ein von Verantwortungsbewusstsein getragenes, ausschließlich am Unternehmenswohl orientiertes, auf sorgfältiger Ermittlung der Entscheidungsgrundlagen beruhendes unternehmerisches Handeln bewegen muss.[933] Die Vorschrift des § 93 Abs. 1 S. 2 AktG definiert einen „sicheren Hafen"; die Einhaltung seiner Voraussetzun-

---

[926] *Fischer* StGB § 266 Rn. 48; *Dierlamm* MüKoStGB § 266 Rn. 274 ff. jeweils mwN.
[927] BGH NJW 2006, 522 (525); *Fischer* StGB § 266 Rn. 48; *Perron* in Schönke/Schröder StGB § 266 Rn. 25.
[928] *Ransiek* ZStW 116 (2004), 634; *Corsten/Wackernagel* in Illert/Ghassemi-Tabar/Cordes HdB Vorstand und Aufsichtsrat § 17 Rn. 2.
[929] OLG Bremen NStZ 1989, 228; *Corsten/Wackernagel* in Illert/Ghassemi-Tabar/Cordes HdB Vorstand und Aufsichtsrat § 17 Rn. 10; *Fischer* StGB § 266 Rn. 27.
[930] BGH NJW 2016, 2585; BGH NJW 2006, 522; *Fischer* StGB § 266 Rn. 107.
[931] BGH NJW 2006, 522.
[932] BGH NJW 2006, 522 (525); *Dierlamm* in MüKoStGB § 266 Rn. 159; *Perron* in Schönke/Schröder StGB § 266 Rn. 21c.
[933] BGHZ 135, 244 (253); *Fleischer* in Spindler/Stilz AktG § 93 Rn. 61; *Hölters* in Hölters AktG § 93 Rn. 29.

gen schließt also eine Pflichtverletzung aus.⁹³⁴ Eine Pflichtverletzung nach § 93 Absatz 1 AktG liegt vor, wenn diese Grenzen überschritten sind, die Bereitschaft zur Eingehung unternehmerischer Risiken in unverantwortlicher Weise überspannt wird oder das Verhalten des Vorstands aus anderen Gründen als pflichtwidrig gelten muss.

Diese als Business Judgement Rule in § 93 Abs. 1 S. 2 AktG kodifizierten Grundsätze sollen nach Auffassung des Bundesgerichtshofs auch Maßstab für das Vorliegen einer Pflichtverletzung gemäß § 266 Abs. 1 StGB sein.⁹³⁵ Überschreitet ein Vorstand die in § 93 Abs. 1 AktG normierten äußeren Grenzen unternehmerischen Ermessens, so soll der darin liegende Verstoß gegen gesellschaftsrechtliche Pflichten – gleichsam automatisch – als derart gravierend und evident anzusehen sein, dass dadurch eine Pflichtwidrigkeit im Sinne von § 266 StGB begründet wird; für eine gesonderte Prüfung der Pflichtverletzung als „evident" oder „gravierend" sei in solchen Fällen kein Raum.⁹³⁶   **518**

Durch die Tathandlung muss dem Inhaber des betreuten Vermögens ein Nachteil zugefügt werden. Da die Untreue ein Vermögensdelikt ist, schützt § 266 Abs. 1 StGB das zu betreuende Vermögen wertmäßig als Ganzes. Ob ein Vermögensnachteil vorliegt, ist nach wirtschaftlichen Gesichtspunkten zu prüfen. An einem Vermögensnachteil fehlt es idR, wenn der Vermögensabfluss durch einen gleichzeitig eintretenden Vermögenszuwachs ausgeglichen wird, sofern die Untreuehandlung selbst beides hervorbringt.⁹³⁷   **519**

Auf der subjektiven Tatbestandsseite erfordert die Verwirklichung der Untreue nach Rechtsprechung des Bundesgerichtshofs nicht nur die Kenntnis des Täters von der konkreten Möglichkeit eines Schadenseintritts und das Inkaufnehmen dieser konkreten Gefahr, sondern darüber hinaus eine Billigung der Realisierung dieser Gefahr, „sei es auch nur in der Form, dass der Täter sich mit dem Eintritt des ihm unerwünschten Erfolges abfindet".⁹³⁸ Die bloße Hoffnung auf den guten Ausgang steht der Annahme eines Vorsatzes nicht entgegen.⁹³⁹ Ein Abfinden mit dem Erfolg liegt aber dann nicht vor, wenn der Täter die Realisierung der Gefahr unter allen Umständen vermeiden will und daher auf keinen Fall billigt.⁹⁴⁰   **520**

Wer eine Untreue gemäß § 266 StGB begeht, wird mit einer Geldstrafe oder Freiheitsstrafe bis zu fünf Jahren bestraft. In besonders schweren Fällen beläuft sich der Strafrahmen auf Freiheitsstrafe von sechs Monaten bis zu zehn Jahren.   **521**

b) Betrug (§ 263 StGB)

Ein Vorstandsmitglied begeht gemäß § 263 StGB einen Betrug, wenn es eine andere Person in der Absicht täuscht, sich oder einen Dritten zu bereichern. Eine strafrechtliche Täuschung liegt vor, wenn bezogen auf eine Tatsache eine Unwahrheit geäußert wird. Typische Täuschungen sind das Vorspiegeln falscher Tatsachen oder das Entstellen wahrer Tatsachen.⁹⁴¹ Eine Täuschung kann ausdrücklich oder – unter Berücksichtigung der konkreten Gesamtumstände – konkludent erfolgen. Ein bloßes Schweigen ist dagegen   **522**

---

⁹³⁴ BGHZ 135, 244 (253); BGH NJW 2017, 578; *Fleischer* in Spindler/Stilz AktG § 93 Rn. 61; *Hölters* in Hölters AktG § 93 Rn. 29.
⁹³⁵ BGH NJW 2017, 578; zur Kritik an der Entscheidung vgl. *Hüffer/Koch* AktG § 93 Rn. 91; *Baur/Holle* ZIP 2017, 555 (556 ff.); *Corsten/Wackernagel* in Illert/Ghassemi-Tabar/Cordes HdB Vorstand und Aufsichtsrat § 17 Rn. 22 f.
⁹³⁶ BGH NJW 2017, 578; aA *Corsten/Wackernagel* in Illert/Ghassemi-Tabar/Cordes HdB Vorstand und Aufsichtsrat § 17 Rn. 22 f.
⁹³⁷ BGH NStZ 2018, 105; OLG München AG 2018, 758 (760); *Schilling* NStZ 2018, 316 (321).
⁹³⁸ BGH NJW 2007, 1760; BGH NJW 2010, 1764; BGH NStZ 2013, 715 (716).
⁹³⁹ BGH NStZ 2013, 715 (716).
⁹⁴⁰ BGH NJW 2007, 1760.
⁹⁴¹ *Fischer* StGB § 263 Rn. 18 ff.; *Perron* in Schönke/Schröder StGB § 263 Rn. 6 ff.; *Rübenstahl/Loy* NZG 2018, 528 (529 f.).

idR keine Täuschung; nach Rechtsprechung und herrschender Meinung kann aber beim Schweigen durch Unterlassung getäuscht werden, wenn eine besonders begründete Einstandspflicht zur Aufklärung besteht.[942] Auch aus der Stellung als Vorstand kann sich eine Garantenpflicht zur Verhinderung von Straftaten und Ordnungswidrigkeiten nachgeordneter Mitarbeiter ergeben.[943]

523 Durch die Täuschung muss beim Opfer ein Irrtum erregt worden sein, aufgrund dessen es eine Vermögensverfügung vornimmt, die bei ihm unmittelbar zu einem Vermögensschaden führt. Besonders praxisrelevant ist der Lieferanten- und Warenkreditbetrug, bei dem trotz finanzieller Krise der Gesellschaft Waren auf Kredit bestellt werden und der Vorstand bei Vertragsschluss vortäuscht, dass die Gesellschaft bei Lieferung zahlungsfähig und -willig sein werde (Eingehungsbetrug).[944] Durch die Täuschung unterliegt der Geschäftspartner dem Irrtum, er werde seine Gegenleistung erhalten. Vorstände sollten daher in der Krise vor einer Bestellung sorgfältig prüfen, ob das geschuldete Entgelt bei Fälligkeit gezahlt werden kann, bei entsprechenden Zweifeln sollte der Vertragspartner darauf hingewiesen werden.[945]

524 Der Strafrahmen beläuft sich bei Betrug auf Geldstrafe oder Freiheitsstrafe bis zu fünf Jahren. Gemäß § 263 Abs. 3 StGB erhöht sich bei besonders schweren Fällen der Strafrahmen auf Freiheitsstrafe von sechs Monaten bis zu zehn Jahren.

525 Das Strafgesetzbuch enthält diverse spezialgesetzlich geregelte besondere Ausprägungen des allgemeinen Betrugstatbestandes. Beim Kapitalanlagebetrug (§ 264a StGB) und beim Subventionsbetrug (§ 264 StGB) wird die Strafbarkeit vorverlagert, weil anders als bei § 263 StGB bereits die reine Täuschung den Tatbestand verwirklicht, auch ohne das Eintreten eines Schadens. Weitere Spezialfälle des Betruges sind Computerbetrug (§ 263a StGB), Versicherungsmissbrauch (Versicherungsbetrug, § 265 StGB) und Kreditbetrug (§ 265b StGB).

c) Korruptionsdelikte, Geldwäsche

526 Diverse Korruptionsskandale haben zu einer intensiven öffentlichen Diskussion und zu erheblichen Schäden bei den davon betroffenen Unternehmen geführt, einschließlich der verhängten Strafen und Bußgelder sowie der aufgewendeten Beraterkosten. Durch Skandale ausgelöste Reputationsverluste können enorm sein, auch wenn sie kaum quantifizierbar sind. Zu den Korruptionsdelikten gehören die wettbewerbsbeschränkende Absprachen bei Ausschreibungen (§ 298 StGB), Bestechlichkeit und Bestechung im geschäftlichen Verkehr (§ 299 StGB), Bestechlichkeit im Gesundheitswesen (§ 299a StGB), Vorteilsgewährung (§ 333 StGB) und Bestechung (§ 334 StGB).

527 Geldwäsche (§ 261 StGB) bezeichnet einen Vorgang, der der Verschleierung unrechtmäßig erlangter Vermögenswerte dient. Die tatsächliche Herkunft des illegal erlangten Geldes soll durch Güteraustausch und Banküberweisungen verschleiert werden. Nicht nur in der Finanzindustrie, sondern auch beim Industrieunternehmen ist daher ein entsprechendes Risikomanagement zweckmäßig, das auch eine detaillierte Risikoanalyse in Bezug auf Geschäftspartner und Kunden einschließt.[946]

---

[942] BGH NJW 1994, 950 (951); *Fischer* StGB § 263 Rn. 15a, 38 ff.; *Hefendehl* in MüKoStGB § 263 Rn. 160 ff.
[943] BGH NJW 2012, 1237 (1238); *Rengier* in KK-OWiG § 130 Rn. 47 ff. mwN.
[944] *Schmittmann* Haftung von Organen in Krise und Insolvenz, S. 223; *Dannecker* in Graf/Jäger/Wittig Wirtschafts- und Steuerstrafrecht StGB § 263 Rn. 349 ff.; *Perron* in Schönke/Schröder StGB § 263 Rn. 128 ff.
[945] *Schmittmann* Haftung von Organen in Krise und Insolvenz, S. 223.
[946] Zu Details vgl. *Lochen* CCZ 2017, 226.

d) Steuerstrafrecht

In deutschen Steuergesetzen sind eine Vielzahl von Sanktionen für pflichtwidriges **528**
steuerrechtliches Verhalten vorgesehen. Die zentrale Bestimmung ist die Steuerhinterziehung (§ 370 AO), welche die Herbeiführung einer Steuerverkürzung oder die Erlangung eines nicht gerechtfertigten Steuervorteils durch Täuschung der Finanzbehörden unter Strafe stellt.[947] Steuerhinterziehung kann auch durch Unterlassen, beispielsweise durch unterlassene Abgabe von Steuerklärungen oder unterlassene Richtigstellung als falsch erkannter Angaben, begangen werden.[948] Zum Vorsatz der Steuerhinterziehung gehört, dass der Täter den Steueranspruch dem Grunde und der Höhe nach kennt oder zumindest für möglich hält und ihn auch verkürzen will bzw. die Verkürzung billigend in Kauf nimmt.[949] Bei Vorsatz droht Freiheitsstrafe bis zu fünf Jahren oder Geldstrafe (§ 370 Abs. 1 AO), in besonders schweren Fällen beträgt die Freiheitsstrafe maximal zehn Jahre (§ 370 Abs. 3 AO). Bereits der Versuch der Steuerhinterziehung ist strafbar (§ 370 Abs. 2 AO). Bei Steuerhinterziehungen drohen zudem auch Geldbußen gegen die Gesellschaft (§ 30 iVm § 17 Abs. 4 OWiG).[950]

6. Ordnungswidrigkeiten

a) Aktienrecht

Maßnahmen des Vorstands können auch eine Ordnungswidrigkeit darstellen. So ent- **529**
halten die §§ 405, 406 AktG diverse Ordnungswidrigkeitstatbestände unter anderem für Handlungen im Zusammenhang mit der Ausgabe von Aktien oder Zwischenscheinen (§ 405 Abs. 1 AktG) oder der Überlassung von Aktien bzw. der Nutzung der sich aus ihnen ergebenden Rechte (§ 405 Abs. 3 AktG).

b) Kapitalmarktrecht

Vorsätzliche oder leichtfertige Verstöße gegen kapitalmarktrechtliche Publizitätspflich- **530**
ten können auch als Ordnungswidrigkeit verfolgt werden. § 120 WpHG enthält einen ausführlichen Katalog von Bußgeldern im Falle der Verletzung des WpHG, der EU-Marktmissbrauchsverordnung (MAR) sowie weiterer anwendbarer Bestimmungen des Kapitalmarktrechts.

c) Aufsichtspflichtverletzungen

Unterlässt der Inhaber eines Unternehmens vorsätzlich oder fahrlässig Aufsichtsmaß- **531**
nahmen, die erforderlich sind, um in dem Unternehmen Pflichtverstöße zu verhindern, die den Inhaber treffen und deren Verletzung mit Strafe oder Geldbuße bedroht ist, handelt er gemäß § 130 Abs. 1 OWiG dann ordnungswidrig, wenn eine Pflichtverletzung begangen wird, die durch gehörige Aufsicht verhindert oder wesentlich erschwert worden wäre.[951] „Inhaber" im Sinne dieser Vorschrift sind die Vorstände, weil ihnen die Erfüllung

---

[947] *Binnewies/Esteves Gomes* AG 2018, 881 (883); *Corsten/Wackernagel* in Illert/Ghassemi-Tabar/Cordes HdB Vorstand und Aufsichtsrat § 17 Rn. 321 ff.
[948] BGH NStZ 2008, 411 (411); *Binnewies/Esteves Gomes* AG 2018, 881 (883); *Corsten/Wackernagel* in Illert/Ghassemi-Tabar/Cordes HdB Vorstand und Aufsichtsrat § 17 Rn. 329 ff.
[949] BGH NStZ-RR 2018, 180; *Binnewies/Esteves Gomes* AG 2018, 881 (883); *Corsten/Wackernagel* in Illert/Ghassemi-Tabar/Cordes HdB Vorstand und Aufsichtsrat § 17 Rn. 341 ff.
[950] Zu Details und zur Einrichtung von Tax Compliance Management Systemen vgl. BGH AG 2018, 39; *Binnewies/Esteves Gomes* AG 2018, 881 (883).
[951] *Corsten* in Illert/Ghassemi-Tabar/Cordes HdB Vorstand und Aufsichtsrat § 18 Rn. 1 ff. mwN.

der das Unternehmen treffenden Pflichten obliegt.⁹⁵² Der zuständige Vorstand muss dafür sorgen, dass in den jeweiligen Sparten des Unternehmens die Risiken von Pflichtverletzungen gebannt werden.⁹⁵³ Den Vorstand trifft dazu insbesondere die Pflicht zur Auswahl von geeignetem Personal, zur sachgerechten Organisation, sowie zur Überwachung und Kontrolle. Konzernvorstände können auch wegen Aufsichtspflichtverletzung haften, wenn Rechtsverstöße aus abhängigen oder beherrschten Konzerngesellschaften begangen werden.⁹⁵⁴ Ob und in welchem Umfang eine Aufsichtspflicht der Konzernvorstände besteht, bestimmt sich nach der tatsächlichen Möglichkeit ihrer Einflussnahme auf die Konzerngesellschaft.⁹⁵⁵

532 Stellt die zu verhindernde Pflichtverletzung eine Straftat dar, so beträgt die Geldbuße des Unternehmensleiters bei vorsätzlicher Aufsichtspflichtverletzung eine Million EUR, bei fahrlässiger Aufsichtspflichtverletzung 500.000 EUR. Ist die Pflichtverletzung mit Geldbuße bedroht, so richtet sich die Geldbuße für die Aufsichtspflichtverletzung nach dem Bußgeldrahmen für die Pflichtverletzung.

533 Noch drakonischer sind allerdings die Risiken von Organmitgliedern, wenn Gesellschaften von ihnen gezahlte Bußgelder gemäß §§ 17, 30 OWiG (oder bei im Ausland gezahlten Strafen gemäß den Bestimmungen beispielsweise des US-amerikanischen Foreign Corrupt Practices Act (FCPA) oder des britischen UK Bribery Act gegenüber den Organmitgliedern als Schadenersatz gem. §§ 93, 116 AktG geltend machen. Gemäß § 30 OWiG beträgt die Geldbuße des Unternehmens im Falle einer vorsätzlichen Straftat des Unternehmensleiters im Regelfall bis zu zehn Millionen EUR und im Falle einer fahrlässigen Straftat bis zu fünf Millionen EUR. Diese Beträge können sich um ein Vielfaches erhöhen, weil bei der Bußgeldbemessung nach § 17 Abs. 4 OWiG die dem Täter aus der Tat erwachsenen wirtschaftlichen Vorteile durch die Geldbuße wieder entzogen werden sollen und zu diesem Zweck deren gesetzliches Höchstmaß überschritten werden kann.⁹⁵⁶

---

⁹⁵² *Rogall* in KK-OWiG § 130 Rn. 25; *Niesler* in Graf/Jäger/Wittig Wirtschafts- und Steuerstrafrecht OWiG § 130 Rn. 18 ff.
⁹⁵³ Zu Details vgl. *Rogall* in KK-OWiG § 130 Rn. 71 mwN.
⁹⁵⁴ OLG München CCZ 2016, 44; *Rogall* in KK-OWiG § 130 Rn. 27; *Bohnert* in Krenberger/Krumm OWiG § 130 Rn. 7.
⁹⁵⁵ OLG München CCZ 2016, 44.
⁹⁵⁶ *Corsten* in Illert/Ghassemi-Tabar/Cordes HdB Vorstand und Aufsichtsrat § 19 Rn. 1 ff. mwN.

C. Haftungsrisiken für Aufsichtsräte

I. Innenhaftung

1. Verletzung ausdrücklich geregelter Pflichten

a) Einleitung

Die Pflichten der Organe werden durch die ihnen obliegenden Aufgaben bestimmt. Während der Vorstand als Leitungsorgan in erster Linie Leitungsaufgaben und die Vertretung der Gesellschaft nach außen wahrnimmt, gehören zu den primären Aufgaben des Aufsichtsrats die Überwachung und Kontrolle des Vorstands der Gesellschaft. Der Aufsichtsrat muss insbesondere kontrollieren, ob der Vorstand seiner Leitungsaufgabe nachkommt.[957] Es handelt sich also um eine gesellschaftsinterne Aufgabe des Aufsichtsrats. Die ihm obliegenden Pflichten sind daher in ihrer Mehrzahl Pflichten gegenüber der Gesellschaft. Bei der Frage der Verantwortlichkeit der Aufsichtsratsmitglieder steht daher die Innenhaftung im Vordergrund. Die Innenhaftung ergibt sich aus den §§ 116, 93 AktG, die allgemeine Sorgfaltspflichten und daraus folgende konkrete Einzelpflichten regeln, und daneben stehen weitere spezialgesetzliche Pflichten.

534

b) Verletzung von Pflichten bei der Gründung der Gesellschaft

Bei Gründung der Gesellschaft ergeben sich besondere Pflichten für Gründer und Organmitglieder. § 48 S. 1 AktG enthält insoweit eine spezielle Haftungsnorm für Aufsichtsratsmitglieder der Gesellschaft. Daneben gelten gemäß § 48 S. 2 AktG die §§ 93, 116 AktG. § 48 AktG stellt somit klar, dass Sorgfaltspflichten der Aufsichtsratsmitglieder bereits während des Gründungsstadiums und vor der Handelsregistereintragung gelten, um die Gesellschaft schon bei Gründung vor Schäden zu schützen und (wie bei den Haftungsregelungen für Gründer bzw. Gründergenossen und Emittenten gemäß §§ 46, 47 AktG) die Kapitalaufbringung zu sichern.[958] Die Innenhaftung der Aufsichtsratsmitglieder entsteht allerdings erst mit Eintragung der Gesellschaft.[959]

535

§ 48 AktG nennt beispielhaft eine Verantwortlichkeit der Aufsichtsratsmitglieder dafür, dass die Einlagen der Gründer zur freien Verfügung des Vorstandes eingezahlt sind und dass die Zahlstelle, idR die kontoführende Bank, zur Annahme von Einzahlungen geeignet ist. Daneben treten jedoch weitere Pflichten, insbesondere die Pflicht zur Prüfung des Gründungs- bzw. Nachgründungsberichts gemäß §§ 33 Abs. 1, 34 AktG (bei der Nachgründung in Verbindung mit § 53 AktG) sowie die Pflicht, die Gesellschaft ordnungsgemäß zur Eintragung in das Handelsregister anzumelden (§§ 36 ff., 54 Abs. 3 AktG).[960] Insofern obliegen den Aufsichtsratsmitgliedern entsprechende Pflichten wie den Vorstandsmitgliedern.

536

---

[957] *Hüffer/Koch* AktG § 111 Rn. 2; *Krieger* in Krieger/Schneider HdB Managerhaftung § 3 Rn. 21.
[958] *Hüffer/Koch* AktG § 48 Rn. 1; *Pentz* in MüKoAktG § 48 Rn. 3; *Wachter* in Wachter AktG § 48 Rn. 1.
[959] *Hüffer/Koch* AktG § 48 Rn. 2; *Pentz* in MüKoAktG § 48 Rn. 2; *Plück/Lattwein* Haftungsrisiken für Manager S. 28; *Wachter* in Wachter AktG § 48 Rn. 4.
[960] *Hüffer/Koch* AktG § 48 Rn. 3; *Pentz* in MüKoAktG § 48 Rn. 14 ff.; *Arnold* in KölnKomm-AktG § 48 Rn. 7.

c) Verletzung der Überwachungspflicht

aa) Verletzung der allgemeinen Überwachungspflicht

537 **(1) Inhalt der Überwachungspflicht.** Gemäß § 111 Abs. 1 AktG hat der Aufsichtsrat die Geschäftsführung zu überwachen. Damit wird die herausragende Rolle des Aufsichtsrats gesetzlich umschrieben. Seine Überwachungspflicht bezieht sich auf den Vorstand, dessen Aufgabe die Geschäftsführung gemäß § 77 AktG ist.[961]

538 Anders als nach § 77 AktG umfasst der Begriff der Geschäftsführung iSv § 111 Abs. 1 AktG allerdings nicht alle Geschäftsführungsmaßnahmen des Vorstands. Die Überwachungs- und Kontrollaufgabe des Aufsichtsrats beschränkt sich auf Leitungs- und Führungsentscheidungen des Vorstands iSv § 76 Abs. 1 AktG sowie auf wesentliche Einzelgeschäftsführungsmaßnahmen.[962] Die Kontrolle von weniger wichtigen Geschäftsführungsmaßnahmen, wie etwa das laufende Tagesgeschäft, muss unterbleiben um nicht in die Leitungsautonomie des Vorstands einzugreifen.[963] Konkretisiert werden die Überwachungsaufgaben des Aufsichtsrats durch die gesetzlich ausdrücklich angesprochenen Prüfungspflichten bezüglich Jahresabschluss, Konzernabschluss, (Konzern-)Lagebericht und Vorschlag für die Gewinnverwendung (§ 171 Abs. 1 AktG) sowie etwaiger gesonderter nichtfinanzieller (Konzern-)Berichte[964] und Abhängigkeitsberichte (§ 314 Abs. 1 AktG). Weitere Prüfungspflichten ergeben sich auch aus den Berichtspflichten des Vorstands gegenüber dem Aufsichtsrat (§ 90 Abs. 1 AktG).

539 Die Überwachung des Vorstands richtet sich sowohl auf die Vergangenheit als auch die Zukunft, also auf abgeschlossene wie auf geplante Geschäftsführungsmaßnahmen des Vorstands.[965] Der Aufsichtsrat ist auch verpflichtet, den Vorstand zu beraten und mit ihm Fragen der Geschäftsleitung zu erörtern.[966] Zudem hat der Aufsichtsrat mögliche Pflichtverletzungen des Vorstands und etwaige Schadenersatzansprüche der Gesellschaft zu untersuchen und diese gegebenenfalls geltend zu machen.[967]

540 **(2) Maßstab der Überwachung.** Der Aufsichtsrat muss die Geschäftsführung des Vorstands überwachen im Hinblick auf ihre Rechtmäßigkeit, Ordnungsmäßigkeit, Zweckmäßigkeit und Wirtschaftlichkeit.[968] Dabei muss der Aufsichtsrat, wie auch der Vorstand, sein Handeln am Unternehmensinteresse ausrichten und somit Chancen des Unternehmens wahren sowie Schaden von ihm abwenden.[969]

541 Der Aufsichtsrat hat das Vorstandshandeln zunächst auf seine Rechtmäßigkeit zu überprüfen: Das Verhalten des Vorstands muss mit den geltenden Gesetzen, der Satzung und

---

[961] *Habersack* in MüKoAktG § 111 Rn. 18; *Ek/v. Hoyenberg* Aktiengesellschaften S. 132 ff.

[962] *Hüffer/Koch* AktG § 111 Rn. 2 ff.; *Lutter/Krieger/Verse* Rechte und Pflichten des AR Rn. 63 ff.

[963] *Spindler* in Spindler/Stilz AktG § 111 Rn. 8; *Lutter/Krieger/Verse* Rechte und Pflichten des AR Rn. 65 f.

[964] Vgl. zur CSR-Berichterstattung und zu Prüfungspflichten des Aufsichtsrats *Hüffer/Koch* AktG § 171 Rn. 8a mwN.

[965] BGHZ 114, 127 ff., *Hüffer/Koch* AktG § 111 Rn. 5, 13.

[966] BGHZ 114, 127 (130); *Hüffer/Koch* AktG § 111 Rn. 13; *Hoffmann-Becking* in MHdB GesR IV § 29 Rn. 44; *Lutter/Krieger/Verse* Rechte und Pflichten des AR Rn. 103 ff.

[967] BGHZ 135, 244 ff.; *Hüffer/Koch* AktG § 111 Rn. 7 ff.; *Breuer/Fraune* in Heidel AktG § 111 Rn. 12.

[968] BGHZ 135, 244 (252, 254 ff.); 114, 127 (129 f.); 75, 120 (133); *Hüffer/Koch* AktG § 111 Rn. 14; *v. Schenck* in Semler/v. Schenck AR-HdB § 7 Rn. 189 ff; *Krieger* in Krieger/Schneider HdB Managerhaftung § 3 Rn. 22.

[969] *Potthoff/Trescher* Das Aufsichtsratsmitglied Rn. 482 ff.; *v. Schenck* in Semler/v. Schenck AR-HdB § 7 Rn. 197.

sonstigen internen Richtlinien im Einklang stehen.⁹⁷⁰ Insbesondere hat der Vorstand die satzungsmäßig formulierten Grenzen des Unternehmensgegenstandes zu beachten und seine Geschäftstätigkeit nicht satzungswidrig auszuweiten.⁹⁷¹

Im Hinblick auf die Ordnungsmäßigkeit des Vorstandshandelns ist zu kontrollieren, ob der Vorstand die Verfahrens- und die kaufmännischen Sorgfaltsregeln beachtet. Einzelne Verfahrensregeln können sich aus Gesetz, Satzung oder Geschäftsordnung des Vorstands ergeben. Zu überwachen sind insbesondere die ordnungsgemäße Geschäftsorganisation des Unternehmens, insbesondere des Planungs- und Rechnungswesens sowie der Risikokontroll- und Compliance-Systeme.⁹⁷² Da dem Vorstand bei Ausgestaltung der Geschäftsorganisation und der Risikokontroll- und Compliance-Systeme ein breiter Ermessensspielraum zusteht, beschränkt sich die Überwachung auf eine ordnungsgemäße Berichterstattung des Vorstands sowie die Plausibilität der vom Vorstand getroffenen Maßnahmen.⁹⁷³ Zudem ist vom Vorstand zu beachten, dass bedeutsame Entscheidungen unter Verwendung der erforderlichen Unterlagen vorbereitet und hinsichtlich der wichtigsten Ergebnisse auch dokumentiert werden.⁹⁷⁴ **542**

Im Rahmen der Zweckmäßigkeitsprüfung hat der Aufsichtsrat zu untersuchen, ob der Vorstand bei seiner Geschäftsführung die Effektivität seines Handelns beachtet. Insofern ist stets zu fragen, ob die eingesetzten Mittel zu dem angestrebten Zweck angemessen sind.⁹⁷⁵ Unvertretbare Geschäftsführungshandlungen muss der Aufsichtsrat unterbinden.⁹⁷⁶ Dabei hat der Aufsichtsrat insbesondere darüber zu wachen, dass der Vorstand seiner Pflicht nachkommt, für den Bestand des Unternehmens und für eine dauerhafte Rentabilität zu sorgen.⁹⁷⁷ Die Wirtschaftlichkeit des Vorstandshandelns ist eng mit seiner Zweckmäßigkeit verbunden. Der angestrebte Zweck muss mit dem geringstmöglichen Einsatz an Mitteln verwirklicht und mit den vorgegebenen Mitteln muss das größtmögliche Ergebnis erzielt werden. Daher hat der Vorstand bei allen Entscheidungen darauf zu achten, dass die Kosten und Erlöse stets im besten Verhältnis zueinander stehen.⁹⁷⁸ Der Aufsichtsrat kann im Einzelfall eine von ihm als nicht zweckmäßig erachtete Maßnahme verhindern, darf aber nicht stets seine Vorstellungen der Zweckmäßigkeit an Stelle derjenigen des Vorstands durchsetzen, weil dies der Kompetenzverteilung widersprechen würde.⁹⁷⁹ **543**

---

⁹⁷⁰ *Hüffer/Koch* AktG § 111 Rn. 14; *Zenner* in Illert/Ghassemi-Tabar/Cordes HdB Vorstand und Aufsichtsrat § 3 Rn. 103.
⁹⁷¹ BGH NJW 2013, 293; OLG Karlsruhe 2008, 900 (902); *Hüffer/Koch* AktG § 111 Rn. 14; *Potthoff/Trescher* Das Aufsichtsratsmitglied Rn. 490; *v. Schenck* in Semler/v. Schenck AR-HdB § 7 Rn. 190.
⁹⁷² *Hüffer/Koch* AktG § 111 Rn. 5, 14; *Potthoff/Trescher* Das Aufsichtsratsmitglied Rn. 491; *v. Schenck* in Semler/v. Schenck AR-HdB § 7 Rn. 189; *Zenner* in Illert/Ghassemi-Tabar/Cordes HdB Vorstand und Aufsichtsrat § 3 Rn. 103; *Krieger* in Krieger/Schneider HdB Managerhaftung § 3 Rn. 22.
⁹⁷³ *Zenner* in Illert/Ghassemi-Tabar/Cordes HdB Vorstand und Aufsichtsrat § 3 Rn. 103; *Mertens/Cahn* in KölnKommAktG § 116 Rn. 13; *Hopt/Roth* in Großkomm AktG AktG § 116 Rn. 126.
⁹⁷⁴ *Potthoff/Trescher* Das Aufsichtsratsmitglied Rn. 491; *v. Schenck* in Semler/v. Schenck AR-HdB § 7 Rn. 189.
⁹⁷⁵ *Potthoff/Trescher* Das Aufsichtsratsmitglied Rn. 493; *v. Schenck* in Semler/v. Schenck AR-HdB § 7 Rn. 196.
⁹⁷⁶ BGH ZIP 2013, 455; BGH NZG 2011, 1271; *Mertens/Cahn* in KölnKommAktG § 116 Rn. 16; *Krieger* in Krieger/Schneider HdB Managerhaftung § 3 Rn. 22.
⁹⁷⁷ *Hüffer/Koch* AktG § 111 Rn. 14; *Spindler* in Spindler/Stilz AktG § 111 Rn. 19.
⁹⁷⁸ *Potthoff/Trescher* Das Aufsichtsratsmitglied Rn. 494; *v. Schenck* in Semler/v. Schenck AR-HdB § 7 Rn. 195.
⁹⁷⁹ *Zenner* in Illert/Ghassemi-Tabar/Cordes HdB Vorstand und Aufsichtsrat § 3 Rn. 104; *Habersack* in MüKoAktG § 111 Rn. 29; *Spindler* in Spindler/Stilz AktG § 111 Rn. 16.

544 Es genügt idR die sorgfältige Prüfung der regelmäßigen Vorstandsberichte, auf deren Richtigkeit und Vollständigkeit der Aufsichtsrat grundsätzlich vertrauen darf, sofern keine Anhaltspunkte bestehen, dass die Berichte unrichtig oder unvollständig sind.[980] In Krisenzeiten hat der Aufsichtsrat die Intensität seiner Überwachungstätigkeit zu erhöhen, um Schaden von der Gesellschaft abzuwenden.[981] Dabei beruht die Hauptlast der Verantwortung oftmals auf dem Aufsichtsratsvorsitzenden, da dessen enger Kontakt zum Vorstand, insbesondere zum Vorstandsvorsitzenden bzw. -sprecher, ein schnelles Handeln gewährleistet.

bb) Verletzung der Informationspflicht

545 Der Aufsichtsrat hat die Pflicht, sich von der wirtschaftlichen Situation der Gesellschaft ein genaues Bild zu verschaffen. Gemäß § 111 Abs. 2 AktG kann er hierzu die Bücher und Schriften der Gesellschaft sowie die Vermögensgegenstände einsehen und prüfen, namentlich die Gesellschaftskasse und die Bestände an Wertpapieren und Waren. Das Gesetz umschreibt damit eine Reihe exemplarischer Einzelbefugnisse des Aufsichtsrats. Ihm steht ein umfassendes Einsichts- und Prüfungsrecht hinsichtlich aller Dokumente sowie aller Aktiva der Gesellschaft zu.[982] Der Aufsichtsrat hat die ihm nach § 111 Abs. 2 AktG zukommenden Befugnisse nach pflichtgemäßem Ermessen auszuüben, wobei die Notwendigkeit effizienter Überwachung einerseits und denkbare nachteilige Folgen für die Aktiengesellschaft andererseits gegeneinander abzuwägen sind.[983]

546 Das Einsichts- und Prüfungsrecht stellt eine Ergänzung des in § 90 AktG geregelten Berichtssystems dar.[984] Zusammen ermöglichen die Berichtspflicht des Vorstands und das Einsichts- und Prüfungsrecht des Aufsichtsrats eine umfassende Information über die Geschäftsführung durch den Vorstand. Den Aufsichtsratsmitgliedern obliegt daher eine Pflicht, die ihnen vorgelegten Berichte persönlich zur Kenntnis zu nehmen.[985] Das einzelne Aufsichtsratsmitglied kann sich daher nicht darauf berufen, es sei nicht ausreichend informiert bzw. nicht in der Lage gewesen, sich selbständig über die Angelegenheiten der Gesellschaft zu unterrichten.[986] Gemäß § 90 Abs. 3 S. 2 AktG kann jedes Aufsichtsratsmitglied ein Berichtsverlangen stellen; der Bericht ist dann an den Aufsichtsrat zu richten.[987] Der Aufsichtsrat als Gesamtorgan muss insbesondere in Krisensituationen und bei Anhaltspunkten für Unregelmäßigkeiten des Vorstandshandelns entweder selbst oder durch einen Ausschuss, durch Sachverständige oder durch einzelne seiner Mitglieder entsprechende Informations-, Auskunfts- und Einsichtsrechte ausüben.[988]

---

[980] OLG Düsseldorf AG 2008, 666; *Krieger* in Krieger/Schneider HdB Managerhaftung § 3 Rn. 24; *Mertens/Cahn* in KölnKommAktG § 116 Rn. 13.
[981] BGH AG 2009, 404 (405); OLG Düsseldorf AG 2015, 434 (437); *Hüffer/Koch* AktG § 107 Rn. 8; *Spindler* in Spindler/Stilz § 107 Rn. 39; *v. Schenck* in Semler/v. Schenck AR-HdB § 7 Rn. 206; *Schmittmann* Haftung von Organen in Krise und Insolvenz Rn. 421 ff.
[982] *Hüffer/Koch* AktG § 111 Rn. 19; *Potthoff/Trescher* Das Aufsichtsratsmitglied Rn. 739; *v. Schenck* in Semler/v. Schenck AR-HdB § 7 Rn. 222.
[983] *Hüffer/Koch* AktG § 111 Rn. 16; *v. Schenck* in Semler/v. Schenck AR-HdB § 7 Rn. 223 ff.; *Kolb* in BeckHdB AG § 7 Rn. 273.
[984] *Hüffer/Koch* AktG § 111 Rn. 16; *v. Schenck* in Semler/v. Schenck AR-HdB § 7 Rn. 222.
[985] *Mertens/Cahn* in KölnKommAktG § 116 Rn. 13; *v. Schenck* in Semler/v. Schenck AR-HdB § 7 Rn. 232.
[986] *Mertens/Cahn* in KölnKommAktG § 90 Rn. 6; *v. Schenck* in Semler/v. Schenck AR-HdB § 7 Rn. 233.
[987] *Hüffer/Koch* AktG § 90 Rn. 12; zu Mißbrauchsproblemen vgl. *Hüffer/Koch* AktG § 90 Rn. 12a mwN.
[988] BGH NZG 2009, 550 (551); *Habersack* in MüKoAktG § 111 Rn. 66a; *Zenner* in Illert/Ghassemi-Tabar/Cordes HdB Vorstand und Aufsichtsrat § 3 Rn. 126.

Verletzt ein Aufsichtsratsmitglied die ihm danach obliegenden Pflichten und entsteht 547
der Gesellschaft hierdurch ein Schaden, der bei rechtzeitiger Information des Aufsichtsrats hätte verhindert werden können, macht es sich gemäß §§ 116, 93 Abs. 2 S. 1 AktG
haftbar.

cc) Verletzung der Pflicht zur Einberufung der Hauptversammlung

Gemäß § 111 Abs. 3 AktG ist der Aufsichtsrat verpflichtet, die Hauptversammlung 548
einzuberufen, wenn das Wohl der Gesellschaft die Einberufung erfordert. Da gemäß
§ 121 AktG grundsätzlich der Vorstand verpflichtet ist, die Hauptversammlung einzuberufen, wird das Recht des Aufsichtsrats nur dann praxisrelevant, wenn entweder der
Aufsichtsrat und der Vorstand über die Notwendigkeit einer Einberufung unterschiedlicher Meinung sind oder wenn der Vorstand trotz Kenntnis seiner Pflicht zur Einberufung
der Hauptversammlung diese nicht einberuft.[989] Eine Einberufung der Hauptversammlung durch den Aufsichtsrat kommt in der Praxis insbesondere dann in Betracht, wenn
Maßnahmen gegen Vorstandsmitglieder, insbesondere ein Vertrauensentzug gemäß § 84
Abs. 3 S. 2 AktG, beschlossen werden sollen, um einen wichtigen Grund für ihre Abberufung zu schaffen.[990]

Gebietet das Wohl der Gesellschaft die Einberufung der Hauptversammlung, so besteht 549
gemäß § 111 Abs. 3 AktG eine Pflicht des Aufsichtsrats hierzu. Verletzen die einzelnen
Aufsichtsratsmitglieder die ihnen obliegende Verpflichtung, auf einen entsprechenden
Beschluss des Aufsichtsrats hinzuwirken, und entsteht der Gesellschaft hierdurch ein
Schaden, der durch die Befassung der Hauptversammlung hätte abgewendet werden
können, so stellt dies eine Pflichtverletzung gemäß §§ 116, 93 Abs. 2 S. 1 AktG dar.

dd) Verletzung der Pflicht zur Begründung und Ausübung von
    Zustimmungsvorbehalten

Der Aufsichtsrat ist grundsätzlich von der Geschäftsführung ausgeschlossen. Dies stellt 550
§ 111 Abs. 4 S. 1 AktG ausdrücklich klar. Entsprechende Maßnahmen können ihm weder
durch Satzung noch durch Beschluss eines anderen Organs übertragen werden. Einige
wenige Ausnahmen ergeben sich unmittelbar aus dem Gesetz. Hervorzuheben ist hierbei
das Recht zur Vertretung der Gesellschaft gegenüber den Mitgliedern des Vorstands
gemäß § 112 AktG.

Das Aktiengesetz fordert jedoch, dass bestimmte Arten von Geschäften durch die 551
Satzung oder durch Beschluss des Aufsichtsrats von dessen Zustimmung abhängig zu
machen sind (§ 111 Abs. 4 S. 2 AktG). Zustimmungsvorbehalte durch Satzung oder
Aufsichtsratsbeschluss stehen konkurrierend nebeneinander.[991] Wenn die Satzung keine
oder nur unzureichende Zustimmungsvorbehalte vorsieht, besteht gemäß § 111 Abs. 4
AktG eine Verpflichtung des Aufsichtsrats, entsprechende Vorbehalte zu beschließen.[992]

Inhaltlich ist bei der Festlegung von Zustimmungsvorbehalten das Gebot der eigenver- 552
antwortlichen Leitung der Gesellschaft durch den Vorstand zu beachten. Daher ist es
nicht zulässig, übermäßige Zustimmungsvorbehalte festzulegen.[993] Für welche Arten von

---

[989] *Habersack* in MüKoAktG § 111 Rn. 91; *Ek* Praxisleitfaden für die Hauptversammlung Rn. 74.
[990] *Hüffer/Koch* AktG § 111 Rn. 30; *Israel* in Bürgers/Körber AktG § 111 Rn. 18; *Drygala* in
Schmidt/Lutter AktG § 111 Rn. 45; *Lutter/Krieger/Verse* Rechte und Pflichten des AR Rn. 136; *Ek*
Praxisleitfaden für die Hauptversammlung Rn. 74; zu den Voraussetzungen eines Vertrauenentzugs
vgl. BGH NZG 2017, 261; *Hüffer/Koch* AktG § 84 Rn. 37.
[991] *Hüffer/Koch* AktG § 111 Rn. 38; *Hoffmann-Becking* in MHdB GesR IV § 29 Rn. 52; *Lutter/
Krieger/Verse* Rechte und Pflichten des AR Rn. 114.
[992] *Hüffer/Koch* AktG § 111 Rn. 38; *Hoffmann-Becking* in MHdB GesR IV § 29 Rn. 53.
[993] *Hüffer/Koch* AktG § 111 Rn. 40 ff.; *Hoffmann-Becking* in MHdB GesR IV § 29 Rn. 56.

Geschäften Zustimmungsvorbehalte zu bestimmen sind, ist gesetzlich nicht geregelt. Anhaltspunkte gibt Ziffer 3.3 des Deutsche Corporate Governance Kodex, der folgenden Wortlaut hat:

„Für Geschäfte von grundlegender Bedeutung legen die Satzung oder der Aufsichtsrat – dieser gegebenenfalls auch im Einzelfall – Zustimmungsvorbehalte des Aufsichtsrats fest. Hierzu gehören Entscheidungen oder Maßnahmen, die die Vermögens-, Finanz- oder Ertragslage des Unternehmens grundlegend verändern."

553 Zustimmungsvorbehalte sind daher für grundlegende Entscheidungen vorzusehen, die unternehmensbezogen zu konkretisieren sind.[994] Ein Zustimmungsvorbehalt kann zudem nicht nur für nach außen wirkende Geschäfte, sondern grundsätzlich auch für interne Leitungsmaßnahmen, wie die Unternehmensplanung oder das Jahresbudget, festgelegt werden.[995]

554 Da gemäß § 111 Abs. 4 S. 2 AktG nur bestimmte Arten von Geschäften einem Zustimmungsvorbehalt unterworfen werden können, müssen diese Geschäfte eindeutig bestimmbar sein. Es darf keinen Zweifel darüber geben, ob der Vorstand allein handeln darf oder ob er den Aufsichtsrat um Zustimmung ersuchen muss.[996] Mit dem Bestimmtheitserfordernis unvereinbar wäre daher eine Generalklausel, nach der „alle wesentlichen Geschäfte" einem Zustimmungsvorbehalt unterliegen.[997]

555 Der Aufsichtsrat hat bei der Festlegung seiner Zustimmungsvorbehalte die bereits in der Satzung vorgeschriebenen Zustimmungsvorbehalte zu beachten. Insbesondere kann er die dort geregelten Vorbehalte nicht beseitigen, umgekehrt kann er aber weitere Zustimmungsvorbehalte festlegen.[998] Die vom Aufsichtsrat beschlossenen Zustimmungsvorbehalte können entweder in die Geschäftsordnung für den Vorstand aufgenommen, durch gesonderten Aufsichtsratsbeschluss begründet oder in Sondersituationen durch einen Ad-hoc-Beschluss des Aufsichtsrats festgelegt werden. Ein Ad-hoc-Beschluss zur Festlegung eines Zustimmungsvorbehalts ist immer dann erforderlich, wenn der Vorstand die Durchführung eines nach Auffassung des Aufsichtsrats pflichtwidrigen und für die Gesellschaft nachteiligen Geschäfts beabsichtigt. In diesem Fall muss er das Geschäft durch die Einführung eines Zustimmungsvorbehalts verhindern.[999]

556 Beabsichtigt der Vorstand die Durchführung eines Geschäfts, das einem Zustimmungsvorbehalt unterliegt, so hat er die beabsichtigte Maßnahme dem Aufsichtsrat grundsätzlich vor Durchführung vorzulegen.[1000] Der Aufsichtsrat hat daraufhin zu entscheiden, ob die beabsichtigte Maßnahme durchgeführt werden soll. Hierbei hat der Aufsichtsrat eine

---

[994] OLG Düsseldorf AG 2016, 410 (411); *Hüffer/Koch* AktG § 111 Rn. 36; *Hoffmann-Becking* in MHdB GesR IV § 29 Rn. 56.

[995] Zu Details vgl. *Hüffer/Koch* AktG § 111 Rn. 41; *Lutter/Krieger/Verse* Rechte und Pflichten des AR Rn. 111.

[996] OLG Düsseldorf AG 2016, 410 (412); *Hüffer/Koch* AktG § 111 Rn. 36; *Hoffmann-Becking* in MHdB GesR IV § 29 Rn. 56.

[997] BGH NZG 2016, 703; OLG Stuttgart AG 2013, 599 (603); LG München I AG 2017, 591 (593); *Hüffer/Koch* AktG § 111 Rn. 41; *Lutter/Krieger/Verse* Rechte und Pflichten des AR Rn. 120; *Hoffmann-Becking* in MHdB GesR IV § 29 Rn. 56.

[998] *Habersack* in MüKoAktG § 111 Rn. 105; *Hoffmann-Becking* in MHdB GesR IV § 29 Rn. 52 ff.

[999] BGH 124, 111 (127); LG Bielefeld ZIP 2000, 20; *Hüffer/Koch* AktG § 111 Rn. 17 f.; *Hoffmann-Becking* in MHdB GesR IV § 29 Rn. 55; *Lutter/Krieger/Verse* Rechte und Pflichten des AR Rn. 117.

[1000] BGH NZG 2018, 1189; BGH NZG 2007, 187. Zur Frage, ob in besonders eilbedürftigen Einzelfällen auch die nachträgliche Genehmigung durch den Aufsichtsrat ausreicht, vgl. *Hüffer/Koch* AktG § 111 Rn. 46 mwN.

eigene unternehmerische Entscheidung unter Berücksichtigung seiner Sorgfaltspflichten und auf der Basis angemessener Informationen zu treffen.[1001]

Für die zukünftige Aufsichtsratspraxis wird zu berücksichtigen sein, wie der deutsche Gesetzgeber (voraussichtlich im Jahre 2019) die Aktionärsrechterichtlinie umsetzen wird.[1002] Bei wesentlichen Geschäften mit nahestehenden Personen (Related-Party-Transactions) könnte eine Zustimmungspflicht des Aufsichtsrates gesetzlich festgelegt werden.

557

ee) Verletzung der Pflicht zur Prüfung von Jahresabschluss, Lagebericht und Gewinnverwendungsvorschlag

Gemäß § 171 Abs. 1 S. 1 AktG hat der Aufsichtsrat den Jahresabschluss, den Lagebericht und den Gewinnverwendungsvorschlag des Vorstands zu prüfen. Entsprechendes gilt für den Konzernabschluss, den Konzernlagebericht und einen etwaigen gesonderten nichtfinanziellen (Konzern-)Bericht.[1003] Handelt es sich um eine Gesellschaft, deren Jahresabschluss durch einen Abschlussprüfer zu prüfen ist, so hat der Aufsichtsrat auch den Prüfungsbericht des Abschlussprüfers zu prüfen. Gemäß § 171 Abs. 2 S. 3 AktG hat der Aufsichtsrat zum Ergebnis der Jahresabschlussprüfung Stellung zu nehmen.[1004] Der dem Aufsichtsrat obliegende Prüfungsumfang geht daher über die eigene Billigung des Jahresabschlusses gemäß § 172 AktG hinaus: Der Aufsichtsrat hat sich auch ein eigenes Urteil darüber zu bilden, ob den Beurteilungen des Abschlussprüfers zu folgen ist.[1005]

558

Das Gesetz regelt nicht ausdrücklich, welchen Maßstab der Aufsichtsrat bei seiner Prüfung gemäß § 171 AktG anzuwenden hat. Da es sich hierbei jedoch um einen Ausschnitt seiner allgemeinen Überwachungsaufgabe gemäß § 111 AktG handelt, hat er auch die Rechnungslegung auf ihre Rechtmäßigkeit, Ordnungsmäßigkeit und Zweckmäßigkeit zu überprüfen.[1006] Im Rahmen der Rechtmäßigkeit ist zu prüfen, ob die Rechnungslegung durch den Vorstand den gesetzlichen Vorschriften und gegebenenfalls den Vorgaben der Satzung entspricht.[1007] Die zu beachtenden gesetzlichen Vorschriften finden sich insbesondere in den §§ 238 ff. HGB. Der Lagebericht muss insbesondere mit dem Jahresabschluss in Einklang stehen,[1008] alle vom Gesetz geforderten Aussagen enthalten und dabei wahr, vollständig und klar sein. Zu prüfen ist insbesondere, ob der Lagebericht ein zutreffendes Bild von der Lage der Gesellschaft vermittelt (§ 289 Abs. 1 HGB). Der Gewinnverwendungsvorschlag des Vorstands ist rechtmäßig, wenn die vorgesehene Verwendung den gesetzlichen Anforderungen und den Vorgaben der Satzung, beispielsweise zur Einstellung des Gewinns in bestimmte Rücklagen, entspricht und der Vorschlag in Übereinstimmung mit § 170 Abs. 2 AktG gegliedert ist.[1009]

559

[1001] BGH AG 2007, 167; *Hüffer/Koch* AktG § 111 Rn. 48; *Habersack* in MüKoAktG § 111 Rn. 127.
[1002] Zu Details der Reform der Aktionärsrechterichtlinie sowie der möglichen Umsetzung ins deutsche Recht vgl. *Bungert/Berger* DB 2018, 2801, DB 2018, 2860; *Gaul* AG 2017, 178; *Paschos/Goslar* AG 2018, 857; *Bungert* DB 2017, 1190.
[1003] Vgl. zur CSR-Berichterstattung und zu Prüfungspflichten des Aufsichtsrats *Hüffer/Koch* AktG § 171 Rn. 8a mwN.
[1004] *Ekkenga* in KölnKommAktG § 171 Rn. 7; *Richardt* in Semler/v. Schenck AR-HdB § 9 Rn. 139.
[1005] *Ekkenga* in KölnKommAktG § 171 Rn. 7; *Richardt* in Semler/v. Schenck AR-HdB § 9 Rn. 141 f.; *Scheffler* Der Aufsichtsrat S. 131 ff.
[1006] *Hüffer/Koch* AktG § 171 Rn. 3; *Lutter/Krieger/Verse* Rechte und Pflichten des AR Rn. 485; *Scheffler* Der Aufsichtsrat S. 133 f.
[1007] *Hüffer/Koch* AktG § 171 Rn. 4; *Richardt* in Semler/v. Schenck AR-HdB § 9 Rn. 88.
[1008] *Hüffer/Koch* AktG § 171 Rn. 4; *Richardt* in Semler/v. Schenck AR-HdB § 9 Rn. 102.
[1009] *Hüffer/Koch* AktG § 171 Rn. 4; *Richardt* in Semler/v. Schenck AR-HdB § 9 Rn. 111 ff.; *Scheffler* Der Aufsichtsrat S. 138 f.

560 Soweit der Jahresabschluss der Gesellschaft durch einen Abschlussprüfer zu prüfen ist, kann sich der Aufsichtsrat bei seiner nachfolgenden Prüfung auf die Ergebnisse des Abschlussprüfers stützen. Er darf sie jedoch nicht übernehmen, ohne sie eigenständig unter den vorstehend genannten Gesichtspunkten überprüft zu haben. Hierbei ist es zumindest erforderlich, dass die Aufsichtsratsmitglieder die Unterlagen kritisch lesen, auf der Basis ihres Erfahrungsschatzes hinterfragen und hierbei auftretenden Fragen nachgehen.[1010]

561 Im Rahmen seiner Zweckmäßigkeitsprüfung hat der Aufsichtsrat insbesondere die sogenannten bilanzpolitischen Ermessensentscheidungen sowie die Ausschüttungs- bzw. Thesaurierungspolitik des Vorstands zu überprüfen.[1011] Die Beurteilung der Zweckmäßigkeit muss sich dabei am Unternehmensinteresse ausrichten, das auf den Bestand des Unternehmens und seine dauerhafte Rentabilität im Unterschied zur nur kurzfristigen Gewinnmaximierung gerichtet ist.[1012] Die bilanzpolitischen Ermessensentscheidungen betreffen insbesondere die Bildung von Rückstellungen, die Bildung und Auflösung stiller Reserven, die Wahl des Bilanzansatzes und -ausweises und die Wahl der Bewertungs- und Abschreibungsmethode.[1013]

562 Hat der Abschlussprüfer Bedenken gegen die Rechtmäßigkeit des Jahresabschlusses, so muss der Aufsichtsrat prüfen, ob er die Bedenken des Abschlussprüfers teilt. Etwaigen Hinweisen der Prüfer nach § 321 Abs. 1 S. 3 HGB (Unrichtigkeiten, Verstöße gegen Gesetz oder Satzung, Bestandsgefährdung) muss der Aufsichtsrat aufs Genaueste nachgehen und sie mit dem Prüfer und dem Vorstand erörtern.[1014] Hierzu kann er eigene Prüfungshandlungen vornehmen.[1015]

563 Die Prüfung gemäß § 171 Abs. 1 AktG obliegt grundsätzlich dem Gesamtaufsichtsrat. Er kann die Vorbereitung der Prüfung einem Ausschuss übertragen, eine vollständige Delegation an den Prüfungsausschuss ist jedoch nicht möglich (§ 107 Abs. 3 S. 3 AktG).[1016] In größeren Gesellschaften ist eine Delegierung der Prüfungsvorbereitung an den Prüfungsausschuss der Praxis. In Ziffer 5.3.2 empfiehlt auch der Deutsche Corporate Governance Kodex die Einrichtung eines Prüfungsausschusses. Nach dem Kodex sollte der Vorsitzende des Prüfungsausschusses unabhängig und in den vorangegangenen zwei Jahren nicht Vorstandsmitglied gewesen sein. Wird bei börsennotierten Gesellschaften kein Prüfungsausschuss eingerichtet, so ist dies in der jährlichen Entsprechenserklärung gemäß § 161 AktG offen zu legen und zu begründen. Die Vorbereitung der Bilanzprüfung durch den Prüfungsausschuss entbindet die nicht dem Ausschuss angehörenden Aufsichtsratsmitglieder jedoch nicht von einer eigenen Prüfung und Urteilsbildung.[1017]

564 Wird der Jahresabschluss durch einen Abschlussprüfer geprüft, so hat der Abschlussprüfer an den Verhandlungen des Aufsichtsrats oder des Prüfungsausschusses teilzunehmen und über die wesentlichen Ergebnisse der Prüfung, insbesondere Schwächen im

---

[1010] *Hüffer/Koch* AktG § 171 Rn. 5; *Hennrichs* NZG 2017, 841 (846); *Hoffmann-Becking* in MHdB GesR IV § 45 Rn. 15; *Scheffler* Der Aufsichtsrat S. 131 ff.

[1011] *Hüffer/Koch* AktG § 171 Rn. 6 ff.; *Hoffmann-Becking* in MHdB GesR IV § 45 Rn. 14; *Scheffler* Der Aufsichtsrat S. 131.

[1012] *Hüffer/Koch* AktG § 171 Rn. 6; *Hoffmann-Becking* in MHdB GesR IV § 45 Rn. 14; *Scheffler* Der Aufsichtsrat S. 133.

[1013] *Hüffer/Koch* AktG § 171 Rn. 7; *Hoffmann-Becking* in MHdB GesR IV § 45 Rn. 14; *Scheffler* Der Aufsichtsrat S. 134.

[1014] *Hüffer/Koch* AktG § 171 Rn. 10; *Lutter* AG 2008, 1 (3); *Hoffmann-Becking* in MHdB GesR IV § 45 Rn. 15; *Scheffler* Der Aufsichtsrat S. 135 f.

[1015] *Hüffer/Koch* AktG § 171 Rn. 2; *Ekkenga* in KölnKommAktG § 171 Rn. 10.

[1016] *Hüffer/Koch* AktG § 171 Rn. 12; *Velte* NZG 2009, 737; *Ekkenga* in KölnKommAktG § 171 Rn. 34 ff.

[1017] *Hüffer/Koch* AktG § 171 Rn. 12; *Velte* NZG 2009, 737 (739).

Bereich des internen Kontroll- und Risikomanagements zu unterrichten (§ 171 Abs. 1 S. 2 AktG). Schließt der Aufsichtsrat die Teilnahme des Abschlussprüfers aus, handelt er pflichtwidrig.[1018] Der Abschlussprüfer muss den Aufsichtsrat ferner gemäß § 171 Abs. 1 S. 3 AktG informieren über zusätzlich zu der Abschlussprüfung erbrachter Leistungen und etwaiger Befangenheitsrisiken sowie ggf. ergriffener Maßnahmen zur Minderung dieser Risiken.[1019]

Verletzen die Aufsichtsratsmitglieder die ihnen nach § 171 AktG obliegenden Pflichten, so stellt dies eine Pflichtverletzung gemäß den §§ 116, 93 Abs. 2 S. 1 AktG dar. 565

ff) Verletzung der Pflicht zur Berichterstattung an die Hauptversammlung

Gemäß § 171 Abs. 2 AktG muss der Aufsichtsrat der Hauptversammlung über das Ergebnis seiner Prüfung gemäß § 172 Abs. 1 AktG schriftlich berichten und erklären, ob Einwendungen gegen den vom Vorstand aufgestellten (Konzern-)Jahresabschluss zu erheben sind oder er diesen billigt. Der Bericht dient einerseits der Unterrichtung der Aktionäre über das Ergebnis seiner Prüfung und andererseits als Rechenschaftsbericht über seine Tätigkeit. Gemäß § 171 Abs. 2 S. 2 AktG muss der Aufsichtsrat daher mitteilen, wie er die Geschäftsführung während des Geschäftsjahres geprüft hat. Der Begriff „Prüfung" ist weit auszulegen, so dass der Aufsichtsrat berichten muss, wie er seine Aufgaben erfüllt und insbesondere den Vorstand überwacht hat.[1020] In börsennotierten Aktiengesellschaften muss der Aufsichtsrat zudem Angaben über die von ihm gebildeten Ausschüsse sowie die Zahl seiner Sitzungen machen (§ 171 Abs. 2 S. 2 Hs. 2 AktG). Bei prüfungspflichtigen Gesellschaften muss er auch zum Ergebnis der Prüfung durch den Abschlussprüfer Stellung nehmen.[1021] 566

Zum Jahresabschluss genügt idR die Angabe, dass die Unterlagen geprüft und zu keinen Einwendungen geführt haben; weitergehende Ausführungen sind erforderlich, wenn problematische Bilanzierungen und besondere Risiken bestehen.[1022] 567

Im Gegensatz zur früheren Praxis berichten die Aufsichtsräte heute umfassender über ihre Überwachungstätigkeit. Vielfach berichtet der Aufsichtsrat, 568

- welche konkreten Fragen im Mittelpunkt seiner Sitzungen standen,
- in welchen Fällen erforderliche Zustimmungen erteilt wurden,
- welchen Einfluss er auf die Unternehmensplanung genommen hat,
- ob und ggf. welche besonderen Berichte er vom Vorstand gefordert hat,
- ob er das Risikoerfassungssystem für ausreichend hält und die Risikobeurteilung des Vorstands teilt,
- ob und ggf. wie die Geschäftsordnung des Aufsichtsrats geändert wurde, und
- ob und ggf. welche Prüfungsschwerpunkte er bei der Auftragserteilung an den Abschlussprüfer vorgesehen hat.

Nach zutreffender Ansicht besteht zwar keine allgemeine Rechtspflicht zu ausführlichen Berichten, sofern keine berichtspflichtigen Vorgänge vorliegen.[1023] Trotzdem sollte – auch wegen einschlägiger Gerichtsentscheidungen[1024] – der Aufsichtsratsbericht der Hauptversammlung eine konkrete Vorstellung von seiner Tätigkeit ermöglichen. Gerade bei wirtschaftlichen Schwierigkeiten des Unternehmens sollte der Aufsichtsrat deshalb eingehender berichten, wie und mit welchem Erfolg er seine Überwachung intensiviert 569

[1018] *Hüffer/Koch* AktG § 171 Rn. 14 mwN auch zur Gegenansicht.
[1019] Begründung BilMoG-RegE BT-Drs. 16/10067, 105; *Hüffer/Koch* AktG § 171 Rn. 16.
[1020] *Hüffer/Koch* AktG § 171 Rn. 20 mwN.
[1021] Hüffer/Koch AktG § 171 Rn. 23; Richardt in Semler/v. Schenck AR-HdB § 9 Rn. 139.
[1022] OLG Düsseldorf AG 2013, 759 (762); *Hüffer/Koch* AktG § 171 Rn. 22.
[1023] *Hüffer/Koch* AktG § 171 Rn. 20 mwN.
[1024] OLG Stuttgart ZIP 2006, 756; LG München I DB 2005, 878.

hat. Die Steigerung der Überwachungspflicht wegen wirtschaftlicher Schwierigkeiten korrespondiert mit einer Intensivierung der Berichtspflicht.[1025] Dies gilt ebenso, wenn besondere Probleme bei der Überwachung des Vorstands aufgetreten sind.[1026]

570 Auch die Stellungnahme des Aufsichtsrats zum Ergebnis der Abschlussprüfung bei prüfungspflichtigen Gesellschaften kann in aller Regel kurz ausfallen. Eine ausführliche Stellungnahme ist jedoch erforderlich, wenn der Bestätigungsvermerk des Abschlussprüfers eingeschränkt oder versagt worden ist. Hat der Prüfer warnende Hinweise oder gar Beanstandungen in seinen Bericht aufgenommen, so muss der Aufsichtsrat die Hinweise nicht nur intensiv prüfen, sondern auch ausführlich berichten, wie er für deren Berücksichtigung gesorgt hat.[1027]

571 Der schriftliche Bericht ist vom Gesamtaufsichtsrat zu beschließen, vom Vorsitzenden zu unterzeichnen[1028] und innerhalb eines Monats nach Erhalt der Rechnungslegung dem Vorstand zuzuleiten. Der Vorstand kann dem Aufsichtsrat gemäß § 171 Abs. 3 S. 2 AktG eine Nachfrist von einem weiteren Monat setzen. Bei Verstreichen dieser weiteren Frist gilt der Jahresabschluss als nicht gebilligt, so dass ihn die Hauptversammlung feststellen muss.[1029]

572 Verletzt der Aufsichtsrat die ihm nach § 171 Abs. 2 AktG obliegende Berichtspflicht, kann die Hauptversammlung gemäß § 120 AktG seine Entlastung verweigern. Wird trotz Berichtspflichtsverstosses eine Entlastung erteilt, so kann ein überstimmter Aktionär ggf. den Entlastungsbeschluss (und ggf. einen Wiederwahlbeschluss) anfechten.[1030] Darüber hinaus können unzureichende Berichte des Aufsichtsrats eine Haftung gemäß §§ 116, 93 Abs. 2 S. 1 AktG begründen, sofern ein Schaden entsteht, zB weil die Gesellschaft wegen der unzureichenden Berichte keine schadensvermeidenden Maßnahmen ergreift. Gibt der Aufsichtsrat die Verhältnisse der Gesellschaft vorsätzlich unrichtig wieder oder verschleiert er sie, kommt zudem eine Strafbarkeit gemäß § 400 AktG in Betracht.[1031]

gg) Verletzung der Pflicht zur Bestellung und Abberufung des Vorstands

573 Die Personalkompetenz für den Vorstand liegt gemäß § 84 AktG ausschließlich beim Aufsichtsrat. Er muss die Mitglieder des Vorstands bestellen und bei wichtigem Grund ihre Bestellung widerrufen. Das Gesetz umschreibt dies als Befugnis des Aufsichtsrats. Hieraus entsteht jedoch eine Reihe von Pflichten. So muss der Aufsichtsrat unter Berücksichtigung der besonderen Anforderungen des Unternehmens die fachliche und persönliche Eignung der Kandidaten ermitteln und die bestmögliche Wahl unter den Kandidaten treffen.[1032] Der Aufsichtsrat ist bei seiner Entscheidung über die Bestellung eines geeigneten Vorstandsmitglieds grundsätzlich frei und unterliegt keinerlei Bindung durch Vorgaben der Hauptversammlung.[1033] Dies gilt auch bei einer wiederholten Bestellung gemäß § 84 Abs. 1 S. 2 AktG.[1034] Bestellung und Abberufung von Vorstandsmitgliedern sind

---

[1025] OLG Stuttgart ZIP 2006, 756 (759); OLG Hamburg AG 2001, 359 (362); *Hüffer/Koch* AktG § 111 Rn. 20; *Lutter* AG 2008, 1 (3 f.); *Richardt* in Semler/v. Schenck AR-HdB § 9 Rn. 148.
[1026] *Hüffer/Koch* AktG § 171 Rn. 20; *Richardt* in Semler/v. Schenck AR-HdB § 9 Rn. 148.
[1027] *Hüffer/Koch* AktG § 171 Rn. 22; *Lutter* AG 2008, 1 (4).
[1028] BGH NZG 2010, 943; *Hüffer/Koch* AktG § 171 Rn. 17.
[1029] LG München I DB 2005, 878; *Hüffer/Koch* AktG § 171 Rn. 26.
[1030] BGH NZG 2010, 943; OLG Stuttgart ZIP 2006, 756; OLG Hamburg NZG 2001, 513; LG München I DB 2005, 878; *Hüffer/Koch* AktG § 171 Rn. 17.
[1031] *Hüffer/Koch* AktG § 171 Rn. 17; *Bormann* in Wachter AktG § 171 Rn. 24.
[1032] *Thümmel* Persönliche Haftung von Managern und Aufsichtsräten Rn. 268; *Lutter/Krieger/Verse* Rechte und Pflichten des AR Rn. 342.
[1033] *Hüffer/Koch* AktG § 84 Rn. 5; *Spindler* in MüKoAktG § 84 Rn. 12; *Mertens/Cahn* in KölnKommAktG § 84 Rn. 9; *Ek/v. Hoyenberg* Aktiengesellschaften S. 69.
[1034] BGHZ 3, 90 (93); 10, 187 (195); 41, 282 (290); *Spindler* in MüKoAktG § 84 Rn. 51.

unternehmerische Entscheidungen des Aufsichtsrats, so dass ihm dabei ein weiter Ermessensspielraum zusteht.[1035]

Zwar ist die Bestellung eines geeigneten Vorstands gemäß § 84 Abs. 1 iVm § 107 Abs. 3 S. 4 AktG eine nicht delegierbare Aufgabe des Gesamtaufsichtsrats, die Vorbereitung der Bestellung erfolgt jedoch in der Praxis durch einzelne Aufsichtsratsmitglieder, insbesondere die Mitglieder des Personalausschusses. Der Gesamtaufsichtsrat muss aber die Anforderungen an das Vorstandsmitglied genau definieren.[1036] Der Ausschuss wird anhand der definierten Anforderungen entsprechende Personen suchen und mit ihnen Gespräche führen.[1037] Die Bestellung erfolgt wiederum durch das Gesamtorgan. 574

Bei Auswahl und Bestellung insbesondere eines unternehmensfremden Kandidaten ist zu prüfen, ob dieser fähig wäre, die Gesellschaft in der gegenwärtigen Situation, aber auch unter widrigen Umständen erfolgreich zu leiten und zu steuern.[1038] Die gleichen Maßstäbe gelten auch bei der Wiederbestellung von Vorstandsmitgliedern. Hier müssen die Aufsichtsratsmitglieder verifizieren, dass das bisherige Vorstandsmitglied weiterhin geeignet ist, die Aufgaben des Vorstands wahrzunehmen. Dabei sind auch seine bisherigen Erfolge und Misserfolge abzuwägen und personelle Alternativen in Betracht zu ziehen. Börsennotierte Gesellschaften, die den Corporate Governance Kodex einhalten wollen, müssen bei der Bestellung des Vorstands zudem die in Ziffern 4 und 5 DCGK niedergelegten Vorgaben zur Zusammensetzung des Vorstands und zur Vielfalt (Diversity) beachten. 575

Der Aufsichtsrat ist gemäß § 84 Abs. 3 AktG bei Vorliegen eines wichtigen Grundes zum Widerruf der Vorstandsbestellung berechtigt, insbesondere bei groben Pflichtverletzungen, bei Unfähigkeit zur ordnungsgemäßen Geschäftsführung oder bei Vertrauensentzug durch die Hauptversammlung aus nicht offensichtlich unsachlichen Gründen.[1039] Der Aufsichtsrat ist jedoch weder bei Vertrauensentzug noch bei sonstigen wichtigen Gründen verpflichtet, ein Vorstandsmitglied abzuberufen. 576

Bestellen die Aufsichtsratsmitglieder ein Vorstandsmitglied unter Missachtung dieser Grundsätze bzw. widerrufen sie dessen Bestellung nicht, obwohl ein wichtiger Grund für die Abberufung gegeben ist und die weitere Leitung durch das Vorstandsmitglied offensichtlich zu Nachteilen der Gesellschaft führen kann, so verletzt der Aufsichtsrat seine Pflichten aus §§ 116, 93 Abs. 2 S. 1 AktG, was im Schadensfalle zu einer Haftung seiner Mitglieder führen kann. 577

hh) Verletzung der Pflicht zur Überwachung des Compliance-Management-Systems

Der Aufsichtsrat muss die Einrichtung des Compliance-Management-Systems überwachen,[1040] kann aber diese Aufgabe auf einen Ausschuss übertragen.[1041] Ziff. 5.3.2 des Corporate Governance Kodex schlägt die Übertragung an den Prüfungsausschuss vor.[1042] 578

Der Aufsichtsrat muss präventiv überprüfen, ob der Vorstand seiner Compliance-Verpflichtung nachkommt und ob das eingerichtete Compliance-Management-System plausibel ist[1043] und der Risikolage der Gesellschaft gerecht wird, ob es praxistauglich imple- 579

[1035] *Lutter/Krieger/Verse* Rechte und Pflichten des AR Rn. 345.
[1036] *Thümmel* Persönliche Haftung von Managern und Aufsichtsräten Rn. 268.
[1037] *Thümmel* Persönliche Haftung von Managern und Aufsichtsräten Rn. 268; *Lutter/Krieger/Verse* Rechte und Pflichten des AR Rn. 337.
[1038] *Lutter/Krieger/Verse* Rechte und Pflichten des AR Rn. 342.
[1039] Zu Widerrufsgründen vgl. *Hüffer/Koch* AktG § 84 Rn. 34 ff. mwN, zu den Voraussetzungen eines Vertrauensentzugs durch die Hauptversammlung vgl. BGH NZG 2017, 261.
[1040] *Kremer/Klahold* in Krieger/Schneider HdB Managerhaftung § 25 Rn. 18 mwN.
[1041] *Siepelt/Pütz* CCZ 2018, 78 (81); *Drygala* in Schmidt/Lutter AktG § 107 Rn. 37.
[1042] *Bachmann/Kremer* in KBLW DCGK Rn. 1295.
[1043] *Lutter/Krieger/Verse* Rechte und Pflichten des AR Rn. 75; *Siepelt/Pütz* CCZ 2018, 78 (79).

mentiert wurde, und ob Verdachtsfälle kommuniziert und aufgeklärt sowie identifizierte Verstöße sanktioniert werden. Dies erfolgt durch regelmäßige, mindestens jährliche Diskussionen mit dem Vorstand und dem Compliance-Beauftragten.[1044] Der Aufsichtsrat hat nach im Vordringen befindlicher Ansicht auch das Recht, Angestellte der Gesellschaft direkt und ohne Einbeziehung des Vorstands zu befragen.[1045] Eine Befassung des Aufsichtsrats mit Einzelheiten des Compliance-Management-Systems ist nicht erforderlich, der Aufsichtsrat kann aber im Rahmen seiner Beratungspflicht abstrakte oder konkrete Empfehlungen aussprechen. Eine gesteigerte Prüfungs- und Beratungspflicht ergibt sich, wenn es im Unternehmen oder der Branche bereits zu relevanten Compliance-Verstößen gekommen ist.

580 Anlassbezogene Diskussionen über Aufklärung und Sanktionierung von konkreten Verdachtsfällen sind idR nicht erforderlich, der Aufsichtsrat hat jedoch eine Pflicht zu eigenen Ermittlungsmaßnahmen bei Verdacht, dass der Vorstand in mögliche Rechtsverstöße involviert ist, oder Rechtsverstöße nur halbherzig aufklärt oder gar vertuscht.[1046] In diesem Fall kann auch die Pflicht zur Durchführung von eigenen Ermittlungsmaßnahmen bestehen.[1047] Eine Pflicht des Aufsichtsrats zur Erstattung von Anzeigen kann sich nur dann ergeben, wenn gesellschaftsinterne Mittel der Einwirkung nicht ausreichen, um einen schweren Schaden von der Gesellschaft abzuwenden.[1048]

d) Verletzung der Pflicht zur angemessenen Festsetzung der Vorstandsbezüge

aa) Einleitung

581 Der Aufsichtsrat entscheidet neben der Bestellung und Abberufung der Vorstandsmitglieder auch über die Höhe ihrer Bezüge (§ 87 AktG). Zuständig hierfür ist gemäß § 87 Abs. 1 S. 1 iVm § 107 Abs. 3 S. 4 AktG der Gesamtaufsichtsrat. Die Hauptversammlung kann bei börsennotierten Gesellschaften ein unverbindliches Votum zum System der Vorstandsvergütung abgeben, wodurch ihr ein Instrument zur Kontrolle des Vergütungssystems gegeben wird.[1049] Die Hauptversammlung kann aber die Vorstandsbezüge nicht begrenzen, ein etwaiger Beschluss wäre wegen fehlender Kompetenz nichtig.[1050]

582 Für die zukünftige Hauptversammlungspraxis wird zu berücksichtigen sein, wie der deutsche Gesetzgeber (voraussichtlich im Jahr 2019) die Änderungen der Aktionärsrechterichtlinie umsetzen wird.[1051] Die Hauptversammlung wird zum einen bei wesentlichen Änderungen des Vergütungssystems für Vorstand und Aufsichtsrat, mindestens aber alle vier Jahre, über die Vergütungspolitik abzustimmen haben. Die börsennotieren Gesellschaften werden ihren Aktionären hierzu detaillierte Angaben machen müssen. Zum anderen ist ihnen zukünftig auch der Vergütungsbericht für das abgelaufene Geschäftsjahr zur Billigung vorzulegen.

[1044] *Siepelt/Pütz* CCZ 2018, 78 (79).
[1045] *Drygala* in Schmidt/Lutter AktG § 109 Rn. 11; *Fleischer* in Spindler/Stilz AktG § 90 Rn. 44.
[1046] *Siepelt/Pütz* CCZ 2018, 78 (80); *Kremer/Klahold* in Krieger/Schneider HdB Managerhaftung § 25 Rn. 19.
[1047] *Fuhrmann* NZG 2016, 881 (883); *Habbe/Fett* AG 2018, 257; *Potinecke/Block* in Knierim/Rübenstahl/Tsambikakis Internal Investigations Kap. 2 Rn. 42.
[1048] *Lutter/Krieger/Verse* Rechte und Pflichten des AR Rn. 74.
[1049] Vgl. hierzu Beschlussempfehlung Rechtsausschuss zum VorstAG-RegE BT-Drs. 16/13433, 18; *Hohenstatt* ZIP 2009, 1349 (1355 f.); *Fleischer/Bedkowski* AG 2009, 677 (681); *Peltzer* NZG 2009, 1041 (1045); *van Kann/Keiluweit* DStR 2009, 1587 (1588); *Fleischer* NZG 2009, 801 (805).
[1050] *Hüffer/Koch* AktG § 120 Rn. 24; *Vetter* ZIP 2009, 1307 (1309).
[1051] Zu Details der Reform der Aktionärsrechterichtlinie sowie der möglichen Umsetzung ins deutsche Recht vgl. *Bayer* DB 2018, 3034; *Bungert/Berger* DB 2018, 2801, DB 2018, 2860; *Gaul* AG 2017, 178; *Paschos/Goslar* AG 2018, 857; *Bungert* DB 2017, 1190.

bb) Zulässigkeit nachträglicher Sonderzahlungen

Die Zulässigkeit nachträglicher Sonderzahlungen in Form von Anerkennungsprämien ist äußerst umstritten. Sie waren Gegenstand des Strafverfahrens gegen den ehemaligen Vorstandsvorsitzenden sowie ehemalige Aufsichtsratsmitglieder der Mannesmann AG.[1052] Der Bundesgerichtshof hält bei fehlender Rechtsgrundlage im Dienstvertrag die Bewilligung einer nachträglichen Anerkennungsprämie nur dann für zulässig, wenn und soweit dem Unternehmen gleichzeitig Vorteile zufließen, die in einem angemessenen Verhältnis zu der mit der freiwilligen Zusatzvergütung verbundenen Minderung des Gesellschaftsvermögens stehen. Dabei genügt es nach Ansicht des Bundesgerichtshofs jedoch, dass der mit der Anerkennungsprämie verbundene Vorteil lediglich in einer Anreizwirkung für andere aktive oder potentielle Führungskräfte besteht.[1053] Demgegenüber ist eine im Dienstvertrag nicht vereinbarte Sonderzahlung, die ausschließlich belohnenden Charakter hat und der Gesellschaft keinen zukunftsbezogenen Nutzen bringen kann, nach Ansicht des Bundesgerichtshofs als treuwidrige Verschwendung des anvertrauten Gesellschaftsvermögens zu bewerten, so dass es auf die Frage der Angemessenheit der Sonderzahlung nach den Grundsätzen des § 87 Abs. 1 S. 1 AktG nicht mehr ankommt.[1054] Nach Ansicht des Bundesgerichtshofs ist daher entscheidend darauf abzustellen, ob die nachträgliche Sonderzahlung jedenfalls für Dritte Anreizwirkungen haben kann. Die Entscheidung des Bundesgerichtshofs ist in der Literatur überwiegend kritisiert worden.[1055] 583

Ermessenstantiemen werden hingegen als zulässig erachtet.[1056] Bei diesen regelt bereits der Anstellungsvertrag, dass das Vorstandsmitglied für seine Leistung im vergangenen Geschäftsjahr im Nachhinein eine Tantieme erhält, deren Höhe im billigen Ermessen des Aufsichtsrats liegt. Ermessenstantiemen haben nicht zwingend Anreizwirkung für die Zukunft, ihre Zulässigkeit hat dennoch auch der Bundesgerichtshof in seiner „Mannesmann"-Entscheidung bestätigt. Sie unterscheiden sich nach seiner Ansicht von unzulässigen kompensationslosen Anerkennungsprämien dadurch, dass sich für sie im Dienstvertrag eine Anspruchsgrundlage findet und deshalb von ihr regelmäßig eine Anreizwirkung für die Empfänger ausgeht, besondere Leistungen zu erbringen.[1057] 584

cc) Festsetzung der Vorstandsvergütung als Ermessensentscheidung

Bei der Festsetzung der Vergütung der Vorstandsmitglieder steht dem Aufsichtsrat ein Ermessensspielraum zu.[1058] Eine Auffassung leitet dies daraus ab, dass es sich um eine unternehmerische Ermessensentscheidung des Aufsichtsrats handelt, auf die die Grundsätze der Business Judgement Rule anzuwenden sind.[1059] Eine andere Auffassung sieht in der angemessenen Bemessung der Vorstandsgehälter eine Pflichtaufgabe des Aufsichtsrats mit Ermessensspielraum,[1060] was aber zu ähnlichen Ergebnissen führt. 585

dd) Angemessenheit von Vorstandsvergütungen

Durch das VorstAG ist der Begriff der Angemessenheit von Vorstandsvergütungen gesetzlich weiter konkretisiert worden. § 87 Abs. 1 AktG hat nunmehr folgenden Wortlaut: 586

[1052] BGH ZIP 2006, 72; LG Düsseldorf NJW 2004, 3275.
[1053] BGH ZIP 2006, 72 (74).
[1054] BGH ZIP 2006, 72 (74).
[1055] Vgl. *Hüffer/Koch* AktG § 87 Rn. 7 mwN.
[1056] *Hüffer/Koch* AktG § 87 Rn. 7; *Spindler* in MüKoAktG § 87 Rn. 113 ff.
[1057] BGH ZIP 2006, 72 (75); *Link* in Wachter AktG § 87 Rn. 45; *Spindler* in MüKoAktG § 87 Rn. 117.
[1058] Vgl. hierzu BGH NJW 2016, 1236.
[1059] *Fleischer* in Spindler/Stilz AktG § 87 Rn. 15; *Kort* NJW 2005, 333 (334).
[1060] *Hüffer/Koch* AktG § 87 Rn. 23; *Holle* AG 2016, 270 (277).

"Der Aufsichtsrat hat bei der Festsetzung der Gesamtbezüge des einzelnen Vorstandsmitglieds (Gehalt, Gewinnbeteiligungen, Aufwandsentschädigungen, Versicherungsentgelte, Provisionen, anreizorientierte Vergütungszusagen wie zum Beispiel Aktienbezugsrechte und Nebenleistungen jeder Art) dafür zu sorgen, dass diese in einem angemessenen Verhältnis zu den Aufgaben und Leistungen des Vorstandsmitglieds sowie zur Lage der Gesellschaft stehen und die übliche Vergütung nicht ohne besondere Gründe übersteigen. Die Vergütungsstruktur ist bei börsennotierten Gesellschaften auf eine nachhaltige Unternehmensentwicklung auszurichten. Variable Vergütungsbestandteile sollen daher eine mehrjährige Bemessungsgrundlage haben; für außerordentliche Entwicklungen soll der Aufsichtsrat eine Begrenzungsmöglichkeit vereinbaren. Satz 1 gilt sinngemäß für Ruhegehalt, Hinterbliebenenbezüge und Leistungen verwandter Art."

587 Gemäß § 87 Abs. 2 AktG können Vorstandsbezüge bei Verschlechterung der Lage der Gesellschaft und Unbilligkeit einer Weitergewährung herabgesetzt werden. Bei Ruhegehalt, Hinterbliebenenbezügen und Leistungen verwandter Art ist dies allerdings nur in den ersten drei Jahren nach Ausscheiden aus der Gesellschaft zulässig.

588 Die Angemessenheit der Gesamtbezüge der einzelnen Vorstandsmitglieder richtet sich ua nach den Aufgaben und Leistungen des Vorstandsmitglieds sowie der Lage der Gesellschaft sowie der(branchen- oder landes-) üblichen Vergütung.[1061]

589 Das Kriterium der „Lage der Gesellschaft" ist weit auszulegen, so dass der Aufsichtsrat zum Beispiel auch trotz schlechter wirtschaftlicher Lage dem zur Sanierung berufenen Vorstandsmitglied wegen Schwere der Aufgabe und Risiko eines Scheiterns eine hohe Vergütung zahlen kann.[1062] Bei der Festlegung der Vergütung soll auf Unternehmen aus der gleichen Branche mit vergleichbarer Größe und Komplexität abgezielt und dabei das Lohn- und Gehaltsgefüge im „eigenen" Unternehmen beachtet werden. Zusätzlich soll auf die Üblichkeit im Geltungsbereich des Gesetzes abgestellt werden.[1063] Höhere als die „üblichen" Bezüge bedürfen einer Begründung. Da eine „übliche" Vergütung jedoch nicht automatisch eine angemessene Vergütung indiziert, sollte die Angemessenheit der Bezüge immer begründet werden.[1064]

590 Bei börsennotierten Gesellschaften soll sich die Vergütung durch variable Bestandteile mit mehrjährigen Bemessungsgrundlagen auf die nachhaltige Unternehmensentwicklung ausrichten. Boni und Sonderzulagen sollen nicht von bestimmten Stichtagen wie zB Quartals- oder Jahreszahlen abhängen.[1065] Eine nachhaltige Unternehmensentwicklung soll vielmehr durch Prämierung einer kontinuierlichen Verbesserung des Unternehmens erreicht werden. Die mehrjährigen Bemessungsgrundlagen sollen zu einer Auszahlung zu einem späteren Zeitpunkt führen,[1066] nach Vorstellung des Gesetzgebers bis zu vier Jahren später.[1067] Hierdurch können auch negative Entwicklungen des Unternehmens in die Bemessung einfließen.[1068]

[1061] *Hüffer/Koch* AktG § 87 Rn. 4; *Hohenstatt* ZIP 2009, 1349 (1350); *Fleischer* NZG 2009, 801 (802); *van Kann/Keiluweit* DStR 2009, 1587 (1588).

[1062] *Hüffer/Koch* AktG § 87 Rn. 3; *Hohenstatt* ZIP 2009, 1349 (1350).

[1063] Beschlussempfehlung Rechtsausschuss zum VorstAG-RegE BT-Drs. 16/13433, 15; *Bosse* BB 2009, 1650; *Fleischer* NZG 2009, 801 (802).

[1064] *Hohaus* DB 2009, 1515 (1516); *Bosse* BB 2009, 1650; *Bauer/Arnold* AG 2009, 717 (719).

[1065] *Hüffer/Koch* AktG § 87 Rn. 11; *Hohenstatt* ZIP 2009, 1349 (1351); *van Kann/Keiluweit* DStR 2009, 1587 (1588); *Fleischer* NZG 2009, 801 (803); *Hohenstatt/Kuhnke* ZIP 2009, 1981 (1984).

[1066] Beschlussempfehlung Rechtsausschuss zum VorstAG-RegE BT-Drs. 16/13433, 16; *Bosse* BB 2009, 1650 (1651).

[1067] Begründung VorstAG-RegE BT-Drs. 16/12278, 6; *Bosse* BB 2009, 1650 (1651); zu Details vgl. *Hüffer/Koch* § 87 Rn. 12 mwN.

[1068] *Hüffer/Koch* AktG § 87 Rn. 13; *Fleischer* NZG 2009, 801 (803); zu Rückforderungsklauseln, sog. Claw-Back-Klauseln, vgl. *Schockenhoff/Nußbaum* AG 2018, 813.

Wann eine Vorstandsvergütung im Einzelfall unangemessen im Sinne von § 87 Abs. 1 **591**
AktG ist, hat die Rechtsprechung bisher nicht geklärt. Empirische Zahlen zu den in
Deutschland gezahlten Vorstandsgehältern bietet die regelmäßig neu erscheinende Vergütungsstudie des Personalberatungs-Unternehmens Kienbaum.[1069]

In der Literatur ist umstritten, ob sich der Begriff der Angemessenheit überhaupt **592**
betragsmäßig konkretisieren lässt.[1070] *Lücke*[1071] beispielsweise hat in 2010 ein System
entwickelt, bei dem insbesondere folgende Faktoren berücksichtigt werden:

- Umfang und Bedeutung der Aufgabenstellung,
- Qualifikation und Marktwert des Vorstandsmitglieds,
- Frühere Ergebnisse der Tätigkeit (bei Vertragsverlängerung),
- Branche, Größe und wirtschaftliche Lage des Unternehmens,
- Üblichkeit der Vergütung in vergleichbaren Unternehmen,
- Verhältnis zum Vergütungsniveau im Unternehmen, und
- ggf. ein Sanierungszuschlag.

Hieraus ergibt sich nach *Lücke* folgende Staffelung:[1072] **593**

Unternehmens-größe	Gesamtbezüge bis	Gesamtbezüge von bis	Gesamtbezüge von bis	Gesamtbezüge über
klein	200	200–400	400–600	600
mittel	400	400–800	800–1,2 Mio.	1,2 Mio.
groß	800	800–1,6 Mio.	1,6 Mio.-2.4 Mio.	2,4 Mio.
	Widerlegbare Vermutung für Angemessenheit	im Zweifel angemessen	im Zweifel unangemessen	Widerlegbare Vermutung für Unangemessenheit

Seit 2010 sind Vorstandsvergütungen grob geschätzt überproportional um etwa 35 % **594**
gestiegen. Schreibt man die Tabelle fort, würden die Zahlen aktualisiert demnach wie
folgt aussehen:

Unternehmens-größe	Gesamtbezüge bis	Gesamtbezüge von bis	Gesamtbezüge von bis	Gesamtbezüge über
klein	275	275–550	550–800	800
mittel	550	550–1,1 Mio.	1,1 Mio.-1,6 Mio.	1,6 Mio.
groß	1,1 Mio.	1,1 Mio.-2,2 Mio.	2,2 Mio.-3,3 Mio.	3,3 Mio.
	Widerlegbare Vermutung für Angemessenheit	im Zweifel angemessen	im Zweifel unangemessen	Widerlegbare Vermutung für Unangemessenheit

---

[1069] www.kienbaum.com.
[1070] Vgl. hierzu *Hüffer/Koch* AktG § 87 Rn. 5; *Lutter* ZIP 2006, 733 (735).
[1071] *Lücke* in BeckMandatsHdB AG-Vorstand § 2 Rn. 124 ff.
[1072] *Lücke* in BeckMandatsHdB AG-Vorstand § 2 Rn. 127.

595 Diese Zahlen können nur einen schablonenhaften Anhaltspunkt für eine angemessene Festsetzung der Vorstandsvergütung geben. Bei der Festsetzung besonders hoher Vorstandsvergütungen wird der Aufsichtsrat seine Entscheidung jedenfalls ausführlich zu begründen haben.

ee) Verstoß gegen die Pflicht zur Festsetzung angemessener Vorstandsvergütungen

596 Verstößt der Aufsichtsrat gegen seine Verpflichtung zur angemessenen Festsetzung der Vorstandsbezüge, führt dies nicht zur Nichtigkeit des Anstellungsvertrages oder der Vergütungsabrede. Vielmehr entsteht der Vergütungsanspruch des Vorstandsmitglieds in der vereinbarten Höhe.[1073] Eine Nichtigkeit kommt erst in Betracht, wenn die Vergütung nach § 138 BGB sittenwidrig ist.[1074] Die Festsetzung einer unangemessen hohen Vergütung stellt jedoch eine Pflichtverletzung des Aufsichtsrats dar, welche die Aufsichtsratsmitglieder zum Ersatz des Schaden verpflichtet, der der Gesellschaft durch die überhöhte Vorstandsvergütung entstanden ist.[1075]

ff) Transparenz der Vorstandsvergütung

597 Angaben zur Vergütung des Gesamtvorstands sind im Anhang des Jahresabschlusses bzw. des Konzernjahresabschlusses anzugeben (§§ 285 Nr. 9, 314 Nr. 6 HBG). Zusätzlich sind bei börsennotierten Gesellschaften gemäß § 285 Nr. 9a HGB (bzw. gemäß § 314 Nr. 6a HGB im Konzern) umfassend und individualisiert die Bezüge für jedes Mitglied des Vorstandes und des Aufsichtsrates anzugeben. Dies gilt ua auch für Bezüge, die erst nach der Beendigung der Vorstandstätigkeit gewährt werden und zwar sowohl bei regulärem als auch bei vorzeitigem Ausscheiden.[1076]

598 Gemäß § 286 Abs. 5 HGB können die Angaben auf Beschluss der Hauptversammlung unterbleiben. Dieser Beschluss kann für eine Dauer von höchstens fünf Jahre gefasst werden und bedarf einer Dreiviertelmehrheit des bei der Beschlussfassung vertretenen Grundkapitals. Dabei dürfen Aktionäre, deren Bezüge von der Beschlussfassung betroffen sind, entsprechend § 136 Abs. 1 AktG nicht mitstimmen.

599 Gemäß § 334 Abs. 1 Nr. 1d und Abs. 1 Nr. 2f HGB stellt ein Verstoß gegen die Offenlegungsvorschriften der §§ 285, 314 HGB eine Ordnungswidrigkeit dar. Neben den Vorstandsmitgliedern handeln auch die Aufsichtsratsmitglieder ordnungswidrig, wenn sie den Jahres- oder Konzernabschluss feststellen, obwohl der Anhang nicht die nach §§ 285, 314 HGB erforderlichen Angaben enthält.

e) Verletzung der Pflicht zur Verfolgung von Ersatzansprüchen gegen Vorstandsmitglieder

600 Verletzt ein Vorstandsmitglied seine Pflichten gegenüber der Aktiengesellschaft, so könnte ein Interessenkonflikt entstehen, wenn diese, vertreten durch ihren Vorstand, Ersatzansprüche gegen das Vorstandsmitglied geltend macht. Daher wird sie gemäß § 112 AktG gegenüber ihren Vorstandsmitgliedern gerichtlich und außergerichtlich vom Aufsichtsrat vertreten. Nach der ARAG/Garmenbeck-Entscheidung des Bundes-

---

[1073] *Hüffer/Koch* AktG § 87 Rn. 22; *Wellhöfer* in Wellhöfer/Peltzer/Müller Vorstandshaftung § 4 Rn. 140.

[1074] *Hüffer/Koch* AktG § 87 Rn. 22; *Wellhöfer* in Wellhöfer/Peltzer/Müller Vorstandshaftung § 4 Rn. 140.

[1075] *Hüffer/Koch* AktG § 87 Rn. 23; *Bürgers* in Bürgers/Körber AktG § 87 Rn. 7; *van Kann/Keiluweit* DStR 2009, 1587 (1590 f.); *Fleischer* NZG 2009, 801 (804).

[1076] Gemäß § 289a Abs. 2 HGB ist im Lagebericht börsennotierter Gesellschafter auch auf die Grundzüge des Vergütungssystems der Gesellschaft einzugehen.

gerichtshofs ist der Aufsichtsrat grundsätzlich verpflichtet, bestehende Ersatzansprüche gegen Vorstandsmitglieder geltend zu machen; er hat keinen wesentlichen unternehmerischen Ermessensspielraum bei seiner Entscheidung und ist dem Unternehmenswohl verpflichtet, das grundsätzlich die Wiederherstellung des Gesellschaftsvermögens verlangt.[1077]

Der Aufsichtsrat darf nur in besonderen Ausnahmefällen von einer Geltendmachung von Ersatzansprüchen gegen Vorstandsmitglieder absehen. Ein Verstoß begründet eine Sorgfaltspflichtverletzung gemäß §§ 116, 93 Abs. 2 S. 1 AktG. Macht der Aufsichtsrat den Schadenersatzanspruch der Gesellschaft nicht geltend und gleichen die ersatzpflichtigen Vorstandsmitglieder den Schaden auch sonst nicht aus, so haften die Mitglieder des Aufsichtsrats für den eingetretenen Vermögensnachteil. 601

f) Verstoß gegen den Grundsatz der Kapitalerhaltung

§ 93 Abs. 3 AktG enthält eine nicht abschließende Aufzählung von neun Verstößen gegen Kapitalerhaltungsvorschriften, deren Verletzung zu einer Schadenersatzpflicht des Vorstands führt, wenn das Gesellschaftsvermögen gesetzwidrig gemindert wird.[1078] § 93 Abs. 3 AktG ist auf Aufsichtsratsmitglieder entsprechend anzuwenden (§ 116 AktG), auch wenn die Vermögensminderung nicht aus einer Handlung eines Aufsichtsratsmitglieds resultiert.[1079] Ungeachtet dessen ist eine Pflichtverletzung des Aufsichtsratsmitglieds erforderlich,[1080] die auf eigenen pflichtwidrigen Handlungen oder auf Verletzung der ihm obliegenden Überwachungspflicht beruhen kann. Mitglieder des Aufsichtsrats handeln selbst pflichtwidrig, wenn sie beispielsweise den Vorstand veranlassen, ihnen entgegen § 93 Abs. 3 Nr. 7 AktG eine Vergütung oder entgegen § 93 Abs. 3 Nr. 8 AktG einen Kredit zu gewähren.[1081] Dies wäre gemäß § 117 AktG zudem eine unzulässige Einflussnahme auf die Gesellschaft. 602

Ein Aufsichtsrat verletzt Überwachungspflichten, wenn er trotz einer nach § 93 Abs. 3 AktG pflichtwidrigen Maßnahme des Vorstands untätig bleibt[1082] und beispielsweise keinen Ad-hoc-Zustimmungsvorbehalt gemäß § 111 Abs. 4 AktG einführt.[1083] Der Schaden beläuft sich idR auf den Wert, der entgegen den Kapitalerhaltungsvorschriften an den Aktionär oder Dritten geleistet wurde.[1084] 603

Nach § 181 AktG sind Satzungsänderungen grundsätzlich durch den Vorstand zum Handelsregister anzumelden. Bei Hauptversammlungsbeschlüssen, die das Grundkapital ändern, verlangen jedoch ergänzende Bestimmungen, dass der Vorstand diese zusammen mit dem Aufsichtsratsvorsitzenden anmeldet (vgl. für Kapitalerhöhungen §§ 184, 188, 195, 207 Abs. 2 AktG; für Kapitalherabsetzungen §§ 223, 229 Abs. 3, 237 Abs. 2 S. 1, Abs. 4 S. 5 AktG), der hierdurch auch die Verantwortung für die darin enthaltenen 604

[1077] BGHZ 135, 244 ff.; vgl. hierzu *Thümmel* Persönliche Haftung von Managern und Aufsichtsräten Rn. 270 ff.; *Potthoff/Trescher* Das Aufsichtsratsmitglied Rn. 1799 ff.
[1078] *Hüffer/Koch* AktG § 93 Rn. 68; *Thümmel* Persönliche Haftung von Managern und Aufsichtsräten Rn. 106.
[1079] *Hüffer/Koch* AktG § 116 Rn. 14; *Hambloch-Gesinn/Gesinn* in Hölters AktG § 116 Rn. 98.
[1080] *Thümmel* Persönliche Haftung von Managern und Aufsichtsräten Rn. 236.
[1081] Vgl. auch BGH NJW 1980, 1629.
[1082] BGHZ 69, 207 (214); *Hüffer/Koch* AktG § 116 Rn. 15 ff.; *Lutter/Krieger/Verse* Rechte und Pflichten des AR Rn. 986.
[1083] BGHZ 124, 111 (127); LG Bielefeld WM 1999, 2457 (2465); *Hüffer/Koch* AktG § 111 Rn. 17 f.; *Lutter/Krieger/Verse* Rechte und Pflichten des AR Rn. 991; *Hoffmann-Becking* in MHdB GesR IV § 29 Rn. 55; *Habersack* in MüKoAktG § 111 Rn. 115.
[1084] *Thümmel* Persönliche Haftung von Managern und Aufsichtsräten Rn. 106; *Mertens/Cahn* in KölnKommAktG § 93 Rn. 125; *Spindler* in MüKoAktG § 93 Rn. 126.

Angaben übernimmt.[1085] Neben dem Vorstand haftet somit auch der Aufsichtsratsvorsitzende gemäß §§ 116, 93 Abs. 2 S. 1 AktG, wenn Einlagen auf neue Aktien entgegen der Angaben in der Handelsregisteranmeldung noch nicht erbracht wurden. Weiterhin haftet der Aufsichtsratsvorsitzenden nach §§ 116, 93 Abs. 2 S. 1 AktG, wenn er die Anmeldung eines Hauptversammlungsbeschlusses, an der er mitwirken muss, nicht ordnungsgemäß vornimmt.[1086] Bei falschen Angaben zum Zweck der Eintragung einer Kapitalerhöhung kommt zudem eine Strafbarkeit nach § 399 Abs. 1 Nr. 4 AktG in Betracht.

g) Verbot schädigenden Verhaltens

605   Gemäß § 117 Abs. 1 AktG haftet derjenige gegenüber der Gesellschaft, der vorsätzlich seinen Einfluss auf die Gesellschaft nutzt, um ein Mitglied des Vorstands oder des Aufsichtsrats, einen Prokuristen oder einen Handlungsbevollmächtigten zu veranlassen, zum Schaden der Gesellschaft oder ihrer Aktionäre zu handeln. Die Haftung wegen schädigender Beeinflussung trifft danach jeden, der seinen Einfluss auf die Gesellschaft zu ihrem Nachteil ausnutzt. Neben Dritten, insbesondere Gläubigern oder Aktionären, sind Haftungsadressaten auch die Mitglieder des Aufsichtsrats, sofern sie ihren Einfluss auf Führungspersonen der Gesellschaft ausnutzen.[1087] Zudem haften sie gemäß § 117 Abs. 2 AktG, wenn sie sich pflichtwidrig durch Dritte beeinflussen lassen.[1088]

2. Verletzung allgemeiner Pflichten

a) Verstoß gegen die allgemeine Sorgfaltspflicht

606   § 93 Abs. 1 S. 1 AktG iVm § 116 AktG kommt eine Doppelfunktion zu und beschreibt neben dem Verschuldensmaßstab, dem die Aufsichtsratsmitglieder unterliegen, auch dessen allgemeine Sorgfaltspflichten in Form einer Generalklausel. Auch die Mitglieder des Aufsichtsrats haben danach *„die Sorgfalt eines ordentlichen und gewissenhaften Geschäftsleiters anzuwenden"*. Die Leitfigur des Geschäftsleiters ist dabei gedanklich durch die eines ordentlichen und gewissenhaften Aufsichtsrats zu ersetzen.[1089] Bei der näheren Bestimmung der allgemeinen Sorgfaltspflicht ist auf die Funktion und Aufgabe des Aufsichtsrats, insbesondere seine Personalkompetenz und Überwachungspflicht, sowie auf die nebenberufliche Art der Tätigkeit abzustellen.[1090] Inhalt und Umfang seiner Aufgabe hängen auch von der Art und der Größe des Unternehmens ab.[1091]

[1085] *Hüffer/Koch* AktG § 181 Rn. 1, 3; § 184 Rn. 3; *Schürnbrand* in MüKoAktG § 184 Rn. 9.
[1086] *Hüffer/Koch* AktG § 184 Rn. 3; *Peifer* in MüKoAktG § 184 Rn. 10; *Ekkenga* in KölnKomm-AktG § 184 Rn. 19.
[1087] *Hüffer/Koch* AktG § 117 Rn. 3; *Thümmel* Persönliche Haftung von Managern und Aufsichtsräten Rn. 151; *Plück/Lattwein* Haftungsrisiken für Manager S. 57.
[1088] *Hüffer/Koch* AktG § 117 Rn. 10; *Thümmel* Persönliche Haftung von Managern und Aufsichtsräten Rn. 151; *Plück/Lattwein* Haftungsrisiken für Manager S. 57 f.
[1089] *Hüffer/Koch* AktG § 116 Rn. 2; *Doralt/Doralt* in Semler/v. Schenck in AR-HdB § 14 Rn. 35; *Hoffmann-Becking* in MHdB GesR IV § 33 Rn. 72; *Kolb* in BeckHdB AG § 7 Rn. 272.
[1090] *Hüffer/Koch* AktG § 116 Rn. 2; *Doralt/Doralt* in Semler/v. Schenck in AR-HdB § 14 Rn. 37; *Thümmel* Persönliche Haftung von Managern und Aufsichtsräten Rn. 238; *Hoffmann-Becking* in MHdB GesR IV § 33 Rn. 72; *Kolb* in BeckHdB AG § 7 Rn. 272.
[1091] *Hüffer/Koch* AktG § 116 Rn. 4; *Thümmel* Persönliche Haftung von Managern und Aufsichtsräten Rn. 182.

b) Verstoß gegen die allgemeine Treuepflicht
aa) Einleitung

Über ihre gesetzlichen Pflichten hinaus unterliegen die Aufsichtsratsmitglieder wie die Vorstandsmitglieder einer besonderen Treuebindung gegenüber der Aktiengesellschaft, die sich aus ihrer organschaftlichen Stellung ergibt.[1092] Wegen der unterschiedlichen Art der Tätigkeit von Vorstand und Aufsichtsrat können die für die Vorstandsmitglieder geltenden Grundsätze aber nicht uneingeschränkt auf Aufsichtsratsmitglieder übertragen werden. So ist insbesondere zu berücksichtigen, dass es sich bei der Tätigkeit als Aufsichtsrat idR nur um eine Nebentätigkeit handelt.[1093] Aufsichtsratsmitglieder haben daher nur im Rahmen ihrer Mandatsausübung die Gesellschaftsinteressen vorrangig zu berücksichtigen.[1094] Interessenkonflikte sind jedoch zu vermeiden und unvermeidbare Pflichtenkollisionen sind zugunsten des vorrangigen Unternehmensinteresses zu lösen.[1095] Gegebenenfalls muss das Aufsichtsratsmandat niedergelegt werden.[1096]

607

Dem entsprechend führt der Deutsche Corporate Governance Kodex hierzu aus:

608

„*5.5.1 Jedes Mitglied des Aufsichtsrats ist dem Unternehmensinteresse verpflichtet. Es darf bei seinen Entscheidungen weder persönliche Interessen verfolgen noch Geschäftschancen, die dem Unternehmen zustehen, für sich nutzen.*

5.5.2 Jedes Aufsichtsratsmitglied soll Interessenkonflikte, insbesondere solche, die aufgrund einer Beratung oder Organfunktion bei Kunden, Lieferanten, Kreditgebern oder sonstigen Dritten entstehen können, dem Aufsichtsrat gegenüber offen legen.

5.5.3 Der Aufsichtsrat soll in seinem Bericht an die Hauptversammlung über aufgetretene Interessenkonflikte und deren Behandlung informieren. Wesentliche und nicht nur vorübergehende Interessenkonflikte in der Person eines Aufsichtsratsmitglieds sollen zur Beendigung des Mandats führen.

Bei Anteilseignervertretern können sich Interessenkonflikte insbesondere im Hinblick auf Mandate in anderen Gesellschaften ergeben. Die Tatsache, dass eine Handlung im Unternehmensinteresse der anderen Gesellschaft liegt, kann dabei nicht als Rechtfertigung für eine Pflichtverletzung gegenüber der Gesellschaft dienen, in der das Aufsichtsratsmandat ausgeübt wird.[1097] Im Falle von im Einzelfall widerstreitenden Interessen aus zwei Mandaten muss sich der Aufsichtsrat notfalls der Stimme enthalten und auf jegliche Einflussnahme verzichten.[1098] Bei Arbeitnehmervertretern können sich Interessenkonflikte beispielsweise in Zusammenhang mit Arbeitskämpfen ergeben.[1099]

609

[1092] *Hüffer/Koch* AktG § 116 Rn. 7; *Thümmel* Persönliche Haftung von Managern und Aufsichtsräten Rn. 276; *Doralt/Doralt* in Semler/v. Schenck AR-HdB § 14 Rn. 175; *Krieger* in Krieger/Schneider HdB Managerhaftung § 3 Rn. 29.
[1093] *Hüffer/Koch* AktG § 116 Rn. 7; *Thümmel* Persönliche Haftung von Managern und Aufsichtsräten Rn. 276; *Marsch-Barner* in Semler/v. Schenck AR-HdB § 13 Rn. 82 ff.
[1094] *Hüffer/Koch* AktG § 116 Rn. 7 mwN.
[1095] *Hüffer/Koch* AktG § 116 Rn. 8; *Hoffmann-Becking* in MHdB GesR IV § 33 Rn. 72; *Breuer/Fraune* in Heidel AktG § 116 Rn. 4; *Krieger* in Krieger/Schneider HdB Managerhaftung § 3 Rn. 30.
[1096] *Hüffer/Koch* AktG § 116 Rn. 8; *Hoffmann-Becking* in MHdB GesR IV § 33 Rn. 83; *Lutter/Krieger/Verse* Rechte und Pflichten des AR Rn. 900; *Breuer/Fraune* in Heidel AktG § 116 Rn. 4a.
[1097] BGH NJW 1980, 1629 f.; *Hüffer/Koch* AktG § 116 Rn. 8; *Hoffmann-Becking* in MHdB GesR IV § 33 Rn. 80.
[1098] *Johannsen-Roth/Zenner* in Illert/Ghassemi-Tabar/Cordes HdB Vorstand und Aufsichtsrat § 3 Rn. 270; *Schick* in Wachter AktG § 116 Rn. 5.
[1099] *Schick* in Wachter AktG § 116 Rn. 6 mwN.

bb) Kein Wettbewerbsverbot

610 Aufgrund der im Vergleich zum Vorstand geringeren Treuebindung der Aufsichtsratsmitglieder gegenüber der Gesellschaft unterliegen sie keinem Wettbewerbsverbot. Sie können daher einem anderen Gewerbe auch im Tätigkeitsfeld der Gesellschaft nachgehen. Selbst die Ausübung eines Vorstandsmandats bei einem direkten Wettbewerber der Gesellschaft durch ein Aufsichtsratsmitglied ist nach herrschender Meinung zulässig.[1100] Interessenskonflikte können jedoch Teilnahme- und Stimmverbote im Aufsichtsrat begründen. Zudem kann bei nicht lösbaren und anhaltenden Pflichtenkollisionen eine Amtsniederlegung geboten oder eine Abberufung aus wichtigem Grund gerechtfertigt sein.[1101]

611 Die weniger strenge Treuebindung der Aufsichtsratsmitglieder wirkt sich auch auf die Zulässigkeit der Wahrnehmung von Geschäftschancen der Gesellschaft aus. Aufsichtsratsmitglieder dürfen daher nur solche Geschäftschancen nicht persönlich wahrnehmen, von denen sie in ihrer Eigenschaft als Aufsichtsrat Kenntnis erlangen. Insoweit geht das Unternehmensinteresse vor.[1102] Geschäftschancen, von denen Aufsichtsratsmitglieder außerhalb ihrer Organtätigkeit Kenntnis erlangen, unterliegen hingegen nicht der Geschäftschancenbindung.

cc) Verstoß gegen die Verschwiegenheitspflicht

612 Ebenso wie Vorstandsmitglieder unterliegen auch Aufsichtsratsmitglieder der zwingenden und nicht einschränkbaren Pflicht zur Verschwiegenheit.[1103] Sie gilt grundsätzlich für alle Mitglieder des Aufsichtsrats gegenüber jedermann, also auch gegenüber Arbeitnehmern und Aktionären, nicht aber gegenüber dem Vorstand.[1104] Die Pflicht ist durch den Verweis in § 116 S. 1 AktG auch für die Aufsichtsräte in § 93 Abs. 1 S. 3 AktG geregelt. Darüber hinaus enthält § 116 S. 2 AktG die Klarstellung, dass Aufsichtsratsmitglieder *„insbesondere zur Verschwiegenheit über erhaltene vertrauliche Berichte und vertrauliche Beratungen verpflichtet"* sind. § 116 S. 2 AktG soll die Bedeutung der Verschwiegenheitspflicht des Aufsichtsrats verdeutlichen und hervorheben, worauf sich diese in erster Linie erstreckt. Da sich eine entsprechende Verpflichtung bereits aus der allgemeinen Sorgfaltspflicht ergibt, kommt § 116 S. 2 AktG vor allem eine Erinnerungs- und Hinweisfunktion zu.[1105] Die Nennung der Vertraulichkeit der Berichte und Beratungen erfolgt nur beispielhaft. Darüber hinaus erstreckt sich die Verschwiegenheitspflicht ebenso wie diejenige des Vorstands gemäß §§ 116, 93 Abs. 1 S. 2 AktG auf alle vertraulichen Angaben und Geheimnisse der Gesellschaft, insbesondere Betriebs- und Geschäftsgeheimnisse, die den Aufsichtsratsmitgliedern durch ihre Amtstätigkeit bekannt geworden sind.[1106] Die Verschwiegenheitspflicht gilt auch nach Beendigung der Amtstätigkeit fort.[1107]

[1100] BGHZ 39, 116 (123); OLG Stuttgart AG 2017, 489 (490), *Hüffer/Koch* AktG § 103 Rn. 13b; *Thümmel* Persönliche Haftung von Managern und Aufsichtsräten Rn. 276; aA *Lutter/Krieger/Verse* Rechte und Pflichten des AR Rn. 22.

[1101] *Hüffer/Koch* AktG § 116 Rn. 8; *Johannsen-Roth/Zenner* in Illert/Ghassemi-Tabar/Cordes HdB Vorstand und Aufsichtsrat § 3 Rn. 270; *Schick* in Wachter AktG § 116 Rn. 5.

[1102] *Hüffer/Koch* AktG § 116 Rn. 7; *Thümmel* Persönliche Haftung von Managern und Aufsichtsräten Rn. 277; *Lutter/Krieger/Verse* Rechte und Pflichten des AR Rn. 1006.

[1103] *Krieger* in Krieger/Schneider HdB Managerhaftung § 3 Rn. 31; *Habersack* in MüKoAktG § 116 Rn. 64.

[1104] *Krieger* in Krieger/Schneider HdB Managerhaftung § 3 Rn. 34; *Schick* in Wachter AktG § 116 Rn. 7.

[1105] Begründung TransPuG-RegE BT-Drs. 14/8769, 18.

[1106] Zu Details vgl. BGH NZG 2016, 910 (912); *Hüffer/Koch* AktG § 116 Rn. 9 ff.; *Lutter/Krieger/Verse* Rechte und Pflichten des AR Rn. 254 ff.

[1107] *Krieger* in Krieger/Schneider HdB Managerhaftung § 3 Rn. 31; *Habersack* in MüKoAktG § 116 Rn. 50; *Schick* in Wachter AktG § 116 Rn. 11.

Die pflichtwidrige Kundgabe von vertraulichen Angaben und Geheimnissen zieht die zivilrechtliche Schadenersatzpflicht gemäß § 93 Abs. 2 AktG nach sich, die Offenbarung von Geheimnissen ist zudem gemäß § 404 AktG strafbar. **613**

Als weitere „interne" Sanktionen gegen das pflichtvergessene Aufsichtsratsmitglied kommen zunächst die „Abmahnung" durch Vorstand oder Aufsichtsratsvorsitzenden sowie die gerichtliche Inanspruchnahme durch die Gesellschaft auf Unterlassen und ggf. auf Schadenersatz Betracht.[1108] Ist die Zusammenarbeit für die anderen Mitglieder des Aufsichtsrats bis zum Ablauf der Amtszeit nicht mehr zumutbar, kann das Aufsichtsratsmitglied ferner aus wichtigem Grund abberufen werden (§ 103 AktG), entweder durch die Hauptversammlung oder auf Antrag des Aufsichtsrats durch das zuständige Gericht. Schwerwiegende Verletzungen der Verschwiegenheitspflicht sind idR ein wichtiger Grund gemäß § 103 AktG.[1109] **614**

Für Aufsichtsratsmitglieder, die als Repräsentanten der öffentlichen Hand gewählt oder entsandt worden sind, enthalten die §§ 394 und 395 AktG Sondervorschriften, insbesondere Einschränkungen der Verschwiegenheitspflicht.[1110] **615**

3. Weitere Haftungsvoraussetzungen, insbes. Verschulden

Für die weiteren Voraussetzungen von Ersatzansprüchen gilt weitgehend das zum Vorstand Gesagte, insbesondere im Hinblick auf Schaden und Kausalität, Beweislast, Billigung durch die Hauptversammlung, Verzicht, Verjährung[1111] und Gesamtschuldnerausgleich.[1112] Besonderheiten bestehen jedoch im Hinblick auf das Verschulden der Aufsichtsratsmitglieder. **616**

Ebenso wie bei Vorstandsmitgliedern setzt auch die Aufsichtsratshaftung stets ein persönliches Verschulden voraus; der Verschuldens- bzw. Sorgfaltsmaßstab ergibt sich insbesondere aus §§ 116, 93 Abs. 1 S. 1 AktG.[1113] Der Verschuldensmaßstab ist in erster Linie normativer Natur und weitgehend objektiv gefasst, so dass Aufsichtsratsmitglieder idR ebenso wie Vorstandsmitglieder unabhängig von ihren individuellen Kenntnissen und Fähigkeiten immer dann haften, wenn sie diejenige Sorgfalt nicht einhalten, die von einem durchschnittlich befähigten Aufsichtsratsmitglied mit durchschnittlichen Kenntnissen und Erfahrungen zu erwarten ist.[1114] Sie haben daher stets für die Fähigkeiten und Kenntnisse einzustehen, die erforderlich sind, um dem ihnen obliegenden Sorgfaltsmaßstab zu genügen.[1115] Grundsätzlich obliegt allen Aufsichtsratsmitgliedern daher die glei- **617**

[1108] *Marsch-Barner* in Semler/v. Schenck AR-HdB § 13 Rn. 105 ff.; *Lutter/Krieger/Verse* Rechte und Pflichten des AR Rn. 288.

[1109] *Marsch-Barner* in Semler/v. Schenck AR-HdB § 13 Rn. 75; *Lutter/Krieger/Verse* Rechte und Pflichten des AR Rn. 288.

[1110] Zu Details vgl. *Mann* AG 2018, 57; *Kersting* WPg 2018, 392.

[1111] Die Verjährungsfrist für Schadenersatzansprüche gegen Aufsichtsratsmitglieder wegen Verjährenlassen von Ersatzansprüchen gegen ein Vorstandsmitglied beginnt erst mit eingetretener Verjährung des Ersatzanspruchs gegen den Vorstand vgl. BGH DB 2018, 2685.

[1112] Ausführlich *Johannsen-Roth/Zenner* in Illert/Ghassemi-Tabar/Cordes HdB Vorstand und Aufsichtsrat § 4 Rn. 27 ff. mwN.

[1113] *Hüffer/Koch* AktG § 116 Rn. 2; *Habersack* in MüKoAktG § 116 Rn. 16, 29; *Thümmel* Persönliche Haftung von Managern und Aufsichtsräten Rn. 238; *Doralt/Doralt* in Semler/v. Schenck AR-HdB § 14 Rn. 132 ff.

[1114] *Hüffer/Koch* AktG § 116 Rn. 3; *Habersack* in MüKoAktG § 116 Rn. 16 ff.; *Doralt/Doralt* in Semler/v. Schenck AR-HdB § 14 Rn. 134; *Lutter/Krieger/Verse* Rechte und Pflichten des AR Rn. 1009.

[1115] *Kolb* in BeckHdB AG § 7 Rn. 274; *Lutter/Krieger/Verse* Rechte und Pflichten des AR Rn. 1009; *Thümmel* Persönliche Haftung von Managern und Aufsichtsräten Rn. 294; *Doralt/Doralt* in Semler/v. Schenck AR-HdB § 14 Rn. 134 ff.

che Sorgfaltspflicht. Dies gilt insbesondere auch für die Aufsichtsratsmitglieder der Arbeitnehmer.[1116]

618 Aufsichtsratsmitglieder, die besondere Funktionen im Aufsichtsrat übernehmen, haben für die Sorgfalt einzustehen, die erforderlich ist, um die übernommene Funktion auszuüben. Dies betrifft insbesondere den Aufsichtsratsvorsitzenden sowie die Mitglieder von Aufsichtsratsausschüssen. Wenn sie diese Fähigkeiten nicht besitzen, dürfen sie die entsprechende Funktion daher nicht übernehmen.[1117] Besondere tatsächlich vorhandene Kenntnisse und Fähigkeiten einzelner Mitglieder sind beim Verschuldensmaßstab ebenfalls zu berücksichtigen.[1118] Daher haftet derjenige, der Sonderkenntnisse besitzt, für den unter Außerachtlassung dieser Kenntnisse entstandenen Schaden auch dann, wenn ein durchschnittliches Aufsichtsratsmitglied diese Kenntnisse überhaupt nicht besitzen müsste.[1119] Dies betrifft zum Beispiel Rechtsanwälte bei der Prüfung rechtlicher Risiken aus einem wichtigen Geschäft oder Bankenvertreter bei der Prüfung der Liquidität der Gesellschaft.[1120] Die Ungleichbehandlung beruht unter anderem darauf, dass einzelne Mitglieder gerade wegen ihrer besonderen Kenntnisse in den Aufsichtsrat gewählt werden.[1121]

619 Über die Verantwortung für das eigene Handeln hinaus trägt jedes einzelne Aufsichtsratsmitglied die Verantwortung dafür, dass der Aufsichtsrat als Organ keine fehlerhafte und für die Gesellschaft schädigende Entscheidung trifft. Wenn ein Mitglied einen Aufsichtsratsbeschluss für fehlerhaft oder schädlich hält, muss es ernstlich versuchen, diesen zu verhindern.[1122] Im Rahmen des Mannesmanns-Prozesses vor dem Landgericht Düsseldorf hat sich gezeigt, dass eine Haftung nicht ausgeschlossen ist, wenn sich das Aufsichtsratsmitglied bei einer Beschlussfassung des Organs der Stimme enthält.[1123] Eine Haftung wird dann auszuschließen sein, wenn das Aufsichtsratsmitglied gegen eine unvertretbar erachtete Beschlussfassung mit „Nein" stimmt, seine Ablehnung des Beschlusses ausdrücklich zu Protokoll gibt und alle ihm zur Verfügung stehenden Möglichkeiten nutzt, die Ausführung des Beschlusses abzuwenden.[1124]

4. Geltendmachung von Innenhaftungsansprüchen

620 Bei der Geltendmachung von Innenhaftungsansprüchen gilt das Gleiche wie für Ansprüche gegen Mitglieder des Vorstands. Es gelten insbesondere die Beweislastumkehr, der Haftungsausschluss durch Hauptversammlungsbeschluss und die einschränkenden

---

[1116] BAG NZA 2015, 1319; BGHZ 85, 293 (295 f.); *Hüffer/Koch* AktG § 116 Rn. 2; *Hoffmann-Becking* in MHdB GesR IV § 33 Rn. 74; *Lutter/Krieger/Verse* Rechte und Pflichten des AR Rn. 1009; *Doralt/Doralt* in Semler/v. Schenck AR-HdB § 14 Rn. 134.

[1117] BGHZ 85, 293 (295); *Hüffer/Koch* AktG § 116 Rn. 3; *Lutter/Krieger/Verse* Rechte und Pflichten des AR Rn. 1011; *Kolb* in BeckHdB AG § 7 Rn. 275.

[1118] BGH AG 2011, 876; *Hüffer/Koch* AktG § 116 Rn. 4 mwN auch zur Gegenauffassung.

[1119] LG Hamburg ZIP 1981, 194 (197); *Hüffer/Koch* AktG § 116 Rn. 4; *Lutter/Krieger/Verse* Rechte und Pflichten des AR Rn. 1011; *Mertens/Cahn* in KölnKommAktG § 116 Rn. 63; *Hoffmann-Becking* in MHdB GesR IV § 33 Rn. 74; *Doralt/Doralt* in Semler/v. Schenck AR-HdB § 14 Rn. 141 ff.

[1120] *Hoffmann-Becking* in MHdB GesR IV § 33 Rn. 74; *Lutter/Krieger/Verse* Rechte und Pflichten des AR Rn. 1011.

[1121] *Schick* in Wachter AktG § 116 Rn. 3 mwN.

[1122] *Johannsen-Roth/Zenner* in Illert/Ghassemi-Tabar/Cordes HdB Vorstand und Aufsichtsrat § 4 Rn. 5 ff. mwN.

[1123] LG Düsseldorf ZIP 2004, 2044 (2045).

[1124] Vgl. zu entsprechenden Fallgestaltungen BGH NZG 2016, 703; OLG Braunschweig NJW 2012, 3798; LG Berlin ZIP 2004, 73; *Hüffer/Koch* AktG § 116 Rn. 15 mwN; *Johannsen-Roth/Zenner* in Illert/Ghassemi-Tabar/Cordes HdB Vorstand und Aufsichtsrat § 4 Rn. 6; *Kolb* in BeckHdB AG § 7 Rn. 273.

Regelungen zu Verzicht, Vergleich und Verjährung. Die Gesellschaft wird, sofern kein besonderer Vertreter bestellt wurde, gegenüber den Aufsichtsratsmitgliedern vom Vorstand gerichtlich und außergerichtlich vertreten (§ 78 Abs. 1 AktG). Im Übrigen stehen den Aktionären auch bei Ansprüchen gegen die Aufsichtsratsmitglieder das Klageerzwingungsrecht, das Recht auf Bestellung eines besonderen Vertreters aus § 147 AktG sowie das Klagerecht aus § 148 AktG zu. Zudem können die Gläubiger der Gesellschaft einen Ersatzanspruch der Gesellschaft gegen die Aufsichtsratsmitglieder geltend machen, „*soweit sie von dieser keine Befriedigung erlangen können*" (§§ 116, 93 Abs. 5, 117 Abs. 5 AktG).

II. Außenhaftung

In erster Linie haften Aufsichtsratsmitglieder gegenüber der Gesellschaft. Eine Haftung gegenüber Aktionären oder Dritten besteht nur ausnahmsweise. Mangels einschlägiger spezialgesetzlicher Außenhaftungsregelungen folgt eine persönliche Außenhaftung der Aufsichtsratsmitglieder insbesondere aus dem Deliktsrecht. Eine Außenhaftung setzt idR ein Auftreten nach außen gegenüber Dritten voraus. Dies kommt aber beim Aufsichtsrat als Innenorgan der Aktiengesellschaft nur selten vor. Wird der Aufsichtsrat jedoch nach außen tätig, weil er zum Beispiel anstelle des Vorstands Leitungsfunktionen der Gesellschaft übernimmt, ist eine Außenhaftung wie bei Vorstandsmitgliedern möglich. Zudem kann der Aufsichtsrat deliktisch haften, wenn er den Vorstand vorsätzlich zu pflichtwidrigen Handlung anstiftet. 621

Eine Außenhaftung kann sich daher beispielsweise ergeben: 622
- bei vorsätzlicher Veranlassung oder aktiver Unterstützung eines strafbaren oder sittenwidrigen Verhaltens des Vorstands, beispielsweise bei Kapitalerhöhungen;[1125]
- aus der Handelndenhaftung für rechtsgeschäftliche Verbindlichkeiten der später nicht eingetragenen Vorgesellschaft (§ 41 Abs. 1 S. 2 AktG), sofern ein Mitglied des Aufsichtsrats tatsächlich nach außen für die Gesellschaft aufgetreten ist;
- aus der schädigenden Einflussnahme auf die Gesellschaft (§ 117 Abs. 1 S. 2, Abs. 2 AktG);
- aus der Verletzung von Steuerpflichten (§ 69 AO iVm § 34 Abs. 1 AO) oder der Nichtabführung von Sozialversicherungsbeiträgen (§ 823 Abs. 2 BGB iVm § 266a StGB), sofern der Aufsichtsrat den Vorstand vorsätzlich zu einer rechtswidrigen Handlung anstiftet oder Beihilfe leistet (§ 830 Abs. 2 BGB);[1126]
- für bei Vorgängen nach UmwG entstandene Schäden (§§ 25 ff. UmwG);
- aus der Verletzung absolut geschützter Rechte gemäß § 823 Abs. 1 BGB, insbesondere in den sogenannten Holzmüller-Fällen wegen Eingriffs in das Mitgliedschaftsrecht der Aktionäre,[1127] sofern der Aufsichtsrat ein rechtswidriges Handeln des Vorstands trotz Erkennbarkeit duldet oder sogar seine Zustimmung hierzu erteilt;
- aus der Verletzung von Schutzgesetzen iSv § 823 Abs. 2 BGB, insbesondere bei der Verletzung der Insolvenzantragspflicht gemäß § 15 InsO, sofern der Aufsichtsrat den Vorstand zur Verschleppung des Insolvenzverfahrens vorsätzlich anstiftet oder ihm Beihilfe hierzu leistet;[1128]
- wegen vorsätzlich sittenwidriger Schädigung Dritter (§ 826 BGB).

[1125] Vgl. OLG Düsseldorf NZG 2008, 713.
[1126] BGHZ 75, 96 (107).
[1127] BGHZ 83, 122 (133); BGH NZG 2004, 571; 2004, 575; *Lutter/Krieger/Verse* Rechte und Pflichten des AR Rn. 1031.
[1128] BGHZ 75, 96 (106); *Lutter/Krieger/Verse* Rechte und Pflichten des AR Rn. 1035; *Doralt/Doralt* in Semler/v. Schenck AR-HdB § 14 Rn. 319.

D. Haftungsvermeidungsstrategien für Vorstände und Aufsichtsräte

Angesichts der sehr weitgehenden Pflichten der Vorstands- und Aufsichtsratsmitglieder und der aus den Pflichtverletzungen resultierenden Haftungsfolgen stellt sich die Frage, wie das Haftungsrisiko vermieden oder zumindest abgemildert werden kann. 623

I. Beschränkung der Innenhaftung

Eine Beschränkung der Innenhaftung kommt nur in eng umgrenzten Fällen in Betracht. Vorstandsmitglieder können von einer Haftung für ihr Handeln nicht durch Billigung des Aufsichtsrats befreit werden (§ 93 Abs. 4 S. 2 AktG). Auch ein Entlastungsbeschluss der Hauptversammlung nach § 120 Abs. 1 AktG beinhaltet (anders als bei der GmbH) keinen Verzicht auf Ersatzansprüche der Gesellschaft. Eine Haftungsbefreiung kann sich aber ergeben, wenn die Hauptversammlung die potentiell pflichtwidrige Maßnahme vor deren Durchführung wirksam billigt (§ 93 Abs. 4 S. 1 AktG). 624

Ein nachträglicher Verzicht auf Innenhaftungsansprüche gegen Organmitglieder ist nur unter den engen Voraussetzungen des § 93 Abs. 4 S. 3 AktG (ggf. iVm § 116 AktG) möglich. Danach kann die Gesellschaft frühestens drei Jahre nach Entstehung eines Anspruchs auf diesen verzichten oder sich über ihn vergleichen. Erforderlich für den Verzicht ist zudem ein Beschluss der Hauptversammlung, gegen den nicht mehr als mit 10 % am Grundkapital beteiligte Aktionäre Widerspruch eingelegt haben dürfen. Die Möglichkeit einer vertraglichen Haftungsbeschränkung wird unter Hinweis auf die strenge Regelung zum Verzicht bzw. Vergleich über Innenhaftungsansprüche gemäß § 93 Abs. 4 S. 3 AktG (ggf. iVm § 116 AktG) ebenfalls verneint.[1129] 625

II. Freistellung von der Außenhaftung

Bei der Frage, ob die Gesellschaft ihre Organmitglieder von der Haftung im Außenverhältnis freistellen bzw. bereits vorgenommene Schadenersatzleistungen an Dritte ausgleichen kann, ist zu unterscheiden: Stellt die dem Außenhaftungsanspruch zugrunde liegende Handlung zugleich eine Pflichtverletzung gegenüber der Aktiengesellschaft dar, so ist eine Freistellung von der Außenhaftung bzw. der Ersatz bereits geleisteter Schadenersatzzahlungen nach herrschender Ansicht nur unter den strengen Voraussetzungen des § 93 Abs. 4 S. 3 AktG (frühestens drei Jahre nach Entstehen und nur mit Zustimmung der Hauptversammlung) zulässig.[1130] Da haftungsbegründende Handlungen gegenüber Dritten zumeist auch im Innenverhältnis pflichtwidrig sind, kommt demnach eine Frei- 626

[1129] *Bürgers* in Bürgers/Körber AktG § 93 Rn. 37; *Fleischer* in Spindler/Stilz AktG § 93 Rn. 233; *Thümmel* Persönliche Haftung von Managern und Aufsichtsräten Rn. 350.

[1130] *Johannsen-Roth/Zenner* in Illert/Ghassemi-Tabar/Cordes HdB Vorstand und Aufsichtsrat § 4 Rn. 33; *Bürgers* in Bürgers/Körber AktG § 93 Rn. 37; *Fleischer* in Spindler/Stilz AktG § 93 Rn. 242; *Mertens/Cahn* in KölnKommAktG § 84 Rn. 81; *Zimmermann* DB 2008, 687 (690).

stellung idR nicht in Betracht.[1131] An einer Pflichtverletzung im Innenverhältnis kann es jedoch ausnahmsweise fehlen, wenn der Aufsichtsrat im Interesse der Gesellschaft einen für sie günstigen Rechtsstandpunkt vertritt, dieser sich aber später als unzutreffend herausstellt und zu einer Haftung gegenüber Dritten führt. Ein Pflichtverstoß im Innenverhältnis liegt jedenfalls dann nicht vor, wenn das mit einem potentiellen Gesetzesverstoß verbundene Risiko nicht außer Verhältnis zum Vorteil für die Gesellschaft steht.[1132] In diesen Fällen ist eine Freistellung von der Außenhaftung zulässig, aus rechtlicher Sicht aber überflüssig, da sich ein Freistellungsanspruch bereits aus dem allgemeinen Auftragsrecht, insbesondere den §§ 670, 257 S. 1 BGB ergibt.[1133]

627 Ein Anspruch auf Übernahme von Geldstrafen und Geldbußen gegen die Gesellschaft besteht nicht. Sie sind von Vorstands- und Aufsichtsratsmitgliedern selbst zu tragen.[1134] Eine freiwillige Übernahme durch die Gesellschaft ist bei Pflichtverletzungen nur möglich, sofern die Hauptversammlung der Übernahme unter dem in § 93 Abs. 4 S. 3 AktG genannten Voraussetzungen (drei Jahre nach Entstehung des Anspruchs und kein Widerspruch einer 10 % Mehrheit) zustimmt.[1135]

628 Eine Haftungsfreistellung durch Dritte für fahrlässige Pflichtverletzungen, vor allem durch einen Großaktionär, ist grundsätzlich zulässig, sofern sie nicht zu einer Beeinträchtigung der Amtsführung führt.[1136] Sie stellt auch deshalb keine unzulässige Umgehung des § 93 Abs. 4 S. 3 AktG dar, weil sie im Ergebnis einem Anspruchsverzicht der Konzernmutter gleichkommt. § 93 Abs. 4 S. 3 AktG bezweckt aber nur den Schutz der Gesellschaft, nicht des Konzerns. Einschränkungen können sich ergeben, wenn die Freistellungsvereinbarung bei einem unabhängigen Unternehmen nur solche Schäden erfasst, die auf Handlungen des Vorstands im Einverständnis mit dem Freistellenden beruhen. Eine solche Vereinbarung könnte gegen den Grundsatz der eigenverantwortlichen und weisungsfreien Leitung der Gesellschaft durch den Vorstand gemäß § 76 Abs. 1 AktG verstoßen, sofern die konkrete Gefahr einer faktischen Bindung an die Interessen des Freistellenden besteht.[1137] Zudem kommt eine unzulässige Einflussnahme des Dritten auf den Vorstand gemäß § 117 AktG in Betracht.[1138]

[1131] *Fleischer* in Spindler/Stilz AktG § 93 Rn. 242; *Thümmel* Persönliche Haftung von Managern und Aufsichtsräten Rn. 365.

[1132] *Mertens/Cahn* in KölnKommAktG § 84 Rn. 95; *Thümmel* Persönliche Haftung von Managern und Aufsichtsräten Rn. 366.

[1133] *Thümmel* Persönliche Haftung von Managern und Aufsichtsräten Rn. 368; *Mertens/Cahn* in KölnKommAktG § 84 Rn. 90.

[1134] *Thümmel* Persönliche Haftung von Managern und Aufsichtsräten Rn. 367; *Mertens/Cahn* in KölnKommAktG § 84 Rn. 92, 95.

[1135] BGH NZG 2014, 1058.

[1136] *Hüffer/Koch* AktG § 116 Rn. 13; *Johannsen-Roth/Zenner* in Illert/Ghassemi-Tabar/Cordes HdB Vorstand und Aufsichtsrat § 4 Rn. 33.

[1137] Vgl. *Johannsen-Roth/Zenner* in Illert/Ghassemi-Tabar/Cordes HdB Vorstand und Aufsichtsrat § 4 Rn. 33; *Spindler* in Spindler/Stilz AktG § 116 Rn. 170.

[1138] *Mertens/Cahn* in KölnKommAktG § 93 Rn. 133; *Hopt/Roth* in Großkomm AktG § 93 Rn. 531.

III. Maßnahmen bei Rechtsverstößen von Organen oder Mitarbeitern

1. Einführung

Von entscheidender Bedeutung für die Minimierung von Haftungsrisiken ist es, bereits im Alltag darauf zu achten, dass potentielle Rechtsrisiken frühzeitig identifiziert und durch adäquate Steuerung und Überwachung reduziert werden. Gesetzesverstöße können Aufklärungskosten, Geldbußen, Gewinnabschöpfungen und Schadenersatzzahlungen in Millionenhöhe, sowie Reputationsschäden und andere Nachteile begründen. Risikomanagementsysteme zur frühzeitigen Identifizierung bestandsgefährdender Risiken und Compliance-Management-Systeme zur Sicherstellung des rechtskonformen Verhaltens des Unternehmens und seiner Mitarbeiter sind wichtige Elemente zum Schutz von Organmitgliedern. Selbst wenn ein konkreter Rechtsverstoß nicht verhindert wird, ist das Bestehen eines effizienten und praktizierten Compliance-Managements bei einer Bußgeldbemessung von Bedeutung.[1139] Verfügt eine von Rechtsverstößen betroffene Gesellschaft über kein präventives Compliance-System empfiehlt sich, dieses nachträglich einzurichten. Nach Auffassung des Bundesgerichtshofs kann die Minderung einer Geldbuße auch in Betracht kommen, wenn das Unternehmen erst als Folge eines Rechtsverstoßes entsprechende betriebsinterne Regelungen und Abläufe so gestaltet, dass vergleichbare Normverletzungen zukünftig deutlich erschwert werden.[1140]

629

2. Unternehmensinterne Untersuchungen (Internal Investigations)

a) Grundlagen und Verantwortung

Bei schlüssigem Verdacht auf relevantes Fehlverhalten in oder aus Unternehmen heraus drohen erhebliche Sanktionen und Schäden, insbesondere, wenn bereits staatsanwaltliche oder aufsichtsbehördliche Ermittlungen aufgenommen wurden. Interne Ermittlungsmaßnahmen im Unternehmen, sog. Internal Investigations, sollen diese Risiken verringern, indem strafrechtliche und außerstrafrechtliche Regelverstöße aller Mitarbeiter bis in die Führungsebene hinein systematisch aufgeklärt werden (investigative Compliance).[1141] Interne Untersuchungen können durch jeden Hinweis auf ein mögliches Fehlverhalten, sei es aus einem Hinweisgebersystem, einer Beobachtung von Angehörigen der Compliance-Organisation oder aufgrund von drohenden oder laufenden strafrechtlichen Ermittlungen ausgelöst werden. Sie können durch unternehmenseigene Mitarbeiter oder durch externe Berater erfolgen.[1142]

630

Interne Untersuchungen haben das primäre Ziel, durch schnelle Aufklärung, ggf. in Kooperation mit Strafverfolgungsbehörden, das Ausmaß von Geldbußen und sonstigen Schäden zu mindern und gleichzeitig eine Basis für die Geltendmachung von Ersatz-

631

[1139] BGH BB 2017, 1931; *Bürkle* BB 2018, 525 (528); *Eufinger* ZIP 2018, 615 (618).
[1140] BGH BB 2017, 1931; *Bürkle* BB 2018, 525 (526); *Eufinger* ZIP 2018, 615 (619).
[1141] *Wessing* in Hauschka/Moosmayer/Lösler Corporate Compliance, § 46 Rn. 1; *Fuhrmann* NZG 2016, 881 (882).
[1142] *Hüffer/Koch* AktG § 76 Rn. 16c; *Moosmayer* in Moosmayer/Hartwig Interne Untersuchungen Kap. I Rn. 6 ff.; *Wilsing/Goslar* in Krieger/Schneider HdB Managerhaftung § 15 Rn. 1.

ansprüchen zu schaffen.[1143] Interne Ermittlungen signalisieren zudem intern und extern, dass strafbare Verhaltensweisen nicht geduldet oder vertuscht werden („*Zero-Tolerance-Strategie*") und tragen dadurch zur Vermeidung zukünftiger Verstöße und zur Eingrenzung des öffentlichen Reputationsschadens bei.[1144] Sie bezwecken auch, dass Ermittlungsbehörden eigene Ermittlungen reduzieren oder so ausführen, dass die Abläufe im Unternehmen weniger gestört werden.[1145]

632 Primär verantwortlich für die Entscheidungen über die Durchführung interner Ermittlungen ist der Vorstand,[1146] der bei hinreichenden Anhaltspunkten für ein schwerwiegendes Fehlverhalten idR interne Untersuchungen einzuleiten hat.[1147] Der Aufsichtsrat ist ausnahmsweise für interne Untersuchungen zuständig, wenn der Vorstand nicht tätig wird oder alle Mitglieder des Vorstands von den Verdachtsmomenten betroffen sind.[1148] Sofern der Aufsichtsrat ermittelt, kann er die Verantwortung auf einen Sonderausschuss übertragen oder selbst externe Berater einschalten.[1149] Der Aufsichtsrat muss zumindest solche Erkenntnisse mit dem Vorstand teilen, die dieser zur Erfüllung seiner Aufgaben benötigt.[1150] In der jüngeren Literatur wird zunehmend eine konzernweite Aufklärungspflicht angenommen, weil komplexe Regelverstöße häufig nicht auf eine Konzerngesellschaft begrenzt sind und sich faktisch nicht abgrenzen und separat aufklären lassen.[1151]

633 Wenn interne Ermittlungen notwendig sind, haben der Vorstand bzw. der Aufsichtsrat ein Auswahlermessen über Ablauf und Umfang der Ermittlungen.[1152] Eine wichtige Ausgangsfrage ist, wer die internen Ermittlungen durchführen soll und wem die Ermittler berichten. Hinsichtlich des Umfangs müssen Vorstand bzw. Aufsichtsrat die Verhältnismäßigkeit von Kosten und Nutzen abwägen.[1153] Ebenso müssen durchgehend Zeitpunkt und Umfang einer Kooperation mit Aufsichts- oder Strafverfolgungsbehörden überlegt werden und ob die Maßnahmen der Mitbestimmung unterliegen oder eine Befassung des Betriebsrats nach §§ 80, 87, 94 BetrVG erfordern. Einer frühzeitigen Entscheidung bedürfen ferner Fragen der Sicherung von Daten und Unterlagen, insbesondere elektronischer Korrespondenz, und des Transfers gesicherter Materialien in außereuropäische

---

[1143] *Hüffer/Koch* AktG § 76 Rn. 16c; *Hartwig* in Moosmayer/Hartwig Interne Untersuchungen Kap. B Rn. 7 ff.; *Wilsing/Goslar* in Krieger/Schneider HdB Managerhaftung § 15 Rn. 4; *Fuhrmann* NZG 2016, 881 (885 f.).

[1144] *Poppe* in Inderst/Bannenberg/Poppe Compliance Kap. 6 Rn. 21; *Moosmayer* Compliance Rn. 311; *Wilsing/Goslar* in Krieger/Schneider HdB Managerhaftung § 15 Rn. 4.

[1145] *Poppe* in Inderst/Bannenberg/Poppe Compliance Kap. 6 Rn. 20.

[1146] *Wilsing/Goslar* in Krieger/Schneider HdB Managerhaftung § 15 Rn. 12; *Potinecke/Block* in Knierim/Rübenstahl/Tsambikakis Internal Investigations Kap. 2 Rn. 42.

[1147] *Potinecke/Block* in Knierim/Rübenstahl/Tsambikakis Internal Investigations Kap. 2 Rn. 9; *Ghassemi-Tabar* in Illert/Ghassemi-Tabar/Cordes HdB Vorstand und Aufsichtsrat § 15 Rn. 175; *Fleischer* in Spindler/Stilz AktG § 91 Rn. 57; *Lüneborg/Resch* NZG 2018, 209 (210).

[1148] *Ghassemi-Tabar* in Illert/Ghassemi-Tabar/Cordes HdB Vorstand und Aufsichtsrat § 15 Rn. 184; *Habbe/Fett* AG 2018, 257; *Potinecke/Block* in Knierim/Rübenstahl/Tsambikakis Internal Investigations Kap. 2 Rn. 42; *Fuhrmann* NZG 2016, 881 (883); *Lüneborg/Resch* NZG 2018, 209 (210).

[1149] *Wilsing/Goslar* in Krieger/Schneider HdB Managerhaftung § 15 Rn. 23 ff.; *Habbe/Fett* AG 2018, 257 (262).

[1150] *Wilsing/Goslar* in Krieger/Schneider HdB Managerhaftung § 15 Rn. 23.

[1151] *Ghassemi-Tabar* in Illert/Ghassemi-Tabar/Cordes HdB Vorstand und Aufsichtsrat § 15 Rn. 185; *Potinecke/Block* in Knierim/Rübenstahl/Tsambikakis Internal Investigations Kap. 2 Rn. 137.

[1152] *Wilsing/Goslar* in Krieger/Schneider HdB Managerhaftung § 15 Rn. 15; *Fleischer* in Spindler/Stilz AktG § 91 Rn. 57; *Wessing* in Hauschka/Moosmayer/Lösler Corporate Compliance § 46 Rn. 16; *Lüneborg/Resch* NZG 2018, 209 (211).

[1153] *Wilsing/Goslar* in Krieger/Schneider HdB Managerhaftung § 15 Rn. 15; *Lüneborg/Resch* NZG 2018, 209 (211).

Staaten, jeweils unter Berücksichtigung datenschutzrechtlicher und arbeitsrechtlicher Aspekte. Stehen Auslandssachverhalte im Fokus innerbetrieblicher Ermittlungen, sind deren Rechtssysteme und -kulturen im Blick zu behalten. Da bei internen Untersuchungen sowohl auf der Seite der Ermittler als auch des Unternehmens eine Vielzahl an Personen und Gremien involviert sind, muss schließlich eine effektive Zusammenarbeit und Abstimmung koordiniert werden.

Die Hinzuziehung externer Berater kann sinnvoll oder geboten sein, da sie in kurzer Zeit erhebliche personelle Kapazitäten zur Verfügung stellen können und von Behörden und der Öffentlichkeit als neutral und nicht voreingenommen wahrgenommen werden. Anwaltliche Berater sind zur Verschwiegenheit verpflichtet und verfügen regelmäßig über einschlägige Expertise.[1154]   634

Art und Umfang unternehmensinterner Ermittlung hängen stark vom Einzelfall und dem Ausmaß der dem Unternehmen drohenden Gefahr ab. Dementsprechend stellen sich diverse praktische und rechtliche Probleme im Verlaufe der Ermittlungen. Unternehmen müssen Ermittlungen zur Aufklärung möglicher Rechtsverstöße ihrerseits im Einklang mit immer komplexer werdenden rechtlichen Vorgaben durchführen.[1155] Nachfolgend werden einige wichtige Aspekte dargelegt, die bei fast allen Ermittlungen bereits zu deren Beginn zu berücksichtigen sind. Mit der Aufklärung allein ist es aber nicht getan, sie dient letztlich nur der Schaffung einer angemessenen Informationsgrundlage für weitergehende unternehmerische Entscheidungen und Maßnahmen im Zusammenhang mit dem konkreten Vorfall, insbesondere der repressiven Ahndung von Regelverstößen und der Verbesserung ihrer Vorbeugung.[1156]   635

b) Ausgewählte Rechtsfragen beim Ablauf interner Ermittlungen

Erste Befragungen von Mitarbeitern (sog. *Scoping Interviews*) dienen der näheren Bestimmung des Untersuchungsgegenstandes. Sie geben zum einen Aufschluss über involvierte Mitarbeiter, deren Geschäftsunterlagen elektronisch zu sichern sind, und zum anderen über relevante Suchbegriffe, mit denen die gesicherten Unterlagen ausgewertet werden. Nach der elektronisch gestützten Auswertung der gesicherten Unterlagen folgen weitere Interviews mit den betroffenen Mitarbeitern, denen relevante Unterlagen zur Auffrischung ihrer Erinnerung vorgelegt werden. Relevante Geschäftsunterlagen sind insbesondere Verträge, Korrespondenz, Präsentationen und Notizen in elektronischer oder physischer Form. Besonders relevant sind intern übermittelte E-Mails, in denen die Mitarbeiter miteinander kommunizieren. Unter E-Mail Screening versteht man daher das planmäßige Durchforsten von E-Mails nach Mitteilungen, welche für die Aufklärung sachdienlich sind.[1157]   636

(1) Arbeitsrechtliche Aspekte

Interne Untersuchungen betreffen Mitarbeiter arbeitsrechtlich und ggf. strafrechtlich. Mitarbeiter haben eine allgemeine Pflicht zur Abwehr von Schäden und Nachteilen des Unternehmens (Loyalitäts-/Treuepflicht) und sind daher verpflichtet, an unternehmensinternen Befragungen teilzunehmen und ihrem Arbeitgeber umfassend und wahrheitsgemäß über alle dienstlichen Sachverhalte, auch solche die nicht unmittelbar den eigenen   637

[1154] *Rabl/Hartwig* in Moosmayer/Hartwig Interne Untersuchungen Kap. K Rn. 1 ff.; *Wilsing/Goslar* in Krieger/Schneider HdB Managerhaftung § 15 Rn. 33; *Lüneborg/Resch* NZG 2018, 209 (211).
[1155] Zu Details am Beispiel des Datenschutzes vgl. *Grützner/Wybitul* CCZ 2018, 241.
[1156] *Ghassemi-Tabar* in Illert/Ghassemi-Tabar/Cordes HdB Vorstand und Aufsichtsrat § 15 Rn. 173; *Veit* Compliance und interne Ermittlungen Rn. 238.
[1157] *Schmidl* in Hauschka/Moosmayer/Lösler Corporate Compliance § 28 Rn. 349 ff.; *Fuhrmann* NZG 2016, 881 (888); *Lüneborg/Resch* NZG 2018, 209 (212).

Arbeitsbereich betreffen, Auskunft zu erteilen.[1158] Dies gilt nach überwiegender Ansicht auch dann, wenn sich die Mitarbeiter durch ihre Aussage selbst strafrechtlich belasten.[1159] Die Gegenansicht kritisiert die hiermit verbundene Privatisierung der Strafverfolgung sowie die Umgehung rechtsstaatlicher Schutzmechanismen, insbesondere bei Untersuchungen in Kooperation mit Strafverfolgungsbehörden.[1160] Befragungen von Arbeitnehmern beziehen sich idR auf deren individuelles Arbeitsverhalten und unterliegen daher nicht der Mitbestimmung,[1161] der Betriebsrat muss aber nach § 80 Abs. 2 BetrVG bei kollektiven Befragungen von Arbeitnehmern vorab informiert werden.[1162] Ein Recht des Befragten auf Hinzuziehung eines Betriebsratsmitglieds[1163] oder auf Hinzuziehung eines eigenen Anwalts[1164] besteht nicht, die Teilnahme eines Betriebsratsmitglieds oder eines Anwalts[1165] nebst Kostenübernahme des Unternehmens kann aber zur Herstellung einer vertrauensvollen Gesprächsatmosphäre zweckmäßig sein, insbesondere wenn das Unternehmen die Untersuchungen durch externe Anwälte durchführen lässt.[1166]

638 Der Zugriff auf dienstliche Unterlagen ist betriebsverfassungsrechtlich unproblematisch, weil der Mitarbeiter dem Arbeitgeber zur Herausgabe verpflichtet ist und die Herausgabe dienstlicher Unterlagen auch nicht der Mitbestimmung nach § 87 Abs. 1 BetrVG unterliegt.[1167] Ein Mitbestimmungsrecht des Betriebsrats kann sich aber nach § 87 Abs. 1 Nr. 6 BetrVG ergeben, wenn Unterlagen von Arbeitnehmern mittels spezieller für Untersuchungen entwickelter Datenbanken oder sonstiger technischer Einrichtungen ausgewertet werden.[1168] Da Ermittlungen zügig aufgenommen werden müssen, um erhebliche Nachteile für das Unternehmen und die Öffentlichkeit in Form von Beweisvernichtung, behördlichen Zugriffen usw. zu vermeiden oder zu minimieren, sind bereits im Vorfeld abgeschlossene Betriebsvereinbarungen zu internen Untersuchungen hilfreich und bei deren Fehlen eine zeitliche Begrenzung der Verhandlungen mit dem Betriebsrat wichtig.[1169] Regelt eine hinreichend präzise Betriebsvereinbarung abstrakt den Umgang mit personenbezogenen Daten, besteht bei Durchführung konkreter Ermittlungen kein erneutes Mitbestimmungsrecht.[1170] Unabhängig von einem Mitbestimmungsrecht muss der Betriebsrat nach § 80 Abs. 2 S. 1 BetrVG über die geplante Maßnahme unterrichtet

---

[1158] *Majer* in Moosmayer/Hartwig Interne Untersuchungen Kap. D Rn. 47; *Mengel* NZA 2017, 1494 (1498).

[1159] LG Hamburg NJW 2011, 942 (944); *Ghassemi-Tabar* in Illert/Ghassemi-Tabar/Cordes HdB Vorstand und Aufsichtsrat § 15 Rn. 225; *Wilsing/Goslar* in Krieger/Schneider HdB Managerhaftung § 15 Rn. 51 f.; *Majer* in Moosmayer/Hartwig Interne Untersuchungen Kap. D Rn. 46; *Mengel* NZA 2017, 1494 (1498).

[1160] Wastl/Litzka/Pusch NStZ 2009, 68 (70); *Kasiske* NZWiSt 2014, 262 (263).

[1161] *Majer* in Moosmayer/Hartwig Interne Untersuchungen Kap. D Rn. 21; *Wessing* in Hauschka/Moosmayer/Lösler Corporate Compliance § 46 Rn. 65.

[1162] *Majer* in Moosmayer/Hartwig Interne Untersuchungen Kap. D Rn. 35; *Wessing* in Hauschka/Moosmayer/Lösler Corporate Compliance § 46 Rn. 64.

[1163] *Majer* in Moosmayer/Hartwig Interne Untersuchungen Kap D Rn. 40; *Wilsing/Goslar* in Krieger/Schneider HdB Managerhaftung § 15 Rn. 60 ff.

[1164] *Ghassemi-Tabar* in Illert/Ghassemi-Tabar/Cordes HdB Vorstand und Aufsichtsrat § 15 Rn. 259 mwN.

[1165] *Majer* in Moosmayer/Hartwig Interne Untersuchungen Kap. D Rn. 54.

[1166] *Majer* in Moosmayer/Hartwig Interne Untersuchungen Kap. D Rn. 42, 54 ff.; *Wilsing/Goslar* in Krieger/Schneider HdB Managerhaftung § 15 Rn. 57.

[1167] *Majer* in Moosmayer/Hartwig Interne Untersuchungen Kap. D Rn. 20; *Wilsing/Goslar* in Krieger/Schneider HdB Managerhaftung § 15 Rn. 35 f.

[1168] *Majer* in Moosmayer/Hartwig Interne Untersuchungen Kap. D Rn. 23; *Wilsing/Goslar* in Krieger/Schneider HdB Managerhaftung § 15 Rn. 36.

[1169] *Mengel* NZA 2017, 1494 (1497).

[1170] *Majer* in Moosmayer/Hartwig Interne Untersuchungen Kap. D Rn. 25; *Wilsing/Goslar* in Krieger/Schneider HdB Managerhaftung § 15 Rn. 41.

III. Maßnahmen bei Rechtsverstößen von Organen oder Mitarbeitern 175

werden, damit er überwachen kann, ob die zu Gunsten der Arbeitnehmer geltenden Gesetze eingehalten werden.[1171]

(2) Beschäftigtendatenschutz

Die Pflicht zur Durchführung effektiver Ermittlungen steht im Spannungsverhältnis zu Transparenzgrundsätzen des Datenschutzrechts; die Einhaltung von Informationspflichten des Unternehmens und Auskunftsrechten des Betroffenen bei der Datenerhebung und Weiterverarbeitung sorgen aber für eine faire Ausgestaltung von Ermittlungen und sichern die gerichtliche Verwertbarkeit der Erkenntnisse.[1172] Mitarbeiter sind grundsätzlich vorab über eine Verarbeitung ihrer personenbezogenen Daten zu informieren. Soweit dies den Zielen einer Untersuchung zuwider läuft, müssen Unternehmen unter Berücksichtigung der Ermittlungsziele analysieren, wann und in welcher Form sie die von einer internen Untersuchung Betroffenen unterrichten (Datenschutzfolgeabschätzung).[1173] 639

Im Hinblick auf datenschutzrechtliche Belange ist in mehrfacher Hinsicht zu unterscheiden: Physische Geschäftsunterlagen sind keine Dateien und unterliegen nicht dem Datenschutzrecht, abgesehen von unter den Dateibegriff fallenden Personalvorgängen und -akten.[1174] Bei Personalakten muss der Zugriff erforderlich sein, das berechtigte Prüfinteresse des Unternehmens muss also schutzwürdige Belange des Betroffenen überwiegen, und die Vertraulichkeit muss gesichert sein.[1175] 640

Beim E-Mail Screening ist die Art der erlaubten Nutzung der betrieblichen E-Mail-Systeme maßgeblich. Wenn eine private Nutzung verboten ist und auch nicht stillschweigend geduldet wird, können dienstliche E-Mails von Mitarbeitern auch ohne Einwilligung der betroffenen Personen oder eine dies regelnde Betriebsvereinbarung ausgewertet werden, weil nur mit dienstlichen E-Mails auf dem System zu rechnen ist und dienstliche E-Mails nicht stärker geschützt sind als dienstliche Dokumente in Papierform.[1176] 641

Ist die private Nutzung dienstlicher E-Mail-Systeme dagegen gestattet oder geduldet, bedürfen die Verarbeitung, Nutzung und Übermittlung von E-Mails einer rechtlichen Erlaubnis, welche sich insbesondere aus der EU-Datenschutzgrundverordnung (DSGVO) oder dem Arbeitsverhältnis ergeben kann. Als Erlaubnistatbestände kommen nach Art. 6 Abs. 1 DSGVO insbesondere in Betracht die Einwilligung des Betroffenen, Erfordernisse des Arbeitsverhältnisses, die Erfüllung einer rechtlichen Verpflichtung oder die Wahrung berechtigter Interessen des Unternehmens oder eines Dritten, sofern schutzwürdige Belange des betroffenen Mitarbeiters nicht überwiegen (Grundsatz der Verhältnismäßigkeit). Die Übermittlung an internationale Behörden außerhalb der EU unterliegt gesonderten Bestimmungen. 642

Eine Einwilligung des Betroffenen ist nach § 26 Abs. 2 BDSG nur dann wirksam, wenn sie schriftlich und freiwillig erteilt wird. Aufgrund seiner Abhängigkeit handelt der Arbeitnehmer allerdings nur dann freiwillig, wenn vom Unternehmen kein Druck aus- 643

[1171] *Majer* in Moosmayer/Hartwig Interne Untersuchungen Kap. D Rn. 35 ff. mwN.
[1172] Zu Details vgl. *Klaas* CCZ 2018, 242.
[1173] *Grützner/Wybitul* CCZ 2018, 241; *Klaas* CCZ 2018, 242 (243).
[1174] *Wessing* in Hauschka/Moosmayer/Lösler Corporate Compliance § 46 Rn. 30 f.; *Fuhrmann* NZG 2016, 881 (887).
[1175] *Mengel* in Knierim/Rübenstahl/Tsambikakis Internal Investigations Kap. 14 Rn. 12; *Wilsing/ Goslar* in Krieger/Schneider HdB Managerhaftung § 15 Rn. 37.
[1176] *Wessing* in Hauschka/Moosmayer/Lösler Corporate Compliance § 46 Rn. 35 ff.; *Mengel* in Knierim/Rübenstahl/Tsambikakis Internal Investigations Kap. 14 Rn. 23; *Wilsing/Goslar* in Krieger/ Schneider HdB Managerhaftung § 15 Rn. 39 f.; *Fuhrmann* NZG 2016, 881 (888).

geübt wird und sich der Arbeitnehmer autonom entscheiden kann.[1177] Um eine wirksame Einwilligung von betroffenen Personen einholen zu können, muss gemäß § 26 Abs. 2 S. 4 BDSG gegenüber den Betroffenen der Zweck und die Art und Weise der Vorgehensweise in Textform bekanntgegeben werden.

644 Datenverarbeitungen und -übermittlungen dürfen nach § 26 Abs. 1 BDSG ohne Einwilligung des Betroffenen erfolgen, wenn zu dokumentierende tatsächliche Anhaltspunkte den Verdacht einer Pflichtverletzung (§ 26 Abs. 1 S. 1 BDSG) oder Straftat (§ 26 Abs. 1 S. 2 BDSG) im Arbeitsverhältnis begründen, die Verarbeitung zur Aufdeckung erforderlich, angemessen und verhältnismäßig ist und schutzwürdige Interesse des Beschäftigten nicht überwiegen.[1178] Je erheblicher der konkrete Verdacht, desto umfangreicher können die Ermittlungsmaßnahmen des Unternehmens sein.[1179]

645 Ferner können wirksame Betriebsvereinbarungen oder Vereinbarungen mit den Sprecherausschüssen der leitenden Angestellten den Eingriff in die Privatsphäre des Betroffenen rechtfertigen, sofern sie den Standards der DSGVO entsprechen.[1180]

646 Die Verwertung ermittelter Beweise ist bei schwerer Persönlichkeitsverletzung verboten, nicht jedoch schon bei fehlender Mitbestimmung des Betriebsrates. Bei Verletzung des Beschäftigtendatenschutzes drohen gemäß § 83 Abs. 5 DSGVO Geldbußen von bis zu 20 Mio. EUR oder im Fall eines Unternehmens von bis zu 4 % seines gesamten weltweit erzielten Jahresumsatzes des vorangegangenen Geschäftsjahrs.

c) Kooperation mit Strafverfolgungsbehörden und Abschluss der Untersuchungen

647 Bei jeder internen Untersuchung stellt sich die Frage, ob und wann Strafverfolgungsbehörden informiert werden und in welchem Umfang mit diesen im Rahmen ihrer Ermittlungen kooperiert wird.[1181] Sofern nicht ausnahmsweise eine Anzeigepflicht des Unternehmens besteht, sind Berichterstattungen freiwillig.[1182] Erfolgt eine Berichterstattung zu früh, also ohne fundierte Erkenntnisse aus Untersuchungen, könnten Ermittlungsmaßnahmen der Behörden ausgelöst werden, welche das Unternehmen bei fortgeschrittenen internen Ermittlungen hätte vermeiden können, weil entweder gar keine Rechtsverstöße begangen oder begangene Verstöße vom Unternehmen aufgeklärt wurden. Erfolgt eine Berichterstattung demgegenüber zu spät, könnte am ernstlichen Kooperationswillen eines Unternehmens gezweifelt werden.[1183] Für die Wirkung nach Innen gegenüber Mitarbeitern oder nach Außen gegenüber der Öffentlichkeit kann es geboten sein, bei Vorliegen eines hinreichenden Verdachts eine Strafanzeige zu erstatten. Strafrechtliche Ermittlungsergebnisse können auch eine spätere Verfolgung zivilrechtlicher Ansprüche erleichtern.[1184]

648 Bedeutsam sind auch Entscheidungen zum Projektabschluss und zur Form der finalen Berichterstattung. Ob den Unternehmensorganen oder Behörden die ermittelten und relevanten Geschäftsunterlagen, die Protokolle der Befragungen von Mitarbeitern

---

[1177] *Herrmann/Zeidler* NZA 2017, 1499 (1500); kritisch *Ströbel/Böhm/Breunig/Wybitul* CCZ 2018, 14 (15 f.).
[1178] Ströbel/Böhm/Breunig/Wybitul CCZ 2018, 14 (18).
[1179] *Wilsing/Goslar* in Krieger/Schneider HdB Managerhaftung § 15 Rn. 46.
[1180] *Kessler/Köhler* in Moosmayer/Hartwig Interne Untersuchungen Kap. I Rn. 63 ff.
[1181] Zu Kooperationsmöglichkeiten aus Sicht der Strafverfolgungsbehörden *Krause-Ablaß* BB 2018, 1323.
[1182] *Idler/Knierim/Waeber* in Knierim/Rübenstahl/Tsambikakis Internal Investigations Kap. 4 Rn. 166.
[1183] Zum Risiko der Beschlagnahme von Unterlagen auch bei externen Anwälten vgl. BVerfG BB 2018, 1673; *Xylander/Kiefner/Bahlinger* BB 2018, 2953.
[1184] *Poppe* in Inderst/Bannenberg/Poppe Compliance Kap. 6 Rn. 95.

und Organen, oder die Ergebnisse der Ermittlungen schriftlich vorgelegt oder mündlich präsentiert werden, ist von dem Unternehmen sorgsam abzuwägen, insbesondere im Hinblick auf die Wahrung der Vertraulichkeit wegen möglicher Beschlagnahme von Materialien und der Herausgabepflicht im Rahmen einer pre-trial discovery nach US-amerikanischem Recht. Bei der Berichterstattung gegenüber verschiedenen Behörden im In- und Ausland sollten Informationsasymmetrien nach Möglichkeit vermieden werden.

Spätestens bei Abschluss der Untersuchungen muss entschieden werden, inwieweit der ermittelte Sachverhalt personelle Konsequenzen gegenüber rechtsuntreuen Personen erfordert (reaktive Compliance-Maßnahmen).[1185] Sofern das Unternehmen mit Strafverfolgungsbehörden kooperiert, sollten aber arbeits- oder zivilrechtliche Maßnahmen gegen Mitarbeiter mit den Ermittlungsbehörden abgestimmt werden, damit deren Ermittlungen nicht gefährdet werden.[1186] Zum Ende einer internen Untersuchung muss ferner analysiert werden, ob das bestehende präventive Compliance-Management zur Effizienzsteigerung zu modifizieren ist.

649

3. Amnestieprogramme

Um eine „Mauer des Schweigens" zu durchbrechen, ist auch die Auflegung eines Amnestieprogramms zulässig.[1187] Typische Bestandteile eines Amnestieprogramms sind der Verzicht des Arbeitgebers auf Kündigungen kooperierender Mitarbeiter wegen der von ihnen berichteten Rechtsverstöße und der Verzicht auf die Geltendmachung von Schadenersatzansprüchen.[1188] Aufgrund des strafprozessualen Legalitätsprinzips hat der Arbeitgeber zwar keinen Einfluss auf die Einleitung von Strafverfolgungsmaßnahmen gegenüber Mitarbeitern, kann aber auf die Erstattung von Strafanzeigen verzichten und Rechtsverteidigungskosten übernehmen, sofern der Mitarbeiter nicht wegen einer vorsätzlich begangenen Tat rechtskräftig verurteilt wird.[1189] Die Übernahme von Geldstrafen ist zulässig und stellt keine Strafvereitelung des Unternehmens dar.[1190] Allerdings könnte die Übernahme von Geldbußen seitens des Unternehmens gemäß § 93 Abs. 1 AktG pflichtwidrig sein und sich der bewilligende Vorstand dem Vorwurf der Untreue ausgesetzt sehen.[1191] Eine Amnestie muss in jedem Fall angemessen und im konkreten Umfang erforderlich sein, damit Rechte gegen Mitarbeiter nicht unnötig aufgegeben werden und die Compliance-Kultur nicht durch „großzügige" Amnestien gefährdet wird.[1192]

650

[1185] *Wessing* in Hauschka/Moosmayer/Lösler Corporate Compliance § 46 Rn. 124; *Wauschkuhn* in Moosmayer/Hartwig Interne Untersuchungen Kap. F Rn. 1 ff.; *Ghassemi-Tabar* in Illert/Ghassemi-Tabar/Cordes HdB Vorstand und Aufsichtsrat § 15 Rn. 284 ff.

[1186] *Poppe* in Inderst/Bannenberg/Poppe Compliance Kap. 6 Rn. 97.

[1187] *Hüffer/Koch* AktG § 76 Rn. 18; *Majer* in Moosmayer/Hartwig Interne Untersuchungen Kap. E Rn. 1 ff; *Ghassemi-Tabar* in Illert/Ghassemi-Tabar/Cordes HdB Vorstand und Aufsichtsrat § 15 Rn. 261.

[1188] *Eßwein* CCZ 2018, 73 (74); *Majer* in Moosmayer/Hartwig Interne Untersuchungen Kap. E Rn. 14; *Wessing* in Hauschka/Moosmayer/Lösler Corporate Compliance § 46 Rn. 58; *Ghassemi-Tabar* in Illert/Ghassemi-Tabar/Cordes HdB Vorstand und Aufsichtsrat § 15 Rn. 262.

[1189] *Eßwein* CCZ 2018, 73 (75); *Majer* in Moosmayer/Hartwig Interne Untersuchungen Kap. E Rn. 14; *Wessing* in Hauschka/Moosmayer/Lösler Corporate Compliance § 46 Rn. 59.

[1190] BGH NJW 1991, 990.

[1191] *Eufinger* GWR 2018, 267 (268 f.); *Wessing* in Hauschka/Moosmayer/Lösler Corporate Compliance § 46 Rn. 58; *Majer* in Moosmayer/Hartwig Interne Untersuchungen Kap. E Rn. 14.

[1192] *Eufinger* GWR 2018, 267 (269); *Leisner* in Knierim/Rübenstahl/Tsambikakis Internal Investigations Kap. 10 Rn. 14 ff.; *Eßwein* CCZ 2018, 73 (78).

IV. Versicherungsschutz, insbes. D&O-Versicherungen

1. Einführung

651 Um das Risiko einer persönlichen Haftung insbesondere von Vorständen und Aufsichtsräten für ihr Handeln als Organe der Gesellschaft abzumildern, werden verschiedene Versicherungsmöglichkeiten angeboten. D&O-Versicherungen (*Directors & Officers Liability Insurance*) verringern das persönliche Haftungsrisiko von Organen (und ggf. leitenden Mitarbeitern) bei dienstlich verursachten Vermögensschäden.[1193] Straf-Rechtsschutzversicherungen decken Verteidigungskosten der Personen, denen in staatlichen Ermittlungsverfahren dienstliche Straftaten angelastet werden.[1194] Die Anstellungsvertrags-Rechtsschutzversicherung dient der Abdeckung der Kosten, die Vorständen im Zusammenhang mit Streitigkeiten zwischen ihnen und der Gesellschaft wegen der vorzeitigen Beendigung des Anstellungsvertrags entstehen.[1195]

2. D&O-Versicherungen

a) Deckungsumfang von D&O-Versicherungen

652 Der Versicherungsschutz von D&O-Versicherungen umfasst die gerichtliche und außergerichtliche Abwehr unberechtigter Haftungsansprüche und die Freistellung der versicherten Personen von begründeten Schadenersatzverpflichtungen.[1196] Der Gesamtverband der Deutschen Versicherungswirtschaft e. V. hat in Zusammenarbeit mit den großen deutschen D&O-Versicherern Musterbedingungen (AVB–AVG 2017)[1197] erarbeitet, diese entsprechen aber nicht dem aktuellen Marktniveau und werden daher in der Praxis angepasst.[1198] Es gibt somit keine einheitlichen D&O-Versicherungsbedingungen, diese werden ständig fortentwickelt.[1199] Wegen der Vielfalt der Ausgestaltungsmöglichkeiten bedürfen die individuell angebotenen Bedingungen einer sorgfältigen Überprüfung und Verhandlung.[1200]

653 Eine D&O-Versicherung ersetzt nur reine Vermögensschäden. Vermögensschäden sind solche Schäden, die weder Personenschäden[1201] noch Sachschäden[1202] sind. Nicht vom Versicherungsschutz umfasst sind daher Vermögens-Folgeschäden, die sich aus Personen-

---

[1193] *Fleischer* in Spindler/Stilz AktG § 93 Rn. 225; *Thümmel* Persönliche Haftung von Managern und Aufsichtsräten Rn. 461; *Hölters* in Hölters AktG § 93 Rn. 394.
[1194] *Ihlas* in MüKoVVG Kap. 320 Rn. 293; *Cyrus* NZG 2018, 7 (12).
[1195] OLG Köln NJOZ 2008, 5112 (5113); *Wellhöfer/Peltzer/Müller* Vorstandshaftung § 7 Rn. 39; *Dahnz/Grimminger* Manager und ihr Berufsrisiko, S. 282 f.
[1196] *Hölters* in Hölters AktG § 93 Rn. 414; *Thümmel* Persönliche Haftung von Managern und Aufsichtsräten Rn. 462.
[1197] Allgemeine Versicherungsbedingungen für die Vermögenschaden-Haftpflichtversicherung von Aufsichtsräten, Vorständen und Geschäftsführern (Stand: August 2017).
[1198] *Hüffer/Koch* AktG § 93 Rn. 586; *Ihlas* in MüKoVVG Kap. 320 Rn. 15; *Lüneburg/Resch* AG 2017, 691 (692); *Thümmel* Persönliche Haftung von Managern und Aufsichtsräten Rn. 102; *Kolde* in BeckMandatsHdB AG-Vorstand § 8 Rn. 11; *Hölters* in Hölters AktG § 93 Rn. 586.
[1199] *Hölters* in Hölters AktG § 93 Rn. 396; *Ihlas* in MüKoVVG Kap. 320 Rn. 15; *Schaloske/Hauff* in Illert/Ghassemi-Tabar/Cordes HdB Vorstand und Aufsichtsrat § 21 Rn. 18.
[1200] *Hölters* in Hölters AktG § 93 Rn. 396; *v. Schenck* NZG 2015, 494 (497).
[1201] Personenschäden sind Tötung, Verletzung des Körpers oder Schädigung der Gesundheit von Menschen.
[1202] Sachschäden sind Beschädigung, Verderben, Vernichtung oder Abhandenkommen von Sachen.

IV. Versicherungsschutz, insbes. D&O-Versicherungen

und Sachschäden herleiten.[1203] Allerdings wird in D&O-Policen häufig ein erweiterter Vermögensschadensbegriff zu Grunde gelegt, der zum Beispiel auch einen entgangenen Gewinn der Versicherungsnehmerin als Folgeschäden umfasst.[1204]

D&O-Versicherungen schützen primär Organe und leitende Angestellte der Gesellschaft vor Haftpflichtansprüchen bei dienstlich verursachten Vermögensschäden.[1205] D&O-Versicherungen schützen auch das Vermögen der Gesellschaft, da 80 bis 90 % der Schadensfälle die Innenhaftung betreffen und hohe Innenhaftungsansprüche der Gesellschaft zumeist nur über eine Versicherung gegenüber ihren Organmitgliedern realisierbar sind.[1206] Die Deckung hoher Innenhaftungsansprüche verstärkt die Bereitschaft und den Anreiz der Unternehmen, Ansprüche gegen ihre (früheren) Organmitglieder geltend zu machen.[1207] **654**

Eine entscheidende Frage bei der Gestaltung von D&O-Versicherungsschutz ist die nach der risikoadäquaten Versicherungssumme. Die „richtige" Versicherungssumme hängt von den Umständen des Einzelfalls ab, relevant sind insbesondere Branche, Bilanzsumme, Umsatz, Börsennotierung und Internationalität des Unternehmens.[1208] Vor Abschluss einer D&O-Versicherung ist im Hinblick auf Versicherungssumme und -bedingungen die Beratung durch spezialisierte D&O-Berater oder Versicherungsmakler empfehlenswert. **655**

aa) Vom Versicherungsschutz erfasste Personen

Versicherungsnehmerin der Unternehmens-D&O-Versicherung ist die Gesellschaft selbst.[1209] Anspruchsberechtigt sind nach § 44 Abs. 1 S. 1 VVG die versicherten Personen, also alle gegenwärtigen, ehemaligen oder zukünftig bestellten Organmitglieder.[1210] Sie werden wegen ihrer gesamtschuldnerischen Haftung üblicherweise – trotz kollidierender Interessen[1211] – nur in ihrer Gesamtheit als Leitungs- und Aufsichtsorgane versichert und daher idR nicht einzeln namentlich, sondern nur mit ihrer Organfunktion im Vertrag benannt (Globalpolice).[1212] IdR werden vom Versicherungsschutz auch leitende Angestellte der Gesellschaft oder Manager von Tochtergesellschaften erfasst.[1213] Im Hinblick auf die Bestimmbarkeit der versicherten Personen ist besonderes Augenmerk auf die **656**

[1203] *Thümmel* Persönliche Haftung von Managern und Aufsichtsräten Rn. 478; *Kolde* in BeckMandatsHdB AG-Vorstand § 8 Rn. 27; *Peltzer* NZG 2009, 970 (971).
[1204] *Ihlas* in MüKoVVG Kap. 320 Rn. 210 f.
[1205] *Ries/Peiniger* Haftung und Versicherung der Unternehmensleitung S. 158; *Finkel/Seitz* in Seitz/Finkel/Klimke Einf. Rn. 85; zu aktuellen Entwicklungen bei D&O-Versicherungen vgl. *Cyrus* NZG 2018, 7.
[1206] *Ries/Peiniger* Haftung und Versicherung der Unternehmensleitung S. 158; *Finkel/Seitz* in Seitz/Finkel/Klimke Einf. Rn. 86; *Kolde* in BeckMandatsHdB AG-Vorstand § 8 Rn. 4; *Schaloske/Hauff* in Illert/Ghassemi-Tabar/Cordes HdB Vorstand und Aufsichtsrat § 21 Rn. 15.
[1207] *Ihlas* in MüKoVVG Kap. 320 Rn. 651; *Hölters* in Hölters AktG § 93 Rn. 421.
[1208] *Ries/Peiniger* Haftung und Versicherung der Unternehmensleitung S. 172.
[1209] *Thümmel* Persönliche Haftung von Managern und Aufsichtsräten Rn. 458; *Lutter/Krieger* Rechte und Pflichten des AR Rn. 1024; *Kolde* in BeckMandatsHdB AG-Vorstand § 8 Rn. 29.
[1210] *Ries/Peiniger* Haftung und Versicherung der Unternehmensleitung S. 163; *Schaloske/Hauff* in Illert/Ghassemi-Tabar/Cordes HdB Vorstand und Aufsichtsrat § 21 Rn. 39.
[1211] *Armbrüster* NJW 2016, 897; *v. Schenck* NZG 2015, 494 (497 f.).
[1212] *Hölters* in Hölters AktG § 93 Rn. 401; *Finkel/Seitz* in Seitz/Finkel/Klimke Ziff. 1 Rn. 44; *Lüneburg/Resch* AG 2017, 691 (692); zu Alternativen einer Globalpolice *Armbrüster* NJW 2016, 897 (899).
[1213] *Thümmel* Persönliche Haftung von Managern und Aufsichtsräten Rn. 460; *Lutter/Krieger* Rechte und Pflichten des AR Rn. 1024; *Ries/Peiniger* Haftung und Versicherung der Unternehmensleitung S. 164; *Finkel/Seitz* in Seitz/Finkel/Klimke Ziff. 1 Rn. 44 f.; *Schaloske/Hauff* in Illert/Ghassemi-Tabar/Cordes HdB Vorstand und Aufsichtsrat § 21 Rn. 39.

180 D. Haftungsvermeidungsstrategien für Vorstände und Aufsichtsräte

exakte Definition der Hierarchiestufe der leitenden Angestellten oder ggf. der Mitglieder weiterer Konzerngremien zu legen.[1214]

657 Von der D&O-Versicherung werden somit nur Schadenersatzansprüche gegen versicherte Personen gedeckt, gleichgültig ob sie durch Dritte (Außenhaftung) oder die Gesellschaft (Innenhaftung) geltend gemacht werden.[1215] Ein direkter Anspruch des Geschädigten gegen die Versicherungsgesellschaft besteht vom Grundsatz her nicht.[1216] Sofern nicht ausdrücklich ausgeschlossen, kann aber der Deckungsanspruch der versicherten Person an Dritte (einschließlich der Gesellschaft) abgetreten werden, so dass dann die Gesellschaft selbst Innenhaftungsansprüche gegenüber dem D&O-Versicherer geltend machen kann.[1217] In der Praxis sind Direktprozesse der Gesellschaft gegen D&O-Versicherungen jedoch eher die Ausnahme, weil die Gesellschaft in diesem Fall keinen Haftungsprozess gegen das Vorstandsmitglied führt und sich nicht auf die Beweislastumkehr gemäß § 93 Abs. 2 S. 2 AktG berufen kann.[1218]

658 In Abweichung von diesen Grundsätzen sehen aktuellen Bedingungswerke einzelne Eigenschadenkomponenten zugunsten des Versicherungsnehmers vor. Im Falle einer Freistellungsverpflichtung der Gesellschaft gegenüber ihren Organmitgliedern kann der Versicherungsschutz beispielsweise in Höhe der Freistellungsverpflichtung auf die Gesellschaft übergehen (sog. Company Reimbursement-Klausel), insoweit ist dann auch die Gesellschaft geschützt und zwar in Höhe des Freistellungsrisikos gegenüber den Managern.[1219] Da die für die D&O-Versicherung aufzuwendenden Versicherungsprämien nach Ansicht der Finanzverwaltung nur dann als einkommensteuerrechtlich neutral eingestuft werden, wenn die Ansprüche aus der Versicherung im Ergebnis dem Unternehmen zustehen, enthalten schon deswegen fast alle D&O-Versicherungsverträge eine Company Reimbursement-Klausel.[1220] Daneben gewähren aktuelle Bedingungen einen begrenzten Schutz der Versicherungsnehmerin für Kosten, welche ihr im Zusammenhang mit Straf- oder anderen behördlichen Verfahren gegen versicherte Personen oder aufsichtsrechtlichen Sonderuntersuchungen gegen die Versicherungsnehmerin oder deren Tochterunternehmen entstehen.

659 Es sollte darauf geachtet werden, dass die versicherten Personen bei der Auswahl ihres Rechtsanwalts frei sind und auch marktübliche Stundensätze qualifizierter Anwälte gedeckt werden.[1221]

bb) Claims-made-Prinzip und Rückwärtsdeckung

660 Im Unterschied zum Verursachungsprinzip bei anderen Versicherungsarten wie beispielsweise der Berufshaftpflichtversicherung ist der Versicherungsfall bei der D&O-Versicherung nicht die Verursachung des Schadens, sondern dessen erstmalige Geltendma-

---

[1214] *Hölters* in Hölters AktG § 93 Rn. 394; *Ries/Peiniger* Haftung und Versicherung der Unternehmensleitung S. 164; *Finkel/Seitz* in Seitz/Finkel/Klimke Ziff. 1 Rn. 72 ff.
[1215] *Finkel/Seitz* in Seitz/Finkel/Klimke Ziff. 1 Rn. 202.
[1216] *Hölters* in Hölters AktG § 93 Rn. 415; *Thümmel* Persönliche Haftung von Managern und Aufsichtsräten Rn. 469.
[1217] BGH AG 2016, 395; BGH NZG 2016, 745; *Hüffer/Koch* AktG § 93 Rn. 58d; *Thümmel* Persönliche Haftung von Managern und Aufsichtsräten Rn. 469a; *Hölters* in Hölters AktG § 93 Rn. 416.
[1218] *Hüffer/Koch* AktG § 93 Rn. 58e; *Armbrüster* NJW 2016, 897 (898); *Hölters* in Hölters AktG § 93 Rn. 416; *Fleischer* in Spindler/Stilz AktG § 93 Rn. 231.
[1219] *Kolde* in BeckMandatsHdB AG-Vorstand § 8 Rn. 72; *Thümmel* Persönliche Haftung von Managern und Aufsichtsräten Rn. 480; *Finkel/Seitz* in Seitz/Finkel/Klimke Ziff. 1 Rn. 204 ff.
[1220] Vgl. Ziff. 1.2 AVB-AVG 2017.
[1221] *Cyrus* NZG 2018, 7 (12); *v. Schenck* NZG 2015, 494 (496).

chung (Claims-made-Prinzip).¹²²² Um das Claims-made-Prinzip einzugrenzen, entfällt die Rückwärtsdeckung für Pflichtverletzungen, welche die versicherte Person oder die Versicherungsnehmerin bereits bei Vertragsabschluss kannte.¹²²³ Zum Teil werden auch solche Pflichtverletzungen vom Versicherungsschutz ausgenommen, von denen die Gesellschaft bzw. ihre Organe nur aufgrund grober Fahrlässigkeit keine Kenntnis hatten.¹²²⁴ Einzelne Bedingungen begrenzen die Rückwärtsdeckung zeitlich, so dass nicht alle vor Vertragsbeginn verursachte Pflichtverletzungen erfasst sind.¹²²⁵

Das Claims-made Prinzip kann dazu führen, dass während der Versicherungslaufzeit verursachte Schäden nicht gedeckt sind, weil der Schaden erst nach Ablauf der Versicherung geltend gemacht wird. Dennoch sind die das Claims-made-Prinzip regelnden Klauseln nach heute überwiegender Ansicht AGB-rechtlich weder überraschend noch unangemessen.¹²²⁶ Dies gilt zumindest dann, wenn die „Nachteile" des Claims-made Prinzips durch Regelungen über die unbegrenzte Rückwärtsversicherung, die vereinbarte Nachhaftungszeit und die Möglichkeit einer Umstandsmeldung bei Vertragsbeendigung ausgeglichen werden.¹²²⁷ Nach jüngerer Rechtsprechung des Bundesgerichtshofs ist der Versicherungsfall im Versicherungsvertragsgesetz nicht definiert, daher gehört die Qualifizierung des Versicherungsfalles zum Kern der Leistungsbeschreibung, die sich einer inhaltlichen AGB-Kontrolle entzieht.¹²²⁸ Nach einer Auffassung in der Literatur hat sich damit eine AGB-rechtliche Kontrolle des Claims-made Prinzips erledigt.¹²²⁹

661

cc) Nachhaftung (Nachmeldefrist)

Durch Gewährung einer Nachmeldefrist sind auch Ansprüche vom Versicherungsschutz umfasst, die erst nach Vertragsbeendigung erhoben werden. D&O-Versicherungsbedingungen sehen zur Abmilderung des Claims-made-Prinzips sogenannte Nachhaftungsregelungen für solche Schadenersatzansprüche vor, die auf Pflichtverletzungen vor Beendigung des Versicherungsvertrages beruhen und innerhalb einer bestimmten Frist nach Vertragsbeendigung (Nachmeldefrist) gemeldet wurden.¹²³⁰ Die Versicherer gestalten Nachhaftungsregelungen unterschiedlich. So sehen D&O-Bedingungen beispielsweise vor, dass mit jedem Jahr der Versicherungslaufzeit auch ein Jahr Nachhaftungsdauer erworben wird.¹²³¹ Andere Anbieter gewähren eine drei- bis zu zwölfjährige prämienneutrale Nachhaftungsdauer.¹²³² Nach der Rechtsprechung muss eine Nachmeldefrist

662

---

¹²²² *Hüffer/Koch* AktG § 93 Rn. 58b; *Thümmel* Persönliche Haftung von Managern und Aufsichtsräten Rn. 464 ff.; *Kolde* in BeckMandatsHdB AG-Vorstand § 8 Rn. 47; *Ries/Peiniger* Haftung und Versicherung der Unternehmensleitung S. 159; *Finkel/Seitz* in Seitz/Finkel/Klimke Einf. Rn. 94.
¹²²³ *Ihlas* in MüKoVVG Kap. 320 Rn. 728; *Thümmel* Persönliche Haftung von Managern und Aufsichtsräten Rn. 481; *Lüneburg/Resch* AG 2017, 691 (692); vgl. auch Ziff. 3.1 S. 2 AVB–AVG 2017.
¹²²⁴ *Kolde* in BeckMandatsHdB AG-Vorstand § 8 Rn. 48, 61; *v. Schenck* NZG 2015, 494 (500).
¹²²⁵ *Finkel/Seitz* in Seitz/Finkel/Klimke Ziff. 3 Rn. 7.
¹²²⁶ OLG München NZG 2009, 714; OLG Frankfurt a. M. NJOZ 2014, 147; OLG Hamburg ZIP 2015, 1840; *Finkel/Seitz* in Seitz/Finkel/Klimke Ziff. 2 Rn. 9 ff.; *Schaloske/Hauff* in Illert/Ghassemi-Tabar/Cordes HdB Vorstand und Aufsichtsrat § 21 Rn. 64 ff.
¹²²⁷ OLG München NZG 2009, 714 (717); OLG Frankfurt a. M. NJOZ 2014, 147 (150).
¹²²⁸ BGH NJW 2014, 2038 (2040).
¹²²⁹ *Finkel/Seitz* in Seitz/Finkel/Klimke Ziff. 2 Rn. 17.
¹²³⁰ OLG Hamburg r+s 2015, 498; *Finkel/Seitz* in Seitz/Finkel/Klimke Ziff. 3 Rn. 15 ff.; *Thümmel* Persönliche Haftung von Managern und Aufsichtsräten Rn. 464 ff.
¹²³¹ *Ries/Peiniger* Haftung und Versicherung der Unternehmensleitung S. 180; *Schaloske/Hauff* in Illert/Ghassemi-Tabar/Cordes HdB Vorstand und Aufsichtsrat § 21 Rn. 71.
¹²³² *Schaloske/Hauff* in Illert/Ghassemi-Tabar/Cordes HdB Vorstand und Aufsichtsrat § 21 Rn. 71.

angemessen sein, ohne aber das Claims-made-Prinzip gänzlich aufzuheben.[1233] Neben der automatischen und prämienneutralen Nachhaftung kann eine weitere Nachhaftung gegen Zahlung einer zusätzlichen Prämie erworben werden,[1234] allerdings nach Ziff. 3.2 Abs. 3 AVB-AVG 2017 nicht bei Insolvenz oder Gefahrerhöhung. Im Hinblick auf die inzwischen zehnjährige Verjährungsfrist der Organhaftung bei börsennotierten Gesellschaften (§ 93 Abs. 6 AktG) sollte diese erweiterte Nachhaftung bei börsennotierten Gesellschaften auch mindestens 10 Jahre betragen.

663 Die Nachhaftung kann im Falle der Beendigung des Vertrages wegen Zahlungsverzugs verfallen.[1235] Für die Nachhaftung steht ferner idR nur die unverbrauchte Deckungssumme des letzten Versicherungsjahres zur Verfügung.[1236] Insbesondere bei längeren Nachmeldefristen besteht daher das Risiko des Verbrauchs dieses sog. gestreckten Limits.[1237]

664 Bei Wechsel des Versicherers muss die Rückwärtsversicherung des neuen Versicherers mit der Nachmeldefrist des alten Versicherers koordiniert werden, um Deckungslücken zu vermeiden.[1238] Versichererwechsel können insbesondere bei einem steigenden Risiko zu einem Problem werden.[1239]

dd) Tätigkeit in Tochtergesellschaften und Drittunternehmen

665 IdR umfasst der Versicherungsschutz auch konsolidierte, kontrollierte oder beherrschte Tochterunternehmen, auf welche die Versicherungsnehmerin unmittelbar oder mittelbar einen beherrschenden Einfluss ausüben kann, entweder auf Grund eines Beherrschungsvertrages, durch Stimmrechtsmehrheit oder das in anderer Weise begründete Recht, als Gesellschafter die Leitungsorgane zu bestellen.[1240] Ziff. 1.1 AVB–AVG 2017 begrenzt diesen Schutz auf Unternehmen in einem Mitgliedstaat der EU und nimmt ferner Personengesellschaften aus; demgegenüber sehen aktuelle Bedingungen auch einen weltweiten Schutz von Tochterunternehmen einschließlich von Personengesellschaften vor.[1241]

666 Neu erworbene und neu gegründete Tochtergesellschaften sind ab dem Zeitpunkt, zu dem der Erwerb oder die Gründung dem Versicherer in Textform angezeigt wird, vom Versicherungsschutz erfasst, soweit der Versicherer der Mitversicherung in Textform zugestimmt hat.[1242] Viele Versicherer verzichten auf die Erfordernisse der Anzeige oder Zustimmung bei hinzukommenden Tochterunternehmen.[1243] Es können auch Minderheitsbeteiligungen oder Joint Ventures einbezogen werden, wenn diese konkret benannt oder umschrieben werden.[1244] Schließlich können auch externe Mandate der Organmit-

---

[1233] OLG Frankfurt a. M. r + s 2013, 329 (333).
[1234] *Thümmel* Persönliche Haftung von Managern und Aufsichtsräten Rn. 466; zur internen Zuständigkeit beim Erwerb der erweiterten Nachhaftung: *Lüneburg/Resch* AG 2017, 691 (696).
[1235] Vgl. Ziff. 3.2 Abs. 4 AVB–AVG 2017; *Finkel/Seitz* in Seitz/Finkel/Klimke Ziff. 3 Rn. 25; *Schaloske/Hauff* in Illert/Ghassemi-Tabar/Cordes HdB Vorstand und Aufsichtsrat § 21 Rn. 71.
[1236] Vgl. Ziff. 3.2 Abs. 5 AVB–AVG 2017; *Finkel/Seitz* in Seitz/Finkel/Klimke Ziff. 3 Rn. 29.
[1237] *Finkel/Seitz* in Seitz/Finkel/Klimke Ziff. 3 Rn. 29.
[1238] *Schaloske/Hauff* in Illert/Ghassemi-Tabar/Cordes HdB Vorstand und Aufsichtsrat § 21 Rn. 70 mwN.
[1239] *Ihlas* in MüKoVVG Kap. 320 Rn. 332.
[1240] *Kolde* in BeckMandatsHdB AG-Vorstand § 8 Rn. 29; *Thümmel* Persönliche Haftung von Managern und Aufsichtsräten Rn. 460; *Ries/Peiniger* Haftung und Versicherung der Unternehmensleitung S. 166.
[1241] *Ries/Peiniger* Haftung und Versicherung der Unternehmensleitung S. 167.
[1242] So beispielsweise Ziff. 1.1 AVB-AVG 2017; *Kolde* in BeckMandatsHdB AG-Vorstand § 8 Rn. 32.
[1243] *Finkel/Seitz* in Seitz/Finkel/Klimke Ziff. 1 Rn. 24.
[1244] *Finkel/Seitz* in Seitz/Finkel/Klimke Ziff. 1 Rn. 196.

glieder in einzelnen Drittunternehmen von der D&O-Versicherung erfasst werden, wenn die versicherte Person auf Veranlassung und im Interesse des Versicherungsnehmers eine Aufgabe als Geschäftsführer, Vorstands- oder Aufsichtsratsmitglied wahrnimmt und die jeweiligen Mandate im Versicherungsvertrag konkret benannt sind (sog. ODL-Mandate = Outside Director Liability).[1245]

Versicherte Personen sind in all diesen Fällen somit auch die abstrakt erfassten Organmitglieder der (ggf. neu hinzugekommenen) Tochterunternehmen.[1246]

b) Grenzen des Versicherungsschutzes

Von deutschen D&O-Versicherungen werden idR alle Schadenersatzverpflichtungen erfasst, die aufgrund einer Pflichtverletzung in Ausübung der versicherten Tätigkeit entstanden sind, also sowohl Innenhaftungsansprüche der Gesellschaft als auch Außenhaftungsansprüche von Dritten.[1247] Demgegenüber sehen die Versicherungsbedingungen amerikanischer D&O-Versicherer häufig einen Haftungsausschluss für Innenhaftungsansprüche vor.[1248] Dies ist insbesondere dann relevant, wenn Organmitglieder der deutschen Gesellschaft in einen amerikanischen Versicherungsvertrag der Konzernmutter einbezogen sind. Da Innenhaftungsrisiken in Deutschland deutlich höher sind als Außenhaftungsrisiken, sollte gegebenenfalls ein gesonderter Versicherungsschutz für Innenhaftungsansprüche gegen Organmitglieder der deutschen Gesellschaft erreicht werden. Dies könnte eine eigene Deckung für das deutsche Tochterunternehmen oder ggf. eine persönliche D&O-Versicherung der Organmitglieder sein.

Nach jüngerer Rechtsprechung sind Ansprüche gegen einen GmbH-Geschäftsführer aus § 64 GmbHG wegen Zahlungen nach Insolvenzreife der Gesellschaft nicht vom D&O-Versicherungsschutz umfasst, da der Gesellschaft kein Schaden entsteht und diese Ersatzansprüche daher keine Schadenersatzansprüche im versicherungsrechtlichen Sinne sind.[1249] Ob dies auch für vergleichbare Zahlungen von Vorständen entgegen §§ 93 Abs. 3 Nr. 6, 92 Abs. 2 AktG gilt, wurde zwar noch nicht entschieden, kann aber nicht ausgeschlossen werden. Um umfangreichen Versicherungsschutz zu haben, sollten sich Versicherungsnehmer bei Neuabschlüssen (und bei bestehenden Verträgen per Nachtrag) durch den Versicherer bestätigen lassen, dass auch Ansprüche aus §§ 93 Abs. 3 Nr. 6, 92 Abs. 2 AktG gedeckt werden.[1250]

aa) Selbstbehalte

Für Vorstandsmitglieder ist nach Inkrafttreten des VorstAG bei D&O-Versicherungen zu beachten, dass die Verträge einen Selbstbehalt von mindestens 10 % des Schadens bis mindestens zur Höhe des Eineinhalbfachen der festen jährlichen Vergütung des Vorstandsmitglieds vorsehen müssen (§ 93 Abs. 2 S. 3 AktG). In Höhe des Selbstbehalts

---

[1245] *Kolde* in BeckMandatsHdB AG-Vorstand § 8 Rn. 22; *Finkel/Seitz* in Seitz/Finkel/Klimke Ziff. 1 Rn. 197; *Schaloske/Hauff* in Illert/Ghassemi-Tabar/Cordes HdB Vorstand und Aufsichtsrat § 21 Rn. 42.
[1246] *Finkel/Seitz* in Seitz/Finkel/Klimke Ziff. 1 Rn. 24.
[1247] *Ihlas* in MüKoVVG Kap. 320 Rn. 14; *Thümmel* Persönliche Haftung von Managern und Aufsichtsräten Rn. 461; *Lutter/Krieger* Rechte und Pflichten des AR Rn. 1024.
[1248] *Ihlas* in MüKoVVG Kap. 320 Rn. 457 ff.; *Finkel/Seitz* in Seitz/Finkel/Klimke Einf. Rn. 78; *Thümmel* Persönliche Haftung von Managern und Aufsichtsräten Rn. 452; *Kolde* in BeckMandatsHdB AG-Vorstand § 8 Rn. 35.
[1249] OLG Düsseldorf DB 2018, 1913; OLG Celle, Beschl. v. 1.4.2016 – 8 W 20/16; *Cyrus* NZG 2018, 7 (9); *Finkel/Seitz* in Seitz/Finkel/Klimke Ziff. 1 Rn. 162 f.; aA *Schubert* DB 2017, 1767 (1768); *Armbrüster/Schilbach* ZIP 2018, 1853 (1859); *Mielke/Urlaub* BB 2018, 2634 (2638).
[1250] *Geissler* GWR 2018, 285 (286); *Cyrus* NZG 2018, 7 (9); *Armbrüster/Schilbach* ZIP 2018, 1853 (1859).

haben die Organmitglieder bei einer Inanspruchnahme durch die Gesellschaft oder Dritte den Schaden selbst zu tragen.

671 Der Selbstbehalt gilt bei jedem einzelnen Schadensfall, während die Höchstgrenze für sämtliche Schäden in einem Jahr gilt.[1251] Bezugsjahr ist nach überwiegender Meinung das Kalenderjahr, in dem die Pflichtverletzung begangen wurde.[1252] Der Selbstbehalt soll vorbeugend gegen organschaftliche Pflichtverletzungen wirken.[1253] § 93 Abs. 2 S. 3 AktG ist jedoch kein Verbotsgesetz, sodass der Abschluss einer Versicherung ohne Selbstbehalt im Außenverhältnis wirksam ist, aber im Innenverhältnis zu einer Haftung des abschließenden Organs führen kann.[1254]

672 § 93 Abs. 2 S. 3 AktG verhindert nicht, dass ein Vorstandsmitglied sein Risiko durch eine von ihm auf eigene Kosten abgeschlossene Zusatzversicherung abdeckt, da die Pflicht zur Vereinbarung eines Selbstbehalts ausdrücklich für von der Gesellschaft abgeschlossene Versicherungen gilt.[1255] Anrechnungsmodelle, bei denen D&O-Versicherung und Selbstbehalt-Versicherung bei dem gleichen Versicherer geschlossen werden, um die Prämie der Selbstbehalt-Versicherung zu reduzieren, sind rechtlich bedenklich.[1256]

673 Eine gesetzliche Pflicht zur Aufnahme eines Selbstbehalts für Aufsichtsratsmitgliedern in D&O-Versicherungen besteht nicht.[1257] Der Deutsche Corporate Governance Kodex empfiehlt jedoch in Ziffer 3.8 S. 5 einen Selbstbehalt auch für Aufsichtsratsmitglieder.

bb) Ausschlüsse

674 Ausgeschlossen vom Versicherungsschutz sind zumeist Haftpflichtansprüche wegen vorsätzlicher Schadenverursachung oder durch wissentliches Abweichen von Gesetz, Vorschrift, Beschluss, Vollmacht oder Weisung oder durch sonstige wissentliche Pflichtverletzung.[1258] Eine wissentliche, aber nicht vorsätzliche Pflichtverletzung begeht, wer sich sowohl der Pflicht als auch ihrer Verletzung im Zeitpunkt der Tat bewusst ist, allerdings ohne die Verwirklichung der Pflichtverletzung zu wollen.[1259]

675 Weil die Risiken der Haftung unüberschaubar sind, gibt es eine erhebliche Dynamik bei den weiteren D&O-Ausschlüssen, deren Zahl in den Musterbedingungen ständig wächst.[1260] Ziff. 4.2 AVB–AVG 2017 enthält beispielsweise eine Einschränkung für sogenannte „echte" Eigenschäden der versicherten Person. Bei Ansprüchen im Innenverhältnis gilt danach derjenige Teil des Schadens als nicht versichert, welcher der Quote der Kapitalbeteiligung der versicherten Person bzw. seiner Angehörigen an der

---

[1251] Begründung VorstAG-RegE BT-Drs. 16/13433, 17; *Olbrich/Kassing* BB 2009, 1659 (1660); *van Kann* NZG 2009, 1010 (1011).
[1252] *Hölters* in Hölters AktG § 93 Rn. 409; *Olbrich/Kassing* BB 2009, 1659 (1660); *van Kann* NZG 2009, 1010 (1012); aA (Vergütungsjahr) *Spindler* in MüKoAktG § 93 Rn. 203; *van Kann* NZG 2009, 1010 (1012); (Tätigkeitsjahr) *Mertens/Cahn* in KölnKommAktG § 93 Rn. 251 Fn. 811.
[1253] *Fleischer* NZG 2009, 801 (806); *Koch* AG 2009, 637 (641); *Hohenstatt* ZIP 2009, 1349 (1354).
[1254] *Link* in Wachter AktG § 93 Rn. 78; *Finkel/Seitz* in Seitz/Finkel/Klimke Ziff. 4 Rn. 92; *Ihlas* in MüKoVVG Kap. 320 Rn. 129; *Hölters* in Hölters AktG § 93 Rn. 407.
[1255] *Hüffer/Koch* AktG § 93 Rn. 59; *Link* in Wachter AktG § 93 Rn. 79; *Schaloske/Hauff* in Illert/Ghassemi-Tabar/Cordes HdB Vorstand und Aufsichtsrat § 21 Rn. 95; *Hohenstatt* ZIP 2009, 1349 (1354); *Fleischer* NZG 2009, 801 (806); *Olbrich/Kassing* BB 2009, 1659 (1662); *van Kann* NZG 2009, 1010 (1012).
[1256] *Spindler* in MüKoAktG § 93 Rn. 205; *Link* in Wachter AktG § 93 Rn. 79; *Ihlas* in MüKoVVG Kap. 320 Rn. 144.
[1257] *Hüffer/Koch* AktG § 116 Rn. 13; *Fleischer* NZG 2009, 801 (806); *van Kann* NZG 2009, 1010 (1011).
[1258] Vgl. Ziff. 5.1 AVB–AVG 2017; *Ihlas* in MüKoVVG Kap. 320 Rn. 598 ff.; *Beckmann* in Beckmann/Matusche-Beckmann VersR-HdB § 28 Rn. 117 ff.
[1259] BGH VersR 1987, 174; 1986, 647; *Kolde* in BeckMandatsHdB AG-Vorstand § 8 Rn. 57.
[1260] *Ihlas* in MüKoVVG Kap. 320 Rn. 588.

Versicherungsnehmerin oder deren mitversicherten Tochtergesellschaften entspricht. Hierdurch soll ein kollusives Zusammenwirken der Versicherungsnehmerin und ihrer Organe bei der Inanspruchnahme der Versicherung verhindert werden.[1261] Manche Versicherer nehmen den Abzug erst oberhalb einer in Prozentzahlen ausgedrückten Freigrenze vor oder verzichten gänzlich auf eine Quotenregelung wie in Ziffer 4.2 AVB–AVG 2017.[1262]

676 D&O-Versicherungsbedingungen enthalten oftmals sogenannte Dienstleistungs- oder Berufshaftpflichtklauseln (PI-Professional Indemnity Exclusion). Diese Ausschlussklauseln dienen der Abgrenzung zur allgemeinen Vermögensschaden-Haftpflichtdeckung für Dienstleistungsgesellschaften und beratende Berufe.[1263]

677 Die Musterbedingungen enthalten diverse weitere Ausschlüsse: Ziff. 5.5 AVB–AVG 2017 nimmt Ansprüche aus, die vor Gerichten außerhalb der EU oder wegen Verletzung von Rechtsordnungen außerhalb der EU geltend gemacht werden, was für weltweit tätige Unternehmen problematisch ist.[1264] In der Praxis finden sich engere Ausschlüsse für Common-Law-Länder oder speziell für die USA und Kanada.[1265] Weitere mögliche Ausschlüsse betreffen die Produkthaftpflicht (vgl. Ziff. 5.3 AVB–AVG 2017), Umwelteinwirkungen (vgl. Ziff. 5.4 und 5.16 AVB–AVG 2017), Verletzung immaterieller Rechte (vgl. Ziff. 5.9 AVB–AVG 2017), Vertragsstrafen, Geldstrafen oder Geldbußen (vgl. Ziff. 5.10 AVB–AVG 2017) und Spekulationsgeschäfte (vgl. Ziff. 5.13 AVB–AVG 2017).[1266] Als gegenläufigen Trend reduzieren andere Versicherer ihre Ausschlüsse auf wenige Tatbestände, insbesondere wissentliche Pflichtverletzungen, Vertragsstrafen, Geldstrafen oder Geldbußen und Risiken aus dem US-amerikanischen Recht.

678 D&O-Versicherungen enthalten häufig eine Subsidiaritätsklausel. Daher sind Schäden, die neben der D&O-Versicherung auch von einem anderen Versicherungsvertrag erfasst werden, zunächst über die anderen Verträge zu regulieren.[1267] Die Leistungspflicht des Versicherers unter der D&O-Police besteht somit nur, wenn und insoweit der anderweitige Versicherer für den Schaden nicht leistet. Kommt es zu einer Leistung aus dem D&O-Versicherungsvertrag, weil der andere Versicherer seine Leistungspflicht bestreitet, so sind die versicherten Personen verpflichtet, ihre Ansprüche aus dem anderweitigen Versicherungsvertrag an den D&O-Versicherer abzutreten.

679 D&O-Bedingungen enthalten teilweise Insolvenzklauseln, die eine Deckung für die versicherte Person nur für Pflichtverletzungen vorsehen, die vor Insolvenzantragstellung begangen wurden, so auch Ziff. 3.4 AVB–AVG 2017. Allerdings unterscheiden sich die in der Praxis anzutreffenden Klauseln teilweise deutlich voneinander. Eine Leistungsfreiheit wird vorgesehen für Haftungsansprüche, die „auf Pflichtverletzungen aus dem Zeitraum vor Eintritt der Insolvenzreife des Versicherungsnehmers" bzw. auf „auf einer verspäteten Insolvenzantragsstellung beruhen", „von einem Insolvenzverwalter geltend gemacht werden" oder im „direkten Zusammenhang mit der Insolvenz des Versicherungsnehmers stehen".[1268] Diese oder ähnliche Regelungen können dazu führen, dass insolvenzspezifische Ansprüche wegen verspäteter Insolvenzantragsstellung nicht von der D&O-Ver-

---

[1261] *Finkel/Seitz* in Seitz/Finkel/Klimke Ziff. 4 Rn. 36; *Thümmel* Persönliche Haftung von Managern und Aufsichtsräten Rn. 485; *Kolde* in BeckMandatsHdB AG-Vorstand § 8 Rn. 38 ff.
[1262] *Ihlas* in MüKoVVG Kap. 320 Rn. 643 ff.
[1263] *Finkel/Seitz* in Seitz/Finkel/Klimke Ziff. 1 Rn. 87 f.; *Ihlas* in MüKoVVG Kap. 320 Rn. 220 ff.
[1264] *Finkel/Seitz* in Seitz/Finkel/Klimke Ziff. 5 Rn. 48.
[1265] *Beckmann* in Beckmann/Matusche-Beckmann VersR-HdB § 28 Rn. 123; *Finkel/Seitz* in Seitz/Finkel/Klimke Ziff. 5 Rn. 54 f.
[1266] Zu Details vgl. *Ihlas* in MüKoVVG Kap. 320 Rn. 742 ff. mwN.
[1267] Vgl. im Detail *Finkel/Seitz* in Seitz/Finkel/Klimke Ziff. 6 Rn. 6 ff.
[1268] *Beckmann* in Beckmann/Matusche-Beckmann VersR-HdB § 28 Rn. 121a.

sicherung gedeckt sind.[1269] Die Frage der Wirksamkeit von Insolvenzklauseln in Versicherungsverträgen wird kontrovers diskutiert und ist höchstrichterlich noch nicht geklärt.[1270]

c) Obliegenheits- und Anzeigepflichten

680 Nach den Bedingungen der verschiedenen D&O-Versicherer bestehen unterschiedlich weitgehende Obliegenheits- und Anzeigeverpflichtungen der Versicherungsnehmerin. Bereits vor Vertragsschluss sind dem Versicherer alle bekannten Gefahrumstände anzuzeigen, nach denen der Versicherer in Textform gefragt hat und die für den Versicherer erheblich sind.[1271] Auch bei abstrakter Gefahrerhöhung, wie etwa Börsengang, Erweiterung des Unternehmensgegenstands oder Erwerb von Tochtergesellschaften mit Sitz in den USA sowie bei konkreten gefahrdrohenden Umständen wie beispielsweise Insolvenz besteht eine Anzeigepflicht.[1272]

681 Nach Eintritt des Versicherungsfalles besteht die Obliegenheit, den Versicherungsfall dem Versicherer unverzüglich in Textform anzuzeigen. Wird ein Anspruch gegen die versicherte Person gerichtlich geltend gemacht, oder werden andere gerichtliche Verfahren eingeleitet oder ergeht ein Strafbefehl oder Bescheid, der den Ersatz eines Vermögensschadens zur Folge haben könnte, so hat die Versicherungsnehmerin oder die versicherte Person dem Versicherer unverzüglich Anzeige zu erstatten, auch wenn der Versicherungsfall selbst bereits angezeigt wurde.[1273] Die Versicherungsnehmerin und die versicherten Personen müssen im Rahmen ihrer Möglichkeiten für die Abwendung und Minderung des Schadens sorgen, zumutbare Anweisungen des Versicherers befolgen und den Versicherer bei der Schadenermittlung und -regulierung umfassend unterstützen.[1274]

682 Obliegenheits- und Anzeigepflichten sind daher vor Abschluss des Versicherungsvertrages und bei Eintreten des Versicherungsfalles einer kritischen Würdigung zu unterziehen. Ebenfalls muss das Organmitglied von den Konditionen des Versicherungsschutzes ausreichende Kenntnis haben, um die Verletzung von Obliegenheiten zu vermeiden.[1275]

d) Gesellschafts- und steuerrechtliche Aspekte

aa) Zuständigkeit für den Abschluss des Versicherungsvertrages

683 Für den Abschluss eines D&O-Versicherungsvertrags ist nach überwiegender Auffassung auch im Innenverhältnis der Vorstand zuständig, weil die Versicherung zumindest auch dem Eigeninteresse der Gesellschaft dient und die gezahlten Versicherungsentgelte

---

[1269] *Finkel/Seitz* in Seitz/Finkel/Klimke Ziff. 3 Rn. 51; *Beckmann* in Beckmann/Matusche-Beckmann VersR-HdB § 28 Rn. 121a.
[1270] *Finkel/Seitz* in Seitz/Finkel/Klimke Ziff. 3 Rn. 52; *Beckmann* in Beckmann/Matusche-Beckmann VersR-HdB § 28 Rn. 121a.
[1271] Vgl. Ziff. 7.1.1 AVB–AVG 2017; dazu näher *Finkel/Seitz* in Seitz/Finkel/Klimke Ziff. 7 Rn. 8 ff.; *Schaloske/Hauff* in Illert/Ghassemi-Tabar/Cordes HdB Vorstand und Aufsichtsrat § 21 Rn. 124 ff.
[1272] Vgl. Ziff. 7.2.1 und 7.3.1 AVB–AVG 2017; dazu näher *Finkel/Seitz* in Seitz/Finkel/Klimke Ziff. 7 Rn. 86 ff. und 111 ff.; *Schaloske/Hauff* in Illert/Ghassemi-Tabar/Cordes HdB Vorstand und Aufsichtsrat § 21 Rn. 147.
[1273] Vgl. Ziff. 7.3.2 AVB–AVG 2017; dazu näher *Finkel/Seitz* in Seitz/Finkel/Klimke Ziff. 7 Rn. 115 ff.; *Schaloske/Hauff* in Illert/Ghassemi-Tabar/Cordes HdB Vorstand und Aufsichtsrat § 21 Rn. 136.
[1274] *Schaloske/Hauff* in Illert/Ghassemi-Tabar/Cordes HdB Vorstand und Aufsichtsrat § 21 Rn. 137.
[1275] *Ries/Peiniger* Haftung und Versicherung der Unternehmensleitung S. 184.

daher keinen Vergütungsbestandteil iSv § 87 AktG darstellen.[1276] Damit der Aufsichtsrat seiner Überwachungsaufgabe gerecht werden kann, ist er mindestens über den Status der D&O-Versicherungen zu informieren.[1277] Seine Zustimmung kann sich gemäß § 111 Abs. 4 S. 2 AktG empfehlen.[1278] Soweit die D&O-Versicherung auch zugunsten der Aufsichtsratsmitglieder abgeschlossen wird, wird in der Literatur vertreten, dass gemäß § 113 Abs. 1 S. 2 AktG die Hauptversammlung zu beteiligen ist.[1279] Dies ist wiederum abzulehnen, da die D&O-Versicherung wie bei Vorständen auch im Interesse der Gesellschaft abgeschlossen wird und daher keine Gegenleistung für die Aufsichtsratstätigkeit darstellt.[1280]

bb) Pflicht zum Abschluss und Aufrechterhaltung einer D&O-Versicherung?

684 Die herrschende Auffassung verneint eine Pflicht zum Abschluss einer D&O-Versicherung,[1281] eine Pflicht wird nur ausnahmsweise bei besonderen Risikolagen in Betracht gezogen.[1282] Die Gesellschaft kann sich aber im Anstellungsvertrag mit den jeweiligen Vorständen (und mit leitenden Angestellten) zum Abschluss einer D&O-Versicherung verpflichten.[1283] Die versicherten Personen sollten ihrerseits auf sog. „D&O-Verschaffungsklauseln" im Anstellungsvertrag bestehen und darauf achten, dass der Versicherungsschutz auch nach ihrem Ausscheiden bis zum Ablauf der Verjährungsfristen aufrecht erhalten bleibt.[1284] Dies ist insbesondere relevant im Insolvenzfall, da ein Insolvenzverwalter nicht verpflichtet ist, eine D&O-Versicherung aufrechtzuerhalten.[1285] Eine vertragliche Verpflichtung der Gesellschaft zur Aufrechterhaltung der D&O-Versicherung auch im Falle einer Insolvenz könnte dem entgegenwirken.[1286]

cc) Steuerliche Behandlung der Versicherungsprämien

685 Die von der Gesellschaft finanzierten D&O-Prämien sind auf der Seite der Gesellschaft voll abzugsfähige Betriebsausgaben.[1287] Auf der Seite des Organmitglieds begründen nach Ansicht der Finanzverwaltung[1288] von der Gesellschaft gezahlte Versicherungsprämien keine steuerbaren Lohnzuwendungen an das Organmitglied, sofern die Versicherung überwiegend im eigenbetrieblichen Interesse abgeschlossen wurde. Ein eigenbetrieblichen

---

[1276] *Hüffer/Koch* AktG § 93 Rn. 58a; *Fleischer* in Spindler/Stilz AktG § 93 Rn. 289; *Lüneburg/Resch* AG 2017, 691 (694); *Finkel/Seitz* in Seitz/Finkel/Klimke Einf. Rn. 371; *Schaloske/Hauff* in Illert/Ghassemi-Tabar/Cordes HdB Vorstand und Aufsichtsrat § 21 Rn. 25; aA *Grigoleit/Tomasic* in Grigoleit AktG § 93 Rn. 95; *Spindler* in MüKoAktG § 93 Rn. 218; *Armbrüster* NJW 2016, 897 (900).
[1277] *Lüneburg/Resch* AG 2017, 691 (694); *v. Schenck* NZG 2015, 494 (499).
[1278] *Hüffer/Koch* AktG § 93 Rn. 58a; *Hölters* in Hölters AktG § 93 Rn. 403.
[1279] *Armbrüster* NJW 2016, 897 (900); *Spindler* in MüKoAktG § 87 Rn. 12; *Lutter/Krieger* Rechte und Pflichten des AR Rn. 868; *Wiesner* in MHdB GesR IV § 21 Rn. 29.
[1280] OLG München DB 2005, 1675; *Hüffer/Koch* AktG § 93 Rn. 58b; § 113 Rn. 2a; *Thümmel* Persönliche Haftung von Managern und Aufsichtsräten Rn. 467; *Kolde* in BeckMandatsHdB AG-Vorstand § 8 Rn. 91. Aus Gründen der Vorsicht kann es sich jedoch empfehlen, die Zulässigkeit des Abschlusses einer D&O-Versicherung bereits in der Satzung aufzunehmen oder einen entsprechenden Hauptversammlungsbeschluss herbeizuführen, vgl. hierzu *Potthoff/Trescher* Das Aufsichtsratsmitglied Rn. 2238.
[1281] *Hüffer/Koch* AktG § 93 Rn. 58; zum Diskussionsstand vgl. *Hölters* in Hölters AktG § 93 Rn. 404 mwN.
[1282] *Hölters* in Hölters AktG § 93 Rn. 404; *Mertens/Cahn* in KölnKommAktG § 93 Rn. 243.
[1283] *Hölters* in Hölters AktG § 93 Rn. 404; *Finkel/Seitz* in Seitz/Finkel/Klimke Einf. Rn. 372 f.
[1284] *Cyrus* NZG 2018, 7 (14); *v. Schenck* NZG 2015, 494 (499).
[1285] BGH NZG 2017, 344 (347).
[1286] Zu Details vgl. *Lehmann* r+s 2018, 6 (14).
[1287] *Ihlas* in MüKoVVG Kap. 320 Rn. 38.
[1288] Schreiben des BMF vom 24.1.2002, DB 2002, 399 f.

Interesse besteht, wenn das Management als Ganzes versichert ist, die Versicherung Schäden des Unternehmens aus dem Tätigwerden oder Untätigbleiben der verantwortlichen Organe abdeckt, die Ansprüche aus der Versicherung im Ergebnis dem Unternehmen zustehen und der Prämienkalkulation Betriebsdaten des Unternehmens zugrunde liegen.[1289] Ein überwiegend eigenbetriebliches Interesse ist zu verneinen, wenn Risiken versichert werden, die üblicherweise durch eine individuelle Berufshaftpflichtversicherung abgedeckt werden.[1290] Da diese Kriterien von den meisten D&O-Versicherungen erfüllt werden, ist die auf die versicherte Person entfallende Versicherungsprämie für diese lohn- und einkommensteuerfrei.[1291]

3. Industrie-Straf-Rechtsschutzversicherung

686   Insbesondere auf dem Gebiet des Wirtschafts-, Produkt- und Umweltstrafrechts können Vorstände in kostenintensive Ermittlungsverfahren verwickelt werden. Straf-Rechtsschutz-Versicherungen sind zwar von Allgemeinen Rechtsschutzversicherungen umfasst, weisen aber diverse Einschränkungen auf. Mit der Industrie-Strafrechtsschutzversicherung (ISRS)[1292] bieten Rechtsschutzversicherer daher in Ergänzung der Allgemeinen Versicherungsbedingungen zur Rechtsschutzversicherung (ARB) eine speziell für diese Risiken entwickelte Versicherung an.[1293] Der Versicherer übernimmt hierbei die Kosten, insbesondere Rechtsanwalts-, Gerichts-, und Reisekosten, die ab Eröffnung eines Ermittlungsverfahrens entstehen, aber keine Geldstrafen und -bußen.[1294] Die Industrie-Strafrechtsschutzversicherung bietet höhere Versicherungssummen als die herkömmliche Rechtsschutzversicherung. Besonderer Aufmerksamkeit bedarf dennoch, ob auch vereinbarte Anwaltshonorare anstelle der geringeren gesetzlichen Vergütung des Verteidigers, der zudem frei auswählbar sein sollte, bezahlt werden. Versicherungsnehmer und Prämienschuldner ist üblicherweise die Gesellschaft, versicherte Personen sind die Organmitglieder und ggf. weitere Mitarbeiter. Deckung wird auch in Ermittlungsverfahren wegen Vorsatzdelikten geboten, allerdings entfällt der Versicherungsschutz rückwirkend bei Verurteilung wegen einer vorsätzlichen Straftat.[1295]

4. Anstellungsvertrags-Rechtsschutzversicherung

687   Anstellungsvertrags-Rechtsschutzversicherungen sind in der Praxis oftmals das dritte wesentliche Element eines umfassenden Versicherungsschutzes für Organe und leitende Mitarbeiter eines Unternehmens; diese Versicherungen decken die Kosten von außergerichtlichen und gerichtlichen Streitigkeiten aus dem Anstellungsvertrag.[1296] Die Kosten-

---

[1289] *Hüffer/Koch* AktG § 93 Rn. 58a.; *Loritz/Wagner*, DStR 2012, 2205 (2210); *Thümmel* Persönliche Haftung von Managern und Aufsichtsräten Rn. 467.
[1290] Vgl. Erlass des Niedersächsischen Finanzministeriums vom 25.1.2002, DStR 2002, 687.
[1291] *Hölters* in Hölters AktG § 93 Rn. 402; *Ries/Peiniger* Haftung und Versicherung der Unternehmensleitung, S. 188; *Finkel/Seitz* in Seitz/Finkel/Klimke Ziff. 12 Rn. 33; *Kolde* in BeckMandatsHdB AG-Vorstand § 8 Rn. 92; *Mutter* in Marsch-Barner/Schäfer HdB börsennotierte AG § 22 Rn. 111.
[1292] Diese wird in der Versicherungsliteratur auch als „Erweiterte Straf-Rechtsschutzversicherung" bezeichnet.
[1293] *Ihlas* in MüKoVVG Kap. 320 Rn. 293.
[1294] *Ihlas* in MüKoVVG Kap. 320 Rn. 294; *Merz* in Hauschka/Moosmayer/Lösler Corporate Compliance § 32 Rn. 109.
[1295] *Ihlas* in MüKoVVG Kap. 320 Rn. 296.
[1296] *Koch* in Bürkle/Hauschka Compliance Officer § 14 Rn. 19 ff.; *Obarowski* in Harbauer USRB vor § 1 Rn. 24 ff.; *Wellhöfer* in Wellhöfer/Peltzer/Müller Vorstandshaftung § 7 Rn. 39.

deckung besteht für das Organmitglied sowohl auf Kläger- als auch auf Beklagtenseite, da jedes Rechtsschutzziel des Versicherungsnehmers erfasst werden soll.[1297] Für die Feststellung des Versicherungsfalls kommt es inhaltlich nicht darauf an, ob eine Vertragspartei tatsächlich gegen rechtliche Bestimmungen verstoßen hat, es genügt vielmehr, dass eine Partei den Rechtsverstoß der Gegenseite zur Stützung ihrer Position behauptet; zeitlich ist nicht das Datum einer Kündigung oder des Prozessbeginns maßgeblich, sondern der Zeitpunkt des behaupteten Rechtsverstoßes.[1298]

[1297] OLG Köln NJOZ 2008, 5112 (5114); *Obarowski* in Harbauer USRB vor § 1 Rn. 26 ff.
[1298] OLG Köln NJOZ 2008, 5112 (5114) f.; *Obarowski* in Harbauer USRB vor § 4 Rn. 12 f.

Stichwortverzeichnis

Zahlen = Randnummern

Abberufung
– des Aufsichtsrats 81, 610, 614
– des Vorstands 64, 548, 576
Abschlussprüfer 83, 156, 175, 217, 500, 558 ff.
Ad-hoc Mitteilungspflicht 401 ff., 487 ff.
Aktienregister 263
Anfechtungsklage 202, 207 ff.
Aufsichtsrat 65 ff., 534 ff.
– Abberufung 81
– Bestellung 78 ff.
– Billigung des Jahresabschlusses 160, 558
– Entlastung 26, 424, 572, 624
– Informationspflichten 545 ff.
– persönliche Voraussetzungen 72 ff.
– Prüfungspflichten 558 ff.
– Überwachungspflichten 537 ff., 578 ff.
– Vergütung 146 ff.
– Festlegung der Vorstandsvergütung 581 ff.
– Zusammensetzung 70 ff.
Auskunftsrecht 322 ff.

Bankrottdelikte 510 f.
Bericht des Aufsichtsrats 566 ff.
Berichtspflichten des Vorstands 156 ff.
Besonderer Vertreter 435 ff.
Bestellung
– des Aufsichtsrats 78 ff.
– des Vorstands 61 ff.
Betrug 15, 57, 479, 522 ff.
Business Judgement Rule 9, 42 ff., 517, 585

Cash-Pooling 386 ff.
Compliance 178 ff.

Darlegungs- und Beweislast 414 ff., 616
Deutscher Corporate Governance Kodex 16 ff., 73, 194, 373, 608
Directors' Dealings 397, 400
D&O-Versicherung 651 ff.
– Ausschlüsse 674 ff.
– Deckungsumfang 652 ff.
– Obliegenheitspflichten 680 ff.
– Selbstbehalt 670 ff.

Entlastung 26, 424, 572, 624
Erwerb eigener Aktien 127 ff.

Gelatine-Entscheidungen 228 ff.
Geldwäsche 526 f.

Geschäftsführungsmaßnahmen 51, 222 ff.
Gläubigerbegünstigung 513
Gründung der AG 105 ff., 535 f.

Haftung 86 ff.
– Außenhaftung 14 ff., 102 f., 452 ff., 621
– Beschränkungen 420 ff., 427 ff., 624 f.
– Freistellung 626 ff.
– deliktische 471 ff.
– Innenhaftung 6 ff., 101, 104 ff., 428 ff., 534 ff.
– strafrechtliche 496 ff.
Hauptversammlung 82 ff., 202 ff.
– Anmeldung 259, 305
– Durchführung 306 ff.
– Einberufung 211 ff., 237 ff., 548 f.
– Minderheitsverlangen 252, 272, 282, 293
– Stimmrecht 250 f., 254
– Tagesordnung 277 ff.
– Vorbereitung 215 ff., 235 ff.
– Zuständigkeiten 215 ff.
Holzmüller 222 f.

Insiderinformation 401 ff., 487 ff., 504
Insolvenzverschleppung 352 ff., 482 ff., 508
Investigations 630 ff.

Jahresabschluss 160, 558 ff.

Kapitalanleger-Musterverfahren 491 f.
Kapitalerhaltung 118 ff., 394 f., 602 ff.
Kapitalmarktinformationspflichten 397 ff., 487 ff.
Kartellrecht 486
Kausalität 412 f., 616
Klageerzwingungsrecht 431 ff.
Korruption 526 f.
Kredite an Organmitglieder 153 ff.

Marktmissbrauchsverordnung 397 ff., 487 f., 502 ff.
M&A-Transaktionen 46, 232
Musterfeststellungsklage 493 ff.

Ordnungswidrigkeiten 29, 200 f., 488, 503 f., 529 ff.

Record Date 249
Regelpublizität 397, 489
Risikomanagementsystem 174 ff.

Schaden 412 f., 616
SE (Societas Europaea) 6
Sittenwidrige Schädigung 15, 484 f., 488, 622
Sonderprüfung 444 f.
Sorgfaltspflicht 357 f., 606
Sozialabgaben 480 ff., 509
Steuern 459 ff., 528
Stimmrecht 250 f.
Strafrecht 496 ff.

Treuepflicht 359, 607 ff.

Umwandlungen 462 ff.
Untreue 15, 57, 479, 515 ff.

Vergleich 424 ff., 616
Vergütung
– des Aufsichtsrats 146 ff., 219
– des Vorstands 219, 581 ff.
Verjährung 418 ff.
Verschwiegenheitspflicht 364 f., 501, 612 ff.
Verschulden 409 ff., 616 ff.
Verzicht 424 ff., 616
Vorstand 33 ff.
– Abberufung 64
– Bestellung 61 ff., 573 ff.
– Größe 56
– Persönliche Voraussetzungen 57 ff.
– Vertretung 52 ff.

Wahl des Aufsichtsrats 70 ff., 217
Wettbewerbsverbot 360 ff., 610 f.

Zahlungsverbot 133 ff.